Freud, Sigmund

# Drei Abhandlungen

*zur Sexualtherapie, Arbeiten zum Sexualleben und zur Neurosenlehre,*

*Metapsychologie*

Freud, Sigmund

**Drei Abhandlungen**

*zur Sexualtherapie, Arbeiten zum Sexualleben und zur Neurosenlehre, Metapsychologie*

*Inktank publishing, 2018*

*www.inktank-publishing.com*

*ISBN/EAN: 9783747777718*

# GESAMMELTE SCHRIFTEN

VON

SIGM. FREUD

FÜNFTER BAND

DREI ABHANDLUNGEN ZUR SEXUALTHEORIE / ARBEITEN ZUM SEXUALLEBEN UND ZUR NEUROSENLEHRE / METAPSYCHOLOGIE

INTERNATIONALER
PSYCHOANALYTISCHER VERLAG
LEIPZIG / WIEN / ZÜRICH

# DREI ABHANDLUNGEN ZUR SEXUALTHEORIE

genetischen Vorgang bemerkbar. Im Grunde aber ist die Disposition eben der Niederschlag eines früheren Erlebens der Art, zu welchem das neuere Erleben des Einzelwesens als Summe der akzidentellen Momente hinzukommt.

Neben der durchgängigen Abhängigkeit von der psychoanalytischen Forschung muß ich die vorsätzliche Unabhängigkeit von der biologischen Forschung als Charakter dieser meiner Arbeit hervorheben. Ich habe es sorgfältig vermieden, wissenschaftliche Erwartungen aus der allgemeinen Sexualbiologie oder aus der spezieller Tierarten in das Studium einzutragen, welches uns an der Sexualfunktion des Menschen durch die Technik der Psychoanalyse ermöglicht wird. Mein Ziel war allerdings zu erkunden, wieviel zur Biologie des menschlichen Sexuallebens mit den Mitteln der psychologischen Erforschung zu erraten ist; ich durfte auf Anschlüsse und Übereinstimmungen hinweisen, die sich bei dieser Untersuchung ergaben, aber ich brauchte mich nicht beirren zu lassen, wenn die psychoanalytische Methode in manchen wichtigen Punkten zu Ansichten und Ergebnissen führte, die von den bloß biologisch gestützten erheblich abwichen.

Ich habe in dieser dritten Auflage reichliche Einschaltungen vorgenommen, aber darauf verzichtet, dieselben wie in der vorigen Auflage durch besondere Zeichen kenntlich zu machen. — Die wissenschaftliche Arbeit auf unserem Gebiete hat gegenwärtig ihre Fortschritte verlangsamt, doch waren gewisse Ergänzungen dieser Schrift unentbehrlich, wenn sie mit der neueren psychoanalytischen Literatur in Fühlung bleiben sollte.

Wien, im Oktober 1914.

# VORWORT ZUR VIERTEN AUFLAGE

Nachdem die Fluten der Kriegszeit sich verzogen haben, darf man mit Befriedigung feststellen, daß das Interesse für die psychoanalytische Forschung in der großen Welt ungeschädigt geblieben ist. Doch haben nicht alle Teile der Lehre das gleiche Schicksal erfahren. Die rein psychologischen Aufstellungen und Ermittlungen der Psychoanalyse über das Unbewußte, die Verdrängung, den Konflikt, der zur Krankheit führt, den Krankheitsgewinn, die Mechanismen der Symptombildung u. a. erfreuen sich wachsender Anerkennung und finden selbst bei prinzipiellen Gegnern Beachtung. Das an die Biologie angrenzende Stück der Lehre, dessen Grundlage in dieser kleinen Schrift gegeben wird, ruft noch immer unverminderten Widerspruch hervor und hat selbst Personen, die sich eine Zeitlang intensiv mit der Psychoanalyse beschäftigt hatten, zum Abfall von ihr und zu neuen Auffassungen bewogen, durch welche die Rolle des sexuellen Moments für das normale und krankhafte Seelenleben wieder eingeschränkt werden sollte.

Ich kann mich trotzdem nicht zur Annahme entschließen, daß dieser Teil der psychoanalytischen Lehre sich von der zu erratenden Wirklichkeit viel weiter entfernen könnte als der andere. Erinnerung und immer wieder von neuem wiederholte Prüfung sagen mir, daß er aus ebenso sorgfältiger und erwartungsloser Beobachtung hervorgegangen ist und die Erklärung jener Dissoziation in der öffentlichen Anerkennung bereitet keine Schwierigkeiten. Erstens können nur solche Forscher die hier beschriebenen Anfänge des menschlichen Sexuallebens bestätigen, die Geduld und technisches Geschick genug besitzen, um die Analyse bis in die ersten Kindheitsjahre des Patienten vorzutragen. Es fehlt häufig auch an der Möglichkeit hiezu, da das ärztliche Handeln eine scheinbar raschere Erledigung des Krankheitsfalles verlangt. Andere aber als Ärzte, welche die Psychoanalyse üben, haben überhaupt keinen Zugang zu diesem Gebiet und keine Möglichkeit, sich ein Urteil zu bilden, das der Beeinflussung durch ihre eigenen

Abneigungen und Vorurteile entzogen wäre. Verstünden es die Menschen, aus der direkten Beobachtung der Kinder zu lernen, so hätten diese drei Abhandlungen überhaupt ungeschrieben bleiben können.

Dann aber muß man sich daran erinnern, daß einiges vom Inhalt dieser Schrift, die Betonung der Bedeutung des Sexuallebens für alle menschlichen Leistungen und die hier versuchte Erweiterung des Begriffes der Sexualität, von jeher die stärksten Motive für den Widerstand gegen die Psychoanalyse abgegeben hat. In dem Bedürfnis nach volltönenden Schlagworten ist man soweit gegangen, von dem „Pansexualismus" der Psychoanalyse zu reden und ihr den unsinnigen Vorwurf zu machen, sie erkläre „alles" aus der Sexualität. Man könnte sich darüber verwundern, wenn man imstande wäre, an die verwirrende und vergeßlich machende Wirkung affektiver Momente selbst zu vergessen. Denn der Philosoph Arthur Schopenhauer hat bereits vor geraumer Zeit den Menschen vorgehalten, in welchem Maß ihr Tun und Trachten durch sexuelle Strebungen — im gewohnten Sinne des Wortes — bestimmt wird, und eine Welt von Lesern sollte doch unfähig gewesen sein, sich eine so packende Mahnung so völlig aus dem Sinne zu schlagen! Was aber die „Ausdehnung" des Begriffes der Sexualität betrifft, die durch die Analyse von Kindern und von sogenannten Perversen notwendig wird, so mögen alle, die von ihrem höheren Standpunkt verächtlich auf die Psychoanalyse herabschauen, sich erinnern lassen, wie nahe die erweiterte Sexualität der Psychoanalyse mit dem Eros des göttlichen Plato zusammentrifft. (S. Nachmansohn, Freuds Libidotheorie verglichen mit der Eroslehre Platos, Intern. Zeitschr. f. Psychoanalyse, III., 1915.)

Wien, im Mai 1920.

I

# DIE SEXUELLEN ABIRRUNGEN[1]

Die Tatsache geschlechtlicher Bedürfnisse bei Mensch und Tier drückt man in der Biologie durch die Annahme eines „Geschlechtstriebes" aus. Man folgt dabei der Analogie mit dem Trieb nach Nahrungsaufnahme, dem Hunger. Eine dem Worte „Hunger" entsprechende Bezeichnung fehlt der Volkssprache; die Wissenschaft gebraucht als solche „Libido".[2]

Die populäre Meinung macht sich ganz bestimmte Vorstellungen von der Natur und den Eigenschaften dieses Geschlechtstriebes. Er soll der Kindheit fehlen, sich um die Zeit und im Zusammenhang mit dem Reifungsvorgang der Pubertät einstellen, sich in den Erscheinungen unwiderstehlicher Anziehung äußern, die das eine Geschlecht auf das andere ausübt, und sein Ziel soll die geschlechtliche Vereinigung sein oder wenigstens solche Handlungen, welche auf dem Wege zu dieser liegen.

Wir haben aber allen Grund, in diesen Angaben ein sehr ungetreues Abbild der Wirklichkeit zu erblicken; faßt man sie

---

1) Die in der ersten Abhandlung enthaltenen Angaben sind aus den bekannten Publikationen von v. Krafft-Ebing, Moll, Moebius, Havelock Ellis, v. Schrenck-Notzing, Löwenfeld, Eulenburg, I. Bloch, M. Hirschfeld und aus den Arbeiten in den vom letzteren herausgegebenen „Jahrbuch für sexuelle Zwischenstufen" geschöpft. Da an diesen Stellen auch die übrige Literatur des Themas aufgeführt ist, habe ich mir detaillierte Nachweise ersparen können. — Die durch psychoanalytische Untersuchung Invertierter gewonnenen Einsichten ruhen auf Mitteilungen von I. Sadger und auf eigener Erfahrung.

2) Das einzig angemessene Wort der deutschen Sprache „Lust" ist leider vieldeutig und benennt ebensowohl die Empfindung des Bedürfnisses als die der Befriedigung.

schärfer ins Auge, so erweisen sie sich überreich an Irrtümern, Ungenauigkeiten und Voreiligkeiten.

Führen wir zwei Termini ein: heißen wir die Person, von welcher die geschlechtliche Anziehung ausgeht, das Sexualobjekt, die Handlung, nach welcher der Trieb drängt, das Sexualziel, so weist uns die wissenschaftlich gesichtete Erfahrung zahlreiche Abweichungen in Bezug auf beide, Sexualobjekt und Sexualziel, nach, deren Verhältnis zur angenommenen Norm eingehende Untersuchung fordert.

## 1) Abweichungen in Bezug auf das Sexualobjekt

Der populären Theorie des Geschlechtstriebes entspricht am schönsten die poetische Fabel von der Teilung des Menschen in zwei Hälften — Mann und Weib —, die sich in der Liebe wieder zu vereinigen streben. Es wirkt darum wie eine große Überraschung zu hören, daß es Männer gibt, für die nicht das Weib, sondern der Mann, Weiber, für die nicht der Mann, sondern das Weib das Sexualobjekt darstellt. Man heißt solche Personen Konträrsexuale oder besser Invertierte, die Tatsache die der Inversion. Die Zahl solcher Personen ist sehr erheblich, wiewohl deren sichere Ermittlung Schwierigkeiten unterliegt.[1]

### *A) Die Inversion*

erhalten der nvertierten

Die betreffenden Personen verhalten sich nach verschiedenen Richtungen ganz verschieden.

*a)* Sie sind absolut invertiert, das heißt ihr Sexualobjekt kann nur gleichgeschlechtlich sein, während das gegensätzliche Geschlecht für sie niemals Gegenstand der geschlechtlichen Sehnsucht

1) Vergleiche über diese Schwierigkeiten sowie über Versuche, die Verhältniszahl der Invertierten zu eruieren, die Arbeit von M. Hirschfeld im „Jahrbuch für sexuelle Zwischenstufen" 1904.

ist, sondern sie kühl läßt oder selbst sexuelle Abneigung bei ihnen hervorruft. Als Männer sind sie dann durch Abneigung unfähig, den normalen Geschlechtsakt auszuführen oder vermissen bei dessen Ausführung jeden Genuß.

*b)* Sie sind amphigen invertiert (psychosexuell-hermaphroditisch), das heißt ihr Sexualobjekt kann ebensowohl dem gleichen wie dem anderen Geschlecht angehören; der Inversion fehlt also der Charakter der Ausschließlichkeit.

*c)* Sie sind okkasionell invertiert, das heißt unter gewissen äußeren Bedingungen, von denen die Unzugänglichkeit des normalen Sexualobjektes und die Nachahmung obenan stehen, können sie eine Person des gleichen Geschlechtes zum Sexualobjekt nehmen und im Sexualakt mit ihr Befriedigung empfinden.

Die Invertierten zeigen ferner ein mannigfaltiges Verhalten in ihrem Urteil über die Besonderheit ihres Geschlechtstriebes. Die einen nehmen die Inversion als selbstverständlich hin wie der Normale die Richtung seiner Libido, und vertreten mit Schärfe deren Gleichberechtigung mit der normalen. Andere aber lehnen sich gegen die Tatsache ihrer Inversion auf und empfinden dieselbe als krankhaften Zwang.[1]

Weitere Variationen betreffen die zeitlichen Verhältnisse. Die Eigentümlichkeit der Inversion datiert bei dem Individuum entweder von jeher, soweit seine Erinnerung zurückreicht, oder dieselbe hat sich ihm erst zu einer bestimmten Zeit vor oder nach der Pubertät bemerkbar gemacht.[2] Der Charakter bleibt entweder durchs ganze Leben erhalten oder tritt zeitweise zurück oder stellt eine Episode auf dem Wege zur normalen Entwicklung

1) Ein solches Sträuben gegen den Zwang zur Inversion könnte die Bedingung der Beeinflußbarkeit durch Suggestivbehandlung oder Psychoanalyse abgeben.

2) Es ist von mehreren Seiten mit Recht betont worden, daß die autobiographischen Angaben der Invertierten über das zeitliche Auftreten der Inversionsneigung unzuverlässig sind, da dieselben die Beweise für ihr heterosexuelles Empfinden aus ihrem Gedächtnis verdrängt haben könnten. — Die Psychoanalyse hat diesen Verdacht für die ihr zugänglich gewordenen Fälle von Inversion bestätigt und deren Anamnese durch die Ausfüllung der Kindheitsamnesie in entscheidender Weise verändert.

dar; ja er kann sich erst spät im Leben nach Ablauf einer langen Periode normaler Sexualtätigkeit äußern. Auch ein periodisches Schwanken zwischen dem normalen und dem invertierten Sexualobjekt ist beobachtet worden. Besonders interessant sind Fälle, in denen sich die Libido im Sinne der Inversion ändert, nachdem eine peinliche Erfahrung mit dem normalen Sexualobjekt gemacht worden ist.

Diese verschiedenen Reihen von Variationen bestehen im allgemeinen unabhängig nebeneinander. Von der extremsten Form kann man etwa regelmäßig annehmen, daß die Inversion seit sehr früher Zeit bestanden hat, und daß die Person sich mit ihrer Eigentümlichkeit einig fühlt.

Viele Autoren würden sich weigern, die hier aufgezählten Fälle zu einer Einheit zusammenzufassen, und ziehen es vor, die Unterschiede anstatt der Gemeinsamen dieser Gruppen zu betonen, was mit der von ihnen beliebten Beurteilung der Inversion zusammenhängt. Allein so berechtigt Sonderungen sein mögen, so ist doch nicht zu verkennen, daß alle Zwischenstufen reichlich aufzufinden sind, so daß die Reihenbildung sich gleichsam von selbst aufdrängt.

Die erste Würdigung der Inversion bestand in der Auffassung, sie sei ein angeborenes Zeichen nervöser Degeneration, und war im Einklange mit der Tatsache, daß die ärztlichen Beobachter zuerst bei Nervenkranken oder Personen, die solchen Eindruck machten, auf sie gestoßen waren. In dieser Charakteristik sind zwei Angaben enthalten, die unabhängig voneinander beurteilt werden sollen: das Angeborensein und die Degeneration.

Die Degeneration unterliegt den Einwänden, die sich gegen die wahllose Verwendung des Wortes überhaupt erheben. Es ist doch Sitte geworden, jede Art von Krankheitsäußerung, die nicht gerade traumatischen oder infektiösen Ursprunges ist, der Degeneration zuzurechnen. Die Magnansche Einteilung der Degenerierten hat es selbst ermöglicht, daß die vorzüglichste

Allgemeingestaltung der Nervenleistung die Anwendbarkeit des Begriffes Degeneration nicht auszuschließen braucht. Unter solchen Umständen darf man fragen, welchen Nutzen und welchen neuen Inhalt das Urteil „Degeneration“ überhaupt noch besitzt. Es scheint zweckmäßiger, von Degeneration nicht zu sprechen:

1) wo nicht mehrere schwere Abweichungen von der Norm zusammentreffen;

2) wo nicht Leistungs- und Existenzfähigkeit im allgemeinen schwer geschädigt erscheinen.[1]

Daß die Invertierten nicht Degenerierte in diesem berechtigten Sinne sind, geht aus mehreren Tatsachen hervor:

1) Man findet die Inversion bei Personen, die keine sonstigen schweren Abweichungen von der Norm zeigen;

2) desgleichen bei Personen, deren Leistungsfähigkeit nicht gestört ist, ja, die sich durch besonders hohe intellektuelle Entwicklung und ethische Kultur auszeichnen.[2]

3) Wenn man von den Patienten seiner ärztlichen Erfahrung absieht und einen weiteren Gesichtskreis zu umfassen strebt, stößt man nach zwei Richtungen auf Tatsachen, welche die Inversion als Degenerationszeichen aufzufassen verbieten.

*a)* Man muß Wert darauf legen, daß die Inversion eine häufige Erscheinung, fast eine mit wichtigen Funktionen betraute Institution bei den alten Völkern auf der Höhe ihrer Kultur war;

*b)* man findet sie ungemein verbreitet bei vielen wilden und primitiven Völkern, während man den Begriff der Degeneration

---

1) Mit welchen Vorbehalten die Diagnose auf Degeneration zu stellen ist und welch geringe praktische Bedeutung ihr zukommt, kann man aus den Ausführungen von Moebius (Über Entartung. Grenzfragen des Nerven- und Seelenlebens. Nr. III, 1900) entnehmen: „Überblickt man nun das weite Gebiet der Entartung, auf das hier einige Schlaglichter geworfen worden sind, so sieht man ohneweiters ein, daß es sehr geringen Wert hat, Entartung überhaupt zu diagnostizieren.“

2) Es muß den Wortführern des „Uranismus“ zugestanden werden, daß einige der hervorragendsten Männer, von denen wir überhaupt Kunde haben, Invertierte, vielleicht sogar absolut Invertierte waren.

auf die hohe Zivilisation zu beschränken gewohnt ist (I. Bloch); selbst unter den zivilisierten Völkern Europas haben Klima und Rasse auf die Verbreitung und die Beurteilung der Inversion den mächtigsten Einfluß.[1]

Angeborensein

Das Angeborensein ist, wie begreiflich, nur für die erste, extremste Klasse der Invertierten behauptet worden, und zwar auf Grund der Versicherung dieser Personen, daß sich bei ihnen zu keiner Zeit des Lebens eine andere Richtung des Sexualtriebes gezeigt habe. Schon das Vorkommen der beiden anderen Klassen, speziell der dritten, ist schwer mit der Auffassung eines angeborenen Charakters zu vereinen. Daher die Neigung der Vertreter dieser Ansicht, die Gruppe der absolut Invertierten von allen anderen abzulösen, was den Verzicht auf eine allgemein gültige Auffassung der Inversion zur Folge hat. Die Inversion wäre demnach in einer Reihe von Fällen ein angeborener Charakter; in anderen könnte sie auf andere Art entstanden sein.

Den Gegensatz zu dieser Auffassung bildet die andere, daß die Inversion ein erworbener Charakter des Geschlechtstriebes sei. Sie stützt sich darauf, daß

1) bei vielen (auch absolut) Invertierten ein frühzeitig im Leben einwirkender sexueller Eindruck nachweisbar ist, als dessen fortdauernde Folge sich die homosexuelle Neigung darstellt,

2) daß bei vielen anderen sich die äußeren begünstigenden und hemmenden Einflüsse des Lebens aufzeigen lassen, die zu einer früheren oder späteren Zeit zur Fixierung der Inversion geführt haben (ausschließlicher Verkehr mit dem gleichen Geschlecht, Gemeinschaft im Kriege, Detention in Gefängnissen, Gefahren des heterosexuellen Verkehrs, Zölibat, geschlechtliche Schwäche usw.),

1) In der Auffassung der Inversion sind die pathologischen Gesichtspunkte von anthropologischen abgelöst worden. Diese Wandlung bleibt das Verdienst von I. Bloch (Beiträge zur Ätiologie der Psychopathia sexualis. 2 Teile, 1902/3), welcher Autor auch die Tatsache der Inversion bei den alten Kulturvölkern nachdrücklich zur Geltung gebracht hat.

3) daß die Inversion durch hypnotische Suggestion aufgehoben werden kann, was bei einem angeborenen Charakter Wunder nehmen würde.

Vom Standpunkt dieser Anschauung kann man die Sicherheit des Vorkommens einer angeborenen Inversion überhaupt bestreiten. Man kann einwenden (Havelock Ellis), daß ein genaueres Examen der für angeborene Inversion in Anspruch genommenen Fälle wahrscheinlich gleichfalls ein für die Richtung der Libido bestimmendes Erlebnis der frühen Kindheit zutage fördern würde, welches bloß im bewußten Gedächtnis der Person nicht bewahrt worden ist, aber durch geeignete Beeinflussung zur Erinnerung gebracht werden könnte. Die Inversion könnte man nach diesen Autoren nur als eine häufige Variation des Geschlechtstriebes bezeichnen, die durch eine Anzahl äußerer Lebensumstände bestimmt werden kann.

Der scheinbar so gewonnenen Sicherheit macht aber die Gegenbemerkung ein Ende, daß nachweisbar viele Personen die nämlichen sexuellen Beeinflussungen (auch in früher Jugend: Verführung, mutuelle Onanie) erfahren, ohne durch sie invertiert zu werden oder dauernd so zu bleiben. So wird man zur Vermutung gedrängt, daß die Alternative angeboren—erworben entweder unvollständig ist oder die bei der Inversion vorliegenden Verhältnisse nicht deckt.

**Erklärung der Inversion**

Weder mit der Annahme, die Inversion sei angeboren, noch mit der anderen, sie werde erworben, ist das Wesen der Inversion erklärt. Im ersten Falle muß man sich äußern, was an ihr angeboren ist, wenn man sich nicht der rohesten Erklärung anschließt, daß eine Person die Verknüpfung des Sexualtriebes mit einem bestimmten Sexualobjekt angeboren mitbringt. Im anderen Falle fragt es sich, ob die mannigfachen akzidentellen Einflüsse hinreichen, die Erwerbung zu erklären, ohne daß ihnen etwas an dem Individuum entgegenkommen müsse. Die Verneinung dieses letzten Momentes ist nach unseren früheren Ausführungen unstatthaft.

eranziehung der Inversion

Zur Erklärung der Möglichkeit einer sexuellen Inversion ist seit Frank Lydstone, Kiernan und Chevalier eine Gedankenreihe herangezogen worden, welche einen neuen Widerspruch gegen die populäre Meinung enthält. Dieser gilt ein Mensch entweder als Mann oder als Weib. Die Wissenschaft kennt aber Fälle, in denen die Geschlechtscharaktere verwischt erscheinen und somit die Geschlechtsbestimmung erschwert wird; zunächst auf anatomischem Gebiet. Die Genitalien dieser Personen vereinigen männliche und weibliche Charaktere (Hermaphroditismus). In seltenen Fällen sind nebeneinander beiderlei Geschlechtsapparate ausgebildet (wahrer Hermaphroditismus); zu allermeist findet man beiderseitige Verkümmerung.[1]

Das Bedeutsame an diesen Abnormitäten ist aber, daß sie in unerwarteter Weise das Verständnis der normalen Bildung erleichtern. Ein gewisser Grad von anatomischem Hermaphroditismus gehört nämlich der Norm an; bei keinem normal gebildeten männlichen oder weiblichen Individuum werden die Spuren vom Apparat des anderen Geschlechtes vermißt, die entweder funktionslos als rudimentäre Organe fortbestehen oder selbst zur Übernahme anderer Funktionen umgebildet worden sind.

Die Auffassung, die sich aus diesen lange bekannten anatomischen Tatsachen ergibt, ist die einer ursprünglich bisexuellen Veranlagung, die sich im Laufe der Entwicklung bis zur Monosexualität mit geringen Resten des verkümmerten Geschlechtes verändert.

Es lag nahe, diese Auffassung aufs psychische Gebiet zu übertragen und die Inversion in ihren Abarten als Ausdruck eines psychischen Hermaphroditismus zu verstehen. Um die Frage zu entscheiden, bedurfte es nur noch eines regelmäßigen Zusammen-

1) Vergleiche die letzten ausführlichen Darstellungen des somatischen Hermaphroditismus: Taruffi, Hermaphroditismus und Zeugungsunfähigkeit, Deutsche Ausgabe von R. Teuscher, 1903, und die Arbeiten von Neugebauer in mehreren Bänden des Jahrbuches für sexuelle Zwischenstufen.

treffens der Inversion mit den seelischen und somatischen Zeichen des Hermaphroditismus.

Allein diese nächste Erwartung schlägt fehl. So nahe darf man sich die Beziehungen zwischen dem angenommenen psychischen und dem nachweisbaren anatomischen Zwittertum nicht vorstellen. Was man bei den Invertierten findet, ist häufig eine Herabsetzung des Geschlechtstriebes überhaupt (Havelock Ellis) und leichte anatomische Verkümmerung der Organe. Häufig, aber keineswegs regelmäßig oder auch nur überwiegend. Somit muß man erkennen, daß Inversion und somatischer Hermaphroditismus im ganzen unabhängig voneinander sind.

Man hat ferner großen Wert auf die sogenannten sekundären und tertiären Geschlechtscharaktere gelegt und deren gehäuftes Vorkommen bei den Invertierten betont (H. Ellis). Auch daran ist vieles zutreffend, aber man darf nicht vergessen, daß die sekundären und tertiären Geschlechtscharaktere überhaupt recht häufig beim anderen Geschlecht auftreten und so Andeutungen von Zwittertum herstellen, ohne daß dabei das Sexualobjekt sich im Sinne einer Inversion abgeändert zeigte.

Der psychische Hermaphroditismus würde an Leibhaftigkeit gewinnen, wenn mit der Inversion des Sexualobjektes wenigstens ein Umschlag der sonstigen seelischen Eigenschaften, Triebe und Charakterzüge in die fürs andere Geschlecht bezeichnende Abänderung parallel liefe. Allein eine solche Charakterinversion darf man mit einiger Regelmäßigkeit nur bei den invertierten Frauen erwarten, bei den Männern ist die vollste seelische Männlichkeit mit der Inversion vereinbar. Hält man an der Aufstellung eines seelischen Hermaphroditismus fest, so muß man hinzufügen, daß dessen Äußerungen auf verschiedenen Gebieten eine nur geringe gegenseitige Bedingtheit erkennen lassen. Das gleiche gilt übrigens auch für das somatische Zwittertum; nach Halban[1]

1) J. Halban, Die Entstehung der Geschlechtscharaktere. Archiv für Gynäkologie. Bd. 70, 1903. Siehe dort auch die Literatur des Gegenstandes.

sind auch die einzelnen Organverkümmerungen und sekundären Geschlechtscharaktere in ihrem Auftreten ziemlich unabhängig voneinander.

Die Bisexualitätslehre ist in ihrer rohesten Form von einem Wortführer der männlichen Invertierten ausgesprochen worden: weibliches Gehirn im männlichen Körper. Allein wir kennen die Charaktere eines „weiblichen Gehirns“ nicht. Der Ersatz des psychologischen Problems durch das anatomische ist ebenso müßig wie unberechtigt. Der Erklärungsversuch v. Krafft-Ebings scheint exakter gefaßt als der Ulrichs', ist aber im Wesen von ihm nicht verschieden; v. Krafft-Ebing meint, daß die bisexuelle Anlage dem Individuum ebenso männliche und weibliche Gehirnzentren mitgibt wie somatische Geschlechtsorgane. Diese Zentren entwickeln sich erst zurzeit der Pubertät, zumeist unter dem Einflusse der von ihnen in der Anlage unabhängigen Geschlechtsdrüse. Von den männlichen und weiblichen „Zentren“ gilt aber dasselbe wie vom männlichen und weiblichen Gehirn, und nebenbei wissen wir nicht einmal, ob wir für die Geschlechtsfunktionen abgegrenzte Gehirnstellen („Zentren“) wie etwa für die Sprache annehmen dürfen.[1]

Zwei Gedanken bleiben nach diesen Erörterungen immerhin bestehen: daß auch für die Inversion eine bisexuelle Veranlagung in Betracht kommt, nur daß wir nicht wissen, worin diese Anlage über die anatomische Gestaltung hinaus besteht, und daß es sich um Störungen handelt, welche den Geschlechtstrieb in seiner Entwicklung betreffen.

1) Der erste, der zur Erklärung der Inversion die Bisexualität herangezogen, soll (nach einem Literaturbericht im sechsten Band des Jahrbuches für sexuelle Zwischenstufen) E. Gley gewesen sein, der einen Aufsatz (Les abérrations de l'instinct sexuel) schon im Jänner 1884 in der „Revue philosophique“ veröffentlichte. — Es ist übrigens bemerkenswert, daß die Mehrzahl der Autoren, welche die Inversion auf Bisexualität zurückführen, dieses Moment nicht allein für die Invertierten, sondern für alle Normalgewordenen zur Geltung bringen und folgerichtig die Inversion als das Ergebnis einer Entwicklungsstörung auffassen. So bereits Chevalier (Inversion sexuelle, 1893). Krafft-Ebing (Zur Erklärung der konträren Sexualempfindung, Jahrbücher für Psychiatrie und Neurologie, XIII. Bd.) spricht davon, daß eine Fülle

Sexualobjekt der Invertierten

Die Theorie des psychischen Hermaphroditismus setzt voraus, daß das Sexualobjekt des Invertierten das dem normalen entgegengesetzte sei. Der invertierte Mann unterliege wie das Weib dem Zauber, der von den männlichen Eigenschaften des Körpers und der Seele ausgeht, er fühle sich selbst als Weib und suche den Mann.

Aber wiewohl dies für eine ganze Reihe von Invertierten zutrifft, so ist es doch weit entfernt, einen allgemeinen Charakter der Inversion zu verraten. Es ist kein Zweifel, daß ein großer Teil der männlichen Invertierten den psychischen Charakter der Männlichkeit bewahrt hat, verhältnismäßig wenig sekundäre Charaktere des anderen Geschlechtes an sich trägt und in seinem Sexualobjekt eigentlich weibliche psychische Züge sucht. Wäre dies anders, so bliebe es unverständlich, wozu die männliche Prostitution, die sich den Invertierten anbietet, — heute wie im Altertum, — in allen Äußerlichkeiten der Kleidung und Haltung die Weiber kopiert; diese Nachahmung müßte ja sonst das Ideal der Invertierten beleidigen. Bei den Griechen, wo die männlichsten Männer unter den Invertierten erscheinen, ist es klar, daß nicht der männliche Charakter des Knaben, sondern seine körperliche Annäherung an das Weib sowie seine weiblichen seelischen

von Beobachtungen bestehen, „aus denen sich mindestens die virtuelle Fortexistenz dieses zweiten Zentrums (des unterlegenen Geschlechtes) ergibt." Ein Dr. Arduin (Die Frauenfrage und die sexuellen Zwischenstufen) stellt im zweiten Band des Jahrbuches für sexuelle Zwischenstufen 1900 die Behauptung auf: „daß in jedem Menschen männliche und weibliche Elemente vorhanden sind (vgl. dieses Jahrbuch, Bd. I, 1899: „Die objektive Diagnose der Homosexualität" von Dr. M. Hirschfeld, S. 8—9 u. f.), nur — der Geschlechtszugehörigkeit entsprechend — die einen unverhältnismäßig stärker entwickelt als die anderen, soweit es sich um heterosexuelle Personen handelt . . ." — Für G. Herman (Genesis, das Gesetz der Zeugung, IX. Bd., Libido und Mania, 1903) steht es fest, „daß in jedem Weibe männliche, in jedem Manne weibliche Keime und Eigenschaften enthalten sind" usw. — 1906 hat dann W. Fließ („Der Ablauf des Lebens") einen Eigentumsanspruch auf die Idee der Bisexualität (im Sinne einer Zweigeschlechtigkeit) erhoben. — In nicht fachlichen Kreisen wird die Aufstellung der menschlichen Bisexualität als eine Leistung des jung verstorbenen Philosophen O. Weininger betrachtet, der diese Idee zur Grundlage eines ziemlich unbesonnenen Buches (Geschlecht und Charakter, 1903) genommen hat. Die oben stehenden Nachweise mögen zeigen, wie wenig begründet dieser Anspruch ist.

Eigenschaften, Schüchternheit, Zurückhaltung, Lern- und Hilfsbedürftigkeit die Liebe des Mannes entzündeten. Sobald der Knabe ein Mann wurde, hörte er auf, ein Sexualobjekt für den Mann zu sein, und wurde etwa selbst ein Knabenliebhaber. Das Sexualobjekt ist also in diesem Falle, wie in vielen anderen, nicht das gleiche Geschlecht, sondern die Vereinigung beider Geschlechtscharaktere, das Kompromiß etwa zwischen einer Regung, die nach dem Manne, und einer, die nach dem Weibe verlangt, mit der festgehaltenen Bedingung der Männlichkeit des Körpers (der Genitalien), sozusagen die Spiegelung der eigenen bisexuellen Natur.[1]

1) Die Psychoanalyse hat bisher zwar keine volle Aufklärung über die Herkunft der Inversion gebracht, aber doch den psychischen Mechanismus ihrer Entstehung aufgedeckt und die in Betracht kommenden Fragestellungen wesentlich bereichert. Wir haben bei allen untersuchten Fällen festgestellt, daß die später Invertierten in den ersten Jahren ihrer Kindheit eine Phase von sehr intensiver, aber kurzlebiger Fixierung an das Weib (meist an die Mutter) durchmachen, nach deren Überwindung sie sich mit dem Weib identifizieren und sich selbst zum Sexualobjekt nehmen, das heißt vom Narzißmus ausgehend jugendliche und der eigenen Person ähnliche Männer aufsuchen, die sie so lieben wollen, wie die Mutter sie geliebt hat. Wir haben ferner sehr häufig gefunden, daß angeblich Invertierte gegen den Reiz des Weibes keineswegs unempfindlich waren, sondern die durch das Weib hervorgerufene Erregung fortlaufend auf ein männliches Objekt transponierten. Sie wiederholten so während ihres ganzen Lebens den Mechanismus, durch welchen ihre Inversion entstanden war. Ihr zwanghaftes Streben nach dem Manne erwies sich als bedingt durch ihre ruhelose Flucht vor dem Weibe.

Die psychoanalytische Forschung widersetzt sich mit aller Entschiedenheit dem Versuche, die Homosexuellen als eine besonders geartete Gruppe von den anderen Menschen abzutrennen. Indem sie auch andere als die manifest kundgegebenen Sexualerregungen studiert, erfährt sie, daß alle Menschen der gleichgeschlechtlichen Objektwahl fähig sind und dieselbe auch im Unbewußten vollzogen haben. Ja die Bindungen libidinöser Gefühle an Personen des gleichen Geschlechtes spielen als Faktoren im normalen Seelenleben keine geringere, und als Motoren der Erkrankung eine größere Rolle als die, welche dem entgegengesetzten Geschlecht gelten. Der Psychoanalyse erscheint vielmehr die Unabhängigkeit der Objektwahl vom Geschlecht des Objektes, die gleich freie Verfügung über männliche und weibliche Objekte, wie sie im Kindesalter, in primitiven Zuständen und frühhistorischen Zeiten zu beobachten ist, als das Ursprüngliche, aus dem sich durch Einschränkung nach der einen oder der anderen Seite der normale wie der Inversionstypus entwickeln. Im Sinne der Psychoanalyse ist also auch das ausschließliche sexuelle Interesse des Mannes für das Weib ein der Aufklärung bedürftiges Problem und keine Selbstverständlichkeit, der eine im Grunde chemische Anziehung zu unterlegen ist. Die Entscheidung über das endgültige Sexualverhalten fällt erst nach der Pubertät und ist das Ergebnis einer noch nicht übersehbaren Reihe von Faktoren, die teils konstitutioneller, teils aber

Eindeutiger sind die Verhältnisse beim Weibe, wo die aktiv Invertierten besonders häufig somatische und seelische Charaktere des Mannes an sich tragen und das Weibliche von ihrem Sexualobjekt verlangen, wiewohl auch hier sich bei näherer Kenntnis größere Buntheit herausstellen dürfte.

**Sexualziel der Invertierten**

Die wichtige festzuhaltende Tatsache ist, daß das Sexualziel bei der Inversion keineswegs einheitlich genannt werden kann. Bei Männern fällt Verkehr per anum durchaus nicht mit Inversion zusammen; Masturbation ist ebenso häufig das ausschließliche Ziel und Einschränkungen des Sexualzieles — bis zur bloßen Gefühlsergießung — sind hier sogar häufiger als bei der hetero-

akzidenteller Natur sind. Gewiß können einzelne dieser Faktoren so übergroß ausfallen, daß sie das Resultat in ihrem Sinne beeinflussen. Im allgemeinen aber wird die Vielheit der bestimmenden Momente durch die Mannigfaltigkeit der Ausgänge im manifesten Sexualverhalten der Menschen gespiegelt. Bei den Inversionstypen ist durchwegs das Vorherrschen archaischer Konstitutionen und primitiver psychischer Mechanismen zu bestätigen. Die Geltung der narzißtischen Objektwahl und die Festhaltung der erotischen Bedeutung der Analzone erscheinen als deren wesentlichste Charaktere. Man gewinnt aber nichts, wenn man auf Grund solcher konstitutioneller Eigenheiten die extremsten Inversionstypen von den anderen sondert. Was sich bei diesen als anscheinend zureichende Begründung findet, läßt sich ebenso, nur in geringerer Stärke, in der Konstitution von Übergangstypen und bei manifest Normalen nachweisen. Die Unterschiede in den Ergebnissen mögen qualitativer Natur sein: die Analyse zeigt, daß die Unterschiede in den Bedingungen nur quantitative sind. Unter den akzidentellen Beeinflussungen der Objektwahl haben wir die Versagung (die frühzeitige Sexualeinschüchterung) bemerkenswert gefunden und sind auch darauf aufmerksam geworden, daß das Vorhandensein beider Elternteile eine wichtige Rolle spielt. Der Wegfall eines starken Vaters in der Kindheit begünstigt nicht selten die Inversion. Man darf endlich die Forderung aufstellen, daß die Inversion des Sexualobjektes von der Mischung der Geschlechtscharaktere im Subjekt begrifflich strenge zu sondern ist. Ein gewisses Maß von Unabhängigkeit ist auch in dieser Relation unverkennbar.

Eine Reihe bedeutsamer Gesichtspunkte zur Frage der Inversion hat Ferenczi in einem Aufsatz: Zur Nosologie der männlichen Homosexualität (Homoerotik) (Intern. Zeitschr. f. PsA., II, 1914) vorgebracht. Ferenczi rügt mit Recht, daß man unter dem Namen „Homosexualität", den er durch den besseren „Homoerotik" ersetzen will, eine Anzahl von sehr verschiedenen, in organischer wie in psychischer Hinsicht ungleichwertigen, Zuständen zusammenwirft, weil sie das Symptom der Inversion gemeinsam haben. Er fordert scharfe Unterscheidung wenigstens zwischen den beiden Typen des Subjekthomoerotikers, der sich als Weib fühlt und benimmt, und des Objekthomoerotikers, der durchaus männlich ist und nur das weibliche Objekt gegen ein gleichgeschlechtliches vertauscht hat. Den ersteren anerkennt er als richtige „sexuelle Zwischenstufe" im Sinne von Magnus Hirschfeld, den zweiten bezeichnet er — minder glücklich — als Zwangsneurotiker. Das

2*

sexuellen Liebe. Auch bei Frauen sind die Sexualziele der Invertierten mannigfaltig; darunter scheint die Berührung mit der Mundschleimhaut bevorzugt.

**Schlußfolgerung**

Wir sehen uns zwar außerstande, die Entstehung der Inversion aus dem bisher vorliegenden Material befriedigend aufzuklären, können aber merken, daß wir bei dieser Untersuchung zu einer Einsicht gelangt sind, die uns bedeutsamer werden kann als die Lösung der obigen Aufgabe. Wir werden aufmerksam gemacht, daß wir uns die Verknüpfung des Sexualtriebes mit dem Sexualobjekt als eine zu innige vorgestellt haben. Die Erfahrung an den für abnorm gehaltenen Fällen lehrt uns, daß hier zwischen Sexualtrieb und Sexualobjekt eine Verlötung vorliegt, die wir bei

---

Sträuben gegen die Inversionsneigung sowie die Möglichkeit psychischer Beeinflussung kämen nur beim Objekthomoerotiker in Betracht. Auch nach Anerkennung dieser beiden Typen darf man hinzufügen, daß bei vielen Personen ein Maß von Subjekthomoerotik mit einem Anteil von Objekthomoerotik vermengt gefunden wird.

In den letzten Jahren haben Arbeiten von Biologen, in erster Linie die von Eugen Steinach, ein helles Licht auf die organischen Bedingungen der Homoerotik sowie der Geschlechtscharaktere überhaupt geworfen.

Durch das experimentelle Verfahren der Kastration mit nachfolgender Einpflanzung von Keimdrüsen des anderen Geschlechtes gelang es, bei verschiedenen Säugetierarten Männchen in Weibchen zu verwandeln und umgekehrt. Die Verwandlung betraf mehr oder minder vollständig die somatischen Geschlechtscharaktere und das psychosexuelle Verhalten (also Subjekt- und Objekterotik). Als Träger dieser geschlechtsbestimmenden Kraft wird nicht der Anteil der Keimdrüse betrachtet, welcher die Geschlechtszellen bildet, sondern das sogenannte interstitielle Gewebe des Organes (die „Pubertätsdrüse").

In einem Falle gelang die geschlechtliche Umstimmung auch bei einem Manne, der seine Hoden durch tuberkulöse Erkrankung eingebüßt hatte. Er hatte sich im Geschlechtsleben als passiver Homosexueller weiblich benommen und zeigte sehr deutlich ausgeprägte weibliche Geschlechtscharaktere sekundärer Art (in Behaarung, Bartwuchs, Fettansatz an Mammae und Hüften). Nach der Einpflanzung eines kryptorchen Menschenhodens begann dieser Mann sich in männlicher Weise zu benehmen und seine Libido in normaler Weise aufs Weib zu richten. Gleichzeitig schwanden die somatischen femininen Charaktere. (A. Lipschütz, Die Pubertätsdrüse und ihre Wirkungen, Bern, 1919.)

Es wäre ungerechtfertigt zu behaupten, daß durch diese schönen Versuche die Lehre von der Inversion auf eine neue Basis gestellt wird und voreilig von ihnen geradezu einen Weg zur allgemeinen „Heilung" der Homosexualität zu erwarten. W. Fließ hat mit Recht betont, daß diese experimentellen Erfahrungen die Lehre von der allgemeinen bisexuellen Anlage der höheren Tiere nicht entwerten. Es erscheint mir vielmehr wahrscheinlich, daß sich aus weiteren solchen Untersuchungen eine direkte Bestätigung der angenommenen Bisexualität ergeben wird.

der Gleichförmigkeit der normalen Gestaltung, wo der Trieb das Objekt mitzubringen scheint, in Gefahr sind zu übersehen. Wir werden so angewiesen, die Verknüpfung zwischen Trieb und Objekt in unseren Gedanken zu lockern. Der Geschlechtstrieb ist wahrscheinlich zunächst unabhängig von seinem Objekt und verdankt wohl auch nicht den Reizen desselben seine Entstehung.

### *B) Geschlechtsunreife und Tiere als Sexualobjekte*

Während die Personen, deren Sexualobjekte nicht dem normalerweise dazu geeigneten Geschlechte angehören, die Invertierten also, dem Beobachter als eine gesammelte Anzahl von sonst vielleicht vollwertigen Individuen entgegentreten, erscheinen die Fälle, in denen geschlechtsunreife Personen (Kinder) zu Sexualobjekten erkoren werden, von vornherein als vereinzelte Verirrungen. Nur ausnahmsweise sind Kinder die ausschließlichen Sexualobjekte; zumeist gelangen sie zu dieser Rolle, wenn ein feige und impotent gewordenes Individuum sich zu solchem Surrogat versteht oder ein impulsiver (unaufschiebbarer) Trieb sich zurzeit keines geeigneteren Objektes bemächtigen kann. Immerhin wirft es ein Licht auf die Natur des Geschlechtstriebes, daß er so viel Variation und solche Herabsetzung seines Objektes zuläßt, was der Hunger, der sein Objekt weit energischer festhält, nur im äußersten Falle gestatten würde. Eine ähnliche Bemerkung gilt für den besonders unter dem Landvolke gar nicht seltenen sexuellen Verkehr mit Tieren, wobei sich etwa die Geschlechtsanziehung über die Artschranke hinwegsetzt.

Aus ästhetischen Gründen möchte man gern diese wie andere schwere Verirrungen des Geschlechtstriebes den Geisteskranken zuweisen, aber dies geht nicht an. Die Erfahrung lehrt, daß man bei diesen letzteren keine anderen Störungen des Geschlechtstriebes beobachtet als bei Gesunden, ganzen Rassen und Ständen. So findet sich sexueller Mißbrauch von Kindern mit unheimlicher

Häufigkeit bei Lehrern und Wartepersonen, bloß weil sich diesen die beste Gelegenheit dazu bietet. Die Geisteskranken zeigen die betreffende Verirrung nur etwa gesteigert oder, was besonders bedeutsam ist, zur Ausschließlichkeit erhoben und an Stelle der normalen Sexualbefriedigung gerückt.

Dieses sehr merkwürdige Verhältnis der sexuellen Variationen zur Stufenleiter von der Gesundheit bis zur Geistesstörung gibt zu denken. Ich würde meinen, die zu erklärende Tatsache wäre ein Hinweis darauf, daß die Regungen des Geschlechtslebens zu jenen gehören, die auch normalerweise von den höheren Seelentätigkeiten am schlechtesten beherrscht werden. Wer in sonst irgendeiner Beziehung geistig abnorm ist, in sozialer, ethischer Hinsicht, der ist es nach meiner Erfahrung regelmäßig in seinem Sexualleben. Aber viele sind abnorm im Sexualleben, die in allen anderen Punkten dem Durchschnitt entsprechen, die menschliche Kulturentwicklung, deren schwacher Punkt die Sexualität bleibt, in ihrer Person mitgemacht haben.

Als allgemeinstes Ergebnis dieser Erörterungen würden wir aber die Einsicht herausgreifen, daß unter einer großen Anzahl von Bedingungen und bei überraschend viel Individuen die Art und der Wert des Sexualobjektes in den Hintergrund treten. Etwas anderes ist am Sexualtrieb das Wesentliche und Konstante.[1]

## 2) Abweichungen in Bezug auf das Sexualziel

Als normales Sexualziel gilt die Vereinigung der Genitalien in dem als Begattung bezeichneten Akte, der zur Lösung der sexuellen Spannung und zum zeitweiligen Erlöschen des Sexual-

1) Der eingreifendste Unterschied zwischen dem Liebesleben der Alten Welt und dem unsrigen liegt wohl darin, daß die Antike den Akzent auf den Trieb selbst, wir aber auf dessen Objekt verlegen. Die Alten feierten den Trieb und waren bereit, auch ein minderwertiges Objekt durch ihn zu adeln, während wir die Triebbetätigung an sich geringschätzen und sie nur durch die Vorzüge des Objekts entschuldigen lassen.

triebes führt (Befriedigung analog der Sättigung beim Hunger). Doch sind bereits am normalsten Sexualvorgang jene Ansätze kenntlich, deren Ausbildung zu den Abirrungen führt, die man als Perversionen beschrieben hat. Es werden nämlich gewisse intermediäre (auf dem Wege zur Begattung liegende) Beziehungen zum Sexualobjekt, wie das Betasten und Beschauen desselben, als vorläufige Sexualziele anerkannt. Diese Betätigungen sind einerseits selbst mit Lust verbunden, andererseits steigern sie die Erregung, welche bis zur Erreichung des endgültigen Sexualzieles andauern soll. Eine bestimmte dieser Berührungen, die der beiderseitigen Lippenschleimhaut, hat ferner als Kuß bei vielen Völkern (die höchstzivilisierten darunter) einen hohen sexuellen Wert erhalten, obwohl die dabei in Betracht kommenden Körperteile nicht dem Geschlechtsapparat angehören, sondern den Eingang zum Verdauungskanal bilden. Hiemit sind also Momente gegeben, welche die Perversionen an das normale Sexualleben anknüpfen lassen und auch zur Einteilung derselben verwendbar sind. Die Perversionen sind entweder *a)* anatomische Überschreitungen der für die geschlechtliche Vereinigung bestimmten Körpergebiete oder *b)* Verweilungen bei den intermediären Relationen zum Sexualobjekt, die normalerweise auf dem Wege zum endgültigen Sexualziel rasch durchschritten werden sollen.

### *a) Anatomische Überschreitungen*

**Überschätzung des Sexualobjektes**

Die psychische Wertschätzung, deren das Sexualobjekt als Wunschziel des Sexualtriebes teilhaftig wird, beschränkt sich in den seltensten Fällen auf dessen Genitalien, sondern greift auf den ganzen Körper desselben über und hat die Tendenz, alle vom Sexualobjekt ausgehenden Sensationen mit einzubeziehen. Die gleiche Überschätzung strahlt auf das psychische Gebiet aus und zeigt sich als logische Verblendung (Urteilsschwäche) angesichts der seelischen Leistungen und Vollkommenheiten des Sexualobjektes sowie als gläubige Gefügigkeit gegen die von letzterem ausgehenden Urteile. Die Gläubigkeit der Liebe wird so zu einer wichtigen, wenn nicht zur uranfänglichen Quelle der Autorität.[1]

Diese Sexualüberschätzung ist es nun, welche sich mit der Einschränkung des Sexualzieles auf die Vereinigung der eigentlichen Genitalien so schlecht verträgt und Vornahmen an anderen Körperteilen zu Sexualzielen erheben hilft.[2]

Die Bedeutung des Moments der Sexualüberschätzung läßt sich am ehesten beim Manne studieren, dessen Liebesleben allein der Erforschung zugänglich geworden ist, während das des Weibes zum Teil infolge der Kulturverkümmerung, zum anderen Teil durch die konventionelle Verschwiegenheit und Unaufrichtigkeit der Frauen in ein noch undurchdringliches Dunkel gehüllt ist.[3]

**Sexuelle Verwendung der Lippen-Mundschleimhaut**

Die Verwendung des Mundes als Sexualorgan gilt als Perversion, wenn die Lippen (Zunge) der einen Person mit den Genitalien der anderen in Berührung gebracht werden, nicht aber, wenn beider Teile Lippenschleimhäute einander berühren. In letzterer Ausnahme liegt die Anknüpfung ans Normale. Wer die anderen wohl seit den Urzeiten der Menschheit gebräuchlichen Praktiken als Perversionen verabscheut, der gibt dabei einem deutlichen Ekelgefühl nach, welches ihn vor der Annahme eines solchen

1) Ich kann mir nicht versagen, hiebei an die gläubige Gefügigkeit der Hypnotisierten gegen ihren Hynotiseur zu erinnern, welche mich vermuten läßt, daß das Wesen der Hypnose in die unbewußte Fixierung der Libido auf die Person des Hypnotiseurs (vermittels der masochistischen Komponente des Sexualtriebes) zu verlegen ist. — S. Ferenczi hat diesen Charakter der Suggerierbarkeit mit dem „Elternkomplex" verknüpft. (Jahrbuch für psychoanalyt. und psychopathol. Forschungen I, 1909.)

2) Es ist indes zu bemerken, daß die Sexualüberschätzung nicht bei allen Mechanismen der Objektwahl ausgebildet wird und daß wir späterhin eine andere und direktere Erklärung für die sexuelle Rolle der anderen Körperteile kennen lernen werden. Das Moment des „Reizhungers", das von Hoche uud I. Bloch zur Erklärung des Übergreifens von sexuellem Interesse auf andere Körperteile als die Genitalien herangezogen wird, scheint mir diese Bedeutung nicht zu verdienen. Die verschiedenen Wege, auf denen die Libido wandelt, verhalten sich zueinander von Anfang an wie kommunizierende Röhren, und man muß dem Phänomen der Kollateralströmung Rechnung tragen.

3) Das Weib läßt in typischen Fällen eine „Sexualüberschätzung" des Mannes vermissen, versäumt dieselbe aber fast niemals gegen das von ihr geborene Kind.

Sexualzieles schützt. Die Grenze dieses Ekels ist aber häufig rein konventionell; wer etwa mit Inbrunst die Lippen eines schönen Mädchens küßt, wird vielleicht das Zahnbürstchen desselben nur mit Ekel gebrauchen können, wenngleich kein Grund zur Annahme vorliegt, daß seine eigene Mundhöhle, vor der ihm nicht ekelt, reinlicher sei als die des Mädchens. Man wird hier auf das Moment des Ekels aufmerksam, welches der libidinösen Überschätzung des Sexualobjekts in den Weg tritt, seinerseits aber durch die Libido überwunden werden kann. In dem Ekel möchte man eine der Mächte erblicken, welche die Einschränkung des Sexualzieles zustande gebracht haben. In der Regel machen diese vor den Genitalien selbst Halt. Es ist aber kein Zweifel, daß auch die Genitalien des anderen Geschlechts an und für sich Gegenstand des Ekels sein können, und daß dieses Verhalten zur Charakteristik aller Hysterischen (zumal der weiblichen) gehört. Die Stärke des Sexualtriebes liebt es, sich in der Überwindung dieses Ekels zu betätigen. (S. u.)

**Sexuelle Verwendung der Afteröffnung**

Klarer noch als im früheren Falle erkennt man bei der Inanspruchnahme des Afters, daß es der Ekel ist, welcher dieses Sexualziel zur Perversion stempelt. Man lege mir aber die Bemerkung nicht als Parteinahme aus, daß die Begründung dieses Ekels, diese Körperpartie diene der Exkretion und komme mit dem Ekelhaften an sich — den Exkrementen — in Berührung, nicht viel stichhältiger ist als etwa die Begründung, welche hysterische Mädchen für ihren Ekel vor dem männlichen Genitale abgeben: es diene der Harnentleerung.

**Bedeutung anderer Körperstellen**

Die sexuelle Rolle der Afterschleimhaut ist keineswegs auf den Verkehr zwischen Männern beschränkt, ihre Bevorzugung hat nichts für das invertierte Fühlen Charakteristisches. Es scheint im Gegenteil, daß die Pädikatio des Mannes ihre Rolle der Analogie mit dem Akt beim Weibe verdankt, während gegenseitige Masturbation das Sexualziel ist, welches sich beim Verkehr Invertierter am ehesten ergibt.

Das sexuelle Übergreifen auf andere Körperstellen bietet in all seinen Variationen nichts prinzipiell Neues, fügt nichts zur Kenntnis des Sexualtriebes hinzu, der hierin nur seine Absicht verkündet, sich des Sexualobjekts nach allen Richtungen zu bemächtigen. Neben der Sexualüberschätzung meldet sich aber bei den anatomischen Überschreitungen ein zweites, der populären Kenntnis fremdartiges Moment. Gewisse Körperstellen, wie die Mund- und Afterschleimhaut, die immer wieder in diesen Praktiken auftreten, erheben gleichsam den Anspruch, selbst als Genitalien betrachtet und behandelt zu werden. Wir werden hören, wie dieser Anspruch durch die Entwicklung des Sexualtriebes gerechtfertigt und wie er in der Symptomatologie gewisser Krankheitszustände erfüllt wird.

**Ungeeigneter Ersatz des Sexualobjektes — Fetischismus**

Einen ganz besonderen Eindruck ergeben jene Fälle, in denen das normale Sexualobjekt ersetzt wird durch ein anderes, das zu ihm in Beziehung steht, dabei aber völlig ungeeignet ist, dem normalen Sexualziel zu dienen. Wir hätten nach den Gesichtspunkten der Einteilung wohl besser getan, diese höchst interessante Gruppe von Abirrungen des Sexualtriebes schon bei den Abweichungen in Bezug auf das Sexualobjekt zu erwähnen, verschoben es aber, bis wir das Moment der *Sexualüberschätzung* kennen gelernt hatten, von welchem diese Erscheinungen abhängen, mit denen ein Aufgeben des Sexualzieles verbunden ist.

Der Ersatz für das Sexualobjekt ist ein im allgemeinen für sexuelle Zwecke sehr wenig geeigneter Körperteil (Fuß, Haar) oder ein unbelebtes Objekt, welches in nachweisbarer Relation mit der Sexualperson, am besten mit der Sexualität derselben, steht. (Stücke der Kleidung, weiße Wäsche.) Dieser Ersatz wird nicht mit Unrecht mit dem Fetisch verglichen, in dem der Wilde seinen Gott verkörpert sieht.

Den Übergang zu den Fällen von Fetischismus mit Verzicht auf ein normales oder perverses Sexualziel bilden Fälle, in denen eine fetischistische Bedingung am Sexualobjekt erfordert wird, wenn das Sexualziel erreicht werden soll. (Bestimmte Haarfarbe, Kleidung, selbst Körperfehler.) Keine andere ans Pathologische streifende Variation des Sexualtriebes hat so viel Anspruch auf unser Interesse wie diese durch die Sonderbarkeit der durch sie veranlaßten Erscheinungen. Eine gewisse Herabsetzung des Strebens nach dem normalen Sexualziel scheint für alle Fälle Voraussetzung (exekutive Schwäche des Sexualapparates).[1] Die Anknüpfung ans Normale wird durch die psychologisch notwendige Überschätzung des Sexualobjektes vermittelt, welche unvermeidlich auf alles mit demselben assoziativ Verbundene übergreift. Ein gewisser Grad von solchem Fetischismus ist daher dem normalen Lieben regelmäßig eigen, besonders in jenen Stadien der Verliebtheit, in welchen das normale Sexualziel unerreichbar oder dessen Erfüllung aufgehoben erscheint.

„Schaff' mir ein Halstuch von ihrer Brust,
Ein Strumpfband meiner Liebeslust!" (Faust)

Der pathologische Fall tritt erst ein, wenn sich das Streben nach dem Fetisch über solche Bedingung hinaus fixiert und sich an die Stelle des normalen Zieles setzt, ferner wenn sich der Fetisch von der bestimmten Person loslöst, zum alleinigen Sexualobjekt wird. Es sind dies die allgemeinen Bedingungen für das Übergehen bloßer Variationen des Geschlechtstriebes in pathologische Verirrungen.

In der Auswahl des Fetisch zeigt sich, wie Binet zuerst behauptet hat und dann später durch zahlreiche Belege erwiesen worden ist, der fortwirkende Einfluß eines zumeist in früher Kindheit empfangenen sexuellen Eindruckes, was man der sprichwörtlichen Haftfähigkeit einer ersten Liebe beim Normalen (*„on revient toujours à ses premiers amours"*) an die Seite stellen darf.

1) Diese Schwäche entspräche der konstitutionellen Voraussetzung. Die Psychoanalyse hat als akzidentelle Bedingung die frühzeitige Sexualeinschüchterung nachgewiesen, welche vom normalen Sexualziel abdrängt und zum Ersatz desselben anregt.

Eine solche Ableitung ist besonders deutlich bei Fällen mit bloß fetischistischer Bedingtheit des Sexualobjektes. Der Bedeutung frühzeitiger sexueller Eindrücke werden wir noch an anderer Stelle begegnen.[1]

In anderen Fällen ist es eine dem Betroffenen meist nicht bewußte symbolische Gedankenverbindung, welche zum Ersatz des Objektes durch den Fetisch geführt hat. Die Wege dieser Verbindungen sind nicht immer mit Sicherheit nachzuweisen (der Fuß ist ein uraltes sexuelles Symbol, schon im Mythus,[2] „Pelz" verdankt seine Fetischrolle wohl der Assoziation mit der Behaarung des Mons veneris); doch scheint auch solche Symbolik nicht immer unabhängig von sexuellen Erlebnissen der Kinderzeit.[3]

---

1) Tiefer eindringende psychoanalytische Untersuchung hat zu einer berechtigten Kritik der Binetschen Behauptung geführt. Alle hieher gehörigen Beobachtungen haben ein erstes Zusammentreffen mit dem Fetisch zum Inhalt, in welchem sich dieser bereits im Besitz des sexuellen Interesses zeigt, ohne daß man aus den Begleitumständen verstehen könnte, wie er zu diesem Besitz gekommen ist. Auch fallen alle diese „frühzeitigen" Sexualeindrücke in die Zeit nach dem fünften, sechsten Jahr, während die Psychoanalyse daran zweifeln läßt, ob sich pathologische Fixierungen so spät neubilden können. Der wirkliche Sachverhalt ist der, daß hinter der ersten Erinnerung an das Auftreten des Fetisch eine untergegangene und vergessene Phase der Sexualentwicklung liegt, die durch den Fetisch wie durch eine „Deckerinnerung" vertreten wird, deren Rest und Niederschlag der Fetisch also darstellt. Die Wendung dieser in die ersten Kindheitsjahre fallenden Phase zum Fetischismus sowie die Auswahl des Fetisch selbst sind konstitutionell determiniert.

2) Dementsprechend der Schuh oder Pantoffel Symbol des weiblichen Genitales.

3) Die Psychoanalyse hat eine der noch vorhandenen Lücken im Verständnis des Fetischismus ausgefüllt, indem sie auf die Bedeutung einer durch Verdrängung verloren gegangenen koprophilen Riechlust für die Auswahl des Fetisch hinwies. Fuß und Haar sind stark riechende Objekte, die nach dem Verzicht auf die unlustig gewordene Geruchsempfindung zu Fetischen erhoben werden. In der dem Fußfetischismus entsprechenden Perversion ist demgemäß nur der schmutzige und übelriechende Fuß das Sexualobjekt. Ein anderer Beitrag zur Aufklärung der fetischistischen Bevorzugung des Fußes ergibt sich aus den infantilen Sexualtheorien. (S. u.) Der Fuß ersetzt den schwer vermißten Penis des Weibes. — In manchen Fällen von Fußfetischismus ließ sich zeigen, daß der ursprünglich auf das Genitale gerichtete Schautrieb, der seinem Objekt von unten her nahe kommen wollte, durch Verbot und Verdrängung auf dem Wege aufgehalten wurde, und darum Fuß oder Schuh als Fetisch festhielt. Das weibliche Genitale wurde dabei, der infantilen Erwartung entsprechend, als ein männliches vorgestellt.

### b) *Fixierungen von vorläufigen Sexualzielen*

Auftreten neuer Absichten

Alle äußeren und inneren Bedingungen, welche das Erreichen des normalen Sexualzieles erschweren oder in die Ferne rücken (Impotenz, Kostbarkeit des Sexualobjektes, Gefahren des Sexualaktes), unterstützen wie begreiflich die Neigung, bei den vorbereitenden Akten zu verweilen und neue Sexualziele aus ihnen zu gestalten, die an die Stelle des normalen treten können. Bei näherer Prüfung zeigt sich stets, daß die anscheinend fremdartigsten dieser neuen Absichten doch bereits beim normalen Sexualvorgang angedeutet sind.

Betasten und Beschauen

Ein gewisses Maß von Tasten ist wenigstens für den Menschen zur Erreichung des normalen Sexualzieles unerläßlich. Auch ist es allgemein bekannt, welche Lustquelle einerseits, welcher Zufluß neuer Erregung andererseits durch die Berührungsempfindungen von der Haut des Sexualobjektes gewonnen wird. Somit kann das Verweilen beim Betasten, falls der Sexualakt überhaupt nur weiter geht, kaum zu den Perversionen gezählt werden.

Ähnlich ist es mit dem in letzter Linie vom Tasten abgeleiteten Sehen. Der optische Eindruck bleibt der Weg, auf dem die libidinöse Erregung am häufigsten geweckt wird, und auf dessen Gangbarkeit — wenn diese teleologische Betrachtungsweise zulässig ist — die Zuchtwahl rechnet, indem sie das Sexualobjekt sich zur Schönheit entwickeln läßt. Die mit der Kultur fortschreitende Verhüllung des Körpers hält die sexuelle Neugierde wach, welche danach strebt, sich das Sexualobjekt durch Enthüllung der verborgenen Teile zu ergänzen, die aber ins Künstlerische abgelenkt („sublimiert“) werden kann, wenn man ihr Interesse von den Genitalien weg auf die Körperbildung im ganzen zu lenken vermag.[1] Ein Verweilen bei diesem intermediären Sexualziel des

1) Es scheint mir unzweifelhaft, daß der Begriff des „Schönen“ auf dem Boden der Sexualerregung wurzelt und ursprünglich das sexuell Reizende („die Reize“) bedeutet. Es steht im Zusammenhange damit, daß wir die Genitalien selbst, deren Anblick die stärkste sexuelle Erregung hervorruft, eigentlich niemals „schön“ finden können.

sexuell betonten Schauens kommt in gewissem Grade den meisten Normalen zu, ja es gibt ihnen die Möglichkeit, einen gewissen Betrag ihrer Libido auf höhere künstlerische Ziele zu richten. Zur Perversion wird die Schaulust im Gegenteil, *a)* wenn sie sich ausschließlich auf die Genitalien einschränkt, *b)* wenn sie sich mit der Überwindung des Ekels verbindet (Voyeurs: Zuschauer bei den Exkretionsfunktionen), *c)* wenn sie das normale Sexualziel anstatt es vorzubereiten, verdrängt. Letzteres ist in ausgeprägter Weise bei den Exhibitionisten der Fall, die, wenn ich nach mehreren Analysen schließen darf, ihre Genitalien zeigen, um als Gegenleistung die Genitalien des anderen Teiles zu Gesicht zu bekommen.[1]

Bei der Perversion, deren Streben das Schauen und Beschautwerden ist, tritt ein sehr merkwürdiger Charakter hervor, der uns bei der nächstfolgenden Abirrung noch intensiver beschäftigen wird. Das Sexualziel ist hiebei nämlich in zweifacher Ausbildung vorhanden, in aktiver und in passiver Form.

Die Macht, welche der Schaulust entgegensteht und eventuell durch sie aufgehoben wird, ist die Scham (wie vorhin der Ekel).

Die Neigung, dem Sexualobjekt Schmerz zuzufügen und ihr Gegenstück, diese häufigste und bedeutsamste aller Perversionen, ist in ihren beiden Gestaltungen, der aktiven und der passiven, von v. Krafft-Ebing als Sadismus und Masochismus (passiv) benannt worden. Andere Autoren ziehen die engere Bezeichnung Algolagnie vor, welche die Lust am Schmerz, die Grausamkeit, betont, während bei den Namen, die v. Krafft-Ebing gewählt hat, die Lust an jeder Art von Demütigung und Unterwerfung in den Vordergrund gestellt wird.

1) Der Analyse enthüllt diese Perversion — sowie die meisten anderen — eine unerwartete Vielfältigkeit ihrer Motive und Bedeutungen. Der Exhibitionszwang zum Beispiel ist auch stark abhängig vom Kastrationskomplex; er betont immer wieder die Integrität des eigenen (männlichen) Genitales und wiederholt die infantile Befriedigung über das Fehlen des Gliedes im weiblichen.

Für die aktive Algolagnie, den Sadismus, sind die Wurzeln im Normalen leicht nachzuweisen. Die Sexualität der meisten Männer zeigt eine Beimengung von Aggression, von Neigung zur Überwältigung, deren biologische Bedeutung in der Notwendigkeit liegen dürfte, den Widerstand des Sexualobjektes noch anders als durch die Akte der Werbung zu überwinden. Der Sadismus entspräche dann einer selbständig gewordenen, übertriebenen, durch Verschiebung an die Hauptstelle gerückten aggressiven Komponente des Sexualtriebes.

Der Begriff des Sadismus schwankt im Sprachgebrauch von einer bloß aktiven, sodann gewalttätigen, Einstellung gegen das Sexualobjekt bis zur ausschließlichen Bindung der Befriedigung an die Unterwerfung und Mißhandlung desselben. Strenge genommen hat nur der letztere extreme Fall Anspruch auf den Namen einer Perversion.

In ähnlicher Weise umfaßt die Bezeichnung Masochismus alle passiven Einstellungen zum Sexualleben und Sexualobjekt, als deren äußerste die Bindung der Befriedigung an das Erleiden von physischem oder seelischem Schmerz von seiten des Sexualobjektes erscheint. Der Masochismus als Perversion scheint sich vom normalen Sexualziel weiter zu entfernen als sein Gegenstück; es darf zunächst bezweifelt werden, ob er jemals primär auftritt oder nicht vielmehr regelmäßig durch Umbildung aus dem Sadismus entsteht.[1] Häufig läßt sich erkennen, daß der Masochismus nichts anderes ist als eine Fortsetzung des Sadismus in Wendung gegen die eigene Person, welche dabei zunächst die Stelle des Sexualobjekts

1) Spätere Überlegungen, die sich auf bestimmte Annahmen über die Struktur des seelischen Apparates und über die in ihm wirksamen Triebarten stützen konnten, haben mein Urteil über den Masochismus weitgehend verändert. Ich wurde dazu geführt, einen primären — erogenen — Masochismus anzuerkennen, aus dem sich zwei spätere Formen, der feminine und der moralische Masochismus entwickeln. Durch Rückwendung des im Leben unverbrauchten Sadismus gegen die eigene Person entsteht ein sekundärer Masochismus, der sich zum primären hinzuaddiert. (S. „Das ökonomische Problem des Masochismus" Internat. Zeitschrift für Psychoanalyse X, 1924 [Gesamtausgabe Bd. V]).

vertritt. Die klinische Analyse extremer Fälle von masochistischer Perversion führt auf das Zusammenwirken einer großen Reihe von Momenten, welche die ursprüngliche passive Sexualeinstellung übertreiben und fixieren. (Kastrationskomplex, Schuldbewußtsein.)

Der Schmerz, der hiebei überwunden wird, reiht sich dem Ekel und der Scham an, die sich der Libido als Widerstände entgegengestellt hatten.

Sadismus und Masochismus nehmen unter den Perversionen eine besondere Stellung ein, da der ihnen zugrunde liegende Gegensatz von Aktivität und Passivität zu den allgemeinen Charakteren des Sexuallebens gehört.

Daß Grausamkeit und Sexualtrieb innigst zusammengehören, lehrt die Kulturgeschichte der Menschheit über jeden Zweifel, aber in der Aufklärung dieses Zusammenhanges ist man über die Betonung des aggressiven Moments der Libido nicht hinausgekommen. Nach einigen Autoren ist diese dem Sexualtrieb beigemengte Aggression eigentlich ein Rest kannibalischer Gelüste, also eine Mitbeteiligung des Bemächtigungsapparates, welcher der Befriedigung des anderen, ontogenetisch älteren, großen Bedürfnisses dient.[1] Es ist auch behauptet worden, daß jeder Schmerz an und für sich die Möglichkeit einer Lustempfindung enthalte. Wir wollen uns mit dem Eindruck begnügen, daß die Aufklärung dieser Perversion keineswegs befriedigend gegeben ist, und daß möglicherweise hiebei mehrere seelische Strebungen sich zu einem Effekt vereinigen.[2]

Die auffälligste Eigentümlichkeit dieser Perversion liegt aber darin, daß ihre aktive und ihre passive Form regelmäßig bei der nämlichen Person mitsammen angetroffen werden. Wer Lust daran empfindet, anderen Schmerz in sexueller Relation zu

1) Vgl. hiezu die spätere Mitteilung über die prägenitalen Phasen der Sexualentwicklung, in welcher diese Ansicht bestätigt wird.

2) Aus der zuletzt zitierten Untersuchung leitet sich für das Gegensatzpaar Sadismus—Masochismus eine auf den Triebursprung begründete Sonderstellung ab, durch welche es aus der Reihe der anderen „Perversionen" herausgehoben wird.

erzeugen, der ist auch befähigt, den Schmerz als Lust zu genießen, der ihm aus sexuellen Beziehungen erwachsen kann. Ein Sadist ist immer auch gleichzeitig ein Masochist, wenngleich die aktive oder die passive Seite der Perversion bei ihm stärker ausgebildet sein und seine vorwiegend sexuelle Betätigung darstellen kann.[1]

Wir sehen so gewisse der Perversionsneigungen regelmäßig als Gegensatzpaare auftreten, was mit Hinblick auf später beizubringendes Material eine hohe theoretische Bedeutung beanspruchen darf.[2] Es ist ferner einleuchtend, daß die Existenz des Gegensatzpaares Sadismus — Masochismus aus der Aggressionsbeimengung nicht ohneweiters ableitbar ist. Dagegen wäre man versucht, solche gleichzeitig vorhandene Gegensätze mit dem in der Bisexualität vereinten Gegensatz von männlich und weiblich in Beziehung zu setzen, für welchen in der Psychoanalyse häufig der von aktiv und passiv einzusetzen ist.

## 3) Allgemeines über alle Perversionen

**Variation und Krankheit**

Die Ärzte, welche die Perversionen zuerst an ausgeprägten Beispielen und unter besonderen Bedingungen studiert haben, sind natürlich geneigt gewesen, ihnen den Charakter eines Krankheits- oder Degenerationszeichens zuzusprechen, ganz ähnlich wie bei der Inversion. Indes ist es hier leichter als dort, diese Auffassung abzulehnen. Die alltägliche Erfahrung hat gezeigt, daß die meisten dieser Überschreitungen, wenigstens die minder argen unter ihnen, einen selten fehlenden Bestandteil des Sexuallebens der Gesunden bilden und von ihnen wie andere Intimitäten auch beurteilt werden. Wo die Verhältnisse es begünstigen, kann

1) Anstatt vieler Belege für diese Behauptung zitiere ich nur die eine Stelle aus Havelock Ellis (Das Geschlechtsgefühl, 1903): „Alle bekannten Fälle von Sadismus und Masochismus, selbst die von v. Krafft-Ebing zitierten, zeigen beständig (wie schon Colin, Scott und Féré nachgewiesen) Spuren beider Gruppen von Erscheinungen an ein und demselben Individuum."

2) Vgl. die spätere Erwähnung der „Ambivalenz".

auch der Normale eine solche Perversion eine ganze Zeitlang an die Stelle des normalen Sexualzieles setzen oder ihr einen Platz neben diesem einräumen. Bei keinem Gesunden dürfte irgendein pervers zu nennender Zusatz zum normalen Sexualziel fehlen und diese Allgemeinheit genügt für sich allein, um die Unzweckmäßigkeit einer vorwurfsvollen Verwendung des Namens Perversion darzutun. Gerade auf dem Gebiete des Sexuallebens stößt man auf besondere, eigentlich derzeit unlösbare Schwierigkeiten, wenn man eine scharfe Grenze zwischen bloßer Variation innerhalb der physiologischen Breite und krankhaften Symptomen ziehen will.

Bei manchen dieser Perversionen ist immerhin die Qualität des neuen Sexualzieles eine solche, daß sie nach besonderer Würdigung verlangt. Gewisse der Perversionen entfernen sich inhaltlich so weit vom Normalen, daß wir nicht umhin können, sie für „krankhaft“ zu erklären, insbesondere jene, in denen der Sexualtrieb in der Überwindung der Widerstände (Scham, Ekel, Grauen, Schmerz) erstaunliche Leistungen vollführt (Kotlecken, Leichenmißbrauch). Doch darf man auch in diesen Fällen sich nicht der sicheren Erwartung hingeben, in den Tätern regelmäßig Personen mit andersartigen schweren Abnormitäten oder Geisteskranke zu entdecken. Man kommt auch hier nicht über die Tatsache hinaus, daß Personen, die sich sonst normal verhalten, auf dem Gebiete des Sexuallebens allein, unter der Herrschaft des ungezügeltsten aller Triebe, sich als Kranke dokumentieren. Manifeste Abnormität in anderen Lebensrelationen pflegt hingegen jedesmal einen Hintergrund von abnormem sexuellen Verhalten zu zeigen.

In der Mehrzahl der Fälle können wir den Charakter des Krankhaften bei der Perversion nicht im Inhalt des neuen Sexualzieles, sondern in dessen Verhältnis zum Normalen finden. Wenn die Perversion nicht neben dem Normalen (Sexualziel und Objekt) auftritt, wo günstige Umstände dieselbe fördern und ungünstige das Normale verhindern, sondern wenn sie das Normale unter allen Umständen verdrängt und ersetzt hat; — in der Ausschließlichkeit und in der Fixierung also der Perversion sehen wir zu allermeist die Berechtigung, sie als ein krankhaftes Symptom zu beurteilen.

**Die seelische Beteiligung bei den Perversionen**

Vielleicht gerade bei den abscheulichsten Perversionen muß man die ausgiebigste psychische Beteiligung zur Umwandlung des Sexualtriebes anerkennen. Es ist hier ein Stück seelischer Arbeit geleistet, dem man trotz seines greulichen Erfolges den Wert einer Idealisierung des Triebes nicht absprechen kann. Die Allgewalt der Liebe zeigt sich vielleicht nirgends stärker als in diesen ihren Verirrungen. Das Höchste und das Niedrigste hängen in der Sexualität überall am innigsten aneinander („vom Himmel durch die Welt zur Hölle").

**Zwei Ergebnisse**

Bei dem Studium der Perversionen hat sich uns die Einsicht ergeben, daß der Sexualtrieb gegen gewisse seelische Mächte als Widerstände anzukämpfen hat, unter denen Scham und Ekel am deutlichsten hervorgetreten sind. Es ist die Vermutung gestattet, daß diese Mächte daran beteiligt sind, den Trieb innerhalb der als normal geltenden Schranken zu bannen, und wenn sie sich im Individuum früher entwickelt haben, ehe der Sexualtrieb seine volle Stärke erlangte, so waren sie es wohl, die ihm die Richtung seiner Entwicklung angewiesen haben.[1]

Wir haben ferner die Bemerkung gemacht, daß einige der untersuchten Perversionen nur durch das Zusammentreten von mehreren Motiven verständlich werden. Wenn sie eine Analyse — Zersetzung — zulassen, müssen sie zusammengesetzter Natur sein. Hieraus können wir einen Wink entnehmen, daß vielleicht

1) Man muß diese die Sexualentwicklung eindämmenden Mächte — Ekel, Scham und Moralität — andererseits auch als historische Niederschläge der äußeren Hemmungen ansehen, welche der Sexualtrieb in der Psychogenese der Menschheit erfahren hat. Man macht die Beobachtung, daß sie in der Entwicklung des Einzelnen zu ihrer Zeit wie spontan auf die Winke der Erziehung und Beeinflussung hin auftreten.

der Sexualtrieb selbst nichts Einfaches, sondern aus Komponenten zusammengesetzt ist, die sich in den Perversionen wieder von ihm ablösen. Die Klinik hätte uns so auf Verschmelzungen aufmerksam gemacht, die in dem gleichförmigen normalen Verhalten ihren Ausdruck eingebüßt haben.[1]

## 4) Der Sexualtrieb bei den Neurotikern

**Die Psychoanalyse**

Einen wichtigen Beitrag zur Kenntnis des Sexualtriebes bei Personen, die den Normalen mindestens nahe stehen, gewinnt man aus einer Quelle, die nur auf einem bestimmten Wege zugänglich ist. Es gibt nur ein Mittel, über das Geschlechtsleben der sogenannten Psychoneurotiker (Hysterie, Zwangsneurose, fälschlich sogenannte Neurasthenie, sicherlich auch Dementia praecox, Paranoia) gründliche und nicht irre leitende Aufschlüsse zu erhalten, nämlich wenn man sie der psychoanalytischen Erforschung unterwirft, deren sich das von J. Breuer und mir 1893 eingesetzte, damals „kathartisch" genannte Heilverfahren bedient.

Ich muß vorausschicken, respektive aus anderen Veröffentlichungen wiederholen, daß diese Psychoneurosen, soweit meine Erfahrungen reichen, auf sexuellen Triebkräften beruhen. Ich meine dies nicht etwa so, daß die Energie des Sexualtriebes einen Beitrag zu den Kräften liefert, welche die krankhaften Erscheinungen (Symptome) unterhalten, sondern ich will ausdrücklich behaupten, daß dieser Anteil der einzig konstante und die wichtigste Energiequelle der Neurose ist, so daß das Sexualleben der betreffenden Personen sich entweder ausschließlich oder

1) Ich bemerke vorgreifend über die Entstehung der Perversionen, daß man Grund hat anzunehmen, es sei vor der Fixierung derselben, ganz ähnlich wie beim Fetischismus, ein Ansatz normaler Sexualentwicklung vorhanden gewesen. Die analytische Untersuchung hat bisher in einzelnen Fällen zeigen können, daß auch die Perversion der Rückstand einer Entwicklung zum Ödipuskomplex ist, nach dessen Verdrängung die der Anlage nach stärkste Komponente des Sexualtriebes wieder hervorgetreten ist.

vorwiegend oder nur teilweise in diesen Symptomen äußert. Die Symptome sind, wie ich es an anderer Stelle ausgedrückt habe, die Sexualbetätigung der Kranken. Den Beweis für diese Behauptung hat mir eine seit fünfundzwanzig Jahren sich mehrende Anzahl von Psychoanalysen hysterischer und anderer Nervöser geliefert, über deren Ergebnisse im einzelnen ich an anderen Orten ausführliche Rechenschaft gegeben habe und noch weiter geben werde.[1]

Die Psychoanalyse beseitigt die Symptome Hysterischer unter der Voraussetzung, daß dieselben der Ersatz — die Transkription gleichsam — für eine Reihe von affektbesetzten seelischen Vorgängen, Wünschen und Strebungen, sind, denen durch einen besonderen psychischen Prozeß (die Verdrängung) der Zugang zur Erledigung durch bewußtseinsfähige psychische Tätigkeit versagt worden ist. Diese also im Zustande des Unbewußten zurückgehaltenen Gedankenbildungen streben nach einem ihrem Affektwert gemäßen Ausdruck, einer Abfuhr, und finden eine solche bei der Hysterie durch den Vorgang der Konversion in somatischen Phänomenen — eben den hysterischen Symptomen. Bei der kunstgerechten, mit Hilfe einer besonderen Technik durchgeführten Rückverwandlung der Symptome in nun bewußt gewordene, affektbesetzte Vorstellungen ist man also imstande, über die Natur und die Abkunft dieser früher unbewußten psychischen Bildungen das Genaueste zu erfahren.

**Ergebnisse der Psychoanalyse**

Es ist auf diese Weise in Erfahrung gebracht worden, daß die Symptome einen Ersatz für Strebungen darstellen, die ihre Kraft der Quelle des Sexualtriebes entnehmen. Im vollen Einklange damit steht, was wir über den Charakter der hier zum Muster für alle Psychoneurotiker genommenen Hysteriker vor ihrer

1) Es ist nur eine Vervollständigung und nicht eine Verringerung dieser Aussage, wenn ich sie dahin abändere: Die nervösen Symptome beruhen einerseits auf dem Anspruch der libidinösen Triebe, andererseits auf dem Einspruch des Ichs, der Reaktion gegen dieselben.

Erkrankung und über die Anlässe zur Erkrankung wissen. Der hysterische Charakter läßt ein Stück Sexualverdrängung erkennen, welches über das normale Maß hinausgeht, eine Steigerung der Widerstände gegen den Sexualtrieb, die uns als Scham, Ekel und Moral bekannt geworden sind, eine wie instinktive Flucht vor der intellektuellen Beschäftigung mit dem Sexualproblem, welche in ausgeprägten Fällen den Erfolg hat, die volle sexuelle Unwissenheit noch bis in die Jahre der erlangten Geschlechtsreife zu bewahren.[1]

Dieser für die Hysterie wesentliche Charakterzug wird für die grobe Beobachtung nicht selten durch das Vorhandensein des zweiten konstitutionellen Faktors der Hysterie, durch die übermächtige Ausbildung des Sexualtriebes verdeckt, allein die psychologische Analyse weiß ihn jedesmal aufzudecken und die widerspruchsvolle Rätselhaftigkeit der Hysterie durch die Feststellung des Gegensatzpaares von übergroßem sexuellen Bedürfnis und zu weit getriebener Sexualablehnung zu lösen.

Der Anlaß zur Erkrankung ergibt sich für die hysterisch disponierte Person, wenn infolge der fortschreitenden eigenen Reifung oder äußerer Lebensverhältnisse die reale Sexualforderung ernsthaft an sie herantritt. Zwischen dem Drängen des Triebes und dem Widerstreben der Sexualablehnung stellt sich dann der Ausweg der Krankheit her, der den Konflikt nicht löst, sondern ihm durch die Verwandlung der libidinösen Strebungen in Symptome zu entgehen sucht. Es ist nur eine scheinbare Ausnahme, wenn eine hysterische Person, ein Mann etwa, an einer banalen Gemütsbewegung, an einem Konflikt, in dessen Mittelpunkt nicht das sexuelle Interesse steht, erkrankt. Die Psychoanalyse kann dann regelmäßig nachweisen, daß es die sexuelle Komponente des Konflikts ist, welche die Erkrankung

1) Studien über Hysterie. 1895. [Bd. I der Gesamtausgabe.] J. Breuer sagt von seiner Patientin, an der er die kathartische Methode zuerst geübt hat: „Das sexuale Moment war erstaunlich unentwickelt."

ermöglicht hat, indem sie die seelischen Vorgänge der normalen Erledigung entzog.

Neurose und Perversion

Ein guter Teil des Widerspruches gegen diese meine Aufstellungen erklärt sich wohl daraus, daß man die Sexualität, von welcher ich die psychoneurotischen Symptome ableite, mit dem normalen Sexualtrieb zusammenfallen ließ. Allein die Psychoanalyse lehrt noch mehr. Sie zeigt, daß die Symptome keineswegs allein auf Kosten des sogenannten normalen Sexualtriebes entstehen (wenigstens nicht ausschließlich oder vorwiegend), sondern den konvertierten Ausdruck von Trieben darstellen, welche man als perverse (im weitesten Sinne) bezeichnen würde, wenn sie sich ohne Ablenkung vom Bewußtsein direkt in Phantasievorsätzen und Taten äußern könnten. Die Symptome bilden sich also zum Teil auf Kosten abnormer Sexualität; die Neurose ist sozusagen das Negativ der Perversion.[1]

Der Sexualtrieb der Psychoneurotiker läßt alle die Abirrungen erkennen, die wir als Variationen des normalen und als Äußerungen des krankhaften Sexuallebens studiert haben.

*a)* Bei allen Neurotikern (ohne Ausnahme) finden sich im unbewußten Seelenleben Regungen von Inversion, Fixierung von Libido auf Personen des gleichen Geschlechts. Ohne tief eindringende Erörterung ist es nicht möglich, die Bedeutung dieses Moments für die Gestaltung des Krankheitsbildes entsprechend zu würdigen; ich kann nur versichern, daß die unbewußte Inversionsneigung niemals fehlt und insbesondere zur Aufklärung der männlichen Hysterie die größten Dienste leistet.[2]

1) Die klar bewußten Phantasien der Perversen, die unter günstigen Umständen in Veranstaltungen umgesetzt werden, die in feindlichem Sinne auf andere projizierten Wahnbefürchtungen der Paranoiker und die unbewußten Phantasien der Hysteriker, die man durch Psychoanalyse hinter ihren Symptomen aufdeckt, fallen inhaltlich bis in einzelne Details zusammen.

2) Psychoneurose vergesellschaftet sich auch sehr oft mit manifester Inversion, wobei die heterosexuelle Strömung der vollen Unterdrückung zum Opfer gefallen ist. — Ich lasse nur einer mir zuteil gewordenen Anregung Recht widerfahren, wenn ich mitteile, daß erst private Äußerungen von W. Fließ in Berlin mich auf die notwendige Allgemeinheit der Inversionsneigung bei den Psychoneurotikern aufmerksam

*b)* Es sind bei den Psychoneurotikern alle Neigungen zu den anatomischen Überschreitungen im Unbewußten und als Symptombildner nachweisbar, unter ihnen mit besonderer Häufigkeit und Intensität diejenigen, welche für Mund- und Afterschleimhaut die Rolle von Genitalien in Anspruch nehmen.

*c)* Eine ganz hervorragende Rolle unter den Symptombildnern der Psychoneurosen spielen die zumeist in Gegensatzpaaren auftretenden Partialtriebe, die wir als Bringer neuer Sexualziele kennen gelernt haben, der Trieb der Schaulust und der Exhibition und der aktiv und passiv ausgebildete Trieb zur Grausamkeit. Der Beitrag des letzteren ist zum Verständnis der Leidensnatur der Symptome unentbehrlich und beherrscht fast regelmäßig ein Stück des sozialen Verhaltens der Kranken. Vermittels dieser Grausamkeitsverknüpfung der Libido geht auch die Verwandlung von Liebe in Haß, von zärtlichen in feindselige Regungen vor sich, die für eine große Reihe von neurotischen Fällen, ja, wie es scheint, für die Paranoia im ganzen charakteristisch ist.

Das Interesse an diesen Ergebnissen wird noch durch einige Besonderheiten des Tatbestandes erhöht.

*α)* Wo ein solcher Trieb im Unbewußten aufgefunden wird, welcher der Paarung mit einem Gegensatze fähig ist, da läßt sich regelmäßig auch dieser letztere als wirksam nachweisen. Jede „aktive" Perversion wird also hier von ihrem passiven Widerpart begleitet; wer im Unbewußten Exhibitionist ist, der ist auch gleichzeitig Voyeur, wer an den Folgen der Verdrängung sadistischer Regungen leidet, bei dem findet sich ein anderer Zuzug zu den Symptomen aus den Quellen masochistischer Neigung. Die volle Übereinstimmung mit dem Verhalten der entsprechenden „positiven" Perversionen ist gewiß sehr beachtens-

gemacht haben, nachdem ich diese in einzelnen Fällen aufgedeckt hatte. — Diese nicht genug gewürdigte Tatsache müßte alle Theorien der Homosexualität entscheidend beeinflussen.

wert. Im Krankheitsbilde spielt aber die eine oder die andere der gegensätzlichen Neigungen die überwiegende Rolle.

β) In einem ausgeprägteren Falle von Psychoneurose findet man nur selten einen einzigen dieser perversen Triebe entwickelt, meist eine größere Anzahl derselben und in der Regel Spuren von allen; der einzelne Trieb ist aber in seiner Intensität unabhängig von der Ausbildung der anderen. Auch dazu ergibt uns das Studium der positiven Perversionen das genaue Gegenstück.

## 5) Partialtriebe und erogene Zonen

Halten wir zusammen, was wir aus der Untersuchung der positiven und der negativen Perversionen erfahren haben, so liegt es nahe, dieselben auf eine Reihe von „Partialtrieben" zurückzuführen, die aber nichts Primäres sind, sondern eine weitere Zerlegung zulassen. Unter einem „Trieb" können wir zunächst nichts anderes verstehen als die psychische Repräsentanz einer kontinuierlich fließenden, innersomatischen Reizquelle, zum Unterschiede vom „Reiz", der durch vereinzelte und von außen kommende Erregungen hergestellt wird. Trieb ist so einer der Begriffe der Abgrenzung des Seelischen vom Körperlichen. Die einfachste und nächstliegende Annahme über die Natur der Triebe wäre, daß sie an sich keine Qualität besitzen, sondern nur als Maße von Arbeitsanforderung für das Seelenleben in Betracht kommen. Was die Triebe voneinander unterscheidet und mit spezifischen Eigenschaften ausstattet, ist deren Beziehung zu ihren somatischen Quellen und ihren Zielen. Die Quelle des Triebes ist ein erregender Vorgang in einem Organ und das nächste Ziel des Triebes liegt in der Aufhebung dieses Organreizes.[1]

1) Die Trieblehre ist das bedeutsamste, aber auch das unfertigste Stück der psychoanalytischen Theorie. In meinen späteren Arbeiten („Jenseits des Lustprinzips", 1921, „Das Ich und das Es", 1923 [Bd. VI der Gesamtausgabe]) habe ich weitere Beiträge zur Trieblehre entwickelt.

Eine weitere vorläufige Annahme in der Trieblehre, welcher wir uns nicht entziehen können, besagt, daß von den Körperorganen Erregungen von zweierlei Art geliefert werden, die in Differenzen chemischer Natur begründet sind. Die eine dieser Arten von Erregung bezeichnen wir als die spezifisch sexuelle und das betreffende Organ als die „erogene Zone" des von ihm ausgehenden sexuellen Partialtriebes.[1]

Bei den Perversionsneigungen, die für Mundhöhle und Aftereröffnung sexuelle Bedeutung in Anspruch nehmen, ist die Rolle der erogenen Zone ohneweiters ersichtlich. Dieselbe benimmt sich in jeder Hinsicht wie ein Stück des Geschlechtsapparates. Bei der Hysterie werden diese Körperstellen und die von ihnen ausgehenden Schleimhauttrakte in ganz ähnlicher Weise der Sitz von neuen Sensationen und Innervationsänderungen — ja von Vorgängen, die man der Erektion vergleichen kann — wie die eigentlichen Genitalien unter den Erregungen der normalen Geschlechtsvorgänge.

Die Bedeutung der erogenen Zonen als Nebenapparate und Surrogate der Genitalien tritt unter den Psychoneurosen bei der Hysterie am deutlichsten hervor, womit aber nicht behauptet werden soll, daß sie für die anderen Erkrankungsformen geringer einzuschätzen ist. Sie ist hier nur unkenntlicher, weil sich bei diesen (Zwangsneurose, Paranoia) die Symptombildung in Regionen des seelischen Apparates vollzieht, die weiter ab von den einzelnen Zentralstellen für die Körperbeherrschung liegen. Bei der Zwangsneurose ist die Bedeutung der Impulse, welche neue Sexualziele schaffen und von erogenen Zonen unabhängig erscheinen, das Auffälligere. Doch entspricht bei der Schau- und Exhibitionslust das Auge einer

1) Es ist nicht leicht, diese Annahmen, die aus dem Studium einer bestimmten Klasse von neurotischen Erkrankungen geschöpft sind, hier zu rechtfertigen. Andererseits wird es aber unmöglich, etwas Stichhältiges über die Triebe auszusagen, wenn man sich die Erwähnung dieser Voraussetzungen erspart.

erogenen Zone, bei der Schmerz- und Grausamkeitskomponente des Sexualtriebes ist es die Haut, welche die gleiche Rolle übernimmt, die Haut, die sich an besonderen Körperstellen zu Sinnesorganen differenziert und zur Schleimhaut modifiziert hat, also die erogene Zone κατ' ἐξοχήν.[1]

## 6) Erklärung des scheinbaren Überwiegens perverser Sexualität bei den Psychoneurosen

Durch die vorstehenden Erörterungen ist die Sexualität der Psychoneurotiker in ein möglicherweise falsches Licht gerückt worden. Es hat den Anschein bekommen, als näherten sich die Psychoneurotiker in ihrem sexuellen Verhalten der Anlage nach sehr den Perversen und entfernten sich dafür um ebensoviel von den Normalen. Nun ist sehr wohl möglich, daß die konstitutionelle Disposition dieser Kranken außer einem übergroßen Maß von Sexualverdrängung und einer übermächtigen Stärke des Sexualtriebes eine ungewöhnliche Neigung zur Perversion im weitesten Sinne mitenthält, allein die Untersuchung leichterer Fälle zeigt, daß letztere Annahme nicht unbedingt erforderlich ist, oder daß zum mindesten bei der Beurteilung der krankhaften Effekte die Wirkung eines Faktors in Abzug gebracht werden muß. Bei den meisten Psychoneurotikern tritt die Erkrankung erst nach der Pubertätszeit auf unter der Anforderung des normalen Sexuallebens. Gegen dieses richtet sich vor allem die Verdrängung. Oder spätere Erkrankungen stellen sich her, indem der Libido auf normalem Wege die Befriedigung versagt wird. In beiden Fällen verhält sich die Libido wie ein Strom, dessen Hauptbett verlegt wird; sie füllt die kollateralen Wege aus, die bisher vielleicht

1) Man muß hier der Aufstellung von Moll gedenken, welche den Sexualtrieb in Kontrektations- und Detumeszenztrieb zerlegt. Kontrektation bedeutet ein Bedürfnis nach Hautberührung.

leer geblieben waren. Somit kann auch die scheinbar so große (allerdings negative) Perversionsneigung der Psychoneurotiker eine kollateral bedingte, muß jedenfalls eine kollateral erhöhte sein. Die Tatsache ist eben, daß man die Sexualverdrängung als inneres Moment jenen äußeren anreihen muß, welche wie Freiheitseinschränkung, Unzugänglichkeit des normalen Sexualobjekts, Gefahren des normalen Sexualaktes usw. Perversionen bei Individuen entstehen lassen, welche sonst vielleicht normal geblieben wären.

In den einzelnen Fällen von Neurose mag es sich hierin verschieden verhalten, das einemal die angeborene Höhe der Perversionsneigung, das anderemal die kollaterale Hebung derselben durch die Abdrängung der Libido vom normalen Sexualziel und Sexualobjekt das Maßgebendere sein. Es wäre unrecht, eine Gegensätzlichkeit zu konstruieren, wo ein Kooperationsverhältnis vorliegt. Ihre größten Leistungen wird die Neurose jedesmal zustande bringen, wenn Konstitution und Erleben in demselben Sinne zusammenwirken. Eine ausgesprochene Konstitution wird etwa der Unterstützung durch die Lebenseindrücke entbehren können, eine ausgiebige Erschütterung im Leben etwa die Neurose auch bei durchschnittlicher Konstitution zustande bringen. Diese Gesichtspunkte gelten übrigens in gleicher Weise für die ätiologische Bedeutung von Angeborenem und akzidentell Erlebtem auch auf anderen Gebieten.

Bevorzugt man die Annahme, daß eine besonders ausgebildete Neigung zu Perversionen doch zu den Eigentümlichkeiten der psychoneurotischen Konstitution gehört, so eröffnet sich die Aussicht, je nach dem angeborenen Vorwiegen dieser oder jener erogenen Zone, dieses oder jenes Partialtriebes, eine Mannigfaltigkeit solcher Konstitutionen unterscheiden zu können. Ob der perversen Veranlagung eine besondere Beziehung zur Auswahl der Erkrankungsform zukommt, dies ist wie so vieles auf diesem Gebiete noch nicht untersucht.

## 7) Verweis auf den Infantilismus der Sexualität

Durch den Nachweis der perversen Regungen als Symptombildner bei den Psychoneurosen haben wir die Anzahl der Menschen, die man den Perversen zurechnen könnte, in ganz außerordentlicher Weise gesteigert. Nicht nur, daß die Neurotiker selbst eine sehr zahlreiche Menschenklasse darstellen, es ist auch in Betracht zu ziehen, daß die Neurosen von allen ihren Ausbildungen her in lückenlosen Reihen zur Gesundheit abklingen; hat doch Moebius mit guter Berechtigung sagen können: wir sind alle ein wenig hysterisch. Somit werden wir durch die außerordentliche Verbreitung der Perversionen zu der Annahme gedrängt, daß auch die Anlage zu den Perversionen keine seltene Besonderheit, sondern ein Stück der für normal geltenden Konstitution sein müsse.

Wir haben gehört, daß es strittig ist, ob die Perversionen auf angeborene Bedingungen zurückgehen oder durch zufällige Erlebnisse entstehen, wie es Binet für den Fetischismus angenommen hat. Nun bietet sich uns die Entscheidung, daß den Perversionen allerdings etwas Angeborenes zugrunde liegt, aber etwas, was allen Menschen angeboren ist, als Anlage in seiner Intensität schwanken mag und der Hervorhebung durch Lebenseinflüsse wartet. Es handelt sich um angeborene, in der Konstitution gegebene Wurzeln des Sexualtriebes, die sich in der einen Reihe von Fällen zu den wirklichen Trägern der Sexualtätigkeit entwickeln (Perverse), andere Male eine ungenügende Unterdrückung (Verdrängung) erfahren, so daß sie auf einem Umweg als Krankheitssymptome einen beträchtlichen Teil der sexuellen Energie an sich ziehen können, während sie in den günstigsten Fällen zwischen beiden Extremen durch wirksame Einschränkung und sonstige Verarbeitung das sogenannte normale Sexualleben entstehen lassen.

Wir werden uns aber ferner sagen, daß die angenommene Konstitution, welche die Keime zu allen Perversionen aufweist, nur beim Kinde aufzeigbar sein wird, wenngleich bei ihm alle Triebe nur in bescheidenen Intensitäten auftreten können. Ahnt uns so die Formel, daß die Neurotiker den infantilen Zustand ihrer Sexualität beibehalten haben oder auf ihn zurückversetzt worden sind, so wird sich unser Interesse dem Sexualleben des Kindes zuwenden und wir werden das Spiel der Einflüsse verfolgen wollen, die den Entwicklungsprozeß der kindlichen Sexualität bis zum Ausgang in Perversion, Neurose oder normales Geschlechtsleben beherrschen.

II

# DIE INFANTILE SEXUALITÄT

**Vernachlässigung der Infantilen**

Es ist ein Stück der populären Meinung über den Geschlechtstrieb, daß er der Kindheit fehle und erst in der als Pubertät bezeichneten Lebensperiode erwache. Allein dies ist nicht nur ein einfacher, sondern sogar ein folgenschwerer Irrtum, da er hauptsächlich unsere gegenwärtige Unkenntnis der grundlegenden Verhältnisse des Sexuallebens verschuldet. Ein gründliches Studium der Sexualäußerungen in der Kindheit würde uns wahrscheinlich die wesentlichen Züge des Geschlechtstriebes aufdecken, seine Entwicklung verraten und seine Zusammensetzung aus verschiedenen Quellen zeigen.

Es ist bemerkenswert, daß die Autoren, welche sich mit der Erklärung der Eigenschaften und Reaktionen des erwachsenen Individuums beschäftigen, jener Vorzeit, welche durch die Lebensdauer der Ahnen gegeben ist, so viel mehr Aufmerksamkeit geschenkt, also der Erblichkeit so viel mehr Einfluß zugesprochen haben, als der anderen Vorzeit, welche bereits in die individuelle Existenz der Person fällt, der Kindheit nämlich. Man sollte doch meinen, der Einfluß dieser Lebensperiode wäre leichter zu verstehen und hätte ein Anrecht, vor dem der Erblichkeit berücksichtigt zu werden.[1] Man findet zwar in der Literatur gelegentliche Notizen über frühzeitige Sexualbetätigung bei kleinen

1) Es ist ja auch nicht möglich, den der Erblichkeit gebührenden Anteil richtig zu erkennen, ehe man den der Kindheit zugehörigen gewürdigt hat.

Kindern, über Erektionen, Masturbation und selbst koitusähnliche Vornahmen, aber immer nur als ausnahmsweise Vorgänge, als Kuriosa oder als abschreckende Beispiele voreiliger Verderbtheit angeführt. Kein Autor hat meines Wissens die Gesetzmäßigkeit eines Sexualtriebes in der Kindheit klar erkannt und in den zahlreich gewordenen Schriften über die Entwicklung des Kindes wird das Kapitel „Sexuelle Entwicklung“ meist übergangen.[1]

---

1) Die hier niedergeschriebene Behauptung erschien mir selbst nachträglich als so gewagt, daß ich mir vorsetzte, sie durch nochmalige Durchsicht der Literatur zu prüfen. Das Ergebnis dieser Überprüfung war, daß ich sie unverändert stehen ließ. Die wissenschaftliche Bearbeitung der leiblichen wie der seelischen Phänomene der Sexualität im Kindesalter befinden sich in den ersten Anfängen. Ein Autor S. Bell (A preliminary study of the emotion of love between the sexes. American Journal of Psychology, XIII, 1902) äußert: *I know of no scientist, who has given a careful analysis of the emotion as it is seen in the adolescent.* — Somatische Sexualäußerungen aus der Zeit vor der Pubertät haben nur im Zusammenhange mit Entartungserscheinungen und als Zeichen von Entartung Aufmerksamkeit gewonnen. — Ein Kapitel über das Liebesleben der Kinder fehlt in allen Darstellungen der Psychologie dieses Alters, die ich gelesen habe, so in den bekannten Werken von Preyer, Baldwin (Die Entwicklung des Geistes beim Kinde und bei der Rasse, 1898), Pérez (L'enfant de 3—7 ans, 1894), Strümpell (Die pädagogische Pathologie, 1899), Karl Groos (Das Seelenleben des Kindes, 1904), Th. Heller (Grundriß der Heilpädagogik, 1904), Sully (Untersuchungen über die Kindheit, 1897) und anderen. Den besten Eindruck von dem heutigen Stande auf diesem Gebiet holt man sich aus der Zeitschrift „Die Kinderfehler“ (von 1896 an). — Doch gewinnt man die Überzeugung, daß die Existenz der Liebe im Kindesalter nicht mehr entdeckt zu werden braucht. Pérez (l. c.) tritt für sie ein; bei K. Groos (Die Spiele der Menschen, 1899) findet sich als allgemein bekannt erwähnt, „daß manche Kinder schon sehr früh für sexuelle Regungen zugänglich sind und dem anderen Geschlecht gegenüber einen Drang nach Berührungen empfinden“ (S. 336); der früheste Fall von Auftreten geschlechtlicher Liebesregungen *(sex-love)* in der Beobachtungsreihe von S. Bell betraf ein Kind in der Mitte des dritten Jahres. — Vergleiche hiezu noch Havelock Ellis, Das Geschlechtsgefühl (übersetzt von Kurella), 1903, Appendix, II.

Das obenstehende Urteil über die Literatur der infantilen Sexualität braucht seit dem Erscheinen des groß angelegten Werkes von Stanley Hall (Adolescence, its psychology and its relations to physiology, anthropology, sociology, sex, crime, religion and education. Two volumes, New York, 1908) nicht mehr aufrecht erhalten zu werden. — Das rezente Buch von A. Moll, Das Sexualleben des Kindes, Berlin 1909, bietet keinen Anlaß zu einer solchen Modifikation. Siehe dagegen: Bleuler, Sexuelle Abnormitäten der Kinder. (Jahrbuch der schweizerischen Gesellschaft für Schulgesundheitspflege, IX, 1908.) — Ein Buch von Frau Dr. H. v. Hug-Hellmuth, Aus dem Seelenleben des Kindes, 1913, hat seither dem vernachlässigten sexuellen Faktor vollauf Rechnung getragen.

Infantile Amnesie

Den Grund für diese merkwürdige Vernachlässigung suche ich zum Teil in den konventionellen Rücksichten, denen die Autoren infolge ihrer eigenen Erziehung Rechnung tragen, zum anderen Teil in einem psychischen Phänomen, welches sich bis jetzt selbst der Erklärung entzogen hat. Ich meine hiemit die eigentümliche Amnesie, welche den meisten Menschen (nicht allen!) die ersten Jahre ihrer Kindheit bis zum 6. oder 8. Lebensjahre verhüllt. Es ist uns bisher noch nicht eingefallen, uns über die Tatsache dieser Amnesie zu verwundern; aber wir hätten guten Grund dazu. Denn man berichtet uns, daß wir in diesen Jahren, von denen wir später nichts im Gedächtnis behalten haben als einige unverständliche Erinnerungsbrocken, lebhaft auf Eindrücke reagiert hätten, daß wir Schmerz und Freude in menschlicher Weise zu äußern verstanden, Liebe, Eifersucht und andere Leidenschaften gezeigt, die uns damals heftig bewegten, ja daß wir Aussprüche getan, die von den Erwachsenen als gute Beweise für Einsicht und beginnende Urteilsfähigkeit gemerkt wurden. Und von alledem wissen wir als Erwachsene aus eigenem nichts. Warum bleibt unser Gedächtnis so sehr hinter unseren anderen seelischen Tätigkeiten zurück? Wir haben doch Grund zu glauben, daß es zu keiner anderen Lebenszeit aufnahms- und reproduktionsfähiger ist als gerade in den Jahren der Kindheit.[1]

Auf der anderen Seite müssen wir annehmen oder können uns durch psychologische Untersuchung an anderen davon überzeugen, daß die nämlichen Eindrücke, die wir vergessen haben, nichtsdestoweniger die tiefsten Spuren in unserem Seelenleben hinterlassen haben und bestimmend für unsere ganze spätere Entwicklung geworden sind. Es kann sich also um gar keinen wirklichen Untergang der Kindheitseindrücke handeln, sondern

1) Eines der mit den frühesten Kindheitserinnerungen verknüpften Probleme habe ich in einem Aufsatze „Über Deckerinnerungen" (Monatsschrift für Psychiatrie und Neurologie, VI, 1899) zu lösen versucht. [Vgl. „Zur Psychopathologie des Alltagslebens", IV. Kap. Bd. IV der Gesamtausgabe.]

um eine Amnesie ähnlich jener, die wir bei den Neurotikern für spätere Erlebnisse beobachten, und deren Wesen in einer bloßen Abhaltung von Bewußtsein (Verdrängung) besteht. Aber welche Kräfte bringen diese Verdrängung der Kindheitseindrücke zustande? Wer dieses Rätsel löste, hätte wohl auch die hysterische Amnesie aufgeklärt.

Immerhin wollen wir nicht versäumen hervorzuheben, daß die Existenz der infantilen Amnesie einen neuen Vergleichspunkt zwischen dem Seelenzustand des Kindes und dem des Psychoneurotikers schafft. Einem anderen sind wir schon früher begegnet, als sich uns die Formel aufdrängte, daß die Sexualität der Psychoneurotiker den kindlichen Standpunkt bewahrt hat oder auf ihn zurückgeführt worden ist. Wenn nicht am Ende die infantile Amnesie selbst wieder mit den sexuellen Regungen der Kindheit in Beziehung zu bringen ist!

Es ist übrigens mehr als ein bloßes Spiel des Witzes, die infantile Amnesie mit der hysterischen zu verknüpfen. Die hysterische Amnesie, die der Verdrängung dient, wird nur durch den Umstand erklärlich, daß das Individuum bereits einen Schatz von Erinnerungsspuren besitzt, welche der bewußten Verfügung entzogen sind und die nun mit assoziativer Bindung das an sich reißen, worauf vom Bewußten her die abstoßenden Kräfte der Verdrängung wirken.[1] Ohne infantile Amnesie, kann man sagen, gäbe es keine hysterische Amnesie.

Ich meine nun, daß die infantile Amnesie, die für jeden einzelnen seine Kindheit zu einer gleichsam prähistorischen Vorzeit macht und ihm die Anfänge seines eigenen Geschlechtslebens verdeckt, die Schuld daran trägt, wenn man der kindlichen Lebensperiode einen Wert für die Entwicklung des Sexuallebens im allgemeinen nicht zutraut. Ein einzelner Beobachter kann

1) Man kann den Mechanismus der Verdrängung nicht verstehen, wenn man nur einen dieser beiden zusammenwirkenden Vorgänge berücksichtigt. Zum Vergleich möge die Art dienen, wie der Tourist auf die Spitze der großen Pyramide von Gizeh befördert wird; er wird von der einen Seite gestoßen, von der anderen Seite gezogen.

die so entstandene Lücke in unserem Wissen nicht ausfüllen. Ich habe bereits 1896 die Bedeutung der Kinderjahre für die Entstehung gewisser wichtiger, vom Geschlechtsleben abhängiger Phänomene betont und seither nicht aufgehört, das infantile Moment für die Sexualität in den Vordergrund zu rücken.

## Die sexuelle Latenzperiode der Kindheit und ihre Durchbrechungen

Die außerordentlich häufigen Befunde von angeblich regelwidrigen und ausnahmsartigen sexuellen Regungen in der Kindheit sowie die Aufdeckung der bis dahin unbewußten Kindheitserinnerungen der Neurotiker gestatten etwa folgendes Bild von dem sexuellen Verhalten der Kinderzeit zu entwerfen:[1]

Es scheint gewiß, daß das Neugeborene Keime von sexuellen Regungen mitbringt, die sich eine Zeitlang weiter entwickeln, dann aber einer fortschreitenden Unterdrückung unterliegen, welche selbst wieder durch regelrechte Vorstöße der Sexualentwicklung durchbrochen und durch individuelle Eigenheiten aufgehalten werden kann. Über die Gesetzmäßigkeit und die Periodizität dieses oszillierenden Entwicklungsganges ist nichts Gesichertes bekannt. Es scheint aber, daß das Sexualleben der Kinder sich zumeist um das dritte oder vierte Lebensjahr in einer der Beobachtung zugänglichen Form zum Ausdruck bringt.[2]

1) Letzteres Material wird durch die berechtigte Erwartung verwertbar, daß die Kinderjahre der späteren Neurotiker hierin nicht wesentlich, nur in Hinsicht der Intensität und Deutlichkeit, von denen später Gesunder abweichen dürften.

2) Eine mögliche anatomische Analogie zu dem von mir behaupteten Verhalten der infantilen Sexualfunktion wäre durch den Fund von Bayer (Deutsches Archiv für klinische Medizin, Bd. 73) gegeben, daß die inneren Geschlechtsorgane (Uterus) Neugeborener in der Regel größer sind als die älterer Kinder. Indes ist die Auffassung dieser durch Halban auch für andere Teile des Genitalapparates festgestellten Involution nach der Geburt nicht sichergestellt. Nach Halban (Zeitschrift für Geburtshilfe und Gynäkologie, LIII, 1904) ist dieser Rückbildungsvorgang nach wenigen Wochen des Extrauterinlebens abgelaufen. — Die Autoren, welche den interstitiellen Anteil der Keimdrüse als das geschlechtsbestimmende Organ betrachten, sind durch

4*

**Die Sexualhemmungen**

Während dieser Periode totaler oder bloß partieller Latenz werden die seelischen Mächte aufgebaut, die später dem Sexualtrieb als Hemmnisse in den Weg treten und gleich wie Dämme seine Richtung beengen werden (der Ekel, das Schamgefühl, die ästhetischen und moralischen Idealanforderungen). Man gewinnt beim Kulturkinde den Eindruck, daß der Aufbau dieser Dämme ein Werk der Erziehung ist, und sicherlich tut die Erziehung viel dazu. In Wirklichkeit ist diese Entwicklung eine organisch bedingte, hereditär fixierte und kann sich gelegentlich ganz ohne Mithilfe der Erziehung herstellen. Die Erziehung verbleibt durchaus in dem ihr angewiesenen Machtbereich, wenn sie sich darauf einschränkt, das organisch Vorgezeichnete nachzuziehen und es etwas sauberer und tiefer auszuprägen.

**Reaktionsbildung und Sublimierung**

Mit welchen Mitteln werden diese, für die spätere persönliche Kultur und Normalität so bedeutsamen Konstruktionen aufgeführt? Wahrscheinlich auf Kosten der infantilen Sexualregungen selbst, deren Zufluß also auch in dieser Latenzperiode nicht aufgehört

---

anatomische Untersuchungen dazu geführt worden, ihrerseits von infantiler Sexualität und sexueller Latenzzeit zu reden. Ich zitiere aus dem S. 20 erwähnten Buche von Lipschütz über die Pubertätsdrüse: „Man wird den Tatsachen viel eher gerecht, wenn man sagt, daß die Ausreifung der Geschlechtsmerkmale, wie sie sich in der Pubertät vollzieht, nur auf einem um diese Zeit stark beschleunigten Ablauf von Vorgängen beruht, die schon viel früher begonnen haben — unserer Auffassung nach schon im embryonalen Leben.“ (S. 169.) — „Was man bisher als Pubertät schlechtweg bezeichnet hat, ist wahrscheinlich nur eine zweite große Phase der Pubertät, die um die Mitte des zweiten Jahrzehntes einsetzt... Das Kindesalter, von der Geburt bis zu Beginn der zweiten großen Phase gerechnet, könnte man als die ‚intermediäre Phase der Pubertät‘ bezeichnen.“ (S. 170.) — Diese in einem Referat von Ferenczi (Int. Zeitschr. f. Psychoanalyse VI, 1920) hervorgehobene Übereinstimmung anatomischer Befunde mit der psychologischen Beobachtung wird durch die eine Angabe gestört, daß der „erste Gipfelpunkt“ der Entwicklung des Sexualorgans in die frühe Embryonalzeit fällt, während die kindliche Frühblüte des Sexuallebens in das dritte und vierte Lebensjahr zu verlegen ist. Die volle Gleichzeitigkeit der anatomischen Ausbildung mit der psychischen Entwicklung ist natürlich nicht erforderlich. Die betreffenden Untersuchungen sind an der Keimdrüse des Menschen gemacht worden. Da den Tieren eine Latenzzeit im psychologischen Sinne nicht zukommt, läge viel daran zu wissen, ob die anatomischen Befunde, auf deren Grund die Autoren zwei Gipfelpunkte der Sexualentwicklung annehmen, auch an anderen höheren Tieren nachweisbar sind.

hat, deren Energie aber — ganz oder zum größten Teil — von der sexuellen Verwendung abgeleitet und anderen Zwecken zugeführt wird. Die Kulturhistoriker scheinen einig in der Annahme, daß durch solche Ablenkung sexueller Triebkräfte von sexuellen Zielen und Hinlenkung auf neue Ziele, ein Prozeß, der den Namen Sublimierung verdient, mächtige Komponenten für alle kulturellen Leistungen gewonnen werden. Wir würden also hinzufügen, daß der nämliche Prozeß in der Entwicklung des einzelnen Individuums spielt und seinen Beginn in die sexuelle Latenzperiode der Kindheit verlegen.[1]

Auch über den Mechanismus einer solchen Sublimierung kann man eine Vermutung wagen. Die sexuellen Regungen dieser Kinderjahre wären einerseits unverwendbar, da die Fortpflanzungsfunktionen aufgeschoben sind, was den Hauptcharakter der Latenzperiode ausmacht, andererseits wären sie an sich pervers, das heißt von erogenen Zonen ausgehend und von Trieben getragen, welche bei der Entwicklungsrichtung des Individuums nur Unlustempfindungen hervorrufen könnten. Sie rufen daher seelische Gegenkräfte (Reaktionsregungen) wach, die zur wirksamen Unterdrückung solcher Unlust die erwähnten psychischen Dämme: Ekel, Scham und Moral, aufbauen.[2]

**Durchbrüche der Latenzzeit**

Ohne uns über die hypothetische Natur und die mangelhafte Klarheit unserer Einsichten in die Vorgänge der kindlichen Latenz- oder Aufschubsperiode zu täuschen, wollen wir zur Wirklichkeit zurückkehren, um anzugeben, daß solche Verwendung der infantilen Sexualität ein Erziehungsideal darstellt, von dem die Entwicklung der einzelnen meist an irgendeiner Stelle und oft in erheblichem Maße abweicht. Es bricht zeitweise ein Stück Sexualäußerung

1) Die Bezeichnung „sexuelle Latenzperiode" entlehne ich ebenfalls von W. Fließ.

2) In dem hier besprochenen Falle geht die Sublimierung sexueller Triebkräfte auf dem Wege der Reaktionsbildung vor sich. Im allgemeinen darf man aber Sublimierung und Reaktionsbildung als zwei verschiedene Prozesse begrifflich voneinander scheiden. Es kann auch Sublimierungen durch andere und einfachere Mechanismen geben.

durch, das sich der Sublimierung entzogen hat, oder es erhält sich eine sexuelle Betätigung durch die ganze Dauer der Latenzperiode bis zum verstärkten Hervorbrechen des Sexualtriebes in der Pubertät. Die Erzieher benehmen sich, insofern sie überhaupt der Kindersexualität Aufmerksamkeit schenken, genau so, als teilten sie unsere Ansichten über die Bildung der moralischen Abwehrmächte auf Kosten der Sexualität und als wüßten sie, daß sexuelle Betätigung das Kind unerziehbar macht, denn sie verfolgen alle sexuellen Äußerungen des Kindes als „Laster", ohne viel gegen sie ausrichten zu können. Wir aber haben allen Grund, diesen von der Erziehung gefürchteten Phänomenen Interesse zuzuwenden, denn wir erwarten von ihnen den Aufschluß über die ursprüngliche Gestaltung des Geschlechtstriebs.

## Die Äußerungen der infantilen Sexualität

**Das Lutschen** Aus später zu ersehenden Motiven wollen wir unter den infantilen Sexualäußerungen das Ludeln (Wonnesaugen) zum Muster nehmen, dem der ungarische Kinderarzt Lindner eine ausgezeichnete Studie gewidmet hat.[1]

Das Ludeln oder Lutschen, das schon beim Säugling auftritt und bis in die Jahre der Reife fortgesetzt werden oder sich durchs ganze Leben erhalten kann, besteht in einer rhythmisch wiederholten saugenden Berührung mit dem Munde (den Lippen), wobei der Zweck der Nahrungsaufnahme ausgeschlossen ist. Ein Teil der Lippe selbst, die Zunge, eine beliebige andere erreichbare Hautstelle, — selbst die große Zehe, — werden zum Objekt genommen, an dem das Saugen ausgeführt wird. Ein dabei auftretender Greiftrieb äußert sich etwa durch gleichzeitiges rhythmisches Zupfen am Ohrläppchen und kann sich eines Teiles einer anderen Person (meist ihres Ohres) zu gleichem Zwecke bemächtigen. Das Wonnesaugen ist mit voller Aufzehrung der Aufmerksamkeit verbunden, führt entweder zum Einschlafen oder selbst

1) Im Jahrbuch für Kinderheilkunde, N. F., XIV, 1879.

zu einer motorischen Reaktion in einer Art von Orgasmus.[1] Nicht selten kombiniert sich mit dem Wonnesaugen die reibende Berührung gewisser empfindlicher Körperstellen, der Brust, der äußeren Genitalien. Auf diesem Wege gelangen viele Kinder vom Ludeln zur Masturbation.

Lindner selbst hat die sexuelle Natur dieses Tuns klar erkannt und rückhaltlos betont. In der Kinderstube wird das Ludeln häufig den anderen sexuellen „Unarten" des Kindes gleichgestellt. Von seiten zahlreicher Kinder- und Nervenärzte ist ein sehr energischer Einspruch gegen diese Auffassung erhoben worden, der zum Teil gewiß auf der Verwechslung von „sexuell" und „genital" beruht. Dieser Widerspruch wirft die schwierige und nicht abzuweisende Frage auf, an welchem allgemeinen Charakter wir die sexuellen Äußerungen des Kindes erkennen wollen. Ich meine, daß der Zusammenhang der Erscheinungen, in welchen wir durch die psychoanalytische Untersuchung Einsicht gewonnen haben, uns berechtigt, das Ludeln als eine sexuelle Äußerung in Anspruch zu nehmen und gerade an ihm die wesentlichen Züge der infantilen Sexualbetätigung zu studieren.[2]

Autoerotismus

Wir haben die Verpflichtung, dieses Beispiel eingehend zu würdigen. Heben wir als den auffälligsten Charakter dieser Sexualbetätigung hervor, daß der Trieb nicht auf andere Personen gerichtet ist; er befriedigt sich am eigenen Körper, er ist auto-

1) Hier erweist sich bereits, was fürs ganze Leben Gültigkeit hat, daß sexuelle Befriedigung das beste Schlafmittel ist. Die meisten Fälle von nervöser Schlaflosigkeit gehen auf sexuelle Unbefriedigung zurück. Es ist bekannt, daß gewissenlose Kinderfrauen die schreienden Kinder durch Streichen an den Genitalien einschläfern.

2) Ein Dr. Galant hat 1919 im Neurol. Zentralbl. Nr. 20 unter dem Titel „Das Lutscherli" das Bekenntnis eines erwachsenen Mädchens veröffentlicht, welches diese kindliche Sexualbetätigung nicht aufgegeben hat und die Befriedigung durch das Lutschen als völlig analog einer sexuellen Befriedigung, insbesondere durch den Kuß des Geliebten, schildert. „Nicht alle Küsse gleichen einem Lutscherli: nein, nein, lange nicht alle! Man kann nicht schreiben, wie wohlig es einem durch den ganzen Körper beim Lutschen geht; man ist einfach weg von dieser Welt, man ist ganz zufrieden und wunschlos glücklich. Es ist ein wunderbares Gefühl; man verlangt nichts als Ruhe, Ruhe, die gar nicht unterbrochen werden soll. Es ist einfach unsagbar schön: man spürt keinen Schmerz, kein Weh und ach, man ist entrückt in eine andere Welt."

erotisch, um es mit einem glücklichen, von Havelock Ellis eingeführten Namen zu sagen.[1]

Es ist ferner deutlich, daß die Handlung des lutschenden Kindes durch das Suchen nach einer — bereits erlebten und nun erinnerten — Lust bestimmt wird. Durch das rhythmische Saugen an einer Haut- oder Schleimhautstelle findet es dann im einfachsten Falle die Befriedigung. Es ist auch leicht zu erraten, bei welchen Anlässen das Kind die ersten Erfahrungen dieser Lust gemacht hat, die es nun zu erneuern strebt. Die erste und lebenswichtigste Tätigkeit des Kindes, das Saugen an der Mutterbrust (oder an ihren Surrogaten), muß es bereits mit dieser Lust vertraut gemacht haben. Wir würden sagen, die Lippen des Kindes haben sich benommen wie eine erogene Zone, und die Reizung durch den warmen Milchstrom war wohl die Ursache der Lustempfindung. Anfangs war wohl die Befriedigung der erogenen Zone mit der Befriedigung des Nahrungsbedürfnisses vergesellschaftet. Die Sexualbetätigung lehnt sich zunächst an eine der zur Lebenserhaltung dienenden Funktionen an und macht sich erst später von ihr selbständig. Wer ein Kind gesättigt von der Brust zurücksinken sieht, mit geröteten Wangen und seligem Lächeln in Schlaf verfallen, der wird sich sagen müssen, daß dieses Bild auch für den Ausdruck der sexuellen Befriedigung im späteren Leben maßgebend bleibt. Nun wird das Bedürfnis nach Wiederholung der sexuellen Befriedigung von dem Bedürfnis nach Nahrungsaufnahme getrennt, eine Trennung, die unvermeidlich ist, wenn die Zähne erscheinen und die Nahrung nicht mehr ausschließlich eingesogen, sondern gekaut wird. Eines fremden Objektes bedient sich das Kind zum Saugen nicht, sondern lieber einer eigenen Hautstelle, weil diese ihm bequemer ist, weil es sich so von der

1) H. Ellis hat den Terminus „autoerotisch" allerdings etwas anders bestimmt, im Sinne einer Erregung, die nicht von außen hervorgerufen wird, sondern im Innern selbst entspringt. Für die Psychoanalyse ist nicht die Genese, sondern die Beziehung zu einem Objekt das Wesentliche.

Außenwelt unabhängig macht, die es zu beherrschen noch nicht vermag, und weil es sich solcherart gleichsam eine zweite, wenngleich minderwertige, erogene Zone schafft. Die Minderwertigkeit dieser zweiten Stelle wird es später mit dazu veranlassen, die gleichartigen Teile, die Lippen, einer anderen Person zu suchen. („Schade, daß ich mich nicht küssen kann," möchte man ihm unterlegen.)

Nicht alle Kinder lutschen. Es ist anzunehmen, daß jene Kinder dazu gelangen, bei denen die erogene Bedeutung der Lippenzone konstitutionell verstärkt ist. Bleibt diese erhalten, so werden diese Kinder als Erwachsene Kußfeinschmecker werden, zu perversen Küssen neigen oder als Männer ein kräftiges Motiv zum Trinken und Rauchen mitbringen. Kommt aber die Verdrängung hinzu, so werden sie Ekel vor dem Essen empfinden und hysterisches Erbrechen produzieren. Kraft der Gemeinsamkeit der Lippenzone wird die Verdrängung auf den Nahrungstrieb übergreifen. Viele meiner Patientinnen mit Eßstörungen, hysterischem Globus, Schnüren im Hals und Erbrechen waren in den Kinderjahren energische Ludlerinnen gewesen.

Am Lutschen oder Wonnesaugen haben wir bereits die drei wesentlichen Charaktere einer infantilen Sexualäußerung bemerken können. Dieselbe entsteht in Anlehnung an eine der lebenswichtigen Körperfunktionen, sie kennt noch kein Sexualobjekt, ist autoerotisch, und ihr Sexualziel steht unter der Herrschaft einer erogenen Zone. Nehmen wir vorweg, daß diese Charaktere auch für die meisten anderen Betätigungen der infantilen Sexualtriebe gelten.

## Das Sexualziel der infantilen Sexualität

**Charaktere erogener Zonen**

Aus dem Beispiel des Ludelns ist zur Kennzeichnung einer erogenen Zone noch mancherlei zu entnehmen. Es ist eine Haut- oder Schleimhautstelle, an der Reizungen von gewisser Art eine

Lustempfindung von bestimmter Qualität hervorrufen. Es ist kein Zweifel, daß die lusterzeugenden Reize an besondere Bedingungen gebunden sind; wir kennen dieselben nicht. Der rhythmische Charakter muß unter ihnen eine Rolle spielen, die Analogie mit dem Kitzelreiz drängt sich auf. Minder ausgemacht scheint es, ob man den Charakter der durch den Reiz hervorgerufenen Lustempfindung als einen „besonderen" bezeichnen darf, wo in dieser Besonderheit eben das sexuelle Moment enthalten wäre. In Sachen der Lust und Unlust tappt die Psychologie noch so sehr im Dunkeln, daß die vorsichtigste Annahme die empfehlenswerteste sein wird. Wir werden später vielleicht auf Gründe stoßen, welche die Besonderheitsqualität der Lustempfindung zu unterstützen scheinen.

Die erogene Eigenschaft kann einzelnen Körperstellen in ausgezeichneter Weise anhaften. Es gibt prädestinierte erogene Zonen, wie das Beispiel des Ludelns zeigt. Dasselbe Beispiel lehrt aber auch, daß jede beliebige andere Haut- und Schleimhautstelle die Dienste einer erogenen Zone auf sich nehmen kann, also eine gewisse Eignung dazu mitbringen muß. Die Qualität des Reizes hat also mit der Erzeugung der Lustempfindung mehr zu tun als die Beschaffenheit der Körperstelle. Das ludelnde Kind sucht an seinem Körper herum und wählt sich irgendeine Stelle zum Wonnesaugen aus, die ihm dann durch Gewöhnung die bevorzugte wird; wenn es zufällig dabei auf eine der prädestinierten Stellen stößt (Brustwarze, Genitalien), so verbleibt freilich dieser der Vorzug. Die ganz analoge Verschiebbarkeit kehrt dann in der Symptomatologie der Hysterie wieder. Bei dieser Neurose betrifft die Verdrängung die eigentlichen Genitalzonen am allermeisten, und diese geben ihre Reizbarkeit an die übrigen, sonst im reifen Leben zurückgesetzten, erogenen Zonen ab, die sich dann ganz wie Genitalien gebärden. Aber außerdem kann ganz wie beim Ludeln jede beliebige andere Körperstelle mit der Erregbarkeit der Genitalien ausgestattet und zur erogenen Zone erhoben werden. Erogene und hysterogene Zonen zeigen die nämlichen Charaktere.[1]

Infantiles Sexualziel

Das Sexualziel des infantilen Triebes besteht darin, die Befriedigung durch die geeignete Reizung der so oder so gewählten erogenen Zone hervorzurufen. Diese Befriedigung muß vorher erlebt worden sein, um ein Bedürfnis nach ihrer Wiederholung zurückzulassen, und wir dürfen darauf vorbereitet sein, daß die Natur sichere Vorrichtungen getroffen hat, um dieses Erleben der Befriedigung nicht dem Zufalle zu überlassen.[2] Die Veranstaltung, welche diesen Zweck für die Lippenzone erfüllt, haben wir bereits kennen gelernt, es ist die gleichzeitige Verknüpfung dieser Körperstelle mit der Nahrungsaufnahme. Andere ähnliche Vorrichtungen werden uns noch als Quellen der Sexualität begegnen. Der Zustand des Bedürfnisses nach Wiederholung der Befriedigung verrät sich durch zweierlei: durch ein eigentümliches Spannungsgefühl, welches an sich mehr den Charakter der Unlust hat, und durch eine zentral bedingte, in die peripherische erogene Zone projizierte Juck- oder Reizempfindung. Man kann das Sexualziel darum auch so formulieren, es käme darauf an, die projizierte Reizempfindung an der erogenen Zone durch denjenigen äußeren Reiz zu ersetzen, welcher die Reizempfindung aufhebt, indem er die Empfindung der Befriedigung hervorruft. Dieser äußere Reiz wird zumeist in einer Manipulation bestehen, die analog dem Saugen ist.

Es ist nur im vollen Einklang mit unserem physiologischen Wissen, wenn es vorkommt, daß das Bedürfnis auch peripherisch, durch eine wirkliche Veränderung an der erogenen Zone geweckt

1) Weitere Überlegungen und die Verwertung anderer Beobachtungen führen dazu, die Eigenschaft der Erogeneität allen Körperstellen und inneren Organen zuzusprechen. Vgl. hiezu weiter unten über den Narzißmus.

2) Man kann es in biologischen Erörterungen kaum vermeiden, sich der teleologischen Denkweise zu bedienen, obwohl man weiß, daß man im einzelnen Falle gegen den Irrtum nicht gesichert ist.

wird. Es wirkt nur einigermaßen befremdend, da der eine Reiz zu seiner Aufhebung nach einem zweiten, an derselben Stelle angebrachten, zu verlangen scheint.

## Die masturbatorischen Sexualäußerungen[1]

Es kann uns nur höchst erfreulich sein zu finden, daß wir von der Sexualbetätigung des Kindes nicht mehr viel Wichtiges zu lernen haben, nachdem uns der Trieb von einer einzigen erogenen Zone her verständlich geworden ist. Die deutlichsten Unterschiede beziehen sich auf die zur Befriedigung notwendige Vornahme, die für die Lippenzone im Saugen bestand und die je nach Lage und Beschaffenheit der anderen Zonen durch andere Muskelaktionen ersetzt werden muß.

**Betätigung der Afterzone**

Die Afterzone ist ähnlich wie die Lippenzone durch ihre Lage geeignet, eine Anlehnung der Sexualität an andere Körperfunktionen zu vermitteln. Man muß sich die erogene Bedeutung dieser Körperstelle als ursprünglich sehr groß vorstellen. Durch die Psychoanalyse erfährt man dann nicht ohne Verwunderung, welche Umwandlungen mit den von hier ausgehenden sexuellen Erregungen normalerweise vorgenommen werden, und wie häufig der Zone noch ein beträchtliches Stück genitaler Reizbarkeit fürs Leben verbleibt.[2] Die so häufigen Darmstörungen der Kinderjahre sorgen dafür, daß es der Zone an intensiven Erregungen nicht fehle. Darmkatarrhe im zartesten Alter machen „nervös", wie man sich ausdrückt; bei späterer neurotischer Erkrankung nehmen sie einen bestimmenden Einfluß auf den symptomatischen Ausdruck der Neurose, welcher sie die ganze Summe von Darmstörungen zur Verfügung stellen. Mit Hinblick auf die wenigstens

1) Vgl. hiezu die sehr reichhaltige, aber meist in den Gesichtspunkten unorientierte Literatur über Onanie, z. B. Rohleder, Die Masturbation, 1899, ferner das II. Heft der „Diskussionen der Wiener Psychoanalytischen Vereinigung", „Die Onanie", Wiesbaden 1912.

2) Vgl. die Aufsätze „Charakter und Analerotik" und „Über Triebumsetzungen insbesondere der Analerotik" [Gesamtausgabe, Bd. V].

in Umwandlung erhalten gebliebene erogene Bedeutung der Darmausgangszone darf man auch die hämorrhoidalen Einflüsse nicht verlachen, denen die ältere Medizin für die Erklärung neurotischer Zustände soviel Gewicht beigelegt hat.

Kinder, welche die erogene Reizbarkeit der Afterzone ausnützen, verraten sich dadurch, daß sie die Stuhlmassen zurückhalten, bis dieselben durch ihre Anhäufung heftige Muskelkontraktionen anregen und beim Durchgang durch den After einen starken Reiz auf die Schleimhaut ausüben können. Dabei muß wohl neben der schmerzhaften die Wollustempfindung zustande kommen. Es ist eines der besten Vorzeichen späterer Absonderlichkeit oder Nervosität, wenn ein Säugling sich hartnäckig weigert, den Darm zu entleeren, wenn er auf den Topf gesetzt wird, also wenn es dem Pfleger beliebt, sondern diese Funktion seinem eigenen Belieben vorbehält. Es kommt ihm natürlich nicht darauf an, sein Lager schmutzig zu machen; er sorgt nur, daß ihm der Lustnebengewinn bei der Defäkation nicht entgehe. Die Erzieher ahnen wiederum das Richtige, wenn sie solche Kinder, die sich diese Verrichtungen „aufheben", schlimm nennen.

Der Darminhalt, der als Reizkörper für eine sexuell empfindliche Schleimhautfläche sich wie der Vorläufer eines anderen Organs benimmt, welches erst nach der Kindheitsphase in Aktion treten soll, hat für den Säugling noch andere wichtige Bedeutungen. Er wird offenbar wie ein zugehöriger Körperteil behandelt, stellt das erste „Geschenk" dar, durch dessen Entäußerung die Gefügigkeit, durch dessen Verweigerung der Trotz des kleinen Wesens gegen seine Umgebung ausgedrückt werden kann. Vom „Geschenk" aus gewinnt er dann später die Bedeutung des „Kindes", das nach einer der infantilen Sexualtheorien durch Essen erworben und durch den Darm geboren wird.

Die Zurückhaltung der Fäkalmassen, die also anfangs eine absichtliche ist, um sie zur gleichsam masturbatorischen Reizung der Afterzone zu benützen, oder in der Relation zu den Pflegepersonen zu verwenden, ist übrigens eine der Wurzeln der bei den Neuropathen so häufigen Obstipation. Die ganze Bedeutung der Afterzone spiegelt sich dann in der Tatsache, daß man nur wenige Neurotiker findet, die nicht ihre besonderen skatologischen Gebräuche, Zeremonien und dergleichen hätten, die von ihnen sorgfältig geheim gehalten werden.[1]

Echte masturbatorische Reizung der Afterzone mit Hilfe des Fingers, durch zentral bedingtes oder peripherisch unterhaltenes Jucken hervorgerufen, ist bei älteren Kindern keineswegs selten.

**Betätigung der Genitalzonen**

Unter den erogenen Zonen des kindlichen Körpers befindet sich eine, die gewiß nicht die erste Rolle spielt, auch nicht die Trägerin der ältesten sexuellen Regungen sein kann, die aber zu großen Dingen in der Zukunft bestimmt ist. Sie ist beim männlichen wie beim weiblichen Kind in Beziehung zur Harnentleerung gebracht (Eichel, Klitoris) und beim ersteren in einen Schleimhautsack einbezogen, so daß es ihr an Reizungen durch Sekrete, welche die sexuelle Erregung frühzeitig anfachen können, nicht fehlen kann. Die sexuellen Betätigungen dieser erogenen Zone, die den wirklichen Geschlechtsteilen angehört, sind ja der Beginn des später „normalen" Geschlechtslebens.

Durch die anatomische Lage, die Überströmung mit Sekreten, durch die Waschungen und Reibungen der Körperpflege und durch gewisse akzidentelle Erregungen (wie die Wanderungen von Eingeweidewürmern bei Mädchen) wird es unvermeidlich,

1) In einer Arbeit, welche unser Verständnis für die Bedeutung der Analerotik außerordentlich vertieft („Anal" und „Sexual", Imago IV, 1916), hat Lou Andreas-Salomé ausgeführt, daß die Geschichte des erstes Verbotes, welches an das Kind herantritt, des Verbotes aus der Analtätigkeit und ihren Produkten Lust zu gewinnen, für seine ganze Entwicklung maßgebend wird. Das kleine Wesen muß bei diesem Anlasse zuerst die seinen Triebregungen feindliche Umwelt ahnen, sein eigenes Wesen von diesem Fremden sondern lernen, und dann die erste „Verdrängung" an seinen Lustmöglichkeiten vollziehen. Das „Anale" bleibt von da an das Symbol für alles zu Verwerfende, vom Leben Abzuscheidende. Der später geforderten reinlichen Scheidung von Anal- und Genitalvorgängen widersetzen sich die nahen anatomischen und funktionellen Analogien und Beziehungen zwischen beiden. Der Genitalapparat bleibt der Kloake benachbart, „ist ihr beim Weibe sogar nur abgemietet".

daß die Lustempfindung, welche diese Körperstelle zu ergeben fähig ist, sich dem Kinde schon im Säuglingsalter bemerkbar mache und ein Bedürfnis nach ihrer Wiederholung erwecke. Überblickt man die Summe der vorliegenden Einrichtungen und bedenkt, daß die Maßregeln zur Reinhaltung kaum anders wirken können als die Verunreinigung, so wird man sich kaum der Auffassung entziehen können, daß durch die Säuglingsonanie, der kaum ein Individuum entgeht, das künftige Primat dieser erogenen Zone für die Geschlechtstätigkeit festgelegt wird. Die den Reiz beseitigende und die Befriedigung auslösende Aktion besteht in einer reibenden Berührung mit der Hand oder in einem gewiß reflektorisch vorgebildeten Druck durch die Hand oder die zusammenschließenden Oberschenkel. Letztere Vornahme ist die beim Mädchen weitaus häufigere. Beim Knaben weist die Bevorzugung der Hand bereits darauf hin, welchen wichtigen Beitrag zur männlichen Sexualtätigkeit der Bemächtigungstrieb einst leisten wird.[1]

Es wird der Klarheit nur förderlich sein, wenn ich angebe, daß man drei Phasen der infantilen Masturbation zu unterscheiden hat. Die erste von ihnen gehört der Säuglingszeit an, die zweite der kurzen Blütezeit der Sexualbetätigung um das vierte Lebensjahr, erst die dritte entspricht der oft ausschließlich gewürdigten Pubertätsonanie.

**Die zweite Phase der kindlichen Masturbation**

Die Säuglingsonanie scheint nach kurzer Zeit zu schwinden, doch kann mit der ununterbrochenen Fortsetzung derselben bis zur Pubertät bereits die erste große Abweichung von der für den Kulturmenschen anzustrebenden Entwicklung gegeben sein. Irgend einmal in den Kinderjahren nach der Säuglingszeit, gewöhnlich vor dem vierten Jahr, pflegt der Sexualtrieb dieser Genitalzone wieder zu erwachen und dann wiederum eine Zeitlang bis zu einer neuen Unterdrückung anzuhalten oder sich ohne Unterbrechung fortzusetzen. Die möglichen Verhältnisse

1) Ungewöhnliche Techniken bei der Ausführung der Onanie in späteren Jahren scheinen auf den Einfluß eines überwundenen Onanieverbotes hinzuweisen.

sind sehr mannigfaltig und können nur durch genauere Zergliederung einzelner Fälle erörtert werden. Aber alle Einzelheiten dieser zweiten infantilen Sexualbetätigung hinterlassen die tiefsten (unbewußten) Eindrucksspuren im Gedächtnis der Person, bestimmen die Entwicklung ihres Charakters, wenn sie gesund bleibt, und die Symptomatik ihrer Neurose, wenn sie nach der Pubertät erkrankt.[1] Im letzteren Falle findet man diese Sexualperiode vergessen, die für sie zeugenden bewußten Erinnerungen verschoben; — ich habe schon erwähnt, daß ich auch die normale infantile Amnesie mit dieser infantilen Sexualbetätigung in Zusammenhang bringen möchte. Durch psychoanalytische Erforschung gelingt es, das Vergessene bewußt zu machen und damit einen Zwang zu beseitigen, der vom unbewußten psychischen Material ausgeht.

**Wiederkehr der Säuglingsmasturbation**

Die Sexualerregung der Säuglingszeit kehrt in den bezeichneten Kinderjahren entweder als zentral bedingter Kitzelreiz wieder, der zur onanistischen Befriedigung auffordert, oder als pollutionsartiger Vorgang, der analog der Pollution der Reifezeit die Befriedigung ohne Mithilfe einer Aktion erreicht. Letzterer Fall ist der bei Mädchen und in der zweiten Hälfte der Kindheit häufigere, in seiner Bedingtheit nicht ganz verständlich und scheint oft — nicht regelmäßig — eine Periode früherer aktiver Onanie zur Voraussetzung zu haben. Die Symptomatik dieser Sexualäußerungen ist armselig; für den noch unentwickelten Geschlechtsapparat gibt meist der Harnapparat, gleichsam als sein Vormund, Zeichen. Die meisten sogenannten Blasenleiden dieser Zeit sind sexuelle Störungen; die Enuresis nocturna entspricht, wo sie nicht einen epileptischen Anfall darstellt, einer Pollution.

1) Warum das Schuldbewußtsein der Neurotiker regelmäßig, wie noch kürzlich Bleuler anerkannt hat, an die erinnerte onanistische Betätigung, meist der Pubertätszeit, anknüpft, harrt noch einer erschöpfenden analytischen Aufklärung. Der gröbste und wichtigste Faktor dieser Bedingtheit dürfte wohl die Tatsache sein, daß die Onanie ja die Exekutive der ganzen infantilen Sexualität darstellt und darum befähigt ist, das dieser anhaftende Schuldgefühl zu übernehmen.

Für das Wiederauftreten der sexuellen Tätigkeit sind innere Ursachen und äußere Anlässe maßgebend, die beide in neurotischen Erkrankungsfällen aus der Gestaltung der Symptome zu erraten und durch die psychoanalytische Forschung mit Sicherheit aufzudecken sind. Von den inneren Ursachen wird später die Rede sein; die zufälligen äußeren Anlässe gewinnen um diese Zeit eine große und nachhaltige Bedeutung. Voran steht der Einfluß der Verführung, die das Kind vorzeitig als Sexualobjekt behandelt und es unter eindrucksvollen Umständen die Befriedigung von den Genitalzonen kennen lehrt, welche sich onanistisch zu erneuern es dann meist gezwungen bleibt. Solche Beeinflussung kann von Erwachsenen oder anderen Kindern ausgehen; ich kann nicht zugestehen, daß ich in meiner Abhandlung 1896 „Über die Ätiologie der Hysterie" die Häufigkeit oder die Bedeutung derselben überschätzt habe, wenngleich ich damals noch nicht wußte, daß normal gebliebene Individuen in ihren Kinderjahren die nämlichen Erlebnisse gehabt haben können, und darum die Verführung höher wertete als die in der sexuellen Konstitution und Entwicklung gegebenen Faktoren.[1] Es ist selbstverständlich, daß es der Verführung nicht bedarf, um das Sexualleben des Kindes zu wecken, daß solche Erweckung auch spontan aus inneren Ursachen vor sich gehen kann.

**Polymorph perverse Anlage**

Es ist lehrreich, daß das Kind unter dem Einfluß der Verführung polymorph pervers werden, zu allen möglichen Überschreitungen verleitet werden kann. Dies zeigt, daß es die Eignung dazu in seiner Anlage mitbringt; die Ausführung findet darum

1) Havelock Ellis bringt in einem Anhang zu seiner Studie über das „Geschlechtsgefühl" (1903) eine Anzahl autobiographischer Berichte von später vorwiegend normal gebliebenen Personen über ihre ersten geschlechtlichen Regungen in der Kindheit und die Anlässe derselben. Diese Berichte leiden natürlich an dem Mangel, daß sie die durch die infantile Amnesie verdeckte, prähistorische Vorzeit des Geschlechtslebens nicht enthalten, welche nur durch Psychoanalyse bei einem neurotisch gewordenen Individuum ergänzt werden kann. Dieselben sind aber trotzdem in mehr als einer Hinsicht wertvoll und Erkundigungen der gleichen Art haben mich zu der im Text erwähnten Modifikation meiner ätiologischen Annahmen bestimmt.

geringe Widerstände, weil die seelischen Dämme gegen sexuelle Ausschreitungen, Scham, Ekel und Moral, je nach dem Alter des Kindes noch nicht aufgeführt oder erst in Bildung begriffen sind. Das Kind verhält sich hierin nicht anders als etwa das unkultivierte Durchschnittsweib, bei dem die nämliche polymorph perverse Veranlagung erhalten bleibt. Dieses kann unter den gewöhnlichen Bedingungen etwa sexuell normal bleiben, unter der Leitung eines geschickten Verführers wird es an allen Perversionen Geschmack finden und dieselben für seine Sexualbetätigung festhalten. Die nämliche polymorphe, also infantile, Anlage beutet dann die Dirne für ihre Berufstätigkeit aus, und bei der riesigen Anzahl der prostituierten Frauen und solcher, denen man die Eignung zur Prostitution zusprechen muß, obwohl sie dem Berufe entgangen sind, wird es endgültig unmöglich, in der gleichmäßigen Anlage zu allen Perversionen nicht das allgemein Menschliche und Ursprüngliche zu erkennen.

**Partialtriebe** Im übrigen hilft der Einfluß der Verführung nicht dazu, die anfänglichen Verhältnisse des Geschlechtstriebes zu enthüllen, sondern verwirrt unsere Einsicht in dieselben, indem er dem Kinde vorzeitig das Sexualobjekt zuführt, nach dem der infantile Sexualtrieb zunächst kein Bedürfnis zeigt. Indes müssen wir zugestehen, daß auch das kindliche Sexualleben, bei allem Überwiegen der Herrschaft erogener Zonen, Komponenten zeigt, für welche andere Personen als Sexualobjekte von Anfang an in Betracht kommen. Solcher Art sind die in gewisser Unabhängigkeit von erogenen Zonen auftretenden Triebe der Schau- und Zeigelust und der Grausamkeit, die in ihre innigen Beziehungen zum Genitalleben erst später eintreten, aber schon in den Kinderjahren als zunächst von der erogenen Sexualtätigkeit gesonderte, selbständige Strebungen bemerkbar werden. Das kleine Kind ist vor allem schamlos und zeigt in gewissen frühen Jahren ein unzweideutiges Vergnügen an der Entblößung seines Körpers mit besonderer Hervorhebung der Geschlechtsteile. Das Gegenstück dieser als pervers geltenden Neigung, die Neugierde, Genitalien anderer Personen zu sehen, wird wahrscheinlich erst in etwas späteren Kinderjahren offenkundig, wenn das Hindernis des Schamgefühles bereits eine gewisse Entwicklung erreicht hat. Unter dem Einfluß der Verführung kann die Schauperversion eine große Bedeutung für das Sexualleben des Kindes erreichen. Doch muß ich aus meinen Erforschungen der Kinderjahre Gesunder wie neurotisch Kranker den Schluß ziehen, daß der Schautrieb beim Kinde als spontane Sexualäußerung aufzutreten vermag. Kleine Kinder, deren Aufmerksamkeit einmal auf die eigenen Genitalien — meist masturbatorisch — gelenkt ist, pflegen den weiteren Fortschritt ohne fremdes Dazutun zu treffen und lebhaftes Interesse für die Genitalien ihrer Gespielen zu entwickeln. Da sich die Gelegenheit, solche Neugierde zu befriedigen, meist nur bei der Befriedigung der beiden exkrementellen Bedürfnisse ergibt, werden solche Kinder zu Voyeurs, eifrigen Zuschauern bei der Harn- und Kotentleerung anderer. Nach eingetretener Verdrängung dieser Neigungen bleibt die Neugierde, fremde Genitalien (des eigenen oder des anderen Geschlechtes) zu sehen, als quälender Drang bestehen, der bei manchen neurotischen Fällen dann die stärkste Triebkraft für die Symptombildung abgibt.

In noch größerer Unabhängigkeit von der sonstigen, an erogene Zonen gebundenen Sexualbetätigung entwickelt sich beim Kinde die Grausamkeitskomponente des Sexualtriebes. Grausamkeit liegt dem kindlichen Charakter überhaupt nahe, da das Hemmnis, welches den Bemächtigungstrieb vor dem Schmerz des anderen haltmachen läßt, die Fähigkeit zum Mitleiden, sich verhältnismäßig spät ausbildet. Die gründliche psychologische Analyse dieses Triebes ist bekanntlich noch nicht geglückt; wir dürfen annehmen, daß die grausame Regung vom Bemächtigungstrieb herstammt und zu einer Zeit im Sexualleben auftritt, da die Genitalien noch nicht ihre spätere Rolle auf-

5*

genommen haben. Sie beherrscht dann eine Phase des Sexuallebens, die wir später als prägenitale Organisation beschreiben werden. Kinder, die sich durch besondere Grausamkeit gegen Tiere und Gespielen auszeichnen, erwecken gewöhnlich mit Recht den Verdacht auf intensive und vorzeitige Sexualbetätigung von erogenen Zonen her, und bei gleichzeitiger Frühreife aller sexuellen Triebe scheint die erogene Sexualbetätigung doch die primäre zu sein. Der Wegfall der Mitleidsschranke bringt die Gefahr mit sich, daß diese in der Kindheit erfolgte Verknüpfung der grausamen mit den erogenen Trieben sich späterhin im Leben als unlösbar erweise.

Als eine erogene Wurzel des passiven Triebes zur Grausamkeit (des Masochismus) ist die schmerzhafte Reizung der Gesäßhaut allen Erziehern seit dem Selbstbekenntnis Jean Jacques Rousseaus bekannt. Sie haben hieraus mit Recht die Forderung abgeleitet, daß die körperliche Züchtigung, die zumeist diese Körperpartie trifft, bei all den Kindern zu unterbleiben habe, bei denen durch die späteren Anforderungen der Kulturerziehung die Libido auf die kollateralen Wege gedrängt werden mag.[1]

---

1) Zu den obenstehenden Behauptungen über die infantile Sexualität war ich im Jahre 1905 wesentlich durch die Resultate psychoanalytischer Erforschung von Erwachsenen berechtigt. Die direkte Beobachtung am Kinde konnte damals nicht im vollen Ausmaß benützt werden und hatte nur vereinzelte Winke und wertvolle Bestätigungen ergeben. Seither ist es gelungen, durch die Analyse einzelner Fälle von nervöser Erkrankung im zarten Kindesalter einen direkten Einblick in die infantile Psychosexualität zu gewinnen. Ich kann mit Befriedigung darauf verweisen, daß die direkte Beobachtung die Schlüsse aus der Psychoanalyse voll bekräftigt und somit ein gutes Zeugnis für die Verläßlichkeit dieser letzteren Forschungsmethode abgegeben hat. — Die „Analyse der Phobie eines fünfjährigen Knaben" [Bd. VIII der Gesamtausgabe] hat überdies manches Neue gelehrt, worauf man von der Psychoanalyse her nicht vorbereitet war, z. B. das Hinaufreichen einer sexuellen Symbolik, einer Darstellung des Sexuellen durch nicht sexuelle Objekte und Relationen bis in diese ersten Jahre der Sprachbeherrschung. Ferner wurde ich auf einen Mangel der obenstehenden Darstellung aufmerksam gemacht, welche im Interesse der Übersichtlichkeit die begriffliche Scheidung der beiden Phasen von Autoerotismus und Objektliebe auch als eine zeitliche Trennung beschreibt. Man erfährt aber aus den zitierten Analysen (sowie aus den Mitteilungen von Bell s. o.), daß Kinder im Alter von drei bis fünf Jahren einer sehr deutlichen, von starken Affekten begleiteten Objektwahl fähig sind.

## Die infantile Sexualforschung

Der Wißtrieb

Um dieselbe Zeit, da das Sexualleben des Kindes seine erste Blüte erreicht, vom dritten bis zum fünften Jahr, stellen sich bei ihm auch die Anfänge jener Tätigkeit ein, die man dem Wiß- oder Forschertrieb zuschreibt. Der Wißtrieb kann weder zu den elementaren Triebkomponenten gerechnet noch ausschließlich der Sexualität untergeordnet werden. Sein Tun entspricht einerseits einer sublimierten Weise der Bemächtigung, anderseits arbeitet er mit der Energie der Schaulust. Seine Beziehungen zum Sexualleben sind aber besonders bedeutsame, denn wir haben aus der Psychoanalyse erfahren, daß der Wißtrieb der Kinder unvermutet früh und in unerwartet intensiver Weise von den sexuellen Problemen angezogen, ja vielleicht erst durch sie geweckt wird.

Das Rätsel der Sphinx

Nicht theoretische, sondern praktische Interessen sind es, die das Werk der Forschertätigkeit beim Kinde in Gang bringen. Die Bedrohung seiner Existenzbedingungen durch die erfahrene oder vermutete Ankunft eines neuen Kindes, die Furcht vor dem mit diesem Ereignis verbundenen Verlust an Fürsorge und Liebe machen das Kind nachdenklich und scharfsinnig. Das erste Problem, mit dem es sich beschäftigt, ist entsprechend dieser Erweckungsgeschichte auch nicht die Frage des Geschlechtsunterschiedes, sondern das Rätsel: Woher kommen die Kinder? In einer Entstellung, die man leicht rückgängig machen kann, ist dies auch das Rätsel, welches die thebaische Sphinx aufzugeben hat. Die Tatsache der beiden Geschlechter nimmt das Kind vielmehr zunächst ohne Sträuben und Bedenken hin. Es ist dem männlichen Kinde selbstverständlich, ein Genitale wie das seinige bei allen Personen, die es kennt, vorauszusetzen, und unmöglich, den Mangel eines solchen mit seiner Vorstellung dieser anderen zu vereinen. Diese Überzeugung wird vom Knaben energisch festgehalten, gegen die sich bald ergebenden

Widersprüche der Beobachtung hartnäckig verteidigt und erst nach schweren inneren Kämpfen (Kastrationskomplex) aufgegeben. Die Ersatzbildungen dieses verloren gegangenen Penis des Weibes spielen in der Gestaltung mannigfacher Perversionen eine große Rolle.[1]

**Kastrationskomplex und Penisneid**

Die Annahme des nämlichen (männlichen) Genitales bei allen Menschen ist die erste der merkwürdigen und folgenschweren infantilen Sexualtheorien. Es nützt dem Kinde wenig, wenn die biologische Wissenschaft seinem Vorurteile recht geben und die weibliche Klitoris als einen richtigen Penisersatz anerkennen muß. Das kleine Mädchen verfällt nicht in ähnliche Abweisungen, wenn es das anders gestaltete Genitale des Knaben erblickt. Es ist sofort bereit, es anzuerkennen, und es unterliegt dem Penisneide, der in dem für die Folge wichtigen Wunsch, auch ein Bub zu sein, gipfelt.

**Geburtstheorien**

Viele Menschen wissen deutlich zu erinnern, wie intensiv sie sich in der Vorpubertätszeit für die Frage interessiert haben, woher die Kinder kommen. Die anatomischen Lösungen lauteten damals ganz verschiedenartig; sie kommen aus der Brust oder werden aus dem Leib geschnitten oder der Nabel öffnet sich, um sie durchzulassen.[2] An die entsprechende Forschung der frühen Kinderjahre erinnert man sich nur selten außerhalb der Analyse; sie ist längst der Verdrängung verfallen, aber ihre Ergebnisse waren durchaus einheitliche. Man bekommt die Kinder, indem man etwas Bestimmtes ißt (wie im Märchen), und sie werden durch den Darm wie ein Stuhlabgang geboren. Diese kindlichen Theorien mahnen an Einrichtungen im Tierreiche, speziell an die Kloake der Typen, die niedriger stehen als die Säugetiere.

1) Man hat das Recht, auch von einem Kastrationskomplex bei Frauen zu sprechen. Männliche wie weibliche Kinder bilden die Theorie, daß auch das Weib ursprünglich einen Penis hatte, der durch Kastration verloren gegangen ist. Die endlich gewonnene Überzeugung, daß das Weib keinen Penis besitzt, hinterläßt beim männlichen Individuum oft eine dauernde Geringschätzung des anderen Geschlechts.

2) Der Reichtum an Sexualtheorien ist in diesen späteren Kinderjahren ein sehr großer. Im Text sind hievon nur wenige Beispiele angeführt.

Sadistische Auffassung des Sexualverkehrs

Werden Kinder in so zartem Alter Zuschauer des sexuellen Verkehres zwischen Erwachsenen, wozu die Überzeugung der Großen, das kleine Kind könne noch nichts Sexuelles verstehen, die Anlässe schafft, so können sie nicht umhin, den Sexualakt als eine Art von Mißhandlung oder Überwältigung, also im sadistischen Sinne aufzufassen. Die Psychoanalyse läßt uns auch erfahren, daß ein solcher frühkindlicher Eindruck viel zur Disposition für eine spätere sadistische Verschiebung des Sexualzieles beiträgt. Des weiteren beschäftigen sich Kinder viel mit dem Problem, worin der Geschlechtsverkehr oder, wie sie es erfassen, das Verheiratetsein bestehen mag, und suchen die Lösung des Geheimnisses meist in einer Gemeinschaft, die durch die Harn- oder Kotfunktion vermittelt wird.

Das typische Mißlingen der kindlichen Sexualforschung

Im allgemeinen kann man von den kindlichen Sexualtheorien aussagen, daß sie Abbilder der eigenen sexuellen Konstitution des Kindes sind und trotz ihrer grotesken Irrtümer von mehr Verständnis für die Sexualvorgänge zeugen, als man ihren Schöpfern zugemutet hätte. Die Kinder nehmen auch die Schwangerschaftsveränderungen der Mutter wahr und wissen sie richtig zu deuten; die Storchfabel wird sehr oft vor Hörern erzählt, die ihr ein tiefes, aber meist stummes Mißtrauen entgegenbringen. Aber da der kindlichen Sexualforschung zwei Elemente unbekannt bleiben, die Rolle des befruchtenden Samens und die Existenz der weiblichen Geschlechtsöffnung, — die nämlichen Punkte übrigens, in denen die infantile Organisation noch rückständig ist —, bleibt das Bemühen der infantilen Forscher doch regelmäßig unfruchtbar und endet in einem Verzicht, der nicht selten eine dauernde Schädigung des Wißtriebes zurückläßt. Die Sexualforschung dieser frühen Kinderjahre wird immer einsam betrieben; sie bedeutet einen ersten Schritt zur selbständigen Orientierung in der Welt und setzt eine starke Entfremdung des Kindes von den Personen seiner Umgebung, die vorher sein volles Vertrauen genossen hatten.

## Entwicklungsphasen der sexuellen Organisation

Wir haben bisher als Charaktere des infantilen Sexuallebens hervorgehoben, daß es wesentlich autoerotisch ist (sein Objekt am eigenen Leibe findet), und daß seine einzelnen Partialtriebe im ganzen unverknüpft und unabhängig voneinander dem Lusterwerb nachstreben. Den Ausgang der Entwicklung bildet das sogenannte normale Sexualleben des Erwachsenen, in welchem der Lusterwerb in den Dienst der Fortpflanzungsfunktion getreten ist, und die Partialtriebe unter dem Primat einer einzigen erogenen Zone eine feste Organisation zur Erreichung des Sexualzieles an einem fremden Sexualobjekt gebildet haben.

**Prägenitale Organisationen**

Das Studium der Hemmungen und Störungen in diesem Entwicklungsgange mit Hilfe der Psychoanalyse gestattet uns nun Ansätze und Vorstufen einer solchen Organisation der Partialtriebe zu erkennen, die gleichfalls eine Art von sexuellem Regime ergeben. Diese Phasen der Sexualorganisation werden normalerweise glatt durchlaufen, ohne sich durch mehr als Andeutungen zu verraten. Nur in pathologischen Fällen werden sie aktiviert und für grobe Beobachtung kenntlich.

Organisationen des Sexuallebens, in denen die Genitalzonen noch nicht in ihre vorherrschende Rolle eingetreten sind, wollen wir *prägenitale* heißen. Wir haben bisher zwei derselben kennen gelernt, die wie Rückfälle auf frühtierische Zustände anmuten.

Eine erste solche prägenitale Sexualorganisation ist die *orale* oder, wenn wir wollen, *kannibalische*. Die Sexualtätigkeit ist hier von der Nahrungsaufnahme noch nicht gesondert, Gegensätze innerhalb derselben nicht differenziert. Das Objekt der einen Tätigkeit ist auch das der anderen, das Sexualziel besteht in der *Einverleibung* des Objektes, dem Vorbild dessen, was späterhin als *Identifizierung* eine so bedeutsame psychische Rolle spielen wird. Als Rest dieser fiktiven, uns durch die Pathologie aufgenötigten Organisationsphase kann das Lutschen angesehen werden, in dem die Sexualtätigkeit, von der Ernährungstätigkeit abgelöst, das fremde Objekt gegen eines am eigenen Körper aufgegeben hat.[1]

Eine zweite prägenitale Phase ist die der sadistisch-analen Organisation. Hier ist die Gegensätzlichkeit, welche das Sexualleben durchzieht, bereits ausgebildet; sie kann aber noch nicht männlich und weiblich, sondern muß aktiv und passiv benannt werden. Die Aktivität wird durch den Bemächtigungstrieb von seiten der Körpermuskulatur hergestellt, als Organ mit passivem Sexualziel macht sich vor allem die erogene Darmschleimhaut geltend; für beide Strebungen sind Objekte vorhanden, die aber nicht zusammenfallen. Daneben betätigen sich andere Partialtriebe in autoerotischer Weise. In dieser Phase sind also die sexuelle Polarität und das fremde Objekt bereits nachweisbar. Die Organisation und die Unterordnung unter die Fortpflanzungsfunktion stehen noch aus.[2]

Ambivalenz

Diese Form der Sexualorganisation kann sich bereits durchs Leben erhalten und ein großes Stück der Sexualbetätigung dauernd an sich reißen. Die Vorherrschaft des Sadismus und die Kloakenrolle der analen Zone geben ihr ein exquisit archaisches Gepräge. Als weiterer Charakter gehört ihr an, daß die Triebgegensatzpaare in annähernd gleicher Weise ausgebildet sind, welches Verhalten mit dem glücklichen, von Bleuler eingeführten Namen Ambivalenz bezeichnet wird.

Die Annahme der prägenitalen Organisationen des Sexuallebens ruht auf der Analyse der Neurosen und ist unabhängig von

1) Vgl. über Reste dieser Phase bei erwachsenen Neurotikern die Arbeit von Abraham, Untersuchungen über die früheste prägenitale Entwicklungsstufe der Libido (Intern. Zeitschr. f. Psychoanalyse IV, 1916). In einer späteren Arbeit (Versuch einer Entwicklungsgeschichte der Libido 1924) hat Abraham sowohl diese orale als auch die spätere sadistisch-anale Phase in zwei Unterabteilungen zerlegt, für welche das verschiedene Verhalten zum Objekt charakteristisch ist.

2) Abraham macht (im letzterwähnten Aufsatze) darauf aufmerksam, daß der After aus dem Urmund der embryonalen Anlagen hervorgeht, was wie ein biologisches Vorbild der psychosexuellen Entwicklung erscheint.

deren Kenntnis kaum zu würdigen. Wir dürfen erwarten, daß die fortgesetzte analytische Bemühung uns noch weit mehr Aufschlüsse über Aufbau und Entwicklung der normalen Sexualfunktion vorbereitet.

Um das Bild des infantilen Sexuallebens zu vervollständigen, muß man hinzunehmen, daß häufig oder regelmäßig bereits in den Kinderjahren eine Objektwahl vollzogen wird, wie wir sie als charakteristisch für die Entwicklungsphase der Pubertät hingestellt haben, in der Weise, daß sämtliche Sexualbestrebungen die Richtung auf eine einzige Person nehmen, an der sie ihre Ziele erreichen wollen. Dies ist dann die größte Annäherung an die definitive Gestaltung des Sexuallebens nach der Pubertät, die in den Kinderjahren möglich ist. Der Unterschied von letzterer liegt nur noch darin, daß die Zusammenfassung der Partialtriebe und deren Unterordnung unter das Primat der Genitalien in der Kindheit nicht oder nur sehr unvollkommen durchgesetzt wird. Die Herstellung dieses Primats im Dienste der Fortpflanzung ist also die letzte Phase, welche die Sexualorganisation durchläuft.[1]

**Zweizeitige Objektwahl**

Man kann es als ein typisches Vorkommnis ansprechen, daß die Objektwahl zweizeitig, in zwei Schüben erfolgt. Der erste Schub nimmt in den Jahren zwischen zwei und fünf seinen Anfang und wird durch die Latenzzeit zum Stillstand oder zur Rückbildung gebracht; er ist durch die infantile Natur seiner Sexualziele ausgezeichnet. Der zweite setzt mit der Pubertät ein und bestimmt die definitive Gestaltung des Sexuallebens.

1) Diese Darstellung habe ich später (1923) selbst dahin verändert, daß ich nach den beiden prägenitalen Organisationen in die Kindheitsentwicklung eine dritte Phase einschaltete, welche bereits den Namen einer genitalen verdient, ein Sexualobjekt und ein Maß von Konvergenz der Sexualstrebungen auf dies Objekt zeigt, sich aber in einem wesentlichen Punkt von der definitiven Organisation der Geschlechtsreife unterscheidet. Sie kennt nämlich nur eine Art von Genitale, das männliche. Ich habe sie darum die phallische Organisationsstufe genannt [Die infantile Genitalorganisation. Intern. Zeitschr. f. Psychoanalyse, IX, 1923; Gesamtausgabe Bd. V]. Ihr biologisches Vorbild ist nach Abraham die indifferente für beide Geschlechter gleichartige Genitalanlage des Embryos.

Die Tatsache der zweizeitigen Objektwahl, die sich im wesentlichen auf die Wirkung der Latenzzeit reduziert, wird aber höchst bedeutungsvoll für die Störung dieses Endzustandes. Die Ergebnisse der infantilen Objektwahl ragen in die spätere Zeit hinein; sie sind entweder als solche erhalten geblieben oder sie erfahren zur Zeit der Pubertät selbst eine Auffrischung. Infolge der Verdrängungsentwicklung, welche zwischen beiden Phasen liegt, erweisen sie sich aber als unverwendbar. Ihre Sexualziele haben eine Milderung erfahren, und sie stellen nun das dar, was wir als die zärtliche Strömung des Sexuallebens bezeichnen können. Erst die psychoanalytische Untersuchung kann nachweisen, daß sich hinter dieser Zärtlichkeit, Verehrung und Hochachtung die alten, jetzt unbrauchbar gewordenen Sexualstrebungen der infantilen Partialtriebe verbergen. Die Objektwahl der Pubertätszeit muß auf die infantilen Objekte verzichten und als sinnliche Strömung von neuem beginnen. Das Nichtzusammentreffen der beiden Strömungen hat oft genug die Folge, daß eines der Ideale des Sexuallebens, die Vereinigung aller Begehrungen in einem Objekt, nicht erreicht werden kann.

## Quellen der infantilen Sexualität

In dem Bemühen, die Ursprünge des Sexualtriebes zu verfolgen, haben wir bisher gefunden, daß die sexuelle Erregung entsteht *a)* als Nachbildung einer im Anschluß an andere organische Vorgänge erlebten Befriedigung, *b)* durch geeignete peripherische Reizung erogener Zonen, *c)* als Ausdruck einiger uns in ihrer Herkunft noch nicht voll verständlicher „Triebe" wie der Schautrieb und der Trieb zur Grausamkeit. Die aus späterer Zeit auf die Kindheit zurückgreifende psychoanalytische Forschung und die gleichzeitige Beobachtung des Kindes wirken nun zusammen, um uns noch andere regelmäßig fließende Quellen für die sexuelle Erregung aufzuzeigen. Die Kindheitsbeobachtung hat den Nachteil, daß sie leicht mißzuverstehende Objekte bearbeitet, die

Psychoanalyse wird dadurch erschwert, daß sie zu ihren Objekten wie zu ihren Schlüssen nur auf großen Umwegen gelangen kann; in ihrem Zusammenwirken erzielen aber beide Methoden einen genügenden Grad von Sicherheit der Erkenntnis.

Bei der Untersuchung der erogenen Zonen haben wir bereits gefunden, daß diese Hautstellen bloß eine besondere Steigerung einer Art von Reizbarkeit zeigen, welche in gewissem Grade der ganzen Hautoberfläche zukommt. Wir werden also nicht erstaunt sein zu erfahren, daß gewissen Arten allgemeiner Hautreizung sehr deutliche erogene Wirkungen zuzuschreiben sind. Unter diesen heben wir vor allem die Temperaturreize hervor; vielleicht wird so auch unser Verständnis für die therapeutische Wirkung warmer Bäder vorbereitet.

**Mechanische Erregungen**

Ferner müssen wir hier die Erzeugung sexueller Erregung durch rhythmische mechanische Erschütterungen des Körpers anreihen, an denen wir dreierlei Reizeinwirkungen zu sondern haben, die auf den Sinnesapparat der Vestibularnerven, die auf die Haut und auf die tiefen Teile (Muskeln, Gelenkapparate). Wegen der dabei entstehenden Lustempfindungen — es ist der Hervorhebung wert, daß wir hier eine ganze Strecke weit „sexuelle Erregung“ und „Befriedigung“ unterschiedslos gebrauchen dürfen, und legt uns die Pflicht auf, später nach einer Erklärung zu suchen; — es ist also ein Beweis für die durch gewisse mechanische Körpererschütterungen erzeugte Lust, daß Kinder passive Bewegungsspiele, wie Schaukeln und Fliegenlassen, so sehr lieben und unaufhörlich nach Wiederholung davon verlangen.[1] Das Wiegen wird bekanntlich zur Einschläferung unruhiger Kinder regelmäßig angewendet. Die Erschütterungen der Wagenfahrt und später der Eisenbahnfahrt üben eine so faszinierende Wirkung auf ältere Kinder aus, daß wenigstens alle Knaben irgend einmal im Leben Kondukteure und Kutscher werden

1) Manche Personen wissen sich zu erinnern, daß sie beim Schaukeln den Anprall der bewegten Luft an den Genitalien direkt als sexuelle Lust verspürt haben.

wollen. Den Vorgängen auf der Eisenbahn pflegen sie ein rätselhaftes Interesse von außerordentlicher Höhe zuzuwenden und dieselben im Alter der Phantasietätigkeit (kurz vor der Pubertät) zum Kern einer exquisit sexuellen Symbolik zu machen. Der Zwang zu solcher Verknüpfung des Eisenbahnfahrens mit der Sexualität geht offenbar von dem Lustcharakter der Bewegungsempfindungen aus. Kommt dann die Verdrängung hinzu, die so vieles von den kindlichen Bevorzugungen ins Gegenteil umschlagen läßt, so werden dieselben Personen als Heranwachsende oder Erwachsene auf Wiegen und Schaukeln mit Üblichkeit reagieren, durch eine Eisenbahnfahrt furchtbar erschöpft werden oder zu Angstanfällen auf der Fahrt neigen und sich durch Eisenbahnangst vor der Wiederholung der peinlichen Erfahrung schützen.

Hier reiht sich dann — noch unverstanden — die Tatsache an, daß durch Zusammentreffen von Schreck und mechanischer Erschütterung die schwere hysteriforme traumatische Neurose erzeugt wird. Man darf wenigstens annehmen, daß diese Einflüsse, die in geringen Intensitäten zu Quellen sexueller Erregung werden, in übergroßem Maße einwirkend eine tiefe Zerrüttung des sexuellen Mechanismus oder Chemismus hervorrufen.

**Muskeltätigkeit**

Daß ausgiebige aktive Muskelbetätigung für das Kind ein Bedürfnis ist, aus dessen Befriedigung es außerordentliche Lust schöpft, ist bekannt. Ob diese Lust etwas mit der Sexualität zu tun hat, ob sie selbst sexuelle Befriedigung einschließt oder Anlaß zu sexueller Erregung werden kann, das mag kritischen Erwägungen unterliegen, die sich ja auch wohl gegen die im vorigen enthaltene Aufstellung richten werden, daß die Lust durch die Empfindungen passiver Bewegung sexueller Art ist oder sexuell erregend wirkt. Tatsache ist aber, daß eine Reihe von Personen berichten, sie hätten die ersten Zeichen der Erregtheit an ihren Genitalien während des Raufens oder Ringens mit ihren Gespielen erlebt, in welcher Situation außer der allgemeinen Muskelanstrengung noch die ausgiebige Hautberührung mit dem Gegner wirksam wird. Die Neigung zum Muskelstreit mit einer bestimmten Person, wie in späteren Jahren zum Wortstreit („Was sich liebt, das neckt sich"), gehört zu den guten Vorzeichen der auf diese Person gerichteten Objektwahl. In der Beförderung der sexuellen Erregung durch Muskeltätigkeit wäre eine der Wurzeln des sadistischen Triebes zu erkennen. Für viele Individuen wird die infantile Verknüpfung zwischen Raufen und sexueller Erregung mitbestimmend für die später bevorzugte Richtung ihres Geschlechtstriebes.[1]

**Affektvorgänge** Minderem Zweifel unterliegen die weiteren Quellen sexueller Erregung beim Kinde. Es ist leicht, durch gleichzeitige Beobachtung wie durch spätere Erforschung festzustellen, daß alle intensiveren Affektvorgänge, selbst die schreckhaften Erregungen auf die Sexualität übergreifen, was übrigens einen Beitrag zum Verständnis der pathogenen Wirkung solcher Gemütsbewegungen liefern kann. Beim Schulkinde kann die Angst, geprüft zu werden, die Spannung einer sich schwer lösenden Aufgabe, für den Durchbruch sexueller Äußerungen wie für das Verhältnis zur Schule bedeutsam werden, indem unter solchen Umständen häufig genug ein Reizgefühl auftritt, welches zur Berührung der Genitalien auffordert, oder ein pollutionsartiger Vorgang mit all seinen verwirrenden Folgen. Das Benehmen der Kinder in der Schule, welches den Lehrern Rätsel genug aufgibt, verdient überhaupt in Beziehung zur keimenden Sexualität derselben gesetzt zu werden. Die sexuell erregende Wirkung mancher an sich unlustiger Affekte, des Ängstigens, Schauderns, Grausens erhält sich bei einer großen Anzahl Menschen auch durchs reife Leben und ist wohl die

1) Die Analyse der Fälle von neurotischer Gehstörung und Raumangst hebt den Zweifel an der sexuellen Natur der Bewegungslust auf. Die moderne Kulturerziehung bedient sich bekanntlich des Sports im großen Umfang, um die Jugend von der Sexualbetätigung abzulenken; richtiger wäre es zu sagen, sie ersetzt ihr den Sexualgenuß durch die Bewegungslust und drängt die Sexualbetätigung auf eine ihrer autoerotischen Komponenten zurück.

Erklärung dafür, daß soviel Personen der Gelegenheit zu solchen Sensationen nachjagen, wenn nur gewisse Nebenumstände (die Angehörigkeit zu einer Scheinwelt, Lektüre, Theater) den Ernst der Unlustempfindung dämpfen.

Ließe sich annehmen, daß auch intensiven schmerzhaften Empfindungen die gleiche erogene Wirkung zukommt, zumal wenn der Schmerz durch eine Nebenbedingung abgetönt oder ferner gehalten wird, so läge in diesem Verhältnis eine der Hauptwurzeln für den masochistisch-sadistischen Trieb, in dessen vielfältige Zusammengesetztheit wir so allmählich Einblick gewinnen.[1]

**Intellektuelle Arbeit.**

Endlich ist es unverkennbar, daß die Konzentration der Aufmerksamkeit auf eine intellektuelle Leistung und geistige Anspannung überhaupt bei vielen jugendlichen wie reiferen Personen eine sexuelle Miterregung zur Folge hat, die wohl als die einzig berechtigte Grundlage für die sonst so zweifelhafte Ableitung nervöser Störungen von geistiger „Überarbeitung" zu gelten hat.

Überblicken wir nun nach diesen weder vollständig noch vollzählig mitgeteilten Proben und Andeutungen die Quellen der kindlichen Sexualerregung, so lassen sich folgende Allgemeinheiten ahnen oder erkennen: Es scheint auf die ausgiebigste Weise dafür gesorgt, daß der Prozeß der Sexualerregung — dessen Wesen uns nun freilich recht rätselhaft geworden ist — in Gang gebracht werde. Es sorgen dafür vor allem in mehr oder minder direkter Weise die Erregungen der sensiblen Oberflächen — Haut und Sinnesorgane —, am unmittelbarsten die Reizeinwirkungen auf gewisse als erogene Zonen zu bezeichnende Stellen. Bei diesen Quellen der Sexualerregung ist wohl die Qualität der Reize das Maßgebende, wenngleich das Moment der Intensität (beim Schmerz) nicht völlig gleichgültig ist. Aber überdies sind Veranstaltungen im Organismus vorhanden, welche

1) (Der sogenannte „erogene" Masochismus).

zur Folge haben, daß die Sexualerregung als Nebenwirkung bei einer großen Reihe innerer Vorgänge entsteht, sobald die Intensität dieser Vorgänge nur gewisse quantitative Grenzen überstiegen hat. Was wir die Partialtriebe der Sexualität genannt haben, leitet sich entweder direkt aus diesen inneren Quellen der Sexualerregung ab oder setzt sich aus Beiträgen von solchen Quellen und von erogenen Zonen zusammen. Es ist möglich, daß nichts Bedeutsameres im Organismus vorfällt, was nicht seine Komponente zur Erregung des Sexualtriebes abzugeben hätte.

Es scheint mir derzeit nicht möglich, diese allgemeinen Sätze zu größerer Klarheit und Sicherheit zu bringen, und ich mache dafür zwei Momente verantwortlich, erstens die Neuheit der ganzen Betrachtungsweise und zweitens den Umstand, daß uns das Wesen der Sexualerregung völlig unbekannt ist. Doch möchte ich auf zwei Bemerkungen nicht verzichten, welche Ausblicke ins Weite zu eröffnen versprechen:

**Verschiedene Sexualkonstitutionen**

*a)* Sowie wir vorhin einmal die Möglichkeit sahen, eine Mannigfaltigkeit der angeborenen sexuellen Konstitutionen durch die verschiedenartige Ausbildung der erogenen Zonen zu begründen, so können wir nun das gleiche mit Einbeziehung der indirekten Quellen der Sexualerregung versuchen. Wir dürfen annehmen, daß diese Quellen zwar bei allen Individuen Zuflüsse liefern, aber nicht alle bei allen Personen gleich starke, und daß in der bevorzugten Ausbildung der einzelnen Quellen zur Sexualerregung ein weiterer Beitrag zur Differenzierung der verschiedenen Sexualkonstitutionen gelegen sein wird.[1]

**Wege wechselseitiger Beeinflussung**

*b)* Indem wir die solange festgehaltene figürliche Ausdrucksweise fallen lassen, in der wir von „Quellen“ der Sexualerregung

1) Als unabweisbare Folgerung aus den obigen Ausführungen ergibt sich, daß jedem Individuum eine Oral-, Anal-, Harnerotik usw. zugesprochen werden muß, und daß die Konstatierung der diesen entsprechenden seelischen Komplexe kein Urteil auf Abnormität oder Neurose bedeutet. Die Unterschiede, die das Normale vom Abnormen trennen, können nur in der relativen Stärke der einzelnen Komponenten des Sexualtriebes und in der Verwendung liegen, die sie im Laufe der Entwicklung erfahren.

sprachen, können wir auf die Vermutung gelangen, daß alle die Verbindungswege, die von anderen Funktionen her zur Sexualität führen, auch in umgekehrter Richtung gangbar sein müssen. Ist wie zum Beispiel der beiden Funktionen gemeinsame Besitz der Lippenzone der Grund dafür, daß bei der Nahrungsaufnahme Sexualbefriedigung entsteht, so vermittelt uns dasselbe Moment auch das Verständnis der Störungen in der Nahrungsaufnahme, wenn die erogenen Funktionen der gemeinsamen Zone gestört sind. Wissen wir einmal, daß Konzentration der Aufmerksamkeit Sexualerregung hervorzurufen vermag, so wird uns die Annahme nahegelegt, daß durch Einwirkung auf demselben Wege, nur in umgekehrter Richtung, der Zustand der Sexualerregung die Verfügbarkeit über die lenkbare Aufmerksamkeit beeinflußt. Ein gutes Stück der Symptomatologie der Neurosen, die ich von Störungen der Sexualvorgänge ableite, äußert sich in Störungen der anderen nicht sexuellen Körperfunktionen, und diese bisher unverständliche Einwirkung wird minder rätselhaft, wenn sie nur das Gegenstück zu den Beeinflussungen darstellt, unter denen die Produktion der Sexualerregung steht.

Die nämlichen Wege aber, auf denen Sexualstörungen auf die übrigen Körperfunktionen übergreifen, müßten auch in der Gesundheit einer anderen wichtigen Leistung dienen. Auf ihnen müßte sich die Heranziehung der sexuellen Triebkräfte zu anderen als sexuellen Zielen, also die Sublimierung der Sexualität vollziehen. Wir müssen mit dem Eingeständnis schließen, daß über diese gewiß vorhandenen, wahrscheinlich nach beiden Richtungen gangbaren Wege noch sehr wenig Sicheres bekannt ist.

---

III

# DIE UMGESTALTUNGEN DER PUBERTÄT

Mit dem Eintritt der Pubertät setzen die Wandlungen ein, welche das infantile Sexualleben in seine endgültige normale Gestaltung überführen sollen. Der Sexualtrieb war bisher vorwiegend autoerotisch, er findet nun das Sexualobjekt. Er betätigte sich bisher von einzelnen Trieben und erogenen Zonen aus, die unabhängig voneinander eine gewisse Lust als einziges Sexualziel suchten. Nun wird ein neues Sexualziel gegeben, zu dessen Erreichung alle Partialtriebe zusammenwirken, während die erogenen Zonen sich dem Primat der Genitalzone unterordnen.[1] Da das neue Sexualziel den beiden Geschlechtern sehr verschiedene Funktionen anweist, geht deren Sexualentwicklung nun weit auseinander. Die des Mannes ist die konsequentere, auch unserem Verständnis leichter zugängliche, während beim Weibe sogar eine Art Rückbildung auftritt. Die Normalität des Geschlechtslebens wird nur durch das exakte Zusammentreffen der beiden auf Sexualobjekt und Sexualziel gerichteten Strömungen, der zärtlichen und der sinnlichen, gewährleistet, von denen die erstere in sich faßt, was von der infantilen Frühblüte der Sexualität erübrigt. Es ist wie der Durchschlag eines Tunnels von beiden Seiten her.

---

1) Die im Text gegebene schematische Darstellung will die Differenzen hervorheben. Inwieweit sich die infantile Sexualität durch ihre Objektwahl und die Ausbildung der phallischen Phase der definitiven Sexualorganisation annähert, ist vorhin S. 74 ausgeführt worden.

Das neue Sexualziel besteht beim Manne in der Entladung der Geschlechtsprodukte; es ist dem früheren, der Erreichung von Lust keineswegs fremd, vielmehr ist der höchste Betrag von Lust an diesen Endakt des Sexualvorganges geknüpft. Der Sexualtrieb stellt sich jetzt in den Dienst der Fortpflanzungsfunktion; er wird sozusagen altruistisch. Soll diese Umwandlung gelingen, so muß beim Vorgang derselben mit den ursprünglichen Anlagen und allen Eigentümlichkeiten der Triebe gerechnet werden.

Wie bei jeder anderen Gelegenheit, wo im Organismus neue Verknüpfungen und Zusammensetzungen zu komplizierten Mechanismen stattfinden sollen, ist auch hier die Gelegenheit zu krankhaften Störungen durch Unterbleiben dieser Neuordnungen gegeben. Alle krankhaften Störungen des Geschlechtslebens sind mit gutem Rechte als Entwicklungshemmungen zu betrachten.

## Das Primat der Genitalzonen und die Vorlust

Von dem beschriebenen Entwicklungsgang liegen Ausgang und Endziel klar vor unseren Augen. Die vermittelnden Übergänge sind uns noch vielfach dunkel; wir werden an ihnen mehr als ein Rätsel bestehen lassen müssen.

Man hat das Auffälligste an den Pubertätsvorgängen zum Wesentlichen derselben gewählt, das manifeste Wachstum der äußeren Genitalien, an denen sich die Latenzperiode der Kindheit durch relative Wachstumshemmung geäußert hatte. Gleichzeitig ist die Entwicklung der inneren Genitalien so weit vorgeschritten, daß sie Geschlechtsprodukte zu liefern, respektive zur Gestaltung eines neuen Lebewesens aufzunehmen vermögen. Ein höchst komplizierter Apparat ist so fertig geworden, der seiner Inanspruchnahme harrt.

Dieser Apparat soll durch Reize in Gang gebracht werden und nun läßt uns die Beobachtung erkennen, daß Reize ihn auf dreierlei Wegen angreifen können, von der Außenwelt her durch

6*

Erregung der uns schon bekannten erogenen Zonen, von dem organischen Innern her auf noch zu erforschenden Wegen und von dem Seelenleben aus, welches selbst eine Aufbewahrungsstätte äußerer Eindrücke und eine Aufnahmsstelle innerer Erregungen darstellt. Auf allen drei Wegen wird das nämliche hervorgerufen, ein Zustand, der als „sexuelle Erregtheit" bezeichnet wird und sich durch zweierlei Zeichen kundgibt, seelische und somatische. Das seelische Anzeichen besteht in einem eigentümlichen Spannungsgefühl von höchst drängendem Charakter; unter den mannigfaltigen körperlichen steht an erster Stelle eine Reihe von Veränderungen an den Genitalien, die einen unzweifelhaften Sinn haben, den der Bereitschaft, der Vorbereitung zum Sexualakt. (Die Erektion des männliches Gliedes, das Feuchtwerden der Scheide.)

**Die Sexualspannung**

An den Spannungscharakter der sexuellen Erregtheit knüpft ein Problem an, dessen Lösung ebenso schwierig wie für die Auffassung der Sexualvorgänge bedeutsam wäre. Trotz aller in der Psychologie darüber herrschenden Meinungsverschiedenheiten muß ich daran festhalten, daß ein Spannungsgefühl den Unlustcharakter an sich tragen muß. Für mich ist entscheidend, daß ein solches Gefühl den Drang nach Veränderung der psychischen Situation mit sich bringt, treibend wirkt, was dem Wesen der empfundenen Lust völlig fremd ist. Rechnet man aber die Spannung der sexuellen Erregtheit zu den Unlustgefühlen, so stößt man sich an der Tatsache, daß dieselbe unzweifelhaft lustvoll empfunden wird. Überall ist bei der durch die Sexualvorgänge erzeugten Spannung Lust dabei; selbst bei den Vorbereitungsveränderungen der Genitalien ist eine Art von Befriedigungsgefühl deutlich. Wie hängen nun diese Unlustspannung und dieses Lustgefühl zusammen?

Alles, was mit dem Lust- und Unlustproblem zusammenhängt, rührt an eine der wundesten Stellen der heutigen Psychologie. Wir wollen versuchen, möglichst aus den Bedingungen des uns vorliegenden Falles zu lernen und es vermeiden, dem Problem in seiner Gänze näher zu treten.[1] Werfen wir zunächst einen Blick auf die Art, wie die erogenen Zonen sich der neuen Ordnung einfügen. Ihnen fällt eine wichtige Rolle bei der Einleitung der sexuellen Erregung zu. Die dem Sexualobjekt vielleicht entlegenste, das Auge, kommt unter den Verhältnissen der Objektwerbung am häufigsten in die Lage, durch jene besondere Qualität der Erregung, deren Anlaß wir am Sexualobjekt als Schönheit bezeichnen, gereizt zu werden. Die Vorzüge des Sexualobjektes werden darum auch „Reize" geheißen. Mit dieser Reizung ist einerseits bereits Lust verbunden, andererseits ist eine Steigerung der sexuellen Erregtheit oder ein Hervorrufen derselben, wo sie noch fehlt, ihre Folge. Kommt die Erregung einer anderen erogenen Zone, zum Beispiel der tastenden Hand, hinzu, so ist der Effekt der gleiche, Lustempfindung einerseits, die sich bald durch die Lust aus den Bereitschaftsveränderungen verstärkt, weitere Steigerung der Sexualspannung andererseits, die bald in deutlichste Unlust übergeht, wenn ihr nicht gestattet wird, weitere Lust herbeizuführen. Durchsichtiger ist vielleicht noch ein anderer Fall, wenn zum Beispiel bei einer sexuell nicht erregten Person eine erogene Zone, etwa die Brusthaut eines Weibes, durch Berührung gereizt wird. Diese Berührung ruft bereits ein Lustgefühl hervor, ist aber gleichzeitig wie nichts anderes geeignet, die sexuelle Erregung zu wecken, die nach einem Mehr von Lust verlangt. Wie es zugeht, daß die empfundene Lust das Bedürfnis nach größerer Lust hervorruft, das ist eben das Problem.

**Vorlustmechanismus**

Die Rolle aber, die dabei den erogenen Zonen zufällt, ist klar. Was für eine galt, gilt für alle. Sie werden sämtlich dazu verwendet, durch ihre geeignete Reizung einen gewissen Betrag von Lust zu liefern, von dem die Steigerung der Spannung ausgeht, welche ihrerseits die nötige motorische Energie aufzubringen

1) Vgl. einen Versuch zur Lösung dieses Problems in den einleitenden Bemerkungen meines Aufsatzes „Das ökonomische Problem des Masochismus" 1924. [Intern. Zeitschr. f. PsA., X; Gesamtausgabe Bd. V].

hat, um den Sexualakt zu Ende zu führen. Das vorletzte Stück desselben ist wiederum die geeignete Reizung einer erogenen Zone, der Genitalzone selbst an der Glans Penis, durch das dazu geeignetste Objekt, die Schleimhaut der Scheide, und unter der Lust, welche diese Erregung gewährt, wird diesmal auf reflektorischem Wege die motorische Energie gewonnen, welche die Herausbeförderung der Geschlechtsstoffe besorgt. Diese letzte Lust ist ihrer Intensität nach die höchste, in ihrem Mechanismus von der früheren verschieden. Sie wird ganz durch Entlastung hervorgerufen, ist ganz Befriedigungslust und mit ihr erlischt zeitweilig die Spannung der Libido.

Es scheint mir nicht unberechtigt, diesen Unterschied in dem Wesen der Lust durch Erregung erogener Zonen und der anderen bei Entleerung der Sexualstoffe durch eine Namengebung zu fixieren. Die erstere kann passend als Vorlust bezeichnet werden im Gegensatz zur Endlust oder Befriedigungslust der Sexualtätigkeit. Die Vorlust ist dann dasselbe, was bereits der infantile Sexualtrieb, wenngleich in verjüngtem Maße, ergeben konnte; die Endlust ist neu, also wahrscheinlich an Bedingungen geknüpft, die erst mit der Pubertät eingetreten sind. Die Formel für die neue Funktion der erogenen Zonen lautete nun: Sie werden dazu verwendet, um mittels der von ihnen wie im infantilen Leben zu gewinnenden Vorlust die Herbeiführung der größeren Befriedigungslust zu ermöglichen.

Ich habe vor kurzem ein anderes Beispiel, aus einem ganz verschiedenen Gebiet des seelischen Geschehens erläutern können, in welchem gleichfalls ein größerer Lusteffekt vermöge einer geringfügigeren Lustempfindung, die dabei wie eine Verlockungsprämie wirkt, erzielt wird. Dort ergab sich auch die Gelegenheit, auf das Wesen der Lust näher einzugehen.[1]

1) Siehe meine 1905 erschienene Studie „Der Witz und seine Beziehung zum Unbewußten". (Band IX der Gesamtausgabe.) Die durch die Witztechnik gewonnene „Vorlust" wird dazu verwendet, eine größere Lust durch die Aufhebung innerer Hemmungen frei zu machen.

Gefahren der Vorlust

Der Zusammenhang der Vorlust aber mit dem infantilen Sexualleben wird durch die pathogene Rolle, die ihr zufallen kann, bekräftigt. Aus dem Mechanismus, in dem die Vorlust aufgenommen ist, ergibt sich für die Erreichung des normalen Sexualzieles offenbar eine Gefahr, die dann eintritt, wenn an irgendeiner Stelle der vorbereitenden Sexualvorgänge die Vorlust zu groß, ihr Spannungsanteil zu gering ausfallen sollte. Dann entfällt die Triebkraft, um den Sexualvorgang weiter fortzusetzen, der ganze Weg verkürzt sich, die betreffende vorbereitende Aktion tritt an Stelle des normalen Sexualziels. Dieser schädliche Fall hat erfahrungsgemäß zur Bedingung, daß die betreffende erogene Zone oder der entsprechende Partialtrieb schon im infantilen Leben in ungewöhnlichem Maße zur Lustgewinnung beigetragen hatte. Kommen noch Momente hinzu, welche auf die Fixierung hinwirken, so entsteht leicht fürs spätere Leben ein Zwang, welcher sich der Einordnung dieser einen Vorlust in einen neuen Zusammenhang widersetzt. Solcherart ist in der Tat der Mechanismus vieler Perversionen, die ein Verweilen bei vorbereitenden Akten des Sexualvorganges darstellen.

Das Fehlschlagen der Funktion des Sexualmechanismus durch die Schuld der Vorlust wird am ehesten vermieden, wenn das Primat der Genitalzonen gleichfalls bereits im infantilen Leben vorgezeichnet ist. Dazu scheinen die Anstalten wirklich in der zweiten Hälfte der Kinderzeit (von acht Jahren bis zur Pubertät) getroffen zu sein. Die Genitalzonen benehmen sich in diesen Jahren bereits in ähnlicher Weise wie zur Zeit der Reife, sie werden der Sitz von Erregungssensationen und Bereitschaftsveränderungen, wenn irgendwelche Lust durch Befriedigung anderer erogener Zonen empfunden wird, obwohl dieser Effekt noch zwecklos bleibt, das heißt nichts dazu beiträgt, den Sexualvorgang fortzusetzen. Es entsteht also bereits in den Kinderjahren neben der Befriedigungslust ein gewisser Betrag von Sexualspannung, obwohl minder konstant und weniger ausgiebig, und nun können wir verstehen, warum wir bei der Erörterung der Quellen der Sexualität mit ebenso gutem Recht sagen konnten, der betreffende Vorgang wirke sexuell befriedigend, wie er wirke sexuell erregend. Wir merken, daß wir auf dem Wege zur Erkenntnis uns die Unterschiede des infantilen und des reifen Sexuallebens zunächst übertrieben groß vorgestellt haben, und tragen nun die Korrektur nach. Nicht nur die Abweichungen vom normalen Sexualleben, sondern auch die normale Gestaltung desselben wird durch die infantilen Äußerungen der Sexualität bestimmt.

## Das Problem der Sexualerregung

Es ist uns durchaus unaufgeklärt geblieben, woher die Sexualspannung rührt, die bei der Befriedigung erogener Zonen gleichzeitig mit der Lust entsteht, und welches das Wesen derselben ist.[1] Die nächste Vermutung, diese Spannung ergebe sich irgendwie aus der Lust selbst, ist nicht nur an sich sehr unwahrscheinlich, sie wird auch hinfällig, da bei der größten Lust, die an die Entleerung der Geschlechtsprodukte geknüpft ist, keine Spannung erzeugt, sondern alle Spannung aufgehoben wird. Lust und Sexualspannung können also nur in indirekter Weise zusammenhängen.

**Rolle der Sexualstoffe**

Außer der Tatsache, daß normalerweise allein die Entlastung von den Sexualstoffen der Sexualerregung ein Ende macht, hat man noch andere Anhaltspunkte, die Sexualspannung in Beziehung zu den Sexualprodukten zu bringen. Bei enthaltsamem Leben pflegt der Geschlechtsapparat in wechselnden, aber nicht regellosen Perioden nächtlicherweise sich unter Lustempfindung und während der Traumhalluzination eines sexuellen Aktes der Sexualstoffe zu entledigen, und für diesen Vorgang — die nächtliche Pollution —

1) Es ist überaus lehrreich, daß die deutsche Sprache der im Text erwähnten Rolle der vorbereitenden sexuellen Erregungen, welche gleichzeitig einen Anteil Befriedigung und einen Beitrag zur Sexualspannung liefern, im Gebrauche des Wortes „Lust" Rechnung trägt. „Lust" ist doppelsinnig und bezeichnet ebensowohl die Empfindung der Sexualspannung (Ich habe Lust = ich möchte, ich verspüre den Drang) als auch die der Befriedigung.

ist die Auffassung schwer abzuweisen, daß die Sexualspannung, die den kurzen halluzinatorischen Weg zum Ersatz des Aktes zu finden weiß, eine Funktion der Samenanhäufung in den Reservoirs für die Geschlechtsprodukte sei. Im gleichen Sinne sprechen die Erfahrungen, die man über die Erschöpfbarkeit des sexuellen Mechanismus macht. Bei entleertem Samenvorrat ist nicht nur die Ausführung des Sexualaktes unmöglich, es versagt auch die Reizbarkeit der erogenen Zonen, deren geeignete Erregung dann keine Lust hervorrufen kann. Wir erfahren so nebenbei, daß ein gewisses Maß sexueller Spannung selbst für die Erregbarkeit der erogenen Zonen erforderlich ist.

Man würde so zur Annahme gedrängt, die, wenn ich nicht irre, ziemlich allgemein verbreitet ist, daß die Anhäufung der Sexualstoffe die Sexualspannung schafft und unterhält, etwa indem der Druck dieser Produkte auf die Wandung ihrer Behälter als Reiz auf ein spinales Zentrum wirkt, dessen Zustand von höheren Zentren wahrgenommen wird und dann für das Bewußtsein die bekannte Spannungsempfindung ergibt. Wenn die Erregung erogener Zonen die Sexualspannung steigert, so könnte dies nur so zugehen, daß die erogenen Zonen in vorgebildeter anatomischer Verbindung mit diesen Zentren stehen, den Tonus der Erregung daselbst erhöhen, bei genügender Sexualspannung den sexuellen Akt in Gang bringen und bei ungenügender die Produktion der Geschlechtsstoffe anregen.

Die Schwäche dieser Lehre, die man z. B. in v. Krafft-Ebings Darstellung der Sexualvorgänge angenommen findet, liegt darin, daß sie, für die Geschlechtstätigkeit des reifen Mannes geschaffen, auf dreierlei Verhältnisse wenig Rücksicht nimmt, deren Aufklärung sie gleichfalls liefern sollte. Es sind dies die Verhältnisse beim Kinde, beim Weibe und beim männlichen Kastraten. In allen drei Fällen ist von einer Anhäufung von Geschlechtsprodukten im gleichen Sinne wie beim Manne nicht die Rede, was die glatte Anwendung des Schemas erschwert;

doch ist ohneweiters zuzugeben, daß sich Auskünfte finden ließen, welche die Unterordnung auch dieser Fälle ermöglichen würden. Auf jeden Fall bleibt die Warnung bestehen, dem Faktor der Anhäufung der Geschlechtsprodukte nicht Leistungen aufzubürden, deren er unfähig scheint.

**Einschätzung der inneren Geschlechtsteile**

Daß die Sexualerregung in beachtenswertem Grade unabhängig von der Produktion der Geschlechtsstoffe sein kann, scheinen die Beobachtungen an männlichen Kastraten zu ergeben, bei denen gelegentlich die Libido der Beeinträchtigung durch die Operation entgeht, wenngleich das entgegengesetzte Verhalten, das ja die Operation motiviert, die Regel ist. Überdies weiß man ja längst, daß Krankheiten, welche die Produktion der männlichen Geschlechtszellen vernichtet haben, die Libido und Potenz des nun sterilen Individuums ungeschädigt lassen. Es ist dann keineswegs so verwunderlich, wie C. Rieger es hinstellt, daß der Verlust der männlichen Keimdrüsen im reiferen Alter ohne weiteren Einfluß auf das seelische Verhalten des Individuums bleiben kann. Die im zarten Alter vor der Pubertät vorgenommene Kastration nähert sich zwar in ihrer Wirkung dem Ziel einer Aufhebung der Geschlechtscharaktere, allein auch dabei könnte außer dem Verlust der Geschlechtsdrüsen an sich eine mit deren Wegfall verknüpfte Entwicklungshemmung anderer Faktoren in Betracht kommen.

**Chemische Theorie**

Tierversuche mit Entfernung der Keimdrüsen (Hoden und Ovarien) und entsprechend variierter Einpflanzung neuer solcher Organe bei Wirbeltieren (s. das zitierte Werk von Lipschütz, S. 13) haben endlich ein partielles Licht auf die Herkunft der Sexualerregung geworfen und dabei die Bedeutung einer etwaigen Anhäufung der zelligen Geschlechtsprodukte noch weiter zurückgedrängt. Es ist dem Experiment möglich geworden (E. Steinach), ein Männchen in ein Weibchen und umgekehrt ein Weibchen in ein Männchen zu verwandeln, wobei sich das psychosexuelle Verhalten des Tieres entsprechend den somatischen Geschlechtscharakteren und gleichzeitig mit ihnen änderte. Dieser geschlechtsbestimmende Einfluß soll aber nicht dem Anteil der Keimdrüse zukommen, welcher die spezifischen Geschlechtszellen (Samenfäden und Ei) erzeugt, sondern dem interstitiellen Gewebe derselben, welches darum von den Autoren als „Pubertätsdrüse" hervorgehoben wird. Es ist sehr wohl möglich, daß weitere Untersuchungen ergeben, die Pubertätsdrüse sei normalerweise zwittrig angelegt, wodurch die Lehre von der Bisexualität der höheren Tiere anatomisch begründet würde, und es ist schon jetzt wahrscheinlich, daß sie nicht das einzige Organ ist, welches mit der Produktion der Sexualerregung und der Geschlechtscharaktere zu tun hat. Jedenfalls schließt dieser neue biologische Fund an das an, was wir schon vorher über die Rolle der Schilddrüse für die Sexualität erfahren haben. Wir dürfen nun glauben, daß im interstitiellen Anteil der Keimdrüsen besondere chemische Stoffe erzeugt werden, die vom Blutstrom aufgenommen die Ladung bestimmter Anteile des Zentralnervensystems mit sexueller Spannung zustande kommen lassen, wie wir ja solche Umsetzung eines toxischen Reizes in einen besonderen Organreiz von anderen dem Körper als fremd eingeführten Giftstoffen kennen. Wie die Sexualerregung durch Reizung erogener Zonen bei vorheriger Ladung der zentralen Apparate entsteht, und welche Verwicklungen von rein toxischen und physiologischen Reizwirkungen sich bei diesen Sexualvorgängen ergeben, das auch nur hypothetisch zu behandeln, kann keine zeitgemäße Aufgabe sein. Es genüge uns als wesentlich an dieser Auffassung der Sexualvorgänge, die Annahme besonderer, dem Sexualstoffwechsel entstammender Stoffe festzuhalten. Denn diese anscheinend willkürliche Aufstellung wird durch eine wenig beachtete, aber höchst beachtenswerte Einsicht unterstützt. Die Neurosen, welche sich nur auf Störungen des Sexuallebens zurückführen lassen, zeigen die größte klinische Ähnlichkeit mit den Phänomenen der Intoxikation und Abstinenz, welche sich durch die habituelle Einführung Lust erzeugender Giftstoffe (Alkaloide) ergeben.

## Die Libidotheorie

Mit diesen Vermutungen über die chemische Grundlage der Sexualerregung stehen in guter Übereinstimmung die Hilfsvorstellungen, die wir uns zur Bewältigung der psychischen Äußerungen des Sexuallebens geschaffen haben. Wir haben uns den Begriff der Libido festgelegt als einer quantitativ veränderlichen Kraft, welche Vorgänge und Umsetzungen auf dem Gebiete der Sexualerregung messen könnte. Diese Libido sondern wir von der Energie, die den seelischen Prozessen allgemein unterzulegen ist, mit Beziehung auf ihren besonderen Ursprung und verleihen ihr so auch einen qualitativen Charakter. In der Sonderung von libidinöser und anderer psychischer Energie drücken wir die Voraussetzung aus, daß sich die Sexualvorgänge des Organismus durch einen besonderen Chemismus von den Ernährungsvorgängen unterscheiden. Die Analyse der Perversionen und Psychoneurosen hat uns zur Einsicht gebracht, daß diese Sexualerregung nicht von den sogenannten Geschlechtsteilen allein, sondern von allen Körperorganen geliefert wird. Wir bilden uns also die Vorstellung eines Libidoquantums, dessen psychische Vertretung wir die Ichlibido heißen, dessen Produktion, Vergrößerung oder Verminderung, Verteilung und Verschiebung uns die Erklärungsmöglichkeiten für die beobachteten psychosexuellen Phänomene bieten soll.

Dem analytischen Studium bequem zugänglich wird diese Ichlibido aber nur, wenn sie die psychische Verwendung zur Besetzung von Sexualobjekten gefunden hat, also zur Objektlibido geworden ist. Wir sehen sie dann sich auf Objekte konzentrieren, an ihnen fixieren oder aber diese Objekte verlassen, von ihnen auf andere übergehen und von diesen Positionen aus die Sexualbetätigung des Individuums lenken, die zur Befriedigung, das heißt zum partiellen und zeitweisen Erlöschen der Libido führt. Die Psychoanalyse der sogenannten Übertragungsneurosen

(Hysterie und Zwangsneurose) gestattet uns hier einen sicheren Einblick.

Von den Schicksalen der Objektlibido können wir noch erkennen, daß sie von den Objekten abgezogen, in besonderen Spannungszuständen schwebend erhalten und endlich ins Ich zurückgeholt wird, so daß sie wieder zur Ichlibido geworden ist. Die Ichlibido heißen wir im Gegensatz zur Objektlibido auch n a r z i ß t i s c h e Libido. Von der Psychoanalyse aus schauen wir wie über eine Grenze, deren Überschreitung uns nicht gestattet ist, in das Getriebe der narzißtischen Libido hinein und bilden uns eine Vorstellung von dem Verhältnis der beiden.[1] Die narzißtische oder Ichlibido erscheint uns als das große Reservoir, aus welchem die Objektbesetzungen ausgeschickt und in welches sie wieder einbezogen werden, die narzißtische Libidobesetzung des Ichs als der in der ersten Kindheit realisierte Urzustand, welcher durch die späteren Aussendungen der Libido nur verdeckt wird, im Grunde hinter denselben erhalten geblieben ist.

Die Aufgabe einer Libidotheorie der neurotischen und psychotischen Störungen müßte sein, alle beobachteten Phänomene und erschlossenen Vorgänge in den Terminis der Libidoökonomie auszudrücken. Es ist leicht zu erraten, daß den Schicksalen der Ichlibido dabei die größere Bedeutung zufallen wird, besonders wo es sich um die Erklärung der tieferen psychotischen Störungen handelt. Die Schwierigkeit liegt dann darin, daß das Mittel unserer Untersuchung, die Psychoanalyse, uns vorläufig nur über die Wandlungen an der Objektlibido sichere Auskunft bringt,[2] die Ichlibido aber von den anderen im Ich wirkenden Energien nicht ohneweiters zu scheiden vermag.[3] Eine Fortführung der

1) Diese Beschränkung hat nicht mehr ihre frühere Giltigkeit, seitdem auch andere als die „Übertragungsneurosen" der Psychoanalyse in größerem Ausmaße zugänglich geworden sind.

2) Siehe obige Anmerkung.

3) S. Zur Einführung des Narzißmus, Jahrbuch der Psychoanalyse VI, 1913. [Bd. VI der Gesamtausgabe.] — Der Terminus „Narzißmus" ist nicht, wie dort irrtümlich angegeben, von N a e c k e, sondern von H. E l l i s geschaffen worden.

Libidotheorie ist deshalb vorläufig nur auf dem Wege der Spekulation möglich. Man verzichtet aber auf allen Gewinn aus der bisherigen psychoanalytischen Beobachtung, wenn man nach dem Vorgang von C. G. Jung den Begriff der Libido selbst verflüchtigt, indem man sie mit der psychischen Triebkraft überhaupt zusammenfallen läßt.

Die Sonderung der sexuellen Triebregungen von den anderen und somit die Einschränkung des Begriffes Libido auf diese ersteren findet eine starke Unterstützung in der vorhin erörterten Annahme eines besonderen Chemismus der Sexualfunktion.

## Differenzierung von Mann und Weib

Es ist bekannt, daß erst mit der Pubertät sich die scharfe Sonderung des männlichen und weiblichen Charakters herstellt, ein Gegensatz, der dann wie kein anderer die Lebensgestaltung der Menschen entscheidend beeinflußt. Männliche und weibliche Anlage sind allerdings schon im Kindesalter gut kenntlich; die Entwicklung der Sexualitätshemmungen (Scham, Ekel, Mitleid usw.) erfolgt beim kleinen Mädchen frühzeitiger und gegen geringeren Widerstand als beim Knaben; die Neigung zur Sexualverdrängung erscheint überhaupt größer; wo sich Partialtriebe der Sexualität bemerkbar machen, bevorzugen sie die passive Form. Die autoerotische Betätigung der erogenen Zonen ist aber bei beiden Geschlechtern die nämliche und durch diese Übereinstimmung ist die Möglichkeit eines Geschlechtsunterschiedes, wie er sich nach der Pubertät herstellt, für die Kindheit aufgehoben. Mit Rücksicht auf die autoerotischen und masturbatorischen Sexualäußerungen könnte man den Satz aufstellen, die Sexualität der kleinen Mädchen habe durchaus männlichen Charakter. Ja, wüßte man den Begriffen „männlich und weiblich" einen bestimmteren Inhalt zu geben, so ließe sich auch die Behauptung vertreten, die Libido sei regelmäßig und gesetzmäßig männlicher Natur, ob sie nun beim Manne oder beim Weibe vorkomme und, abgesehen von ihrem Objekt, mag dies der Mann oder das Weib sein.[1]

Seitdem ich mit dem Gesichtspunkte der Bisexualität bekannt geworden bin, halte ich dieses Moment für das hier maßgebende und meine, ohne der Bisexualität Rechnung zu tragen, wird man kaum zum Verständnis der tatsächlich zu beobachtenden Sexualäußerungen von Mann und Weib gelangen können.

**Leitzonen bei Mann und Weib**

Von diesem abgesehen, kann ich nur noch folgendes hinzufügen: Die leitende erogene Zone ist auch beim weiblichen Kinde an der Klitoris gelegen, der männlichen Genitalzone an der Eichel also homolog. Alles, was ich über Masturbation bei kleinen Mädchen in Erfahrung bringen konnte, betraf die Klitoris und nicht die für die späteren Geschlechtsfunktionen bedeutsamen Partien des äußeren Genitales. Ich zweifle selbst daran, daß das weibliche Kind unter dem Einflusse der Verführung zu etwas anderem als zur Klitorismasturbation gelangen kann, es sei denn ganz ausnahmsweise. Die gerade bei kleinen Mädchen so häufigen Spontanentladungen der sexuellen Erregtheit äußern

1) Es ist unerläßlich, sich klar zu machen, daß die Begriffe „männlich" und „weiblich", deren Inhalt der gewöhnlichen Meinung so unzweideutig erscheint, in der Wissenschaft zu den verworrensten gehören und nach mindestens drei Richtungen zu zerlegen sind. Man gebraucht männlich und weiblich bald im Sinne von Aktivität und Passivität, bald im biologischen und dann auch im soziologischen Sinne. Die erste dieser drei Bedeutungen ist die wesentliche und die in der Psychoanalyse zumeist verwertbare. Ihr entspricht es, wenn die Libido oben im Text als männlich bezeichnet wird, denn der Trieb ist immer aktiv, auch wo er sich ein passives Ziel gesetzt hat. Die zweite, biologische Bedeutung von männlich und weiblich ist die, welche die klarste Bestimmung zuläßt. Männlich und weiblich sind hier durch die Anwesenheit der Samen-, respektive Eizelle und durch die von ihnen ausgehenden Funktionen charakterisiert. Die Aktivität und ihre Nebenäußerungen, stärkere Muskelentwicklung, Aggression, größere Intensität der Libido, sind in der Regel mit der biologischen Männlichkeit verlötet, aber nicht notwendigerweise verknüpft, denn es gibt Tiergattungen, bei denen diese Eigenschaften vielmehr dem Weibchen zugeteilt sind. Die dritte, soziologische Bedeutung erhält ihren Inhalt durch die Beobachtung der wirklich existierenden männlichen und weiblichen Individuen. Diese ergibt für den Menschen, daß weder im psychologischen noch im biologischen Sinne eine reine Männlichkeit oder Weiblichkeit gefunden wird. Jede Einzelperson weist vielmehr eine Vermengung ihres biologischen Geschlechtscharakters mit biologischen Zügen des anderen Geschlechts und eine Vereinigung von Aktivität und Passivität auf, sowohl insofern diese psychischen Charakterzüge von den biologischen abhängen als auch insoweit sie unabhängig von ihnen sind.

sich in Zuckungen der Klitoris, und die häufigen Erektionen derselben ermöglichen es den Mädchen, die Sexualäußerungen des anderen Geschlechts auch ohne Unterweisung richtig zu beurteilen, indem sie einfach die Empfindungen der eigenen Sexualvorgänge auf die Knaben übertragen.

Will man das Weibwerden des kleinen Mädchens verstehen, so muß man die weiteren Schicksale dieser Klitoriserregbarkeit verfolgen. Die Pubertät, welche dem Knaben jenen großen Vorstoß der Libido bringt, kennzeichnet sich für das Mädchen durch eine neuerliche Verdrängungswelle, von der gerade die Klitorissexualität betroffen wird. Es ist ein Stück männlichen Sexuallebens, was dabei der Verdrängung verfällt. Die bei dieser Pubertätsverdrängung des Weibes geschaffene Verstärkung der Sexualhemmnisse ergibt dann einen Reiz für die Libido des Mannes und nötigt dieselbe zur Steigerung ihrer Leistungen: mit der Höhe der Libido steigt dann auch die Sexualüberschätzung, die nur für das sich weigernde, seine Sexualität verleugnende Weib im vollen Maße zu haben ist. Die Klitoris behält dann die Rolle, wenn sie beim endlich zugelassenen Sexualakt selbst erregt wird, diese Erregung an die benachbarten weiblichen Teile weiter zu leiten, etwa wie ein Span Kienholz dazu benützt werden kann, das härtere Brennholz in Brand zu setzen. Es nimmt oft eine gewisse Zeit in Anspruch, bis sich diese Übertragung vollzogen hat, während welcher dann das junge Weib anästhetisch ist. Diese Anästhesie kann eine dauernde werden, wenn die Klitoriszone ihre Erregbarkeit abzugeben sich weigert, was gerade durch ausgiebige Betätigung im Kinderleben vorbereitet wird. Es ist bekannt, daß die Anästhesie der Frauen häufig nur eine scheinbare, eine lokale ist. Sie sind anästhetisch am Scheideneingang, aber keineswegs unerregbar von der Klitoris oder selbst von anderen Zonen aus. Zu diesen erogenen Anlässen der Anästhesie gesellen sich dann noch die psychischen, gleichfalls durch Verdrängung bedingten.

Ist die Übertragung der erogenen Reizbarkeit von der Klitoris auf den Scheideneingang gelungen, so hat damit das Weib seine für die spätere Sexualbetätigung leitende Zone gewechselt, während der Mann die seinige von der Kindheit an beibehalten hat. In diesem Wechsel der leitenden erogenen Zone sowie in dem Verdrängungsschub der Pubertät, der gleichsam die infantile Männlichkeit beiseite schafft, liegen die Hauptbedingungen für die Bevorzugung des Weibes zur Neurose, insbesondere zur Hysterie. Diese Bedingungen hängen also mit dem Wesen der Weiblichkeit innigst zusammen.

## Die Objektfindung

Während durch die Pubertätsvorgänge das Primat der Genitalzonen festgelegt wird und das Vordrängen des erigiert gewordenen Gliedes beim Manne gebieterisch auf das neue Sexualziel hinweist, auf das Eindringen in eine die Genitalzone erregende Körperhöhle, vollzieht sich von psychischer Seite her die Objektfindung, für welche von der frühesten Kindheit an vorgearbeitet worden ist. Als die anfänglichste Sexualbefriedigung noch mit der Nahrungsaufnahme verbunden war, hatte der Sexualtrieb ein Sexualobjekt außerhalb des eigenen Körpers in der Mutterbrust. Er verlor es nur später, vielleicht gerade zur Zeit, als es dem Kinde möglich wurde, die Gesamtvorstellung der Person, welcher das ihm Befriedigung spendende Organ angehörte, zu bilden. Der Geschlechtstrieb wird dann in der Regel autoerotisch und erst nach Überwindung der Latenzzeit stellt sich das ursprüngliche Verhältnis wieder her. Nicht ohne guten Grund ist das Saugen des Kindes an der Brust der Mutter vorbildlich für jede Liebesbeziehung geworden. Die Objektfindung ist eigentlich eine Wiederfindung.[1]

1) Die Psychoanalyse lehrt, daß es zwei Wege der Objektfindung gibt, erstens die im Text besprochene, die in Anlehnung an die frühinfantilen Vorbilder vor sich geht, und zweitens die narzißtische, die das eigene Ich sucht und im

**Sexualobjekt der Säuglingszeit** Aber von dieser ersten und wichtigsten aller sexuellen Beziehungen bleibt auch nach der Abtrennung der Sexualtätigkeit von der Nahrungsaufnahme ein wichtiges Stück übrig, welches die Objektwahl vorbereiten, das verlorene Glück also wiederherstellen hilft. Die ganze Latenzzeit über lernt das Kind andere Personen, die seiner Hilflosigkeit abhelfen und seine Bedürfnisse befriedigen, lieben, durchaus nach dem Muster und in Fortsetzung seines Säuglingsverhältnisses zur Amme. Man wird sich vielleicht sträuben wollen, die zärtlichen Gefühle und die Wertschätzung des Kindes für seine Pflegepersonen mit der geschlechtlichen Liebe zu identifizieren, allein ich meine, eine genauere psychologische Untersuchung wird diese Identität über jeden Zweifel hinaus feststellen können. Der Verkehr des Kindes mit seiner Pflegeperson ist für dasselbe eine unaufhörlich fließende Quelle sexueller Erregung und Befriedigung von erogenen Zonen aus, zumal da letztere — in der Regel doch die Mutter — das Kind selbst mit Gefühlen bedenkt, die aus ihrem Sexualleben stammen, es streichelt, küßt und wiegt und ganz deutlich zum Ersatz für ein vollgültiges Sexualobjekt nimmt.[1] Die Mutter würde wahrscheinlich erschrecken, wenn man ihr die Aufklärung gäbe, daß sie mit all ihren Zärtlichkeiten den Sexualtrieb ihres Kindes weckt und dessen spätere Intensität vorbereitet. Sie hält ihr Tun für asexuelle „reine" Liebe, da sie es doch sorgsam vermeidet, den Genitalien des Kindes mehr Erregungen zuzuführen, als bei der Körperpflege unumgänglich ist. Aber der Geschlechtstrieb wird nicht nur durch Erregung der Genitalzone geweckt, wie wir ja wissen; was wir Zärtlichkeit heißen, wird unfehlbar eines Tages seine Wirkung auch auf die Genitalzonen äußern.

anderen wiederfindet. Diese letztere hat eine besonders große Bedeutung für die pathologischen Ausgänge, fügt sich aber nicht in den hier behandelten Zusammenhang.

1) Wem diese Auffassung „frevelhaft" dünkt, der lese die fast gleichsinnige Behandlung des Verhältnisses zwischen Mutter und Kind bei Havelock Ellis nach. (Das Geschlechtsgefühl, S. 16.)

Verstünde die Mutter mehr von der hohen Bedeutung der Triebe für das gesamte Seelenleben, für alle ethischen und psychischen Leistungen, so würde sie sich übrigens auch nach der Aufklärung alle Selbstvorwürfe ersparen. Sie erfüllt nur ihre Aufgabe, wenn sie das Kind lieben lehrt; es soll ja ein tüchtiger Mensch mit energischem Sexualbedürfnis werden und in seinem Leben all das vollbringen, wozu der Trieb den Menschen drängt. Ein Zuviel von elterlicher Zärtlichkeit wird freilich schädlich werden, indem es die sexuelle Reifung beschleunigt, auch dadurch, daß es das Kind „verwöhnt“, es unfähig macht, im späteren Leben auf Liebe zeitweilig zu verzichten oder sich mit einem geringeren Maß davon zu begnügen. Es ist eines der besten Vorzeichen späterer Nervosität, wenn das Kind sich unersättlich in seinem Verlangen nach Zärtlichkeit der Eltern erweist, und anderseits werden gerade neuropathische Eltern, die ja meist zur maßlosen Zärtlichkeit neigen, durch ihre Liebkosungen die Disposition des Kindes zur neurotischen Erkrankung am ehesten erwecken. Man ersieht übrigens aus diesem Beispiel, daß es für neurotische Eltern direktere Wege als den der Vererbung gibt, ihre Störung auf die Kinder zu übertragen.

**Infantile Angst**

Die Kinder selbst benehmen sich von frühen Jahren an, als sei ihre Anhänglichkeit an ihre Pflegepersonen von der Natur der sexuellen Liebe. Die Angst der Kinder ist ursprünglich nichts anderes als der Ausdruck dafür, daß sie die geliebte Person vermissen; sie kommen darum jedem Fremden mit Angst entgegen; sie fürchten sich in der Dunkelheit, weil man in dieser die geliebte Person nicht sieht, und lassen sich beruhigen, wenn sie dieselbe in der Dunkelheit bei der Hand fassen können. Man überschätzt die Wirkung aller Kinderschrecken und gruseligen Erzählungen der Kinderfrauen, wenn man diesen Schuld gibt, daß sie die Ängstlichkeit der Kinder erzeugen. Kinder, die zur Ängstlichkeit neigen, nehmen nur solche Erzählungen auf, die an anderen durchaus nicht haften wollen; und zur Ängstlichkeit

7*

neigen nur Kinder mit übergroßem oder vorzeitig entwickeltem oder durch Verzärtelung anspruchsvoll gewordenem Sexualtrieb. Das Kind benimmt sich hiebei wie der Erwachsene, indem es seine Libido in Angst verwandelt, sowie es sie nicht zur Befriedigung zu bringen vermag, und der Erwachsene wird sich dafür, wenn er durch unbefriedigte Libido neurotisch geworden ist, in seiner Angst wie ein Kind benehmen, sich zu fürchten beginnen, sowie er allein, das heißt ohne eine Person ist, deren Liebe er sicher zu sein glaubt, und diese seine Angst durch die kindischesten Maßregeln beschwichtigen wollen.[1]

Wenn die Zärtlichkeit der Eltern zum Kinde es glücklich vermieden hat, den Sexualtrieb desselben vorzeitig, das heißt ehe die körperlichen Bedingungen der Pubertät gegeben sind, in solcher Stärke zu wecken, daß die seelische Erregung in unverkennbarer Weise zum Genitalsystem durchbricht, so kann sie ihre Aufgabe erfüllen, dieses Kind im Alter der Reife bei der Wahl des Sexualobjekts zu leiten. Gewiß läge es dem Kinde am nächsten, diejenigen Personen selbst zu Sexualobjekten zu wählen, die es mit einer sozusagen abgedämpften Libido seit seiner Kindheit liebt.[2] Aber durch den Aufschub der sexuellen Reifung ist die Zeit gewonnen worden, neben anderen Sexualhemmnissen die Inzestschranke aufzurichten, jene moralischen Vorschriften in sich aufzunehmen, welche die geliebten Personen der Kindheit als

1) Die Aufklärung über die Herkunft der kindlichen Angst verdanke ich einem dreijährigen Knaben, den ich einmal aus einem dunklen Zimmer bitten hörte: „Tante, sprich mit mir; ich fürchte mich, weil es so dunkel ist." Die Tante rief ihn an: „Was hast du denn davon? Du siehst mich ja nicht." „Das macht nichts," antwortete das Kind, „wenn jemand spricht, wird es hell." Er fürchtete sich also nicht vor der Dunkelheit, sondern weil er eine geliebte Person vermißte, und konnte versprechen sich zu beruhigen, sobald er einen Beweis von deren Anwesenheit empfangen hatte. — Daß die neurotische Angst aus der Libido entsteht, ein Umwandlungsprodukt derselben darstellt, sich also etwa so zu ihr verhält, wie der Essig zum Wein, ist eines der bedeutsamsten Resultate der psychoanalytischen Forschung. Eine weitere Diskussion dieses Problems siehe in meinen „Vorlesungen zur Einführung in die Psychoanalyse" 1917 [Bd. VII der Gesamtausgabe], woselbst wohl auch nicht die endgültige Aufklärung erreicht worden ist.

2) Vgl. hiezu das auf S. 75 über die Objektwahl des Kindes Gesagte: die „zärtliche Strömung".

Blutsverwandte ausdrücklich von der Objektwahl ausschließen. Die Beachtung dieser Schranke ist vor allem eine Kulturforderung der Gesellschaft, welche sich gegen die Aufzehrung von Interessen durch die Familie wehren muß, die sie für die Herstellung höherer sozialer Einheiten braucht, und darum mit allen Mitteln dahin wirkt, bei jedem einzelnen, speziell beim Jüngling, den in der Kindheit allein maßgebenden Zusammenhang mit seiner Familie zu lockern.[1]

Die Objektwahl wird aber zunächst in der Vorstellung vollzogen und das Geschlechtsleben der eben reifenden Jugend hat kaum einen anderen Spielraum, als sich in Phantasien, das heißt in nicht zur Ausführung bestimmten Vorstellungen zu ergehen.[2] In diesen Phantasien treten bei allen Menschen die infantilen

1) Die Inzestschranke gehört wahrscheinlich zu den historischen Erwerbungen der Menschheit und dürfte wie andere Moraltabu bereits bei vielen Individuen durch organische Vererbung fixiert sein. [Vgl. meine Schrift: Totem und Tabu 1913, Bd. X der Gesamtausgabe.] Doch zeigt die psychoanalytische Untersuchung, wie intensiv noch der einzelne in seinen Entwicklungszeiten mit der Inzestversuchung ringt, und wie häufig er sie in Phantasien und selbst in der Realität übertritt.

2) Die Phantasien der Pubertätszeit knüpfen an die in der Kindheit verlassene infantile Sexualforschung an, reichen wohl auch ein Stück in die Latenzzeit zurück. Sie können ganz oder zum großen Teil unbewußt gehalten werden, entziehen sich darum häufig einer genauen Datierung. Sie haben große Bedeutung für die Entstehung mannigfaltiger Symptome, indem sie geradezu die Vorstufen derselben abgeben, also die Formen herstellen, in denen die verdrängten Libidokomponenten ihre Befriedigung finden. Ebenso sind sie die Vorlagen der nächtlichen Phantasien, die als Träume bewußt werden. Träume sind häufig nichts anderes als Wiederbelebungen solcher Phantasien unter dem Einfluß und in Anlehnung an einen aus dem Wachleben erübrigten Tagesreiz („Tagesreste"). — Unter den sexuellen Phantasien der Pubertätszeit ragen einige hervor, welche durch allgemeinstes Vorkommen und weitgehende Unabhängigkeit vom Erleben des Einzelnen ausgezeichnet sind. So die Phantasien von der Belauschung des elterlichen Geschlechtsverkehrs, von der frühen Verführung durch geliebte Personen, von der Kastrationsdrohung, die Mutterleibsphantasien, deren Inhalt Verweilen und selbst Erlebnisse im Mutterleib sind, und der sogenannte „Familienroman", in welchem der Heranwachsende auf den Unterschied seiner Einstellung zu den Eltern jetzt und in der Kindheit reagiert. Die nahen Beziehungen dieser Phantasien zum Mythus hat für das letzte Beispiel O. Rank in seiner Schrift „Der Mythus von der Geburt des Helden" 1909 aufgezeigt.

Man sagt mit Recht, daß der Ödipuskomplex der Kernkomplex der Neurosen ist, das wesentliche Stück im Inhalt der Neurose darstellt. In ihm gipfelt die infantile Sexualität, welche durch ihre Nachwirkungen die Sexualität des Erwachsenen entscheidend beeinflußt. Jedem menschlichen Neuankömmling ist die Aufgabe gestellt, den Ödipuskomplex zu bewältigen; wer es nicht zustande bringt, ist der Neurose verfallen. Der Fortschritt der psychoanalytischen Arbeit hat diese Bedeutung des

Neigungen, nun durch den somatischen Nachdruck verstärkt, wieder auf, und unter ihnen in gesetzmäßiger Häufigkeit und an erster Stelle die meist bereits durch die Geschlechtsanziehung differenzierte Sexualregung des Kindes für die Eltern, des Sohnes für die Mutter und der Tochter für den Vater.[1] Gleichzeitig mit der Überwindung und Verwerfung dieser deutlich inzestuösen Phantasien wird eine der bedeutsamsten, aber auch schmerzhaftesten, psychischen Leistungen der Pubertätszeit vollzogen, die Ablösung von der Autorität der Eltern, durch welche erst der für den Kulturfortschritt so wichtige Gegensatz der neuen Generation zur alten geschaffen wird. Auf jeder der Stationen des Entwicklungsganges, den die Individuen durchmachen sollen, wird eine Anzahl derselben zurückgehalten, und so gibt es auch Personen, welche die Autorität der Eltern nie überwunden und ihre Zärtlichkeit von denselben nicht oder nur sehr unvollständig zurückgezogen haben. Es sind zumeist Mädchen, die so zur Freude der Eltern weit über die Pubertät hinaus bei der vollen Kinderliebe verbleiben, und da wird es dann sehr lehrreich zu finden, daß es diesen Mädchen in ihrer späteren Ehe an dem Vermögen gebricht, ihren Männern das Gebührende zu schenken. Sie werden kühle Ehefrauen und bleiben sexuell anästhetisch. Man lernt daraus, daß die anscheinend nicht sexuelle Liebe zu den Eltern und die geschlechtliche Liebe aus denselben Quellen gespeist werden, das heißt, daß die erstere nur einer infantilen Fixierung der Libido entspricht.

Je mehr man sich den tieferen Störungen der psychosexuellen Entwicklung nähert, desto unverkennbarer tritt die Bedeutung

Ödipuskomplexes immer schärfer gezeichnet; seine Anerkennung ist das Schiboleth geworden, welches die Anhänger der Psychoanalyse von ihren Gegnern scheidet.

In einer anderen Schrift (Das Trauma der Geburt, 1924) hat Rank die Mutterbindung auf die embryonale Vorzeit zurückgeführt und so die biologische Grundlage des Ödipuskomplexes aufgezeigt. Die Inzestschranke leitet er abweichend vom Vorstehenden von dem traumatischen Eindruck der Geburtsangst ab.

1) Vergleiche die Ausführungen über das unvermeidliche Verhängnis in der Ödipusfabel („Traumdeutung", 4. Auflage, S. 198, Bd. III u. IV der Gesamtausgabe).

der inzestuösen Objektwahl hervor. Bei den Psychoneurotikern verbleibt infolge von Sexualablehnung ein großes Stück oder das Ganze der psychosexuellen Tätigkeit zur Objektfindung im Unbewußten. Für die Mädchen mit übergroßem Zärtlichkeitsbedürfnis und eben solchem Grausen vor den realen Anforderungen des Sexuallebens wird es zu einer unwiderstehlichen Versuchung, sich einerseits das Ideal der asexuellen Liebe im Leben zu verwirklichen und andererseits ihre Libido hinter einer Zärtlichkeit, die sie ohne Selbstvorwurf äußern dürfen, zu verbergen, indem sie die infantile, in der Pubertät aufgefrischte Neigung zu Eltern oder Geschwistern fürs Leben festhalten. Die Psychoanalyse kann solchen Personen mühelos nachweisen, daß sie in diese ihre Blutsverwandten im gemeinverständlichen Sinne des Wortes verliebt sind, indem sie mit Hilfe der Symptome und anderen Krankheitsäußerungen ihre unbewußten Gedanken aufspürt und in bewußte übersetzt. Auch wo ein vorerst Gesunder nach einer unglücklichen Liebeserfahrung erkrankt ist, kann man als den Mechanismus solcher Erkrankung die Rückwendung seiner Libido auf die infantil bevorzugten Personen mit Sicherheit aufdecken.

**Nachwirkung der infantilen Objektwahl**

Auch wer die inzestuöse Fixierung seiner Libido glücklich vermieden hat, ist dem Einfluß derselben nicht völlig entzogen. Es ist ein deutlicher Nachklang dieser Entwicklungsphase, wenn die erste ernsthafte Verliebtheit des jungen Mannes, wie so häufig, einem reifen Weibe, die des Mädchens einem älteren, mit Autorität ausgestatteten Manne gilt, die ihnen das Bild der Mutter und des Vaters beleben können.[1] In freierer Anlehnung an diese Vorbilder geht wohl die Objektwahl überhaupt vor sich. Vor allem sucht der Mann nach dem Erinnerungsbild der Mutter, wie es ihn seit den Anfängen der Kindheit beherrscht; im vollen Einklang steht es damit, wenn sich die noch lebende Mutter gegen diese ihre Erneuerung sträubt und ihr mit Feindseligkeit begegnet.

1) Siehe meinen Aufsatz „Über einen besonderen Typus der Objektwahl beim Manne", 1910 [Bd. V der Gesamtausgabe].

Bei solcher Bedeutung der kindlichen Beziehungen zu den Eltern für die spätere Wahl des Sexualobjekts ist es leicht zu verstehen, daß jede Störung dieser Kindheitsbeziehungen die schwersten Folgen für das Sexualleben nach der Reife zeitigt; auch die Eifersucht des Liebenden ermangelt nie der infantilen Wurzel oder wenigstens der infantilen Verstärkung. Zwistigkeiten zwischen den Eltern selbst, unglückliche Ehe derselben, bedingen die schwerste Prädisposition für gestörte Sexualentwicklung oder neurotische Erkrankung der Kinder.

Die infantile Neigung zu den Eltern ist wohl die wichtigste, aber nicht die einzige der Spuren, die, in der Pubertät aufgefrischt, dann der Objektwahl den Weg weisen. Andere Ansätze derselben Herkunft gestatten dem Manne noch immer in Anlehnung an seine Kindheit mehr als eine einzige S e x u a l r e i h e zu entwickeln, ganz verschiedene Bedingungen für die Objektwahl auszubilden.[1]

hütung der version

Eine bei der Objektwahl sich ergebende Aufgabe liegt darin, das entgegengesetzte Geschlecht nicht zu verfehlen. Sie wird, wie bekannt, nicht ohne einiges Tasten gelöst. Die ersten Regungen nach der Pubertät gehen häufig genug — ohne dauernden Schaden — irre. D e s s o i r hat mit Recht darauf aufmerksam gemacht, welche Gesetzmäßigkeit sich in den schwärmerischen Freundschaften von Jünglingen und Mädchen für ihresgleichen verrät. Die größte Macht, welche eine dauernde Inversion des Sexualobjektes abwehrt, ist gewiß die Anziehung, welche die entgegengesetzten Geschlechtscharaktere für einander äußern; zur Erklärung derselben kann im Zusammenhange dieser Erörterungen nichts gegeben werden.[2] Aber dieser Faktor reicht für sich allein

1) Ungezählte Eigentümlichkeiten des menschlichen Liebeslebens sowie das Zwanghafte der Verliebtheit selbst sind überhaupt nur durch die Rückbeziehung auf die Kindheit und als Wirkungsreste derselben zu verstehen.

2) Es ist hier der Ort, auf eine gewiß phantastische, aber überaus geistreiche Schrift von F e r e n c z i (Versuch einer Genitaltheorie, 1924) hinzuweisen, in der das Geschlechtsleben der höheren Tiere aus ihrer biologischen Entwicklungsgeschichte abgeleitet wird.

nicht hin, die Inversion auszuschließen; es kommen wohl allerlei unterstützende Momente hinzu. Vor allem die Autoritätshemmung der Gesellschaft; wo die Inversion nicht als Verbrechen betrachtet wird, da kann man die Erfahrung machen, daß sie den sexuellen Neigungen nicht weniger Individuen voll entspricht. Ferner darf man für den Mann annehmen, daß die Kindererinnerung an die Zärtlichkeit der Mutter und anderer weiblicher Personen, denen er als Kind überantwortet war, energisch mithilft, seine Wahl auf das Weib zu lenken, während die von seiten des Vaters erfahrene frühzeitige Sexualeinschüchterung und die Konkurrenzeinstellung zu ihm vom gleichen Geschlechte ablenkt. Beide Momente gelten aber auch für das Mädchen, dessen Sexualbetätigung unter der besonderen Obhut der Mutter steht. Es ergibt sich so eine feindliche Beziehung zum eigenen Geschlecht, welche die Objektwahl entscheidend in dem für normal geltenden Sinn beeinflußt. Die Erziehung der Knaben durch männliche Personen (Sklaven in der antiken Welt) scheint die Homosexualität zu begünstigen; beim heutigen Adel wird die Häufigkeit der Inversion wohl durch die Verwendung männlicher Dienerschaft wie durch die geringere persönliche Fürsorge der Mütter für ihre Kinder um etwas verständlicher. Bei manchen Hysterischen ergibt sich, daß der frühzeitige Wegfall einer Person des Elternpaares (durch Tod, Ehescheidung, Entfremdung), worauf dann die übrigbleibende die ganze Liebe des Kindes an sich gezogen hatte, die Bedingung für das Geschlecht der später zum Sexualobjekt gewählten Person festgestellt und damit auch die dauernde Inversion ermöglicht hat.

---

## ZUSAMMENFASSUNG

Es ist an der Zeit, eine Zusammenfassung zu versuchen. Wir sind von den Abirrungen des Geschlechtstriebes in Bezug auf sein Objekt und sein Ziel ausgegangen, haben die Fragestellung vorgefunden, ob diese aus angeborener Anlage entspringen oder infolge der Einflüsse des Lebens erworben werden. Die Beantwortung dieser Frage ergab sich uns aus der Einsicht in die Verhältnisse des Geschlechtstriebes bei den Psychoneurotikern, einer zahlreichen und den Gesunden nicht ferne stehenden Menschengruppe, welche Einsicht wir durch psychoanalytische Untersuchung gewonnen hatten. Wir fanden so, daß bei diesen Personen die Neigungen zu allen Perversionen als unbewußte Mächte nachweisbar sind und sich als Symptombildner verraten, und konnten sagen, die Neurose sei gleichsam ein Negativ der Perversion. Angesichts der nun erkannten großen Verbreitung der Perversionsneigungen drängte sich uns der Gesichtspunkt auf, daß die Anlage zu den Perversionen die ursprüngliche allgemeine Anlage des menschlichen Geschlechtstriebes sei, aus welcher das normale Sexualverhalten infolge organischer Veränderungen und psychischer Hemmungen im Laufe der Reifung entwickelt werde. Die ursprüngliche Anlage hofften wir im Kindesalter aufzeigen zu können; unter den die Richtung des Sexualtriebes einschränkenden Mächten hoben wir Scham, Ekel, Mitleid und die sozialen Konstruktionen der Moral und Autorität hervor. So mußten wir in jeder fixierten Abirrung vom normalen Geschlechtsleben ein Stück Entwicklungshemmung und Infantilismus erblicken.

Die Bedeutung der Variationen der ursprünglichen Anlage mußten wir in den Vordergrund stellen, zwischen ihnen und den Einflüssen des Lebens aber ein Verhältnis von Kooperation und nicht von Gegensätzlichkeit annehmen. Anderseits erschien uns, da die ursprüngliche Anlage eine komplexe sein mußte, der Geschlechtstrieb selbst als etwas aus vielen Faktoren Zusammengesetztes, das in den Perversionen gleichsam in seine Komponenten zerfällt. Somit erwiesen sich die Perversionen einerseits als Hemmungen, andererseits als Dissoziationen der normalen Entwicklung. Beide Auffassungen vereinigten sich in der Annahme, daß der Geschlechtstrieb des Erwachsenen durch die Zusammenfassung vielfacher Regungen des Kinderlebens zu einer Einheit, einer Strebung mit einem einzigen Ziel entstehe.

Wir fügten noch die Aufklärung für das Überwiegen der perversen Neigungen bei den Psychoneurotikern bei, indem wir dieses als kollaterale Füllung von Nebenbahnen bei Verlegung des Hauptstrombettes durch die „Verdrängung" erkannten, und wandten uns dann der Betrachtung des Sexuallebens im Kindesalter zu.[1] Wir fanden es bedauerlich, daß man dem Kindesalter den Sexualtrieb abgesprochen und die nicht selten zu beobachtenden Sexualäußerungen des Kindes als regelwidrige Vorkommnisse beschrieben hat. Es schien uns vielmehr, daß das Kind Keime von Sexualtätigkeit mit zur Welt bringt und schon bei der Nahrungsaufnahme sexuelle Befriedigung mitgenießt, die es sich dann in der gut gekannten Tätigkeit des „Ludelns" immer wieder zu verschaffen sucht. Die Sexualbetätigung des Kindes entwickle sich aber nicht im gleichen Schritt wie seine sonstigen Funktionen, sondern trete nach einer kurzen Blüteperiode vom zweiten bis zum fünften Jahre in die sogenannte Latenzperiode ein. In der-

1) Dies gilt nicht nur für die in der Neurose „negativ" auftretenden Perversionsneigungen, sondern ebenso für die positiven, eigentlich so benannten Perversionen. Diese letzteren sind also nicht bloß auf die Fixierung der infantilen Neigungen zurückzuführen, sondern auch auf die Regression zu denselben infolge der Verlegung anderer Bahnen der Sexualströmung. Darum sind auch die positiven Perversionen der psychoanalytischen Therapie zugänglich.

selben würde die Produktion sexueller Erregung keineswegs eingestellt, sondern halte an und liefere einen Vorrat von Energie, der großenteils zu anderen als sexuellen Zwecken verwendet werde, nämlich einerseits zur Abgabe der sexuellen Komponenten für soziale Gefühle, anderseits (vermittels Verdrängung und Reaktionsbildung) zum Aufbau der späteren Sexualschranken. Demnach würden die Mächte, die dazu bestimmt sind, den Sexualtrieb in gewissen Bahnen zu erhalten, im Kindesalter auf Kosten der großenteils perversen Sexualregungen und unter Mithilfe der Erziehung aufgebaut. Ein anderer Teil der infantilen Sexualregungen entgehe diesen Verwendungen und könne sich als Sexualbetätigung äußern. Man könne dann erfahren, daß die Sexualerregung des Kindes aus vielerlei Quellen fließe. Vor allem entstehe Befriedigung durch die geeignete sensible Erregung sogenannter erogener Zonen, als welche wahrscheinlich jede Hautstelle und jedes Sinnesorgan, wahrscheinlich jedes Organ, fungieren könne, während gewisse ausgezeichnete erogene Zonen existieren, deren Erregung durch gewisse organische Vorrichtungen von Anfang an gesichert sei. Ferner entstehe sexuelle Erregung gleichsam als Nebenprodukt bei einer großen Reihe von Vorgängen im Organismus, sobald dieselben nur eine gewisse Intensität erreichen, ganz besonders bei allen stärkeren Gemütsbewegungen, seien sie auch peinlicher Natur. Die Erregungen aus all diesen Quellen setzten sich noch nicht zusammen, sondern verfolgten jede vereinzelt ihr Ziel, welches bloß der Gewinn einer gewissen Lust ist. Der Geschlechtstrieb sei also im Kindesalter nicht zentriert und zunächst objektlos, autoerotisch.

Noch während der Kinderjahre beginne die erogene Zone der Genitalien sich bemerkbar zu machen, entweder in der Art, daß sie wie jede andere erogene Zone auf geeignete sensible Reizung Befriedigung ergebe, oder indem auf nicht ganz verständliche Weise mit der Befriedigung von anderen Quellen her gleichzeitig eine Sexualerregung erzeugt werde, die zu der Genitalzone eine besondere Beziehung erhalte. Wir haben es bedauern müssen, daß eine genügende Aufklärung des Verhältnisses zwischen Sexualbefriedigung und Sexualerregung sowie zwischen der Tätigkeit der Genitalzone und der übrigen Quellen der Sexualität nicht zu erreichen war.

Durch das Studium der neurotischen Störungen haben wir gemerkt, daß sich im kindlichen Sexualleben von allem Anfang an Ansätze zu einer Organisation der sexuellen Triebkomponenten erkennen lassen. In einer ersten, sehr frühen Phase steht die Oralerotik im Vordergrunde; eine zweite dieser „prägenitalen“ Organisationen wird durch die Vorherrschaft des Sadismus und der Analerotik charakterisiert, erst in einer dritten Phase (die sich beim Kind nur bis zum Primat des Phallus entwickelt) wird das Sexualleben durch den Anteil der eigentlichen Genitalzonen mitbestimmt.

Wir haben dann als eine der überraschendsten Ermittlungen feststellen müssen, daß diese Frühblüte des infantilen Sexuallebens (zwei bis fünf Jahre) auch eine Objektwahl mit all den reichen, seelischen Leistungen zeitigt, so daß die daran geknüpfte, ihr entsprechende Phase trotz der mangelnden Zusammenfassung der einzelnen Triebkomponenten und der Unsicherheit des Sexualzieles als bedeutsamer Vorläufer der späteren endgültigen Sexualorganisation einzuschätzen ist.

Die Tatsache des zweizeitigen Ansatzes der Sexualentwicklung beim Menschen, also die Unterbrechung dieser Entwicklung durch die Latenzzeit, erschien uns besonderer Beachtung würdig. Sie scheint eine der Bedingungen für die Eignung des Menschen zur Entwicklung einer höheren Kultur, aber auch für seine Neigung zur Neurose zu enthalten. Bei der tierischen Verwandtschaft des Menschen ist unseres Wissens etwas Analoges nicht nachweisbar. Die Ableitung der Herkunft dieser menschlichen Eigenschaft müßte man in der Urgeschichte der Menschenart suchen.

Welches Maß von sexuellen Betätigungen im Kindesalter noch als normal, der weiteren Entwicklung nicht abträglich, bezeichnet werden darf, konnten wir nicht sagen. Der Charakter der Sexualäußerungen erwies sich als vorwiegend masturbatorisch. Wir stellten ferner durch Erfahrungen fest, daß die äußeren Einflüsse der Verführung vorzeitige Durchbrüche der Latenzzeit bis zur Aufhebung derselben hervorrufen können, und daß sich dabei der Geschlechtstrieb des Kindes in der Tat als polymorph pervers bewährt; ferner, daß jede solche frühzeitige Sexualtätigkeit die Erziehbarkeit des Kindes beeinträchtigt.

Trotz der Lückenhaftigkeit unserer Einsichten in das infantile Sexualleben mußten wir dann den Versuch machen, die durch das Auftreten der Pubertät gesetzten Veränderungen desselben zu studieren. Wir griffen zwei derselben als die maßgebenden heraus, die Unterordnung aller sonstigen Ursprünge der Sexualerregung unter das Primat der Genitalzonen und den Prozeß der Objektfindung. Beide sind im Kinderleben bereits vorgebildet. Die erstere vollzieht sich durch den Mechanismus der Ausnützung der Vorlust, wobei die sonst selbständigen sexuellen Akte, die mit Lust und Erregung verbunden sind, zu vorbereitenden Akten für das neue Sexualziel, die Entleerung der Geschlechtsprodukte werden, dessen Erreichung unter riesiger Lust der Sexualerregung ein Ende macht. Wir hatten dabei die Differenzierung des geschlechtlichen Wesens zu Mann und Weib zu berücksichtigen und fanden, daß zum Weibwerden eine neuerliche Verdrängung erforderlich ist, welche ein Stück infantiler Männlichkeit aufhebt und das Weib für den Wechsel der leitenden Genitalzone vorbereitet. Die Objektwahl endlich fanden wir geleitet durch die infantilen, zur Pubertät aufgefrischten Andeutungen sexueller Neigung des Kindes zu seinen Eltern und Pflegepersonen und durch die mittlerweile aufgerichtete Inzestschranke von diesen Personen weg auf ihnen ähnliche gelenkt. Fügen wir endlich noch hinzu, daß während der Übergangszeit der Pubertät die somatischen und die psychischen Entwicklungsvorgänge eine Weile unverknüpft nebeneinander hergehen, bis mit dem Durchbruch einer intensiven seelischen Liebesregung zur Innervation der Genitalien die normalerweise erforderte Einheit der Liebesfunktion hergestellt wird.

**Entwicklungsstörende Momente**

Jeder Schritt auf diesem langen Entwicklungswege kann zur Fixierungsstelle, jede Fuge dieser verwickelten Zusammensetzung zum Anlaß der Dissoziation des Geschlechtstriebes werden, wie wir bereits an verschiedenen Beispielen erörtert haben. Es erübrigt uns noch, eine Übersicht der verschiedenen, die Entwicklung störenden, inneren und äußeren Momente zu geben und beizufügen, an welcher Stelle des Mechanismus die von ihnen ausgehende Störung angreift. Was wir da in einer Reihe anführen, kann freilich unter sich nicht gleichwertig sein, und wir müssen auf Schwierigkeiten rechnen, den einzelnen Momenten die ihnen gebührende Abschätzung zuzuteilen.

**Konstitution und Heredität**

An erster Stelle ist hier die angeborene Verschiedenheit der sexuellen Konstitution zu nennen, auf die wahrscheinlich das Hauptgewicht entfällt, die aber, wie begreiflich, nur aus ihren späteren Äußerungen und dann nicht immer mit großer Sicherheit zu erschließen ist. Wir stellen uns unter ihr ein Überwiegen dieser oder jener der mannigfachen Quellen der Sexualerregung vor und glauben, daß solche Verschiedenheit der Anlagen in dem Endergebnis jedenfalls zum Ausdruck kommen muß, auch wenn dies sich innerhalb der Grenzen des Normalen zu halten vermag. Gewiß sind auch solche Variationen der ursprünglichen Anlage denkbar, welche notwendigerweise und ohne weitere Mithilfe zur Ausbildung eines abnormen Sexuallebens führen müssen. Man kann dieselben dann „degenerative" heißen und als Ausdruck ererbter Verschlechterung betrachten. Ich habe in diesem Zusammenhange eine merkwürdige Tatsache zu berichten. Bei mehr als der Hälfte meiner psychotherapeutisch behandelten schweren Fälle von Hysterie, Zwangsneurose usw.

ist mir der Nachweis der vor der Ehe überstandenen Syphilis der Väter sicher gelungen, sei es, daß diese an Tabes oder progressiver Paralyse gelitten hatten, sei es, daß deren luetische Erkrankung sich anderswie anamnestisch feststellen ließ. Ich bemerke ausdrücklich, daß die später neurotischen Kinder keine körperlichen Zeichen von hereditärer Lues an sich trugen, so daß eben die abnorme sexuelle Konstitution als der letzte Ausläufer der luetischen Erbschaft zu betrachten war. So fern es mir nun liegt, die Abkunft von syphilitischen Eltern als regelmäßige oder unentbehrliche ätiologische Bedingung der neuropathischen Konstitution hinzustellen, so halte ich doch das von mir beobachtete Zusammentreffen für nicht zufällig und nicht bedeutungslos.

Die hereditären Verhältnisse der positiv Perversen sind minder gut bekannt, weil dieselben sich der Erkundung zu entziehen wissen. Doch hat man Grund anzunehmen, daß bei den Perversionen ähnliches wie bei den Neurosen gilt. Nicht selten findet man nämlich Perversion und Psychoneurose in denselben Familien auf die verschiedenen Geschlechter so verteilt, daß die männlichen Mitglieder oder eines derselben positiv pervers, die weiblichen aber der Verdrängungsneigung ihres Geschlechts entsprechend negativ pervers, hysterisch sind, ein guter Beleg für die von uns gefundenen Wesensbeziehungen zwischen den beiden Störungen.

**Weitere Verarbeitung**

Man kann indes den Standpunkt nicht vertreten, als ob mit dem Ansatz der verschiedenen Komponenten in der sexuellen Konstitution die Entscheidung über die Gestaltung des Sexuallebens eindeutig bestimmt wäre. Die Bedingtheit setzt sich vielmehr fort und weitere Möglichkeiten ergeben sich je nach dem Schicksal, welches die aus den einzelnen Quellen stammenden Sexualitätszuflüsse erfahren. Diese weitere Verarbeitung ist offenbar das endgültig Entscheidende, während die der Beschreibung nach gleiche Konstitution zu drei verschiedenen

Endausgängen führen kann. Wenn sich alle die Anlagen in ihrem, als abnorm angenommenen, relativen Verhältnis erhalten und mit der Reifung verstärken, so kann nur ein perverses Sexualleben das Endergebnis sein. Die Analyse solcher abnormer konstitutioneller Anlagen ist noch nicht ordentlich in Angriff genommen worden, doch kennen wir bereits Fälle, die in solchen Annahmen mit Leichtigkeit ihre Erklärung finden. Die Autoren meinen zum Beispiel von einer ganzen Reihe von Fixationsperversionen, dieselben hätten eine angeborene Schwäche des Sexualtriebes zur notwendigen Voraussetzung. In dieser Form scheint mir die Aufstellung unhaltbar; sie wird aber sinnreich, wenn eine konstitutionelle Schwäche des einen Faktors des Sexualtriebes, der genitalen Zone, gemeint ist, welche Zone späterhin die Zusammenfassung der einzelnen Sexualbetätigungen zum Ziel der Fortpflanzung als Funktion übernimmt. Diese in der Pubertät geforderte Zusammenfassung muß dann mißlingen und die stärkste der anderen Sexualitätskomponenten wird ihre Betätigung als Perversion durchsetzen.[1]

**Verdrängung**

Ein anderer Ausgang ergibt sich, wenn im Laufe der Entwicklung einzelne der überstark angelegten Komponenten den Prozeß der Verdrängung erfahren, von dem man festhalten muß, daß er einer Aufhebung nicht gleichkommt. Die betreffenden Erregungen werden dabei wie sonst erzeugt, aber durch psychische Verhinderung von der Erreichung ihres Zieles abgehalten und auf mannigfache andere Wege gedrängt, bis sie sich als Symptome zum Ausdruck gebracht haben. Das Ergebnis kann ein annähernd normales Sexualleben sein, — meist ein eingeschränktes, — aber ergänzt durch psychoneurotische Krankheit. Gerade diese Fälle sind uns durch die psychoanalytische Erforschung Neurotischer gut bekannt geworden. Das Sexualleben solcher Personen hat wie das der

1) Man sieht dabei häufig, daß in der Pubertätszeit zunächst eine normale Sexualströmung einsetzt, welche aber infolge ihrer inneren Schwäche vor den ersten äußeren Hindernissen zusammenbricht und dann von der Regression auf die perverse Fixierung abgelöst wird.

Perversen begonnen, ein ganzes Stück ihrer Kindheit ist mit perverser Sexualtätigkeit ausgefüllt, die sich gelegentlich weit über die Reifezeit erstreckt; dann erfolgt aus inneren Ursachen — meist noch vor der Pubertät, aber hie und da sogar spät nachher — ein Verdrängungsumschlag, und von nun an tritt, ohne daß die alten Regungen erlöschen, Neurose an die Stelle der Perversion. Man wird an das Sprichwort „Junge Hure, alte Betschwester“ erinnert, nur daß die Jugend hier allzu kurz ausgefallen ist. Diese Ablösung der Perversion durch die Neurose im Leben derselben Person muß man ebenso wie die vorhin angeführte Verteilung von Perversion und Neurose auf verschiedene Personen derselben Familie mit der Einsicht, daß die Neurose das Negativ der Perversion ist, zusammenhalten.

Sublimierung

Der dritte Ausgang bei abnormer konstitutioneller Anlage wird durch den Prozeß der „Sublimierung“ ermöglicht, bei welchem den überstarken Erregungen aus einzelnen Sexualitätsquellen Abfluß und Verwendung auf andere Gebiete eröffnet wird, so daß eine nicht unerhebliche Steigerung der psychischen Leistungsfähigkeit aus der an sich gefährlichen Veranlagung resultiert. Eine der Quellen der Kunstbetätigung ist hier zu finden und, je nachdem solche Sublimierung eine vollständige oder unvollständige ist, wird die Charakteranalyse hochbegabter, insbesondere künstlerisch veranlagter Personen jedes Mengungsverhältnis zwischen Leistungsfähigkeit, Perversion und Neurose ergeben. Eine Unterart der Sublimierung ist wohl die Unterdrückung durch Reaktionsbildung, die, wie wir gefunden haben, bereits in der Latenzzeit des Kindes beginnt, um sich im günstigen Falle durchs ganze Leben fortzusetzen. Was wir den „Charakter“ eines Menschen heißen, ist zum guten Teil mit dem Material sexueller Erregungen aufgebaut und setzt sich aus seit der Kindheit fixierten Trieben, aus durch Sublimierung gewonnenen und aus solchen Konstruktionen zusammen, die zur wirksamen Niederhaltung perverser, als unverwendbar erkannter

Regungen bestimmt sind.[1] Somit kann die allgemein perverse Sexualanlage der Kindheit als die Quelle einer Reihe unserer Tugenden geschätzt werden, insofern sie durch Reaktionsbildung zur Schaffung derselben Anstoß gibt.[2]

**Akzidentell Erlebtes**

Gegenüber den Sexualentbindungen, Verdrängungsschüben und Sublimierungen, letztere beide Vorgänge, deren innere Bedingungen uns völlig unbekannt sind, treten alle anderen Einflüsse weit an Bedeutung zurück. Wer Verdrängungen und Sublimierungen mit zur konstitutionellen Anlage rechnet, als die Lebensäußerungen derselben betrachtet, der hat allerdings das Recht zu behaupten, daß die Endgestaltung des Sexuallebens vor allem das Ergebnis der angeborenen Konstitution ist. Indes wird kein Einsichtiger bestreiten, daß in solchem Zusammenwirken von Faktoren auch Raum für die modifizierenden Einflüsse des akzidentell in der Kindheit und späterhin Erlebten bleibt. Es ist nicht leicht, die Wirksamkeit der konstitutionellen und der akzidentellen Faktoren in ihrem Verhältnis zueinander abzuschätzen. In der Theorie neigt man immer zur Überschätzung der ersteren; die therapeutische Praxis hebt die Bedeutsamkeit der letzteren hervor. Man sollte auf keinen Fall vergessen, daß zwischen den beiden ein Verhältnis von Kooperation und nicht von Ausschließung besteht. Das konstitutionelle Moment muß auf Erlebnisse warten, die es zur Geltung bringen, das akzidentelle bedarf einer Anlehnung an die Konstitution, um zur Wirkung zu kommen. Man kann sich für die Mehrzahl der Fälle eine sogenannte „Ergänzungsreihe“ vorstellen, in welcher die fallenden Intensitäten des einen Faktors

1) Bei einigen Charakterzügen ist selbst ein Zusammenhang mit bestimmten erogenen Komponenten erkannt worden. So leiten sich Trotz, Sparsamkeit und Ordentlichkeit aus der Verwendung der Analerotik ab. Der Ehrgeiz wird durch eine starke urethralerotische Anlage bestimmt.

2) Ein Menschenkenner wie E. Zola schildert in „La Joie de vivre“ ein Mädchen, das in heiterer Selbstentäußerung alles, was es besitzt und beanspruchen könnte, sein Vermögen und seine Lebenswünsche geliebten Personen ohne Entlohnung zum Opfer bringt. Die Kindheit dieses Mädchens ist von einem unersättlichen Zärtlichkeitsbedürfnis beherrscht, das sie bei einer Gelegenheit von Zurücksetzung gegen eine andere in Grausamkeit verfallen läßt.

8*

durch die steigenden des anderen ausgeglichen werden, hat aber keinen Grund, die Existenz extremer Fälle an den Enden der Reihe zu leugnen.

Der psychoanalytischen Forschung entspricht es noch besser, wenn man den Erlebnissen der frühen Kindheit unter den akzidentellen Momenten eine Vorzugsstellung einräumt. Die eine ätiologische Reihe zerlegt sich dann in zwei, die man die dispositionelle und die definitive heißen kann. In der ersteren wirken Konstitution und akzidentelle Kindheitserlebnisse ebenso zusammen, wie in der zweiten Disposition und spätere traumatische Erlebnisse. Alle die Sexualentwicklung schädigenden Momente äußern ihre Wirkung in der Weise, daß sie eine Regression, eine Rückkehr zu einer früheren Entwicklungsphase hervorrufen.

Wir setzen hier unsere Aufgabe fort, die uns als einflußreich für die Sexualentwicklung bekannt gewordenen Momente aufzuzählen, sei es, daß diese wirksame Mächte oder bloß Äußerungen solcher darstellen.

Frühreife

Ein solches Moment ist die spontane sexuelle Frühreife, die wenigstens in der Ätiologie der Neurosen mit Sicherheit nachweisbar ist, wenngleich sie so wenig wie andere Momente für sich allein zur Verursachung hinreicht. Sie äußert sich in Durchbrechung, Verkürzung oder Aufhebung der infantilen Latenzzeit und wird zur Ursache von Störungen, indem sie Sexualäußerungen veranlaßt, die einerseits wegen des unfertigen Zustandes der Sexualhemmungen, andererseits infolge des unentwickelten Genitalsystems nur den Charakter von Perversionen an sich tragen können. Diese Perversionsneigungen mögen sich nun als solche erhalten oder nach eingetretenen Verdrängungen zu Triebkräften neurotischer Symptome werden; auf alle Fälle erschwert die sexuelle Frühreife die wünschenswerte spätere Beherrschung des Sexualtriebes durch die höheren seelischen Instanzen und steigert den zwangartigen Charakter, den die psychischen Vertretungen des Triebes ohnedies in Anspruch nehmen. Die sexuelle Frühreife geht häufig vorzeitiger intellektueller Entwicklung parallel; als solche findet sie sich in der Kindheitsgeschichte der bedeutendsten und leistungsfähigsten Individuen; sie scheint dann nicht ebenso pathogen zu wirken, wie wenn sie isoliert auftritt.

**Zeitliche Momente**

Ebenso wie die Frühreife fordern andere Momente Berücksichtigung, die man als „zeitliche" mit der Frühreife zusammenfassen kann. Es scheint phylogenetisch festgelegt, in welcher Reihenfolge die einzelnen Triebregungen aktiviert werden, und wie lange sie sich äußern können, bis sie dem Einfluß einer neu auftretenden Triebregung oder einer typischen Verdrängung unterliegen. Allein sowohl in dieser zeitlichen Aufeinanderfolge wie in der Zeitdauer derselben scheinen Variationen vorzukommen, die auf das Endergebnis einen bestimmenden Einfluß üben müssen. Es kann nicht gleichgültig sein, ob eine gewisse Strömung früher oder später auftritt als ihre Gegenströmung, denn die Wirkung einer Verdrängung ist nicht rückgängig zu machen: eine zeitliche Abweichung in der Zusammensetzung der Komponenten ergibt regelmäßig eine Änderung des Resultats. Andererseits nehmen besonders intensiv auftretende Triebregungen oft einen überraschend schnellen Ablauf, z. B. die heterosexuelle Bindung der später manifest Homosexuellen. Die am heftigsten einsetzenden Strebungen der Kinderjahre rechtfertigen nicht die Befürchtung, daß sie den Charakter des Erwachsenen dauernd beherrschen werden; man darf ebensowohl erwarten, daß sie verschwinden werden, um ihrem Gegenteil Platz zu machen. (Gestrenge Herren regieren nicht lange.) Worauf solche zeitliche Verwirrungen der Entwicklungsvorgänge rückführbar sind, vermögen wir auch nicht in Andeutungen anzugeben. Es eröffnet sich hier ein Ausblick auf eine tiefere Phalanx von biologischen, vielleicht auch historischen Problemen, denen wir uns noch nicht auf Kampfesweite angenähert haben.

Haftbarkeit

Die Bedeutung aller frühzeitigen Sexualäußerungen wird durch einen psychischen Faktor unbekannter Herkunft gesteigert, den man derzeit freilich nur als eine psychologische Vorläufigkeit hinstellen kann. Ich meine die erhöhte Haftbarkeit oder Fixierbarkeit dieser Eindrücke des Sexuallebens, die man bei späteren Neurotikern wie bei Perversen zur Ergänzung des Tatbestandes hinzunehmen muß, da die gleichen vorzeitigen Sexualäußerungen bei anderen Personen sich nicht so tief einprägen können, daß sie zwangartig auf Wiederholung hinwirken und dem Sexualtrieb für alle Lebenszeit seine Wege vorzuschreiben vermögen. Vielleicht liegt ein Stück der Aufklärung für diese Haftbarkeit in einem anderen psychischen Moment, welches wir in der Verursachung der Neurosen nicht missen können, nämlich in dem Übergewicht, welches im Seelenleben den Erinnerungsspuren im Vergleich mit den rezenten Eindrücken zufällt. Dieses Moment ist offenbar von der intellektuellen Ausbildung abhängig und wächst mit der Höhe der persönlichen Kultur. Im Gegensatz hiezu ist der Wilde als das „unglückselige Kind des Augenblickes" charakterisiert worden.[1] Wegen der gegensätzlichen Beziehung zwischen Kultur und freier Sexualitätsentwicklung, deren Folgen weit in die Gestaltung unseres Lebens verfolgt werden können, ist es auf niedriger Kultur- oder Gesellschaftsstufe so wenig, auf höherer so sehr fürs spätere Leben bedeutsam, wie das sexuelle Leben des Kindes verlaufen ist.

Fixierung

Die Begünstigung durch die eben erwähnten psychischen Momente kommt nun den akzidentell erlebten Anregungen der kindlichen Sexualität zugute. Die letzteren (Verführung durch andere Kinder oder Erwachsene in erster Linie) bringen das Material bei, welches mit Hilfe der ersteren zur dauernden Störung fixiert werden kann. Ein guter Teil der später beobachteten Abweichungen vom normalen Sexualleben ist so bei Neurotikern wie bei

1) Möglicherweise ist die Erhöhung der Haftbarkeit auch der Erfolg einer besonders intensiven somatischen Sexualäußerung früherer Jahre.

Perversen durch die Eindrücke der angeblich sexualfreien Kindheitsperiode von Anfang an festgelegt. In die Verursachung teilen sich das Entgegenkommen der Konstitution, die Frühreife, die Eigenschaft der erhöhten Haftbarkeit und die zufällige Anregung des Sexualtriebes durch fremden Einfluß.

Der unbefriedigende Schluß aber, der sich aus diesen Untersuchungen über die Störungen des Sexuallebens ergibt, geht dahin, daß wir von den biologischen Vorgängen, in denen das Wesen der Sexualität besteht, lange nicht genug wissen, um aus unseren vereinzelten Einsichten eine zum Verständnis des Normalen wie des Pathologischen genügende Theorie zu gestalten.

---

# ARBEITEN ZUM SEXUALLEBEN UND ZUR NEUROSENLEHRE

*Unter dem Titel „Arbeiten zum Sexualleben und zur Neurosenlehre" erscheinen hier Arbeiten aneinandergereiht, die, unabhängig voneinander, größtenteils in Zeitschriften erschienen waren. (Vgl. die bibliographische Notiz am Eingange jeder einzelnen Arbeit.) Die meisten dieser Arbeiten sind auch in der „Sammlung kleiner Schriften zur Neurosenlehre" von Professor Sigm. Freud (I.—III. Folge im Verlag Franz Deuticke, Leipzig und Wien, IV. und V. Folge im Internationalen Psychoanalytischen Verlag, Leipzig, Wien, Zürich) in Buchform erschienen. Die in der I.—III. Folge der „Sammlung" abgedruckten Arbeiten sind in diese Gesamtausgabe mit Genehmigung des Verlages Deuticke aufgenommen worden.*

# MEINE ANSICHTEN ÜBER DIE ROLLE DER SEXUALITÄT IN DER ÄTIOLOGIE DER NEUROSEN

*Diese im Juni 1905 geschriebene Arbeit erschien 1906 in Löwenfeld: Sexualleben und Nervenleiden, IV. Auflage, dann in der „Sammlung kleiner Schriften zur Neurosenlehre", I. Folge.*

Ich bin der Meinung, daß man meine Theorie über die ätiologische Bedeutung des sexuellen Momentes für die Neurosen am besten würdigt, wenn man ihrer Entwicklung nachgeht. Ich habe nämlich keineswegs das Bestreben abzuleugnen, daß sie eine Entwicklung durchgemacht und sich während derselben verändert hat. Die Fachgenossen könnten in diesem Zugeständnis die Gewähr finden, daß diese Theorie nichts anderes ist als der Niederschlag fortgesetzter und vertiefter Erfahrungen. Was im Gegensatze hierzu der Spekulation entsprungen ist, das kann allerdings leicht mit einem Schlage vollständig und dann unveränderlich auftreten.

Die Theorie bezog sich ursprünglich bloß auf die als „Neurasthenie" zusammengefaßten Krankheitsbilder, unter denen mir zwei, gelegentlich auch rein auftretende Typen auffielen, die ich als „eigentliche Neurasthenie" und als „Angstneurose" beschrieben habe. Es war ja immer bekannt, daß sexuelle Momente in der Verursachung dieser Formen eine Rolle spielen können, aber man fand dieselben weder regelmäßig wirksam, noch dachte man daran, ihnen einen Vorrang vor anderen ätiologischen Einflüssen einzuräumen. Ich wurde zunächst von der Häufigkeit grober Störungen in der Vita sexualis der Nervösen überrascht; je mehr ich darauf ausging, solche Störungen zu suchen, wobei ich mir vorhielt, daß die Menschen alle in sexuellen Dingen die Wahrheit verhehlen, und je geschickter ich wurde, das Examen trotz einer anfänglichen Verneinung fortzusetzen, desto regelmäßiger ließen sich solche krankmachende Momente aus dem Sexualleben auffinden, bis mir zu deren Allgemeinheit wenig zu fehlen schien. Man mußte aber von vornherein auf ein ähnlich häufiges Vorkommen sexueller Unregelmäßigkeiten unter dem Drucke der sozialen Verhältnisse in unserer Gesellschaft gefaßt sein, und konnte im Zweifel bleiben, welches Maß von Abweichung von der normalen Sexualfunktion als Krankheitsursache betrachtet werden dürfe. Ich konnte daher auf den regelmäßigen Nachweis sexueller Noxen nur weniger Wert legen als auf eine zweite Erfahrung, die mir eindeutiger erschien. Es ergab sich, daß die Form der Erkrankung, ob Neurasthenie oder Angstneurose, eine konstante Beziehung zur Art der sexuellen Schädlichkeit zeige. In den typischen Fällen der Neurasthenie war regelmäßig Masturbation oder gehäufte Pollutionen, bei der Angstneurose waren Faktoren wie der Coitus interruptus, die „frustrane Erregung“ und andere nachweisbar, an denen das Moment der ungenügenden Abfuhr der erzeugten Libido das Gemeinsame schien. Erst seit dieser leicht zu machenden und beliebig oft zu bestätigenden Erfahrung hatte ich den Mut, für die sexuellen Einflüsse eine bevorzugte Stellung in der Ätiologie der Neurosen zu beanspruchen. Es kam hinzu, daß bei den so häufigen Mischformen von Neurasthenie und Angstneurose auch die Vermengung der für die beiden Formen angenommenen Ätiologien aufzuzeigen war und daß eine solche Zweiteilung in der Erscheinungsform der Neurose zu dem polaren Charakter der Sexualität (männlich und weiblich) gut zu stimmen schien.

Zur gleichen Zeit, während ich der Sexualität diese Bedeutung für die Entstehung der einfachen Neurosen zuwies,[1] huldigte ich noch in betreff der Psychoneurosen (Hysterie und Zwangsvorstellungen) einer rein psychologischen Theorie, in welcher das sexuelle Moment nicht anders als andere emotionelle Quellen in Betracht kam. Ich hatte im Verein mit J. Breuer und im Anschluß an Beobachtungen, die er gut ein Dezennium vorher an einer hysterischen Kranken gemacht hatte, den Mechanismus der Entstehung hysterischer Symptome mittels des Erweckens von Erinnerungen im hypnotischen Zustande studiert, und wir waren zu Aufschlüssen gelangt, welche gestatteten, die Brücke von der traumatischen Hysterie Charcots zur gemeinen, nicht traumatischen, zu schlagen.[2] Wir waren zur Auffassung gelangt, daß die hysterischen Symptome Dauerwirkungen von psychischen Traumen sind, deren zugehörige Affektgröße durch besondere Bedingungen von bewußter Bearbeitung abgedrängt worden ist und sich darum einen abnormen Weg in die Körperinnervation gebahnt hat. Die Termini „eingeklemmter Affekt", „Konversion" und „Abreagieren" fassen das Kennzeichnende dieser Anschauung zusammen.

Bei den nahen Beziehungen der Psychoneurosen zu den einfachen Neurosen, die ja so weit gehen, daß dem Ungeübten die diagnostische Unterscheidung nicht immer leicht fällt, konnte es aber nicht ausbleiben, daß die für das eine Gebiet gewonnene Erkenntnis auch für das andere Platz griff. Überdies führte, von solcher Beeinflussung abgesehen, auch die Vertiefung in den psychischen Mechanismus der hysterischen Symptome zu dem gleichen Ergebnis. Wenn man nämlich bei dem von Breuer und mir eingesetzten „kathartischen" Verfahren den psychischen Traumen, von denen sich die hysterischen Symptome ableiteten,

1) Über die Berechtigung, von der Neurasthenie einen bestimmten Symptomenkomplex als „Angstneurose" abzutrennen. Neurol. Zentralblatt, 1895. [Band I dieser Gesamtausgabe.]

2) Studien über Hysterie. 1905. [Band I dieser Gesamtausgabe.]

immer weiter nachspürte, gelangte man endlich zu Erlebnissen, welche der Kindheit des Kranken angehörten und sein Sexualleben betrafen, und zwar auch in solchen Fällen, in denen eine banale Emotion nicht sexueller Natur den Ausbruch der Krankheit veranlaßt hatte. Ohne diese sexuellen Traumen der Kinderzeit in Betracht zu ziehen, konnte man weder die Symptome aufklären, deren Determinierung verständlich finden, noch deren Wiederkehr verhüten. Somit schien die unvergleichliche Bedeutung sexueller Erlebnisse für die Ätiologie der Psychoneurosen als unzweifelhaft festgestellt, und diese Tatsache ist auch bis heute einer der Grundpfeiler der Theorie geblieben.

Wenn man diese Theorie so darstellt, die Ursache der lebenslangen hysterischen Neurose liege in den meist an sich geringfügigen sexuellen Erlebnissen der frühen Kinderzeit, so mag sie allerdings befremdend genug klingen. Nimmt man aber auf die historische Entwicklung der Lehre Rücksicht, verlegt den Hauptinhalt derselben in den Satz, die Hysterie sei der Ausdruck eines besonderen Verhaltens der Sexualfunktion des Individuums, und dieses Verhalten werde bereits durch die ersten in der Kindheit einwirkenden Einflüsse und Erlebnisse maßgebend bestimmt, so sind wir zwar um ein Paradoxon ärmer, aber um ein Motiv bereichert worden, den bisher arg vernachlässigten, höchst bedeutsamen Nachwirkungen der Kindheitseindrücke überhaupt unsere Aufmerksamkeit zu schenken.

Indem ich mir vorbehalte, die Frage, ob man in den sexuellen Kindererlebnissen die Ätiologie der Hysterie (und Zwangsneurose) sehen dürfe, weiter unten gründlicher zu behandeln, kehre ich zu der Gestaltung der Theorie zurück, welche diese in einigen kleinen, vorläufigen Publikationen der Jahre 1895 und 1896 angenommen hat.[1] Die Hervorhebung der angenommenen ätio-

1) Weitere Bemerkungen über die Abwehr-Neuropsychosen, Neurol. Zentralblatt, 1896. — Zur Ätiologie der Hysterie, Wiener klinische Rundschau, 1896 [Beide Arbeiten in Bd. I dieser Gesamtausgabe.]

logischen Momente gestattete damals, die gemeinen Neurosen als Erkrankungen mit aktueller Ätiologie den Psychoneurosen gegenüberzustellen, deren Ätiologie vor allem in den sexuellen Erlebnissen der Vorzeit zu suchen war. Die Lehre gipfelte in dem Satze: Bei normaler Vita sexualis ist eine Neurose unmöglich.

Wenn ich auch diese Sätze noch heute nicht für unrichtig halte, so ist es doch nicht zu verwundern, daß ich in zehn Jahren fortgesetzter Bemühung um die Erkenntnis dieser Verhältnisse über meinen damaligen Standpunkt ein gutes Stück weit hinausgekommen bin und mich heute in der Lage glaube, die Unvollständigkeit, die Verschiebungen und die Mißverständnisse, an denen die Lehre damals litt, durch eingehendere Erfahrung zu korrigieren. Ein Zufall des damals noch spärlichen Materials hatte mir eine unverhältnismäßig große Anzahl von Fällen zugeführt, in deren Kindergeschichte die sexuelle Verführung durch Erwachsene oder andere ältere Kinder die Hauptrolle spielte. Ich überschätzte die Häufigkeit dieser (sonst nicht anzuzweifelnden) Vorkommnisse, da ich überdies zu jener Zeit nicht imstande war, die Erinnerungstäuschungen der Hysterischen über ihre Kindheit von den Spuren der wirklichen Vorgänge sicher zu unterscheiden, während ich seitdem gelernt habe, so manche Verführungsphantasie als Abwehrversuch gegen die Erinnerung der eigenen sexuellen Betätigung (Kindermasturbation) aufzulösen. Mit dieser Aufklärung entfiel die Betonung des „traumatischen" Elementes an den sexuellen Kindererlebnissen, und es blieb die Einsicht übrig, daß die infantile Sexualbetätigung (ob spontan oder provoziert) dem späteren Sexualleben nach der Reife die Richtung vorschreibt. Dieselbe Aufklärung, die ja den bedeutsamsten meiner anfänglichen Irrtümer korrigierte, mußte auch die Auffassung vom Mechanismus der hysterischen Symptome verändern. Dieselben erschienen nun nicht mehr als direkte Abkömmlinge der verdrängten Erinnerungen an sexuelle Kindheitserlebnisse, sondern zwischen die Symptome und die infantilen Eindrücke schoben sich nun die (meist in den Pubertätsjahren produzierten) Phantasien (Erinnerungsdichtungen) der Kranken ein, die auf der einen Seite sich aus und über den Kindheitserinnerungen aufbauten, auf der anderen sich unmittelbar in die Symptome umsetzten. Erst mit der Einführung des Elements der hysterischen Phantasien wurde das Gefüge der Neurose und deren Beziehung zum Leben der Kranken durchsichtig; auch ergab sich eine wirklich überraschende Analogie zwischen diesen unbewußten Phantasien der Hysteriker und den als Wahn bewußt gewordenen Dichtungen bei der Paranoia.

Nach dieser Korrektur waren die „infantilen Sexualtraumen" in gewissem Sinne durch den „Infantilismus der Sexualität" ersetzt. Eine zweite Abänderung der ursprünglichen Theorie lag nicht ferne. Mit der angenommenen Häufigkeit der Verführung in der Kindheit entfiel auch die übergroße Betonung der akzidentellen Beeinflussung der Sexualität, welcher ich bei der Verursachung des Krankseins die Hauptrolle zuschieben wollte, ohne darum konstitutionelle und hereditäre Momente zu leugnen. Ich hatte sogar gehofft, das Problem der Neurosenwahl, die Entscheidung darüber, welcher Form von Psychoneurose der Kranke verfallen solle, durch die Einzelheiten der sexuellen Kindererlebnisse zu lösen, und damals — wenn auch mit Zurückhaltung — gemeint, daß passives Verhalten bei diesen Szenen die spezifische Disposition zur Hysterie, aktives dagegen die für die Zwangsneurose ergebe. Auf diese Auffassung mußte ich später völlig Verzicht leisten, wenngleich manches Tatsächliche den geahnten Zusammenhang zwischen Passivität und Hysterie, Aktivität und Zwangsneurose in irgendeiner Weise aufrecht zu halten gebietet. Mit dem Rücktritt der akzidentellen Einflüsse des Erlebens mußten die Momente der Konstitution und Heredität wieder die Oberhand behaupten, aber mit dem Unterschiede gegen die sonst herrschende Anschauung, daß bei mir die

„sexuelle Konstitution" an die Stelle der allgemeinen neuropathischen Disposition trat. In meinen jüngst erschienenen „Drei Abhandlungen zur Sexualtheorie" (1905) habe ich den Versuch gemacht, die Mannigfaltigkeiten dieser sexuellen Konstitution sowie die Zusammengesetztheit des Sexualtriebes überhaupt und dessen Herkunft aus verschiedenen Beitragsquellen im Organismus zu schildern.

Immer noch im Zusammenhange mit der veränderten Auffassung der „sexuellen Kindertraumen" entwickelte sich nun die Theorie nach einer Richtung weiter, die schon in den Veröffentlichungen der Jahre 1894 bis 1896 angezeigt worden war. Ich hatte bereits damals, und noch ehe die Sexualität in die ihr gebührende Stellung in der Ätiologie eingesetzt war, als Bedingung für die pathogene Wirksamkeit eines Erlebnisses angegeben, daß dieses dem Ich unerträglich erscheinen und ein Bestreben zur Abwehr hervorrufen müsse.[1] Auf diese Abwehr hatte ich die psychische Spaltung — oder wie man damals sagte: die Bewußtseinsspaltung — der Hysterie zurückgeführt. Gelang die Abwehr, so war das unerträgliche Erlebnis mit seinen Affektfolgen aus dem Bewußtsein und der Erinnerung des Ichs vertrieben; unter gewissen Verhältnissen entfaltete aber das Vertriebene als ein nun Unbewußtes seine Wirksamkeit und kehrte mittels der Symptome und der an ihnen haftenden Affekte ins Bewußtsein zurück, so daß die Erkrankung einem Mißglücken der Abwehr entsprach. Diese Auffassung hatte das Verdienst, auf das Spiel der psychischen Kräfte einzugehen und somit die seelischen Vorgänge der Hysterie den normalen anzunähern, anstatt die Charakteristik der Neurose in eine rätselhafte und weiter nicht analysierbare Störung zu verlegen.

Als nun weitere Erkundigungen bei normal gebliebenen Personen das unerwartete Ergebnis lieferten, daß deren sexuelle

1) Die Abwehr-Neuropsychosen. Versuch einer psychologischen Theorie der akquirierten Hysterie, vieler Phobien und Zwangsvorstellungen und gewisser halluzinatorischer Psychosen. Neurol. Zentralblatt, 1894. [Bd. I dieser Gesamtausgabe.]

Kindergeschichte sich nicht wesentlich von dem Kinderleben der Neurotiker zu unterscheiden brauche, daß speziell die Rolle der Verführung bei ersteren die gleiche sei, traten die akzidentellen Einflüsse noch mehr gegen den der „Verdrängung" (wie ich anstatt „Abwehr" zu sagen begann) zurück. Es kam also nicht darauf an, was ein Individuum in seiner Kindheit an sexuellen Erregungen erfahren hatte, sondern vor allem auf seine Reaktion gegen diese Erlebnisse, ob es diese Eindrücke mit der „Verdrängung" beantwortet habe oder nicht. Bei spontaner infantiler Sexualbetätigung ließ sich zeigen, daß dieselbe häufig im Laufe der Entwicklung durch einen Akt der Verdrängung abgebrochen wurde. Das geschlechtsreife neurotische Individuum brachte so ein Stück „Sexualverdrängung" regelmäßig aus seiner Kindheit mit, das bei den Anforderungen des realen Lebens zur Äußerung kam, und die Psychoanalysen Hysterischer zeigten, daß ihre Erkrankung ein Erfolg des Konflikts zwischen der Libido und der Sexualverdrängung sei und daß ihre Symptome den Wert von Kompromissen zwischen beiden seelischen Strömungen haben.

Ohne eine ausführliche Erörterung meiner Vorstellungen von der Verdrängung könnte ich diesen Teil der Theorie nicht weiter aufklären. Es genüge, hier auf meine „Drei Abhandlungen zur Sexualtheorie" (1905) hinzuweisen, wo ich auf die somatischen Vorgänge, in denen das Wesen der Sexualität zu suchen ist, ein allerdings erst spärliches Licht zu werfen versucht habe. Ich habe dort ausgeführt, daß die konstitutionelle sexuelle Anlage des Kindes eine ungleich buntere ist, als man erwarten konnte, daß sie „polymorph pervers" genannt zu werden verdient, und daß aus dieser Anlage durch Verdrängung gewisser Komponenten das sogenannte normale Verhalten der Sexualfunktion hervorgeht. Ich konnte durch den Hinweis auf die infantilen Charaktere der Sexualität eine einfache Verknüpfung zwischen Gesundheit, Perversion und Neurose herstellen. Die Norm ergab sich aus der

Verdrängung gewisser Partialtriebe und Komponenten der infantilen Anlagen und der Unterordnung der übrigen unter das Primat der Genitalzonen im Dienste der Fortpflanzungsfunktion; die Perversionen entsprachen Störungen dieser Zusammenfassung durch die übermächtige zwangsartige Entwicklung einzelner dieser Partialtriebe, und die Neurose führte sich auf eine zu weitgehende Verdrängung der libidinösen Strebungen zurück. Da fast alle perversen Triebe der infantilen Anlage als symptombildende Kräfte bei der Neurose nachweisbar sind, sich aber bei ihr im Zustande der Verdrängung befinden, konnte ich die Neurose als das „Negativ" der Perversion bezeichnen.

Ich halte es der Hervorhebung wert, daß meine Anschauungen über die Ätiologie der Psychoneurosen bei allen Wandlungen doch zwei Gesichtspunkte nie verleugnet oder verlassen haben, die Schätzung der Sexualität und des Infantilismus. Sonst sind an die Stelle akzidenteller Einflüsse konstitutionelle Momente, für die rein psychologisch gemeinte „Abwehr" ist die organische „Sexualverdrängung" eingetreten. Sollte nun jemand fragen, wo ein zwingender Beweis für die behauptete ätiologische Bedeutung sexueller Faktoren bei den Psychoneurosen zu finden sei, da man doch diese Erkrankungen auf die banalsten Gemütsbewegungen und selbst auf somatische Anlässe hin ausbrechen sieht, auf eine spezifische Ätiologie in Gestalt besonderer Kindererlebnisse verzichten muß, so nenne ich die psychoanalytische Erforschung der Neurotiker als die Quelle, aus welcher die bestrittene Überzeugung zufließt. Man erfährt, wenn man sich dieser unersetzlichen Untersuchungsmethode bedient, daß die Symptome die Sexualbetätigung der Kranken darstellen, die ganze oder eine partielle, aus den Quellen normaler oder perverser Partialtriebe der Sexualität. Nicht nur, daß ein guter Teil der hysterischen Symptomatologie direkt aus den Äußerungen der sexuellen Erregtheit herstammt, nicht nur, daß eine Reihe von erogenen Zonen in der Neurose in Verstärkung

9*

infantiler Eigenschaften sich zur Bedeutung von Genitalien erhebt; die kompliziertesten Symptome selbst enthüllen sich als die konvertierten Darstellungen von Phantasien, welche eine sexuelle Situation zum Inhalte haben. Wer die Sprache der Hysterie zu deuten versteht, kann vernehmen, daß die Neurose nur von der verdrängten Sexualität der Kranken handelt. Man wolle nur die Sexualfunktion in ihrem richtigen, durch die infantile Anlage umschriebenen Umfange verstehen. Wo eine banale Emotion zur Verursachung der Erkrankung gerechnet werden muß, weist die Analyse regelmäßig nach, daß die nicht fehlende sexuelle Komponente des traumatischen Erlebnisses die pathogene Wirkung ausgeübt hat.

Wir sind unversehens von der Frage nach der Verursachung der Psychoneurosen zum Problem ihres Wesens vorgedrungen. Will man dem Rechnung tragen, was man durch die Psychoanalyse erfahren hat, so kann man nur sagen, das Wesen dieser Erkrankungen liege in Störungen der Sexualvorgänge, jener Vorgänge im Organismus, welche die Bildung und Verwendung der geschlechtlichen Libido bestimmen. Es ist kaum zu vermeiden, daß man sich diese Vorgänge in letzter Linie als chemische vorstelle, so daß man in den sogenannten aktuellen Neurosen die somatischen, in den Psychoneurosen außerdem noch die psychischen Wirkungen der Störungen im Sexualstoffwechsel erkennen dürfte. Die Ähnlichkeit der Neurosen mit den Intoxikations- und Abstinenzerscheinungen nach gewissen Alkaloiden, mit dem Morbus Basedowi und Morbus Addisoni drängt sich ohne weiteres klinisch auf, und sowie man diese beiden letzteren Erkrankungen nicht mehr als „Nervenkrankheiten“ beschreiben darf, so werden wohl auch bald die echten „Neurosen“ ihrer Namengebung zum Trotze aus dieser Klasse entfernt werden müssen.

Zur Ätiologie der Neurosen gehört dann alles, was schädigend auf die der Sexualfunktion dienenden Vorgänge einwirken kann.

In erster Linie also die Noxen, welche die Sexualfunktion selbst betreffen, insoferne diese von der mit Kultur und Erziehung veränderlichen Sexualkonstitution als Schädlichkeiten angenommen werden. In zweiter Linie stehen alle andersartigen Noxen und Traumen, welche sekundär durch Allgemeinschädigung des Organismus die Sexualvorgänge in demselben zu schädigen vermögen. Man vergesse aber nicht, daß das ätiologische Problem bei den Neurosen mindestens ebenso kompliziert ist wie sonst bei der Krankheitsverursachung. Eine einzige pathogene Einwirkung ist fast niemals hinreichend; zu allermeist wird eine Mehrheit von ätiologischen Momenten erfordert, die einander unterstützen, die man also nicht in Gegensatz zu einander bringen darf. Dafür ist auch der Zustand des neurotischen Krankseins von dem der Gesundheit nicht scharf geschieden. Die Erkrankung ist das Ergebnis einer Summation, und das Maß der ätiologischen Bedingungen kann von irgendeiner Seite her voll gemacht werden. Die Ätiologie der Neurosen ausschließlich in der Heredität oder in der Konstitution zu suchen, wäre keine geringere Einseitigkeit, als wenn man einzig die akzidentellen Beeinflussungen der Sexualität im Leben zur Ätiologie erheben wollte, wenn sich doch die Aufklärung ergibt, daß das Wesen dieser Erkrankungen nur in einer Störung der Sexualvorgänge im Organismus gelegen ist.

# ZUR SEXUELLEN AUFKLÄRUNG DER KINDER

## OFFENER BRIEF AN DR. M. FÜRST

*Dieser Offene Brief erschien in „Soziale Medizin und Hygiene", Bd. II, 1907, dann in der Zweiten Folge der „Sammlung kleiner Schriften zur Neurosenlehre".*

Geehrter Herr Kollege!

Wenn Sie von mir eine Äußerung über die „sexuelle Aufklärung der Kinder" verlangen, so nehme ich an, daß Sie keine regelrechte und förmliche Abhandlung mit Berücksichtigung der ganzen, über Gebühr angewachsenen Literatur erwarten, sondern das selbständige Urteil eines einzelnen Arztes hören wollen, dem seine Berufstätigkeit besondere Anregung geboten hat, sich mit den sexuellen Problemen zu beschäftigen. Ich weiß, daß Sie meine wissenschaftlichen Bemühungen mit Interesse verfolgt haben und mich nicht wie viele andere Kollegen darum ohne Prüfung abweisen, weil ich in der psychosexuellen Konstitution und in Schädlichkeiten des Sexuallebens die wichtigsten Ursachen der so häufigen neurotischen Erkrankungen erblicke; auch meine „Drei Abhandlungen zur Sexualtheorie", in denen ich die Zusammensetzung des Geschlechtstriebes und die Störungen in der Entwicklung des Geschlechtstriebes zur Sexualfunktion darlege, haben kürzlich eine freundliche Erwähnung in Ihrer Zeitschrift gefunden.

Ich soll Ihnen also die Fragen beantworten, ob man den Kindern überhaupt Aufklärungen über die Tatsachen des Geschlechtslebens geben darf, in welchem Alter dies geschehen kann und in welcher Weise. Nehmen Sie nun gleich zu Anfang mein Geständnis entgegen, daß ich eine Diskussion über den zweiten und dritten Punkt ganz begreiflich finde, daß es aber für meine Einsicht völlig unfaßbar ist, wie der erste dieser Fragepunkte ein Gegenstand von Meinungsverschiedenheit werden konnte. Was will man denn erreichen, wenn man den Kindern — oder sagen wir der Jugend — solche Aufklärungen über das menschliche Geschlechtsleben vorenthält? Fürchtet man, ihr Interesse für diese Dinge vorzeitig zu wecken, ehe es sich in ihnen selbst regt? Hofft man, durch solche Verhehlung den Geschlechtstrieb überhaupt zurückzuhalten bis zur Zeit, da er in die ihm von der bürgerlichen Gesellschaftsordnung allein geöffneten Bahnen einlenken kann? Meint man, daß die Kinder für die Tatsachen und Rätsel des Geschlechtslebens kein Interesse oder kein Verständnis zeigten, wenn sie nicht von fremder Seite darauf hingewiesen würden? Hält man es für möglich, daß ihnen die Kenntnis, welche man ihnen versagt, nicht auf anderen Wegen zugeführt wird? Oder verfolgt man wirklich und ernsthaft die Absicht, daß sie späterhin alles Geschlechtliche als etwas Niedriges und Verabscheuenswertes beurteilen mögen, von dem ihre Eltern und Erzieher sie so lange als möglich fernhalten wollten?

Ich weiß wirklich nicht, in welcher dieser Absichten ich das Motiv für das tatsächlich geübte Verstecken des Sexuellen vor den Kindern erblicken soll; ich weiß nur, daß sie alle gleich töricht sind, und daß es mir schwer fällt, sie durch ernsthafte Widerlegungen auszuzeichnen. Ich erinnere mich aber, daß ich in den Familienbriefen des großen Denkers und Menschenfreundes Multatuli einige Zeilen gefunden habe, die als Antwort mehr als bloß genügen können.[1]

„Im allgemeinen werden einzelne Dinge nach meinem Gefühl zu sehr umschleiert. Man tut recht, die Phantasie der Kinder

[1]) Multatuli-Briefe, herausgegeben von W. Spohr, 1906, Bd. I, S. 26.

reinzuhalten, aber diese Reinheit wird nicht bewahrt durch Unwissenheit. Ich glaube eher, daß das Verdecken von etwas den Knaben und das Mädchen um so mehr die Wahrheit argwöhnen läßt. Man spürt aus Neugierde Dingen nach, die uns, wenn sie uns ohne viel Umstände mitgeteilt würden, wenig oder kein Interesse einflößen würden. Wäre diese Unwissenheit noch zu bewahren, so könnte ich mich damit versöhnen, aber das ist nicht möglich; das Kind kommt in Berührung mit anderen Kindern, es bekommt Bücher in die Hände, die es zum Nachdenken bringen; gerade die Geheimtuerei, womit das dennoch Begriffene von den Eltern behandelt wird, erhöht das Verlangen, mehr zu wissen. Dieses Verlangen, nur zum Teil, nur heimlich befriedigt, erhitzt das Herz und verdirbt die Phantasie, das Kind sündigt bereits, und die Eltern meinen noch, daß es nicht weiß, was Sünde ist."

Ich weiß nicht, was man hierüber Besseres sagen könnte, aber vielleicht läßt sich einiges hinzufügen. Es ist gewiß nichts anderes als die gewohnte Prüderie und das eigene schlechte Gewissen in Sachen der Sexualität, was die Erwachsenen zur „Geheimtuerei" vor den Kindern veranlaßt; aber möglicherweise wirkt da auch ein Stück theoretischer Unwissenheit mit, dem man durch die Aufklärung der Erwachsenen entgegentreten kann. Man meint nämlich, daß den Kindern der Geschlechtstrieb fehle und sich erst zur Pubertätszeit mit der Reife der Geschlechtsorgane bei ihnen einstelle. Das ist ein grober, für die Kenntnis wie für die Praxis folgenschwerer Irrtum. Es ist so leicht, ihn durch die Beobachtung zu korrigieren, daß man sich verwundern muß, wie er überhaupt entstehen konnte. In Wahrheit bringt das Neugeborene Sexualität mit auf die Welt, gewisse Sexualempfindungen begleiten seine Entwicklung durch die Säuglings- und Kinderzeiten, und die wenigsten Kinder dürften sexuellen Betätigungen und Empfindungen vor ihrer Pubertät entgehen. Wer die ausführliche Darlegung dieser Behauptungen kennen lernen will, möge sie in meinen erwähnten „Drei Abhandlungen zur Sexualtheorie, Wien 1905" aufsuchen. Er wird dort erfahren, daß die eigentlichen Reproduktionsorgane nicht die einzigen Körperteile sind, welche sexuelle Lustempfindungen vermitteln, und daß die Natur es recht zwingend so eingerichtet hat, daß selbst Reizungen der Genitalien während der Kinderzeit unvermeidlich sind. Man bezeichnet diese Lebenszeit, in welcher durch die Erregung verschiedener Hautstellen (erogener Zonen), durch die Betätigung gewisser biologischer Triebe und als Miterregung bei vielen affektiven Zuständen ein gewisser Betrag von sicher sexueller Lust erzeugt wird, mit einem von Havelock Ellis eingeführten Ausdrucke als die Periode des Autoerotismus. Die Pubertät leistet nichts anderes, als daß sie unter allen lusterzeugenden Zonen und Quellen den Genitalien das Primat verschafft und dadurch die Erotik in den Dienst der Fortpflanzungsfunktion zwingt, ein Prozeß, der natürlich gewissen Hemmungen unterliegen kann und sich bei vielen Personen, den späteren Perversen und Neurotikern, nur in unvollkommener Weise vollzieht. Anderseits ist das Kind der meisten psychischen Leistungen des Liebeslebens (der Zärtlichkeit, der Hingebung, der Eifersucht) lange vor erreichter Pubertät fähig, und oft genug stellt sich auch der Durchbruch dieser seelischen Zustände zu den körperlichen Empfindungen der Sexualerregung her, so daß das Kind über die Zusammengehörigkeit der beiden nicht im Zweifel bleiben kann. Kurz gesagt, das Kind ist lange vor der Pubertät ein bis auf die Fortpflanzungsfähigkeit fertiges Liebeswesen, und man darf es aussprechen, daß man ihm mit jener „Geheimtuerei" nur die Fähigkeit zur intellektuellen Bewältigung solcher Leistungen vorenthält, für die es psychisch vorbereitet und somatisch eingestellt ist.

Das intellektuelle Interesse des Kindes für die Rätsel des Geschlechtslebens, seine sexuelle Wißbegierde äußert sich denn auch zu einer unvermutet frühen Lebenszeit. Es muß wohl so zugehen, daß die Eltern für dieses Interesse des Kindes wie mit Blindheit geschlagen sind oder sich sofort bemühen, es zu ersticken, falls sie es nicht übersehen können, wenn Beobachtungen wie die nun mitzuteilende nicht häufiger gemacht werden können. Ich kenne da einen prächtigen Jungen von jetzt vier Jahren, dessen verständige Eltern darauf verzichten, ein Stück der Entwicklung des Kindes gewaltsam zu unterdrücken. Der kleine Hans, der sicherlich keinem verführenden Einflusse von seiten einer Warteperson unterlegen ist, zeigt schon seit einiger Zeit das lebhafteste Interesse für jenes Stück seines Körpers, das er als „Wiwimacher" zu bezeichnen pflegt. Schon mit drei Jahren hat er die Mutter gefragt: „Mama, hast du auch einen Wiwimacher?" Worauf die Mama geantwortet: „Natürlich, was hast du denn gedacht?" Dieselbe Frage hat er zu wiederholten Malen an den Vater gerichtet. Im selben Alter zuerst in einen Stall geführt, hat er beim Melken einer Kuh zugeschaut und dann verwundert ausgerufen: „Schau, aus dem Wiwimacher kommt Milch." Mit dreidreiviertel Jahren ist er auf dem Wege, durch seine Beobachtungen selbständig richtige Kategorien zu entdecken. Er sieht, wie aus einer Lokomotive Wasser ausgelassen wird und sagt: „Schau, die Lokomotive macht Wiwi; wo hat sie denn den Wiwimacher?" Später setzt er nachdenklich hinzu: „Ein Hund und ein Pferd hat einen Wiwimacher; ein Tisch und ein Sessel nicht." Vor kurzem hat er zugesehen, wie man sein einwöchiges Schwesterchen badet, und dabei bemerkt: „Aber ihr Wiwimacher ist noch klein. Wenn sie wächst, wird er schon größer werden." (Dieselbe Stellung zum Problem der Geschlechtsunterschiede ist mir auch von anderen Knaben gleichen Alters berichtet worden.) Ich möchte ausdrücklich bestreiten, daß der kleine Hans ein sinnliches oder gar ein pathologisch veranlagtes Kind sei; ich meine nur, er ist nicht eingeschüchtert worden, wird nicht vom Schuldbewußtsein geplagt und gibt darum arglos von seinen Denkvorgängen Kunde.[1]

1) [*Zusatz 1924:*] Über die spätere neurotische Erkrankung und Herstellung dieses „kleinen Hans" siehe „Analyse der Phobie eines fünfjährigen Knaben" im VIII. Band dieser Gesamtausgabe.

Das zweite große Problem, welches dem Denken der Kinder — wohl erst in etwas späteren Jahren — Aufgaben stellt, ist die Frage nach der Herkunft der Kinder, die zumeist an die unerwünschte Erscheinung eines neuen kleinen Bruders oder Schwesterchens anknüpft. Es ist dies die älteste und die brennendste Frage der jungen Menschheit; wer Mythen und Überlieferungen zu deuten versteht, kann sie aus dem Rätsel heraushören, welches die thebaische Sphinx dem Ödipus aufgibt. Durch die in der Kinderstube gebräuchlichen Antworten wird der ehrliche Forschertrieb des Kindes verletzt, meist auch dessen Vertrauen zu seinen Eltern zum erstenmal erschüttert; von da an beginnt es zumeist den Erwachsenen zu mißtrauen und seine intimsten Interessen vor ihnen geheimzuhalten. Ein kleines Dokument mag zeigen, wie quälend sich gerade diese Wißbegierde oft bei älteren Kindern gestaltet, der Brief eines mutterlosen, elfeinhalbjährigen Mädchens, welches über das Problem mit seiner jüngeren Schwester spekuliert hat:

„Liebe Tante Mali!"

„Ich bitte Dich, sei so gut und schreibe mir, wie Du die Christel oder den Paul bekommen hast. Du mußt es ja wissen, da Du verheiratet bist. Wir haben uns nämlich gestern abend darüber gestritten und wünschen die Wahrheit zu wissen. Wir haben ja sonst niemanden, den wir fragen könnten. Wann kommt Ihr denn nach Salzburg? Weißt Du, liebe Tante Mali, wir können halt nicht begreifen, wie der Storch die Kinder bringt. Trudel hat geglaubt, der Storch bringt sie im Hemde. Dann möchten wir auch wissen, ob er sie aus dem Teiche nimmt und warum man die Kinder nie im Teich sieht. Ich bitte Dich, sag' mir auch, wieso man vorher weiß, wann man sie bekommt. Schreibe mir darüber ausführlich Antwort.

Mit tausend Grüßen und Küssen von uns allen

Deine neugierige Lilli."

Ich glaube nicht, daß dieser rührende Brief den beiden Schwestern die geforderte Aufklärung brachte. Die Schreiberin ist später an jener Neurose erkrankt, die sich von unbeantworteten unbewußten Fragen ableitet, an Zwangsgrübelsucht.[1]

Ich glaube nicht, daß nur ein einziger Grund vorliegt, um Kindern die Aufklärung, nach der ihre Wißbegierde verlangt, zu verweigern. Freilich, wenn es die Absicht der Erzieher ist, die Fähigkeit der Kinder zum selbständigen Denken möglichst frühzeitig zugunsten der so hochgeschätzten „Bravheit" zu ersticken, so kann dies nicht besser als durch Irreführung auf sexuellem und durch Einschüchterung auf religiösem Gebiete versucht werden. Die stärkeren Naturen widerstehen allerdings diesen Beeinflussungen und werden zu Rebellen gegen die elterliche und später gegen jede andere Autorität. Erhalten die Kinder jene Aufklärungen nicht, um die sie sich an Ältere gewendet haben, so quälen sie sich im Geheimen mit dem Problem weiter und bringen Lösungsversuche zustande, in denen das geahnte Richtige auf die merkwürdigste Weise mit grotesk Unrichtigem vermengt ist, oder sie flüstern einander Mitteilungen zu, in welchen zufolge des Schuldbewußtseins der jugendlichen Forscher dem Sexualleben das Gepräge des Gräßlichen und Ekelhaften aufgedrückt wird. Diese kindlichen Sexualtheorien wären wohl einer Sammlung und Würdigung wert. Meist haben die Kinder von diesem Zeitpunkte an die einzig richtige Stellung zu den Fragen des Geschlechts verloren, und viele unter ihnen finden sie überhaupt nicht wieder.

Es scheint, daß die überwiegende Mehrheit männlicher und weiblicher Autoren, welche über die sexuelle Aufklärung der Jugend geschrieben haben, sich im bejahenden Sinn entscheiden. Aber aus dem Ungeschick der meisten Vorschläge, wann und wie dies zu geschehen hat, ist man versucht zu schließen, daß dies Zugeständnis den Betreffenden nicht leicht geworden ist. Ganz vereinzelt steht nach meiner Literaturkenntnis jener reizende Aufklärungsbrief da, den eine Frau Emma Eckstein

1) Die Grübelsucht machte aber nach Jahren einer Dementia praecox Platz.

an ihren etwa zehnjährigen Sohn zu schreiben vorgibt.[1] Wie man es sonst macht, daß man den Kindern die längste Zeit jede Kenntnis des Sexuellen vorenthält, um ihnen dann einmal in schwülstig-feierlichen Worten eine auch nur halb aufrichtige Eröffnung zu schenken, die überdies meist zu spät kommt, das ist offenbar nicht ganz das Richtige. Die meisten Beantwortungen der Frage „wie sag's ich meinem Kinde?" machen mir wenigstens einen so kläglichen Eindruck, daß ich vorziehen würde, wenn die Eltern sich überhaupt nicht um die Aufklärung bekümmern würden. Es kommt vielmehr darauf an, daß die Kinder niemals auf die Idee geraten, man wolle ihnen aus den Tatsachen des Geschlechtslebens eher ein Geheimnis machen als aus anderem, was ihrem Verständnisse noch nicht zugänglich ist. Und um dies zu erzielen, ist es erforderlich, daß das Geschlechtliche von allem Anfange an gleich wie anderes Wissenswerte behandelt werde. Vor allem ist es Aufgabe der Schule, der Erwähnung des Geschlechtlichen nicht auszuweichen, die großen Tatsachen der Fortpflanzung beim Unterrichte über die Tierwelt in ihre Bedeutung einzusetzen und sogleich zu betonen, daß der Mensch alles Wesentliche seiner Organisation mit den höheren Tieren teilt. Wenn dann das Haus nicht auf Denkabschreckung hinarbeitet, wird es sich wohl öfter ereignen, was ich einmal in einer Kinderstube belauscht habe, daß ein Knabe seinem jüngeren Schwesterchen vorhält: „Aber wie kannst du denken, daß der Storch die kleinen Kinder bringt. Du weißt ja, daß der Mensch ein Säugetier ist, und glaubst du denn, daß der Storch den anderen Säugetieren die Jungen bringt?" Die Neugierde des Kindes wird dann nie einen hohen Grad erreichen, wenn sie auf jeder Stufe des Lernens die entsprechende Befriedigung findet. Die Aufklärung über die spezifisch menschlichen Verhältnisse des Geschlechtslebens und der Hinweis auf die soziale Bedeutung desselben hätte sich dann am Schlusse des Volksschulunterrichtes

1) E. Eckstein, Die Sexualfrage in der Erziehung des Kindes. 1904.

(und vor Eintritt in die Mittelschule), also nicht nach dem Alter von zehn Jahren, anzuschließen. Endlich würde sich der Zeitpunkt der Konfirmation wie kein anderer dazu eignen, dem bereits über alles Körperliche aufgeklärten Kinde die sittlichen Verpflichtungen, welche an die Ausübung des Triebes geknüpft sind, darzulegen. Eine solche stufenweise fortschreitende und eigentlich zu keiner Zeit unterbrochene Aufklärung über das Geschlechtsleben, zu welcher die Schule die Initiative ergreift, erscheint mir als die einzige, welche der Entwicklung des Kindes Rechnung trägt und darum die vorhandene Gefahr glücklich vermeidet.

Ich halte es für den bedeutsamsten Fortschritt in der Kindererziehung, daß der französische Staat an Stelle des Katechismus ein Elementarbuch eingeführt hat, welches dem Kinde die ersten Kenntnisse seiner staatsbürgerlichen Stellung und der ihm dereinst zufallenden ethischen Pflichten vermittelt. Aber dieser Elementarunterricht ist in arger Weise unvollständig, wenn er nicht das Gebiet des Geschlechtslebens mit umschließt. Hier ist die Lücke, deren Ausfüllung Erzieher und Reformer in Angriff nehmen sollten! In Staaten, welche die Kindererziehung ganz oder teilweise in den Händen der Geistlichkeit belassen haben, darf man allerdings solche Forderung nicht erheben. Der Geistliche wird die Wesensgleichheit von Mensch und Tier nie zugeben, da er auf die unsterbliche Seele nicht verzichten kann, die er braucht, um die Moralforderung zu begründen. So bewährt es sich denn wieder einmal, wie unklug es ist, einem zerlumpten Rock einen einzigen seidenen Lappen aufzunähen, wie unmöglich es ist, eine vereinzelte Reform durchzuführen, ohne an den Grundlagen des Systems zu ändern!

---

# DIE »KULTURELLE« SEXUALMORAL UND DIE MODERNE NERVOSITÄT

*Erschien in „Sexualprobleme", der Zeitschrift „Mutterschutz" neue Folge, IV. Jahrg., 1908, dann in der Zweiten Folge der „Sammlung kleiner Schriften zur Neurosenlehre". Die Arbeit erschien in holländischer Übersetzung von A. Stärcke, 1914, in russischer von Wyrubow, Moskau 1912.*

In seiner kürzlich veröffentlichten Sexualethik[1] verweilt v. Ehrenfels bei der Unterscheidung der „natürlichen" und der „kulturellen" Sexualmoral. Als natürliche Sexualmoral sei diejenige zu verstehen, unter deren Herrschaft ein Menschenstamm sich andauernd bei Gesundheit und Lebenstüchtigkeit zu erhalten vermag, als kulturelle diejenige, deren Befolgung die Menschen vielmehr zu intensiver und produktiver Kulturarbeit ansporn. Dieser Gegensatz werde am besten durch die Gegenüberstellung von konstitutivem und kulturellem Besitz eines Volkes erläutert. Indem ich für die weitere Würdigung dieses bedeutsamen Gedankenganges auf die Schrift von v. Ehrenfels selbst verweise, will ich aus ihr nur soviel herausheben, als es für die Anknüpfung meines eigenen Beitrages bedarf.

Die Vermutung liegt nahe, daß unter der Herrschaft einer kulturellen Sexualmoral Gesundheit und Lebenstüchtigkeit der einzelnen Menschen Beeinträchtigungen ausgesetzt sein können,

1) Grenzfragen des Nerven- und Seelenlebens, herausgegeben v. L. Löwenfeld, LVI, Wiesbaden 1907.

und daß endlich diese Schädigung der Individuen durch die ihnen auferlegten Opfer einen so hohen Grad erreiche, daß auf diesem Umwege auch das kulturelle Endziel in Gefahr geriete. v. Ehrenfels weist auch wirklich der unsere gegenwärtige abendländische Gesellschaft beherrschenden Sexualmoral eine Reihe von Schäden nach, für die er sie verantwortlich machen muß, und obwohl er ihre hohe Eignung zur Förderung der Kultur voll anerkennt, gelangt er dazu, sie als reformbedürftig zu verurteilen. Für die uns beherrschende kulturelle Sexualmoral sei charakteristisch die Übertragung femininer Anforderungen auf das Geschlechtsleben des Mannes und die Verpönung eines jeden Sexualverkehres mit Ausnahme des ehelich-monogamen. Die Rücksicht auf die natürliche Verschiedenheit der Geschlechter nötige dann allerdings dazu, Vergehungen des Mannes minder rigoros zu ahnden und somit tatsächlich eine doppelte Moral für den Mann zuzulassen. Eine Gesellschaft aber, die sich auf diese doppelte Moral einläßt, kann es in „Wahrheitsliebe, Ehrlichkeit und Humanität“[1] nicht über ein bestimmtes, eng begrenztes Maß hinausbringen, muß ihre Mitglieder zur Verhüllung der Wahrheit, zur Schönfärberei, zum Selbstbetruge wie zum Betrügen anderer anleiten. Noch schädlicher wirkt die kulturelle Sexualmoral, indem sie durch die Verherrlichung der Monogamie den Faktor der virilen Auslese lahmlegt, durch dessen Einfluß allein eine Verbesserung der Konstitution zu gewinnen sei, da die vitale Auslese bei den Kulturvölkern durch Humanität und Hygiene auf ein Minimum herabgedrückt werde.[2]

Unter den der kulturellen Sexualmoral zur Last gelegten Schädigungen vermißt nun der Arzt die eine, deren Bedeutung hier ausführlich erörtert werden soll. Ich meine die auf sie zurückzuführende Förderung der modernen, das heißt in unserer

1) Sexualethik, S. 32 ff.
2) a. a. O. S. 35.

gegenwärtigen Gesellschaft sich rasch ausbreitenden Nervosität. Gelegentlich macht ein nervös Kranker selbst den Arzt auf den in der Verursachung des Leidens zu beachtenden Gegensatz von Konstitution und Kulturanforderung aufmerksam, indem er äußert: „Wir in unserer Familie sind alle nervös geworden, weil wir etwas Besseres sein wollten, als wir nach unserer Herkunft sein können.“ Auch wird der Arzt häufig genug durch die Beobachtung nachdenklich gemacht, daß gerade die Nachkommen solcher Väter der Nervosität verfallen, die, aus einfachen und gesunden ländlichen Verhältnissen stammend, Abkömmlinge roher aber kräftiger Familien, als Eroberer in die Großstadt kommen und ihre Kinder in einem kurzen Zeitraum auf ein kulturell hohes Niveau sich erheben lassen. Vor allem aber haben die Nervenärzte selbst laut den Zusammenhang der „wachsenden Nervosität“ mit dem modernen Kulturleben proklamiert. Worin sie die Begründung dieser Abhängigkeit suchen, soll durch einige Auszüge aus Äußerungen hervorragender Beobachter dargetan werden.

W. Erb:[1] „Die ursprünglich gestellte Frage lautet nun dahin, ob die Ihnen vorgeführten Ursachen der Nervosität in unserem modernen Dasein in so gesteigertem Maße gegeben sind, daß sie eine erhebliche Zunahme derselben erklärlich machen — und diese Frage darf wohl unbedenklich bejaht werden, wie ein flüchtiger Blick auf unser modernes Leben und seine Gestaltung zeigen wird.“

„Schon aus einer Reihe allgemeiner Tatsachen geht dies deutlich hervor: die außerordentlichen Errungenschaften der Neuzeit, die Entdeckungen und Erfindungen auf allen Gebieten, die Erhaltung des Fortschrittes gegenüber der wachsenden Konkurrenz sind nur erworben worden durch große geistige Arbeit und können nur mit solcher erhalten werden. Die Ansprüche an die Leistungsfähigkeit des einzelnen im Kampfe ums Dasein

1) Über die wachsende Nervosität unserer Zeit. 1893.

sind erheblich gestiegen, und nur mit Aufbietung all seiner geistigen Kräfte kann er sie befriedigen; zugleich sind die Bedürfnisse des einzelnen, die Ansprüche an Lebensgenuß in allen Kreisen gewachsen, ein unerhörter Luxus hat sich auf Bevölkerungsschichten ausgebreitet, die früher davon ganz unberührt waren; die Religionslosigkeit, die Unzufriedenheit und Begehrlichkeit haben in weiten Volkskreisen zugenommen; durch den ins Ungemessene gesteigerten Verkehr, durch die weltumspannenden Drahtnetze des Telegraphen und Telephons haben sich die Verhältnisse in Handel und Wandel total verändert: alles geht in Hast und Aufregung vor sich, die Nacht wird zum Reisen, der Tag für die Geschäfte benützt, selbst die „Erholungsreisen“ werden zu Strapazen für das Nervensystem; große politische, industrielle, finanzielle Krisen tragen ihre Aufregung in viel weitere Bevölkerungskreise als früher; ganz allgemein ist die Anteilnahme am politischen Leben geworden: politische, religiöse, soziale Kämpfe, das Parteitreiben, die Wahlagitationen, das ins Maßlose gesteigerte Vereinswesen erhitzen die Köpfe und zwingen die Geister zu immer neuen Anstrengungen und rauben die Zeit zur Erholung, Schlaf und Ruhe; das Leben in den großen Städten ist immer raffinierter und unruhiger geworden. Die erschlafften Nerven suchen ihre Erholung in gesteigerten Reizen, in stark gewürzten Genüssen, um dadurch noch mehr zu ermüden; die moderne Literatur beschäftigt sich vorwiegend mit den bedenklichsten Problemen, die alle Leidenschaften aufwühlen, die Sinnlichkeit und Genußsucht, die Verachtung aller ethischen Grundsätze und aller Ideale fördern; sie bringt pathologische Gestalten, psychopathisch-sexuelle, revolutionäre und andere Probleme vor den Geist des Lesers; unser Ohr wird von einer in großen Dosen verabreichten, aufdringlichen und lärmenden Musik erregt und überreizt, die Theater nehmen alle Sinne mit ihren aufregenden Darstellungen gefangen; auch die bildenden Künste wenden sich mit Vorliebe dem Abstoßenden, Häßlichen und Aufregenden zu und scheuen sich nicht, auch das Gräßlichste, was die Wirklichkeit bietet, in abstoßender Realität vor unser Auge zu stellen."

„So zeigt dies allgemeine Bild schon eine Reihe von Gefahren in unserer modernen Kulturentwicklung; es mag im einzelnen noch durch einige Züge vervollständigt werden!"

Binswanger:[1] „Man hat speziell die Neurasthenie als eine durchaus moderne Krankheit bezeichnet, und Beard, dem wir zuerst eine übersichtliche Darstellung derselben verdanken, glaubte daß er eine neue, speziell auf amerikanischem Boden erwachsene Nervenkrankheit entdeckt habe. Diese Annahme war natürlich eine irrige; wohl aber kennzeichnet die Tatsache, daß zuerst ein amerikanischer Arzt die eigenartigen Züge dieser Krankheit auf Grund einer reichen Erfahrung erfassen und festhalten konnte, die nahen Beziehungen, welche das moderne Leben, das ungezügelte Hasten und Jagen nach Geld und Besitz, die ungeheuren Fortschritte auf technischem Gebiete, welche alle zeitlichen und räumlichen Hindernisse des Verkehrslebens illusorisch gemacht haben, zu dieser Krankheit aufweisen."

v. Krafft-Ebing:[2] „Die Lebensweise unzähliger Kulturmenschen weist heutzutage eine Fülle von antihygienischen Momenten auf, die es ohne weiteres begreifen lassen, daß die Nervosität in fataler Weise um sich greift, denn diese schädlichen Momente wirken zunächst und zumeist aufs Gehirn. In den politischen und sozialen, speziell den merkantilen, industriellen, agrarischen Verhältnissen der Kulturnationen haben sich eben im Laufe der letzten Jahrzehnte Änderungen vollzogen, die Beruf, bürgerliche Stellung, Besitz gewaltig umgeändert haben, und zwar auf Kosten des Nervensystems, das gesteigerten sozialen und wirtschaftlichen Anforderungen durch vermehrte Verausgabung an Spannkraft bei vielfach ungenügender Erholung gerecht werden muß."

1) Die Pathologie und Therapie der Neurasthenie. 1896.

2) Nervosität und neurasthenische Zustände, 1895, p. 11. (In Nothnagels Handbuch der spez. Pathologie und Therapie.)

10*

Ich habe an diesen — und vielen anderen ähnlich klingenden — Lehren auszusetzen, nicht daß sie irrtümlich sind, sondern daß sie sich unzulänglich erweisen, die Einzelheiten in der Erscheinung der nervösen Störungen aufzuklären, und daß sie gerade das bedeutsamste der ätiologisch wirksamen Momente außer acht lassen. Sieht man von den unbestimmteren Arten, „nervös" zu sein, ab und faßt die eigentlichen Formen des nervösen Krankseins ins Auge, so reduziert sich der schädigende Einfluß der Kultur im wesentlichen auf die schädliche Unterdrückung des Sexuallebens der Kulturvölker (oder Schichten) durch die bei ihnen herrschende „kulturelle" Sexualmoral.

Den Beweis für diese Behauptung habe ich in einer Reihe fachmännischer Arbeiten zu erbringen gesucht[1]; er kann hier nicht wiederholt werden, doch will ich die wichtigsten Argumente aus meinen Untersuchungen auch an dieser Stelle anführen.

Geschärfte klinische Beobachtung gibt uns das Recht, von den nervösen Krankheitszuständen zwei Gruppen zu unterscheiden, die eigentlichen Neurosen und die Psychoneurosen. Bei den ersteren scheinen die Störungen (Symptome), mögen sie sich in den körperlichen oder in den seelischen Leistungen äußern, toxischer Natur zu sein: sie verhalten sich ganz ähnlich wie die Erscheinungen bei übergroßer Zufuhr oder bei Entbehrung gewisser Nervengifte. Diese Neurosen — meist als Neurasthenie zusammengefaßt — können nun, ohne daß die Mithilfe einer erblichen Belastung erforderlich wäre, durch gewisse schädliche Einflüsse des Sexuallebens erzeugt werden, und zwar korrespondiert die Form der Erkrankung mit der Art dieser Schädlichkeiten, so daß man oft genug das klinische Bild ohne weiteres zum Rückschluß auf die besondere sexuelle Ätiologie verwenden kann. Eine solche regelmäßige Entsprechung wird aber zwischen der Form der nervösen Erkrankung und den anderen schädigenden Kultureinflüssen, welche die Autoren als krankmachend anklagen,

1) Sammlung kleiner Schriften zur Neurosenlehre. Wien 1906. (4. Aufl., 1922.)

durchaus vermißt. Man darf also den sexuellen Faktor für den wesentlichen in der Verursachung der eigentlichen Neurosen erklären.

Bei den Psychoneurosen ist der hereditäre Einfluß bedeutsamer, die Verursachung minder durchsichtig. Ein eigentümliches Untersuchungsverfahren, das als Psychoanalyse bekannt ist, hat aber gestattet zu erkennen, daß die Symptome dieser Leiden (der Hysterie, Zwangsneurose usw.) psychogen sind, von der Wirksamkeit unbewußter (verdrängter) Vorstellungskomplexe abhängen. Dieselbe Methode hat uns aber auch diese unbewußten Komplexe kennen gelehrt und uns gezeigt, daß sie, ganz allgemein gesprochen, sexuellen Inhalt haben; sie entspringen den Sexualbedürfnissen unbefriedigter Menschen und stellen für sie eine Art von Ersatzbefriedigung dar. Somit müssen wir in allen Momenten, welche das Sexualleben schädigen, seine Betätigung unterdrücken, seine Ziele verschieben, pathogene Faktoren auch der Psychoneurosen erblicken.

Der Wert der theoretischen Unterscheidung zwischen den toxischen und den psychogenen Neurosen wird natürlich durch die Tatsache nicht beeinträchtigt, daß an den meisten nervösen Personen Störungen von beiderlei Herkunft zu beobachten sind.

Wer nun mit mir bereit ist, die Ätiologie der Nervosität vor allem in schädigenden Einwirkungen auf das Sexualleben zu suchen, der wird auch den nachstehenden Erörterungen folgen wollen, welche das Thema der wachsenden Nervosität in einen allgemeineren Zusammenhang einzufügen bestimmt sind.

Unsere Kultur ist ganz allgemein auf der Unterdrückung von Trieben aufgebaut. Jeder einzelne hat ein Stück seines Besitzes, seiner Machtvollkommenheit, der aggressiven und vindikativen Neigungen seiner Persönlichkeit abgetreten; aus diesen Beiträgen ist der gemeinsame Kulturbesitz an materiellen und ideellen Gütern entstanden. Außer der Lebensnot sind es wohl die aus der Erotik abgeleiteten Familiengefühle, welche die einzelnen

Individuen zu diesem Verzichte bewogen haben. Der Verzicht ist ein im Laufe der Kulturentwicklung progressiver gewesen; die einzelnen Fortschritte desselben wurden von der Religion sanktioniert; das Stück Triebbefriedigung, auf das man verzichtet hatte, wurde der Gottheit zum Opfer gebracht; das so erworbene Gemeingut für „heilig" erklärt. Wer kraft seiner unbeugsamen Konstitution diese Triebunterdrückung nicht mitmachen kann, steht der Gesellschaft als „Verbrecher", als „*outlaw*" gegenüber, insofern nicht seine soziale Position und seine hervorragenden Fähigkeiten ihm gestatten, sich in ihr als großer Mann, als „Held" durchzusetzen.

Der Sexualtrieb — oder richtiger gesagt: die Sexualtriebe, denn eine analytische Untersuchung lehrt, daß der Sexualtrieb aus vielen Komponenten, Partialtrieben, zusammengesetzt ist — ist beim Menschen wahrscheinlich stärker ausgebildet als bei den meisten höheren Tieren und jedenfalls stetiger, da er die Periodizität fast völlig überwunden hat, an die er sich bei den Tieren gebunden zeigt. Er stellt der Kulturarbeit außerordentlich große Kraftmengen zur Verfügung, und dies zwar infolge der bei ihm besonders ausgeprägten Eigentümlichkeit, sein Ziel verschieben zu können, ohne wesentlich an Intensität abzunehmen. Man nennt diese Fähigkeit, das ursprünglich sexuelle Ziel gegen ein anderes, nicht mehr sexuelles, aber psychisch mit ihm verwandtes, zu vertauschen, die Fähigkeit zur Sublimierung. Im Gegensatze zu dieser Verschiebbarkeit, in welcher sein kultureller Wert besteht, kommt beim Sexualtrieb auch besonders hartnäckige Fixierung vor, durch die er unverwertbar wird und gelegentlich zu den sogenannten Abnormitäten entartet. Die ursprüngliche Stärke des Sexualtriebes ist wahrscheinlich bei den einzelnen Individuen verschieden groß; sicherlich schwankend ist der von ihm zur Sublimierung geeignete Betrag. Wir stellen uns vor, daß es zunächst durch die mitgebrachte Organisation entschieden ist, ein wie großer Anteil des Sexualtriebes sich beim einzelnen als sublimierbar und verwertbar erweisen wird; außerdem gelingt es den Einflüssen des Lebens und der intellektuellen Beeinflussung des seelischen Apparates einen weiteren Anteil zur Sublimierung zu bringen. Ins Unbegrenzte fortzusetzen ist dieser Verschiebungsprozeß aber sicherlich nicht, so wenig wie die Umsetzung der Wärme in mechanische Arbeit bei unseren Maschinen. Ein gewisses Maß direkter sexueller Befriedigung scheint für die allermeisten Organisationen unerläßlich, und die Versagung dieses individuell variablen Maßes straft sich durch Erscheinungen, die wir infolge ihrer Funktionsschädlichkeit und ihres subjektiven Unlustcharakters zum Kranksein rechnen müssen.

Weitere Ausblicke eröffnen sich, wenn wir die Tatsache in Betracht ziehen, daß der Sexualtrieb des Menschen ursprünglich gar nicht den Zwecken der Fortpflanzung dient, sondern bestimmte Arten der Lustgewinnung zum Ziele hat.[1] Er äußert sich so in der Kindheit des Menschen, wo er sein Ziel der Lustgewinnung nicht nur an den Genitalien, sondern auch an anderen Körperstellen (erogenen Zonen) erreicht und darum von anderen als diesen bequemen Objekten absehen darf. Wir heißen dieses Stadium das des Autoerotismus und weisen der Erziehung die Aufgabe, es einzuschränken, zu, weil das Verweilen bei demselben den Sexualtrieb für später unbeherrschbar und unverwertbar machen würde. Die Entwicklung des Sexualtriebes geht dann vom Autoerotismus zur Objektliebe und von der Autonomie der erogenen Zonen zur Unterordnung derselben unter das Primat der in den Dienst der Fortpflanzung gestellten Genitalien. Während dieser Entwicklung wird ein Anteil der vom eigenen Körper gelieferten Sexualerregung als unbrauchbar für die Fortpflanzungsfunktion gehemmt und im günstigen Falle der Sublimierung zugeführt. Die für die Kulturarbeit verwertbaren Kräfte werden so zum großen Teile durch die Unterdrückung der sogenannt perversen Anteile der Sexualerregung gewonnen.

1) Drei Abhandlungen zur Sexualtheorie. Wien 1905. (S. 1 ff. dieses Bandes.)

Mit Bezug auf diese Entwicklungsgeschichte des Sexualtriebes könnte man also drei Kulturstufen unterscheiden: Eine erste, auf welcher die Betätigung des Sexualtriebes auch über die Ziele der Fortpflanzung hinaus frei ist; eine zweite, auf welcher alles am Sexualtrieb unterdrückt ist bis auf das, was der Fortpflanzung dient, und eine dritte, auf welcher nur die legitime Fortpflanzung als Sexualziel zugelassen wird. Dieser dritten Stufe entspricht unsere gegenwärtige „kulturelle" Sexualmoral.

Nimmt man die zweite dieser Stufen zum Niveau, so muß man zunächst konstatieren, daß eine Anzahl von Personen aus Gründen der Organisation den Anforderungen derselben nicht genügt. Bei ganzen Reihen von Individuen hat sich die erwähnte Entwicklung des Sexualtriebes vom Autoerotismus zur Objektliebe mit dem Ziel der Vereinigung der Genitalien nicht korrekt und nicht genug durchgreifend vollzogen, und aus diesen Entwicklungsstörungen ergeben sich zweierlei schädliche Abweichungen von der normalen, das heißt kulturförderlichen Sexualität, die sich zueinander nahezu wie positiv und negativ verhalten. Es sind dies zunächst — abgesehen von den Personen mit überstarkem und unhemmbarem Sexualtrieb überhaupt — die verschiedenen Gattungen der P e r v e r s e n, bei denen eine infantile Fixierung auf ein vorläufiges Sexualziel das Primat der Fortpflanzungsfunktion aufgehalten hat, und die H o m o s e x u e l l e n oder I n v e r t i e r t e n, bei denen auf noch nicht ganz aufgeklärte Weise das Sexualziel vom entgegengesetzten Geschlecht abgelenkt worden ist. Wenn die Schädlichkeit dieser beiden Arten von Entwicklungsstörung geringer ausfällt, als man hätte erwarten können, so ist diese Erleichterung gerade auf die komplexe Zusammensetzung des Sexualtriebes zurückzuführen, welche auch dann noch eine brauchbare Endgestaltung des Sexuallebens ermöglicht, wenn ein oder mehrere Komponenten des Triebes sich von der Entwicklung ausgeschlossen haben. Die Konstitution der von der Inversion Betroffenen, der Homosexuellen, zeichnet sich sogar häufig durch eine besondere Eignung des Sexualtriebes zur kulturellen Sublimierung aus.

Stärkere und zumal exklusive Ausbildungen der Perversionen und der Homosexualität machen allerdings deren Träger sozial unbrauchbar und unglücklich, so daß selbst die Kulturanforderungen der zweiten Stufe als eine Quelle des Leidens für einen gewissen Anteil der Menschheit anerkannt werden müssen. Das Schicksal dieser konstitutiv von den anderen abweichenden Personen ist ein mehrfaches, je nachdem sie einen absolut starken oder schwächeren Geschlechtstrieb mitbekommen haben. Im letzteren Falle, bei allgemein schwachem Sexualtrieb, gelingt den Perversen die völlige Unterdrückung jener Neigungen, welche sie in Konflikt mit der Moralforderung ihrer Kulturstufe bringen. Aber dies bleibt auch, ideell betrachtet, die einzige Leistung, die ihnen gelingt, denn für diese Unterdrückung ihrer sexuellen Triebe verbrauchen sie die Kräfte, die sie sonst an die Kulturarbeit wenden würden. Sie sind gleichsam in sich gehemmt und nach außen gelähmt. Es trifft für sie zu, was wir später von der Abstinenz der Männer und Frauen, die auf der dritten Kulturstufe gefordert wird, wiederholen werden.

Bei intensiverem, aber perversem Sexualtrieb sind zwei Fälle des Ausganges möglich. Der erste, weiter nicht zu betrachtende, ist der, daß die Betroffenen pervers bleiben und die Konsequenzen ihrer Abweichung vom Kulturniveau zu tragen haben. Der zweite Fall ist bei weitem interessanter — er besteht darin, daß unter dem Einflusse der Erziehung und der sozialen Anforderungen allerdings eine Unterdrückung der perversen Triebe erreicht wird, aber eine Art von Unterdrückung, die eigentlich keine solche ist, die besser als ein Mißglücken der Unterdrückung bezeichnet werden kann. Die gehemmten Sexualtriebe äußern sich zwar dann nicht als solche: darin besteht der Erfolg — aber sie äußern sich auf andere Weisen, die für das Individuum genau ebenso schädlich sind und es für die Gesellschaft ebenso unbrauchbar machen wie die unveränderte Befriedigung jener unterdrückten Triebe: darin liegt dann der Mißerfolg des Prozesses, der auf die Dauer den Erfolg mehr als bloß aufwiegt. Die Ersatzerscheinungen, die hier infolge der Triebunterdrückung auftreten, machen das aus, was wir als Nervosität, spezieller als Psychoneurosen (siehe eingangs) beschreiben. Die Neurotiker sind jene Klasse von Menschen, die es bei widerstrebender Organisation unter dem Einflusse der Kulturanforderungen zu einer nur scheinbaren und immer mehr mißglückenden Unterdrückung ihrer Triebe bringen, und die darum ihre Mitarbeiterschaft an den Kulturwerken nur mit großem Kräfteaufwand, unter innerer Verarmung, aufrecht erhalten oder zeitweise als Kranke aussetzen müssen. Die Neurosen aber habe ich als das „Negativ" der Perversionen bezeichnet, weil sich bei ihnen die perversen Regungen nach der Verdrängung aus dem Unbewußten des Seelischen äußern, weil sie dieselben Neigungen wie die positiv Perversen im „verdrängten" Zustand enthalten.

Die Erfahrung lehrt, daß es für die meisten Menschen eine Grenze gibt, über die hinaus ihre Konstitution der Kulturanforderung nicht folgen kann. Alle, die edler sein wollen, als ihre Konstitution es ihnen gestattet, verfallen der Neurose; sie hätten sich wohler befunden, wenn es ihnen möglich geblieben wäre, schlechter zu sein. Die Einsicht, daß Perversion und Neurose sich wie positiv und negativ zueinander verhalten, findet oft eine unzweideutige Bekräftigung durch Beobachtung innerhalb der nämlichen Generation. Recht häufig ist von Geschwistern der Bruder ein sexuell Perverser, die Schwester, die mit dem schwächeren Sexualtrieb als Weib ausgestattet ist, eine Neurotika, deren Symptome aber dieselben Neigungen ausdrücken wie die Perversionen des sexuell aktiveren Bruders, und dementsprechend sind überhaupt in vielen Familien die Männer gesund, aber in sozial unerwünschtem Maße unmoralisch, die Frauen edel und überverfeinert, aber — schwer nervös.

Es ist eine der offenkundigen sozialen Ungerechtigkeiten, wenn der kulturelle Standard von allen Personen die nämliche Führung des Sexuallebens fordert, die den einen dank ihrer Organisation mühelos gelingt, während sie den anderen die schwersten psychischen Opfer auferlegt, eine Ungerechtigkeit freilich, die zumeist durch Nichtbefolgung der Moralvorschriften vereitelt wird.

Wir haben unseren Betrachtungen bisher die Forderung der zweiten, von uns supponierten, Kulturstufe zugrunde gelegt, derzufolge jede sogenannte perverse Sexualbetätigung verpönt, der normal genannte Sexualverkehr hingegen frei gelassen wird. Wir haben gefunden, daß auch bei dieser Verteilung von sexueller Freiheit und Einschränkung eine Anzahl von Individuen als pervers beiseite geschoben, eine andere, die sich bemühen, nicht pervers zu sein, während sie es konstitutiv sein sollten, in die Nervosität gedrängt wird. Es ist nun leicht, den Erfolg vorherzusagen, der sich einstellen wird, wenn man die Sexualfreiheit weiter einschränkt und die Kulturforderung auf das Niveau der dritten Stufe erhöht, also jede andere Sexualbetätigung als die in legitimer Ehe verpönt. Die Zahl der Starken, die sich in offenen Gegensatz zur Kulturforderung stellen, wird in außerordentlichem Maße vermehrt werden, und ebenso die Zahl der Schwächeren, die sich in ihrem Konflikte zwischen dem Drängen der kulturellen Einflüsse und dem Widerstande ihrer Konstitution in neurotisches Kranksein — flüchten.

Setzen wir uns vor, drei hier entspringende Fragen zu beantworten: 1.) welche Aufgabe die Kulturforderung der dritten Stufe an den einzelnen stellt, 2.) ob die zugelassene legitime Sexualbefriedigung eine annehmbare Entschädigung für den sonstigen Verzicht zu bieten vermag, 3.) in welchem Verhältnisse die etwaigen Schädigungen durch diesen Verzicht zu dessen kulturellen Ausnützungen stehen.

Die Beantwortung der ersten Frage rührt an ein oftmals behandeltes, hier nicht zu erschöpfendes Problem, das der sexuellen

Abstinenz. Was unsere dritte Kulturstufe von dem einzelnen fordert, ist die Abstinenz bis zur Ehe für beide Geschlechter, die lebenslange Abstinenz für alle solche, die keine legitime Ehe eingehen. Die allen Autoritäten genehme Behauptung, die sexuelle Abstinenz sei nicht schädlich und nicht gar schwer durchzuführen, ist vielfach auch von Ärzten vertreten worden. Man darf sagen, die Aufgabe der Bewältigung einer so mächtigen Regung wie des Sexualtriebes, anders als auf dem Wege der Befriedigung, ist eine, die alle Kräfte eines Menschen in Anspruch nehmen kann. Die Bewältigung durch Sublimierung, durch Ablenkung der sexuellen Triebkräfte vom sexuellen Ziele weg auf höhere kulturelle Ziele gelingt einer Minderzahl, und wohl auch dieser nur zeitweilig, am wenigsten leicht in der Lebenszeit feuriger Jugendkraft. Die meisten anderen werden neurotisch oder kommen sonst zu Schaden. Die Erfahrung zeigt, daß die Mehrzahl der unsere Gesellschaft zusammensetzenden Personen der Aufgabe der Abstinenz konstitutionell nicht gewachsen ist. Wer auch bei milderer Sexualeinschränkung erkrankt wäre, erkrankt unter den Anforderungen unserer heutigen kulturellen Sexualmoral um so eher und um so intensiver, denn gegen die Bedrohung des normalen Sexualstrebens durch fehlerhafte Anlagen und Entwicklungsstörungen kennen wir keine bessere Sicherung als die Sexualbefriedigung selbst. Je mehr jemand zur Neurose disponiert ist, desto schlechter verträgt er die Abstinenz; die Partialtriebe, die sich der normalen Entwicklung im oben niedergelegten Sinne entzogen haben, sind nämlich auch gleichzeitig um soviel unhemmbarer geworden. Aber auch diejenigen, welche bei den Anforderungen der zweiten Kulturstufe gesund geblieben wären, werden nun in großer Anzahl der Neurose zugeführt. Denn der psychische Wert der Sexualbefriedigung erhöht sich mit ihrer Versagung; die gestaute Libido wird nun in den Stand gesetzt, irgendeine der selten fehlenden schwächeren Stellen im Aufbau der Vita sexualis auszuspüren, um dort zur neurotischen Ersatzbefriedigung in Form krankhafter Symptome durchzubrechen. Wer in die Bedingtheit nervöser Erkrankung einzudringen versteht, verschafft sich bald die Überzeugung, daß die Zunahme der nervösen Erkrankungen in unserer Gesellschaft von der Steigerung der sexuellen Einschränkung herrührt.

Wir rücken dann der Frage näher, ob nicht der Sexualverkehr in legitimer Ehe eine volle Entschädigung für die Einschränkung vor der Ehe bieten kann. Das Material zur verneinenden Beantwortung dieser Frage drängt sich da so reichlich auf, daß uns die knappste Fassung zur Pflicht wird. Wir erinnern vor allem daran, daß unsere kulturelle Sexualmoral auch den sexuellen Verkehr in der Ehe selbst beschränkt, indem sie den Eheleuten den Zwang auferlegt, sich mit einer meist sehr geringen Anzahl von Kinderzeugungen zu begnügen. Infolge dieser Rücksicht gibt es befriedigenden Sexualverkehr in der Ehe nur durch einige Jahre, natürlich noch mit Abzug der zur Schonung der Frau aus hygienischen Gründen erforderten Zeiten. Nach diesen drei, vier oder fünf Jahren versagt die Ehe, insofern sie die Befriedigung der sexuellen Bedürfnisse versprochen hat; denn alle Mittel, die sich bisher zur Verhütung der Konzeption ergeben haben, verkümmern den sexuellen Genuß, stören die feinere Empfindlichkeit beider Teile oder wirken selbst direkt krankmachend; mit der Angst vor den Folgen des Geschlechtsverkehres schwindet zuerst die körperliche Zärtlichkeit der Ehegatten füreinander, in weiterer Folge meist auch die seelische Zuneigung, die bestimmt war, das Erbe der anfänglichen stürmischen Leidenschaft zu übernehmen. Unter der seelischen Enttäuschung und körperlichen Entbehrung, die so das Schicksal der meisten Ehen wird, finden sich beide Teile auf den früheren Zustand vor der Ehe zurückversetzt, nur um eine Illusion verarmt und von neuem auf ihre Festigkeit, den Sexualtrieb zu beherrschen und abzulenken, angewiesen. Es soll nicht untersucht werden, inwieweit diese Aufgabe nun dem Manne im reiferen Lebensalter gelingt; erfahrungsgemäß bedient er sich nun recht häufig des Stückes Sexualfreiheit, welches ihm auch von der strengsten Sexualordnung, wenngleich nur stillschweigend und widerwillig, eingeräumt wird; die für den Mann in unserer Gesellschaft geltende „doppelte“ Sexualmoral ist das beste Eingeständnis, daß die Gesellschaft selbst, welche die Vorschriften erlassen hat, nicht an deren Durchführbarkeit glaubt. Die Erfahrung zeigt aber auch, daß die Frauen, denen als den eigentlichen Trägerinnen der Sexualinteressen des Menschen die Gabe der Sublimierung des Triebes nur in geringem Maße zugeteilt ist, denen als Ersatz des Sexualobjektes zwar der Säugling, aber nicht das heranwachsende Kind genügt, daß die Frauen, sage ich, unter den Enttäuschungen der Ehe an schweren und das Leben dauernd trübenden Neurosen erkranken. Die Ehe hat unter den heutigen kulturellen Bedingungen längst aufgehört, das Allheilmittel gegen die nervösen Leiden des Weibes zu sein; und wenn wir Ärzte auch noch immer in solchen Fällen zu ihr raten, so wissen wir doch, daß im Gegenteil ein Mädchen recht gesund sein muß, um die Ehe zu „vertragen“, und raten unseren männlichen Klienten dringend ab, ein bereits vor der Ehe nervöses Mädchen zur Frau zu nehmen. Das Heilmittel gegen die aus der Ehe entspringende Nervosität wäre vielmehr die eheliche Untreue; je strenger eine Frau erzogen ist, je ernsthafter sie sich der Kulturforderung unterworfen hat, desto mehr fürchtet sie aber diesen Ausweg, und im Konflikte zwischen ihren Begierden und ihrem Pflichtgefühl sucht sie ihre Zuflucht wiederum — in der Neurose. Nichts anderes schützt ihre Tugend so sicher wie die Krankheit. Der eheliche Zustand, auf den der Sexualtrieb des Kulturmenschen während seiner Jugend vertröstet wurde, kann also die Anforderungen seiner eigenen Lebenszeit nicht decken; es ist keine Rede davon, daß er für den früheren Verzicht entschädigen könnte.

Auch wer diese Schädigungen durch die kulturelle Sexualmoral zugibt, kann zur Beantwortung unserer dritten Frage geltend machen, daß der kulturelle Gewinn aus der soweit getriebenen Sexualeinschränkung diese Leiden, die in schwerer Ausprägung doch nur eine Minderheit betreffen, wahrscheinlich mehr als bloß aufwiegt. Ich erkläre mich für unfähig, Gewinn und Verlust hier richtig gegeneinander abzuwägen, aber zur Einschätzung der Verlustseite könnte ich noch allerlei anführen. Auf das vorhin gestreifte Thema der Abstinenz zurückgreifend, muß ich behaupten, daß die Abstinenz noch andere Schädigungen bringt als die der Neurosen, und daß diese Neurosen meist nicht nach ihrer vollen Bedeutung veranschlagt werden.

Die Verzögerung der Sexualentwicklung und Sexualbetätigung, welche unsere Erziehung und Kultur anstrebt, ist zunächst gewiß unschädlich; sie wird zur Notwendigkeit, wenn man in Betracht zieht, in wie späten Jahren erst die jungen Leute gebildeter Stände zu selbständiger Geltung und zum Erwerb zugelassen werden. Man wird hier übrigens an den intimen Zusammenhang aller unserer kulturellen Institutionen und an die Schwierigkeit gemahnt, ein Stück derselben ohne Rücksicht auf das Ganze abzuändern. Die Abstinenz weit über das zwanzigste Jahr hinaus ist aber für den jungen Mann nicht mehr unbedenklich und führt zu anderen Schädigungen, auch wo sie nicht zur Nervosität führt. Man sagt zwar, der Kampf mit dem mächtigen Triebe und die dabei erforderliche Betonung aller ethischen und ästhetischen Mächte im Seelenleben „stähle" den Charakter, und dies ist für einige besonders günstig organisierte Naturen richtig; zuzugeben ist auch, daß die in unserer Zeit so ausgeprägte Differenzierung der individuellen Charaktere erst mit der Sexualeinschränkung möglich geworden ist. Aber in der weitaus größeren Mehrheit der Fälle zehrt der Kampf gegen die Sinnlichkeit die verfügbare Energie des Charakters auf und dies gerade zu einer Zeit, in welcher der junge Mann all seiner Kräfte bedarf, um sich seinen Anteil und Platz in der Gesellschaft zu erobern. Das Verhältnis zwischen möglicher Sublimierung und notwendiger sexueller

Betätigung schwankt natürlich sehr für die einzelnen Individuen und sogar für die verschiedenen Berufsarten. Ein abstinenter Künstler ist kaum recht möglich, ein abstinenter junger Gelehrter gewiß keine Seltenheit. Der letztere kann durch Enthaltsamkeit freie Kräfte für sein Studium gewinnen, beim ersteren wird wahrscheinlich seine künstlerische Leistung durch sein sexuelles Erleben mächtig angeregt werden. Im allgemeinen habe ich nicht den Eindruck gewonnen, daß die sexuelle Abstinenz energische, selbständige Männer der Tat oder originelle Denker, kühne Befreier und Reformer heranbilden helfe, weit häufiger brave Schwächlinge, welche später in die große Masse eintauchen, die den von starken Individuen gegebenen Impulsen widerstrebend zu folgen pflegt.

Daß der Sexualtrieb im ganzen sich eigenwillig und ungefügig benimmt, kommt auch in den Ergebnissen der Abstinenzbemühung zum Ausdruck. Die Kulturerziehung strebe etwa nur seine zeitweilige Unterdrückung bis zur Eheschließung an und beabsichtige ihn dann frei zu lassen, um sich seiner zu bedienen. Aber gegen den Trieb gelingen die extremen Beeinflussungen leichter noch als die Mäßigungen; die Unterdrückung ist sehr oft zu weit gegangen und hat das unerwünschte Resultat ergeben, daß der Sexualtrieb nach seiner Freilassung dauernd geschädigt erscheint. Darum ist oft volle Abstinenz während der Jugendzeit nicht die beste Vorbereitung für die Ehe beim jungen Manne. Die Frauen ahnen dies und ziehen unter ihren Bewerbern diejenigen vor, die sich schon bei anderen Frauen als Männer bewährt haben. Ganz besonders greifbar sind die Schädigungen, welche durch die strenge Forderung der Abstinenz bis zur Ehe am Wesen der Frau hervorgerufen werden. Die Erziehung nimmt die Aufgabe, die Sinnlichkeit des Mädchens bis zu seiner Verehelichung zu unterdrücken, offenbar nicht leicht, denn sie arbeitet mit den schärfsten Mitteln. Sie untersagt nicht nur den sexuellen Verkehr, setzt hohe Prämien auf die Erhaltung der weiblichen Unschuld, sondern sie entzieht das reifende weibliche Individuum auch der Versuchung, indem sie es in Unwissenheit über alles Tatsächliche der ihm bestimmten Rolle erhält und keine Liebesregung, die nicht zur Ehe führen kann, bei ihm duldet. Der Erfolg ist, daß die Mädchen, wenn ihnen das Verlieben plötzlich von den elterlichen Autoritäten gestattet wird, die psychische Leistung nicht zustande bringen und ihrer eigenen Gefühle unsicher in die Ehe gehen. Infolge der künstlichen Verzögerung der Liebesfunktion bereiten sie dem Manne, der all sein Begehren für sie aufgespart hat, nur Enttäuschungen; mit ihren seelischen Gefühlen hängen sie noch den Eltern an, deren Autorität die Sexualunterdrückung bei ihnen geschaffen hat, und im körperlichen Verhalten zeigen sie sich frigid, was jeden höherwertigen Sexualgenuß beim Manne verhindert. Ich weiß nicht, ob der Typus der anästhetischen Frau auch außerhalb der Kulturerziehung vorkommt, halte es aber für wahrscheinlich. Jedenfalls wird er durch die Erziehung geradezu gezüchtet, und diese Frauen, die ohne Lust empfangen, zeigen dann wenig Bereitwilligkeit, des öfteren mit Schmerzen zu gebären. So werden durch die Vorbereitung zur Ehe die Zwecke der Ehe selbst vereitelt; wenn dann die Entwicklungsverzögerung bei der Frau überwunden ist und auf der Höhe ihrer weiblichen Existenz die volle Liebesfähigkeit bei ihr erwacht, ist ihr Verhältnis zum Ehemanne längst verdorben; es bleibt ihr als Lohn für ihre bisherige Gefügigkeit die Wahl zwischen ungestilltem Sehnen, Untreue oder Neurose.

Das sexuelle Verhalten eines Menschen ist oft vorbildlich für seine ganze sonstige Reaktionsweise in der Welt. Wer als Mann sein Sexualobjekt energisch erobert, dem trauen wir ähnliche rücksichtslose Energie auch in der Verfolgung anderer Ziele zu. Wer hingegen auf die Befriedigung seiner starken sexuellen Triebe aus allerlei Rücksichten verzichtet, der wird sich auch anderwärts im Leben eher konziliant und resigniert als tatkräftig benehmen. Eine spezielle Anwendung dieses Satzes von der Vorbildlichkeit des Sexuallebens für andere Funktionsausübung kann man leicht am ganzen Geschlechte der Frauen konstatieren. Die Erziehung versagt ihnen die intellektuelle Beschäftigung mit den Sexualproblemen, für die sie doch die größte Wißbegierde mitbringen, schreckt sie mit der Verurteilung, daß solche Wißbegierde unweiblich und Zeichen sündiger Veranlagung sei. Damit sind sie vom Denken überhaupt abgeschreckt, wird das Wissen für sie entwertet. Das Denkverbot greift über die sexuelle Sphäre hinaus, zum Teil infolge der unvermeidlichen Zusammenhänge, zum Teil automatisch, ganz ähnlich wie das religiöse Denkverbot bei Männern, das loyale bei braven Untertanen. Ich glaube nicht, daß der biologische Gegensatz zwischen intellektueller Arbeit und Geschlechtstätigkeit den „physiologischen Schwachsinn" der Frau erklärt, wie Moebius es in seiner vielfach widersprochenen Schrift dargetan hat. Dagegen meine ich, daß die unzweifelhafte Tatsache der intellektuellen Inferiorität so vieler Frauen auf die zur Sexualunterdrückung erforderliche Denkhemmung zurückzuführen ist.

Man unterscheidet viel zu wenig strenge, wenn man die Frage der Abstinenz behandelt, zwei Formen derselben, die Enthaltung von jeder Sexualbetätigung überhaupt und die Enthaltung vom sexuellen Verkehre mit dem anderen Geschlechte. Vielen Personen, die sich der gelungenen Abstinenz rühmen, ist dieselbe nur mit Hilfe der Masturbation und ähnlicher Befriedigungen möglich geworden, die an die autoerotischen Sexualtätigkeiten der frühen Kindheit anknüpfen. Aber gerade dieser Beziehung wegen sind diese Ersatzmittel zur sexuellen Befriedigung keineswegs harmlos; sie disponieren zu den zahlreichen Formen von Neurosen und Psychosen, für welche die Rückbildung des Sexuallebens zu seinen infantilen Formen die Bedingung ist. Die Masturbation entspricht auch keineswegs den idealen Anforderungen der kulturellen Sexualmoral und treibt darum die jungen Menschen in die nämlichen Konflikte mit dem Erziehungsideale, denen sie durch die Abstinenz entgehen wollten. Sie verdirbt ferner den Charakter durch Verwöhnung auf mehr als eine Weise, erstens, indem sie bedeutsame Ziele mühelos, auf bequemen Wegen, anstatt durch energische Kraftanspannung erreichen lehrt, also nach dem Prinzipe der sexuellen Vorbildlichkeit, und zweitens, indem sie in den die Befriedigung begleitenden Phantasien das Sexualobjekt zu einer Vorzüglichkeit erhebt, die in der Realität nicht leicht wiedergefunden wird. Konnte doch ein geistreicher Schriftsteller (Karl Kraus in der Wiener „Fackel"), den Spieß umdrehend, die Wahrheit in dem Zynismus aussprechen: Der Koitus ist nur ein ungenügendes Surrogat für die Onanie!

Die Strenge der Kulturforderung und die Schwierigkeit der Abstinenzaufgabe haben zusammengewirkt, um die Vermeidung der Vereinigung der Genitalien verschiedener Geschlechter zum Kerne der Abstinenz zu machen und andere Arten der sexuellen Betätigung zu begünstigen, die sozusagen einem Halbgehorsam gleichkommen. Seitdem der normale Sexualverkehr von der Moral — und wegen der Infektionsmöglichkeiten auch von der Hygiene — so unerbittlich verfolgt wird, haben die sogenannten perversen Arten des Verkehrs zwischen beiden Geschlechtern, bei denen andere Körperstellen die Rolle der Genitalien übernehmen, an sozialer Bedeutung unzweifelhaft zugenommen. Diese Betätigungen können aber nicht so harmlos beurteilt werden wie analoge Überschreitungen im Liebesverkehre, sie sind ethisch verwerflich, da sie die Liebesbeziehungen zweier Menschen aus einer ernsten Sache zu einem bequemen Spiele ohne Gefahr und ohne seelische Beteiligung herabwürdigen. Als weitere Folge der Erschwerung des normalen Sexuallebens ist die Ausbreitung homosexueller Befriedigung anzuführen; zu all denen, die schon nach ihrer Organisation Homosexuelle sind oder in der Kindheit dazu wurden, kommt noch die große Anzahl jener hinzu, bei denen in reiferen Jahren wegen der Absperrung des Hauptstromes der Libido der homosexuelle Seitenarm breit geöffnet wird.

11*

Alle diese unvermeidlichen und unbeabsichtigten Konsequenzen der Abstinenzforderung treffen in dem einen Gemeinsamen zusammen, daß sie die Vorbereitung für die Ehe gründlich verderben, die doch nach der Absicht der kulturellen Sexualmoral die alleinige Erbin der sexuellen Strebungen werden sollte. Alle die Männer, die infolge masturbatorischer oder perverser Sexualübung ihre Libido auf andere als die normalen Situationen und Bedingungen der Befriedigung eingestellt haben, entwickeln in der Ehe eine verminderte Potenz. Auch die Frauen, denen es nur durch ähnliche Hilfen möglich blieb, ihre Jungfräulichkeit zu bewahren, zeigen sich in der Ehe für den normalen Verkehr anästhetisch. Die mit herabgesetzter Liebesfähigkeit beider Teile begonnene Ehe verfällt dem Auflösungsprozesse nur noch rascher als eine andere. Infolge der geringen Potenz des Mannes wird die Frau nicht befriedigt, bleibt auch dann anästhetisch, wenn ihre aus der Erziehung mitgebrachte Disposition zur Frigidität durch mächtiges sexuelles Erleben überwindbar gewesen wäre. Ein solches Paar findet auch die Kinderverhütung schwieriger als ein gesundes, da die geschwächte Potenz des Mannes die Anwendung der Verhütungsmittel schlecht verträgt. In solcher Ratlosigkeit wird der sexuelle Verkehr als die Quelle aller Verlegenheiten bald aufgegeben und damit die Grundlage des Ehelebens verlassen.

Ich fordere alle Kundigen auf zu bestätigen, daß ich nicht übertreibe, sondern Verhältnisse schildere, die ebenso arg in beliebiger Häufigkeit zu beobachten sind. Es ist wirklich für den Uneingeweihten ganz unglaublich, wie selten sich normale Potenz beim Manne und wie häufig sich Frigidität bei der weiblichen Hälfte der Ehepaare findet, die unter der Herrschaft unserer kulturellen Sexualmoral stehen, mit welchen Entsagungen, oft für beide Teile, die Ehe verbunden ist und worauf das Eheleben, das so sehnsüchtig erstrebte Glück, sich einschränkt. Daß unter diesen Verhältnissen der Ausgang in Nervosität der nächstliegende ist, habe ich schon ausgeführt; ich will aber noch hinzusetzen, in welcher Weise eine solche Ehe auf die in ihr entsprungenen — einzigen oder wenig zahlreichen — Kinder fortwirkt. Es kommt da der Anschein einer erblichen Übertragung zustande, der sich bei schärferem Zusehen in die Wirkung mächtiger infantiler Eindrücke auflöst. Die von ihrem Manne unbefriedigte neurotische Frau ist als Mutter überzärtlich und überängstlich gegen das Kind, auf das sie ihr Liebesbedürfnis überträgt, und weckt in demselben die sexuelle Frühreife. Das schlechte Einverständnis zwischen den Eltern reizt dann das Gefühlsleben des Kindes auf, läßt es im zartesten Alter Liebe, Haß und Eifersucht intensiv empfinden. Die strenge Erziehung, die keinerlei Betätigung des so früh geweckten Sexuallebens duldet, stellt die unterdrückende Macht bei, und dieser Konflikt in diesem Alter enthält alles, was es zur Verursachung der lebenslangen Nervosität bedarf.

Ich komme nun auf meine frühere Behauptung zurück, daß man bei der Beurteilung der Neurosen zumeist nicht deren volle Bedeutung in Betracht zieht. Ich meine damit nicht die Unterschätzung dieser Zustände, die sich in leichtsinnigem Beiseiteschieben von seiten der Angehörigen und in großtuerischen Versicherungen von seiten der Ärzte äußert, einige Wochen Kaltwasserkur oder einige Monate Ruhe und Erholung könnten den Zustand beseitigen. Das sind nur mehr Meinungen von ganz unwissenden Ärzten und Laien, zumeist nur Reden, dazu bestimmt, den Leidenden einen kurzlebigen Trost zu bieten. Es ist vielmehr bekannt, daß eine chronische Neurose, auch wenn sie die Existenzfähigkeit nicht völlig aufhebt, eine schwere Lebensbelastung des Individuums vorstellt, etwa im Range einer Tuberkulose oder eines Herzfehlers. Auch könnte man sich damit abfinden, wenn die neurotischen Erkrankungen etwa nur eine Anzahl von immerhin schwächeren Individuen von der Kulturarbeit ausschließen und den anderen die Teilnahme daran um den Preis von bloß subjektiven Beschwerden gestatten würden. Ich möchte vielmehr auf den Gesichtspunkt aufmerksam machen, daß die Neurose, soweit sie reicht und bei wem immer sie sich findet, die Kulturabsicht zu vereiteln weiß und somit eigentlich die Arbeit der unterdrückten kulturfeindlichen Seelenkräfte besorgt, so daß die Gesellschaft nicht einen mit Opfern erkauften Gewinn, sondern gar keinen Gewinn verzeichnen darf, wenn sie die Gefügigkeit gegen ihre weitgehenden Vorschriften mit der Zunahme der Nervosität bezahlt. Gehen wir z. B. auf den so häufigen Fall einer Frau ein, die ihren Mann nicht liebt, weil sie nach den Bedingungen ihrer Eheschließung und den Erfahrungen ihres Ehelebens ihn zu lieben keinen Grund hat, die ihren Mann aber durchaus lieben möchte, weil dies allein dem Ideal der Ehe, zu dem sie erzogen wurde, entspricht. Sie wird dann alle Regungen in sich unterdrücken, die der Wahrheit Ausdruck geben wollen und ihrem Idealbestreben widersprechen, und wird besondere Mühe aufwenden, eine liebevolle, zärtliche und sorgsame Gattin zu spielen. Neurotische Erkrankung wird die Folge dieser Selbstunterdrückung sein, und diese Neurose wird binnen kurzer Zeit an dem ungeliebten Manne Rache genommen haben und bei ihm genau soviel Unbefriedigung und Sorge hervorrufen, als sich nur aus dem Eingeständnisse des wahren Sachverhaltes ergeben hätte. Dieses Beispiel ist für die Leistungen der Neurose geradezu typisch. Ein ähnliches Mißlingen der Kompensation beobachtet man auch nach der Unterdrückung anderer nicht direkt sexueller, kulturfeindlicher Regungen. Wer z. B. in der gewaltsamen Unterdrückung einer konstitutionellen Neigung zur Härte und Grausamkeit ein Übergüter geworden ist, dem wird häufig dabei soviel an Energie entzogen, daß er nicht alles ausführt, was seinen Kompensationsregungen entspricht, und im ganzen doch eher weniger an Gutem leistet, als er ohne Unterdrückung zustande gebracht hätte

Nehmen wir noch hinzu, daß mit der Einschränkung der sexuellen Betätigung bei einem Volke ganz allgemein eine Zunahme der Lebensängstlichkeit und der Todesangst einhergeht, welche die Genußfähigkeit der einzelnen stört und ihre Bereitwilligkeit, für irgendwelche Ziele den Tod auf sich zu nehmen, aufhebt, welche sich in der verminderten Neigung zur Kinderzeugung äußert, und dieses Volk oder diese Gruppe von Menschen vom Anteile an der Zukunft ausschließt, so darf man wohl die Frage aufwerfen, ob unsere „kulturelle" Sexualmoral der Opfer wert ist, welche sie uns auferlegt, zumal, wenn man sich vom Hedonismus nicht genug frei gemacht hat, um nicht ein gewisses Maß von individueller Glücksbefriedigung unter die Ziele unserer Kulturentwicklung aufzunehmen. Es ist gewiß nicht Sache des Arztes, selbst mit Reformvorschlägen hervorzutreten; ich meinte aber, ich könnte die Dringlichkeit solcher unterstützen, wenn ich die v. Ehrenfelssche Darstellung der Schädigungen durch unsere „kulturelle" Sexualmoral um den Hinweis auf deren Bedeutung für die Ausbreitung der modernen Nervosität erweitere.

---

# ÜBER INFANTILE SEXUALTHEORIEN

*Erschien in „Sexualprobleme“, der Zeitschrift „Mutterschutz“, Neue Folge, IX. Jahrgang 1908; dann in der zweiten Folge der „Sammlung kleiner Schriften zur Neurosenlehre“.*

Das Material, auf welches die nachstehende Zusammenstellung sich stützt, stammt aus mehreren Quellen. Erstens aus der unmittelbaren Beobachtung der Äußerungen und des Treibens der Kinder, zweitens aus den Mitteilungen erwachsener Neurotiker, die während einer psychoanalytischen Behandlung erzählen, was sie von ihrer Kinderzeit bewußt in Erinnerung haben, und zum dritten Anteile aus den Schlüssen, Konstruktionen und ins Bewußte übersetzten unbewußten Erinnerungen, die sich aus den Psychoanalysen mit Neurotikern ergeben.

Daß die erste dieser drei Quellen nicht für sich allein alles Wissenswerte geliefert hat, begründet sich durch das Verhalten der Erwachsenen gegen das kindliche Sexualleben. Man mutet den Kindern keine Sexualtätigkeit zu, gibt sich darum keine Mühe, eine solche zu beobachten, und unterdrückt anderseits die Äußerungen derselben, die der Aufmerksamkeit würdig wären. Die Gelegenheit, aus dieser lautersten und ergiebigsten Quelle zu schöpfen, ist daher eine recht eingeschränkte. Was aus den unbeeinflußten Mitteilungen Erwachsener über ihre bewußten Kindheitserinnerungen stammt, unterliegt höchstens der Einwendung der möglichen Verfälschung in der Rückschau, wird aber außerdem nach dem Gesichtspunkte zu werten sein, daß die Gewährspersonen später neurotisch geworden sind. Das Material der dritten Herkunft wird allen Anfechtungen unterliegen, die man gegen die Verläßlichkeit der Psychoanalyse und die Sicherheit der aus ihr gezogenen Schlüsse ins Feld zu führen pflegt; die Rechtfertigung dieses Urteils kann also hier nicht versucht werden; ich will nur versichern, daß derjenige, welcher die psychoanalytische Technik kennt und ausübt, ein weitgehendes Zutrauen zu ihren Ergebnissen gewinnt.

Für die Vollständigkeit meiner Resultate kann ich nicht einstehen, bloß für die Sorgfalt, mit der ich mich um ihre Gewinnung bemüht habe.

Eine schwierige Frage bleibt es, zu entscheiden, inwieweit man das, was hier von den Kindern im allgemeinen berichtet wird, von allen Kindern, das heißt von jedem einzelnen Kinde, voraussetzen darf. Erziehungsdruck und verschiedene Intensität des Sexualtriebes werden gewiß große individuelle Schwankungen im Sexualverhalten des Kindes ermöglichen, vor allem das zeitliche Auftreten des kindlichen Sexualinteresses beeinflussen. Ich habe darum meine Darstellung nicht nach aufeinanderfolgenden Kindheitsepochen gegliedert, sondern in einem zusammengefaßt, was bei verschiedenen Kindern bald früher, bald später zur Geltung kommt. Es ist meine Überzeugung, daß sich doch kein Kind — kein vollsinniges wenigstens oder gar geistig begabtes — der Beschäftigung mit den sexuellen Problemen in den Jahren vor der Pubertät entziehen kann.

Ich denke nicht groß von dem Einwurfe, daß die Neurotiker eine besondere, durch degenerative Anlage ausgezeichnete Menschenklasse sind, aus deren Kinderleben auf die Kindheit anderer zu schließen untersagt sein müßte. Die Neurotiker sind Menschen wie andere auch, von den normalen nicht scharf abzugrenzen, in ihrer Kindheit nicht immer leicht von denjenigen, die später gesund bleiben, zu unterscheiden. Es ist eines der wertvollsten Ergebnisse unserer psychoanalytischen Untersuchungen, daß ihre Neurosen keinen besonderen, ihnen eigentümlich und allein zukommenden psychischen Inhalt haben, sondern daß sie, wie C. G. Jung es ausdrückt, an denselben Komplexen erkranken, mit denen auch wir Gesunde kämpfen. Der Unterschied ist nur der, daß die Gesunden diese Komplexe zu bewältigen wissen ohne groben, praktisch nachweisbaren Schaden, während den Nervösen die Unterdrückung dieser Komplexe nur um den Preis von kostspieligen Ersatzbildungen gelingt, also praktisch mißlingt. Nervöse und Normale stehen einander in der Kindheit natürlich noch viel näher als im späteren Leben, so daß ich einen methodischen Fehler nicht darin erblicken kann, die Mitteilungen von Neurotikern über ihre Kindheit zu Analogieschlüssen über das normale Kindheitsleben zu verwerten. Da aber die späteren Neurotiker sehr häufig einen besonders starken Geschlechtstrieb und eine Neigung zur Frühreife, vorzeitiger Äußerung desselben, in ihrer Konstitution mitbringen, werden sie uns vieles von der infantilen Sexualbetätigung greller und deutlicher erkennen lassen, als unserer ohnedies stumpfen Beobachtungsgabe an anderen Kindern möglich wäre. Der wirkliche Wert dieser von erwachsenen Neurotikern herrührenden Mitteilungen wird sich allerdings erst abschätzen lassen, wenn man nach dem Vorgange von Havelock Ellis auch die Kindheitserinnerungen erwachsener Gesunder der Sammlung gewürdigt haben wird.

Infolge der Ungunst äußerer wie innerer Verhältnisse haben die nachstehenden Mitteilungen vorwiegend nur auf die Sexualentwicklung des einen Geschlechtes, des männlichen nämlich, Bezug. Der Wert einer Sammlung aber, wie ich sie hier versuche, braucht kein bloß deskriptiver zu sein. Die Kenntnis der infantilen Sexualtheorien, wie sie sich im kindlichen Denken gestalten, kann nach verschiedenen Richtungen interessant sein, überraschenderweise auch für das Verständnis der Mythen und Märchen. Unentbehrlich bleibt sie aber für die Auffassung der Neurosen selbst, innerhalb deren diese kindlichen Theorien noch in Geltung sind und einen bestimmenden Einfluß auf die Gestaltung der Symptome gewinnen.

* * *

Wenn wir unter Verzicht auf unsere Leiblichkeit als bloß denkende Wesen, etwa von einem anderen Planeten her, die Dinge dieser Erde frisch ins Auge fassen könnten, so würde vielleicht nichts anderes unserer Aufmerksamkeit mehr auffallen als die Existenz zweier Geschlechter unter den Menschen, die einander sonst so ähnlich, doch durch die äußerlichsten Anzeichen ihre Verschiedenheit betonen. Es scheint nun nicht, daß auch die Kinder diese Grundtatsache zum Ausgange ihrer Forschungen über sexuelle Probleme wählen. Da sie Vater und Mutter kennen, soweit sie sich ihres Lebens erinnern, nehmen sie deren Vorhandensein als eine weiter nicht zu untersuchende Realität hin, und ebenso verhält sich der Knabe gegen ein Schwesterchen, von dem er nur durch eine geringe Altersdifferenz von ein oder zwei Jahren getrennt ist. Der Wissensdrang der Kinder erwacht hier überhaupt nicht spontan, etwa infolge eines eingeborenen Kausalitätsbedürfnisses, sondern unter dem Stachel der sie beherrschenden eigensüchtigen Triebe, wenn sie — etwa nach Vollendung des zweiten Lebensjahres — von der Ankunft eines neuen Kindes betroffen werden. Diejenigen Kinder, deren Kinderstube nicht im Hause selbst eine solche Einquartierung empfängt, sind dann noch imstande, sich nach ihren Beobachtungen in anderen Häusern in diese Situation zu versetzen. Der selbst erfahrene oder mit Recht befürchtete Entgang an Fürsorge von seiten der Eltern, die Ahnung, allen Besitz von nun an für alle Zeiten mit dem Neuankömmlinge teilen zu müssen, wirken erweckend auf das Gefühlsleben des Kindes und verschärfend auf seine Denkfähigkeit. Das ältere Kind äußert unverhohlene Feindseligkeit gegen den Konkurrenten, die sich in unliebenswürdiger Beurteilung desselben, in Wünschen, daß „der Storch ihn wieder mitnehmen möge" und dergleichen Luft macht und gelegentlich selbst zu kleinen

Attentaten auf das hilflos in der Wiege Daliegende führt. Eine größere Altersdifferenz schwächt den Ausdruck dieser primären Feindseligkeit in der Regel ab; ebenso kann in etwas späteren Jahren, wenn Geschwister ausbleiben, der Wunsch nach einem Gespielen, wie das Kind ihn anderswo beobachten konnte, die Oberhand erhalten.

Unter der Anregung dieser Gefühle und Sorgen kommt das Kind nun zur Beschäftigung mit dem ersten, großartigen Problem des Lebens und stellt sich die Frage, woher die Kinder kommen, die wohl zuerst lautet, woher dieses einzelne störende Kind gekommen ist. Den Nachklang dieser ersten Rätselfrage glaubt man in unbestimmt vielen Rätseln des Mythus und der Sage zu vernehmen; die Frage selbst ist, wie alles Forschen, ein Produkt der Lebensnot, als ob dem Denken die Aufgabe gestellt würde, das Wiedereintreffen so gefürchteter Ereignisse zu verhüten. Nehmen wir indes an, daß sich das Denken des Kindes alsbald von seiner Anregung frei macht und als selbständiger Forschertrieb weiter arbeitet. Wo das Kind nicht bereits zu sehr eingeschüchtert ist, schlägt es früher oder später den nächsten Weg ein, Antwort von seinen Eltern und Pflegepersonen, die ihm die Quelle des Wissens bedeuten, zu verlangen. Dieser Weg geht aber fehl. Das Kind erhält entweder ausweichende Antwort oder einen Verweis für seine Wißbegierde oder wird mit jener mythologisch bedeutsamen Auskunft abgefertigt, die in deutschen Landen lautet: Der Storch bringe die Kinder, die er aus dem Wasser hole. Ich habe Grund anzunehmen, daß weit mehr Kinder, als die Eltern ahnen, mit dieser Lösung unzufrieden sind und ihr energische Zweifel entgegensetzen, die nur nicht immer offen eingestanden werden. Ich weiß von einem dreijährigen Knaben, der nach erhaltener Aufklärung zum Schrecken seiner Kinderfrau vermißt wurde und sich am Ufer des großen Schloßteiches wiederfand, wohin er geeilt war, um die Kinder im Wasser zu beobachten, von einem anderen, der seinem Unglauben keine andere als die zaghafte Aussprache gestatten konnte, er wisse es besser, nicht der Storch bringe die Kinder, sondern der — Fischreiher. Es scheint mir aus vielen Mitteilungen hervorzugehen, daß die Kinder der Storchtheorie den Glauben verweigern, von dieser ersten Täuschung und Abweisung an aber ein Mißtrauen gegen die Erwachsenen in sich nähren, die Ahnung von etwas Verbotenem gewinnen, das ihnen von den „Großen" vorenthalten wird, und darum ihre weiteren Forschungen mit Geheimnis verhüllen. Sie haben dabei aber auch den ersten Anlaß eines „psychischen Konflikts" erlebt, indem Meinungen, für die sie eine triebartige Bevorzugung empfinden, die aber den Großen nicht „recht" sind, in Gegensatz zu anderen geraten, die durch die Autorität der „Großen" gehalten werden, ohne ihnen selbst genehm zu sein. Aus diesem psychischen Konflikte kann bald eine „psychische Spaltung" werden; die eine Meinung, mit der die Bravheit, aber auch die Sistierung des Nachdenkens verbunden ist, wird zur herrschenden bewußten; die andere, für die die Forscherarbeit unterdes neue Beweise erbracht hat, die nicht gelten sollen, zur unterdrückten, „unbewußten". Der Kernkomplex der Neurose findet sich auf diese Weise konstituiert.

Ich habe kürzlich durch die Analyse eines fünfjährigen Knaben, die dessen Vater mit ihm angestellt und mir dann zur Veröffentlichung überlassen hat, den unwiderleglichen Nachweis für eine Einsicht erhalten, auf deren Spur mich die Psychoanalysen Erwachsener längst geführt hatten. Ich weiß jetzt, daß die Graviditätsveränderung der Mutter den scharfen Augen des Kindes nicht entgeht, und daß dieses sehr wohl imstande ist, eine Weile nachher den richtigen Zusammenhang zwischen der Leibeszunahme der Mutter und dem Erscheinen des Kindes herzustellen. In dem erwähnten Falle war der Knabe dreieinhalb Jahre alt, als seine Schwester geboren wurde, und vierdreiviertel, als er sein besseres Wissen durch die unverkennbarsten Anspielungen erraten ließ. Diese frühzeitige Erkenntnis wird aber immer geheim gehalten und später im Zusammenhange mit den weiteren Schicksalen der kindlichen Sexualforschung verdrängt und vergessen.

Die „Storchfabel" gehört also nicht zu den infantilen Sexualtheorien; es ist im Gegenteile die Beobachtung der Tiere, die ihr Sexualleben so wenig verhüllen, und denen sich das Kind so verwandt fühlt, die den Unglauben des Kindes bestärkt. Mit der Erkenntnis, das Kind wachse im Leibe der Mutter, die das Kind noch selbständig erwirbt, wäre es auf dem richtigen Wege, das Problem, an dem es zuerst seine Denkkraft erprobt, zu lösen. Im weiteren Fortschreiten wird es aber gehemmt durch eine Unwissenheit, die sich nicht ersetzen läßt, und durch falsche Theorien, welche der Zustand der eigenen Sexualität ihm aufdrängt.

Diese falschen Sexualtheorien, die ich nun erörtern werde, haben alle einen sehr merkwürdigen Charakter. Obwohl sie in grotesker Weise fehlgehen, enthalten sie doch, jede von ihnen, ein Stück echter Wahrheit, in dieser Zusammensetzung analog den „genial" geheißenen Lösungsversuchen Erwachsener an den für den Menschenverstand überschwierigen Weltproblemen. Das Richtige und Triftige an diesen Theorien erklärt sich durch deren Abkunft von den Komponenten des Sexualtriebes, die sich bereits im kindlichen Organismus regen; denn nicht psychische Willkür oder zufällige Eindrücke haben diese Annahmen entstehen lassen, sondern die Notwendigkeiten der psychosexuellen Konstitution, und darum können wir von typischen Sexualtheorien der Kinder sprechen, darum finden wir die nämlichen irrigen Meinungen bei allen Kindern, deren Sexualleben uns zugänglich wird.

Die erste dieser Theorien knüpft an die Vernachlässigung der Geschlechtsunterschiede an, die wir eingangs als kennzeichnend für das Kind hervorgehoben haben. Sie besteht darin, *allen Menschen, auch den weiblichen Personen, einen Penis zuzusprechen*, wie ihn der Knabe vom eigenen Körper kennt. Gerade in jener Sexualkonstitution, die wir als die

„normale“ anerkennen müssen, ist der Penis schon in der Kindheit die leitende erogene Zone, das hauptsächlichste autoerotische Sexualobjekt, und seine Wertschätzung spiegelt sich logisch in dem Unvermögen, eine dem Ich ähnliche Persönlichkeit ohne diesen wesentlichen Bestandteil vorzustellen. Wenn der kleine Knabe das Genitale eines Schwesterchens zu Gesicht bekommt, so zeigen seine Äußerungen, daß sein Vorurteil bereits stark genug ist, um die Wahrnehmung zu beugen; er konstatiert nicht etwa das Fehlen des Gliedes, sondern sagt regelmäßig, wie tröstend und vermittelnd: der... ist aber noch klein; nun wenn sie größer wird, wird er schon wachsen. Die Vorstellung des Weibes mit dem Penis kehrt noch spät in den Träumen des Erwachsenen wieder; in nächtlicher sexueller Erregung wirft er ein Weib nieder, entblößt es und bereitet sich zum Koitus, um dann beim Anblick des wohlausgebildeten Gliedes an Stelle der weiblichen Genitalien den Traum und die Erregung abzubrechen. Die zahlreichen Hermaphroditen des klassischen Altertums geben diese einst allgemeine infantile Vorstellung getreulich wieder; man kann beobachten, daß sie auf die meisten normalen Menschen nicht verletzend wirkt, während die wirklich von der Natur zugelassenen hermaphroditischen Bildungen der Genitalien fast immer den größten Abscheu erregen.

Wenn sich diese Vorstellung des Weibes mit dem Penis bei dem Kinde „fixiert“, allen Einflüssen des späteren Lebens widersteht, und den Mann unfähig macht, bei seinem Sexualobjekt auf den Penis zu verzichten, so muß ein solches Individuum bei sonst normalem Sexualleben ein Homosexueller werden, seine Sexualobjekte unter den Männern suchen, die durch andere somatische und seelische Charaktere an das Weib erinnern. Das wirkliche Weib, wie es später erkannt wird, bleibt als Sexualobjekt unmöglich für ihn, da es des wesentlichen sexuellen Reizes entbehrt, ja im Zusammenhange mit einem anderen Eindruck des Kinderlebens kann es zum Abscheu für ihn werden. Das hauptsächlich von der

Peniserregung beherrschte Kind hat sich gewöhnlich durch Reizung desselben mit der Hand Lust geschafft, ist von den Eltern oder Wartepersonen dabei ertappt und mit der Drohung, man werde ihm das Glied abschneiden, geschreckt worden. Die Wirkung dieser „Kastrationsdrohung" ist im richtigen Verhältnisse zur Schätzung dieses Körperteiles eine ganz außerordentlich tiefgreifende und nachhaltige. Sagen und Mythen zeugen von dem Aufruhr des kindlichen Gefühlslebens, von dem Entsetzen, das sich an den Kastrationskomplex knüpft, der dann später auch entsprechend widerwillig vom Bewußtsein erinnert wird. An diese Drohung mahnt nun das später wahrgenommene, als verstümmelt aufgefaßte Genitale des Weibes und darum erweckt es beim Homosexuellen Grausen anstatt Lust. An dieser Reaktion kann nichts mehr geändert werden, wenn der Homosexuelle von der Wissenschaft erfährt, daß die kindliche Annahme, auch die Frau besitze einen Penis, doch nicht so irre geht. Die Anatomie hat die Klitoris innerhalb der weiblichen Schamspalte als das dem Penis homologe Organ erkannt, und die Physiologie der Sexualvorgänge hat hinzufügen können, daß dieser kleine und nicht mehr wachsende Penis sich in der Kindheit des Weibes tatsächlich wie ein echter und rechter Penis benimmt, daß er zum Sitz von Erregungen wird, die zu seiner Berührung veranlassen, daß seine Reizbarkeit der Sexualbetätigung des kleinen Mädchens männlichen Charakter verleiht, und daß es eines Verdrängungsschubes in den Pubertätsjahren bedarf, um durch Hinwegräumung dieser männlichen Sexualität das Weib entstehen zu lassen. Wie nun viele Frauen in ihrer Sexualfunktion daran verkümmern, daß diese Klitoriserregbarkeit hartnäckig festgehalten wird, so daß sie im Koitusverkehr anästhetisch bleiben, oder daß die Verdrängung zu übermäßig erfolgt, so daß ihre Wirkung durch hysterische Ersatzbildung teilweise aufgehoben wird; dies alles gibt der infantilen Sexualtheorie, das Weib besitze wie der Mann einen Penis, nicht unrecht.

An dem kleinen Mädchen kann man mit Leichtigkeit beobachten, daß es die Schätzung des Bruders durchaus teilt. Es entwickelt ein großes Interesse für diesen Körperteil beim Knaben, das aber alsbald vom Neide kommandiert wird. Es fühlt sich benachteiligt, es macht Versuche, in solcher Stellung zu urinieren, wie es dem Knaben durch den Besitz des großen Penis ermöglicht wird, und wenn es den Wunsch äußert: Ich möchte lieber ein Bub sein, so wissen wir, welchem Mangel dieser Wunsch abhelfen soll.

Wenn das Kind den Andeutungen folgen könnte, die von der Erregung des Penis ausgehen, so würde es der Lösung seines Problems um ein Stück näher rücken. Daß das Kind im Leibe der Mutter wächst, ist offenbar nicht genug Erklärung. Wie kommt es hinein? Was gibt den Anstoß zu seiner Entwicklung? Daß der Vater etwas damit zu tun hat, ist wahrscheinlich; er erklärt ja, das Kind sei auch sein Kind.[1] Anderseits hat der Penis gewiß auch seinen Anteil an diesen nicht zu erratenden Vorgängen, er bezeugt es durch seine Miterregung bei all dieser Gedankenarbeit. Mit dieser Erregung sind Antriebe verbunden, die das Kind sich nicht zu deuten weiß, dunkle Impulse zu gewaltsamem Tun, zum Eindringen, Zerschlagen, irgendwo ein Loch aufreißen. Aber wenn das Kind so auf dem besten Wege scheint, die Existenz der Scheide zu postulieren und dem Penis des Vaters ein solches Eindringen bei der Mutter zuzuschreiben als jenen Akt, durch den das Kind im Leibe der Mutter entsteht, so bricht an dieser Stelle doch die Forschung ratlos ab, denn ihr steht die Theorie im Wege, daß die Mutter einen Penis besitzt wie ein Mann, und die Existenz des Hohlraumes, der den Penis aufnimmt, bleibt für das Kind unentdeckt. Daß die Erfolglosigkeit der Denkbemühung dann ihre Verwerfung

1) Vgl. hiezu die Analyse des fünfjährigen Knaben im Jahrbuch für psychoanalytische und psychopathologische Forschungen. 1. Halbbd. 1909. [Bd. VIII dieser Gesamtausgabe.]

und ihr Vergessen erleichtert, wird man gern annehmen. Dieses Grübeln und Zweifeln wird aber vorbildlich für alle spätere Denkarbeit an Problemen und der erste Mißerfolg wirkt für alle Zeiten lähmend fort.

Die Unkenntnis der Vagina ermöglicht dem Kinde auch die Überzeugung von der zweiten seiner Sexualtheorien. Wenn das Kind im Leibe der Mutter wächst und aus diesem entfernt wird, so kann dies nur auf dem einzig möglichen Wege der Darmöffnung geschehen. Das Kind muß entleert werden wie ein Exkrement, ein Stuhlgang. Wenn dieselbe Frage in späteren Kinderjahren Gegenstand des einsamen Nachdenkens oder der Besprechung zwischen zwei Kindern wird, so stellen sich wohl die Auskünfte ein, das Kind komme aus dem sich öffnenden Nabel, oder der Bauch werde aufgeschnitten und das Kind herausgenommen, wie es dem Wolfe im Märchen von Rotkäppchen geschieht. Diese Theorien werden laut ausgesprochen und später auch bewußt erinnert; sie enthalten nichts Anstößiges mehr. Dieselben Kinder haben dann völlig vergessen, daß sie in früheren Jahren an eine andere Geburtstheorie glaubten, welcher gegenwärtig die seither eingetretene Verdrängung der analen Sexualkomponente im Wege steht. Damals war der Stuhlgang etwas, wovon in der Kinderstube ohne Scheu gesprochen werden durfte, das Kind stand seinen konstitutionellen koprophilen Neigungen noch nicht so ferne; es war keine Degradation, so zur Welt zu kommen wie ein Haufen Kot, den der Ekel noch nicht verdammt hatte. Die Kloakentheorie, die für so viele Tiere ja zu Recht besteht, war die natürlichste und die einzige, die sich dem Kinde als wahrscheinlich aufdrängen konnte.

Dann war es aber nur konsequent, daß das Kind das schmerzliche Vorrecht des Weibes, Kinder zu gebären, nicht gelten ließ. Wenn die Kinder durch den After geboren werden, so kann der Mann ebensogut gebären wie das Weib. Der Knabe kann also auch phantasieren, daß er selbst Kinder bekommt, ohne daß wir ihn darum femininer Neigungen zu beschuldigen brauchen. Er betätigt dabei nur seine noch regsame Analerotik.

Wenn sich die Kloakentheorie der Geburt im Bewußtsein späterer Kinderjahre erhält, was gelegentlich vorkommt, so bringt sie auch eine allerdings nicht mehr ursprüngliche Lösung der Frage nach der Entstehung der Kinder mit sich. Es ist dann wie im Märchen. Man ißt etwas Bestimmtes und davon bekommt man ein Kind. Die Geisteskranke belebt diese infantile Geburtstheorie dann wieder. Die Maniaka etwa führt den besuchenden Arzt zu einem Häufchen Kot, das sie in einer Ecke ihre Zelle abgesetzt hat, und sagt ihm lachend: Das ist das Kind, das ich heute geboren habe.

Die dritte der typischen Sexualtheorien ergibt sich den Kindern, wenn sie durch irgendeine der häuslichen Zufälligkeiten zu Zeugen des elterlichen Sexualverkehrs werden, über den sie dann doch nur sehr unvollständige Wahrnehmungen machen können. Welches Stück desselben dann immer in ihre Beobachtung fällt, ob die gegenseitige Lage der beiden Personen oder die Geräusche oder gewisse Nebenumstände, sie gelangen in allen Fällen zur nämlichen, wir können sagen sadistischen Auffassung des Koitus, sehen in ihm etwas, was der stärkere Teil dem schwächeren mit Gewalt antut, und vergleichen ihn, zumal die Knaben, mit einer Rauferei, wie sie sie aus ihrem Kinderverkehr kennen, und die ja auch der Beimengung sexueller Erregung nicht ermangelt. Ich habe nicht feststellen können, daß die Kinder diesen von ihnen beobachteten Vorgang zwischen den Eltern als das zur Lösung des Kinderproblems erforderliche Stück agnoszieren würden; öfter hatte es den Anschein, als würde diese Beziehung von den Kindern gerade darum verkannt, weil sie dem Liebesakte solche Deutung ins Gewalttätige gegeben haben. Aber diese Auffassung macht selbst den Eindruck einer Wiederkehr jenes dunkeln Impulses zur grausamen Betätigung, der sich beim ersten Nachdenken über das Rätsel, woher die

12*

Kinder kommen, an die Peniserregung knüpfte. Es ist auch die Möglichkeit nicht abzuleugnen, daß jener frühzeitige sadistische Impuls, der den Koitus beinahe hätte erraten lassen, selbst unter dem Einflusse dunkelster Erinnerungen an den Verkehr der Eltern aufgetreten ist, für die das Kind, als es noch in den ersten Lebensjahren das Schlafzimmer der Eltern teilte, das Material aufgenommen hatte, ohne es damals zu verwerten.[1]

Die sadistische Theorie des Koitus, die in ihrer Isoliertheit zur Irreführung wird, wo sie hätte Bestätigung bringen können, ist wiederum der Ausdruck einer der angeborenen sexuellen Komponenten, die bei dem einzelnen Kinde mehr oder minder stark ausgeprägt sein mag, und sie hat daher ein Stück weit recht, errät zum Teil das Wesen des Geschlechtsaktes und den „Kampf der Geschlechter", der ihm vorhergeht. Nicht selten ist das Kind auch in der Lage, diese seine Auffassung durch akzidentelle Wahrnehmungen zu stützen, die es zum Teil richtig, zum anderen wieder falsch, ja gegensätzlich erfaßt. In vielen Ehen sträubt sich die Frau wirklich regelmäßig gegen die eheliche Umarmung, die ihr keine Lust und die Gefahr neuer Schwangerschaft bringt, und so mag die Mutter dem für schlafend gehaltenen (oder sich schlafend stellenden) Kinde einen Eindruck bieten, der gar nicht anders denn als ein Wehren gegen eine Gewalttat gedeutet werden kann. Andere Male noch gibt die ganze Ehe dem aufmerksamen Kinde das Schauspiel eines unausgesetzten, in lauten Worten und unfreundlichen Gebärden sich äußernden Streites, wo dann das Kind sich nicht zu wundern braucht, daß dieser Streit sich auch in die Nacht fortsetzt und endlich durch dieselben Methoden ausgetragen wird, die das Kind im Verkehre mit seinen Geschwistern oder Spielgenossen zu gebrauchen gewöhnt ist.

1) In dem 1794 veröffentlichten, autobiographischen Buche „Monsieur Nicolas" bestätigt Restif de la Brétonne dieses sadistische Mißverständnis des Koitus in der Erzählung eines Eindruckes aus seinem vierten Lebensjahre.

Als eine Bestätigung seiner Auffassung sieht das Kind es aber auch an, wenn es Blutspuren im Bett oder an der Wäsche der Mutter entdeckt. Diese sind ihm ein Beweis dafür, daß in der Nacht wieder ein solcher Überfall des Vaters auf die Mutter stattgefunden hat, während wir dieselbe frische Blutspur lieber als Anzeichen einer Pause im sexuellen Verkehre deuten werden. Manche sonst unerklärliche „Blutscheu" der Nervösen findet durch diesen Zusammenhang ihre Aufklärung. Der Irrtum des Kindes deckt wiederum ein Stückchen Wahrheit; unter gewissen, bekannten Verhältnissen wird die Blutspur allerdings als Zeichen des eingeleiteten sexuellen Verkehres gewürdigt.

In loserem Zusammenhange mit dem unlösbaren Problem, woher die Kinder kommen, beschäftigt sich das Kind mit der Frage, was das Wesen und der Inhalt des Zustandes sei, den man „Verheiratetsein" heißt, und beantwortet diese Frage verschieden, je nach dem Zusammentreffen von zufälligen Wahrnehmungen bei den Eltern mit den eigenen noch lustbetonten Trieben. Nur daß es sich vom Verheiratetsein Lustbefriedigung verspricht und ein Hinwegsetzen über die Scham vermutet, scheint allen diesen Beantwortungen gemeinsam. Die Auffassung, die ich am häufigsten gefunden habe, lautet, daß „man vor einander uriniert"; eine Abänderung, die so klingt, als ob sie symbolisch ein Mehrwissen andeuten wollte: daß der Mann in den Topf der Frau uriniert. Andere Male wird der Sinn des Heiratens darin verlegt: daß man einander den Popo zeigt (ohne sich zu schämen). In einem Falle, in dem es der Erziehung gelungen war, die Sexualerfahrung besonders lange aufzuschieben, kam das vierzehnjährige und bereits menstruierte Mädchen über Anregung der Lektüre auf die Idee, das Verheiratetsein bestehe in einer „Mischung des Blutes", und da die eigene Schwester noch nicht die Periode hatte, versuchte die Lüsterne ein Attentat auf eine Besucherin, welche gestanden hatte, eben zu menstruieren, um sie zu dieser „Blutvermischung" zu nötigen.

Die infantilen Meinungen über das Wesen der Ehe, die nicht selten von der bewußten Erinnerung festgehalten werden, haben für die Symptomatik späterer neurotischer Erkrankung große Bedeutung. Sie schaffen sich zunächst Ausdruck in Kinderspielen, in denen man das miteinander tut, was das Verheiratetsein ausmacht, und dann später einmal kann sich der Wunsch verheiratet zu sein die infantile Ausdrucksform wählen, um in einer zunächst unkenntlichen Phobie oder einem entsprechenden Symptom aufzutreten.[1]

Es wären dies die wichtigsten der typischen, in frühen Kindheitsjahren und spontan, nur unter dem Einflusse der sexuellen Triebkomponenten produzierten Sexualtheorien des Kindes. Ich weiß, daß ich weder die Vollständigkeit des Materials noch die Herstellung des lückenlosen Zusammenhanges mit dem sonstigen Kinderleben erreicht habe. Einzelne Nachträge kann ich hier noch anfügen, die sonst jeder Kundige vermißt hätte. So zum Beispiel die bedeutsame Theorie, daß man ein Kind durch einen Kuß bekommt, die wie selbstverständlich die Vorherrschaft der erogenen Mundzone verrät. Nach meiner Erfahrung ist diese Theorie ausschließlich feminin und wird als pathogen manchmal bei Mädchen angetroffen, bei denen die Sexualforschung in der Kindheit die stärksten Hemmungen erfahren hat. Eine meiner Patientinnen gelangte durch eine zufällige Wahrnehmung zur Theorie der „Couvade", die bekanntlich bei manchen Völkern allgemeine Sitte ist und wahrscheinlich die Absicht hat, dem nie völlig zu besiegenden Zweifel an der Paternität zu widersprechen. Da ein etwas sonderbarer Onkel nach der Geburt seines Kindes tagelang zu Hause blieb und die Besucher im Schlafrock empfing, schloß sie, daß bei einer Geburt beide Eltern beteiligt seien und zu Bette gehen müßten.

Um das zehnte oder elfte Lebensjahr tritt die sexuelle Mitteilung an die Kinder heran. Ein Kind, welches in ungehemmteren

1) Die für die spätere Neurose bedeutsamsten Kinderspiele sind das „Doktorspiel" und „Papa- und Mama"-Spielen.

sozialen Verhältnissen aufgewachsen ist oder sonst glücklichere Gelegenheit zur Beobachtung gefunden hat, teilt anderen mit, was es weiß, weil es sich dabei reif und überlegen empfinden kann. Was die Kinder so erfahren, ist meist das Richtige, das heißt es wird ihnen die Existenz der Vagina und deren Bestimmung verraten, aber sonst sind diese Aufklärungen, die sie voneinander entlehnen, nicht selten mit Falschem vermengt, mit Überresten der älteren infantilen Sexualtheorien behaftet. Vollständig und zur Lösung des uralten Problems ausreichend sind sie fast nie. Wie früher die Unkenntnis der Vagina, so hindert jetzt die des Samens die Einsicht in den Zusammenhang. Das Kind kann nicht erraten, daß aus dem männlichen Geschlechtsglied noch eine andere Substanz entleert wird als der Harn, und gelegentlich zeigt sich ein „unschuldiges Mädchen" noch in der Brautnacht entrüstet darüber, daß der Mann „in sie hineinuriniere". An diese Mitteilungen in den Jahren der Vorpubertät schließt sich nun ein neuer Aufschwung der kindlichen Sexualforschung; aber die Theorien, welche die Kinder jetzt schaffen, haben nicht mehr das typische und ursprüngliche Gepräge, das für die frühkindlichen, primären, charakteristisch war, solange die infantilen Sexualkomponenten ungehemmt und unverwandelt ihren Ausdruck in Theorien durchsetzen konnten. Die späteren Denkbemühungen zur Lösung der sexuellen Rätsel schienen mir die Sammlung nicht zu verlohnen, sie können auch auf pathogene Bedeutung wenig Anspruch mehr erheben. Ihre Mannigfaltigkeit ist natürlich in erster Linie von der Natur der erhaltenen Aufklärung abhängig; ihre Bedeutung liegt vielmehr darin, daß sie die unbewußt gewordenen Spuren jener ersten Periode des sexuellen Interesses wieder erwecken, so daß nicht selten masturbatorische Sexualbetätigung und ein Stück der Gefühlsablösung von den Eltern an sie anknüpft. Daher das verdammende Urteil der Erzieher, daß solche Aufklärung in diesen Jahren die Kinder „verderbe".

Einige wenige Beispiele mögen zeigen, welche Elemente oft in diese späten Grübeleien der Kinder über das Sexualleben eingehen. Ein Mädchen hat von den Schulkolleginnen gehört, daß der Mann der Frau ein Ei gibt, welches sie in ihrem Leibe ausbrütet. Ein Knabe, der auch vom Ei gehört hat, identifiziert dieses „Ei" mit dem vulgär ebenso benannten Hoden und zerbricht sich den Kopf darüber, wie denn der Inhalt des Hodensackes sich immer wieder erneuern kann. Die Aufklärungen reichen selten so weit, um wesentliche Unsicherheiten über die Geschlechtsvorgänge zu verhüten. So können Mädchen zur Erwartung kommen, der Geschlechtsverkehr finde nur ein einzigesmal statt, dauere aber da sehr lange, vierundzwanzig Stunden, und von diesem einen Male kämen der Reihe nach alle Kinder. Man sollte meinen, dieses Kind habe Kenntnis von dem Fortpflanzungsvorgang bei gewissen Insekten gewonnen; aber diese Vermutung bestätigt sich nicht, die Theorie erscheint als eine selbständige Schöpfung. Andere Mädchen übersehen die Tragzeit, das Leben im Mutterleibe, und nehmen an, daß das Kind unmittelbar nach der Nacht des ersten Verkehrs zum Vorschein komme. Marcell Prévost hat diesen Jungmädchenirrtum in einer der „Lettres de femmes" zu einer lustigen Geschichte verarbeitet. Schwer zu erschöpfen und vielleicht im allgemeinen nicht uninteressant ist das Thema dieser späten Sexualforschung der Kinder oder auf der kindlichen Stufe zurückgehaltenen Adoleszenten, aber es liegt meinem Interesse ferner, und ich muß nur noch hervorheben, daß dabei von den Kindern viel Unrechtes zutage gefördert wird, was dazu bestimmt ist, älterer, besserer, aber unbewußt gewordener und verdrängter Erkenntnis zu widersprechen.

Auch die Art, wie die Kinder sich gegen die ihnen zugehenden Mitteilungen verhalten, hat ihre Bedeutung. Bei manchen ist die Sexualverdrängung soweit gediehen, daß sie nichts anhören wollen, und diesen gelingt es auch, bis in späte Jahre unwissend zu bleiben, scheinbar unwissend wenigstens, bis in der Psychoanalyse der Neurotischen das aus früher Kindheit stammende Wissen zum Vorschein kommt. Ich weiß auch von zwei Knaben zwischen zehn und dreizehn Jahren, welche die sexuelle Aufklärung zwar anhörten, aber dem Gewährsmanne die ablehnende Antwort gaben: Es ist möglich, daß dein Vater und andere Leute so etwas tun, aber von meinem Vater weiß ich es gewiß, daß er es nie tun würde. Wie mannigfaltig immer dieses spätere Benehmen der Kinder gegen die Befriedigung der sexuellen Wißbegierde sein mag, für ihre ersten Kinderjahre dürfen wir ein durchaus gleichförmiges Verhalten annehmen und glauben, daß sie damals alle aufs eifrigste bestrebt waren zu erfahren, was die Eltern miteinander tun, woraus dann die Kinder werden.

# BEITRÄGE ZUR PSYCHOLOGIE DES LIEBESLEBENS

*Der erste Beitrag erschien zuerst 1910 im „Jahrbuch für psychoanalytische und psychopathologische Forschungen", Band II; der zweite 1912, ebendort, Band IV; beide dann, mitsamt dem dritten, unter dem gemeinsamen Obertitel in der Vierten Folge der „Sammlung kleiner Schriften zur Neurosenlehre".*

## I

## ÜBER EINEN BESONDEREN TYPUS DER OBJEKTWAHL BEIM MANNE

Wir haben es bisher den Dichtern überlassen, uns zu schildern, nach welchen „Liebesbedingungen" die Menschen ihre Objektwahl treffen, und wie sie die Anforderungen ihrer Phantasie mit der Wirklichkeit in Einklang bringen. Die Dichter verfügen auch über manche Eigenschaften, welche sie zur Lösung einer solchen Aufgabe befähigen, vor allem über die Feinfühligkeit für die Wahrnehmung verborgener Seelenregungen bei anderen und den Mut, ihr eigenes Unbewußtes laut werden zu lassen. Aber der Erkenntniswert ihrer Mitteilungen wird durch einen Umstand herabgesetzt. Die Dichter sind an die Bedingung gebunden, intellektuelle und ästhetische Lust sowie bestimmte Gefühlswirkungen zu erzielen, und darum können sie den Stoff der Realität nicht unverändert darstellen, sondern müssen Teilstücke desselben isolieren, störende Zusammenhänge auflösen, das Ganze mildern und Fehlendes ersetzen. Es sind dies Vorrechte der sogenannten „poetischen Freiheit". Auch können sie nur wenig

Interesse für die Herkunft und Entwicklung solcher seelischer Zustände äußern, die sie als fertige beschreiben. Somit wird es doch unvermeidlich, daß die Wissenschaft mit plumperen Händen und zu geringerem Lustgewinne sich mit denselben Materien beschäftige, an deren dichterischer Bearbeitung sich die Menschen seit Tausenden von Jahren erfreuen. Diese Bemerkungen mögen zur Rechtfertigung einer streng wissenschaftlichen Bearbeitung auch des menschlichen Liebeslebens dienen. Die Wissenschaft ist eben die vollkommenste Lossagung vom Lustprinzip, die unserer psychischen Arbeit möglich ist.

---

Während der psychoanalytischen Behandlungen hat man reichlich Gelegenheit, sich Eindrücke aus dem Liebesleben der Neurotiker zu holen, und kann sich dabei erinnern, daß man ähnliches Verhalten auch bei durchschnittlich Gesunden oder selbst bei hervorragenden Menschen beobachtet oder erfahren hat. Durch Häufung der Eindrücke infolge zufälliger Gunst des Materials treten dann einzelne Typen deutlicher hervor. Einen solchen Typus der männlichen Objektwahl will ich hier zuerst beschreiben, weil er sich durch eine Reihe von „Liebesbedingungen" auszeichnet, deren Zusammentreffen nicht verständlich, ja eigentlich befremdend ist, und weil er eine einfache psychoanalytische Aufklärung zuläßt.

1.) Die erste dieser Liebesbedingungen ist als geradezu spezifisch zu bezeichnen; sobald man sie vorfindet, darf man nach dem Vorhandensein der anderen Charaktere dieses Typus suchen. Man kann sie die Bedingung des „Geschädigten Dritten" nennen; ihr Inhalt geht dahin, daß der Betreffende niemals ein Weib zum Liebesobjekt wählt, welches noch frei ist, also ein Mädchen oder eine alleinstehende Frau, sondern nur ein solches Weib, auf das ein anderer Mann als Ehegatte, Verlobter, Freund Eigentumsrechte geltend machen kann. Diese Bedingung zeigt sich in manchen Fällen so unerbittlich, daß dasselbe Weib zuerst über sehen oder selbst verschmäht werden kann, solange es niemandem angehört, während es sofort Gegenstand der Verliebtheit wird, sobald es in eine der genannten Beziehungen zu einem anderen Manne tritt.

2.) Die zweite Bedingung ist vielleicht minder konstant, aber nicht weniger auffällig. Der Typus wird erst durch ihr Zusammentreffen mit der ersten erfüllt, während die erste auch für sich allein in großer Häufigkeit vorzukommen scheint. Diese zweite Bedingung besagt, daß das keusche und unverdächtige Weib niemals den Reiz ausübt, der es zum Liebesobjekt erhebt, sondern nur das irgendwie sexuell anrüchige, an dessen Treue und Verläßlichkeit ein Zweifel gestattet ist. Dieser letztere Charakter mag in einer bedeutungsvollen Reihe variieren, von dem leisen Schatten auf dem Ruf einer dem Flirt nicht abgeneigten Ehefrau bis zur offenkundig polygamen Lebensführung einer Kokotte oder Liebeskünstlerin, aber auf irgend etwas dieser Art wird von den zu unserem Typus Gehörigen nicht verzichtet. Man mag diese Bedingung mit etwas Vergröberung die der „Dirnenliebe“ heißen.

Wie die erste Bedingung Anlaß zur Befriedigung von agonalen, feindseligen Regungen gegen den Mann gibt, dem man das geliebte Weib entreißt, so steht die zweite Bedingung, die der Dirnenhaftigkeit des Weibes, in Beziehung zur Betätigung der Eifersucht, die für Liebende dieses Typus ein Bedürfnis zu sein scheint. Erst wenn sie eifersüchtig sein können, erreicht die Leidenschaft ihre Höhe, gewinnt das Weib seinen vollen Wert, und sie versäumen nie, sich eines Anlasses zu bemächtigen, der ihnen das Erleben dieser stärksten Empfindungen gestattet. Merkwürdigerweise ist es nicht der rechtmäßige Besitzer der Geliebten, gegen den sich diese Eifersucht richtet, sondern neu auftauchende Fremde, mit denen man die Geliebte in Verdacht bringen kann. In grellen Fällen zeigt der Liebende keinen Wunsch, das Weib für sich allein zu besitzen, und scheint sich in dem dreieckigen Verhältnis durchaus wohl zu fühlen. Einer meiner Patienten, der unter den Seitensprüngen seiner Dame entsetzlich gelitten hatte, hatte doch gegen ihre Verheiratung nichts einzuwenden, sondern förderte diese mit allen Mitteln; gegen den Mann zeigte er dann durch Jahre niemals eine Spur von Eifersucht. Ein anderer typischer Fall war in seinen ersten Liebesbeziehungen allerdings sehr eifersüchtig gegen den Ehegatten gewesen und hatte die Dame genötigt, den ehelichen Verkehr mit diesem einzustellen; in seinen zahlreichen späteren Verhältnissen benahm er sich aber wie die anderen und faßte den legitimen Mann nicht mehr als Störuug auf.

Die folgenden Punkte schildern nicht mehr die vom Liebesobjekt geforderten Bedingungen, sondern das Verhalten des Liebenden gegen das Objekt seiner Wahl.

3.) Im normalen Liebesleben wird der Wert des Weibes durch seine sexuelle Integrität bestimmt und durch die Annäherung an den Charakter der Dirnenhaftigkeit herabgesetzt. Es erscheint daher als eine auffällige Abweichung vom Normalen, daß von den Liebenden unseres Typus die mit diesem Charakter behafteten Frauen als höchstwertige Liebesobjekte behandelt werden. Die Liebesbeziehungen zu diesen Frauen werden mit dem höchsten psychischen Aufwand bis zur Aufzehrung aller anderen Interessen betrieben; sie sind die einzigen Personen, die man lieben kann, und die Selbstanforderung der Treue wird jedesmal wieder erhoben, so oft sie auch in der Wirklichkeit durchbrochen werden mag. In diesen Zügen der beschriebenen Liebesbeziehungen prägt sich überdeutlich der zwanghafte Charakter aus, welcher ja in gewissem Grade jedem Falle von Verliebtheit eignet. Man darf aber aus der Treue und Intensität der Bindung nicht die Erwartung ableiten, daß ein einziges solches Liebesverhältnis das Liebesleben der Betreffenden ausfülle oder sich nur einmal innerhalb desselben abspiele. Vielmehr wiederholen sich Leidenschaften dieser Art mit den gleichen Eigentümlichkeiten — die eine das genaue

Abbild der anderen — mehrmals im Leben der diesem Typus Angehörigen, ja die Liebesobjekte können nach äußeren Bedingungen, z. B. Wechsel von Aufenthalt und Umgebung, einander so häufig ersetzen, daß es zur Bildung einer langen Reihe kommt.

4.) Am überraschendsten wirkt auf den Beobachter die bei den Liebenden dieses Typus sich äußernde Tendenz, die Geliebte zu „retten". Der Mann ist überzeugt, daß die Geliebte seiner bedarf, daß sie ohne ihn jeden sittlichen Halt verlieren und rasch auf ein bedauernswertes Niveau herabsinken würde. Er rettet sie also, indem er nicht von ihr läßt. Die Rettungsabsicht kann sich in einzelnen Fällen durch die Berufung auf die sexuelle Unverläßlichkeit und die sozial gefährdete Position der Geliebten rechtfertigen; sie tritt aber nicht minder deutlich hervor, wo solche Anlehnungen an die Wirklichkeit fehlen. Einer der zum beschriebenen Typus gehörigen Männer, der seine Damen durch kunstvolle Verführung und spitzfindige Dialektik zu gewinnen verstand, scheute dann im Liebesverhältnis keine Anstrengung, um die jeweilige Geliebte durch selbstverfaßte Traktate auf dem Wege der „Tugend" zu erhalten.

Überblickt man die einzelnen Züge des hier geschilderten Bildes, die Bedingungen der Unfreiheit und der Dirnenhaftigkeit der Geliebten, die hohe Wertung derselben, das Bedürfnis nach Eifersucht, die Treue, die sich doch mit der Auflösung in eine lange Reihe verträgt, und die Rettungsabsicht, so wird man eine Ableitung derselben aus einer einzigen Quelle für wenig wahrscheinlich halten. Und doch ergibt sich eine solche leicht bei psychoanalytischer Vertiefung in die Lebensgeschichte der in Betracht kommenden Personen. Diese eigentümlich bestimmte Objektwahl und das so sonderbare Liebesverhalten haben dieselbe psychische Abkunft wie im Liebesleben des Normalen, sie entspringen aus der infantilen Fixierung der Zärtlichkeit an die Mutter und stellen einen der Ausgänge dieser Fixierung dar. Im normalen Liebesleben erübrigen nur wenige Züge, welche das mütterliche Vorbild der Objektwahl unverkennbar verraten, so zum Beispiel die Vorliebe junger Männer für gereiftere Frauen; die Ablösung der Libido von der Mutter hat sich verhältnismäßig rasch vollzogen. Bei unserem Typus hingegen hat die Libido auch nach dem Eintritt der Pubertät so lange bei der Mutter verweilt, daß den später gewählten Liebesobjekten die mütterlichen Charaktere eingeprägt bleiben, daß diese alle zu leicht kenntlichen Muttersurrogaten werden. Es drängt sich hier der Vergleich mit der Schädelformation des Neugeborenen auf; nach protrahierter Geburt muß der Schädel des Kindes den Ausguß der mütterlichen Beckenenge darstellen.

Es obliegt uns nun, wahrscheinlich zu machen, daß die charakteristischen Züge unseres Typus, Liebesbedingungen wie Liebesverhalten, wirklich der mütterlichen Konstellation entspringen. Am leichtesten dürfte dies für die erste Bedingung, die der Unfreiheit des Weibes oder des geschädigten Dritten, gelingen. Man sieht ohne weiteres ein, daß bei dem in der Familie aufwachsenden Kinde die Tatsache, daß die Mutter dem Vater gehört, zum unabtrennbaren Stück des mütterlichen Wesens wird, und daß kein anderer als der Vater selbst der geschädigte Dritte ist. Ebenso ungezwungen fügt sich der überschätzende Zug, daß die Geliebte die Einzige, Unersetzliche ist, in den infantilen Zusammenhang ein, denn niemand besitzt mehr als eine Mutter, und die Beziehung zu ihr ruht auf dem Fundament eines jedem Zweifel entzogenen und nicht zu wiederholenden Ereignisses.

Wenn die Liebesobjekte bei unserem Typus vor allem Muttersurrogate sein sollen, so wird auch die Reihenbildung verständlich, welche der Bedingung der Treue so direkt zu widersprechen scheint. Die Psychoanalyse belehrt uns auch durch andere Beispiele, daß das im Unbewußten wirksame Unersetzliche sich häufig durch die Auflösung in eine unendliche Reihe kundgibt, unendlich darum, weil jedes Surrogat doch die erstrebte Befriedigung vermissen läßt. So erklärt sich die unstillbare Fragelust der Kinder in gewissem Alter daraus, daß sie eine einzige Frage zu stellen haben, die sie nicht über ihre Lippen bringen, die Geschwätzigkeit mancher neurotisch geschädigter Personen aus dem Drucke eines Geheimnisses, das zur Mitteilung drängt, und das sie aller Versuchung zum Trotze doch nicht verraten.

Dagegen scheint die zweite Liebesbedingung, die der Dirnenhaftigkeit des gewählten Objekts, einer Ableitung aus dem Mutterkomplex energisch zu widerstreben. Dem bewußten Denken des Erwachsenen erscheint die Mutter gern als Persönlichkeit von unantastbarer sittlicher Reinheit, und wenig anderes wirkt, wenn es von außen kommt, so beleidigend, oder wird, wenn es von innen aufsteigt, so peinigend empfunden wie ein Zweifel an diesem Charakter der Mutter. Gerade dieses Verhältnis von schärfstem Gegensatze zwischen der „Mutter" und der „Dirne" wird uns aber anregen, die Entwicklungsgeschichte und das unbewußte Verhältnis dieser beiden Komplexe zu erforschen, wenn wir längst erfahren haben, daß im Unbewußten häufig in Eines zusammenfällt, was im Bewußtsein in zwei Gegensätze gespalten vorliegt. Die Untersuchung führt uns dann in die Lebenszeit zurück, in welcher der Knabe zuerst eine vollständigere Kenntnis von den sexuellen Beziehungen zwischen den Erwachsenen gewinnt, etwa in die Jahre der Vorpubertät. Brutale Mitteilungen von unverhüllt herabsetzender und aufrührerischer Tendenz machen ihn da mit dem Geheimnis des Geschlechtslebens bekannt, zerstören die Autorität der Erwachsenen, die sich als unvereinbar mit der Enthüllung ihrer Sexualbetätigung erweist. Was in diesen Eröffnungen den stärksten Einfluß auf den Neueingeweihten nimmt, das ist deren Beziehung zu den eigenen Eltern. Dieselbe wird oft direkt von dem Hörer abgelehnt, etwa mit den Worten: Es ist möglich, daß deine Eltern und andere Leute so etwas miteinander tun, aber von meinen Eltern ist es ganz unmöglich.

Als selten fehlendes Korollar zur „sexuellen Aufklärung" gewinnt der Knabe auch gleichzeitig die Kenntnis von der Existenz gewisser Frauen, die den geschlechtlichen Akt erwerbsmäßig ausüben und darum allgemein verachtet werden. Ihm selbst muß diese Verachtung ferne sein; er bringt für diese Unglücklichen nur eine Mischung von Sehnsucht und Grausen auf, sobald er weiß, daß auch er von ihnen in das Geschlechtsleben eingeführt werden kann, welches ihm bisher als der ausschließliche Vorbehalt der „Großen" galt. Wenn er dann den Zweifel nicht mehr festhalten kann, der für seine Eltern eine Ausnahme von den häßlichen Normen der Geschlechtsbetätigung fordert, so sagt er sich mit zynischer Korrektheit, daß der Unterschied zwischen der Mutter und der Hure doch nicht so groß sei, daß sie im Grunde das nämliche tun. Die aufklärenden Mitteilungen haben nämlich die Erinnerungsspuren seiner frühinfantilen Eindrücke und Wünsche in ihm geweckt und von diesen aus gewisse seelische Regungen bei ihm wieder zur Aktivität gebracht. Er beginnt die Mutter selbst in dem neugewonnenen Sinne zu begehren und den Vater als Nebenbuhler, der diesem Wunsche im Wege steht, von neuem zu hassen; er gerät, wie wir sagen, unter die Herrschaft des Ödipuskomplexes. Er vergißt es der Mutter nicht und betrachtet es im Lichte einer Untreue, daß sie die Gunst des sexuellen Verkehres nicht ihm, sondern dem Vater geschenkt hat. Diese Regungen haben, wenn sie nicht rasch vorüberziehen, keinen anderen Ausweg, als sich in Phantasien auszuleben, welche die Sexualbetätigung der Mutter unter den mannigfachsten Verhältnissen zum Inhalte haben, deren Spannung auch besonders leicht zur Lösung im onanistischen Akte führt. Infolge des beständigen Zusammenwirkens der beiden treibenden Motive, der Begehrlichkeit und der Rachsucht, sind Phantasien von der Untreue der Mutter die bei weitem bevorzugten; der Liebhaber, mit dem die Mutter die Untreue begeht, trägt fast immer die Züge des eigenen Ichs, richtiger gesagt, der eigenen, idealisierten, durch Altersreifung auf das Niveau des Vaters gehobenen Persönlichkeit. Was ich an anderer Stelle[1] als „Familienroman" geschildert habe, umfaßt die vielfältigen Ausbildungen dieser Phantasietätigkeit und deren Verwebung mit verschiedenen egoistischen Interessen dieser Lebenszeit. Nach Einsicht in dieses Stück seelischer Entwicklung können wir es aber nicht mehr widerspruchsvoll und unbegreiflich finden, daß die Bedingung der Dirnenhaftigkeit der Geliebten sich direkt aus dem Mutterkomplex ableitet. Der von uns beschriebene Typus des männlichen Liebeslebens trägt die Spuren dieser Entwicklungsgeschichte an sich und läßt sich einfach verstehen als Fixierung an die Pubertätsphantasien des Knaben, die späterhin den Ausweg in die Realität des Lebens doch noch gefunden haben. Es macht keine Schwierigkeiten anzunehmen, daß die eifrig geübte Onanie der Pubertätsjahre ihren Beitrag zur Fixierung jener Phantasien geleistet hat.

Mit diesen Phantasien, welche sich zur Beherrschung des realen Liebeslebens aufgeschwungen haben, scheint die Tendenz, die Geliebte zu retten, nur in lockerer, oberflächlicher und durch bewußte Begründung erschöpfbarer Verbindung zu stehen. Die Geliebte bringt sich durch ihre Neigung zur Unbeständigkeit und Untreue in Gefahren, also ist es begreiflich, daß der Liebende sich bemüht, sie vor diesen Gefahren zu behüten, indem er ihre Tugend überwacht und ihren schlechten Neigungen entgegenarbeitet. Indes zeigt das Studium der Deckerinnerungen, Phantasien und nächtlichen Träume der Menschen, daß hier eine vortrefflich gelungene „Rationalisierung" eines unbewußten Motivs vorliegt, die einer gut geratenen sekundären Bearbeitung im Traume gleichzusetzen ist. In Wirklichkeit hat das Rettungsmotiv seine eigene Bedeutung und Geschichte und ist ein selbständiger Abkömmling des Mutter- oder, richtiger gesagt, des

1) O. Rank, Der Mythus von der Geburt des Helden, 1909. (Schriften zur angewandten Seelenkunde, Heft 5.) 2. Auflage 1922.

Elternkomplexes. Wenn das Kind hört, daß es sein Leben den Eltern verdankt, daß ihm die Mutter „das Leben geschenkt" hat, so vereinen sich bei ihm zärtliche mit großmannssüchtigen, nach Selbständigkeit ringenden Regungen, um den Wunsch entstehen zu lassen, den Eltern dieses Geschenk zurückzuerstatten, es ihnen durch ein gleichwertiges zu vergelten. Es ist, wie wenn der Trotz des Knaben sagen wollte: Ich brauche nichts vom Vater, ich will ihm alles zurückgeben, was ich ihn gekostet habe. Er bildet dann die Phantasie, den Vater aus einer Lebensgefahr zu retten, wodurch er mit ihm quitt wird, und diese Phantasie verschiebt sich häufig genug auf den Kaiser, König oder sonst einen großen Herrn und wird nach dieser Entstellung bewußtseinsfähig und selbst für den Dichter verwertbar. In der Anwendung auf den Vater überwiegt bei weitem der trotzige Sinn der Rettungsphantasie, der Mutter wendet sie meist ihre zärtliche Bedeutung zu. Die Mutter hat dem Kinde das Leben geschenkt, und es ist nicht leicht, dies eigenartige Geschenk durch etwas Gleichwertiges zu ersetzen. Bei geringem Bedeutungswandel, wie er im Unbewußten erleichtert ist — was man etwa dem bewußten Ineinanderfließen der Begriffe gleichstellen kann — gewinnt das Retten der Mutter die Bedeutung von: ihr ein Kind schenken oder machen, natürlich ein Kind, wie man selbst ist. Die Entfernung vom ursprünglichen Sinne der Rettung ist keine allzu große, der Bedeutungswandel kein willkürlicher. Die Mutter hat einem ein Leben geschenkt, das eigene, und man schenkt ihr dafür ein anderes Leben, das eines Kindes, das mit dem eigenen Selbst die größte Ähnlichkeit hat. Der Sohn erweist sich dankbar, indem er sich wünscht, von der Mutter einen Sohn zu haben, der ihm selbst gleich ist, das heißt, in der Rettungsphantasie identifiziert er sich völlig mit dem Vater. Alle Triebe, die zärtlichen, dankbaren, lüsternen, trotzigen, selbstherrlichen, sind durch den einen Wunsch befriedigt, sein eigener Vater zu sein. Auch das Moment der Gefahr

15*

ist bei dem Bedeutungswandel nicht verloren gegangen; der Geburtsakt selbst ist nämlich die Gefahr, aus der man durch die Anstrengung der Mutter gerettet wurde. Die Geburt ist ebenso die allererste Lebensgefahr wie das Vorbild aller späteren, vor denen wir Angst empfinden, und das Erleben der Geburt hat uns wahrscheinlich den Affektausdruck, den wir Angst heißen, hinterlassen. Der Macduff der schottischen Sage, den seine Mutter nicht geboren hatte, der aus seiner Mutter Leib geschnitten wurde, hat darum auch die Angst nicht gekannt.

Der alte Traumdeuter Artemidoros hatte sicherlich Recht mit der Behauptung, der Traum wandle seinen Sinn je nach der Person des Träumers. Nach den für den Ausdruck unbewußter Gedanken geltenden Gesetzen kann das „Retten" seine Bedeutung variieren, je nachdem es von einer Frau oder von einem Manne phantasiert wird. Es kann ebensowohl bedeuten: ein Kind machen = zur Geburt bringen (für den Mann) wie: selbst ein Kind gebären (für die Frau).

Insbesondere in der Zusammensetzung mit dem Wasser lassen sich diese verschiedenen Bedeutungen des Rettens in Träumen und Phantasien deutlich erkennen. Wenn ein Mann im Traume eine Frau aus dem Wasser rettet, so heißt das: er macht sie zur Mutter, was nach den vorstehenden Erörterungen gleichsinnig ist dem Inhalte: er macht sie zu seiner Mutter. Wenn eine Frau einen anderen (ein Kind) aus dem Wasser rettet, so bekennt sie sich damit wie die Königstochter in der Mosessage[1] als seine Mutter, die ihn geboren hat.

Gelegentlich enthält auch die auf den Vater gerichtete Rettungsphantasie einen zärtlichen Sinn. Sie will dann den Wunsch ausdrücken, den Vater zum Sohne zu haben, das heißt einen Sohn zu haben, der so ist wie der Vater. Wegen all dieser Beziehungen des Rettungsmotivs zum Elternkomplex bildet die Tendenz, die

1) Rank, l. c.

Geliebte zu retten, einen wesentlichen Zug des hier beschriebenen Liebestypus.

Ich halte es nicht für notwendig, meine Arbeitsweise zu rechtfertigen, die hier wie bei der Aufstellung der Analerotik darauf hinausgeht, aus dem Beobachtungsmaterial zunächst extreme und scharf umschriebene Typen herauszuheben. Es gibt in beiden Fällen weit zahlreichere Individuen, in denen nur einzelne Züge dieses Typus, oder diese nur in unscharfer Ausprägung festzustellen sind, und es ist selbstverständlich, daß erst die Darlegung des ganzen Zusammenhanges, in den diese Typen aufgenommen sind, deren richtige Würdigung ermöglicht.

---

II

## ÜBER DIE ALLGEMEINSTE ERNIEDRIGUNG DES LIEBESLEBENS

1

Wenn der psychoanalytische Praktiker sich fragt, wegen welches Leidens er am häufigsten um Hilfe angegangen wird, so muß er — absehend von der vielgestaltigen Angst — antworten: wegen psychischer Impotenz. Diese sonderbare Störung betrifft Männer von stark libidinösem Wesen und äußert sich darin, daß die Exekutivorgane der Sexualität die Ausführung des geschlechtlichen Aktes verweigern, obwohl sie sich vorher und nachher als intakt und leistungsfähig erweisen können, und obwohl eine starke psychische Geneigtheit zur Ausführung des Aktes besteht. Die erste Anleitung zum Verständnis seines Zustandes erhält der Kranke selbst, wenn er die Erfahrung macht, daß ein solches Versagen nur beim Versuch mit gewissen Personen auftritt, während es bei anderen niemals in Frage kommt. Er weiß dann, daß es eine Eigenschaft des Sexualobjekts ist, von welcher die Hemmung seiner männlichen Potenz ausgeht, und berichtet manchmal, er habe die Empfindung eines Hindernisses in seinem Innern, die Wahrnehmung eines Gegenwillens, der die bewußte Absicht mit Erfolg störe. Er kann aber nicht erraten, was dies innere Hindernis ist und welche Eigenschaft des Sexualobjekts es zur Wirkung bringt. Hat er solches Versagen wiederholt erlebt, so urteilt er wohl in bekannter fehlerhafter Verknüpfung, die Erinnerung an das erste Mal habe als störende Angstvorstellung die Wiederholungen erzwungen; das erste Mal selbst führt er aber auf einen „zufälligen“ Eindruck zurück.

Psychoanalytische Studien über die psychische Impotenz sind bereits von mehreren Autoren angestellt und veröffentlicht worden.[1] Jeder Analytiker kann die dort gebotenen Aufklärungen aus eigener ärztlicher Erfahrung bestätigen. Es handelt sich wirklich um die hemmende Einwirkung gewisser psychischer Komplexe, die sich der Kenntnis des Individuums entziehen. Als allgemeinster Inhalt dieses pathogenen Materials hebt sich die nicht überwundene inzestuöse Fixierung an Mutter und Schwester hervor. Außerdem ist der Einfluß von akzidentellen peinlichen Eindrücken, die sich an die infantile Sexualbetätigung knüpfen, zu berücksichtigen und jene Momente, die ganz allgemein die auf das weibliche Sexualobjekt zu richtende Libido verringern.[2]

Unterzieht man Fälle von greller psychischer Impotenz einem eindringlichen Studium mittels der Psychoanalyse, so gewinnt man folgende Auskunft über die dabei wirksamen psychosexuellen Vorgänge. Die Grundlage des Leidens ist hier wiederum — wie sehr wahrscheinlich bei allen neurotischen Störungen — eine Hemmung in der Entwicklungsgeschichte der Libido bis zu ihrer normal zu nennenden Endgestaltung. Es sind hier zwei Strömungen nicht zusammengetroffen, deren Vereinigung erst ein völlig normales Liebesverhalten sichert, zwei Strömungen, die wir als die zärtliche und die sinnliche voneinander unterscheiden können.

Von diesen beiden Strömungen ist die zärtliche die ältere. Sie stammt aus den frühesten Kinderjahren, hat sich auf Grund der

1) M. Steiner: Die funktionelle Impotenz des Mannes und ihre Behandlung, 1907. — W. Stekel: In „Nervöse Angstzustände und ihre Behandlung“, Wien 1908 (II. Auflage 1912). — Ferenczi: Analytische Deutung und Behandlung der psychosexuellen Impotenz beim Manne. (Psychiat.-neurol. Wochenschrift, 1908.)

2) W. Stekel: l. c., S. 191 ff.

Interessen des Selbsterhaltungstriebes gebildet und richtet sich auf die Personen der Familie und die Vollzieher der Kinderpflege. Sie hat von Anfang an Beiträge von den Sexualtrieben, Komponenten von erotischem Interesse mitgenommen, die schon in der Kindheit mehr oder minder deutlich sind, beim Neurotiker in allen Fällen durch die spätere Psychoanalyse aufgedeckt werden. Sie entspricht der primären kindlichen Objektwahl. Wir ersehen aus ihr, daß die Sexualtriebe ihre ersten Objekte in der Anlehnung an die Schätzungen der Ichtriebe finden, gerade so, wie die ersten Sexualbefriedigungen in Anlehnung an die zur Lebenserhaltung notwendigen Körperfunktionen erfahren werden. Die „Zärtlichkeit" der Eltern und Pflegepersonen, die ihren erotischen Charakter selten verleugnet („das Kind ein erotisches Spielzeug"), tut sehr viel dazu, die Beiträge der Erotik zu den Besetzungen der Ichtriebe beim Kinde zu erhöhen und sie auf ein Maß zu bringen, welches in der späteren Entwicklung in Betracht kommen muß, besonders wenn gewisse andere Verhältnisse dazu ihren Beistand leihen.

Diese zärtlichen Fixierungen des Kindes setzen sich durch die Kindheit fort und nehmen immer wieder Erotik mit sich, welche dadurch von ihren sexuellen Zielen abgelenkt wird. Im Lebensalter der Pubertät tritt nun die mächtige „sinnliche" Strömung hinzu, die ihre Ziele nicht mehr verkennt. Sie versäumt es anscheinend niemals, die früheren Wege zu gehen und nun mit weit stärkeren Libidobeträgen die Objekte der primären infantilen Wahl zu besetzen. Aber da sie dort auf die unterdessen aufgerichteten Hindernisse der Inzestschranke stößt, wird sie das Bestreben äußern, von diesen real ungeeigneten Objekten möglichst bald den Übergang zu anderen, fremden Objekten zu finden, mit denen sich ein reales Sexualleben durchführen läßt. Diese fremden Objekte werden immer noch nach dem Vorbild (der Imago) der infantilen gewählt werden, aber sie werden mit der Zeit die

Zärtlichkeit an sich ziehen, die an die früheren gekettet war. Der Mann wird Vater und Mutter verlassen — nach der biblischen Vorschrift — und seinem Weibe nachgehen, Zärtlichkeit und Sinnlichkeit sind dann beisammen. Die höchsten Grade von sinnlicher Verliebtheit werden die höchste psychische Wertschätzung mit sich bringen. (Die normale Überschätzung des Sexualobjekts von seiten des Mannes.)

Für das Mißlingen dieses Fortschrittes im Entwicklungsgang der Libido werden zwei Momente maßgebend sein. Erstens das Maß von realer Versagung, welches sich der neuen Objektwahl entgegensetzen und sie für das Individuum entwerten wird. Es hat ja keinen Sinn, sich der Objektwahl zuzuwenden, wenn man überhaupt nicht wählen darf oder keine Aussicht hat, etwas Ordentliches wählen zu können. Zweitens das Maß der Anziehung, welches die zu verlassenden infantilen Objekte äußern können, und das proportional ist der erotischen Besetzung, die ihnen noch in der Kindheit zuteil wurde. Sind diese beiden Faktoren stark genug, so tritt der allgemeine Mechanismus der Neurosenbildung in Wirksamkeit. Die Libido wendet sich von der Realität ab, wird von der Phantasietätigkeit aufgenommen (Introversion), verstärkt die Bilder der ersten Sexualobjekte, fixiert sich an dieselben. Das Inzesthindernis nötigt aber die diesen Objekten zugewendete Libido, im Unbewußten zu verbleiben. Die Betätigung der jetzt dem Unbewußten angehörigen sinnlichen Strömung in onanistischen Akten tut das Ihrige dazu, um diese Fixierung zu verstärken. Es ändert nichts an diesem Sachverhalt, wenn der Fortschritt nun in der Phantasie vollzogen wird, der in der Realität mißglückt ist, wenn in den zur onanistischen Befriedigung führenden Phantasiesituationen die ursprünglichen Sexualobjekte durch fremde ersetzt werden. Die Phantasien werden durch diesen Ersatz bewußtseinsfähig, an der realen Unterbringung der Libido wird ein Fortschritt nicht vollzogen.

Es kann auf diese Weise geschehen, daß die ganze Sinnlichkeit eines jungen Menschen im Unbewußten an inzestuöse Objekte gebunden oder, wie wir auch sagen können, an unbewußte inzestuöse Phantasien fixiert wird. Das Ergebnis ist dann eine absolute Impotenz, die etwa noch durch die gleichzeitig erworbene wirkliche Schwächung der den Sexualakt ausführenden Organe versichert wird.

Für das Zustandekommen der eigentlich sogenannten psychischen Impotenz werden mildere Bedingungen erfordert. Die sinnliche Strömung darf nicht in ihrem ganzen Betrag dem Schicksal verfallen, sich hinter der zärtlichen verbergen zu müssen, sie muß stark oder ungehemmt genug geblieben sein, um sich zum Teil den Ausweg in die Realität zu erzwingen. Die Sexualbetätigung solcher Personen läßt aber an den deutlichsten Anzeichen erkennen, daß nicht die volle psychische Triebkraft hinter ihr steht. Sie ist launenhaft, leicht zu stören, oft in der Ausführung inkorrekt, wenig genußreich. Vor allem aber muß sie der zärtlichen Strömung ausweichen. Es ist also eine Beschränkung in der Objektwahl hergestellt worden. Die aktiv gebliebene sinnliche Strömung sucht nur nach Objekten, die nicht an die ihr verpönten inzestuösen Personen mahnen; wenn von einer Person ein Eindruck ausgeht, der zu hoher psychischer Wertschätzung führen könnte, so läuft er nicht in Erregung der Sinnlichkeit, sondern in erotisch unwirksame Zärtlichkeit aus. Das Liebesleben solcher Menschen bleibt in die zwei Richtungen gespalten, die von der Kunst als himmlische und irdische (oder tierische) Liebe personifiziert werden. Wo sie lieben, begehren sie nicht, und wo sie begehren, können sie nicht lieben. Sie suchen nach Objekten, die sie nicht zu lieben brauchen, um ihre Sinnlichkeit von ihren geliebten Objekten fernzuhalten, und das sonderbare Versagen der psychischen Impotenz tritt nach den Gesetzen der „Komplexempfindlichkeit“ und der „Rückkehr des Verdrängten“ dann auf, wenn an dem zur Vermeidung des

Inzests gewählten Objekt ein oft unscheinbarer Zug an das zu vermeidende Objekt erinnert.

Das Hauptschutzmittel gegen solche Störung, dessen sich der Mensch in dieser Liebesspaltung bedient, besteht in der psychischen Erniedrigung des Sexualobjektes, während die dem Sexualobjekt normalerweise zustehende Überschätzung dem inzestuösen Objekt und dessen Vertretungen reserviert wird. Sowie die Bedingung der Erniedrigung erfüllt ist, kann sich die Sinnlichkeit frei äußern, bedeutende sexuelle Leistungen und hohe Lust entwickeln. Zu diesem Ergebnis trägt noch ein anderer Zusammenhang bei. Personen, bei denen die zärtliche und die sinnliche Strömung nicht ordentlich zusammengeflossen sind, haben auch meist ein wenig verfeinertes Liebesleben; perverse Sexualziele sind bei ihnen erhalten geblieben, deren Nichterfüllung als empfindliche Lusteinbuße verspürt wird, deren Erfüllung aber nur am erniedrigten, geringgeschätzten Sexualobjekt möglich erscheint.

Die in dem ersten Beitrag[1] erwähnten Phantasien des Knaben, welche die Mutter zur Dirne herabsetzen, werden nun nach ihren Motiven verständlich. Es sind Bemühungen, die Kluft zwischen den beiden Strömungen des Liebeslebens wenigstens in der Phantasie zu überbrücken, die Mutter durch Erniedrigung zum Objekt für die Sinnlichkeit zu gewinnen.

2

Wir haben uns bisher mit einer ärztlich-psychologischen Untersuchung der psychischen Impotenz beschäftigt, welche in der Überschrift dieser Abhandlung keine Rechtfertigung findet. Es wird sich aber zeigen, daß wir dieser Einleitung bedurft haben, um den Zugang zu unserem eigentlichen Thema zu gewinnen.

Wir haben die psychische Impotenz reduziert auf das Nichtzusammentreffen der zärtlichen und der sinnlichen Strömung im

1) S. 195 uff.

Liebesleben und diese Entwicklungshemmung selbst erklärt durch die Einflüsse der starken Kindheitsfixierungen und der späteren Versagung in der Realität bei Dazwischenkunft der Inzestschranke. Gegen diese Lehre ist vor allem eines einzuwenden: sie gibt uns zu viel, sie erklärt uns, warum gewisse Personen an psychischer Impotenz leiden, läßt uns aber rätselhaft erscheinen, daß andere diesem Leiden entgehen konnten. Da alle in Betracht kommenden ersichtlichen Momente, die starke Kindheitsfixierung, die Inzestschranke und die Versagung in den Jahren der Entwicklung nach der Pubertät bei so ziemlich allen Kulturmenschen als vorhanden anzuerkennen sind, wäre die Erwartung berechtigt, daß die psychische Impotenz ein allgemeines Kulturleiden und nicht die Krankheit einzelner sei.

Es läge nahe, sich dieser Folgerung dadurch zu entziehen, daß man auf den quantitativen Faktor der Krankheitsverursachung hinweist, auf jenes Mehr oder Minder im Beitrag der einzelnen Momente, von dem es abhängt, ob ein kenntlicher Krankheitserfolg zustandekommt oder nicht. Aber obwohl ich diese Antwort als richtig anerkennen möchte, habe ich doch nicht die Absicht, die Folgerung selbst hiemit abzuweisen. Ich will im Gegenteil die Behauptung aufstellen, daß die psychische Impotenz weit verbreiteter ist, als man glaubt, und daß ein gewisses Maß dieses Verhaltens tatsächlich das Liebesleben des Kulturmenschen charakterisiert.

Wenn man den Begriff der psychischen Impotenz weiter faßt und ihn nicht mehr auf das Versagen der Koitusaktion bei vorhandener Lustabsicht und bei intaktem Genitalapparat einschränkt, so kommen zunächst alle jene Männer hinzu, die man als Psychanästhetiker bezeichnet, denen die Aktion nie versagt, die sie aber ohne besonderen Lustgewinn vollziehen; Vorkommnisse die häufiger sind, als man glauben möchte. Die psychoanalytische Untersuchung solcher Fälle deckt die nämlichen ätiologischen Momente auf, welche wir bei der psychischen Impotenz im engeren Sinne gefunden haben, ohne daß die symptomatischen Unterschiede zunächst eine Erklärung finden. Von den anästhetischen Männern führt eine leicht zu rechtfertigende Analogie zur ungeheuren Anzahl der frigiden Frauen, deren Liebesverhalten tatsächlich nicht besser beschrieben oder verstanden werden kann als durch die Gleichstellung mit der geräuschvolleren psychischen Impotenz des Mannes.[1]

Wenn wir aber nicht nach einer Erweiterung des Begriffes der psychischen Impotenz, sondern nach den Abschattungen ihrer Symptomatologie ausschauen, dann können wir uns der Einsicht nicht verschließen, daß das Liebesverhalten des Mannes in unserer heutigen Kulturwelt überhaupt den Typus der psychischen Impotenz an sich trägt. Die zärtliche und die sinnliche Strömung sind bei den wenigsten unter den Gebildeten gehörig miteinander verschmolzen; fast immer fühlt sich der Mann in seiner sexuellen Betätigung durch den Respekt vor dem Weibe beengt und entwickelt seine volle Potenz erst, wenn er ein erniedrigtes Sexualobjekt vor sich hat, was wiederum durch den Umstand mitbegründet ist, daß in seine Sexualziele perverse Komponenten eingehen, die er am geachteten Weibe zu befriedigen sich nicht getraut. Einen vollen sexuellen Genuß gewährt es ihm nur, wenn er sich ohne Rücksicht der Befriedigung hingeben darf, was er zum Beispiel bei seinem gesitteten Weibe nicht wagt. Daher rührt dann sein Bedürfnis nach einem erniedrigten Sexualobjekt, einem Weibe, das ethisch minderwertig ist, dem er ästhetische Bedenken nicht zuzutrauen braucht, das ihn nicht in seinen anderen Lebensbeziehungen kennt und beurteilen kann. Einem solchen Weibe widmet er am liebsten seine sexuelle Kraft, auch wenn seine Zärtlichkeit durchaus einem höherstehenden gehört. Möglicherweise ist auch die so häufig zu beobachtende Neigung von Männern der höchsten Gesellschaftsklassen, ein Weib aus

1) Wobei gerne zugestanden sein soll, daß die Frigidität der Frau ein komplexes, auch von anderer Seite her zugängliches Thema ist.

niederem Stande zur dauernden Geliebten oder selbst zur Ehefrau zu wählen, nichts anderes als die Folge des Bedürfnisses nach dem erniedrigten Sexualobjekt, mit welchem psychologisch die Möglichkeit der vollen Befriedigung verknüpft ist.

Ich stehe nicht an, die beiden bei der echten psychischen Impotenz wirksamen Momente, die intensive inzestuöse Fixierung der Kindheit und die reale Versagung der Jünglingszeit auch für dies so häufige Verhalten der kulturellen Männer im Liebesleben verantwortlich zu machen. Es klingt wenig anmutend und überdies paradox, aber es muß doch gesagt werden, daß, wer im Liebesleben wirklich frei und damit auch glücklich werden soll, den Respekt vor dem Weibe überwunden, sich mit der Vorstellung des Inzests mit Mutter oder Schwester befreundet haben muß. Wer sich dieser Anforderung gegenüber einer ernsthaften Selbstprüfung unterwirft, wird ohne Zweifel in sich finden, daß er den Sexualakt im Grunde doch als etwas Erniedrigendes beurteilt, was nicht nur leiblich befleckt und verunreinigt. Die Entstehung dieser Wertung, die er sich gewiß nicht gerne bekennt, wird er nur in jener Zeit seiner Jugend suchen können, in welcher seine sinnliche Strömung bereits stark entwickelt, ihre Befriedigung aber am fremden Objekt fast ebenso verboten war wie die am inzestuösen.

Die Frauen stehen in unserer Kulturwelt unter einer ähnlichen Nachwirkung ihrer Erziehung und überdies unter der Rückwirkung des Verhaltens der Männer. Es ist für sie natürlich ebensowenig günstig, wenn ihnen der Mann nicht mit seiner vollen Potenz entgegentritt, wie wenn die anfängliche Überschätzung der Verliebtheit nach der Besitzergreifung von Geringschätzung abgelöst wird. Von einem Bedürfnis nach Erniedrigung des Sexualobjekts ist bei der Frau wenig zu bemerken; im Zusammenhange damit steht es gewiß, wenn sie auch etwas der Sexualüberschätzung beim Manne Ähnliches in der Regel nicht zustande bringt. Die lange Abhaltung von der Sexualität und das Verweilen der Sinnlichkeit in der Phantasie hat für sie aber eine andere bedeutsame Folge. Sie kann dann oft die Verknüpfung der sinnlichen Betätigung mit dem Verbot nicht mehr auflösen und erweist sich als psychisch impotent, d. h. frigid, wenn ihr solche Betätigung endlich gestattet wird. Daher rührt bei vielen Frauen das Bestreben, das Geheimnis noch bei erlaubten Beziehungen eine Weile festzuhalten, bei anderen die Fähigkeit normal zu empfinden, sobald die Bedingung des Verbots in einem geheimen Liebesverhältnis wiederhergestellt ist; dem Manne untreu, sind sie imstande, dem Liebhaber eine Treue zweiter Ordnung zu bewahren.

Ich meine, die Bedingung des Verbotenen im weiblichen Liebesleben ist dem Bedürfnis nach Erniedrigung des Sexualobjekts beim Manne gleichzustellen. Beide sind Folgen des langen Aufschubes zwischen Geschlechtsreife und Sexualbetätigung, den die Erziehung aus kulturellen Gründen fordert. Beide suchen die psychische Impotenz aufzuheben, welche aus dem Nichtzusammentreffen zärtlicher und sinnlicher Regungen resultiert. Wenn der Erfolg der nämlichen Ursachen beim Weibe so sehr verschieden von dem beim Manne ausfällt, so läßt sich dies vielleicht auf einen anderen Unterschied im Verhalten der beiden Geschlechter zurückführen. Das kulturelle Weib pflegt das Verbot der Sexualbetätigung während der Wartezeit nicht zu überschreiten und erwirbt so die innige Verknüpfung zwischen Verbot und Sexualität. Der Mann durchbricht zumeist dieses Verbot unter der Bedingung der Erniedrigung des Objekts und nimmt daher diese Bedingung in sein späteres Liebesleben mit.

Angesichts der in der heutigen Kulturwelt so lebhaften Bestrebungen nach einer Reform des Sexuallebens, ist es nicht überflüssig, daran zu erinnern, daß die psychoanalytische Forschung Tendenzen so wenig kennt wie irgendeine andere. Sie will nichts anderes als Zusammenhänge aufdecken, indem sie Offenkundiges auf Verborgenes zurückführt. Es soll ihr dann recht sein, wenn die Reformen sich ihrer Ermittlungen bedienen, um

Vorteilhafteres an Stelle des Schädlichen zu setzen. Sie kann aber nicht vorhersagen, ob andere Institutionen nicht andere, vielleicht schwerere Opfer zur Folge haben müßten.

3

Die Tatsache, daß die kulturelle Zügelung des Liebeslebens eine allgemeinste Erniedrigung der Sexualobjekte mit sich bringt, mag uns veranlassen, unseren Blick von den Objekten weg auf die Triebe selbst zu lenken. Der Schaden der anfänglichen Versagung des Sexualgenusses äußert sich darin, daß dessen spätere Freigebung in der Ehe nicht mehr voll befriedigend wirkt. Aber auch die uneingeschränkte Sexualfreiheit von Anfang an führt zu keinem besseren Ergebnis. Es ist leicht festzustellen, daß der psychische Wert des Liebesbedürfnisses sofort sinkt, sobald ihm die Befriedigung bequem gemacht wird. Es bedarf eines Hindernisses, um die Libido in die Höhe zu treiben, und wo die natürlichen Widerstände gegen die Befriedigung nicht ausreichen, haben die Menschen zu allen Zeiten konventionelle eingeschaltet, um die Liebe genießen zu können. Dies gilt für Individuen wie für Völker. In Zeiten, in denen die Liebesbefriedigung keine Schwierigkeiten fand, wie etwa während des Niederganges der antiken Kultur, wurde die Liebe wertlos, das Leben leer, und es bedurfte starker Reaktionsbildungen, um die unentbehrlichen Affektwerte wieder herzustellen. In diesem Zusammenhange kann man behaupten, daß die asketische Strömung des Christentums für die Liebe psychische Wertungen geschaffen hat, die ihr das heidnische Altertum nie verleihen konnte. Zur höchsten Bedeutung gelangte sie bei den asketischen Mönchen, deren Leben fast allein von dem Kampfe gegen die libidinöse Versuchung ausgefüllt war.

Man ist gewiß zunächst geneigt, die Schwierigkeiten, die sich hier ergeben, auf allgemeine Eigenschaften unserer organischen Triebe zurückzuführen. Es ist gewiß auch allgemein richtig, daß die psychische Bedeutung eines Triebes mit seiner Versagung steigt. Man versuche es, eine Anzahl der allerdifferenziertesten Menschen gleichmäßig dem Hungern auszusetzen. Mit der Zunahme des gebieterischen Nahrungsbedürfnisses werden alle individuellen Differenzen sich verwischen und an ihrer Statt die uniformen Äußerungen des einen ungestillten Triebes auftreten. Aber trifft es auch zu, daß mit der Befriedigung eines Triebes sein psychischer Wert allgemein so sehr herabsinkt? Man denke z. B. an das Verhältnis des Trinkers zum Wein. Ist es nicht richtig, daß dem Trinker der Wein immer die gleiche toxische Befriedigung bietet, die man mit der erotischen so oft in der Poesie verglichen hat und auch vom Standpunkte der wissenschaftlichen Auffassung vergleichen darf? Hat man je davon gehört, daß der Trinker genötigt ist, sein Getränk beständig zu wechseln, weil ihm das gleichbleibende bald nicht mehr schmeckt? Im Gegenteil, die Gewöhnung knüpft das Band zwischen dem Manne und der Sorte Wein, die er trinkt, immer enger. Kennt man beim Trinker ein Bedürfnis in ein Land zu gehen, in dem der Wein teurer oder der Weingenuß verboten ist, um seiner sinkenden Befriedigung durch die Einschiebung solcher Erschwerungen aufzuhelfen? Nichts von alldem. Wenn man die Äußerungen unserer großen Alkoholiker, z. B. Böcklins, über ihr Verhältnis zum Wein anhört,[1] es klingt wie die reinste Harmonie, ein Vorbild einer glücklichen Ehe. Warum ist das Verhältnis des Liebenden zu seinem Sexualobjekt so sehr anders?

Ich glaube, man müßte sich, so befremdend es auch klingt, mit der Möglichkeit beschäftigen, daß etwas in der Natur des Sexualtriebes selbst dem Zustandekommen der vollen Befriedigung nicht günstig ist. Aus der langen und schwierigen Entwicklungsgeschichte des Triebes heben sich sofort zwei Momente hervor, die man für solche Schwierigkeit verantwortlich machen könnte. Erstens ist infolge des zweimaligen Ansatzes zur Objektwahl mit

1) G. Floerke: Zehn Jahre mit Böcklin. 2. Aufl. 1902, S. 16.

Dazwischenkunft der Inzestschranke das endgültige Objekt des Sexualtriebes nie mehr das ursprüngliche, sondern nur ein Surrogat dafür. Die Psychoanalyse hat uns aber gelehrt: wenn das ursprüngliche Objekt einer Wunschregung infolge von Verdrängung verloren gegangen ist, so wird es häufig durch eine unendliche Reihe von Ersatzobjekten vertreten, von denen doch keines voll genügt. Dies mag uns die Unbeständigkeit in der Objektwahl, den „Reizhunger" erklären, der dem Liebesleben der Erwachsenen so häufig eignet.

Zweitens wissen wir, daß der Sexualtrieb anfänglich in eine große Reihe von Komponenten zerfällt, — vielmehr aus einer solchen hervorgeht, — von denen nicht alle in dessen spätere Gestaltung aufgenommen werden können, sondern vorher unterdrückt oder anders verwendet werden müssen. Es sind vor allem die koprophilen Triebanteile, die sich als unverträglich mit unserer ästhetischen Kultur erwiesen, wahrscheinlich, seitdem wir durch den aufrechten Gang unser Riechorgan von der Erde abgehoben haben; ferner ein gutes Stück der sadistischen Antriebe, die zum Liebesleben gehören. Aber alle solche Entwicklungsvorgänge betreffen nur die oberen Schichten der komplizierten Struktur. Die fundamentellen Vorgänge, welche die Liebeserregung liefern, bleiben ungeändert. Das Exkrementelle ist allzu innig und untrennbar mit dem Sexuellen verwachsen, die Lage der Genitalien — inter urinas et faeces — bleibt das bestimmende unveränderliche Moment. Man könnte hier, ein bekanntes Wort des großen Napoleon variierend, sagen: die Anatomie ist das Schicksal. Die Genitalien selbst haben die Entwicklung der menschlichen Körperformen zur Schönheit nicht mitgemacht, sie sind tierisch geblieben, und so ist auch die Liebe im Grunde heute ebenso animalisch, wie sie es von jeher war. Die Liebestriebe sind schwer erziehbar, ihre Erziehung ergibt bald zu viel, bald zu wenig. Das, was die Kultur aus ihr machen will, scheint ohne fühlbare Einbuße an Lust nicht erreichbar, die Fortdauer der unverwerteten Regungen gibt sich bei der Sexualtätigkeit als Unbefriedigung zu erkennen.

So müßte man sich denn vielleicht mit dem Gedanken befreunden, daß eine Ausgleichung der Ansprüche des Sexualtriebes mit den Anforderungen der Kultur überhaupt nicht möglich ist, daß Verzicht und Leiden sowie in weitester Ferne die Gefahr des Erlöschens des Menschengeschlechts infolge seiner Kulturentwicklung nicht abgewendet werden können. Diese trübe Prognose ruht allerdings auf der einzigen Vermutung, daß die kulturelle Unbefriedigung die notwendige Folge gewisser Besonderheiten ist, welche der Sexualtrieb unter dem Drucke der Kultur angenommen hat. Die nämliche Unfähigkeit des Sexualtriebes, volle Befriedigung zu ergeben, sobald er den ersten Anforderungen der Kultur unterlegen ist, wird aber zur Quelle der großartigsten Kulturleistungen, welche durch immer weiter gehende Sublimierung seiner Triebkomponenten bewerkstelligt werden. Denn welches Motiv hätten die Menschen, sexuelle Triebkräfte anderen Verwendungen zuzuführen, wenn sich aus denselben bei irgendeiner Verteilung volle Lustbefriedigung ergeben hätte? Sie kämen von dieser Lust nicht wieder los und brächten keinen weiteren Fortschritt zustande. So scheint es, daß sie durch die unausgleichbare Differenz zwischen den Anforderungen der beiden Triebe — des sexuellen und des egoistischen — zu immer höheren Leistungen befähigt werden, allerdings unter einer beständigen Gefährdung, welcher die Schwächeren gegenwärtig in der Form der Neurose erliegen.

Die Wissenschaft hat weder die Absicht zu schrecken noch zu trösten. Aber ich bin selbst gern bereit zuzugeben, daß so weittragende Schlußfolgerungen, wie die obenstehenden, auf breiterer Basis aufgebaut sein sollten, und daß vielleicht andere Entwicklungseinrichtungen der Menschheit das Ergebnis der hier isoliert behandelten zu korrigieren vermögen.

---

## III

# DAS TABU DER VIRGINITÄT

Wenige Einzelheiten des Sexuallebens primitiver Völker wirken so befremdend auf unser Gefühl wie deren Einschätzung der Virginität, der weiblichen Unberührtheit. Uns erscheint die Wertschätzung der Virginität von seiten des werbenden Mannes so feststehend und selbstverständlich, daß wir beinahe in Verlegenheit geraten, wenn wir dieses Urteil begründen sollen. Die Forderung, das Mädchen dürfe in die Ehe mit dem einen Manne nicht die Erinnerung an Sexualverkehr mit einem anderen mitbringen, ist ja nichts anderes als die konsequente Fortführung des ausschließlichen Besitzrechtes auf ein Weib, welches das Wesen der Monogamie ausmacht, die Erstreckung dieses Monopols auf die Vergangenheit.

Es fällt uns dann nicht schwer, was zuerst ein Vorurteil zu sein schien, aus unseren Meinungen über das Liebesleben des Weibes zu rechtfertigen. Wer zuerst die durch lange Zeit mühselig zurückgehaltene Liebessehnsucht der Jungfrau befriedigt und dabei die Widerstände überwunden hat, die in ihr durch die Einflüsse von Milieu und Erziehung aufgebaut waren, der wird von ihr in ein dauerndes Verhältnis gezogen, dessen Möglichkeit sich keinem anderen mehr eröffnet. Auf Grund dieses Erlebnisses stellt sich bei der Frau ein Zustand von Hörigkeit her, der die ungestörte Fortdauer ihres Besitzes verbürgt und sie widerstandsfähig macht gegen neue Eindrücke und fremde Versuchungen.

Den Ausdruck „geschlechtliche Hörigkeit“ hat 1892 v. Krafft-Ebing[1] zur Bezeichnung der Tatsache gewählt, daß eine Person einen ungewöhnlich hohen Grad von Abhängigkeit und Unselbständigkeit gegen eine andere Person erwerben kann, mit welcher sie im Sexualverkehr steht. Diese Hörigkeit kann gelegentlich sehr weit gehen, bis zum Verlust jedes selbständigen Willens und bis zur Erduldung der schwersten Opfer am eigenen Interesse; der Autor hat aber nicht versäumt zu bemerken, daß ein gewisses Maß solcher Abhängigkeit „durchaus notwendig ist, wenn die Verbindung einige Dauer haben soll.“ Ein solches Maß von sexueller Hörigkeit ist in der Tat unentbehrlich zur Aufrechterhaltung der kulturellen Ehe und zur Hintanhaltung der sie bedrohenden polygamen Tendenzen, und in unserer sozialen Gemeinschaft wird dieser Faktor regelmäßig in Anrechnung gebracht.

Ein „ungewöhnlicher Grad von Verliebtheit und Charakterschwäche“ einerseits, uneingeschränkter Egoismus beim anderen Teil, aus diesem Zusammentreffen leitet v. Krafft-Ebing die Entstehung der sexuellen Hörigkeit ab. Analytische Erfahrungen gestatten es aber nicht, sich mit diesem einfachen Erklärungsversuch zu begnügen. Man kann vielmehr erkennen, daß die Größe des überwundenen Sexualwiderstandes das entscheidende Moment ist, dazu die Konzentration und Einmaligkeit des Vorganges der Überwindung. Die Hörigkeit ist demgemäß ungleich häufiger und intensiver beim Weibe als beim Manne, bei letzterem aber in unseren Zeiten immerhin häufiger als in der Antike. Wo wir die sexuelle Hörigkeit bei Männern studieren konnten, erwies sie sich als Erfolg der Überwindung einer psychischen Impotenz durch ein bestimmtes Weib, an welches der betreffende Mann von da an gebunden blieb. Viele auffällige Eheschließungen und manches tragische Schicksal — selbst von

1) v. Krafft-Ebing: Bemerkungen über „geschlechtliche Hörigkeit“ und Masochismus. (Jahrbücher für Psychiatrie, X. Bd., 1892.)

weitreichendem Belange — scheint in diesem Hergange seine Aufklärung zu finden.

Das nun zu erwähnende Verhalten primitiver Völker beschreibt man nicht richtig, wenn man aussagt, sie legten keinen Wert auf die Virginität, und zum Beweise dafür vorbringt, daß sie die Defloration der Mädchen außerhalb der Ehe und vor dem ersten ehelichen Verkehre vollziehen lassen. Es scheint im Gegenteile, daß auch für sie die Defloration ein bedeutungsvoller Akt ist, aber sie ist Gegenstand eines Tabu, eines religiös zu nennenden Verbotes, geworden. Anstatt sie dem Bräutigam und späteren Ehegatten des Mädchens vorzubehalten, fordert die Sitte, daß dieser einer solchen Leistung ausweiche.[1]

Es liegt nicht in meiner Absicht, die literarischen Zeugnisse für den Bestand dieses Sittenverbotes vollständig zu sammeln, die geographische Verbreitung desselben zu verfolgen und alle Formen, in denen es sich äußert, aufzuzählen. Ich begnüge mich also mit der Feststellung, daß eine solche, außerhalb der späteren Ehe fallende Beseitigung des Hymens bei den heute lebenden primitiven Völkern etwas sehr Verbreitetes ist. So äußert Crawley:[2] *This marriage ceremony consists in perforation of the hymen by some appointed person other than the husband; it is most common in the lowest stages of culture, especially in Australia.*

Wenn aber die Defloration nicht durch den ersten ehelichen Verkehr erfolgen soll, so muß sie vorher — auf irgendeine Weise und von irgendwelcher Seite — vorgenommen worden sein. Ich werde einige Stellen aus Crawleys obenerwähntem Buche anführen, welche über diese Punkte Auskunft geben, die uns aber auch zu einigen kritischen Bemerkungen berechtigen.

1) Crawley: The mystic rose, a study of primitive marriage, London 1902; Bartels-Ploß: Das Weib in der Natur- und Völkerkunde, 1891; verschiedene Stellen in Frazer: Taboo and the perils of the soul, und Havelock Ellis: Studies in the psychology of sex.

2) l. c. p. 347.

S. 191: „Bei den Dieri und einigen Nachbarstämmen (in Australien) ist es allgemeiner Brauch, das Hymen zu zerstören, wenn das Mädchen die Pubertät erreicht hat. Bei den Portland- und Glenelg-Stämmen fällt es einer alten Frau zu, dies bei der Braut zu tun, und mitunter werden auch weiße Männer in solcher Absicht aufgefordert, Mädchen zu entjungfern.[1]

S. 307: „Die absichtliche Zerreißung des Hymens wird manchmal in der Kindheit, gewöhnlich aber zur Zeit der Pubertät ausgeführt . . . Sie wird oft — wie in Australien — mit einem offiziellen Begattungsakte kombiniert.[2]

S. 348: (Von australischen Stämmen, bei denen die bekannten exogamischen Heiratsbeschränkungen bestehen, nach Mitteilung von Spencer und Gillen): „Das Hymen wird künstlich durchbohrt, und die Männer, die bei dieser Operation zugegen waren, führen dann in festgesetzter Reihenfolge einen (wohlgemerkt: zeremoniellen) Koitus mit dem Mädchen aus . . . Der ganze Vorgang hat sozusagen zwei Akte: Die Zerstörung des Hymens und darauf den Geschlechtsverkehr."[3]

S. 349: „Bei den Masai (im äquatorialen Afrika) gehört die Vornahme dieser Operation zu den wichtigsten Vorbereitungen für die Ehe. Bei den Sakais (Malaien), den Battas (Sumatra) und den Alfoers auf Celebes wird die Defloration vom Vater der Braut ausgeführt. Auf den Philippinen gab es bestimmte Männer, die den Beruf hatten, Bräute zu deflorieren, falls das Hymen nicht schon in der Kindheit von einer dazu beauftragten alten Frau zerstört worden war. Bei einigen Eskimostämmen wurde

1) „*Thus in the Dieri and neighbouring tribes it is the universal custom when a girl reaches puberty to rupture the hymen.*" (Journ. Anthrop. Inst., XXIV, 169.) *In the Portland and Glenelg tribes this is done to the bride by an old woman; and sometimes white men are asked for this reason to deflower maidens.* (Brough Smith, op. cit., II, 319.)

2) *The artificial rupture of the hymen sometimes takes place in infancy, but generally at puberty . . . It is often combined, as in Australia, with a ceremonial act of intercourse.*

3) *The hymen is artificially perforated, and then assisting men have access (ceremonial, be it observed) to the girl in a stated order . . . The act is in two parts, perforation and intercourse.*

die Entjungferung der Braut dem Angekok oder Priester überlassen."[1]

Die Bemerkungen, die ich angekündigt habe, beziehen sich auf zwei Punkte. Es ist erstens zu bedauern, daß in diesen Angaben nicht sorgfältiger zwischen der bloßen Zerstörung des Hymens ohne Koitus und dem Koitus zum Zwecke solcher Zerstörung unterschieden wird. Nur an einer Stelle hörten wir ausdrücklich, daß der Vorgang sich in zwei Akte zerlegt, in die (manuelle oder instrumentale) Defloration und den darauffolgenden Geschlechtsakt. Das sonst sehr reichliche Material bei Bartels-Ploß wird für unsere Zwecke nahezu unbrauchbar, weil in dieser Darstellung die psychologische Bedeutsamkeit des Deflorationsaktes gegen dessen anatomischen Erfolg völlig verschwindet. Zweitens möchte man gerne darüber belehrt werden, wodurch sich der „zeremonielle" (rein formale, feierliche, offizielle) Koitus bei diesen Gelegenheiten vom regelrechten Geschlechtsverkehr unterscheidet. Die Autoren, zu denen ich Zugang hatte, waren entweder zu schämig, sich darüber zu äußern, oder haben wiederum die psychologische Bedeutung solcher sexueller Details unterschätzt. Wir können hoffen, daß die Originalberichte der Reisenden und Missionäre ausführlicher und unzweideutiger sind, aber bei der heutigen Unzugänglichkeit dieser meist fremdländischen Literatur kann ich nichts Sicheres darüber sagen. Übrigens darf man sich über die Zweifel in diesem zweiten Punkte mit der Erwägung hinwegsetzen, daß ein zeremonieller Scheinkoitus doch nur den Ersatz und vielleicht die Ablösung für einen in früheren Zeiten voll ausgeführten darstellen würde.[2]

1) *An important preliminary of marriage amongst the Masai is the performance of this operation on the girl.* (J. Thomson, op. cit. 258.) *This defloration is performed by the father of the bride amongst the Sakais, Battas, and Alfoers of Celebes.* (Ploß u. Bartels, op. cit. II, 490.) *In the Philippines there were certain men whose profession it was to deflower brides, in case the hymen had not been ruptured in childhood by an old woman who was sometimes employed for this.* (Featherman, op. cit. II, 474.) *The defloration of the bride was amongst some Eskimo tribes entrusted to the angekok, or priest.* (id. III, 406.)

2) Für zahlreiche andere Fälle von Hochzeitszeremoniell leidet es keinen Zweifel, daß anderen Personen als dem Bräutigam, z. B. den Gehilfen und Gefährten desselben

Zur Erklärung dieses Tabu der Virginität kann man verschiedenartige Momente heranziehen, die ich in flüchtiger Darstellung würdigen will. Bei der Defloration der Mädchen wird in der Regel Blut vergossen; der erste Erklärungsversuch beruft sich denn auch auf die Blutscheu der Primitiven, die das Blut für den Sitz des Lebens halten. Dieses Bluttabu ist durch vielfache Vorschriften, die mit der Sexualität nichts zu tun haben, erwiesen, es hängt offenbar mit dem Verbote, nicht zu morden, zusammen und bildet eine Schutzwehr gegen den ursprünglichen Blutdurst, die Mordlust des Urmenschen. Bei dieser Auffassung wird das Tabu der Virginität mit dem fast ausnahmslos eingehaltenen Tabu der Menstruation zusammengebracht. Der Primitive kann das rätselhafte Phänomen des blutigen Monatsflusses nicht von sadistischen Vorstellungen ferne halten. Die Menstruation, zumal die erste, deutet er als den Biß eines geisterhaften Tieres, vielleicht als Zeichen des sexuellen Verkehrs mit diesem Geist. Gelegentlich gestattet ein Bericht, diesen Geist als den eines Ahnen zu erkennen, und dann verstehen wir in Anlehnung an andere Einsichten,[1] daß das menstruierende Mädchen als Eigentum dieses Ahnengeistes tabu ist.

Von anderer Seite werden wir aber gewarnt, den Einfluß eines Moments wie die Blutscheu nicht zu überschätzen. Diese hat es doch nicht vermocht, Gebräuche wie die Beschneidung der Knaben und die noch grausamere der Mädchen (Exzision der Klitoris und der kleinen Labien), die zum Teile bei den nämlichen Völkern geübt werden, zu unterdrücken oder die Geltung von anderem Zeremoniell, bei dem Blut vergossen wird, aufzuheben. Es wäre also auch nicht zu verwundern, wenn sie bei der ersten Kohabitation zugunsten des Ehemannes überwunden würde.

---

(den „Kranzelherren" unserer Sitte) die sexuelle Verfügung über die Braut voll eingeräumt wird.

1) Siehe Totem und Tabu, 1913.

Eine zweite Erklärung sieht gleichfalls vom Sexuellen ab, greift aber viel weiter ins Allgemeine aus. Sie führt an, daß der Primitive die Beute einer beständig lauernden Angstbereitschaft ist, ganz ähnlich, wie wir es in der psychoanalytischen Neurosenlehre vom Angstneurotiker behaupten. Diese Angstbereitschaft wird sich am stärksten bei allen Gelegenheiten zeigen, die irgendwie vom Gewohnten abweichen, die etwas Neues, Unerwartetes, Unverstandenes, Unheimliches mit sich bringen. Daher stammt auch das weit in die späteren Religionen hineinreichende Zeremoniell, das mit dem Beginne jeder neuen Verrichtung, dem Anfange jedes Zeitabschnittes, dem Erstlingsertrag von Mensch, Tier und Frucht verknüpft ist. Die Gefahren, von denen sich der Ängstliche bedroht glaubt, treten niemals stärker in seiner Erwartung auf als zu Beginn der gefahrvollen Situation, und dann ist es auch allein zweckmäßig, sich gegen sie zu schützen. Der erste Sexualverkehr in der Ehe hat nach seiner Bedeutung gewiß einen Anspruch darauf, von diesen Vorsichtsmaßregeln eingeleitet zu werden. Die beiden Erklärungsversuche, der aus der Blutscheu und der aus der Erstlingsangst, widersprechen einander nicht, verstärken einander vielmehr. Der erste Sexualverkehr ist gewiß ein bedenklicher Akt, um so mehr, wenn bei ihm Blut fließen muß.

Eine dritte Erklärung — es ist die von Crawley bevorzugte — macht darauf aufmerksam, daß das Tabu der Virginität in einen großen, das ganze Sexualleben umfassenden Zusammenhang gehört. Nicht nur der erste Koitus mit dem Weibe ist tabu, sondern der Sexualverkehr überhaupt; beinahe könnte man sagen, das Weib sei im ganzen tabu. Das Weib ist nicht nur tabu in den besonderen, aus seinem Geschlechtsleben abfolgenden Situationen der Menstruation, der Schwangerschaft, der Entbindung und des Kindbettes, auch außerhalb derselben unterliegt der Verkehr mit dem Weibe so ernsthaften und so reichlichen Einschränkungen, daß wir allen Grund haben, die angebliche Sexualfreiheit der

Wilden zu bezweifeln. Es ist richtig, daß die Sexualität der Primitiven bei bestimmten Anlässen sich über alle Hemmungen hinaussetzt; gewöhnlich aber scheint sie stärker durch Verbote eingeschnürt als auf höheren Kulturstufen. Sowie der Mann etwas Besonderes unternimmt, eine Expedition, eine Jagd, einen Kriegszug, muß er sich vom Weibe, zumal vom Sexualverkehr mit dem Weibe fernhalten; es würde sonst seine Kraft lähmen und ihm Mißerfolg bringen. Auch in den Gebräuchen des täglichen Lebens ist ein Streben nach dem Auseinanderhalten der Geschlechter unverkennbar. Weiber leben mit Weibern, Männer mit Männern zusammen; ein Familienleben in unserem Sinne soll es bei vielen primitiven Stämmen kaum geben. Die Trennung geht mitunter so weit, daß das eine Geschlecht die persönlichen Namen des anderen Geschlechts nicht aussprechen darf, daß die Frauen eine Sprache mit besonderem Wortschatze entwickeln. Das sexuelle Bedürfnis darf diese Trennungsschranken immer wieder von neuem durchbrechen, aber bei manchen Stämmen müssen selbst die Zusammenkünfte der Ehegatten außerhalb des Hauses und im Geheimen stattfinden.

Wo der Primitive ein Tabu hingesetzt hat, da fürchtet er eine Gefahr, und es ist nicht abzuweisen, daß sich in all diesen Vermeidungsvorschriften eine prinzipielle Scheu vor dem Weibe äußert. Vielleicht ist diese Scheu darin begründet, daß das Weib anders ist als der Mann, ewig unverständlich und geheimnisvoll, fremdartig und darum feindselig erscheint. Der Mann fürchtet, vom Weibe geschwächt, mit dessen Weiblichkeit angesteckt zu werden und sich dann untüchtig zu zeigen. Die erschlaffende, Spannungen lösende Wirkung des Koitus mag für diese Befürchtung vorbildlich sein, und die Wahrnehmung des Einflusses, den das Weib durch den Geschlechtsverkehr auf den Mann gewinnt, die Rücksicht, die es sich dadurch erzwingt, die Ausbreitung dieser Angst rechtfertigen. An all dem ist nichts, was veraltet wäre, was nicht unter uns weiter lebte.

Viele Beobachter der heute lebenden Primitiven haben das Urteil gefällt, daß deren Liebesstreben verhältnismäßig schwach sei und niemals die Intensitäten erreiche, die wir bei der Kulturmenschheit zu finden gewohnt sind. Andere haben dieser Schätzung widersprochen, aber jedenfalls zeugen die aufgezählten Tabugebräuche von der Existenz einer Macht, die sich der Liebe widersetzt, indem sie das Weib als fremd und feindselig ablehnt.

In Ausdrücken, welche sich nur wenig von der gebräuchlichen Terminologie der Psychoanalyse unterscheiden, legt Crawley dar, daß jedes Individuum sich durch ein *„taboo of personal isolation“* von den anderen absondert, und daß gerade die kleinen Unterschiede bei sonstiger Ähnlichkeit die Gefühle von Fremdheit und Feindseligkeit zwischen ihnen begründen. Es wäre verlockend, dieser Idee nachzugehen und aus diesem „Narzißmus der kleinen Unterschiede“ die Feindseligkeit abzuleiten, die wir in allen menschlichen Beziehungen erfolgreich gegen die Gefühle von Zusammengehörigkeit streiten und das Gebot der allgemeinen Menschenliebe überwältigen sehen. Von der Begründung der narzißtischen, reichlich mit Geringschätzung versetzten Ablehnung des Weibes durch den Mann glaubt die Psychoanalyse ein Hauptstück erraten zu haben, indem sie auf den Kastrationskomplex und dessen Einfluß auf die Beurteilung des Weibes verweist.

Wir merken indes, daß wir mit diesen letzten Erwägungen weit über unser Thema hinausgegriffen haben. Das allgemeine Tabu des Weibes wirft kein Licht auf die besonderen Vorschriften für den ersten Sexualakt mit dem jungfräulichen Individuum. Hier bleiben wir auf die beiden ersten Erklärungen der Blutscheu und der Erstlingsscheu angewiesen, und selbst von diesen müßten wir aussagen, daß sie den Kern des in Rede stehenden Tabugebotes nicht treffen. Diesem liegt ganz offenbar die Absicht zugrunde, gerade dem späteren Ehemanne etwas zu versagen oder zu ersparen, was von dem ersten Sexualakt nicht loszulösen ist, wiewohl sich nach unserer eingangs gemachten Bemerkung von dieser selben Beziehung eine besondere Bindung des Weibes an diesen einen Mann ableiten müßte.

Es ist diesmal nicht unsere Aufgabe, die Herkunft und letzte Bedeutung der Tabuvorschriften zu erörtern. Ich habe dies in meinem Buche „Totem und Tabu" getan, dort die Bedingung einer ursprünglichen Ambivalenz für das Tabu gewürdigt und die Entstehung desselben aus den vorzeitlichen Vorgängen verfochten, welche zur Gründung der menschlichen Familie geführt haben. Aus den heute beobachteten Tabugebräuchen der Primitiven läßt sich eine solche Vorbedeutung nicht mehr erkennen. Wir vergessen bei solcher Forderung allzu leicht, daß auch die primitivsten Völker in einer von der urzeitlichen weit entfernten Kultur leben, die zeitlich ebenso alt ist wie die unsrige, und gleichfalls einer späteren, wenn auch andersartigen Entwicklungsstufe entspricht.

Wir finden heute das Tabu bei den Primitiven bereits zu einem kunstvollen System ausgesponnen, ganz wie es unsere Neurotiker in ihren Phobien entwickeln, und alte Motive durch neuere, harmonisch zusammenstimmende, ersetzt. Mit Hinwegsetzung über jene genetischen Probleme wollen wir darum auf die Einsicht zurückgreifen, daß der Primitive dort ein Tabu anbringt, wo er eine Gefahr befürchtet. Diese Gefahr ist, allgemein gefaßt, eine psychische, denn der Primitive ist nicht dazu gedrängt, hier zwei Unterscheidungen vorzunehmen, die uns als unausweichlich erscheinen. Er sondert die materielle Gefahr nicht von der psychischen und die reale nicht von der imaginären. In seiner konsequent durchgeführten animistischen Weltauffassung stammt ja jede Gefahr aus der feindseligen Absicht eines gleich ihm beseelten Wesens, sowohl die Gefahr, die von einer Naturkraft droht, wie die von anderen Menschen oder Tieren. Anderseits aber ist er gewohnt, seine eigenen inneren Regungen von Feindseligkeit in die Außenwelt zu projizieren, sie also den Objekten, die er als unliebsam oder auch nur als fremd empfindet, zuzuschieben. Als Quelle solcher Gefahren wird nun auch das Weib erkannt und der erste Sexualakt mit dem Weibe als eine besonders intensive Gefahr ausgezeichnet.

Ich glaube nun, wir werden einigen Aufschluß darüber erhalten, welches diese gesteigerte Gefahr ist, und warum sie gerade den späteren Ehemann bedroht, wenn wir das Verhalten der heute lebenden Frauen unserer Kulturstufe unter den gleichen Verhältnissen genauer untersuchen. Ich stelle als das Ergebnis dieser Untersuchung voran, daß eine solche Gefahr wirklich besteht, so daß der Primitive sich mit dem Tabu der Virginität gegen eine richtig geahnte, wenn auch psychische Gefahr verteidigt.

Wir schätzen es als die normale Reaktion ein, daß die Frau nach dem Koitus auf der Höhe der Befriedigung den Mann umarmend an sich preßt, sehen darin einen Ausdruck ihrer Dankbarkeit und eine Zusage dauernder Hörigkeit. Wir wissen aber, es ist keineswegs die Regel, daß auch der erste Verkehr dies Benehmen zur Folge hätte; sehr häufig bedeutet er bloß eine Enttäuschung für das Weib, das kühl und unbefriedigt bleibt, und es bedarf gewöhnlich längerer Zeit und häufigerer Wiederholung des Sexualaktes, bis sich bei diesem die Befriedigung auch für das Weib einstellt. Von diesen Fällen bloß anfänglicher und bald vorübergehender Frigidität führt eine stetige Reihe bis zu dem unerfreulichen Ergebnis einer stetig anhaltenden Frigidität, die durch keine zärtliche Bemühung des Mannes überwunden wird. Ich glaube, diese Frigidität des Weibes ist noch nicht genügend verstanden und fordert bis auf jene Fälle, die man der ungenügenden Potenz des Mannes zur Last legen muß, die Aufklärung, womöglich durch ihr nahestehende Erscheinungen, heraus.

Die so häufigen Versuche, vor dem ersten Sexualverkehr die Flucht zu ergreifen, möchte ich hier nicht heranziehen, weil sie mehrdeutig und in erster Linie, wenn auch nicht durchaus, als Ausdruck des allgemeinen weiblichen Abwehrbestrebens aufzufassen sind. Dagegen glaube ich, daß gewisse pathologische Fälle ein Licht auf das Rätsel der weiblichen Frigidität werfen, in denen die Frau nach dem ersten, ja nach jedem neuerlichen Verkehr ihre Feindseligkeit gegen den Mann unverhohlen zum Ausdruck bringt, indem sie ihn beschimpft, die Hand gegen ihn erhebt oder ihn tatsächlich schlägt. In einem ausgezeichneten Falle dieser Art, den ich einer eingehenden Analyse unterziehen konnte, geschah dies, obwohl die Frau den Mann sehr liebte, den Koitus selbst zu fordern pflegte und in ihm unverkennbar hohe Befriedigung fand. Ich meine, daß diese sonderbare konträre Reaktion der Erfolg der nämlichen Regungen ist, die sich für gewöhnlich nur als Frigidität äußern können, das heißt imstande sind, die zärtliche Reaktion aufzuhalten, ohne sich dabei selbst zur Geltung zu bringen. In dem pathologischen Falle ist sozusagen in seine beiden Komponenten zerlegt, was sich bei der weit häufigeren Frigidität zu einer Hemmungswirkung vereinigt, ganz ähnlich, wie wir es an den sogenannten „zweizeitigen" Symptomen der Zwangsneurose längst erkannt haben. Die Gefahr, welche so durch die Defloration des Weibes rege gemacht wird, bestünde darin, sich die Feindseligkeit desselben zuzuziehen, und gerade der spätere Ehemann hätte allen Grund, sich solcher Feindschaft zu entziehen.

Die Analyse läßt nun ohne Schwierigkeit erraten, welche Regungen des Weibes am Zustandekommen jenes paradoxen Verhaltens beteiligt sind, in dem ich die Aufklärung der Frigidität zu finden erwarte. Der erste Koitus macht eine Reihe solcher Regungen mobil, die für die erwünschte weibliche Einstellung unverwendbar sind, von denen einige sich auch bei späterem Verkehr nicht zu wiederholen brauchen. In erster Linie wird man hier an den Schmerz denken, welcher der Jungfrau bei der Defloration zugefügt wird, ja vielleicht geneigt sein, dies Moment für entscheidend zu halten und von der Suche nach anderen abzustehen. Man kann aber eine solche Bedeutung nicht gut dem Schmerze zuschreiben, muß vielmehr an seine Stelle die narzißtische Kränkung setzen, die aus der Zerstörung eines Organs erwächst, und die in dem Wissen um die Herabsetzung des sexuellen Wertes der Deflorierten selbst eine rationelle Vertretung findet. Die Hochzeitsgebräuche der Primitiven enthalten aber eine Warnung vor solcher Überschätzung. Wir haben gehört, daß in manchen Fällen das Zeremoniell ein zweizeitiges ist; nach der (mit Hand oder Instrument) durchgeführten Zerreißung des Hymens folgt noch ein offizieller Koitus oder Scheinverkehr mit den Vertretern des Mannes, und dies beweist uns, daß der Sinn der Tabuvorschrift durch die Vermeidung der anatomischen Defloration nicht erfüllt ist, daß dem Ehemann noch etwas anderes erspart werden soll als die Reaktion der Frau auf die schmerzhafte Verletzung.

Wir finden als weiteren Grund für die Enttäuschung durch den ersten Koitus, daß für ihn, beim Kulturweibe wenigstens, Erwartung und Erfüllung nicht zusammenstimmen können. Der Sexualverkehr war bisher aufs stärkste mit dem Verbot assoziiert, der legale und erlaubte Verkehr wird darum nicht als das nämliche empfunden. Wie innig diese Verknüpfung sein kann, erhellt in beinahe komischer Weise aus dem Bestreben so vieler Bräute, die neuen Liebesbeziehungen vor allen Fremden, ja selbst vor den Eltern geheim zu halten, wo eine wirkliche Nötigung dazu nicht besteht und ein Einspruch nicht zu erwarten ist. Die Mädchen sagen es offen, daß ihre Liebe an Wert für sie verliert, wenn andere davon wissen. Gelegentlich kann dies Motiv übermächtig werden und die Entwicklung der Liebesfähigkeit in der Ehe überhaupt verhindern. Die Frau findet ihre zärtliche Empfindlichkeit erst in einem unerlaubten, geheim zu haltenden Verhältnis wieder, wo sie sich allein des eigenen unbeeinflußten Willens sicher weiß.

Indes, auch dieses Motiv führt nicht tief genug; außerdem läßt es, an Kulturbedingungen gebunden, eine gute Beziehung zu den Zuständen der Primitiven vermissen. Um so bedeutungsvoller ist das nächste, auf der Entwicklungsgeschichte der Libido fußende Moment. Es ist uns durch die Bemühungen der Analyse bekannt geworden, wie regelmäßig und wie mächtig die frühesten Unterbringungen der Libido sind. Es handelt sich dabei um festgehaltene Sexualwünsche der Kindheit, beim Weibe zumeist um Fixierung der Libido an den Vater oder an den ihn ersetzenden Bruder, Wünsche, die häufig genug auf anderes als den Koitus gerichtet waren oder ihn nur als unscharf erkanntes Ziel einschlossen. Der Ehemann ist sozusagen immer nur ein Ersatzmann, niemals der Richtige; den ersten Satz auf die Liebesfähigkeit der Frau hat ein anderer, in typischen Fällen der Vater, er höchstens den zweiten. Es kommt nun darauf an, wie intensiv diese Fixierung ist und wie zähe sie festgehalten wird, damit der Ersatzmann als unbefriedigend abgelehnt werde. Die Frigidität steht somit unter den genetischen Bedingungen der Neurose. Je mächtiger das psychische Element im Sexualleben der Frau ist, desto widerstandsfähiger wird sich ihre Libidoverteilung gegen die Erschütterung des ersten Sexualaktes erweisen, desto weniger überwältigend wird ihre körperliche Besitznahme wirken können. Die Frigidität mag sich dann als neurotische Hemmung festsetzen oder den Boden für die Entwicklung anderer Neurosen abgeben, und auch nur mäßige Herabsetzungen der männlichen Potenz kommen dabei als Helfer sehr in Betracht.

Dem Motiv des früheren Sexualwunsches scheint die Sitte der Primitiven Rechnung zu tragen, welche die Defloration einem Ältesten, Priester, heiligen Mann, also einem Vaterersatz (siehe oben), überträgt. Von hier aus scheint mir ein gerader Weg zum vielbestrittenen Ius primae noctis des mittelalterlichen Gutsherrn zu führen. A. J. Storfer[1] hat dieselbe Auffassung

1) Zur Sonderstellung des Vatermordes, 1911. (Schriften zur angewandten Seelenkunde, XII.)

vertreten, überdies die weitverbreitete Institution der „Tobiasehe" (der Sitte der Enthaltsamkeit in den ersten drei Nächten) als eine Anerkennung der Vorrechte des Patriarchen gedeutet, wie vor ihm bereits C. G. Jung.[1] Es entspricht dann nur unserer Erwartung, wenn wir unter den mit der Defloration betrauten Vatersurrogaten auch das Götterbild finden. In manchen Gegenden von Indien mußte die Neuvermählte das Hymen dem hölzernen Lingam opfern, und nach dem Berichte des heiligen Augustinus bestand im römischen Heiratszeremoniell (seiner Zeit?) dieselbe Sitte mit der Abschwächung, daß sich die junge Frau auf den riesigen Steinphallus des Priapus nur zu setzen brauchte.[2]

In noch tiefere Schichten greift ein anderes Motiv zurück, welches nachweisbar an der paradoxen Reaktion gegen den Mann die Hauptschuld trägt, und dessen Einfluß sich nach meiner Meinung noch in der Frigidität der Frau äußert. Durch den ersten Koitus werden beim Weibe noch andere alte Regungen als die beschriebenen aktiviert, die der weiblichen Funktion und Rolle überhaupt widerstreben.

Wir wissen aus der Analyse vieler neurotischer Frauen, daß sie ein frühes Stadium durchmachen, in dem sie den Bruder um das Zeichen der Männlichkeit beneiden und sich wegen seines Fehlens (eigentlich seiner Verkleinerung) benachteiligt und zurückgesetzt fühlen. Wir ordnen diesen „Penisneid" dem „Kastrationskomplex" ein. Wenn man unter „männlich" das Männlichseinwollen mitversteht, so paßt auf dieses Verhalten die Bezeichnung „männlicher Protest", die Alf. Adler geprägt hat, um diesen Faktor zum Träger der Neurose überhaupt zu proklamieren. In dieser Phase machen die Mädchen aus ihrem Neid und der daraus abgeleiteten Feindseligkeit gegen den begünstigten Bruder oft kein Hehl: sie versuchen es auch, aufrechtstehend

1) Die Bedeutung des Vaters für das Schicksal des Einzelnen. (Jahrbuch für Psychoanalyse, I, 1909.)

2) Ploß und Bartels: Das Weib I, XII, und Dulaure: Des Divinités génératrices. Paris 1885 (réimprimé sur l'édition de 1825), p. 142 u. ff.

wie der Bruder zu urinieren, um ihre angebliche Gleichberechtigung zu vertreten. In dem bereits erwähnten Falle von uneingeschränkter Aggression gegen den sonst geliebten Mann nach dem Koitus konnte ich feststellen, daß diese Phase vor der Objektwahl bestanden hatte. Erst später wandte sich die Libido des kleinen Mädchens dem Vater zu, und dann wünschte sie sich anstatt des Penis — ein Kind.[1]

Ich würde nicht überrascht sein, wenn sich in anderen Fällen die Zeitfolge dieser Regungen umgekehrt fände und dies Stück des Kastrationskomplexes erst nach erfolgter Objektwahl zur Wirkung käme. Aber die männliche Phase des Weibes, in der es den Knaben um den Penis beneidet, ist jedenfalls die entwicklungsgeschichtlich frühere und steht dem ursprünglichen Narzißmus näher als der Objektliebe.

Vor einiger Zeit gab mir ein Zufall Gelegenheit, den Traum einer Neuvermählten zu erfassen, der sich als Reaktion auf ihre Entjungferung erkennen ließ. Er verriet ohne Zwang den Wunsch des Weibes, den jungen Ehemann zu kastrieren und seinen Penis bei sich zu behalten. Es war gewiß auch Raum für die harmlosere Deutung, es sei die Verlängerung und Wiederholung des Aktes gewünscht worden, allein manche Einzelheiten des Traumes gingen über diesen Sinn hinaus, und der Charakter wie das spätere Benehmen der Träumerin legten Zeugnis für die ernstere Auffassung ab. Hinter diesem Penisneid kommt nun die feindselige Erbitterung des Weibes gegen den Mann zum Vorschein, die in den Beziehungen der Geschlechter niemals ganz zu verkennen ist, und von der in den Bestrebungen und literarischen Produktionen der „Emanzipierten" die deutlichsten Anzeichen vorliegen. Diese Feindseligkeit des Weibes führt Ferenczi — ich weiß nicht, ob als erster — in einer paläobiologischen Spekulation bis auf die Epoche der Differenzierung der Geschlechter zurück.

1) Siehe: Über Triebumsetzungen insbesondere der Analerotik. Intern. Zeitschr. f. PsA. IV, 1916/17. [Gesamtausgabe Bd. V.]

Anfänglich, meint er, fand die Kopulation zwischen zwei gleichartigen Individuen statt, von denen sich aber eines zum stärkeren entwickelte und das schwächere zwang, die geschlechtliche Vereinigung zu erdulden. Die Erbitterung über dies Unterlegensein setze sich noch in der heutigen Anlage des Weibes fort. Ich halte es für vorwurfsfrei, sich solcher Spekulationen zu bedienen, solange man es vermeidet, sie zu überwerten.

Nach dieser Aufzählung der Motive für die in der Frigidität spurweise fortgesetzte paradoxe Reaktion des Weibes auf die Defloration, darf man es zusammenfassend aussprechen, daß sich die unfertige Sexualität des Weibes an dem Manne entlädt, der sie zuerst den Sexualakt kennen lehrt. Dann ist aber das Tabu der Virginität sinnreich genug, und wir verstehen die Vorschrift, welche gerade den Mann solche Gefahren vermeiden heißt, der in ein dauerndes Zusammenleben mit dieser Frau eintreten soll. Auf höheren Kulturstufen ist die Schätzung dieser Gefahr gegen die Verheißung der Hörigkeit und gewiß auch gegen andere Motive und Verlockungen zurückgetreten; die Virginität wird als ein Gut betrachtet, auf welches der Mann nicht verzichten soll. Aber die Analyse der Ehestörungen lehrt, daß die Motive, welche das Weib dazu nötigen wollen, Rache ür ihre Defloration zu nehmen, auch im Seelenleben des Kulturweibes nicht ganz erloschen sind. Ich meine, es muß dem Beobachter auffallen, in einer wie ungewöhnlich großen Anzahl von Fällen das Weib in einer ersten Ehe frigid bleibt und sich unglücklich fühlt, während sie nach Lösung dieser Ehe ihrem zweiten Manne eine zärtliche und beglückende Frau wird. Die archaische Reaktion hat sich sozusagen am ersten Objekt erschöpft.

Das Tabu der Virginität ist aber auch sonst in unserem Kulturleben nicht untergegangen. Die Volksseele weiß von ihm und Dichter haben sich gelegentlich dieses Stoffes bedient. Anzengruber stellt in einer Komödie dar, wie sich ein einfältiger Bauernbursche abhalten läßt, die ihm zugedachte Braut zu heiraten, weil sie „a Dirn' is, was ihrem ersten 's Leben kost'". Er willigt darum ein, daß sie einen anderen heirate, und will sie dann als Wittfrau nehmen, wo sie ungefährlich ist. Der Titel des Stückes: „Das Jungferngift" erinnert daran, daß Schlangenbändiger die Giftschlange vorerst in ein Tüchlein beißen lassen, um sie dann ungefährdet zu handhaben.[1]

Das Tabu der Virginität und ein Stück seiner Motivierung hat seine mächtigste Darstellung in einer bekannten dramatischen Gestalt gefunden, in der Judith in Hebbels Tragödie „Judith und Holofernes". Judith ist eine jener Frauen, deren Virginität durch ein Tabu geschützt ist. Ihr erster Mann wurde in der Brautnacht durch eine rätselhafte Angst gelähmt und wagte es nie mehr, sie zu berühren. „Meine Schönheit ist die der Tollkirsche," sagt sie. „Ihr Genuß bringt Wahnsinn und Tod." Als der assyrische Feldherr ihre Stadt bedrängt, faßt sie den Plan, ihn durch ihre Schönheit zu verführen und zu verderben, verwendet so ein patriotisches Motiv zur Verdeckung eines sexuellen. Nach der Defloration durch den gewaltigen, sich seiner Stärke und Rücksichtslosigkeit rühmenden Mann findet sie in ihrer Empörung die Kraft, ihm den Kopf abzuschlagen, und wird so zur Befreierin ihres Volkes. Köpfen ist uns als symbolischer Ersatz für Kastrieren wohlbekannt; danach ist Judith das Weib, das den Mann kastriert, von dem sie defloriert wurde, wie es auch der von mir berichtete Traum einer Neuvermählten wollte. Hebbel hat die patriotische Erzählung aus den Apokryphen des Alten Testaments in klarer Absichtlichkeit sexualisiert, denn

1) Eine meisterhaft knappe Erzählung von A. Schnitzler („Das Schicksal des Freiherrn v. Leisenbogh") verdient trotz der Abweichung in der Situation hier angereiht zu werden. Der durch einen Unfall verunglückte Liebhaber einer in der Liebe vielerfahrenen Schauspielerin hat ihr gleichsam eine neue Virginität geschaffen, indem er den Todesfluch über den Mann ausspricht, der sie zuerst nach ihm besitzen wird. Das mit diesem Tabu belegte Weib getraut sich auch eine Weile des Liebesverkehres nicht. Nachdem sie sich aber in einen Sänger verliebt hat, greift sie zur Auskunft, vorher dem Freiherrn v. Leisenbogh eine Nacht zu schenken, der sich seit Jahren erfolglos um sie bemüht. An ihm erfüllt sich auch der Fluch; er wird vom Schlag getroffen, sobald er das Motiv seines unverhofften Liebesglückes erfährt.

dort kann Judith nach ihrer Rückkehr rühmen, daß sie nicht verunreinigt worden ist, auch fehlt im Text der Bibel jeder Hinweis auf ihre unheimliche Hochzeitsnacht. Wahrscheinlich hat er aber mit dem Feingefühl des Dichters das uralte Motiv verspürt, das in jene tendenziöse Erzählung eingegangen war, und dem Stoff nur seinen früheren Gehalt wiedergegeben.

I. Sadger hat in einer trefflichen Analyse ausgeführt, wie Hebbel durch seinen eigenen Elternkomplex in seiner Stoffwahl bestimmt wurde, und wie er dazu kam, so regelmäßig im Kampfe der Geschlechter für das Weib Partei zu nehmen und sich in dessen verborgenste Seelenregungen einzufühlen.[1] Er zitiert auch die Motivierung, die der Dichter selbst für die von ihm eingeführte Abänderung des Stoffes gegeben hat, und findet sie mit Recht gekünstelt und wie dazu bestimmt, etwas dem Dichter selbst Unbewußtes nur äußerlich zu rechtfertigen und im Grunde zu verdecken. Sadgers Erklärung, warum die nach der biblischen Erzählung verwitwete Judith zur jungfräulichen Witwe werden mußte, will ich nicht antasten. Er weist auf die Absicht der kindlichen Phantasie hin, den sexuellen Verkehr der Eltern zu verleugnen und die Mutter zur unberührten Jungfrau zu machen. Aber ich setze fort: Nachdem der Dichter die Jungfräulichkeit seiner Heldin festgelegt hatte, verweilte seine nachfühlende Phantasie bei der feindseligen Reaktion, die durch die Verletzung der Virginität ausgelöst wird.

Wir dürfen also abschließend sagen: Die Defloration hat nicht nur die eine kulturelle Folge, das Weib dauernd an den Mann zu fesseln; sie entfesselt auch eine archaische Reaktion von Feindseligkeit gegen den Mann, welche pathologische Formen annehmen kann, die sich häufig genug durch Hemmungserscheinungen im Liebesleben der Ehe äußern, und der man es zuschreiben darf, daß zweite Ehen so oft besser geraten als die ersten. Das befremdende Tabu der Virginität, die Scheu, mit welcher bei den

1) Von der Pathographie zur Psychographie. Imago, I., 1912.

Primitiven der Ehemann der Defloration aus dem Wege geht, finden in dieser feindseligen Reaktion ihre volle Rechtfertigung.

Es ist nun interessant, daß man als Analytiker Frauen begegnen kann, bei denen die entgegengesetzten Reaktionen von Hörigkeit und Feindseligkeit beide zum Ausdruck gekommen und in inniger Verknüpfung miteinander geblieben sind. Es gibt solche Frauen, die mit ihren Männern völlig zerfallen scheinen und doch nur vergebliche Bemühungen machen können, sich von ihnen zu lösen. So oft sie es versuchen, ihre Liebe einem anderen Manne zuzuwenden, tritt das Bild des ersten, doch nicht mehr geliebten, hemmend dazwischen. Die Analyse lehrt dann, daß diese Frauen allerdings noch in Hörigkeit an ihren ersten Männern hängen, aber nicht mehr aus Zärtlichkeit. Sie kommen von ihnen nicht frei, weil sie ihre Rache an ihnen nicht vollendet, in ausgeprägten Fällen die rachsüchtige Regung sich nicht einmal zum Bewußtsein gebracht haben.

# DIE INFANTILE GENITALORGANISATION

*(Eine Einschaltung in die Sexualtheorie)*

*Zuerst erschienen in der „Internationalen Zeitschrift für Psychoanalyse", Band IX, 1923, S. 168 ff.*

Es ist recht bezeichnend für die Schwierigkeit der Forschungsarbeit in der Psychoanalyse, daß es möglich ist, allgemeine Züge und charakteristische Verhältnisse trotz unausgesetzter jahrzehntelanger Beobachtung zu übersehen, bis sie einem endlich einmal unverkennbar entgegentreten; eine solche Vernachlässigung auf dem Gebiet der infantilen Sexualentwicklung möchte ich durch die nachstehenden Bemerkungen gutmachen.

Den Lesern meiner „Drei Abhandlungen zur Sexualtheorie" (1905) wird es bekannt sein, daß ich in den späteren Ausgaben dieser Schrift niemals eine Umarbeitung vorgenommen, sondern die ursprüngliche Anordnung gewahrt habe und den Fortschritten unserer Einsicht durch Einschaltungen und Abänderungen des Textes gerecht geworden bin. Dabei mag es oft vorgekommen sein, daß das Alte und das Neuere sich nicht gut zu einer widerspruchsfreien Einheit verschmelzen ließen. Anfänglich ruhte ja der Akzent auf der Darstellung der fundamentalen Verschiedenheit im Sexualleben der Kinder und der Erwachsenen, später drängten sich die prägenitalen Organisationen der Libido in den Vordergrund und die merkwürdige und folgenschwere Tatsache des zweizeitigen Ansatzes der Sexualentwicklung. Endlich nahm die infantile Sexualforschung unser Interesse in Anspruch, und von ihr aus ließ sich die weitgehende Annäherung des Ausganges der kindlichen Sexualität (um das fünfte Lebensjahr) an die Endgestaltung beim Erwachsenen erkennen. Dabei bin ich in der letzten Auflage der Sexualtheorie (1922) stehen geblieben.

Auf Seite 63 derselben[1] erwähne ich, daß „häufig oder regelmäßig bereits in den Kinderjahren eine Objektwahl vollzogen wird, wie wir sie als charakteristisch für die Entwicklungsphase der Pubertät hingestellt haben, in der Weise, daß sämtliche Sexualstrebungen die Richtung auf eine einzige Person nehmen, an der sie ihre Ziele erreichen wollen. Dies ist dann die größte Annäherung an die definitive Gestaltung des Sexuallebens nach der Pubertät, die in den Kinderjahren möglich ist. Der Unterschied von letzterer liegt nur noch darin, daß die Zusammenfassung der Partialtriebe und deren Unterordnung unter das Primat der Genitalien in der Kindheit nicht oder nur sehr unvollkommen durchgesetzt wird. Die Herstellung dieses Primats im Dienste der Fortpflanzung ist also die letzte Phase, welche die Sexualorganisation durchläuft."

Mit dem Satz, das Primat der Genitalien sei in der frühinfantilen Periode nicht oder nur sehr unvollkommen durchgeführt, würde ich mich heute nicht mehr zufrieden geben. Die Annäherung des kindlichen Sexuallebens an das der Erwachsenen geht viel weiter und bezieht sich nicht nur auf das Zustandekommen einer Objektwahl. Wenn es auch nicht zu einer richtigen Zusammenfassung der Partialtriebe unter das Primat der Genitalien kommt, so gewinnt doch auf der Höhe des Entwicklungsganges der infantilen Sexualität das Interesse an den Genitalien und die Genitalbetätigung eine dominierende Bedeutung, die hinter der in der Reifezeit wenig zurücksteht. Der Hauptcharakter dieser „infantilen Genitalorganisation" ist zugleich ihr Unterschied von der endgültigen Genitalorganisation der Erwachsenen. Er liegt darin, daß für beide Geschlechter nur ein Genitale,

1) [= Gesamtausgabe Bd. V, S. 74.]

das männliche, eine Rolle spielt. Es besteht also nicht ein Genitalprimat, sondern ein Primat des Phallus.

Leider können wir diese Verhältnisse nur für das männliche Kind beschreiben, in die entsprechenden Vorgänge beim kleinen Mädchen fehlt uns die Einsicht. Der kleine Knabe nimmt sicherlich den Unterschied von Männern und Frauen wahr, aber er hat zunächst keinen Anlaß, ihn mit einer Verschiedenheit ihrer Genitalien zusammenzubringen. Es ist ihm natürlich, ein ähnliches Genitale, wie er es selbst besitzt, bei allen anderen Lebewesen, Menschen und Tieren, vorauszusetzen, ja wir wissen, daß er auch an unbelebten Dingen nach einem seinem Gliede analogen Gebilde forscht.[1] Dieser leicht erregte, veränderliche, an Empfindungen so reiche Körperteil beschäftigt das Interesse des Knaben in hohem Grade und stellt seinem Forschertrieb unausgesetzt neue Aufgaben. Er möchte ihn auch bei anderen Personen sehen, um ihn mit seinem eigenen zu vergleichen, er benimmt sich, als ob ihm vorschwebte, daß dieses Glied größer sein könnte und sollte; die treibende Kraft, welche dieser männliche Teil später in der Pubertät entfalten wird, äußert sich um diese Lebenszeit wesentlich als Forschungsdrang, als sexuelle Neugierde. Viele der Exhibitionen und Aggressionen, welche das Kind vornimmt und die man im späteren Alter unbedenklich als Äußerungen von Lüsternheit beurteilen würde, erweisen sich der Analyse als Experimente im Dienste der Sexualforschung angestellt.

Im Laufe dieser Untersuchungen gelangt das Kind zur Entdeckung, daß der Penis nicht ein Gemeingut aller ihm ähnlichen Wesen sei. Der zufällige Anblick der Genitalien einer kleinen Schwester oder Gespielin gibt hiezu den Anstoß; scharfsinnige Kinder haben schon vorher aus ihren Wahrnehmungen beim Urinieren der Mädchen, weil sie eine andere Stellung sehen und

1) Es ist übrigens merkwürdig, ein wie geringes Maß von Aufmerksamkeit der andere Teil des männlichen Genitales, das Säckchen mit seinen Einschlüssen, beim Kinde auf sich zieht. Aus den Analysen könnte man nicht erraten, daß noch etwas anderes als der Penis zum Genitale gehört.

ein anderes Geräusch hören, den Verdacht geschöpft, daß hier etwas anders sei, und dann versucht, solche Beobachtungen in aufklärender Weise zu wiederholen. Es ist bekannt, wie sie auf die ersten Eindrücke des Penismangels reagieren. Sie leugnen diesen Mangel, glauben doch ein Glied zu sehen, beschönigen den Widerspruch zwischen Beobachtung und Vorurteil durch die Auskunft, es sei noch klein und werde erst wachsen, und kommen dann langsam zu dem affektiv bedeutsamen Schluß, es sei doch wenigstens vorhanden gewesen und dann weggenommen worden. Der Penismangel wird als Ergebnis einer Kastration erfaßt und das Kind steht nun vor der Aufgabe, sich mit der Beziehung der Kastration zu seiner eigenen Person auseinanderzusetzen. Die weiteren Entwicklungen sind zu sehr allgemein bekannt, als daß es notwendig wäre, sie hier zu wiederholen. Es scheint mir nur, daß man die Bedeutung des Kastrationskomplexes erst richtig würdigen kann, wenn man seine Entstehung in der Phase des Phallusprimats mitberücksichtigt.[1]

Es ist auch bekannt, wie viel Herabwürdigung des Weibes, Grauen vor dem Weib, Disposition zur Homosexualität sich aus der endlichen Überzeugung von der Penislosigkeit des Weibes ableitet. Ferenczi hat kürzlich mit vollem Recht das mythologische Symbol des Grausens, das Medusenhaupt, auf den Eindruck des penislosen weiblichen Genitales zurückgeführt.[2]

Doch darf man nicht glauben, daß das Kind seine Beobachtung, manche weibliche Personen besitzen keinen Penis, so rasch und

1) Es ist mit Recht darauf hingewiesen worden, daß das Kind die Vorstellung einer narzißtischen Schädigung durch Körperverlust aus dem Verlieren der Mutterbrust nach dem Saugen, aus der täglichen Abgabe der Fäzes, ja schon aus der Trennung vom Mutterleib bei der Geburt gewinnt. Von einem Kastrationskomplex sollte man aber doch erst sprechen, wenn sich diese Vorstellung eines Verlustes mit dem männlichen Genitale verknüpft hat.

2) Internationale Zeitschrift für Psychoanalyse, IX, 1923, Heft 1. Ich möchte hinzufügen, daß im Mythos das Genitale der Mutter gemeint ist. Athene, die das Medusenhaupt an ihrem Panzer trägt, wird eben dadurch das unnahbare Weib, dessen Anblick jeden Gedanken an sexuelle Annäherung erstickt.

bereitwillig verallgemeinert; dem steht schon die Annahme, daß die Penislosigkeit die Folge der Kastration als einer Strafe sei, im Wege. Im Gegenteile, das Kind meint, nur unwürdige weibliche Personen, die sich wahrscheinlich ähnlicher unerlaubter Regungen schuldig gemacht haben wie es selbst, hätten das Genitale eingebüßt. Respektierte Frauen aber wie die Mutter behalten den Penis noch lange. Weibsein fällt eben für das Kind noch nicht mit Penismangel zusammen.[1] Erst später, wenn das Kind die Probleme der Entstehung und Geburt der Kinder angreift und errät, daß nur Frauen Kinder gebären können, wird auch die Mutter des Penis verlustig und mitunter werden ganz komplizierte Theorien aufgebaut, die den Umtausch des Penis gegen ein Kind erklären sollen. Das weibliche Genitale scheint dabei niemals entdeckt zu werden. Wie wir wissen, lebt das Kind im Leib (Darm) der Mutter und wird durch den Darmausgang geboren. Mit diesen letzten Theorien greifen wir über die Zeitdauer der infantilen Sexualperiode hinaus.

Es ist nicht unwichtig, sich vorzuhalten, welche Wandlungen die uns geläufige geschlechtliche Polarität während der kindlichen Sexualentwicklung durchmacht. Ein erster Gegensatz wird mit der Objektwahl, die ja Subjekt und Objekt voraussetzt, eingeführt. Auf der Stufe der prägenitalen sadistisch-analen Organisation ist von männlich und weiblich noch nicht zu reden, der Gegensatz von aktiv und passiv ist der herrschende.[2] Auf der nun folgenden Stufe der infantilen Genitalorganisation gibt es zwar ein männlich, aber kein weiblich; der Gegensatz lautet hier: männliches Genitale oder kastriert. Erst mit der Vollendung der Entwicklung zur Zeit der Pubertät fällt die sexuelle

1) Aus der Analyse einer jungen Frau erfuhr ich, daß sie, die keinen Vater und mehrere Tanten hatte, bis weit in die Latenzzeit an dem Penis der Mutter und einiger Tanten festhielt. Eine schwachsinnige Tante aber hielt sie für kastriert, wie sie sich selbst empfand.

2) Siehe: Drei Abhandlungen zur Sexualtheorie, 5. Auflage, S. 62. [= Gesamtausgabe Bd. V, S. 75.]

Polarität mit männlich und weiblich zusammen. Das Männliche faßt das Subjekt, die Aktivität und den Besitz des Penis zusammen, das Weibliche setzt das Objekt und die Passivität fort. Die Vagina wird nun als Herberge des Penis geschätzt, sie tritt das Erbe des Mutterleibes an.

---

# ZWEI KINDERLÜGEN

*Zuerst erschienen in der „Internat. Zeitschrift für ärztliche Psychoanalyse", I., 1913, dann in der Vierten Folge der „Sammlung kleiner Schriften zur Neurosenlehre".*

Es ist begreiflich, daß Kinder lügen, wenn sie damit die Lügen der Erwachsenen nachahmen. Aber eine Anzahl von Lügen von gut geratenen Kindern haben eine besondere Bedeutung und sollten die Erzieher nachdenklich machen anstatt sie zu erbittern. Sie erfolgen unter dem Einfluß überstarker Liebesmotive und werden verhängnisvoll, wenn sie ein Mißverständnis zwischen dem Kinde und der von ihm geliebten Person herbeiführen.

## I

Das siebenjährige Mädchen (im zweiten Schuljahr) hat vom Vater Geld verlangt, um Farben zum Bemalen von Ostereiern zu kaufen. Der Vater hat es abgeschlagen mit der Begründung, er habe kein Geld. Kurz darauf verlangt es vom Vater Geld, um zu einem Kranz für die verstorbene Landesfürstin beizusteuern. Jedes der Schulkinder soll fünfzig Pfennige bringen. Der Vater gibt ihr zehn Mark; sie bezahlt ihren Beitrag, legt dem Vater neun Mark auf den Schreibtisch und hat für die übrigen fünfzig Pfennige Farben gekauft, die sie im Spielschrank verbirgt. Bei Tisch fragt der Vater argwöhnisch, was sie mit den fehlenden fünfzig Pfennigen gemacht, und ob sie dafür nicht doch Farben gekauft hat. Sie leugnet es, aber der um zwei Jahre ältere Bruder, mit dem gemeinsam sie die Eier bemalen wollte, verrät sie; die Farben werden im Schrank gefunden. Der erzürnte Vater überläßt die Missetäterin der Mutter zur Züchtigung, die sehr energisch ausfällt. Die Mutter ist nachher selbst erschüttert, als sie merkt, wie sehr das Kind verzweifelt ist. Sie liebkost es nach der Züchtigung, geht mit ihm spazieren, um es zu trösten. Aber die Wirkungen dieses Erlebnisses, von der Patientin selbst als „Wendepunkt" ihrer Jugend bezeichnet, erweisen sich als unaufhebbar. Sie war bis dahin ein wildes, zuversichtliches Kind, sie wird von da an scheu und zaghaft. In ihrer Brautzeit gerät sie in eine ihr unverständliche Wut, als die Mutter ihr die Möbel und Aussteuer besorgt. Es schwebt ihr vor, es ist doch ihr Geld, dafür darf kein anderer etwas kaufen. Als junge Frau scheut sie sich, von ihrem Manne Ausgaben für ihren persönlichen Bedarf zu verlangen und scheidet in überflüssiger Weise „ihr" Geld von seinem Geld. Während der Zeit der Behandlung trifft es sich einige Male, daß die Geldzusendungen ihres Mannes sich verspäten, so daß sie in der fremden Stadt mittellos bleibt. Nachdem sie mir dies einmal erzählt hat, will ich ihr das Versprechen abnehmen, in der Wiederholung dieser Situation die kleine Summe, die sie unterdes braucht, von mir zu entlehnen. Sie gibt dieses Versprechen, hält es aber bei der nächsten Geldverlegenheit nicht ein und zieht es vor, ihre Schmuckstücke zu verpfänden. Sie erklärt, sie kann kein Geld von mir nehmen.

Die Aneignung der fünfzig Pfennige in der Kindheit hatte eine Bedeutung, die der Vater nicht ahnen konnte. Einige Zeit vor der Schule hatte sie ein merkwürdiges Stückchen mit Geld aufgeführt. Eine befreundete Nachbarin hatte sie mit einem kleinen Geldbetrag als Begleiterin ihres noch jüngeren Söhnchens in einen Laden geschickt, um irgendetwas einzukaufen. Den Rest des Geldes nach dem Einkäufe trug sie als die ältere nach Hause. Als sie aber auf der Straße dem Dienstmädchen der Nachbarin begegnete, warf sie das Geld auf das Straßenpflaster hin. Zur Analyse dieser ihr selbst unerklärlichen Handlung fiel ihr Judas ein, der die Silberlinge hinwarf, die er für den Verrat am Herrn bekommen. Sie erklärt es für sicher, daß sie mit der Passionsgeschichte schon vor dem Schulbesuch bekannt wurde. Aber inwiefern durfte sie sich mit Judas identifizieren?

Im Alter von dreieinhalb Jahren hatte sie ein Kindermädchen, dem sie sich sehr innig anschloß. Dieses Mädchen geriet in erotische Beziehungen zu einem Arzt, dessen Ordination sie mit dem Kinde besuchte. Es scheint, daß das Kind damals Zeuge verschiedener sexueller Vorgänge wurde. Ob sie sah, daß der Arzt dem Mädchen Geld gab, ist nicht sichergestellt; unzweifelhaft aber, daß das Mädchen dem Kinde kleine Münzen schenkte, um sich seiner Verschwiegenheit zu versichern, für welche auf dem Heimwege Einkäufe (wohl an Süßigkeiten) gemacht wurden. Es ist auch möglich, daß der Arzt selbst dem Kinde gelegentlich Geld schenkte. Dennoch verriet das Kind sein Mädchen an die Mutter, aus Eifersucht. Es spielte so auffällig mit den heimgebrachten Groschen, daß die Mutter fragen mußte: Woher hast du das Geld? Das Mädchen wurde weggeschickt.

Geld von jemandem nehmen hatte also für sie frühzeitig die Bedeutung der körperlichen Hingebung, der Liebesbeziehung, bekommen. Vom Vater Geld nehmen hatte den Wert einer Liebeserklärung. Die Phantasie, daß der Vater ihr Geliebter sei, war so verführerisch, daß der Kinderwunsch nach den Farben für die Ostereier sich mit ihrer Hilfe gegen das Verbot leicht durchsetzte. Eingestehen konnte sie aber die Aneignung des Geldes nicht, sie mußte leugnen, weil das Motiv der Tat, ihr selbst unbewußt, nicht einzugestehen war. Die Züchtigung des Vaters war also eine Abweisung der ihm angebotenen Zärtlichkeit, eine Verschmähung, und brach darum ihren Mut. In der Behandlung brach ein schwerer Verstimmungszustand los, dessen Auflösung zu der Erinnerung des hier Mitgeteilten führte, als ich einmal genötigt war, die Verschmähung zu kopieren, indem ich sie bat, keine Blumen mehr zu bringen.

Für den Psychoanalytiker bedarf es kaum der Hervorhebung, daß in dem kleinen Erlebnis des Kindes einer jener so überaus häufigen Fälle von Fortsetzung der früheren Analerotik in das spätere Liebesleben vorliegt. Auch die Lust, die Eier farbig zu bemalen, entstammt derselben Quelle.

## II

Eine heute infolge einer Versagung im Leben schwerkranke Frau war früher einmal ein besonders tüchtiges, wahrheitsliebendes, ernsthaftes und gutes Mädchen gewesen und dann eine zärtliche Frau geworden. Noch früher aber, in den ersten Lebensjahren, war sie ein eigensinniges und unzufriedenes Kind gewesen, und während sie sich ziemlich rasch zur Übergüte und Übergewissenhaftigkeit wandelte, ereigneten sich noch in ihrer Schulzeit Dinge, die ihr in den Zeiten der Krankheit schwere Vorwürfe einbrachten und von ihr als Beweise gründlicher Verworfenheit beurteilt wurden. Ihre Erinnerung sagte ihr, daß sie damals oft geprahlt und gelogen hatte. Einmal rühmte sich auf dem Schulweg eine Kollegin: Gestern haben wir zu Mittag Eis gehabt. Sie erwiderte: Oh, Eis haben wir alle Tage. In Wirklichkeit verstand sie nicht, was Eis zur Mittagsmahlzeit bedeuten sollte; sie kannte das Eis nur in den langen Blöcken, wie es auf Wagen verführt wird, aber sie nahm an, es müsse etwas Vornehmes damit gemeint sein, und darum wollte sie hinter der Kollegin nicht zurückbleiben.

Als sie zehn Jahre alt war, wurde in der Zeichenstunde einmal die Aufgabe gegeben, aus freier Hand einen Kreis zu ziehen. Sie bediente sich dabei aber des Zirkels, brachte so leicht einen vollkommenen Kreis zustande und zeigte ihre Leistung triumphierend ihrer Nachbarin. Der Lehrer kam hinzu, hörte die Prahlerin, entdeckte die Zirkelspuren in der Kreislinie und stellte das Mädchen zur Rede. Dieses aber leugnete hartnäckig, ließ sich durch keine Beweise überführen und half sich durch trotziges Verstummen. Der Lehrer konferierte darüber mit dem Vater; beide ließen sich durch die sonstige Bravheit des Mädchens bestimmen, dem Vergehen keine weitere Folge zu geben.

Beide Lügen des Kindes waren durch den nämlichen Komplex motiviert. Als älteste von fünf Geschwistern entwickelte die Kleine frühzeitig eine ungewöhnlich intensive Anhänglichkeit an den Vater, an welcher dann in reifen Jahren ihr Lebensglück scheitern sollte. Sie mußte aber bald die Entdeckung machen, daß dem geliebten Vater nicht die Größe zukomme, die sie ihm zuzuschreiben bereit war. Er hatte mit Geldschwierigkeiten zu kämpfen, er war nicht so mächtig oder so vornehm, wie sie gemeint hatte. Diesen Abzug von ihrem Ideal konnte sie sich aber nicht gefallen lassen. Indem sie nach Art des Weibes ihren ganzen Ehrgeiz auf den geliebten Mann verlegte, wurde es zum überstarken Motiv für sie, den Vater gegen die Welt zu stützen. Sie prahlte also vor den Kolleginnen, um den Vater nicht verkleinern zu müssen. Als sie später das Eis beim Mittagessen mit „Glace“ übersetzen lernte, war der Weg gebahnt, auf welchem dann der Vorwurf wegen dieser Reminiszenz in eine Angst vor Glasscherben und Splittern einmünden konnte.

Der Vater war ein vorzüglicher Zeichner und hatte durch die Proben seines Talents oft genug das Entzücken und die Bewunderung der Kinder hervorgerufen. In der Identifizierung mit dem Vater zeichnete sie in der Schule jenen Kreis, der ihr nur durch betrügerische Mittel gelingen konnte. Es war, als ob sie sich rühmen wollte: Schau her, was mein Vater kann! Das Schuldbewußtsein, das der überstarken Neigung zum Vater anhaftete, fand in dem versuchten Betrug seinen Ausdruck; ein Geständnis war aus demselben Grunde unmöglich wie in der vorstehenden Beobachtung, es hätte das Geständnis der verborgenen inzestuösen Liebe sein müssen.

Man möge nicht gering denken von solchen Episoden des Kinderlebens. Es wäre eine arge Verfehlung, wenn man aus solchen kindlichen Vergehen die Prognose auf Entwicklung eines unmoralischen Charakters stellen würde. Wohl aber hängen sie mit den stärksten Motiven der kindlichen Seele zusammen und künden die Dispositionen zu späteren Schicksalen oder künftigen Neurosen an.

---

# GEDANKENASSOZIATION EINES VIERJÄHRIGEN KINDES

*Zuerst erschienen in der „Internationalen Zeitschrift für Psychoanalyse", VI, 1920.*

Aus dem Brief einer amerikanischen Mutter: „Ich muß Dir erzählen, was die Kleine gestern gesagt hat. Ich kann mich noch gar nicht fassen darüber. Cousine Emily sprach davon, daß sie sich eine Wohnung nehmen wird. Da sagte das Kind: Wenn Emily heiratet, wird sie ein Baby bekommen. Ich war sehr überrascht und fragte sie: Ja, woher weißt du denn das? Und sie darauf: Ja, wenn jemand heiratet, dann kommt immer ein Baby. Ich wiederholte: Aber wie kannst du das wissen? Und die Kleine: Oh, ich weiß noch sehr viel, ich weiß auch, daß die Bäume in der Erde wachsen *(in the ground).* Denke Dir die sonderbare Gedankenverbindung! Das ist ja gerade das, was ich ihr eines Tages zur Aufklärung sagen will. Und dann setzt sie noch fort: Ich weiß auch, daß der liebe Gott die Welt schafft *(makes the world).* Wenn sie solche Reden führt, kann ich mir's kaum glauben, daß sie noch nicht einmal vier Jahre alt ist."

Es scheint, daß die Mutter den Übergang von der ersten Äußerung des Kindes zur zweiten selbst verstanden hat. Das Kind will sagen: Ich weiß, daß die Kinder in der Mutter wachsen, und drückt dies Wissen nicht direkt, sondern symbolisch aus, indem es die Mutter durch die Mutter Erde ersetzt. Wir haben bereits aus vielen unzweifelhaften Beobachtungen erfahren, wie frühzeitig sich die Kinder der Symbole zu bedienen wissen.

Aber auch die dritte Äußerung der Kleinen verläßt den Zusammenhang nicht. Wir können nur annehmen, daß das Kind als ein weiteres Stück seines Wissens über die Herkunft der Kinder mitteilen wollte: Ich weiß auch, das ist alles das Werk des Vaters. Aber diesmal ersetzt sie den direkten Gedanken durch die dazugehörige Sublimierung, daß der liebe Gott die Welt schafft.

---

# HYSTERISCHE PHANTASIEN UND IHRE BEZIEHUNG ZUR BISEXUALITÄT

*Zuerst erschienen in der „Zeitschrift für Sexualwissenschaft“ (herausg. von M. Hirschfeld) I, 1908, dann in der Zweiten Folge der „Sammlung kleiner Schriften zur Neurosenlehre.“*

Allgemein bekannt sind die Wahndichtungen der Paranoiker, welche die Größe und die Leiden des eigenen Ichs zum Inhalt haben und in ganz typischen, fast monotonen Formen auftreten. Durch zahlreiche Mitteilungen sind uns ferner die sonderbaren Veranstaltungen bekannt geworden, unter denen gewisse Perverse ihre sexuelle Befriedigung — in der Idee oder Realität — in Szene setzen. Dagegen dürfte es manchen wie eine Neuheit klingen, zu erfahren, daß ganz analoge psychische Bildungen bei allen Psychoneurosen, speziell bei Hysterie, regelmäßig vorkommen, und daß diese — die sogenannten hysterischen Phantasien — wichtige Beziehungen zur Verursachung der neurotischen Symptome erkennen lassen.

Gemeinsame Quelle und normales Vorbild all dieser phantastischen Schöpfungen sind die sogenannten Tagträume der Jugend, die in der Literatur bereits eine gewisse, obwohl noch nicht zureichende, Beachtung gefunden haben.[1] Bei beiden Ge-

1) Vgl. Breuer und Freud: Studien über Hysterie, 1895. (4. Aufl. 1922.) [Bd. I dieser Gesamtausgabe.] — P. Janet: Névroses et idées fixes, I. (Les rêveries subconscientes.) 1898. — Havelock Ellis: Geschlechtstrieb und Schamgefühl (deutsch von Kötscher). 1900. — Freud: Traumdeutung, 1900, 7. Aufl., 1922. [Bd. II und III dieser Gesamtausgabe.] — A. Pick: Über pathologische Träumerei und ihre Beziehungen zur Hysterie. Jahrbuch für Psychiatrie und Neurologie, XIV, 1896.

schlechtern vielleicht gleich häufig, scheinen sie bei Mädchen und Frauen durchweg erotischer, bei Männern erotischer oder ehrgeiziger Natur zu sein. Doch darf man die Bedeutung des erotischen Moments auch bei Männern nicht in die zweite Linie rücken wollen; bei näherem Eingehen in den Tagtraum des Mannes ergibt sich gewöhnlich, daß all diese Heldentaten nur verrichtet, alle Erfolge nur errungen werden, um einem Weib zu gefallen und von ihr anderen Männern vorgezogen zu werden.[1] Diese Phantasien sind Wunschbefriedigungen, aus der Entbehrung und der Sehnsucht hervorgegangen; sie führen den Namen „Tagträume" mit Recht, denn sie geben den Schlüssel zum Verständnis der nächtlichen Träume, in denen nichts anderes als solche komplizierte, entstellte und von der bewußten psychischen Instanz mißverstandene Tagesphantasien den Kern der Traumbildung herstellen.[2]

Diese Tagträume werden mit großem Interesse besetzt, sorgfältig gepflegt und meist sehr schamhaft behütet, als ob sie zu den intimsten Gütern der Persönlichkeit zählten. Auf der Straße erkennt man aber leicht den im Tagtraum Begriffenen an einem plötzlichen, wie abwesenden Lächeln, am Selbstgespräch oder an der laufartigen Beschleunigung des Ganges, womit er den Höhepunkt der erträumten Situation bezeichnet. — Alle hysterischen Anfälle, die ich bisher untersuchen konnte, erwiesen sich nun als solche unwillkürlich hereinbrechende Tagträume. Die Beobachtung läßt nämlich keinen Zweifel darüber, daß es solche Phantasien ebensowohl unbewußt gibt wie bewußt, und sobald dieselben zu unbewußten geworden sind, können sie auch pathogen werden, d. h. sich in Symptomen und Anfällen ausdrücken. Unter günstigen Umständen kann man eine solche unbewußte Phantasie noch mit dem Bewußtsein erhaschen. Eine meiner Patientinnen, die ich auf ihre Phantasien aufmerksam

1) Ähnlich urteilt hierüber H. Ellis, l. c., 185 f.
2) Vgl. Freud: Traumdeutung, 7. Aufl., S. 335.

gemacht hatte, erzählte mir, sie habe sich einmal auf der Straße plötzlich in Tränen gefunden, und bei raschem Besinnen, worüber sie eigentlich weine, sei sie der Phantasie habhaft geworden, daß sie mit einem stadtbekannten (ihr aber persönlich unbekannten) Klaviervirtuosen ein zärtliches Verhältnis eingegangen sei, ein Kind von ihm bekommen habe (sie war kinderlos), und dann mit dem Kinde von ihm im Elend verlassen worden sei. An dieser Stelle des Romanes brachen ihre Tränen hervor.

Die unbewußten Phantasien sind entweder von jeher unbewußt gewesen, im Unbewußten gebildet worden oder, was der häufigere Fall ist, sie waren einmal bewußte Phantasien, Tagträume, und sind dann mit Absicht vergessen worden, durch die „Verdrängung" ins Unbewußte geraten. Ihr Inhalt ist dann entweder der nämliche geblieben oder er hat Abänderungen erfahren, so daß die jetzt unbewußte Phantasie einen Abkömmling der einst bewußten darstellt. Die unbewußte Phantasie steht nun in einer sehr wichtigen Beziehung zum Sexualleben der Person; sie ist nämlich identisch mit der Phantasie, welche derselben während einer Periode von Masturbation zur sexuellen Befriedigung gedient hat. Der masturbatorische (im weitesten Sinne: onanistische) Akt setzte sich damals aus zwei Stücken zusammen, aus der Hervorrufung der Phantasie und aus der aktiven Leistung zur Selbstbefriedigung auf der Höhe derselben. Diese Zusammensetzung ist bekanntlich selbst eine Verlötung.[1] Ursprünglich war die Aktion eine rein autoerotische Vornahme zur Lustgewinnung von einer bestimmten, erogen zu nennenden Körperstelle. Später verschmolz diese Aktion mit einer Wunschvorstellung aus dem Kreise der Objektliebe und diente zur teilweisen Realisierung der Situation, in welcher diese Phantasie gipfelte. Wenn dann die Person auf diese Art der masturbatorisch-phantastischen Befriedigung verzichtet, so wird die Aktion unterlassen, die Phantasie aber wird aus einer bewußten

1) Vgl. Freud: Drei Abhandlungen zur Sexualtheorie, 1905, 5. Aufl., 1922. [Enthalten in diesem Band, S. 1 ff.]

zu einer unbewußten. Tritt keine andere Weise der sexuellen Befriedigung ein, verbleibt die Person in der Abstinenz und gelingt es ihr nicht, ihre Libido zu sublimieren, das heißt die sexuelle Erregung auf ein höheres Ziel abzulenken, so ist jetzt die Bedingung dafür gegeben, daß die unbewußte Phantasie aufgefrischt werde, wuchere und sich mit der ganzen Macht des Liebesbedürfnisses wenigstens in einem Stück ihres Inhalts als Krankheitssymptom durchsetze.

Für eine ganze Reihe von hysterischen Symptomen sind solcher Art die unbewußten Phantasien die nächsten psychischen Vorstufen. Die hysterischen Symptome sind nichts anderes als die durch „Konversion" zur Darstellung gebrachten unbewußten Phantasien, und insofern es somatische Symptome sind, werden sie häufig genug aus dem Kreise der nämlichen Sexualempfindungen und motorischen Innervationen entnommen, welche ursprünglich die damals noch bewußte Phantasie begleitet hatten. Auf diese Weise wird die Onanieentwöhnung eigentlich rückgängig gemacht und das Endziel des ganzen pathologischen Vorganges, die Herstellung der seinerzeitigen primären Sexualbefriedigung, wird dabei zwar niemals vollkommen, aber immer in einer Art von Annäherung erreicht.

Das Interesse desjenigen, der die Hysterie studiert, wendet sich alsbald von den Symptomen derselben ab und den Phantasien zu, aus welchen erstere hervorgehen. Die Technik der Psychoanalyse gestattet es, von den Symptomen aus diese unbewußten Phantasien zunächst zu erraten und dann im Kranken bewußt werden zu lassen. Auf diesem Wege ist nun gefunden worden, daß die unbewußten Phantasien der Hysteriker den bewußt durchgeführten Befriedigungssituationen der Perversen inhaltlich völlig entsprechen, und wenn man um Beispiele solcher Art verlegen ist, braucht man sich nur an die welthistorischen Veranstaltungen der römischen Cäsaren zu erinnern, deren Tollheit natürlich nur durch die uneingeschränkte Machtfülle der Phantasiebildner bedingt ist. Die Wahnbildungen der Paranoiker sind ebensolche, aber unmittelbar bewußt gewordene Phantasien, die von der masochistisch-sadistischen Komponente des Sexualtriebes getragen werden und gleichfalls in gewissen unbewußten Phantasien der Hysterischen ihre vollen Gegenstücke finden können. Bekannt ist übrigens der auch praktisch bedeutsame Fall, daß Hysteriker ihre Phantasien nicht als Symptome, sondern in bewußter Realisierung zum Ausdrucke bringen und somit Attentate, Mißhandlungen, sexuelle Aggressionen fingieren und in Szene setzen.

Alles, was man über die Sexualität der Psychoneurotiker erfahren kann, wird auf diesem Wege der psychoanalytischen Untersuchung, der von den aufdringlichen Symptomen zu den verborgenen unbewußten Phantasien führt, ermittelt, darunter also auch das Faktum, dessen Mitteilung in den Vordergrund dieser kleinen vorläufigen Veröffentlichung gerückt werden soll.

Wahrscheinlich infolge der Schwierigkeiten, die dem Bestreben der unbewußten Phantasien, sich Ausdruck zu verschaffen, im Wege stehen, ist das Verhältnis der Phantasien zu den Symptomen kein einfaches, sondern ein mehrfach kompliziertes.[1] In der Regel, das heißt bei voller Entwicklung und nach längerem Bestande der Neurose, entspricht ein Symptom nicht einer einzigen unbewußten Phantasie, sondern einer Mehrzahl von solchen, und zwar nicht in willkürlicher Weise, sondern in gesetzmäßiger Zusammensetzung. Zu Beginn des Krankheitsfalles werden wohl nicht alle diese Komplikationen entwickelt sein.

Dem allgemeinen Interesse zuliebe überschreite ich hier den Zusammenhang dieser Mitteilung und füge eine Reihe von Formeln ein, die sich bemühen, das Wesen der hysterischen Symptome fortschreitend zu erschöpfen. Sie widersprechen einander nicht, sondern entsprechen teils vollständigeren und

1) Das nämliche gilt für die Beziehung zwischen den „latenten" Traumgedanken und den Elementen des „manifesten" Trauminhaltes. Siehe den Abschnitt über die „Traumarbeit" in des Verfassers „Traumdeutung".

schärferen Fassungen, teils der Anwendung verschiedener Gesichtspunkte.

1.) Das hysterische Symptom ist das Erinnerungssymbol gewisser wirksamer (traumatischer) Eindrücke und Erlebnisse.

2.) Das hysterische Symptom ist der durch „Konversion" erzeugte Ersatz für die assoziative Wiederkehr dieser traumatischen Erlebnisse.

3.) Das hysterische Symptom ist — wie auch andere psychische Bildungen — Ausdruck einer Wunscherfüllung.

4.) Das hysterische Symptom ist die Realisierung einer der Wunscherfüllung dienenden, unbewußten Phantasie.

5.) Das hysterische Symptom dient der sexuellen Befriedigung und stellt einen Teil des Sexuallebens der Person dar (entsprechend einer der Komponenten ihres Sexualtriebs.)

6.) Das hysterische Symptom entspricht der Wiederkehr einer Weise der Sexualbefriedigung, die im infantilen Leben real gewesen und seither verdrängt worden ist.

7.) Das hysterische Symptom entsteht als Kompromiß aus zwei gegensätzlichen Affekt- oder Triebregungen, von denen die eine einen Partialtrieb oder eine Komponente der Sexualkonstitution zum Ausdrucke zu bringen, die andere dieselbe zu unterdrücken bemüht ist.

8.) Das hysterische Symptom kann die Vertretung verschiedener unbewußter, nicht sexueller Regungen übernehmen, einer sexuellen Bedeutung aber nicht entbehren.

Unter diesen verschiedenen Bestimmungen ist es die siebente, welche das Wesen des hysterischen Symptoms als Realisierung einer unbewußten Phantasie am erschöpfendsten zum Ausdrucke bringt und mit der achten die Bedeutung des sexuellen Moments in richtiger Weise würdigt. Manche der vorhergehenden Formeln sind als Vorstufen in dieser Formel enthalten.

Infolge dieses Verhältnisses zwischen Symptomen und Phantasien gelingt es unschwer, von der Psychoanalyse der Symptome zur

Kenntnis der das Individuum beherrschenden Komponenten des Sexualtriebes zu gelangen, wie ich es in den „Drei Abhandlungen zur Sexualtheorie“ ausgeführt habe. Diese Untersuchung ergibt aber für manche Fälle ein unerwartetes Resultat. Sie zeigt, daß für viele Symptome die Auflösung durch eine unbewußte sexuelle Phantasie, oder durch eine Reihe von Phantasien, von denen eine, die bedeutsamste und ursprünglichste, sexueller Natur ist, nicht genügt, sondern daß man zur Lösung des Symptoms zweier sexueller Phantasien bedarf, von denen die eine männlichen, die andere weiblichen Charakter hat, so daß eine dieser Phantasien einer homosexuellen Regung entspringt. Der in Formel 7 ausgesprochene Satz wird durch diese Neuheit nicht berührt, so daß ein hysterisches Symptom notwendigerweise einem Kompromiß zwischen einer libidinösen und einer Verdrängungsregung entspricht, nebstbei aber einer Vereinigung zweier libidinöser Phantasien von entgegengesetztem Geschlechtscharakter entsprechen kann.

Ich enthalte mich, Beispiele für diesen Satz zu geben. Die Erfahrung hat mich gelehrt, daß kurze, zu einem Extrakt zusammengedrängte Analysen niemals den beweisenden Eindruck machen können, wegen dessen man sie herangezogen hat. Die Mitteilung voll analysierter Krankheitsfälle muß aber für einen anderen Ort aufgespart werden.

Ich begnüge mich also damit, den Satz aufzustellen und seine Bedeutung zu erläutern:

9.) Ein hysterisches Symptom ist der Ausdruck einerseits einer männlichen, anderseits einer weiblichen, unbewußten sexuellen Phantasie.

Ich bemerke ausdrücklich, daß ich diesem Satze eine ähnliche Allgemeingültigkeit nicht zusprechen kann, wie ich sie für die anderen Formeln in Anspruch genommen habe. Er trifft, soviel ich sehen kann, weder für alle Symptome eines Falles, noch für alle Fälle zu. Es ist im Gegenteile nicht schwer, Fälle aufzuzeigen, bei denen die entgegengesetztgeschlechtlichen Regungen gesonderten symptomatischen Ausdruck gefunden haben, so daß sich die Symptome der Hetero- und der Homosexualität so scharf voneinander scheiden lassen, wie die hinter ihnen verborgenen Phantasien. Doch ist das in der neunten Formel behauptete Verhältnis häufig genug, und wo es sich findet, bedeutsam genug, um eine besondere Hervorhebung zu verdienen. Es scheint mir die höchste Stufe der Kompliziertheit, zu der sich die Determinierung eines hysterischen Symptoms erheben kann, zu bedeuten, und ist also nur bei langem Bestande einer Neurose und bei großer Organisationsarbeit innerhalb derselben zu erwarten.[1]

Die in immerhin zahlreichen Fällen nachweisbare bisexuelle Bedeutung hysterischer Symptome ist gewiß ein interessanter Beleg für die von mir aufgestellte Behauptung,[2] daß die supponierte bisexuelle Anlage des Menschen sich bei den Psychoneurotikern durch Psychoanalyse besonders deutlich erkennen läßt. Ein durchaus analoger Vorgang aus dem nämlichen Gebiete ist es, wenn der Masturbant in seinen bewußten Phantasien sich sowohl in den Mann, als auch in das Weib der vorgestellten Situation einzufühlen versucht, und weitere Gegenstücke zeigen gewisse hysterische Anfälle, in denen die Kranke gleichzeitig beide Rollen der zugrunde liegenden sexuellen Phantasie spielt, also zum Beispiel wie in einem Falle meiner Beobachtung, mit der einen Hand das Gewand an den Leib preßt (als Weib), mit der anderen es abzureißen sucht (als Mann). Diese widerspruchsvolle Gleichzeitigkeit bedingt zum guten Teile die Unverständlichkeit der doch sonst im Anfalle so plastisch dargestellten Situation und eignet sich also vortrefflich zur Verhüllung der wirksamen unbewußten Phantasie.

1) I. Sadger, der kürzlich den in Rede stehenden Satz durch eigene Psychoanalysen selbständig aufgefunden hat (Die Bedeutung der psychoanalytischen Methode nach Freud, Zentralbl. f. Nerv. u. Psych., Nr. 229, 1907), tritt allerdings für dessen allgemeine Gültigkeit ein.

2) Drei Abhandlungen zur Sexualtheorie.

Bei der psychoanalytischen Behandlung ist es sehr wichtig, daß man auf die bisexuelle Bedeutung eines Symptomes vorbereitet sei. Man braucht sich dann nicht zu verwundern und nicht irre zu werden, wenn ein Symptom anscheinend ungemindert fortbesteht, obwohl man die eine seiner sexuellen Bedeutungen bereits gelöst hat. Es stützt sich dann noch auf die vielleicht nicht vermutete entgegengesetztgeschlechtliche. Auch kann man bei der Behandlung solcher Fälle beobachten, wie der Kranke sich der Bequemlichkeit bedient, während der Analyse der einen sexuellen Bedeutung mit seinen Einfällen fortwährend in das Gebiet der konträren Bedeutung, wie auf ein benachbartes Geleise, auszuweichen.

---

# ALLGEMEINES ÜBER DEN HYSTERISCHEN ANFALL

*Zuerst erschienen in der „Zeitschrift für Psychotherapie u. medizinische Psychologie" (herausgegeben von A. Moll) I, 1909, dann in der Zweiten Folge der „Sammlung kleiner Schriften zur Neurosenlehre".*

## A

Wenn man eine Hysterika, deren Leiden sich in Anfällen äußert, der Psychoanalyse unterzieht, so überzeugt man sich leicht, daß diese Anfälle nichts anderes sind als ins Motorische übersetzte, auf die Motilität projizierte, pantomimisch dargestellte Phantasien. Unbewußte Phantasien zwar, aber sonst von derselben Art, wie man sie in den Tagträumen unmittelbar erfassen, aus den nächtlichen Träumen durch Deutung entwickeln kann. Häufig ersetzt ein Traum einen Anfall, noch häufiger erläutert er ihn, indem die nämliche Phantasie zu verschiedenartigem Ausdruck im Traume wie im Anfalle gelangt. Man sollte nun erwarten, durch die Anschauung des Anfalles zur Kenntnis der in ihm dargestellten Phantasie zu kommen; allein dies gelingt nur selten. In der Regel hat die pantomimische Darstellung der Phantasie unter dem Einflusse der Zensur ganz analoge Entstellungen wie die halluzinatorische des Traumes erfahren, so daß die eine wie die andere zunächst für das eigene Bewußtsein wie für das Verständnis des Zuschauers undurchsichtig geworden ist. Der hysterische Anfall bedarf also der gleichen deutenden Bearbeitung, wie wir sie mit den nächtlichen Träumen vornehmen. Aber nicht nur die Mächte, von denen die Entstellung ausgeht, und die Absicht dieser Entstellung, auch die Technik derselben ist die nämliche, die uns durch die Traumdeutung bekannt geworden ist.

1.) Der Anfall wird dadurch unverständlich, daß er in demselben Material gleichzeitig mehrere Phantasien zur Darstellung bringt, also durch Verdichtung. Die Gemeinsamen der beiden (oder mehreren) Phantasien bilden wie im Traume den Kern der Darstellung. Die so zur Deckung gebrachten Phantasien sind oft ganz verschiedener Art, z. B. ein rezenter Wunsch und die Wiederbelebung eines infantilen Eindrucks; dieselben Innervationen dienen dann beiden Absichten, oft in der geschicktesten Weise. Hysteriker, die sich der Verdichtung im großen Ausmaße bedienen, finden etwa mit einer einzigen Anfallsform ihr Auslangen; andere drücken eine Mehrheit von pathogenen Phantasien auch durch Vervielfältigung der Anfallsformen aus.

2.) Der Anfall wird dadurch undurchsichtig, daß die Kranke die Tätigkeiten beider in der Phantasie auftretenden Personen auszuführen unternimmt, also durch mehrfache Identifizierung. Vergleiche etwa das Beispiel, welches ich in dem Aufsatze „Hysterische Phantasien und ihre Beziehung zur Bisexualität" in Hirschfelds Zeitschrift für Sexualwissenschaft, Bd. I, Nr. 1,[1] erwähnt habe, indem die Kranke mit der einen Hand (als Mann) das Kleid herunterreißt, während sie es mit der anderen (als Weib) an den Leib preßt.

3.) Ganz außerordentlich entstellend wirkt die antagonistische Verkehrung der Innervationen, welche der in der Traumarbeit üblichen Verwandlung eines Elementes in sein Gegenteil analog ist, z. B. wenn im Anfall eine Umarmung dadurch dargestellt wird, daß die Arme krampfhaft nach rückwärts gezogen werden, bis sich die Hände über der Wirbelsäule begegnen. — Möglicherweise ist der bekannte Arc de cercle der

1) S. 246 ff. dieses Bandes.

großen hysterischen Attacke nichts anderes als eine solche energische Verleugnung einer für den sexuellen Verkehr geeigneten Körperstellung durch antagonistische Innervation.

4.) Kaum minder verwirrend und irreführend wirkt dann die Umkehrung in der Zeitfolge innerhalb der dargestellten Phantasie, was wiederum sein volles Gegenstück in manchen Träumen findet, die mit dem Ende der Handlung beginnen, um dann mit deren Anfang zu schließen. So z. B. wenn die Verführungsphantasie einer Hysterika zum Inhalte hat, wie sie lesend in einem Park sitzt, das Kleid ein wenig gehoben, so daß der Fuß sichtbar wird, ein Herr sich ihr nähert, der sie anspricht, sie dann mit ihm an einen anderen Ort geht und dort zärtlich mit ihm verkehrt, und sie diese Phantasie im Anfalle derart spielt, daß sie mit dem Krampfstadium beginnt, welches dem Koitus entspricht, dann aufsteht, in ein anderes Zimmer geht, sich dort hinsetzt, um zu lesen und dann auf eine imaginäre Anrede Antwort gibt.

Die beiden letztangeführten Entstellungen können uns die Intensität der Widerstände ahnen lassen, denen das Verdrängte noch bei seinem Durchbruche im hysterischen Anfalle Rechnung tragen muß.

## B

Das Auftreten der hysterischen Anfälle folgt leichtverständlichen Gesetzen. Da der verdrängte Komplex aus Libidobesetzung und Vorstellungsinhalt (Phantasie) besteht, kann der Anfall wachgerufen werden: 1.) assoziativ, wenn der (genügend besetzte) Komplexinhalt durch eine Anknüpfung des bewußten Lebens angespielt wird, 2.) organisch, wenn aus inneren somatischen Gründen und durch psychische Beeinflussung von außen die Libidobesetzung über ein gewisses Maß steigt, 3.) im Dienste der primären Tendenz, als Ausdruck der „Flucht in die Krankheit“, wenn die Wirklichkeit peinlich oder schreckhaft wird, also zur Tröstung, 4.) im Dienste der sekundären Tendenzen, mit denen sich das Kranksein verbündet hat, sobald durch die Produktion des Anfalles ein dem Kranken nützlicher Zweck erreicht werden kann. Im letzteren Falle ist der Anfall für gewisse Personen berechnet, kann für sie zeitlich verschoben werden und macht den Eindruck bewußter Simulation.

C

Die Erforschung der Kindergeschichte Hysterischer lehrt, daß der hysterische Anfall zum Ersatze einer ehemals geübten und seither aufgegebenen autoerotischen Befriedigung bestimmt ist. In einer großen Zahl von Fällen kehrt diese Befriedigung (die Masturbation durch Berührung oder Schenkeldruck, die Zungenbewegung u. dgl.) auch im Anfalle selbst unter Abwendung des Bewußtseins wieder. Das Auftreten des Anfalles durch Libidosteigerung und im Dienste der primären Tendenz als Tröstung wiederholt auch genau die Bedingungen, unter denen diese autoerotische Befriedigung seinerzeit vom Kranken mit Absicht aufgesucht wurde. Die Anamnese des Kranken ergibt folgende Stadien: *a)* autoerotische Befriedigung ohne Vorstellungsinhalt, *b)* die nämliche im Anschlusse an eine Phantasie, welche in die Befriedigungsaktion ausläuft, *c)* Verzicht auf die Aktion mit Beibehaltung der Phantasie, *d)* Verdrängung dieser Phantasie, die sich dann, entweder unverändert oder modifiziert und neuen Lebenseindrücken angepaßt, im hysterischen Anfalle durchsetzt und *e)* eventuell selbst die ihr zugehörige, angeblich abgewöhnte Befriedigungsaktion wiederbringt. Ein typischer Zyklus von infantiler Sexualbetätigung — Verdrängung — Mißglücken der Verdrängung und Wiederkehr des Verdrängten.

Der unwillkürliche Harnabgang darf gewiß nicht für unvereinbar mit der Diagnose des hysterischen Anfalls gehalten werden; er wiederholt bloß die infantile Form der stürmischen Pollution. Übrigens kann man auch den Zungenbiß bei unzweifelhafter Hysterie antreffen; er widerspricht der Hysterie so wenig wie dem Liebesspiele; sein Auftreten im Anfalle wird erleichtert, wenn die Kranke durch ärztliche Erkundigung auf die differentialdiagnostischen Schwierigkeiten aufmerksam gemacht worden ist. Selbstbeschädigung im hysterischen Anfalle kann (häufiger bei Männern) vorkommen, wo sie einen Unfall des kindlichen Lebens (z. B. den Erfolg einer Rauferei) wiederholt.

Der Bewußtseinsverlust, die Absence des hysterischen Anfalles geht aus jenem flüchtigen, aber unverkennbaren Bewußtseinsentgang hervor, der auf der Höhe einer jeden intensiven Sexualbefriedigung (auch der autoerotischen) zu verspüren ist. Bei der Entstehung hysterischer Absencen aus den Pollutionsanwandlungen junger weiblicher Individuen ist diese Entwicklung am sichersten zu verfolgen. Die sogenannten hypnoiden Zustände, die Absencen während der Träumerei, die bei Hysterischen so häufig sind, lassen die gleiche Herkunft erkennen. Der Mechanismus dieser Absencen ist ein relativ einfacher. Zunächst wird alle Aufmerksamkeit auf den Ablauf des Befriedigungsvorganges eingestellt, und mit dem Eintritte der Befriedigung wird diese ganze Aufmerksamkeitsbesetzung plötzlich aufgehoben, so daß eine momentane Bewußtseinsleere entsteht. Diese sozusagen physiologische Bewußtseinslücke wird dann im Dienste der Verdrängung erweitert, bis sie all das aufnehmen kann, was die verdrängende Instanz von sich weist.

## D

Die Einrichtung, welche der verdrängten Libido den Weg zur motorischen Abfuhr im Anfalle weist, ist der bei jedermann, auch beim Weibe, bereitgehaltene Reflexmechanismus der Koitusaktion, den wir bei schrankenloser Hingabe an die Sexualtätigkeit manifest werden sehen. Schon die Alten sagten, der Koitus sei eine „kleine Epilepsie". Wir dürfen abändern! Der hysterische Krampfanfall ist ein Koitusäquivalent. Die Analogie

17*

mit dem epileptischen Anfalle hilft uns wenig, da dessen Genese doch unverstandener ist als die des hysterischen.

Im ganzen setzt der hysterische Anfall, wie die Hysterie überhaupt, beim Weibe ein Stück Sexualbetätigung wieder ein, das in den Kinderjahren bestanden hatte und damals exquisit männlichen Charakter erkennen ließ. Man kann es häufig beobachten, daß gerade Mädchen, die bis in die Jahre der Vorpubertät bubenhaftes Wesen und Neigungen zeigten, von der Pubertät an hysterisch werden. In einer ganzen Reihe von Fällen entspricht die hysterische Neurose nur einer exzessiven Ausprägung jenes typischen Verdrängungsschubes, welcher durch Wegschaffung der männlichen Sexualität das Weib entstehen läßt. (Vgl.: Drei Abhandlungen über Sexualtheorie, 1905.)

---

# CHARAKTER UND ANALEROTIK

*Zuerst erschienen in der Psychiatrisch-Neurologischen Wochenschrift, redigiert von Dr. Johann Bresler, Lublinitz (Schlesien), IX. Jahrg., Nr. 52, 1908, dann in der Zweiten Folge der „Sammlung kleiner Schriften zur Neurosenlehre.“*

Unter den Personen, denen man durch psychoanalytische Bemühung Hilfe zu leisten sucht, begegnet man eigentlich recht häufig einem Typus, der durch das Zusammentreffen bestimmter Charaktereigenschaften ausgezeichnet ist, während das Verhalten einer gewissen Körperfunktion und der an ihr beteiligten Organe in der Kindheit dieser Personen die Aufmerksamkeit auf sich zieht. Ich weiß heute nicht mehr anzugeben, aus welchen einzelnen Veranlassungen mir der Eindruck erwuchs, daß zwischen jenem Charakter und diesem Organverhalten ein organischer Zusammenhang bestehe, aber ich kann versichern, daß theoretische Erwartung keinen Anteil an diesem Eindrucke hatte.

Infolge gehäufter Erfahrung hat sich der Glaube an solchen Zusammenhang bei mir so sehr verstärkt, daß ich von ihm Mitteilung zu machen wage.

Die Personen, die ich beschreiben will, fallen dadurch auf, daß sie in regelmäßiger Vereinigung die nachstehenden drei Eigenschaften zeigen: sie sind besonders ordentlich, sparsam und eigensinnig. Jedes dieser Worte deckt eigentlich eine kleine Gruppe oder Reihe von miteinander verwandten Charakterzügen. „Ordentlich“ begreift sowohl die körperliche Sauberkeit als auch Gewissenhaftigkeit in kleinen Pflichterfüllungen und Verläßlichkeit;

das Gegenteil davon wäre: unordentlich, nachlässig. Die Sparsamkeit kann bis zum Geize gesteigert erscheinen; der Eigensinn geht in Trotz über, an den sich leicht Neigung zur Wut und Rachsucht knüpfen. Die beiden letzteren Eigenschaften — Sparsamkeit und Eigensinn — hängen fester miteinander als mit dem ersten, dem „ordentlich", zusammen; sie sind auch das konstantere Stück des ganzen Komplexes, doch erscheint es mir unabweisbar, daß irgendwie alle drei zusammengehören.

Aus der Kleinkindergeschichte dieser Personen erfährt man leicht, daß sie verhältnismäßig lange dazu gebraucht haben, bis sie der infantilen incontinentia alvi Herr geworden sind, und daß sie vereinzeltes Mißglücken dieser Funktion noch in späteren Kinderjahren zu beklagen hatten. Sie scheinen zu jenen Säuglingen gehört zu haben, die sich weigern, den Darm zu entleeren, wenn sie auf den Topf gesetzt werden, weil sie aus der Defäkation einen Lustnebengewinn beziehen;[1] denn sie geben an, daß es ihnen noch in etwas späteren Jahren Vergnügen bereitet hat, den Stuhl zurückzuhalten, und erinnern, wenngleich eher und leichter von ihren Geschwistern als von der eigenen Person, allerlei unziemliche Beschäftigungen mit dem zutage geförderten Kote. Wir schließen aus diesen Anzeichen auf eine überdeutliche erogene Betonung der Afterzone in der von ihnen mitgebrachten Sexualkonstitution; da sich aber nach abgelaufener Kindheit bei diesen Personen nichts mehr von diesen Schwächen und Eigenheiten auffinden läßt, müssen wir annehmen, daß die Analzone ihre erogene Bedeutung im Laufe der Entwicklung eingebüßt hat, und vermuten dann, daß die Konstanz jener Trias von Eigenschaften in ihrem Charakter mit der Aufzehrung der Analerotik in Verbindung gebracht werden darf.

Ich weiß, daß man sich nicht getraut, an einen Sachverhalt zu glauben, solange er unbegreiflich erscheint, der Erklärung

1) Drei Abhandlungen zur Sexualtheorie, II, p. 41, 1905; 5. Aufl., 1922. [Enthalten in diesem Band der Gesamtausgabe.]

nicht irgendeine Anknüpfung bietet. Wenigstens das Grundlegende desselben können wir nun unserem Verständnisse mit Hilfe der Voraussetzungen näher bringen, die in den „Drei Abhandlungen zur Sexualtheorie" 1905 dargelegt sind. Ich suche dort zu zeigen, daß der Sexualtrieb des Menschen hoch zusammengesetzt ist, aus Beiträgen zahlreicher Komponenten und Partialtriebe entsteht. Wesentliche Beiträge zur „Sexualerregung" leisten die peripherischen Erregungen gewisser ausgezeichneter Körperstellen (Genitalien, Mund, After, Blasenausgang), welche den Namen „erogene Zonen" verdienen. Die von diesen Stellen her eintreffenden Erregungsgrößen erfahren aber nicht alle und nicht zu jeder Lebenszeit das gleiche Schicksal. Allgemein gesprochen kommt nur ein Teil von ihnen dem Sexualleben zugute; ein anderer Teil wird von den sexuellen Zielen abgelenkt und auf andere Ziele gewendet, ein Prozeß, der den Namen „Sublimierung" verdient. Um die Lebenszeit, welche als „sexuelle Latenzperiode" bezeichnet werden darf, vom vollendeten fünften Jahre bis zu den ersten Äußerungen der Pubertät (ums elfte Jahr) werden sogar auf Kosten dieser von erogenen Zonen gelieferten Erregungen im Seelenleben Reaktionsbildungen, Gegenmächte, geschaffen wie Scham, Ekel und Moral, die sich gleichwie Dämme der späteren Betätigung der Sexualtriebe entgegensetzen. Da nun die Analerotik zu jenen Komponenten des Triebes gehört, die im Laufe der Entwicklung und im Sinne unserer heutigen Kulturerziehung für sexuelle Zwecke unverwendbar werden, läge es nahe, in den bei ehemaligen Analerotikern so häufig hervortretenden Charaktereigenschaften — Ordentlichkeit, Sparsamkeit und Eigensinn — die nächsten und konstantesten Ergebnisse der Sublimierung der Analerotik zu erkennen.[1]

1) Da gerade die Bemerkungen über die Analerotik des Säuglings in den „Drei Abhandlungen zur Sexualtheorie" bei unverständigen Lesern besonderen Anstoß erregt haben, gestatte ich mir an dieser Stelle die Einschaltung einer Beobachtung, die ich einem sehr intelligenten Patienten verdanke: „Ein Bekannter, der die Abhandlung über ‚Sexualtheorie' gelesen hat, spricht über das Buch, erkennt es vollkommen an,

Die innere Notwendigkeit dieses Zusammenhanges ist mir natürlich selbst nicht durchsichtig, doch kann ich einiges anführen, was als Hilfe für ein Verständnis desselben verwertet werden kann. Die Sauberkeit, Ordentlichkeit, Verläßlichkeit macht ganz den Eindruck einer Reaktionsbildung gegen das Interesse am Unsauberen, Störenden, nicht zum Körper gehörigen *(„Dirt is matter in the wrong place").* Den Eigensinn mit dem Defäkationsinteresse in Beziehung zu bringen, scheint keine leichte Aufgabe, doch mag man sich daran erinnern, daß schon der Säugling sich beim Absetzen des Stuhles eigenwillig benehmen kann (s. o.), und daß schmerzhafte Reize auf die mit der erogenen Afterzone

---

nur eine Stelle darin sei ihm — obwohl er auch diese inhaltlich natürlich billige und begreife — so grotesk und komisch vorgekommen, daß er sich hingesetzt und eine Viertelstunde darüber gelacht habe. Diese Stelle lautet: ‚Es ist eines der besten Vorzeichen späterer Absonderlichkeit oder Nervosität, wenn ein Säugling sich hartnäckig weigert, den Darm zu entleeren, wenn er auf den Topf gesetzt wird, also wenn es dem Pfleger beliebt, sondern diese Funktion seinem eigenen Belieben vorbehält. Es kommt ihm natürlich nicht darauf an, sein Lager schmutzig zu machen; er sorgt nur, daß ihm der Lustnebengewinn bei der Defäkation nicht entgehe.' Die Vorstellung dieses auf dem Topfe sitzenden Säuglings, der überlege, ob er sich eine derartige Einschränkung seiner persönlichen Willensfreiheit gefallen lassen solle, und der außerdem sorge, daß ihm der Lustgewinn bei der Defäkation nicht entgehe, habe seine ausgiebige Heiterkeit erregt. — Etwa zwanzig Minuten später, bei der Jause, beginnt mein Bekannter plötzlich gänzlich unvermittelt: ‚Du, mir fällt da gerade, weil ich den Kakao vor mir sehe, eine Idee ein, die ich als Kind immer gehabt habe. Da habe ich mir immer vorgestellt, ich bin der Kakaofabrikant Van Houten (er sprach ‚Van Hauten' aus), und ich habe ein großartiges Geheimnis zur Bereitung dieses Kakaos, und nun bemühen sich alle Leute, mir dieses weltbeglückende Geheimnis zu entreißen, das ich sorgsam hüte. Warum ich gerade auf Van Houten verfallen bin, weiß ich nicht. Wahrscheinlich hat mir seine Reklame am meisten imponiert.' Lachend, und ohne noch eigentlich so recht eine tiefere Absicht damit zu verbinden, meinte ich: ‚Wann haut'n die Mutter?!' Erst eine Weile später erkannte ich, daß mein Wortwitz tatsächlich den Schlüssel zu dieser ganzen, plötzlich aufgetauchten Kindheitserinnerung enthielt, die ich nun als glänzendes Beispiel einer Deckphantasie begriff, welche unter Beibehaltung des eigentlich Tatsächlichen (Nahrungsprozeß) und auf Grund phonetischer Assoziationen (‚Kakao', ‚Wann haut'n —') das Schuldbewußtsein durch eine komplette Umwertung des Erinnerungsinhaltes beruhigt. (Verlegung von rückwärts nach vorne, Nahrungsabgabe wird zur Nahrungsaufnahme, der beschämende und zu verdeckende Inhalt zum weltbeglückenden Geheimnisse.) Interessant war mir, wie hier auf eine Abwehr hin, die freilich die mildere Form formaler Beanstandung annahm, dem Betreffenden ohne seinen Willen eine Viertelstunde später der schlagendste Beweis aus dem eigenen Unbewußten heraufgereicht wurde."

verknüpfte Gesäßhaut allgemein der Erziehung dazu dienen, den Eigensinn des Kindes zu brechen, es gefügig zu machen. Zum Ausdrucke des Trotzes und der trotzenden Verhöhnung wird bei uns immer noch wie in alter Zeit eine Aufforderung verwendet, die die Liebkosung der Afterzone zum Inhalte hat, also eigentlich eine von der Verdrängung betroffene Zärtlichkeit bezeichnet. Die Entblößung des Hintern stellt die Abschwächung dieser Rede zur Geste dar; in Goethes Götz von Berlichingen finden sich beide, Rede wie Geste, an passendster Stelle als Ausdruck des Trotzes angebracht.

Am ausgiebigsten erscheinen die Beziehungen, welche sich zwischen den anscheinend so disparaten Komplexen des Geldinteresses und der Defäkation ergeben. Jedem Arzte, der die Psychoanalyse geübt hat, ist es wohl bekannt geworden, daß sich auf diesem Wege die hartnäckigsten und langdauerndsten sogenannten habituellen Stuhlverstopfungen Nervöser beseitigen lassen. Das Erstaunen hierüber wird durch die Erinnerung gemäßigt, daß diese Funktion sich ähnlich gefügig auch gegen die hypnotische Suggestion erwiesen hat. In der Psychoanalyse erzielt man diese Wirkung aber nur dann, wenn man den Geldkomplex der Betreffenden berührt und sie veranlaßt, denselben mit all seinen Beziehungen zum Bewußtsein zu bringen. Man könnte meinen, daß die Neurose hierbei nur einem Winke des Sprachgebrauchs folgt, der eine Person, die das Geld allzu ängstlich zurückhält, „schmutzig" oder „filzig" (englisch: *filthy* = schmutzig) nennt. Allein dieses wäre eine allzu oberflächliche Würdigung. In Wahrheit ist überall, wo die archaische Denkweise herrschend war oder geblieben ist, in den alten Kulturen, im Mythus, Märchen, Aberglauben, im unbewußten Denken, im Traume und in der Neurose das Geld in innigste Beziehungen zum Drecke gebracht. Es ist bekannt, daß das Gold, welches der Teufel seinen Buhlen schenkt, sich nach seinem Weggehen in Dreck verwandelt, und der Teufel ist doch gewiß nichts anderes als die Personifikation des verdrängten unbewußten Trieblebens.[1] Bekannt ist ferner der Aberglaube, der die Auffindung von Schätzen mit der Defäkation zusammenbringt, und jedermann vertraut ist die Figur des „Dukatenscheißers". Ja, schon in der altbabylonischen Lehre ist Gold der Kot der Hölle, *Mammon = ilu manman.*[2] Wenn also die Neurose dem Sprachgebrauche folgt, so nimmt sie hier wie anderwärts die Worte in ihrem ursprünglichen, bedeutungsvollen Sinne, und wo sie ein Wort bildlich darzustellen scheint, stellt sie in der Regel nur die alte Bedeutung des Wortes wieder her.

Es ist möglich, daß der Gegensatz zwischen dem Wertvollsten, das der Mensch kennen gelernt hat, und dem Wertlosesten, das er als Abfall („*refuse*") von sich wirft, zu dieser bedingten Identifizierung von Gold und Kot geführt hat.

Im Denken der Neurose kommt dieser Gleichstellung wohl noch ein anderer Umstand zu Hilfe. Das ursprünglich erotische Interesse an der Defäkation ist, wie wir ja wissen, zum Erlöschen in reiferen Jahren bestimmt; in diesen Jahren tritt das Interesse am Gelde als ein neues auf, welches der Kindheit noch gefehlt hat; dadurch wird es erleichtert, daß die frühere Strebung, die ihr Ziel zu verlieren im Begriffe ist, auf das neu auftauchende Ziel übergeleitet werde.

Wenn den hier behaupteten Beziehungen zwischen der Analerotik und jener Trias von Charaktereigenschaften etwas Tatsächliches zugrunde liegt, so wird man keine besondere Ausprägung des „Analcharakters" bei Personen erwarten dürfen, die sich die erogene Eignung der Analzone für das reife Leben bewahrt haben, wie z. B. gewisse Homosexuelle. Wenn ich nicht sehr irre,

1) Vergleiche die hysterische Besessenheit und die dämonischen Epidemien.

2) Jeremias, Das Alte Testament im Lichte des alten Orients, 2. Aufl., 1906, p. 216, und Babylonisches im Neuen Testament, 1906, p. 96, „*Mamon (Mammon)* ist babylonisch *man-man*, ein Beiname Nergals, des Gottes der Unterwelt. Das Gold ist nach orientalischem Mythus, der in die Sagen und Märchen der Völker übergegangen ist, Dreck der Hölle; siehe: Monotheistische Strömungen innerhalb der babylonischen Religion, S. 16, Anm. 1."

befindet sich die Erfahrung zumeist in guter Übereinstimmung mit diesem Schlusse.

Man müßte überhaupt in Erwägung ziehen, ob nicht auch andere Charakterkomplexe ihre Zugehörigkeit zu den Erregungen von bestimmten erogenen Zonen erkennen lassen. Ich kenne bis jetzt nur noch den unmäßigen „brennenden" Ehrgeiz der einstigen Enuretiker. Für die Bildung des endgültigen Charakters aus den konstitutiven Trieben läßt sich allerdings eine Formel angeben: Die bleibenden Charakterzüge sind entweder unveränderte Fortsetzungen der ursprünglichen Triebe, Sublimierungen derselben oder Reaktionsbildungen gegen dieselben.

---

# ÜBER TRIEBUMSETZUNGEN, INSBESONDERE DER ANALEROTIK

*Zuerst erschienen in der „Internationalen Zeitschrift f. Psychoanalyse", IV, 1916/17, dann in der Vierten Folge der „Sammlung kleiner Schriften zur Neurosenlehre".*

Vor einer Reihe von Jahren habe ich aus der psychoanalytischen Beobachtung die Vermutung geschöpft, daß das konstante Zusammentreffen der drei Charaktereigenschaften: ordentlich, sparsam und eigensinnig auf eine Verstärkung der analerotischen Komponente in der Sexualkonstitution solcher Personen hindeute, bei denen es aber im Laufe der Entwicklung durch Aufzehrung ihrer Analerotik zur Ausbildung solcher bevorzugter Reaktionsweisen des Ichs gekommen ist.[1]

Es lag mir damals daran, eine als tatsächlich erkannte Beziehung bekanntzugeben; um ihre theoretische Würdigung bekümmerte ich mich wenig. Seither hat sich wohl allgemein die Auffassung durchgesetzt, daß jede einzelne der drei Eigenschaften: Geiz, Pedanterie und Eigensinn aus den Triebquellen der Analerotik hervorgeht oder — vorsichtiger und vollständiger ausgedrückt — mächtige Zuschüsse aus diesen Quellen bezieht. Die Fälle, denen die Vereinigung der erwähnten drei Charakterfehler ein besonderes Gepräge aufdrückte (Analcharakter), waren eben nur die Extreme, an denen sich der uns interessierende Zusammenhang auch einer stumpfen Beobachtung verraten mußte.

1) Charakter und Analerotik, 1908 [enthalten in diesem Band, S. 261 ff.].

Einige Jahre später habe ich aus einer Fülle von Eindrücken, geleitet durch eine besonders zwingende analytische Erfahrung, den Schluß gezogen, daß in der Entwicklung der menschlichen Libido vor der Phase des Genitalprimats eine „prägenitale Organisation“ anzunehmen ist, in welcher der Sadismus und die Analerotik die leitenden Rollen spielen.[1]

Die Frage nach dem weiteren Verbleib der analerotischen Triebregungen war von da an unabweisbar. Welches wurde ihr Schicksal, nachdem sie durch die Herstellung der endgültigen Genitalorganisation ihre Bedeutung für das Sexualleben eingebüßt hatten? Blieben sie als solche, aber nun im Zustande der Verdrängung, fortbestehen, unterlagen sie der Sublimierung oder der Aufzehrung unter Umsetzung in Eigenschaften des Charakters, oder fanden sie Aufnahme in die neue, vom Primat der Genitalien bestimmte Gestaltung der Sexualität? Oder besser, da wahrscheinlich keines dieser Schicksale der Analerotik das ausschließliche sein dürfte, in welchem Ausmaß und in welcher Weise teilen sich diese verschiedenen Möglichkeiten in die Entscheidung über die Schicksale der Analerotik, deren organische Quellen ja durch das Auftreten der Genitalorganisation nicht verschüttet werden konnten?

Man sollte meinen, es könnte an Material für die Beantwortung dieser Fragen nicht fehlen, da die betreffenden Vorgänge von Entwicklung und Umsetzung sich bei allen Personen vollzogen haben müssen, die Gegenstand der psychoanalytischen Untersuchung werden. Allein dies Material ist so undurchsichtig, die Fülle von immer wiederkehrenden Eindrücken wirkt so verwirrend, daß ich auch heute keine vollständige Lösung des Problems, bloß Beiträge zur Lösung zu geben vermag. Ich brauche dabei der Gelegenheit nicht aus dem Wege zu gehen, wenn der Zusammenhang es gestattet, einige andere Triebumsetzungen zu erwähnen, welche nicht die Analerotik betreffen. Es bedarf endlich

1) Die Disposition zur Zwangsneurose. [S. 277 ff. dieses Bandes.]

kaum der Hervorhebung, daß die beschriebenen Entwicklungsvorgänge — hier wie anderwärts in der Psychoanalyse — aus den Regressionen erschlossen worden sind, zu welchen sie durch die neurotischen Prozesse genötigt wurden.

Ausgangspunkt dieser Erörterungen kann der Anschein werden, daß in den Produktionen des Unbewußten — Einfällen, Phantasien und Symptomen — die Begriffe Kot (Geld, Geschenk), Kind und Penis schlecht auseinandergehalten und leicht miteinander vertauscht werden. Wenn wir uns so ausdrücken, wissen wir natürlich, daß wir Bezeichnungen, die für andere Gebiete des Seelenlebens gebräuchlich sind, mit Unrecht auf das Unbewußte übertragen und uns durch den Vorteil, welchen ein Vergleich mit sich bringt, verleiten lassen. Wiederholen wir also in einwandfreierer Form, daß diese Elemente im Unbewußten häufig behandelt werden, als wären sie einander äquivalent und dürften einander unbedenklich ersetzen.

Für die Beziehungen von „Kind" und „Penis" ist dies am leichtesten zu sehen. Es kann nicht gleichgültig sein, daß beide in der Symbolsprache des Traumes wie in der des täglichen Lebens durch ein gemeinsames Symbol ersetzt werden können. Das Kind heißt wie der Penis das „Kleine". Es ist bekannt, daß die Symbolsprache sich oft über den Geschlechtsunterschied hinaussetzt. Das „Kleine", das ursprünglich das männliche Glied meinte, mag also sekundär zur Bezeichnung des weiblichen Genitales gelangt sein.

Forscht man tief genug in der Neurose einer Frau, so stößt man nicht selten auf den verdrängten Wunsch, einen Penis wie der Mann zu besitzen. Akzidentelles Mißgeschick im Frauenleben, oft genug selbst Folge einer stark männlichen Anlage, hat diesen Kinderwunsch, den wir als „Penisneid" dem Kastrationskomplex einordnen, wieder aktiviert und ihn durch die Rückströmung der Libido zum Hauptträger der neurotischen Symptome werden lassen. Bei anderen Frauen läßt sich von diesem Wunsch nach dem Penis nichts nachweisen; seine Stelle nimmt der Wunsch nach dem Kind ein, dessen Versagung im Leben dann die Neurose auslösen kann. Es ist so, als ob diese Frauen begriffen hätten — was als Motiv doch unmöglich gewesen sein kann, — daß die Natur dem Weibe das Kind zum Ersatz für das andere gegeben hat, was sie ihm versagen mußte. Bei noch anderen Frauen erfährt man, daß beide Wünsche in der Kindheit vorhanden waren und einander abgelöst haben. Zuerst wollten sie einen Penis haben wie der Mann, und in einer späteren, immer noch infantilen Epoche trat der Wunsch nach einem Kind an die Stelle. Man kann den Eindruck nicht abweisen, daß akzidentelle Momente des Kinderlebens, die Anwesenheit oder das Fehlen von Brüdern, das Erleben der Geburt eines neuen Kindes zu günstiger Lebenszeit, die Schuld an dieser Mannigfaltigkeit tragen, so daß der Wunsch nach dem Penis doch im Grunde identisch wäre mit dem nach dem Kinde.

Wir können angeben, welches Schicksal der infantile Wunsch nach dem Penis erfährt, wenn die Bedingungen der Neurose im späteren Leben ausbleiben. Er verwandelt sich dann in den Wunsch nach dem Mann, er läßt sich also den Mann als Anhängsel an den Penis gefallen. Durch diese Wandlung wird eine gegen die weibliche Sexualfunktion gerichtete Regung zu einer ihr günstigen. Diesen Frauen wird hiemit ein Liebesleben nach dem männlichen Typus der Objektliebe ermöglicht, welches sich neben dem eigentlich weiblichen, vom Narzißmus abgeleiteten, behaupten kann. Wir haben schon gehört, daß es in anderen Fällen erst das Kind ist, welches den Übergang von der narzißtischen Selbstliebe zur Objektliebe herbeiführt. Es kann also auch in diesem Punkte das Kind durch den Penis vertreten werden.

Ich hatte einigemal Gelegenheit, Träume von Frauen nach den ersten Kohabitationen zu erfahren. Diese deckten unverkennbar den Wunsch auf, den Penis, den sie verspürt hatten, bei sich zu behalten, entsprachen also, von der libidinösen Begründung abgesehen, einer flüchtigen Regression vom Manne auf den Penis als Wunschobjekt. Man wird gewiß geneigt sein, den Wunsch nach dem Manne in rein rationalistischer Weise auf den Wunsch nach dem Kinde zurückführen, da ja irgend einmal verstanden wird, daß man ohne Dazutun des Mannes ein Kind nicht bekommen kann. Es dürfte aber eher so zugehen, daß der Wunsch nach dem Manne unabhängig vom Kindwunsch entsteht und daß, wenn er aus begreiflichen Motiven, die durchaus der Ichpsychologie angehören, auftaucht, der alte Wunsch nach dem Penis sich ihm als unbewußte libidinöse Verstärkung beigesellt.

Die Bedeutung des beschriebenen Vorganges liegt darin, daß er ein Stück der narzißtischen Männlichkeit des jungen Weibes in Weiblichkeit überführt und somit für die weibliche Sexualfunktion unschädlich macht. Auf einem anderen Wege wird nun auch ein Anteil der Erotik der prägenitalen Phase für die Verwendung in der Phase des Genitalprimats tauglich. Das Kind wird doch als „Lumpf" betrachtet (siehe die Analyse des kleinen Hans), als etwas, was sich durch den Darm vom Körper löst; somit kann ein Betrag libidinöser Besetzung, welcher dem Darminhalt gegolten hat, auf das durch den Darm geborene Kind ausgedehnt werden. Ein sprachliches Zeugnis dieser Identität von Kind und Kot ist in der Redensart: ein Kind schenken erhalten. Der Kot ist nämlich das erste Geschenk, ein Teil seines Körpers, von dem sich der Säugling nur auf Zureden der geliebten Person trennt, mit dem er ihr auch unaufgefordert seine Zärtlichkeit bezeigt, da er fremde Personen in der Regel nicht beschmutzt. (Ähnliche, wenn auch nicht so intensive Reaktionen mit dem Urin.) Bei der Defäkation ergibt sich für das Kind eine erste Entscheidung zwischen narzißtischer und objektliebender Einstellung. Es gibt entweder den Kot gefügig ab, „opfert" ihn der Liebe, oder hält ihn zur autoerotischen

Befriedigung, später zur Behauptung seines eigenen Willens, zurück. Mit letzterer Entscheidung ist der Trotz (Eigensinn) konstituiert, der also einem narzißtischen Beharren bei der Analerotik entspringt.

Es ist wahrscheinlich, daß nicht Gold—Geld, sondern Geschenk die nächste Bedeutung ist, zu welcher das Kotinteresse fortschreitet. Das Kind kennt kein anderes Geld, als was ihm geschenkt wird, kein erworbenes und auch kein eigenes, ererbtes. Da Kot sein erstes Geschenk ist, überträgt es leicht sein Interesse von diesem Stoff auf jenen neuen, der ihm als wichtigstes Geschenk im Leben entgegentritt. Wer an dieser Herleitung des Geschenkes zweifelt, möge seine Erfahrung in der psychoanalytischen Behandlung zu Rate ziehen, die Geschenke studieren, die er als Arzt vom Kranken erhält, und die Übertragungsstürme beachten, welche er durch ein Geschenk an den Patienten hervorrufen kann.

Das Kotinteresse wird also zum Teil als Geldinteresse fortgesetzt, zum anderen Teil in den Wunsch nach dem Kinde übergeführt. In diesem Kindwunsch treffen nun eine analerotische und eine genitale Regung (Penisneid) zusammen. Der Penis hat aber auch eine vom Kindinteresse unabhängige analerotische Bedeutung. Das Verhältnis zwischen dem Penis und dem von ihm ausgefüllten und erregten Schleimhautrohr findet sich nämlich schon in der prägenitalen, sadistisch-analen, Phase vorgebildet. Der Kotballen — oder die „Kotstange" nach dem Ausdruck eines Patienten — ist sozusagen der erste Penis, die von ihm gereizte Schleimhaut die des Enddarmes. Es gibt Personen, deren Analerotik bis zur Zeit der Vorpubertät (zehn bis zwölf Jahre) stark und unverändert geblieben ist; von ihnen erfährt man, daß sie schon während dieser prägenitalen Phase in Phantasien und perversen Spielereien eine der genitalen analoge Organisation entwickelt hatten, in welcher Penis und Vagina durch die Kotstange und den Darm vertreten waren. Bei anderen — Zwangsneurotikern — kann man das Ergebnis einer regressiven Erniedrigung der Genitalorganisation kennen lernen. Es äußert sich darin, daß alle ursprünglich genital konzipierten Phantasien ins Anale versetzt, der Penis durch die Kotstange, die Vagina durch den Darm ersetzt werden.

Wenn das Kotinteresse in normaler Weise zurückgeht, so wirkt die hier dargelegte organische Analogie dahin, daß es sich auf den Penis überträgt. Erfährt man später in der Sexualforschung, daß das Kind aus dem Darm geboren wird, so wird dieses zum Haupterben der Analerotik, aber der Vorgänger des Kindes war der Penis gewesen, in diesem wie in einem anderen Sinne.

Ich bin überzeugt, daß die vielfältigen Beziehungen in der Reihe Kot—Penis—Kind nun völlig unübersichtlich geworden sind, und will darum versuchen, dem Mangel durch eine graphische Darstellung abzuhelfen, in deren Diskussion dasselbe Material nochmals, aber in anderer Folge, gewürdigt werden kann. Leider ist dieses technische Mittel nicht schmiegsam genug für unsere Absichten, oder wir haben noch nicht gelernt, es in geeigneter Weise zu gebrauchen. Ich bitte jedenfalls, an das beistehende Schema keine strengen Anforderungen zu stellen.

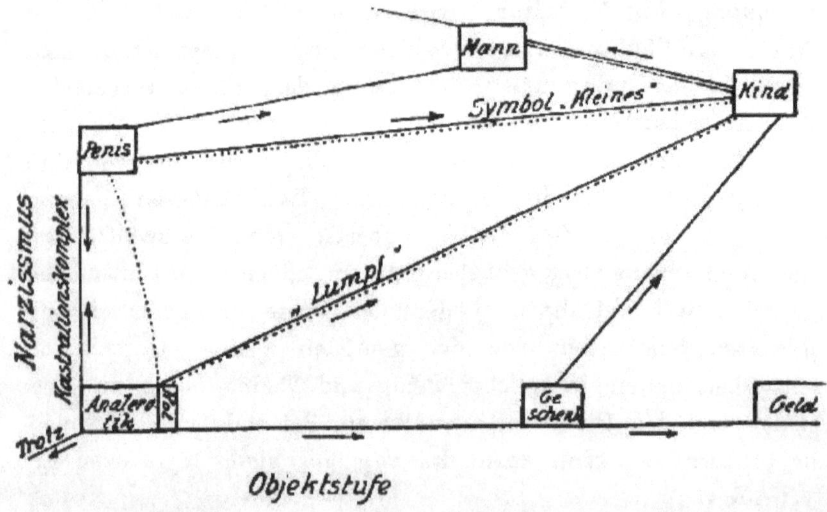

Aus der Analerotik geht in narzißtischer Verwendung der Trotz hervor als eine bedeutsame Reaktion des Ichs gegen Anforderungen der anderen; das dem Kot zugewendete Interesse übergeht in Interesse für das Geschenk und dann für das Geld. Mit dem Auftreten des Penis entsteht beim Mädchen der Penisneid, der sich später in den Wunsch nach dem Mann als Träger eines Penis umsetzt. Vorher noch hat sich der Wunsch nach dem Penis in den Wunsch nach dem Kind verwandelt, oder der Kindwunsch ist an die Stelle des Peniswunsches getreten. Eine organische Analogie zwischen Penis und Kind (punktierte Linie) drückt sich durch den Besitz eines beiden gemeinsamen Symbols aus („das Kleine"). Vom Kindwunsch führt dann ein rationeller Weg (doppelte Linie) zum Wunsch nach dem Mann. Die Bedeutung dieser Triebumsetzung haben wir bereits gewürdigt.

Ein anderes Stück des Zusammenhanges ist weit deutlicher beim Manne zu erkennen. Es stellt sich her, wenn die Sexualforschung des Kindes das Fehlen des Penis beim Weibe in Erfahrung gebracht hat. Der Penis wird somit als etwas vom Körper Ablösbares erkannt und tritt in Analogie zum Kot, welcher das erste Stück Leiblichkeit war, auf das man verzichten mußte. Der alte Analtrotz tritt so in die Konstitution des Kastrationskomplexes ein. Die organische Analogie, derzufolge der Darminhalt den Vorläufer des Penis während der prägenitalen Phase darstellte, kann als Motiv nicht in Betracht kommen; sie findet aber durch die Sexualforschung einen psychischen Ersatz.

Wenn das Kind auftritt, wird es durch die Sexualforschung als „Lumpf" erkannt und mit mächtigem, analerotischem Interesse besetzt. Einen zweiten Zuzug aus gleicher Quelle erhält der Kindwunsch, wenn die soziale Erfahrung lehrt, daß das Kind als Liebesbeweis, als Geschenk, aufgefaßt werden kann. Alle drei, Kotsäule, Penis und Kind, sind feste Körper, welche ein Schleimhautrohr (den Enddarm und die ihm nach einem guten Worte von Lou Andreas-Salomé gleichsam abgemietete Vagina)[1] bei

1) „Anal" und „Sexual", Imago, IV, 5. 1916.

ihrem Eindringen oder Herausdringen erregen. Der infantilen Sexualforschung kann von diesem Sachverhalt nur bekannt werden, daß das Kind denselben Weg nimmt wie die Kotsäule; die Funktion des Penis wird von der kindlichen Forschung in der Regel nicht aufgedeckt. Doch ist es interessant zu sehen, daß eine organische Übereinstimmung nach so vielen Umwegen wieder im Psychischen als eine unbewußte Identität zum Vorschein kommt.

# DIE DISPOSITION ZUR ZWANGSNEUROSE

*Ein Beitrag zum Problem der Neurosenwahl*

*Vortrag auf dem Psychoanalytischen Kongreß zu München 1913, abgedruckt in der „Internationalen Zeitschrift für ärztliche Psychoanalyse", I, 1913, und dann in der Vierten Folge der „Sammlung kleiner Schriften zur Neurosenlehre".*

Das Problem, warum und wieso ein Mensch an einer Neurose erkranken kann, gehört gewiß zu jenen, die von der Psychoanalyse beantwortet werden sollen. Es ist aber wahrscheinlich, daß diese Antwort erst über ein anderes und spezielleres wird gegeben werden können, über das Problem, warum diese und jene Person gerade an der einen bestimmten Neurose, und an keiner anderen, erkranken muß. Dies ist das Problem der Neurosenwahl.

Was wissen wir bis jetzt zu diesem Problem? Eigentlich ist hier nur ein einziger allgemeiner Satz gesichert. Wir unterscheiden die für die Neurosen in Betracht kommenden Krankheitsursachen in solche, die der Mensch ins Leben mitbringt, und solche, die das Leben an ihn heranbringt, konstitutionelle und akzidentelle, durch deren Zusammenwirken erst in der Regel die Krankheitsverursachung hergestellt wird. Nun besagt der eben angekündigte Satz, daß die Gründe für die Entscheidung der Neurosenwahl durchwegs von der ersteren Art sind, also von der Natur der Dispositionen, und unabhängig von den pathogen wirkenden Erlebnissen.

Worin suchen wir die Herkunft dieser Dispositionen? Wir sind aufmerksam darauf geworden, daß die in Betracht kommenden psychischen Funktionen — vor allem die Sexualfunktion, aber ebenso verschiedene wichtige Ichfunktionen — eine lange und komplizierte Entwicklung durchzumachen haben, bis sie zu dem für den normalen Erwachsenen charakteristischen Zustand gelangen. Wir nehmen nun an, daß diese Entwicklungen nicht immer so tadellos vollzogen werden, daß die gesamte Funktion der fortschrittlichen Veränderung unterliege. Wo ein Stück derselben die vorige Stufe festhält, da ergibt sich eine sogenannte „Fixierungsstelle", zu welcher die Funktion im Falle der Erkrankung durch äußerliche Störung regredieren kann.

Unsere Dispositionen sind also Entwicklungshemmungen. Die Analogie mit den Tatsachen der allgemeinen Pathologie anderer Krankheiten bestärkt uns in dieser Auffassung. Bei der Frage, welche Faktoren solche Störungen der Entwicklung hervorrufen können, macht aber die psychoanalytische Arbeit Halt und überläßt dies Problem der biologischen Forschung.[1]

Mit Hilfe dieser Voraussetzungen haben wir uns bereits vor einigen Jahren an das Problem der Neurosenwahl herangewagt. Unsere Arbeitsrichtung, welche dahin geht, die normalen Verhältnisse aus ihren Störungen zu erraten, hat uns dazu geführt, einen ganz besonderen und unerwarteten Angriffspunkt zu wählen. Die Reihenfolge, in welcher die Hauptformen der Psychoneurosen gewöhnlich aufgeführt werden — Hysterie, Zwangsneurose, Paranoia, Dementia praecox — entspricht (wenn auch nicht völlig genau) der Zeitfolge, in der diese Affektionen im Leben hervorbrechen. Die hysterischen Krankheitsformen können schon in der ersten Kindheit beobachtet werden, die Zwangsneurose offenbart ihre ersten Symptome gewöhnlich in der zweiten Periode der Kindheit (von sechs

1) Seitdem die Arbeiten von W. Fließ die Bedeutung bestimmter Zeitgrößen für die Biologie aufgedeckt haben, ist es denkbar geworden, daß sich Entwicklungsstörung auf zeitliche Abänderung von Entwicklungsschüben zurückführt.

bis acht Jahren an); die beiden anderen, von mir als Paraphrenie zusammengefaßten Psychoneurosen zeigen sich erst nach der Pubertät und im Alter der Reife. Diese zuletzt auftretenden Affektionen haben sich nun unserer Forschung nach den in die Neurosenwahl auslaufenden Dispositionen zuerst zugänglich erwiesen. Die ihnen beiden eigentümlichen Charaktere des Größenwahns, der Abwendung von der Welt der Objekte und der Erschwerung der Übertragung haben uns zum Schlusse genötigt, daß deren disponierende Fixierung in einem Stadium der Libidoentwicklung v o r der Herstellung der Objektwahl, also in der Phase des Autoerotismus und des Narzißmus zu suchen ist. Diese so spät auftretenden Erkrankungsformen gehen also auf sehr frühzeitige Hemmungen und Fixierungen zurück.

Demnach würden wir darauf hingewiesen, die Disposition für Hysterie und Zwangsneurose, die beiden eigentlichen Übertragungsneurosen mit frühzeitiger Symptombildung, in den jüngeren Phasen der Libidoentwicklung zu vermuten. Allein worin wäre hier die Entwicklungshemmung zu finden und vor allem, welches wäre der Phasenunterschied, der die Disposition zur Zwangsneurose im Gegensatz zur Hysterie begründen sollte? Darüber war lange nichts zu erfahren, und meine früher unternommenen Versuche, diese beiden Dispositionen zu erraten, z. B. daß die Hysterie durch Passivität, die Zwangsneurose durch Aktivität im infantilen Erleben bedingt sein sollte, mußten bald als verfehlt abgewiesen werden.

Ich kehre nun auf den Boden der klinischen Einzelbeobachtung zurück. Ich habe lange Zeit hindurch eine Kranke studiert, deren Neurose eine ungewöhnliche Wandlung durchgemacht hatte. Dieselbe begann nach einem traumatischen Erlebnis als glatte Angsthysterie und behielt diesen Charakter durch einige Jahre bei. Eines Tages aber verwandelte sie sich plötzlich in eine Zwangsneurose von der schwersten Art. Ein solcher Fall mußte nach mehr als einer Richtung bedeutsam werden. Einerseits konnte er vielleicht den Wert eines bilinguen Dokuments beanspruchen und zeigen, wie ein identischer Inhalt von den beiden Neurosen in verschiedenen Sprachen ausgedrückt wird. Anderseits drohte er, unserer Theorie der Disposition durch Entwicklungshemmung überhaupt zu widersprechen, wenn man sich nicht zur Annahme entschließen wollte, daß eine Person auch mehr als eine einzige schwache Stelle in ihrer Libidoentwicklung mitbringen könne. Ich sagte mir, daß man kein Recht habe, diese letztere Möglichkeit abzuweisen, war aber auf das Verständnis dieses Krankheitsfalles sehr gespannt.

Als dieses im Laufe der Analyse kam, mußte ich sehen, daß die Sachlage ganz anders war, als ich sie mir vorgestellt hatte. Die Zwangsneurose war nicht eine weitere Reaktion auf das nämliche Trauma, welches zuerst die Angsthysterie hervorgerufen hatte, sondern auf ein zweites Erlebnis, welches das erste völlig entwertet hatte. (Also, eine — allerdings noch diskutierbare — Ausnahme von unserem Satze, der die Unabhängigkeit der Neurosenwahl vom Erleben behauptet.)

Ich kann leider — aus bekannten Motiven — auf die Krankengeschichte des Falles nicht so weit eingehen, wie ich gern möchte, sondern muß mich auf nachstehende Mitteilungen beschränken. Die Patientin war bis zu ihrer Erkrankung eine glückliche, fast völlig befriedigte Frau gewesen. Sie wünschte sich Kinder aus Motiven infantiler Wunschfixierung und erkrankte, als sie erfuhr, daß sie von ihrem ausschließend geliebten Manne keine Kinder bekommen könne. Die Angsthysterie, mit welcher sie auf diese Versagung reagierte, entsprach, wie sie bald selbst verstehen lernte, der Abweisung von Versuchungsphantasien, in denen sich der festgehaltene Wunsch nach einem Kinde durchsetzte. Sie tat nun alles dazu, um ihren Mann nicht erraten zu lassen, daß sie infolge der durch ihn determinierten Versagung erkrankt sei. Aber ich habe nicht ohne gute Gründe behauptet, daß jeder Mensch in seinem eigenen Unbewußten ein Instrument besitzt, mit dem er die Äußerungen des Unbewußten beim anderen zu deuten vermag;

der Mann verstand ohne Geständnis oder Erklärung, was die Angst seiner Frau bedeute, kränkte sich darüber, ohne es zu zeigen, und reagierte nun seinerseits neurotisch, indem er — zum erstenmal — beim Eheverkehr versagte. Unmittelbar darauf reiste er ab, die Frau hielt ihn für dauernd impotent geworden und produzierte die ersten Zwangssymptome an dem Tage vor seiner erwarteten Rückkunft.

Der Inhalt ihrer Zwangsneurose bestand in einem peinlichen Wasch- und Reinlichkeitszwang und in höchst energischen Schutzmaßregeln gegen böse Schädigungen, welche andere von ihr zu befürchten hätten, also in Reaktionsbildungen gegen anal-erotische und sadistische Regungen. In solchen Formen mußte sich ihr Sexualbedürfnis äußern, nachdem ihr Genitalleben durch die Impotenz des für sie einzigen Mannes eine volle Entwertung erfahren hatte.

An diesen Punkt hat das kleine, von mir neugebildete Stückchen Theorie angeknüpft, welches natürlich nur scheinbar auf dieser einen Beobachtung ruht, in Wirklichkeit eine große Summe früherer Eindrücke zusammenfaßt, die aber erst nach dieser letzten Erfahrung fähig wurden, eine Einsicht zu ergeben. Ich sagte mir, daß mein Entwicklungsschema der libidinösen Funktion einer neuen Einschaltung bedarf. Ich hatte zuerst nur unterschieden die Phase des Autoerotismus, in welcher die einzelnen Partialtriebe, jeder für sich, ihre Lustbefriedigung am eigenen Leibe suchen, und dann die Zusammenfassung aller Partialtriebe zur Objektwahl unter dem Primat der Genitalien im Dienste der Fortpflanzung. Die Analyse der Paraphrenien hat uns, wie bekannt, genötigt, dazwischen ein Stadium des Narzißmus einzuschieben, in dem die Objektwahl bereits erfolgt ist, aber das Objekt noch mit dem eigenen Ich zusammenfällt. Und nun sehen wir die Notwendigkeit ein, ein weiteres Stadium vor der Endgestaltung gelten zu lassen, in dem die Partialtriebe bereits zur Objektwahl zusammengefaßt sind, das Objekt sich der eigenen Person schon als eine fremde gegenüberstellt, aber der Primat der Genitalzonen noch nicht aufgerichtet ist. Die Partialtriebe, welche diese prägenitale Organisation des Sexuallebens beherrschen, sind vielmehr die analerotischen und die sadistischen.

Ich weiß, daß jede solche Aufstellung zunächst befremdend klingt. Erst durch die Aufdeckung ihrer Beziehungen zu unserem bisherigen Wissen wird sie uns vertraut, und am Ende ist ihr Schicksal häufig, daß sie als eine geringfügige, längst geahnte Neuerung erkannt wird. Wenden wir uns also mit ähnlichen Erwartungen zur Diskussion der „prägenitalen Sexualordnung".

*a)* Es ist bereits vielen Beobachtern aufgefallen und zuletzt mit besonderer Schärfe von E. Jones hervorgehoben worden, welche außerordentliche Rolle die Regungen von Haß und Analerotik in der Symptomatologie der Zwangsneurose spielen.[1] Dies leitet sich nun unmittelbar aus unserer Aufstellung ab, wenn es diese Partialtriebe sind, welche in der Neurose die Vertretung der Genitaltriebe wieder übernommen haben, deren Vorgänger sie in der Entwicklung waren.

Hier fügt sich nun das bisher zurückgehaltene Stück aus der Krankengeschichte unseres Falles ein. Das Sexualleben der Patientin begann im zartesten Kindesalter mit sadistischen Schlagephantasien. Nach deren Unterdrückung setzte eine ungewöhnlich lange Latenzzeit ein, in welcher das Mädchen eine hochreichende moralische Entwicklung durchmachte, ohne zum weiblichen Sexualempfinden zu erwachen. Mit der in jungen Jahren geschlossenen Ehe begann eine Periode normaler Sexualbetätigung als glückliche Frau, die durch eine Reihe von Jahren anhielt, bis die erste große Versagung die hysterische Neurose brachte. Mit der darauf folgenden Entwertung des Genitallebens sank ihr Sexualleben, wie erwähnt, auf die infantile Stufe des Sadismus zurück.

1) E. Jones: Haß und Analerotik in der Zwangsneurose. (Intern. Zeitschrift für ärztl. Psychoanalyse, I, 1913, H. 5.)

Es ist nicht schwer, den Charakter zu bestimmen, in welchem sich dieser Fall von Zwangsneurose von den häufigeren anderen unterscheidet, die in jüngeren Jahren beginnen und von da an chronisch mit mehr oder weniger auffälligen Exazerbationen verlaufen. In diesen anderen Fällen wird die Sexualorganisation, welche die Disposition zur Zwangsneurose enthält, einmal hergestellt, nie wieder völlig überwunden; in unserem Falle ist sie zuerst durch die höhere Entwicklungsstufe abgelöst und dann durch Regression von dieser her wieder aktiviert worden.

*b)* Wenn wir von unserer Aufstellung aus den Anschluß an biologische Zusammenhänge suchen, dürfen wir nicht vergessen, daß der Gegensatz von männlich und weiblich, welcher von der Fortpflanzungsfunktion eingeführt wird, auf der Stufe der prägenitalen Objektwahl noch nicht vorhanden sein kann. An seiner Statt finden wir den Gegensatz von Strebungen mit aktivem und passivem Ziel, der sich späterhin mit dem Gegensatz der Geschlechter verlöten wird. Die Aktivität wird vom gemeinen Bemächtigungstrieb beigestellt, den wir eben Sadismus heißen, wenn wir ihn im Dienste der Sexualfunktion finden; er hat auch im vollentwickelten normalen Sexualleben wichtige Helferdienste zu verrichten. Die passive Strömung wird von der Analerotik gespeist, deren erogene Zone der alten, undifferenzierten Kloake entspricht. Die Betonung dieser Analerotik auf der prägenitalen Organisationsstufe wird beim Manne eine bedeutsame Prädisposition zur Homosexualität hinterlassen, wenn die nächste Stufe der Sexualfunktion, die des Primats der Genitalien, erreicht wird. Der Aufbau dieser letzten Phase über der vorigen und die dabei erfolgende Umarbeitung der Libidobesetzungen bietet der analytischen Forschung die interessantesten Aufgaben.

Man kann der Meinung sein, daß man sich allen hier in Betracht kommenden Schwierigkeiten und Komplikationen entzieht, wenn man eine prägenitale Organisation des Sexuallebens verleugnet und das Sexualleben mit der Genital- und Fortpflanzungsfunktion zusammenfallen, wie auch mit ihr beginnen läßt. Von den Neurosen würde man dann mit Rücksicht auf die nicht mißverständlichen Ergebnisse der analytischen Forschung aussagen, daß sie durch den Prozeß der Sexualverdrängung dazu genötigt werden, sexuelle Strebungen durch andere nicht sexuelle Triebe auszudrücken, die letzteren also kompensatorisch zu sexualisieren. Wenn man so verfährt, hat man sich aber außerhalb der Psychoanalyse begeben. Man steht wieder dort, wo man sich vor der Psychoanalyse befand, und muß auf das durch sie vermittelte Verständnis des Zusammenhanges zwischen Gesundheit, Perversion und Neurose verzichten. Die Psychoanalyse steht und fällt mit der Anerkennung der sexuellen Partialtriebe, der erogenen Zonen und der so gewonnenen Ausdehnung des Begriffes „Sexualfunktion" im Gegensatz zur engeren „Genitalfunktion". Übrigens reicht die Beobachtung der normalen Entwicklung des Kindes für sich allein hin, um eine solche Versuchung zurückzuweisen.

*c)* Auf dem Gebiete der Charakterentwicklung müssen wir denselben Triebkräften begegnen, deren Spiel wir in den Neurosen aufgedeckt haben. Eine scharfe theoretische Scheidung der beiden wird aber durch den einen Umstand geboten, daß beim Charakter wegfällt, was dem Neurosenmechanismus eigentümlich ist, das Mißglücken der Verdrängung und die Wiederkehr des Verdrängten. Bei der Charakterbildung tritt die Verdrängung entweder nicht in Aktion oder sie erreicht glatt ihr Ziel, das Verdrängte durch Reaktionsbildungen und Sublimierungen zu ersetzen. Darum sind die Prozesse der Charakterbildung undurchsichtiger und der Analyse unzugänglicher als die neurotischen.

Gerade auf dem Gebiete der Charakterentwicklung begegnet uns aber eine gute Analogie zu dem von uns beschriebenen Krankheitsfalle, also eine Bekräftigung der prägenitalen sadistisch-analerotischen Sexualorganisation. Es ist bekannt und hat den Menschen viel Stoff zur Klage gegeben, daß die Frauen häufig, nachdem sie ihre Genitalfunktionen aufgegeben haben, ihren Charakter in eigentümlicher Weise verändern. Sie werden zänkisch, quälerisch und rechthaberisch, kleinlich und geizig, zeigen also typische sadistische und analerotische Züge, die ihnen vorher in der Epoche der Weiblichkeit nicht eigen waren. Lustspieldichter und Satiriker haben zu allen Zeiten ihre Invektiven gegen den „alten Drachen“ gerichtet, zu dem das holde Mädchen, die liebende Frau, die zärtliche Mutter geworden ist. Wir verstehen, daß diese Charakterwandlung der Regression des Sexuallebens auf die prägenitale sadistisch-analerotische Stufe entspricht, in welcher wir die Disposition zur Zwangsneurose gefunden haben. Sie wäre also nicht nur die Vorläuferin der genitalen Phase, sondern oft genug auch ihre Nachfolge und Ablösung, nachdem die Genitalien ihre Funktion erfüllt haben.

Der Vergleich einer solchen Charakterveränderung mit der Zwangsneurose ist sehr eindrucksvoll. In beiden Fällen das Werk der Regression, aber im ersten Falle volle Regression nach glatt vollzogener Verdrängung (oder Unterdrückung); im Falle der Neurose: Konflikt, Bemühung, die Regression nicht gelten zu lassen, Reaktionsbildungen gegen dieselbe und Symptombildungen durch Kompromisse von beiden Seiten her, Spaltung der psychischen Tätigkeiten in bewußtseinsfähige und unbewußte.

*d)* Unsere Aufstellung einer prägenitalen Sexualorganisation ist nach zwei Richtungen hin unvollständig. Sie nimmt erstens keine Rücksicht auf das Verhalten anderer Partialtriebe, an dem manches der Erforschung und Erwähnung wert wäre, und begnügt sich, das auffällige Primat von Sadismus und Analerotik herauszuheben. Besonders vom Wißtrieb gewinnt man häufig den Eindruck, als ob er im Mechanismus der Zwangsneurose den Sadismus geradezu ersetzen könnte. Er ist ja im Grunde ein sublimierter, ins Intellektuelle gehobener Sprößling des Bemächtigungstriebes, seine Zurückweisung in der Form des Zweifels nimmt im Bilde der Zwangsneurose einen breiten Raum ein.

Ein zweiter Mangel ist weit bedeutsamer. Wir wissen, daß die entwicklungsgeschichtliche Disposition für eine Neurose nur dann vollständig ist, wenn sie die Phase der Ichentwicklung, in welcher die Fixierung eintritt, ebenso berücksichtigt wie die der Libidoentwicklung. Unsere Aufstellung hat sich aber nur auf die letztere bezogen, sie enthält also nicht die ganze Kenntnis, die wir fordern dürfen. Die Entwicklungsstadien der Ichtriebe sind uns bis jetzt sehr wenig bekannt; ich weiß nur von einem vielversprechenden Versuch von Ferenczi, sich diesen Fragen zu nähern.[1] Ich weiß nicht, ob es zu gewagt erscheint, wenn ich den vorhandenen Spuren folgend die Annahme ausspreche, daß ein zeitliches Voraneilen der Ichentwicklung vor der Libidoentwicklung in die Disposition zur Zwangsneurose einzutragen ist. Eine solche Voreiligkeit würde von den Ichtrieben her zur Objektwahl nötigen, während die Sexualfunktion ihre letzte Gestaltung noch nicht erreicht hat, und somit eine Fixierung auf der Stufe der prägenitalen Sexualordnung hinterlassen. Erwägt man, daß die Zwangsneurotiker eine Übermoral entwickeln müssen, um ihre Objektliebe gegen die hinter ihr lauernde Feindseligkeit zu verteidigen, so wird man geneigt sein, ein gewisses Maß von diesem Voraneilen der Ichentwicklung als typisch für die menschliche Natur hinzustellen und die Fähigkeit zur Entstehung der Moral in dem Umstand begründet zu finden, daß nach der Entwicklung der Haß der Vorläufer der Liebe ist. Vielleicht ist dies die Bedeutung eines Satzes von W. Stekel, der mir seinerzeit unfaßbar erschien, daß der Haß und nicht die Liebe die primäre Gefühlsbeziehung zwischen den Menschen sei.[2]

*e)* Für die Hysterie erübrigt nach dem Vorstehenden die innige Beziehung zur letzten Phase der Libidoentwicklung, die durch den Primat der Genitalien und die Einführung der Fort-

1) Ferenczi: Entwicklungsstufen des Wirklichkeitssinnes. (Intern. Zeitschr. für ärztl. Psychoanalyse, I, 1913, H. 2.)

2) W. Stekel: Die Sprache des Traumes. 1911, S. 536.

pflanzungsfunktion ausgezeichnet ist. Dieser Erwerb unterliegt in der hysterischen Neurose der Verdrängung, mit welcher eine Regression auf die prägenitale Stufe nicht verbunden ist. Die Lücke in der Bestimmung der Disposition infolge unserer Unkenntnis der Ichentwicklung ist hier noch fühlbarer als bei der Zwangsneurose.

Hingegen ist es nicht schwer nachzuweisen, daß eine andere Regression auf ein früheres Niveau auch der Hysterie zukommt. Die Sexualität des weiblichen Kindes steht, wie wir wissen, unter der Herrschaft eines männlichen Leitorgans (der Klitoris) und benimmt sich vielfach wie die des Knaben. Ein letzter Entwicklungsschub zur Zeit der Pubertät muß diese männliche Sexualität wegschaffen und die von der Kloake abgeleitete Vagina zur herrschenden erogenen Zone erheben. Es ist nun sehr gewöhnlich, daß in der hysterischen Neurose der Frauen eine Reaktivierung dieser verdrängten männlichen Sexualität statt hat, gegen welche sich dann der Abwehrkampf von seiten der ichgerechten Triebe richtet. Doch erscheint es mir vorzeitig, an dieser Stelle in die Diskussion der Probleme der hysterischen Disposition einzutreten.

# MITTEILUNG EINES DER PSYCHOANALYTISCHEN THEORIE WIDERSPRECHENDEN FALLES VON PARANOIA

*Zuerst erschienen in der „Intern. Zeitschr. für ärztl. Psychoanalyse", III, 1915, dann in der Vierten Folge der „Sammlung kleiner Schriften zur Neurosenlehre".*

Vor Jahren ersuchte mich ein bekannter Rechtsanwalt um Begutachtung eines Falles, dessen Auffassung ihm zweifelhaft erschien. Eine junge Dame hatte sich an ihn gewendet, um Schutz gegen die Verfolgungen eines Mannes zu finden, der sie zu einem Liebesverhältnis bewogen hatte. Sie behauptete, daß dieser Mann ihre Gefügigkeit mißbraucht hatte, um von ungesehenen Zuschauern photographische Aufnahmen ihres zärtlichen Beisammenseins herstellen zu lassen; nun läge es in seiner Hand, sie durch das Zeigen dieser Bilder zu beschämen und zum Aufgeben ihrer Stellung zu zwingen. Der Rechtsfreund war erfahren genug, das krankhafte Gepräge dieser Anklage zu erkennen, meinte aber, es komme so viel im Leben vor, was man für unglaubwürdig halten möchte, daß ihm das Urteil eines Psychiaters über die Sache wertvoll wäre. Er versprach, mich ein nächstes Mal in Gesellschaft der Klägerin zu besuchen.

Ehe ich meinen Bericht fortsetze, will ich bekennen, daß ich das Milieu der zu untersuchenden Begebenheit zur Unkenntlichkeit verändert habe, aber auch nichts anderes als dies. Ich halte es sonst für einen Mißbrauch, aus irgend welchen, wenn auch aus den besten Motiven, Züge einer Krankengeschichte in der Mitteilung zu entstellen, da man unmöglich wissen kann, welche Seite des Falles ein selbständig urteilender Leser herausgreifen wird, und somit Gefahr läuft, diesen letzteren in die Irre zu führen.

Die Patientin, die ich nun bald darauf kennen lernte, war ein dreißigjähriges Mädchen von ungewöhnlicher Anmut und Schönheit; sie schien viel jünger zu sein, als sie angab, und machte einen echt weiblichen Eindruck. Gegen den Arzt benahm sie sich voll ablehnend und gab sich keine Mühe, ihr Mißtrauen zu verbergen. Offenbar nur unter dem Drucke des mitanwesenden Rechtsfreundes erzählte sie die folgende Geschichte, die mir ein später zu erwähnendes Problem aufgab. Ihre Mienen und Affektäußerungen verrieten dabei nichts von einer schamhaften Befangenheit, wie sie der Einstellung zu dem fremden Zuhörer entsprochen hätte. Sie stand ausschließlich unter dem Banne der Besorgnis, die sich aus ihrem Erlebnis ergeben hatte.

Sie war jahrelang Angestellte in einem großen Institut gewesen, in dem sie einen verantwortlichen Posten zur eigenen Befriedigung und zur Zufriedenheit der Vorgesetzten innehatte. Liebesbeziehungen zu Männern hatte sie nie gesucht; sie lebte ruhig neben einer alten Mutter, deren einzige Stütze sie war. Geschwister fehlten, der Vater war vor vielen Jahren gestorben. In der letzten Zeit hatte sich ein männlicher Beamter desselben Bureaus ihr genähert, ein sehr gebildeter, einnehmender Mann, dem auch sie ihre Sympathie nicht versagen konnte. Eine Heirat zwischen ihnen war durch äußere Verhältnisse ausgeschlossen, aber der Mann wollte nichts davon wissen, dieser Unmöglichkeit wegen den Verkehr aufzugeben. Er hielt ihr vor, wie unsinnig es sei, wegen sozialer Konventionen auf alles zu verzichten, was sie sich beide wünschten, worauf sie ein unzweifelhaftes Anrecht hätten, und was wie nichts anderes zur Erhöhung des Lebens beitrüge. Da er versprochen hatte, sie nicht in Gefahr zu bringen, willigte sie endlich ein, ihn in seiner Junggesellenwohnung bei Tage zu besuchen. Dort kam es nun zu Küssen und Umarmungen, sie lagerten sich nebeneinander, er bewunderte ihre zum Teil enthüllte Schönheit. Mitten in dieser Schäferstunde wurde sie durch ein einmaliges Geräusch wie ein Pochen oder Ticken erschreckt. Es kam von der Gegend des Schreibtisches her, welcher schräg vor dem Fenster stand; der Zwischenraum zwischen Tisch und Fenster war zum Teil von einem schweren Vorhang eingenommen. Sie erzählte, daß sie den Freund sofort nach der Bedeutung des Geräusches gefragt und von ihm die Auskunft bekommen hatte, es rühre wahrscheinlich von der kleinen, auf dem Schreibtisch befindlichen Stehuhr her; ich werde mir aber die Freiheit nehmen, zu diesem Teil ihres Berichts später eine Bemerkung zu machen.

Als sie das Haus verließ, traf sie noch auf der Treppe mit zwei Männern zusammen, die bei ihrem Anblick einander etwas zuflüsterten. Einer der beiden Unbekannten trug einen verhüllten Gegenstand wie ein Kästchen. Die Begegnung beschäftigte ihre Gedanken; noch auf dem Heimwege bildete sie die Kombination, dies Kästchen könnte leicht ein photographischer Apparat gewesen sein, der Mann, der es trug, ein Photograph, der während ihrer Anwesenheit im Zimmer hinter dem Vorhang versteckt geblieben war, und das Ticken, das sie gehört, das Geräusch des Abdrückens, nachdem der Mann die besonders verfängliche Situation herausgefunden, die er im Bilde festhalten wollte. Ihr Argwohn gegen den Geliebten war von da an nicht mehr zum Schweigen zu bringen; sie verfolgte ihn mündlich und schriftlich mit der Anforderung, ihr Aufklärung und Beruhigung zu geben, und mit Vorwürfen, erwies sich aber unzugänglich gegen die Versicherungen, die er ihr machte, mit denen er die Aufrichtigkeit seiner Gefühle und die Grundlosigkeit ihrer Verdächtigung vertrat. Endlich wandte sie sich an den Advokaten, erzählte ihm ihr Erlebnis und übergab ihm die Briefe, die sie in dieser

Angelegenheit von dem Verdächtigten erhalten hatte. Ich konnte später in einige dieser Briefe Einsicht nehmen; sie machten mir den besten Eindruck; ihr Hauptinhalt war das Bedauern, daß ein so schönes, zärtliches Einvernehmen durch diese „unglückselige krankhafte Idee" zerstört worden sei.

Es bedarf wohl keiner Rechtfertigung, daß ich das Urteil des Beschuldigten auch zu dem meinigen machte. Aber der Fall hatte für mich ein anderes als bloß diagnostisches Interesse. Es war in der psychoanalytischen Literatur behauptet worden, daß der Paranoiker gegen eine Verstärkung seiner homosexuellen Strebungen ankämpft, was im Grunde auf eine narzißtische Objektwahl zurückweist. Es war ferner gedeutet worden, daß der Verfolger im Grunde der Geliebte oder der ehemals Geliebte sei. Aus der Zusammensetzung beider Aufstellungen ergibt sich die Forderung, der Verfolger müsse von demselben Geschlecht sein wie der Verfolgte. Den Satz von der Bedingtheit der Paranoia durch die Homosexualität hatten wir allerdings nicht als allgemein und ausnahmslos gültig hingestellt, aber nur darum nicht, weil unsere Beobachtungen nicht genug zahlreich waren. Er gehörte sonst zu jenen, die infolge gewisser Zusammenhänge nur dann bedeutungsvoll sind, wenn sie Allgemeinheit beanspruchen können. In der psychiatrischen Literatur fehlte es gewiß nicht an Fällen, in denen sich der Kranke von Angehörigen des anderen Geschlechtes verfolgt glaubte, aber es blieb ein anderer Eindruck, von solchen Fällen zu lesen, als einen derselben selbst vor sich zu sehen. Was ich und meine Freunde hatten beobachten und analysieren können, hatte bisher die Beziehung der Paranoia zur Homosexualität ohne Schwierigkeit bestätigt. Der hier vorgeführte Fall sprach mit aller Entschiedenheit dagegen. Das Mädchen schien die Liebe zu einem Mann abzuwehren, indem sie den Geliebten unmittelbar in den Verfolger verwandelte; vom Einfluß des Weibes, von einem Sträuben gegen eine homosexuelle Bindung war nichts zu finden.

Bei dieser Sachlage war es wohl das Einfachste, die Parteinahme für eine allgemein gültige Abhängigkeit des Verfolgungswahnes von der Homosexualität und alles, was sich weiter daran knüpfte, wieder aufzugeben. Man mußte wohl auf diese Erkenntnis verzichten, wenn man sich nicht etwa durch diese Abweichung von der Erwartung bestimmen ließ, sich auf die Seite des Rechtsfreundes zu schlagen und wie er ein richtig gedeutetes Erlebnis anstatt einer paranoischen Kombination anzuerkennen. Ich sah aber einen anderen Ausweg, welcher die Entscheidung zunächst hinausschob. Ich erinnerte mich daran, wie oft man in die Lage gekommen war, psychisch Kranke falsch zu beurteilen, weil man sich nicht eindringlich genug mit ihnen beschäftigt und so zu wenig von ihnen erfahren hatte. Ich erklärte also, es sei mir unmöglich, heute ein Urteil zu äußern, und bitte sie vielmehr, mich ein zweites Mal zu besuchen, um mir die Geschichte ausführlicher und mit allen, diesmal vielleicht übergangenen, Nebenumständen zu erzählen. Durch die Vermittlung des Advokaten erreichte ich dies Zugeständnis von der sonst unwilligen Patientin; er kam mir auch durch die Erklärung zu Hilfe, daß bei dieser zweiten Unterredung seine Anwesenheit überflüssig sei.

Die zweite Erzählung der Patientin hob die frühere nicht auf, brachte aber solche Ergänzungen, daß alle Zweifel und Schwierigkeiten wegfielen. Vor allem, sie hatte den jungen Mann nicht einmal, sondern zweimal in seiner Wohnung besucht. Beim zweiten Zusammensein ereignete sich die Störung durch das Geräusch, an welches sie ihren Verdacht angeknüpft hatte; den ersten Besuch hatte sie bei der ersten Mitteilung unterschlagen, ausgelassen, weil er ihr nicht mehr bedeutsam vorkam. Bei diesem ersten Besuch hatte sich nichts Auffälliges zugetragen, wohl aber am Tage nachher. Die Abteilung des großen Unternehmens, bei welcher sie tätig war, stand unter der Leitung einer alten Dame, die sie mit den Worten beschrieb: Sie hat weiße Haare wie meine Mutter. Sie war es gewöhnt, von dieser alten Vorgesetzten sehr zärtlich behandelt, auch wohl manchmal geneckt zu werden, und hielt sich für ihren besonderen Liebling. Am Tage nach ihrem ersten Besuch bei dem jungen Beamten erschien dieser in den Geschäftsräumen, um der alten Dame etwas dienstlich mitzuteilen, und während er leise mit dieser sprach, entstand in ihr plötzlich die Gewißheit, er mache ihr Mitteilung von dem gestrigen Abenteuer, ja, er unterhalte längst ein Verhältnis mit ihr, von dem sie selbst nur bisher nichts gemerkt habe. Die weißhaarige, mütterliche Alte wisse nun alles. Im weiteren Verlaufe des Tages konnte sie aus dem Benehmen und den Äußerungen der Alten diesen ihren Verdacht bekräftigen. Sie ergriff die nächste Gelegenheit, den Geliebten wegen seines Verrates zur Rede zu stellen. Der sträubte sich natürlich energisch gegen das, was er eine unsinnige Zumutung hieß, und es gelang ihm in der Tat, sie für diesmal von ihrem Wahn abzubringen, so daß sie einige Zeit — ich glaube einige Wochen — später vertrauensvoll genug war, den Besuch in seiner Wohnung zu wiederholen. Das Weitere ist uns aus der ersten Erzählung der Patientin bekannt.

Was wir neu erfahren haben, macht zunächst dem Zweifel an der krankhaften Natur der Verdächtigung ein Ende. Unschwer erkennt man, daß die weißhaarige Vorsteherin ein Mutterersatz ist, daß der geliebte Mann trotz seiner Jugend an die Stelle des Vaters gerückt wird, und daß es die Macht des Mutterkomplexes ist, welche die Kranke zwingt, ein Liebesverhältnis zwischen den beiden ungleichen Partnern, aller Unwahrscheinlichkeit zum Trotze anzunehmen. Damit verflüchtigt sich aber auch der anscheinende Widerspruch gegen die von der psychoanalytischen Lehre genährte Erwartung, eine überstarke homosexuelle Bindung werde sich als die Bedingung zur Entwicklung eines Verfolgungswahnes herausstellen. Der ursprüngliche Verfolger, die Instanz, deren Einfluß man sich entziehen will, ist auch in diesem Falle nicht der Mann, sondern das Weib. Die Vorsteherin weiß von den Liebesbeziehungen des Mädchens, mißbilligt sie und gibt ihr diese Verurteilung durch geheimnisvolle Andeutungen zu erkennen. Die Bindung an das gleiche Geschlecht widersetzt sich den Bemühungen, ein Mitglied des anderen Geschlechts zum Liebesobjekt zu gewinnen. Die Liebe zur Mutter wird zur Wortführerin all der Strebungen, welche in der Rolle eines „Gewissens" das Mädchen bei dem ersten Schritt auf dem neuen, in vielen Hinsichten gefährlichen Weg zur normalen Sexualbefriedigung zurückhalten wollen, und sie erreicht es auch, die Beziehung zum Manne zu stören.

Wenn die Mutter die Sexualbetätigung der Tochter hemmt oder aufhält, so erfüllt sie eine normale Funktion, welche durch Kindheitsbeziehungen vorgezeichnet ist, starke, unbewußte Motivierungen besitzt und die Sanktion der Gesellschaft gefunden hat. Sache der Tochter ist es, sich von diesem Einfluß abzulösen und sich auf Grund breiter, rationeller Motivierung für ein Maß von Gestattung oder Versagung des Sexualgenusses zu entscheiden. Verfällt sie bei dem Versuch dieser Befreiung in neurotische Erkrankung, so liegt ein in der Regel überstarker, sicherlich aber unbeherrschter Mutterkomplex vor, dessen Konflikt mit der neuen libidinösen Strömung je nach der verwendbaren Disposition in der Form dieser oder jener Neurose erledigt wird. In allen Fällen werden die Erscheinungen der neurotischen Reaktion nicht durch die gegenwärtige Beziehung zur aktuellen Mutter, sondern durch die infantilen Beziehungen zum urzeitlichen Mutterbild bestimmt werden.

Von unserer Patientin wissen wir, daß sie seit langen Jahren vaterlos war, wir dürfen auch annehmen, daß sie nicht bis zum Alter von dreißig Jahren frei vom Manne geblieben wäre, wenn ihr nicht eine starke Gefühlsbindung an die Mutter eine Stütze geboten hätte. Diese Stütze wird ihr zur lästigen Fessel, da ihre Libido auf den Anruf einer eindringlichen Werbung zum Manne zu streben beginnt. Sie sucht sie abzustreifen, sich ihrer homosexuellen Bindung zu entledigen. Ihre Disposition — von der hier nicht die Rede zu sein braucht — gestattet, daß dies in der Form der paranoischen Wahnbildung vor sich gehe. Die Mutter wird also zur feindseligen, mißgünstigen Beobachterin und Verfolgerin. Sie könnte als solche überwunden werden, wenn nicht der Mutterkomplex die Macht behielte, die in seiner Absicht liegende Fernhaltung vom Manne durchzusetzen. Am Ende dieser ersten Phase des Konflikts hat sie sich also der Mutter entfremdet und dem Manne nicht angeschlossen. Beide konspirieren ja gegen sie. Da gelingt es der kräftigen Bemühung des Mannes, sie entscheidend an sich zu ziehen. Sie überwindet den Einspruch der Mutter und ist bereit, dem Geliebten eine neue Zusammenkunft zu gewähren. Die Mutter kommt in den weiteren Geschehnissen nicht mehr vor; wir dürfen aber daran festhalten, daß in dieser Phase der geliebte Mann nicht direkt zum Verfolger geworden war, sondern auf dem Wege über die Mutter und kraft seiner Beziehung zur Mutter, welcher in der ersten Wahnbildung die Hauptrolle zugefallen war.

Man sollte nun glauben, der Widerstand sei endgültig überwunden und das bisher an die Mutter gebundene Mädchen habe es erreicht, einen Mann zu lieben. Aber nach dem zweiten Beisammensein erfolgt eine neue Wahnbildung, welche es durch geschickte Benützung einiger Zufälligkeiten durchsetzt, diese Liebe zu verderben, und somit die Absicht des Mutterkomplexes erfolgreich fortführt. Es erscheint uns noch immer befremdlich, daß das Weib sich der Liebe zum Manne mit Hilfe eines paranoischen Wahnes erwehren sollte. Ehe wir aber dieses Verhältnis näher beleuchten, wollen wir den Zufälligkeiten einen Blick schenken, auf welche sich die zweite Wahnbildung, die allein gegen den Mann gerichtete, stützt.

Halb entkleidet auf dem Divan neben dem Geliebten liegend hört sie ein Geräusch wie ein Ticken, Klopfen, Pochen, dessen

Ursache sie nicht kennt, das sie aber später deutet, nachdem sie auf der Treppe des Hauses zwei Männern begegnet ist, von denen einer etwas wie ein verdecktes Kästchen trägt. Sie gewinnt die Überzeugung, daß sie im Auftrage des Geliebten während des intimen Beisammenseins belauscht und photographiert wurde. Es liegt uns natürlich fern zu denken, wenn dies unglückselige Geräusch sich nicht ereignet hätte, wäre auch die Wahnbildung nicht zustandegekommen. Wir erkennen vielmehr hinter dieser Zufälligkeit etwas Notwendiges, was sich ebenso zwanghaft durchsetzen mußte wie die Annahme eines Liebesverhältnisses zwischen dem geliebten Manne und der alten, zum Muttterersatz erkorenen Vorsteherin. Die Beobachtung des Liebesverkehres der Eltern ist ein selten vermißtes Stück aus dem Schatze unbewußter Phantasien, die man bei allen Neurotikern, wahrscheinlich bei allen Menschenkindern, durch die Analyse auffinden kann. Ich heiße diese Phantasiebildungen, die der Beobachtung des elterlichen Geschlechtsverkehres, die der Verführung, der Kastration und andere, Urphantasien und werde an anderer Stelle deren Herkunft sowie ihr Verhältnis zum individuellen Erleben eingehend untersuchen. Das zufällige Geräusch spielt also nur die Rolle einer Provokation, welche die typische, im Elternkomplex enthaltene Phantasie von der Belauschung aktiviert. Ja, es ist fraglich, ob wir es als ein „zufälliges" bezeichnen sollen. Wie O. Rank mir bemerkt hat, ist es vielmehr ein notwendiges Requisit der Belauschungsphantasie und wiederholt entweder das Geräusch, durch welches sich der Verkehr der Eltern verrät, oder auch das, wodurch sich das lauschende Kind zu verraten fürchtet. Nun erkennen wir aber mit einem Male, auf welchem Boden wir uns befinden. Der Geliebte ist noch immer der Vater, an Stelle der Mutter ist sie selbst getreten. Die Belauschung muß dann einer fremden Person zugeteilt werden. Es wird uns ersichtlich, auf welche Weise sie sich von der homosexuellen Abhängigkeit von der Mutter freigemacht hat. Durch ein Stückchen Regression;

anstatt die Mutter zum Liebesobjekt zu nehmen, hat sie sich mit ihr identifiziert, ist sie selbst zur Mutter geworden. Die Möglichkeit dieser Regression weist auf den narzißtischen Ursprung ihrer homosexuellen Objektwahl und somit auf die bei ihr vorhandene Disposition zur paranoischen Erkrankung hin. Man könnte einen Gedankengang entwerfen, der zu demselben Ergebnis führt wie diese Identifizierung: Wenn die Mutter das tut, darf ich es auch; ich habe dasselbe Recht wie die Mutter.

Man kann in der Aufhebung der Zufälligkeiten einen Schritt weiter gehen, ohne zu fordern, daß ihn der Leser mitmache, denn das Unterbleiben einer tieferen analytischen Untersuchung macht es in unserem Falle unmöglich, hier über eine gewisse Wahrscheinlichkeit hinauszukommen. Die Kranke hatte in unserer ersten Besprechung angegeben, daß sie sich sofort nach der Ursache des Geräusches erkundigt und die Auskunft erhalten habe, wahrscheinlich habe die auf dem Schreibtisch befindliche kleine Standuhr getickt. Ich nehme mir die Freiheit, diese Mitteilung als eine Erinnerungstäuschung aufzulösen. Es ist mir viel glaubhafter, daß sie zunächst jede Reaktion auf das Geräusch unterlassen, und daß ihr dies erst nach dem Zusammentreffen mit den beiden Männern auf der Treppe bedeutungsvoll erschienen ist. Den Erklärungsversuch aus dem Ticken der Uhr wird der Mann, der das Geräusch vielleicht überhaupt nicht gehört hatte, später einmal gewagt haben, als ihn der Argwohn des Mädchens bestürmte. „Ich weiß nicht, was du da gehört haben kannst; vielleicht hat gerade die Standuhr getickt, wie sie es manchmal tut." Solche Nachträglichkeit in der Verwertung von Eindrücken und solche Verschiebung in der Erinnerung sind gerade bei der Paranoia häufig und für sie charakteristisch. Da ich aber den Mann nie gesprochen habe und die Analyse des Mädchens nicht fortsetzen konnte, bleibt meine Annahme unbeweisbar.

Ich könnte es wagen, in der Zersetzung der angeblich realen „Zufälligkeit" noch weiter zu gehen. Ich glaube überhaupt nicht, daß die Standuhr getickt hat, oder daß ein Geräusch zu hören war. Die Situation, in der sie sich befand, rechtfertigte eine Empfindung von Pochen oder Klopfen an der Klitoris. Dies war es dann, was sie nachträglich als Wahrnehmung von einem äußeren Objekt hinausprojizierte. Ganz Ähnliches ist im Traume möglich. Eine meiner hysterischen Patientinnen berichtete einmal einen kurzen Wecktraum, zu dem sich kein Material von Einfällen ergeben wollte. Der Traum hieß: Es klopft, und sie wachte auf. Es hatte niemand an die Tür geklopft, aber sie war in den Nächten vorher durch die peinlichen Sensationen von Pollutionen geweckt worden und hatte nun ein Interesse daran, zu erwachen, sobald sich die ersten Zeichen der Genitalerregung einstellten. Es hatte an der Klitoris geklopft. Den nämlichen Projektionsvorgang möchte ich bei unserer Paranoika an die Stelle des zufälligen Geräusches setzen. Ich werde selbstverständlich nicht dafür einstehen, daß mir die Kranke bei einer flüchtigen Bekanntschaft unter allen Anzeichen eines ihr unliebsamen Zwanges einen aufrichtigen Bericht über die Vorgänge bei den beiden zärtlichen Zusammenkünften gegeben, aber die vereinzelte Klitoriskontraktion stimmt wohl zu ihrer Behauptung, daß eine Vereinigung der Genitalien dabei nicht stattgefunden habe. An der resultierenden Ablehnung des Mannes hat sicherlich neben dem „Gewissen" auch die Unbefriedigung ihren Anteil.

Wir kehren nun zu der auffälligen Tatsache zurück, daß sich die Kranke der Liebe zum Manne mit Hilfe einer paranoischen Wahnbildung erwehrt. Den Schlüssel zum Verständnis gibt die Entwicklungsgeschichte dieses Wahnes. Dieser richtete sich ursprünglich, wie wir erwarten durften, gegen das Weib, aber nun wurde auf dem Boden der Paranoia der Fortschritt vom Weibe zum Manne als Objekt vollzogen. Ein solcher Fortschritt ist bei der Paranoia nicht gewöhnlich; wir finden in der Regel, daß der Verfolgte an denselben Personen, also auch an demselben Geschlecht, fixiert bleibt, dem seine Liebeswahl vor der paranoischen Umwandlung galt. Aber er wird durch die neurotische Affektion nicht ausgeschlossen; unsere Beobachtung dürfte für viele andere vorbildlich sein. Es gibt außerhalb der Paranoia viele ähnliche Vorgänge, welche bisher nicht unter diesem Gesichtspunkte zusammengefaßt worden sind, darunter sehr allgemein bekannte. So wird z. B. der sogenannte Neurastheniker durch seine unbewußte Bindung an inzestuöse Liebesobjekte davon abgehalten, ein fremdes Weib zum Objekt zu nehmen, und in seiner Sexualbetätigung auf die Phantasie eingeschränkt. Auf dem Boden der Phantasie bringt er aber den ihm versagten Fortschritt zustande und kann Mutter und Schwester durch fremde Objekte ersetzen. Da bei diesen der Einspruch der Zensur entfällt, wird ihm die Wahl dieser Ersatzpersonen in seinen Phantasien bewußt.

Die Phänomene des versuchten Fortschrittes, von dem neuen meist regressiv erworbenen Boden her, stellen sich den Bemühungen zur Seite, welche bei manchen Neurosen unternommen werden, um eine bereits innegehabte, aber verlorene Position der Libido wieder zu gewinnen. Die beiden Reihen von Erscheinungen sind begrifflich kaum voneinander zu trennen. Wir neigen allzusehr zu der Auffassung, daß der Konflikt, welcher der Neurose zugrunde liegt, mit der Symptombildung abgeschlossen sei. In Wirklichkeit geht der Kampf vielfach auch nach der Symptombildung weiter. Auf beiden Seiten tauchen neue Triebanteile auf, welche ihn fortführen. Das Symptom selbst wird zum Objekt dieses Kampfes; Strebungen, die es behaupten wollen, messen sich mit anderen, die seine Aufhebung und die Herstellung des früheren Zustandes durchzusetzen bemüht sind. Häufig werden Wege gesucht, um das Symptom zu entwerten, indem man das Verlorene und durch das Symptom Versagte von anderen Zugängen her zu gewinnen trachtet. Diese Verhältnisse werfen ein klärendes Licht auf eine Aufstellung von C. G. Jung, demzufolge eine eigentümliche psychische Trägheit, die sich der Veränderung und dem Fortschritt widersetzt, die Grundbedingung der Neurose ist. Diese Trägheit ist in der Tat sehr eigentümlich; sie ist keine allgemeine, sondern eine höchst spezialisierte, sie ist auch auf ihrem Gebiete nicht Alleinherrscherin, sondern kämpft mit Fortschritts- und Wiederherstellungstendenzen, die sich selbst nach der Symptombildung der Neurose nicht beruhigen. Spürt man dem Ausgangspunkte dieser speziellen Trägheit nach, so enthüllt sie sich als die Äußerung von sehr frühzeitig erfolgten, sehr schwer lösbaren Verknüpfungen von Trieben mit Eindrücken und den in ihnen gegebenen Objekten, durch welche die Weiterentwicklung dieser Triebanteile zum Stillstand gebracht wurde. Oder, um es anders zu sagen, diese spezialisierte „psychische Trägheit" ist nur ein anderer, kaum ein besserer, Ausdruck für das, was wir in der Psychoanalyse eine Fixierung zu nennen gewohnt sind.

# DIE PSYCHOGENE SEHSTÖRUNG IN PSYCHOANALYTISCHER AUFFASSUNG

*Zuerst erschienen in der „Ärztlichen Standeszeitung", Wien, 1910 (Festnummer für Professor L. Königstein), dann in der Dritten Folge der „Sammlung kleiner Schriften zur Neurosenlehre".*

Meine Herren Kollegen! Ich möchte Ihnen an dem Beispiel der psychogenen Sehstörung zeigen, welche Veränderungen unsere Auffassung von der Genese solcher Leiden unter dem Einflusse der psychoanalytischen Untersuchungsmethode erfahren hat. Sie wissen, man nimmt die hysterische Blindheit als den Typus einer psychogenen Sehstörung an. Die Genese einer solchen glaubt man nach den Untersuchungen der französischen Schule eines Charcot, Janet, Binet zu kennen. Man ist ja imstande, eine solche Blindheit experimentell zu erzeugen, wenn man eine des Somnambulismus fähige Person zur Verfügung hat. Versetzt man diese in tiefe Hypnose und suggeriert ihr die Vorstellung, sie sehe mit dem einen Auge nichts, so benimmt sie sich tatsächlich wie eine auf diesem Auge Erblindete, wie eine Hysterika mit spontan entwickelter Sehstörung. Man darf also den Mechanismus der spontanen hysterischen Sehstörung nach dem Vorbild der suggerierten hypnotischen konstruieren. Bei der Hysterika entsteht die Vorstellung, blind zu sein, nicht aus der Eingebung des Hypnotiseurs, sondern spontan, wie man sagt, durch Autosuggestion, und diese Vorstellung ist in beiden Fällen so stark, daß sie sich in Wirklichkeit umsetzt, ganz ähnlich wie eine suggerierte Halluzination, Lähmung und dergleichen.

Das klingt ja vollkommen verläßlich und muß jeden befriedigen, der sich über die vielen, hinter den Begriffen Hypnose, Suggestion und Autosuggestion versteckten Rätselhaftigkeiten hinwegsetzen kann. Insbesondere die Autosuggestion gibt Anlaß zu weiteren Fragen. Wann, unter welchen Bedingungen wird eine Vorstellung so stark, daß sie sich wie eine Suggestion benehmen und ohne weiteres in Wirklichkeit umsetzen kann? Eingehendere Untersuchungen haben da gelehrt, daß man diese Frage nicht beantworten kann, ohne den Begriff des „Unbewußten" zu Hilfe zu nehmen. Viele Philosophen sträuben sich gegen die Annahme eines solchen seelischen Unbewußten, weil sie sich um die Phänomene nicht gekümmert haben, die zu seiner Aufstellung nötigen. Den Psychopathologen ist es unvermeidlich geworden, mit unbewußten seelischen Vorgängen, unbewußten Vorstellungen und dergleichen zu arbeiten.

Sinnreiche Versuche haben gezeigt, daß die hysterisch Blinden doch in gewissem Sinne sehen, wenn auch nicht im vollen Sinne. Die Erregungen des blinden Auges können doch gewisse psychische Folgen haben, z. B. Affekte hervorrufen, obgleich sie nicht bewußt werden. Die hysterisch Blinden sind also nur fürs Bewußtsein blind, im Unbewußten sind sie sehend. Es sind gerade Erfahrungen dieser Art, die uns zur Sonderung von bewußten und unbewußten seelischen Vorgängen nötigen. Wie kommt es, daß sie die unbewußte „Autosuggestion", blind zu sein, entwickeln, während sie doch im Unbewußten sehen?

Auf diese weitere Frage antwortet die Forschung der Franzosen mit der Erklärung, daß bei den zur Hysterie disponierten Kranken von vornherein eine Neigung zur Dissoziation — zur Auflösung des Zusammenhanges im seelischen Geschehen — bestehe, in deren Folge manche unbewußte Vorgänge sich nicht zum Bewußten fortsetzen. Lassen wir nun den Wert dieses Erklärungsversuches für das Verständnis der behandelten Erscheinungen ganz außer Betracht und wenden wir uns einem anderen Gesichtspunkte zu. Sie sehen doch ein, meine Herren, daß die anfänglich betonte Identität der hysterischen Blindheit mit der durch Suggestion hervorgerufenen wieder aufgegeben ist. Die Hysterischen sind nicht infolge der autosuggestiven Vorstellung, daß sie nicht sehen, blind, sondern infolge der Dissoziation zwischen unbewußten und bewußten Prozessen im Sehakt; ihre Vorstellung, nicht zu sehen, ist der berechtigte Ausdruck des psychischen Sachverhalts und nicht die Ursache desselben.

Meine Herren! Wenn Sie der vorstehenden Darstellung Unklarheit zum Vorwurf machen, so wird es mir nicht leicht werden, sie zu verteidigen. Ich habe versucht, Ihnen eine Synthese aus den Ansichten verschiedener Forscher zu geben und dabei wahrscheinlich die Zusammenhänge zu straff angezogen. Ich wollte die Begriffe, denen man das Verständnis der psychogenen Störungen unterworfen hat: die Entstehung aus übermächtigen Ideen, die Unterscheidung bewußter von unbewußten seelischen Vorgängen und die Annahme der seelischen Dissoziation, zu einer einheitlichen Komposition verdichten, und dies konnte mir ebensowenig gelingen, wie es den französischen Autoren, an ihrer Spitze P. Janet, gelungen ist. Verzeihen Sie mir also nebst der Unklarheit auch die Untreue meiner Darstellung und lassen Sie sich erzählen, wie uns die Psychoanalyse zu einer in sich besser gefestigten und wahrscheinlich lebenswahreren Auffassung der psychogenen Sehstörungen geführt hat.

Die Psychoanalyse akzeptiert ebenfalls die Annahmen der Dissoziation und des Unbewußten, setzt sie aber in eine andere Beziehung zueinander. Sie ist eine dynamische Auffassung, die das seelische Leben auf ein Spiel von einander fördernden und hemmenden Kräften zurückführt. Wenn in einem Falle eine Gruppe von Vorstellungen im Unbewußten verbleibt, so schließt sie nicht auf eine konstitutionelle Unfähigkeit zur Synthese, die sich gerade in dieser Dissoziation kundgibt, sondern behauptet, daß ein aktives Sträuben anderer Vorstellungsgruppen die Isolierung und Unbewußtheit der einen Gruppe verursacht hat. Den Prozeß, der ein solches Schicksal für die eine Gruppe herbeiführt, heißt sie „Verdrängung“ und erkennt in ihm etwas Analoges, wie es auf logischem Gebiete die Urteilsverwerfung ist. Sie weist nach, daß solche Verdrängungen eine außerordentlich wichtige Rolle in unserem Seelenleben spielen, daß sie dem Individuum auch häufig mißlingen können, und daß das Mißlingen der Verdrängung die Vorbedingung der Symptombildung ist.

Wenn also die psychogene Sehstörung, wie wir gelernt haben, darauf beruht, daß gewisse, an das Sehen geknüpfte Vorstellungen vom Bewußtsein abgetrennt bleiben, so muß die psychoanalytische Denkweise annehmen, diese Vorstellungen seien in einen Gegensatz zu anderen, stärkeren getreten, für die wir den jeweilig anders zusammengesetzten Sammelbegriff des „Ichs“ verwenden, und seien darum in die Verdrängung geraten. Woher soll aber ein solcher, zur Verdrängung auffordernder Gegensatz zwischen dem Ich und einzelnen Vorstellungsgruppen rühren? Sie merken wohl, daß diese Fragestellung vor der Psychoanalyse nicht möglich war, denn vorher wußte man nichts vom psychischen Konflikt und von der Verdrängung. Unsere Untersuchungen haben uns nun in den Stand gesetzt, die verlangte Antwort zu geben. Wir sind auf die Bedeutung der Triebe für das Vorstellungsleben aufmerksam geworden; wir haben erfahren, daß sich jeder Trieb durch die Belebung der zu seinen Zielen passenden Vorstellungen zur Geltung zu bringen sucht. Diese Triebe vertragen sich nicht immer miteinander; sie geraten häufig in einen Konflikt der Interessen; die Gegensätze der Vorstellungen sind nur der Ausdruck der Kämpfe zwischen den einzelnen Trieben. Von ganz besonderer Bedeutung für unseren Erklärungsversuch ist der unleugbare Gegensatz zwischen den Trieben, welche der Sexualität, der Gewinnung sexueller Lust, dienen, und den anderen, welche die Selbsterhaltung des Individuums zum Ziele haben, den Ichtrieben. Als „Hunger" oder als „Liebe" können wir nach den Worten des Dichters alle in unserer Seele wirkenden organischen Triebe klassifizieren. Wir haben den „Sexualtrieb" von seinen ersten Äußerungen beim Kinde bis zur Erreichung der als „normal" bezeichneten Endgestaltung verfolgt und gefunden, daß er aus zahlreichen „Partialtrieben" zusammengesetzt ist, die an den Erregungen von Körperregionen haften; wir haben eingesehen, daß diese Einzeltriebe eine komplizierte Entwicklung durchmachen müssen, ehe sie sich in zweckmäßiger Weise den Zielen der Fortpflanzung einordnen können. Die psychologische Beleuchtung unserer Kulturentwicklung hat uns gelehrt, daß die Kultur wesentlich auf Kosten der sexuellen Partialtriebe entsteht, daß diese unterdrückt, eingeschränkt, umgebildet, auf höhere Ziele gelenkt werden müssen, um die kulturellen seelischen Konstruktionen herzustellen. Als wertvolles Ergebnis dieser Untersuchungen konnten wir erkennen, was uns die Kollegen noch nicht glauben wollen, daß die als „Neurosen" bezeichneten Leiden der Menschen auf die mannigfachen Weisen des Mißglückens dieser Umbildungsvorgänge an den sexuellen Partialtrieben zurückzuführen sind. Das „Ich" fühlt sich durch die Ansprüche der sexuellen Triebe bedroht und erwehrt sich ihrer durch Verdrängungen, die aber nicht immer den erwünschten Erfolg haben, sondern bedrohliche Ersatzbildungen des Verdrängten und lästige Reaktionsbildungen des Ichs zur Folge haben. Aus diesen beiden Klassen von Phänomenen setzt sich zusammen, was wir die Symptome der Neurosen heißen.

Wir sind von unserer Aufgabe anscheinend weit abgeschweift, haben aber dabei die Verknüpfung der neurotischen Krankheitszustände mit unserem gesamten Geistesleben gestreift. Gehen wir jetzt zu unserem engeren Problem zurück. Den sexuellen wie den Ichtrieben stehen im allgemeinen die nämlichen Organe und Organsysteme zur Verfügung. Die sexuelle Lust ist nicht bloß an die Funktion der Genitalien geknüpft; der Mund dient dem

Küssen ebensowohl wie dem Essen und der sprachlichen Mitteilung, die Augen nehmen nicht nur die für die Lebenserhaltung wichtigen Veränderungen der Außenwelt wahr, sondern auch die Eigenschaften der Objekte, durch welche diese zu Objekten der Liebeswahl erhoben werden, ihre „Reize". Es bewahrheitet sich nun, daß es für niemand leicht wird, zweien Herren zugleich zu dienen. In je innigere Beziehung ein Organ mit solch doppelseitiger Funktion zu dem einen der großen Triebe tritt, desto mehr verweigert es sich dem anderen. Dies Prinzip muß zu pathologischen Konsequenzen führen, wenn sich die beiden Grundtriebe entzweit haben, wenn von seiten des Ichs eine Verdrängung gegen den betreffenden sexuellen Partialtrieb unterhalten wird. Die Anwendung auf das Auge und das Sehen ergibt sich leicht. Wenn der sexuelle Partialtrieb, der sich des Schauens bedient, die sexuelle Schaulust, wegen seiner übergroßen Ansprüche die Gegenwehr der Ichtriebe auf sich gezogen hat, so daß die Vorstellungen, in denen sich sein Streben ausdrückt, der Verdrängung verfallen und vom Bewußtwerden abgehalten werden, so ist damit die Beziehung des Auges und des Sehens zum Ich und zum Bewußtsein überhaupt gestört. Das Ich hat seine Herrschaft über das Organ verloren, welches sich nun ganz dem verdrängten sexuellen Trieb zur Verfügung stellt. Es macht den Eindruck, als ginge die Verdrängung von seiten des Ichs zu weit, als schüttete sie das Kind mit dem Bade aus, indem das Ich jetzt überhaupt nichts mehr sehen will, seitdem sich die sexuellen Interessen im Sehen so sehr vorgedrängt haben. Zutreffender ist aber wohl die andere Darstellung, welche die Aktivität nach der Seite der verdrängten Schaulust verlegt. Es ist die Rache, die Entschädigung des verdrängten Triebes, daß er, von weiterer psychischer Entfaltung abgehalten, seine Herrschaft über das ihm dienende Organ nun zu steigern vermag. Der Verlust der bewußten Herrschaft über das Organ ist die schädliche Ersatzbildung für die mißglückte Verdrängung, die nur um diesen Preis ermöglicht war.

Deutlicher noch als am Auge ist diese Beziehung des zweifach in Anspruch genommenen Organs zum bewußten Ich und zur verdrängten Sexualität an den motorischen Organen ersichtlich, wenn z. B. die Hand hysterisch gelähmt wird, die eine sexuelle Aggression ausführen wollte, und nach deren Hemmung nichts anderes mehr tun kann, gleichsam als bestünde sie eigensinnig auf der Ausführung der einen verdrängten Innervation, oder wenn die Finger von Personen, welche der Masturbation entsagt haben, sich weigern, das feine Bewegungsspiel, welches am Klavier oder an der Violine erfordert wird, zu erlernen. Für das Auge pflegen wir die dunkeln psychischen Vorgänge bei der Verdrängung der sexuellen Schaulust und bei der Entstehung der psychogenen Sehstörung so zu übersetzen, als erhöbe sich in dem Individuum eine strafende Stimme, welche sagte: „Weil du dein Sehorgan zu böser Sinneslust mißbrauchen wolltest, geschieht es dir ganz recht, wenn du überhaupt nichts mehr siehst", und die so den Ausgang des Prozesses billigte. Es liegt dann die Idee der Talion darin, und unsere Erklärung der psychogenen Sehstörung ist eigentlich mit jener zusammengefallen, die von der Sage, dem Mythus, der Legende dargeboten wird. In der schönen Sage von der Lady Godiva verbergen sich alle Einwohner des Städtchens hinter ihren verschlossenen Fenstern, um der Dame die Aufgabe, bei hellem Tageslichte nackt durch die Straßen zu reiten, zu erleichtern. Der einzige, der durch die Fensterläden nach der entblößten Schönheit späht, wird gestraft, indem er erblindet. Es ist dies übrigens nicht das einzige Beispiel, welches uns ahnen läßt, daß die Neurotik auch den Schlüssel zur Mythologie in sich birgt.

Meine Herren, man macht der Psychoanalyse mit Unrecht den Vorwurf, daß sie zu rein psychologischen Theorien der krankhaften Vorgänge führe. Schon die Betonung der pathogenen Rolle der Sexualität, die doch gewiß kein ausschließlich psychischer Faktor ist, sollte sie gegen diesen Vorwurf schützen. Die Psycho-

20*

analyse vergißt niemals, daß das Seelische auf dem Organischen ruht, wenngleich ihre Arbeit es nur bis zu dieser Grundlage und nicht darüber hinaus verfolgen kann. So ist die Psychoanalyse auch bereit zuzugeben, ja zu postulieren, daß nicht alle funktionellen Sehstörungen psychogen sein können wie die durch Verdrängung der erotischen Schaulust hervorgerufenen. Wenn ein Organ, welches beiderlei Trieben dient, seine erogene Rolle steigert, so ist ganz allgemein zu erwarten, daß dies nicht ohne Veränderungen der Erregbarkeit und der Innervation abgehen wird, die sich bei der Funktion des Organs im Dienste des Ichs als Störungen kundgeben werden. Ja, wenn wir sehen, daß ein Organ, welches sonst der Sinneswahrnehmung dient, sich bei Erhöhung seiner erogenen Rolle geradezu wie ein Genitale gebärdet, werden wir auch toxische Veränderungen in demselben nicht für unwahrscheinlich halten. Für beide Arten von Funktionsstörungen infolge der gesteigerten erogenen Bedeutung, die physiologischen wie die toxischen Ursprunges, wird man, in Ermangelung eines besseren, den alten, unpassenden Namen „neurotische" Störungen beibehalten müssen. Die neurotischen Störungen des Sehens verhalten sich zu den psychogenen wie ganz allgemein die Aktualneurosen zu den Psychoneurosen; psychogene Sehstörungen werden wohl kaum jemals ohne neurotische vorkommen können, wohl aber letztere ohne jene. Leider sind diese „neurotischen" Symptome heute noch sehr wenig gewürdigt und verstanden, denn der Psychoanalyse sind sie nicht unmittelbar zugänglich und die anderen Untersuchungsweisen haben den Gesichtspunkt der Sexualität außer acht gelassen.

Von der Psychoanalyse zweigt noch ein anderer, in die organische Forschung reichender Gedankengang ab. Man kann sich die Frage vorlegen, ob die durch die Lebenseinflüsse erzeugte Unterdrückung sexueller Partialtriebe für sich allein hinreicht, die Funktionsstörungen der Organe hervorzurufen, oder ob nicht besondere konstitutionelle Verhältnisse vorliegen müssen, welche erst die Organe zur Übertreibung ihrer erogenen Rolle veranlassen und dadurch die Verdrängung der Triebe provozieren. In diesen Verhältnissen müßte man den konstitutionellen Anteil der Disposition zur Erkrankung an psychogenen und neurotischen Störungen erblicken. Es ist dies jenes Moment, welches ich bei der Hysterie vorläufig als „somatisches Entgegenkommen" der Organe bezeichnet habe.

---

# EINE BEZIEHUNG ZWISCHEN EINEM SYMBOL UND EINEM SYMPTOM

*Erschien zuerst in der „Internat. Zeitschr. für ärztl. Psychoanalyse", IV, 1916, dann in der Vierten Folge der „Sammlung kleiner Schriften zur Neurosenlehre".*

Der Hut als Symbol des Genitales, vorwiegend des männlichen, ist durch die Erfahrung der Traumanalysen hinreichend sichergestellt. Man kann aber nicht behaupten, daß dieses Symbol zu den begreiflichen gehört. In Phantasien wie in mannigfachen Symptomen erscheint auch der Kopf als Symbol des männlichen Genitales, oder wenn man will, als Vertretung desselben. Mancher Analytiker wird bemerkt haben, daß seine zwangsleidenden Patienten ein Maß von Abscheu und Entrüstung gegen die Strafe des Köpfens äußern wie weitaus gegen keine andere Todesart, und wird sich veranlaßt gesehen haben, ihnen zu erklären, daß sie das Geköpftwerden wie einen Ersatz des Kastriertwerdens behandeln. Wiederholt sind Träume jugendlicher Personen oder aus jungen Jahren analysiert und auch mitgeteilt worden, die das Thema der Kastration betrafen, und in denen von einer Kugel die Rede war, welche man als den Kopf des Vaters deuten mußte. Ich habe kürzlich ein Zeremoniell vor dem Einschlafen auflösen können, in dem es vorgeschrieben war, daß das kleine Kopfpolster rautenförmig auf den anderen Polstern liegen und der Kopf der Schlafenden genau im langen Durchmesser der Raute ruhen sollte. Die Raute hatte die bekannte, aus Mauerzeichnungen vertraute Bedeutung, der Kopf sollte ein männliches Glied darstellen.

Es könnte nun sein, daß die Symbolbedeutung des Hutes sich aus der des Kopfes ableitet, insofern der Hut als ein fortgesetzter, aber abnehmbarer Kopf betrachtet werden kann. In diesem Zusammenhange erinnerte ich mich eines Symptoms der Zwangsneurotiker, aus dem sich diese Kranken eine hartnäckige Quälerei zu bereiten wissen. Sie lauern auf der Straße unausgesetzt darauf, ob sie ein Bekannter zuerst durch Hutabnehmen gegrüßt hat, oder ob er auf ihren Gruß zu warten scheint, und verzichten auf eine Anzahl von Beziehungen, indem sie die Entdeckung machen, daß der Betreffende sie nicht mehr grüßt oder ihren Gruß nicht ordentlich erwidert. Sie finden solcher Grußschwierigkeiten, die sie nach Stimmung und Belieben aufgreifen, kein Ende. Es ändert an diesem Verhalten auch nichts, wenn man ihnen vorhält, was sie ohnedies alle wissen, daß der Gruß durch Hutabnehmen eine Erniedrigung vor dem Begrüßten bedeutet, daß z. B. ein Grande von Spanien das Vorrecht genoß, in Gegenwart des Königs bedeckten Hauptes zu bleiben, und daß ihre Grußempfindlichkeit also den Sinn hat, sich nicht geringer darzustellen, als der andere sich dünkt. Die Resistenz ihrer Empfindlichkeit gegen solche Aufklärung läßt die Vermutung zu, daß man die Wirkung eines dem Bewußtsein weniger gut bekannten Motivs vor sich hat, und die Quelle dieser Verstärkung könnte leicht in der Beziehung zum Kastrationskomplex gefunden werden.

---

# ÜBER DIE PSYCHOGENESE EINES FALLES VON WEIBLICHER HOMOSEXUALITÄT

*Erschien zuerst in der „Internationalen Zeitschrift für Psychoanalyse", VI, 1920, dann in der Fünften Folge der „Sammlung kleiner Schriften zur Neurosenlehre".*

## I

Die weibliche Homosexualität, gewiß nicht weniger häufig als die männliche, aber doch weit weniger lärmend als diese, ist nicht nur vom Strafgesetz übergangen, sondern auch von der psychoanalytischen Forschung vernachlässigt worden. Die Mitteilung eines einzelnen, nicht allzu grellen Falles, in dem es möglich wurde, dessen psychische Entstehungsgeschichte fast lückenlos und mit voller Sicherheit zu erkennen, mag daher einen gewissen Anspruch auf Beachtung erheben. Wenn die Darstellung nur die allgemeinsten Umrisse der Geschehnisse und die aus dem Falle gewonnenen Einsichten bringt und alle charakteristischen Einzelheiten unterschlägt, auf denen die Deutung ruht, so ist diese Einschränkung durch die von einem frischen Fall geforderte ärztliche Diskretion leicht erklärlich.

Ein achtzehnjähriges, schönes und kluges Mädchen aus sozial hochstehender Familie hat das Mißfallen und die Sorge seiner Eltern durch die Zärtlichkeit erweckt, mit der sie eine etwa zehn Jahre ältere Dame „aus der Gesellschaft" verfolgt. Die Eltern behaupten, daß diese Dame trotz ihres vornehmen Namens nichts anderes sei als eine Kokotte. Es sei von ihr bekannt, daß sie bei einer verheirateten Freundin lebt, mit der sie intime Beziehungen unterhält, während sie gleichzeitig in lockeren Liebesverhältnissen zu einer Anzahl von Männern steht. Das Mädchen bestreitet diese üble Nachrede nicht, läßt sich aber durch sie in der Verehrung der Dame nicht beirren, obwohl es ihr an Sinn für das Schickliche und Reinliche keineswegs gebricht. Kein Verbot und keine Überwachung hält sie ab, jede der spärlichen Gelegenheiten zum Beisammensein mit der Geliebten auszunützen, alle ihre Lebensgewohnheiten auszukundschaften, stundenlang vor ihrem Haustor oder an Trambahnhaltestellen auf sie zu warten, ihr Blumen zu schicken u. dgl. Es ist offenkundig, daß dies eine Interesse bei dem Mädchen alle anderen verschlungen hat. Sie kümmert sich nicht um ihre weitere Ausbildung, legt keinen Wert auf gesellschaftlichen Verkehr und mädchenhafte Vergnügungen und hält nur den Umgang mit einigen Freundinnen aufrecht, die ihr als Vertraute oder als Helferinnen dienen können. Wie weit es zwischen ihrer Tochter und jener zweifelhaften Dame gekommen ist, ob die Grenzen einer zärtlichen Schwärmerei bereits überschritten worden sind, wissen die Eltern nicht. Ein Interesse für junge Männer und Wohlgefallen an deren Huldigungen haben sie an dem Mädchen nie bemerkt; dagegen sind sie sich klar darüber, daß diese gegenwärtige Neigung für eine Frau nur in erhöhtem Maße fortsetzt, was sich in den letzten Jahren für andere weibliche Personen angezeigt und den Argwohn sowie die Strenge des Vaters wachgerufen hatte.

Zwei Stücke ihres Benehmens, scheinbar einander gegensätzlich, wurden dem Mädchen von den Eltern am stärksten verübelt. Daß sie keine Bedenken trug, sich öffentlich in belebten Straßen mit der anrüchigen Geliebten zu zeigen und also die Rücksicht auf ihren eigenen Ruf vernachlässigte, und daß sie kein Mittel der Täuschung, keine Ausrede und keine Lüge verschmähte, um die Zusammenkünfte mit ihr zu ermöglichen und zu decken. Also zuviel Offenheit in dem einen, vollste Verstellung im anderen

Falle. Eines Tages traf es sich, was ja unter diesen Umständen einmal geschehen mußte, daß der Vater seine Tochter in Begleitung jener ihm bekanntgewordenen Dame auf der Straße begegnete. Er ging mit einem zornigen Blick, der nichts Gutes ankündigte, an den beiden vorüber. Unmittelbar darauf riß sich das Mädchen los und stürzte sich über die Mauer in den dort nahen Einschnitt der Stadtbahn. Sie büßte diesen unzweifelhaft ernst gemeinten Selbstmordversuch mit einem langen Krankenlager, aber zum Glück mit nur geringer dauernder Schädigung. Nach ihrer Herstellung fand sie die Situation für ihre Wünsche günstiger als zuvor. Die Eltern wagten es nicht mehr ihr ebenso entschieden entgegenzutreten, und die Dame, die sich bis dahin gegen ihre Werbung spröde ablehnend verhalten hatte, war durch einen so unzweideutigen Beweis ernster Leidenschaft gerührt und begann sie freundlicher zu behandeln.

Etwa ein halbes Jahr nach diesem Unfall wendeten sich die Eltern an den Arzt und stellten ihm die Aufgabe, ihre Tochter zur Norm zurückzubringen. Der Selbstmordversuch des Mädchens hatte ihnen wohl gezeigt, daß die Machtmittel der häuslichen Disziplin nicht imstande waren, die vorliegende Störung zu bewältigen. Es ist aber gut, hier die Stellung des Vaters und die der Mutter gesondert zu behandeln. Der Vater war ein ernsthafter, respektabler Mann, im Grunde sehr zärtlich, durch seine angenommene Strenge den Kindern etwas entfremdet. Sein Benehmen gegen die einzige Tochter wurde allzusehr durch Rücksichten auf seine Frau, ihre Mutter, bestimmt. Als er zuerst von den homosexuellen Neigungen der Tochter Kenntnis bekam, wallte er zornig auf und wollte sie durch Drohungen unterdrücken; er mag damals zwischen verschiedenen, gleich peinlichen Auffassungen geschwankt haben, ob er ein lasterhaftes, ein entartetes oder ein geisteskrankes Wesen in ihr sehen sollte. Auch nach dem Unfall brachte er es nicht zur Höhe jener überlegenen Resignation, welcher einer unserer ärztlichen Kollegen bei einer irgendwie ähnlichen Entgleisung in seiner Familie durch die Rede Ausdruck gab: „Es ist eben ein Malheur wie ein anderes!" Die Homosexualität seiner Tochter hatte etwas, was seine vollste Erbitterung weckte. Er war entschlossen, sie mit allen Mitteln zu bekämpfen; die in Wien so allgemein verbreitete Geringschätzung der Psychoanalyse hielt ihn nicht ab, sich an sie um Hilfe zu wenden. Wenn dieser Weg versagte, hatte er noch immer das stärkste Gegenmittel im Rückhalt; eine rasche Verheiratung sollte die natürlichen Instinkte des Mädchens wachrufen und dessen unnatürliche Neigungen ersticken.

Die Einstellung der Mutter des Mädchens war nicht so leicht zu durchschauen. Sie war eine noch jugendliche Frau, die dem Anspruch, selbst durch Schönheit zu gefallen, offenbar nicht entsagen wollte. Es war nur klar, daß sie die Schwärmerei ihrer Tochter nicht so tragisch nahm und sich keineswegs so sehr darüber entrüstete wie der Vater. Sie hatte sogar durch längere Zeit das Vertrauen des Mädchens in betreff ihrer Verliebtheit in jene Dame genossen; ihre Parteinahme dagegen schien wesentlich durch die schädliche Offenheit bestimmt, mit der die Tochter ihre Gefühle vor aller Welt kundgab. Sie war selbst durch mehrere Jahre neurotisch gewesen, erfreute sich großer Schonung von seiten ihres Mannes, behandelte ihre Kinder recht ungleichmäßig, war eigentlich hart gegen die Tochter und überzärtlich mit ihren drei Knaben, von denen der jüngste ein Spätling war, gegenwärtig noch nicht drei Jahre alt. Bestimmteres über ihren Charakter zu erfahren, war nicht leicht, denn infolge von Motiven, die erst später verstanden werden können, hielten die Angaben der Patientin über ihre Mutter stets eine Reserve ein, von der im Falle des Vaters keine Rede war.

Der Arzt, der die analytische Behandlung des Mädchens übernehmen sollte, hatte mehrere Gründe, sich unbehaglich zu fühlen. Er fand nicht die Situation vor, welche die Analyse anfordert, und in der sie allein ihre Wirksamkeit erproben kann. Diese

Situation sieht in ihrer idealen Ausprägung bekanntlich so aus, daß jemand, der sonst sein eigener Herr ist, an einem inneren Konflikt leidet, den er allein nicht zu Ende bringen kann, daß er dann zum Analytiker kommt, es ihm klagt und ihn um seine Hilfeleistung bittet. Der Arzt arbeitet dann Hand in Hand mit dem einen Anteil der krankhaft entzweiten Persönlichkeit gegen den anderen Partner des Konflikts. Andere Situationen als diese sind für die Analyse mehr oder minder ungünstig, fügen zu den inneren Schwierigkeiten des Falles neue hinzu. Situationen wie die des Bauherrn, der beim Architekten eine Villa nach seinem Geschmack und Bedürfnis bestellt, oder des frommen Stifters, der sich vom Künstler ein Heiligenbild malen läßt, in dessen Ecke dann sein eigenes Porträt als Anbetender Platz findet, sind mit den Bedingungen der Psychoanalyse im Grunde nicht vereinbar. Es kommt zwar alle Tage vor, daß sich ein Ehemann an den Arzt mit der Information wendet: Meine Frau ist nervös, sie verträgt sich darum schlecht mit mir; machen Sie sie gesund, so daß wir wieder eine glückliche Ehe führen können. Aber es stellt sich oft genug heraus, daß ein solcher Auftrag unausführbar ist, das heißt, daß der Arzt nicht das Ergebnis herstellen kann, wegen dessen der Mann die Behandlung wünschte. Sowie die Frau von ihren neurotischen Hemmungen befreit ist, setzt sie die Trennung der Ehe durch, deren Erhaltung nur unter der Voraussetzung ihrer Neurose möglich war. Oder Eltern verlangen, daß man ihr Kind gesund mache, welches nervös und unfügsam ist. Sie verstehen unter einem gesunden Kind ein solches, das den Eltern keine Schwierigkeiten bereitet, an dem sie ihre Freude haben können. Die Herstellung des Kindes mag dem Arzt gelingen, aber es geht nach der Genesung um so entschiedener seine eigenen Wege, und die Eltern sind jetzt weit mehr unzufrieden als vorher. Kurz, es ist nicht gleichgültig, ob ein Mensch aus eigenem Streben in die Analyse kommt, oder darum, weil andere ihn dahin bringen, ob er selbst seine Veränderung wünscht oder nur seine Angehörigen, die ihn lieben, oder von denen man solche Liebe erwarten sollte.

Als weitere ungünstige Momente waren die Tatsachen zu bewerten, daß das Mädchen ja keine Kranke war — sie litt nicht aus inneren Gründen, beklagte sich nicht über ihren Zustand — und daß die gestellte Aufgabe nicht darin bestand, einen neurotischen Konflikt zu lösen, sondern die eine Variante der genitalen Sexualorganisation in die andere überzuführen. Diese Leistung, die Beseitigung der genitalen Inversion oder Homosexualität, ist meiner Erfahrung niemals leicht erschienen. Ich habe vielmehr gefunden, daß sie nur unter besonders günstigen Umständen gelingt, und auch dann bestand der Erfolg wesentlich darin, daß man der homosexuell eingeengten Person den bis dahin versperrten Weg zum anderen Geschlechte freimachen konnte, also ihre volle bisexuelle Funktion wiederherstellte. Es lag dann in ihrem Belieben, ob sie den anderen, von der Gesellschaft geächteten Weg veröden lassen wollte, und in einzelnen Fällen hat sie es auch so getan. Man muß sich sagen, daß auch die normale Sexualität auf einer Einschränkung der Objektwahl beruht, und im allgemeinen ist das Unternehmen, einen vollentwickelten Homosexuellen in einen Heterosexuellen zu verwandeln, nicht viel aussichtsreicher als das umgekehrte, nur daß man dies letztere aus guten praktischen Gründen niemals versucht.

Die Erfolge der psychoanalytischen Therapie in der Behandlung der allerdings sehr vielgestaltigen Homosexualität sind der Zahl nach wirklich nicht bedeutsam. In der Regel vermag der Homosexuelle sein Lustobjekt nicht aufzugeben; es gelingt nicht, ihn zu überzeugen, daß er die Lust, auf die er hier verzichtet, im Falle der Umwandlung am anderen Objekt wiederfinden würde. Wenn er sich überhaupt in Behandlung begibt, so haben ihn zumeist äußere Motive dazu gedrängt, die sozialen Nachteile und Gefahren seiner Objektwahl, und solche Komponenten des Selbsterhaltungstriebes erweisen sich als zu schwach im Kampfe gegen die Sexualstrebungen. Man kann dann bald seinen geheimen Plan aufdecken, sich durch den eklatanten Mißerfolg dieses Versuches die Beruhigung zu schaffen, daß er das Möglichste gegen seine Sonderartung getan habe und sich ihr nun mit gutem Gewissen überlassen könne. Wo die Rücksicht auf geliebte Eltern und Angehörige den Versuch zur Heilung motiviert hat, da liegt der Fall etwas anders. Es sind dann wirklich libidinöse Strebungen vorhanden, die zur homosexuellen Objektwahl gegensätzliche Energien entwickeln können, aber deren Kraft reicht selten aus. Nur wo die Fixierung an das gleichgeschlechtliche Objekt noch nicht stark genug geworden ist, oder wo sich erhebliche Ansätze und Reste der heterosexuellen Objektwahl vorfinden, also bei noch schwankender oder bei deutlich bisexueller Organisation, darf die Prognose der psychoanalytischen Therapie günstiger gestellt werden.

Aus diesen Gründen vermied ich es durchaus, den Eltern die Erfüllung ihres Wunsches in Aussicht zu stellen. Ich erklärte mich bloß bereit dazu, das Mädchen durch einige Wochen oder Monate sorgfältig zu studieren, um mich danach über die Aussichten einer Beeinflussung durch Fortsetzung der Analyse äußern zu können. In einer ganzen Anzahl von Fällen zerlegt sich ja die Analyse in zwei deutlich gesonderte Phasen; in einer ersten verschafft sich der Arzt die notwendigen Kenntnisse vom Patienten, macht ihn mit den Voraussetzungen und Postulaten der Analyse bekannt und entwickelt vor ihm die Konstruktion der Entstehung seines Leidens, zu welcher er sich auf Grund des von der Analyse gelieferten Materials berechtigt glaubt. In einer zweiten Phase bemächtigt sich der Patient selbst des ihm vorgelegten Stoffes, arbeitet an ihm, erinnert von dem bei ihm angeblich Verdrängten, was er erinnern kann, und trachtet, das andere in einer Art von Neubelebung zu wiederholen. Dabei kann er die Aufstellungen des Arztes bestätigen, ergänzen und richtigstellen. Erst während dieser Arbeit erfährt er durch die Überwindung von Widerständen die innere Veränderung, die man erzielen will, und gewinnt die Überzeugungen, die ihn von der ärztlichen Autorität unabhängig machen. Nicht immer sind diese beiden Phasen im Ablauf der analytischen Kur scharf voneinander geschieden; es kann dies nur geschehen, wenn der Widerstand bestimmte Bedingungen einhält. Aber wo es der Fall ist, kann man den Vergleich mit zwei entsprechenden Abschnitten einer Reise heranziehen. Der erste umfaßt alle notwendigen, heute so komplizierten und schwer zu erfüllenden Vorbereitungen, bis man endlich die Fahrkarte gelöst, den Perron betreten und seinen Platz im Wagen erobert hat. Man hat jetzt das Recht und die Möglichkeit, in das ferne Land zu reisen, aber man ist nach all diesen Vorarbeiten noch nicht dort, eigentlich dem Ziele um keinen Kilometer näher gerückt. Es gehört noch dazu, daß man die Reise selbst von einer Station zur anderen zurücklege, und dieses Stück der Reise ist mit der zweiten Phase gut vergleichbar.

Die Analyse bei meiner nunmehrigen Patientin verlief nach diesem Zweiphasenschema, wurde aber nicht über den Beginn der zweiten Phase hinaus fortgeführt. Eine besondere Konstellation des Widerstandes ermöglichte es trotzdem, die volle Bestätigung meiner Konstruktionen und eine im großen und ganzen zureichende Einsicht in den Entwicklungsgang ihrer Inversion zu gewinnen. Ehe ich aber die Ergebnisse der Analyse bei ihr darlege, muß ich einige Punkte erledigen, die ich entweder schon selbst gestreift oder die sich dem Leser als die ersten Gegenstände seines Interesses aufgedrängt haben.

Ich hatte die Prognose zum Teil davon abhängig gemacht, wie weit das Mädchen in der Befriedigung seiner Leidenschaft gekommen war. Die Auskunft, die ich während der Analyse erhielt, schien in dieser Hinsicht günstig. Bei keinem der Objekte ihrer Schwärmerei hatte sie mehr als einzelne Küsse und Umarmungen genossen, ihre Genitalkeuschheit, wenn man so sagen darf, war unversehrt geblieben. Die Halbweltdame gar, die die jüngsten und weitaus stärksten Gefühle bei ihr erweckt hatte, war spröde gegen sie geblieben, hatte ihr nie eine höhere Gunst gegönnt als die, ihr die Hand küssen zu dürfen. Das Mädchen machte wahrscheinlich eine Tugend aus ihrer Not, wenn sie immer wieder die Reinheit ihrer Liebe und ihre physische Abneigung gegen einen Sexualverkehr betonte. Vielleicht hatte sie aber nicht ganz unrecht, wenn sie von ihrer hehren Geliebten rühmte, daß sie, von vornehmer Herkunft, und nur durch widrige Familienverhältnisse in ihre gegenwärtige Position gedrängt, sich auch hier noch ein ganzes Stück Würde bewahrt habe. Denn diese Dame pflegte ihr bei jedem Zusammentreffen zuzureden, ihre Neigung von ihr und von den Frauen überhaupt abzuwenden, und hatte sich bis zum Selbstmordversuch immer nur streng abweisend gegen sie benommen.

Ein zweiter Punkt, den ich alsbald aufzuklären versuchte, betraf die eigenen Motive des Mädchens, auf welche die analytische Behandlung sich etwa stützen konnte. Sie versuchte mich nicht durch die Behauptung zu täuschen, daß es ihr ein dringendes Bedürfnis sei, von ihrer Homosexualität befreit zu werden. Sie könne sich im Gegenteil gar keine andere Verliebtheit vorstellen, aber, setzte sie hinzu, der Eltern wegen wolle sie den therapeutischen Versuch ehrlich unterstützen, denn sie empfinde es sehr schwer, den Eltern solchen Kummer zu bereiten. Auch diese Äußerung mußte ich zunächst als günstig auffassen; ich konnte nicht ahnen, welche unbewußte Affekteinstellung sich hinter ihr verbarg. Was hier dann später zum Vorschein kam, hat die Gestaltung der Kur und deren vorzeitigen Abbruch entscheidend beeinflußt.

Nichtanalytische Leser werden längst die Beantwortung zweier anderer Fragen ungeduldig erwarten. Zeigte dieses homosexuelle Mädchen deutliche somatische Charaktere des anderen Geschlechts und erwies sie sich als ein Fall von angeborener oder von erworbener (später entwickelter) Homosexualität?

Ich verkenne die Bedeutung nicht, welche der ersteren Frage zukommt. Nur möge man diese Bedeutung nicht übertreiben und zu ihren Gunsten die Tatsachen verdunkeln, daß vereinzelte sekundäre Merkmale des anderen Geschlechts bei normalen menschlichen Individuen überhaupt sehr häufig vorkommen, und daß sehr gut ausgeprägte somatische Charaktere des anderen Geschlechtes sich an Personen finden können, deren Objektwahl keine Abänderung im Sinne einer Inversion erfahren hat. Daß also, anders ausgedrückt, bei beiden Geschlechtern das Maß des physischen Hermaphroditismus von dem des psychischen in hohem Grade unabhängig ist. Als Einschränkung der beiden Sätze ist hinzuzufügen, daß diese Unabhängigkeit beim Manne deutlicher ist als beim Weibe, wo die körperliche und die seelische Ausprägung des entgegengesetzten Geschlechtscharakters eher regelmäßig zusammentreffen. Ich bin aber doch nicht in der Lage, die erste der hier gestellten Fragen für meinen Fall befriedigend zu beantworten. Der Psychoanalytiker pflegt sich ja eine eingehende körperliche Untersuchung seiner Patienten in bestimmten Fällen zu versagen. Eine auffällige Abweichung vom körperlichen Typus des Weibes bestand jedenfalls nicht, auch keine menstruale Störung. Wenn das schöne und wohlgebildete Mädchen den hohen Wuchs des Vaters und eher scharfe als mädchenhaft weiche Gesichtszüge zeigte, so mag man darin Andeutungen einer somatischen Männlichkeit erblicken. Auf männliches Wesen konnte man auch einige ihrer intellektuellen Eigenschaften beziehen, so die Schärfe ihres Verständnisses und die kühle Klarheit ihres Denkens, insoweit sie nicht unter der Herrschaft ihrer Leidenschaft stand. Doch sind diese Unterscheidungen eher konventionell als wissenschaftlich berechtigt. Bedeutsamer ist gewiß, daß sie in ihrem Verhalten zu ihrem Liebesobjekt durchaus den männlichen Typus angenommen hatte, also die Demut und großartige Sexualüberschätzung des liebenden Mannes zeigte, den Verzicht auf jede narzißtische Befriedigung, die Bevorzugung des Liebens vor dem Geliebtwerden. Sie hatte also nicht nur ein weibliches Objekt gewählt, sondern auch eine männliche Einstellung zu ihm gewonnen.

Die andere Frage, ob ihr Fall einer angeborenen oder einer erworbenen Homosexualität entsprach, soll durch die ganze Entwicklungsgeschichte ihrer Störung beantwortet werden. Dabei wird sich ergeben, inwieweit diese Fragestellung selbst unfruchtbar und unangemessen ist.

## II

Auf eine so weitschweifige Einleitung kann ich nur eine ganz knappe und übersichtliche Darstellung der Libidogeschichte dieses Falles folgen lassen. Das Mädchen hatte in den Kinderjahren die normale Einstellung des weiblichen Ödipuskomplexes[1] in wenig auffälliger Weise durchgemacht, später auch begonnen, den Vater durch den um wenig älteren Bruder zu ersetzen. Sexuelle Traumen in früher Jugend wurden weder erinnert noch durch die Analyse aufgedeckt. Die Vergleichung der Genitalien des Bruders mit den eigenen, die etwa zu Beginn der Latenzzeit (zu fünf Jahren oder etwas früher) vorfiel, hinterließ ihr einen starken Eindruck und war in ihren Nachwirkungen weit zu verfolgen. Auf frühinfantile Onanie deutete sehr wenig, oder die Analyse kam nicht so weit, um diesen Punkt aufzuklären. Die Geburt eines zweiten Bruders, als sie zwischen fünf und sechs Jahren alt war, äußerte keinen besonderen Einfluß auf ihre Entwicklung. In den Schul- und Vorpubertätsjahren wurde sie allmählich mit den Tatsachen des Sexuallebens bekannt und empfing dieselben mit dem normal zu nennenden, auch im Ausmaße nicht übertriebenen Gemenge von Lüsternheit und erschreckter Ablehnung. Alle diese Auskünfte erscheinen recht mager, ich kann auch nicht dafür einstehen, daß sie vollständig sind. Vielleicht war die Jugendgeschichte doch

1) Ich sehe in der Einführung des Terminus „Elektrakomplex" keinen Fortschritt oder Vorteil und möchte denselben nicht befürworten.

weit reichhaltiger; ich weiß es nicht. Die Analyse brach, wie gesagt, nach kurzer Zeit ab und lieferte darum eine Anamnese, die nicht viel verläßlicher ist als die anderen, mit gutem Recht beanstandeten Anamnesen von Homosexuellen. Das Mädchen war auch niemals neurotisch gewesen, brachte nicht ein hysterisches Symptom in die Analyse mit, so daß sich die Anlässe zur Durchforschung ihrer Kindergeschichte nicht so bald ergeben konnten.

Mit dreizehn und vierzehn Jahren zeigte sie eine, nach dem Urteil aller übertrieben starke, zärtliche Vorliebe für einen kleinen, noch nicht dreijährigen Jungen, den sie in einem Kinderpark regelmäßig sehen konnte. Sie nahm sich des Kindes so herzlich an, daß daraus eine langdauernde freundschaftliche Beziehung zu den Eltern des Kleinen entstand. Man darf aus diesem Vorfall schließen, daß sie damals von einem starken Wunsche, selbst Mutter zu sein und ein Kind zu haben, beherrscht war. Aber kurze Zeit nachher wurde ihr der Knabe gleichgültig, und sie begann ein Interesse für reife, doch noch jugendliche Frauen zu zeigen, dessen Äußerungen ihr bald eine empfindliche Züchtigung von seiten des Vaters zuzogen.

Es wurde über jeden Zweifel sichergestellt, daß diese Wandlung zeitlich mit einem Ereignis in der Familie zusammenfällt, von dem wir demnach die Aufklärung der Wandlung erwarten dürfen. Vorher war ihre Libido auf Mütterlichkeit eingestellt gewesen, nachher war sie eine in reifere Frauen verliebte Homosexuelle, was sie seitdem geblieben ist. Dies für unser Verständnis so bedeutsame Ereignis war eine neue Gravidität der Mutter und die Geburt eines dritten Bruders, als sie etwa sechzehn Jahre alt war.

Der Zusammenhang, den ich nun im folgenden aufdecken werde, ist kein Produkt meiner Kombinationsgabe; er ist mir durch so vertrauenswürdiges analytisches Material nahegelegt worden, daß ich objektive Sicherheit für ihn beanspruchen kann.

Insbesondere hat eine Reihe von ineinandergreifenden, leicht deutbaren Träumen für ihn entschieden.

Die Analyse ließ unzweideutig erkennen, daß die geliebte Dame ein Ersatz für die — Mutter war. Nun war diese selbst allerdings keine Mutter, aber sie war auch nicht die erste Liebe des Mädchens gewesen. Die ersten Objekte ihrer Neigung seit der Geburt des letzten Bruders waren wirklich Mütter, Frauen zwischen dreißig und fünfunddreißig Jahren, die sie mit ihren Kindern in der Sommerfrische oder im Familienverkehr der Großstadt kennen lernte. Die Bedingung der Mütterlichkeit wurde später fallen gelassen, weil sie sich mit einer anderen, die immer gewichtiger wurde, in der Realität nicht gut vertrug. Die besonders intensive Bindung an die letzte Geliebte, die „Dame", hatte noch einen anderen Grund, den das Mädchen eines Tages ohne Mühe auffand. Sie wurde durch die schlanke Erscheinung, die strenge Schönheit und das rauhe Wesen der Dame an ihren eigenen, etwas älteren Bruder gemahnt. Das endlich gewählte Objekt entsprach also nicht nur ihrem Frauen-, sondern auch ihrem Männerideal, es vereinigte die Befriedigung der homosexuellen Wunschrichtung mit jener der heterosexuellen. Bekanntlich hat die Analyse männlicher Homosexueller in zahlreichen Fällen das nämliche Zusammentreffen gezeigt, ein Wink, sich Wesen und Entstehung der Inversion nicht allzu einfach vorzustellen und die durchgängige Bisexualität des Menschen nicht aus dem Auge zu verlieren.[1]

Wie soll man es aber verstehen, daß das Mädchen gerade durch die Geburt eines späten Kindes, als sie selbst schon reif geworden war und eigene starke Wünsche hatte, bewogen wurde, ihre leidenschaftliche Zärtlichkeit der Gebärerin dieses Kindes, ihrer eigenen Mutter, zuzuwenden und an einer Vertreterin der Mutter zum Ausdruck zu bringen? Nach allem, was man sonst

1) Vgl. I. Sadger: Jahresbericht über sexuelle Perversionen. Jahrbuch der Psychoanalyse, VI, 1914 und a. a. O.

weiß, hätte man das Gegenteil erwarten sollen. Die Mütter pflegen sich unter solchen Umständen vor ihren beinahe heiratsfähigen Töchtern zu genieren, die Töchter haben für die Mutter ein aus Mitleid, Verachtung und Neid gemischtes Gefühl bereit, das nichts dazu beiträgt, die Zärtlichkeit für die Mutter zu steigern. Das Mädchen unserer Beobachtung hatte überhaupt wenig Grund, für ihre Mutter zärtlich zu empfinden. Der selbst noch jugendlichen Frau war diese rasch erblühte Tochter eine unbequeme Konkurrentin, sie setzte sie hinter den Knaben zurück, schränkte ihre Selbständigkeit möglichst ein und wachte besonders eifrig darüber, daß sie dem Vater ferne blieb. Ein Bedürfnis nach einer liebenswürdigeren Mutter mag also bei dem Mädchen von jeher gerechtfertigt gewesen sein; warum es aber damals und in Gestalt einer verzehrenden Leidenschaft aufflackerte, ist nicht begreiflich.

Die Erklärung ist die folgende: Das Mädchen befand sich in der Phase der Pubertätsauffrischung des infantilen Ödipuskomplexes, als die Enttäuschung über sie kam. Hell bewußt wurde ihr der Wunsch, ein Kind zu haben, und zwar ein männliches; daß es ein Kind vom Vater und dessen Ebenbild sein sollte, durfte ihr Bewußtes nicht erfahren. Aber da geschah es, daß nicht sie das Kind bekam, sondern die im Unbewußten gehaßte Konkurrentin, die Mutter. Empört und erbittert wendete sie sich vom Vater, ja vom Manne überhaupt ab. Nach diesem ersten großen Mißerfolg verwarf sie ihre Weiblichkeit und strebte nach einer anderen Unterbringung ihrer Libido.

Sie benahm sich dabei ganz ähnlich wie viele Männer, die nach einer ersten peinlichen Erfahrung dauernd mit dem treulosen Geschlecht der Frauen zerfallen und Weiberfeinde werden. Von einer der anziehendsten und unglücklichsten fürstlichen Persönlichkeiten unserer Lebenszeit wird erzählt, daß er darum homosexuell geworden, weil ihn die verlobte Braut mit einem fremden Gesellen hintergangen hatte. Ich weiß nicht, ob dies historische Wahrheit ist, aber ein Stück psychologischer Wahrheit steckt hinter diesem Gerücht. Unser aller Libido schwankt normalerweise lebenslang zwischen dem männlichen und dem weiblichen Objekt; der Junggeselle gibt seine Freundschaften auf, wenn er heiratet, und kehrt zum Stammtisch zurück, wenn seine Ehe schaal geworden ist. Freilich, wo die Schwankung so gründlich und so endgültig ist, da richtet sich unsere Vermutung auf ein besonderes Moment, welches die eine oder die andere Seite entscheidend begünstigt, vielleicht nur auf den geeigneten Zeitpunkt gewartet hat, um die Objektwahl nach seinem Sinne durchzusetzen.

Unser Mädchen hatte also nach jener Enttäuschung den Wunsch nach dem Kinde, die Liebe zum Manne und die weibliche Rolle überhaupt von sich gewiesen. Und nun hätte offenbar sehr Verschiedenartiges geschehen können; was wirklich geschah, war das Extremste. Sie wandelte sich zum Manne um und nahm die Mutter an Stelle des Vaters zum Liebesobjekt.[1] Ihre Beziehung zur Mutter war sicherlich von Anfang an ambivalent gewesen, es gelang leicht, die frühere Liebe zur Mutter wiederzubeleben und mit ihrer Hilfe die gegenwärtige Feindseligkeit gegen die Mutter zur Überkompensation zu bringen. Da mit der realen Mutter wenig anzufangen war, ergab sich aus der geschilderten Gefühlsumsetzung das Suchen nach einem Muttterersatz, an dem man mit leidenschaftlicher Zärtlichkeit hängen konnte.[2]

Ein praktisches Motiv aus ihren realen Beziehungen zur Mutter kam als „Krankheitsgewinn" noch hinzu. Die Mutter legte

1) Es ist gar nicht so selten, daß man eine Liebesbeziehung dadurch abbricht, daß man sich selbst mit dem Objekt derselben identifiziert, was einer Art von Regression zum Narzißmus entspricht. Nachdem dies erfolgt ist, kann man bei neuerlicher Objektwahl leicht das dem früheren entgegengesetzte Geschlecht mit seiner Libido besetzen.

2) Die hier beschriebenen Verschiebungen der Libido sind gewiß jedem Analytiker aus der Erforschung der Anamnesen von Neurotikern bekannt. Nur fallen sie bei diesen letzteren im zarten Kindesalter, zur Zeit der Frühblüte des Liebeslebens vor, bei unserem ganz und gar nicht neurotischen Mädchen vollziehen sie sich in den ersten Jahren nach der Pubertät, übrigens gleichfalls völlig unbewußt. Ob dieses zeitliche Moment sich nicht einstmals als sehr bedeutsam herausstellen wird?

selbst noch Wert darauf, von Männern hofiert und gefeiert zu werden. Wenn sie also homosexuell wurde, der Mutter die Männer überließ, ihr sozusagen „auswich", räumte sie etwas aus dem Wege, was bisher an der Mißgunst der Mutter Schuld getragen hatte.[1]

Die so gewonnene Libidoeinstellung wurde nun gefestigt, als das Mädchen merkte, wie unangenehm sie dem Vater war. Seit jener ersten Züchtigung wegen einer allzu zärtlichen Annäherung an eine Frau wußte sie, womit sie den Vater kränken, und wie sie sich an ihm rächen konnte. Sie blieb jetzt homosexuell aus Trotz gegen den Vater. Sie machte sich auch kein Gewissen daraus, ihn auf jede Weise zu hintergehen und zu belügen. Gegen die Mutter war sie ja nur so weit unaufrichtig, als es nötig war, damit der Vater nichts erfahre. Ich hatte den

1) Da ein solches Ausweichen bisher unter den Ursachen der Homosexualität wie im Mechanismus der Libidofixierung überhaupt keine Erwähnung gefunden hat, will ich eine ähnliche analytische Beobachtung hier anschließen, die durch einen besonderen Umstand interessant ist. Ich habe einst zwei Zwillingsbrüder kennen gelernt, die beide mit starken libidinösen Impulsen begabt waren. Der eine von ihnen hatte viel Glück bei Frauen und ließ sich in ungezählte Verhältnisse mit Frauen und Mädchen ein. Der andere war zuerst auf demselben Wege, aber dann wurde es ihm unangenehm, dem Bruder ins Gehege zu kommen, infolge seiner Ähnlichkeit bei intimen Anlässen mit ihm verwechselt zu werden, und er half sich dadurch, daß er homosexuell wurde. Er überließ dem Bruder die Frauen und war ihm so „ausgewichen". Ein andermal behandelte ich einen jüngeren Mann, Künstler und unverkennbar bisexuell angelegt, bei dem sich die Homosexualität gleichzeitig mit einer Arbeitsstörung durchgesetzt hatte. Er floh in einem die Frauen und sein Werk. Die Analyse, die ihn zu beiden zurückführen konnte, wies die Scheu vor dem Vater als das mächtigste psychische Motiv für beide Störungen, eigentlich Entsagungen, nach. In seiner Vorstellung gehörten alle Frauen dem Vater, und er flüchtete zu den Männern aus Ergebenheit, um dem Konflikt mit dem Vater auszuweichen. Solche Motivierung der homosexuellen Objektwahl muß sich häufiger finden lassen; in den Urzeiten des Menschengeschlechts war es wohl so, daß alle Frauen dem Vater und Oberhaupt der Urhorde gehörten. — Bei Geschwistern, die nicht Zwillinge sind, spielt solches Ausweichen auch auf anderen Gebieten als dem der Liebeswahl eine große Rolle. Der ältere Bruder pflegt z. B. Musik und findet dafür Anerkennung, der jüngere, musikalisch weit begabter, bricht trotz seiner Sehnsucht danach das Musikstudium bald ab und ist nicht mehr zu bewegen, ein Instrument zu berühren. Es ist dies ein einzelnes Beispiel für ein sehr häufiges Vorkommen, und die Untersuchung der Motive, die zum Ausweichen anstatt zur Aufnahme der Konkurrenz führen, deckt sehr komplizierte psychische Bedingungen auf.

Eindruck, daß sie nach dem Grundsatz der Talion handelte: Hast du mich betrogen, so mußt du es dir gefallen lassen, daß ich auch dich betrüge. Auch die auffälligen Unvorsichtigkeiten des sonst raffiniert klugen Mädchens kann ich nicht anders beurteilen. Der Vater mußte doch gelegentlich von ihrem Umgang mit der Dame erfahren, sonst wäre ihr die Rachebefriedigung, die ihr die dringendste war, entgangen. So sorgte sie dafür, indem sie sich mit der Angebeteten öffentlich zeigte, in den Straßen nahe dem Geschäftslokal des Vaters spazieren ging und dergleichen. Auch diese Ungeschicklichkeiten geschahen nicht absichtslos. Es ist übrigens merkwürdig, daß beide Eltern sich so benahmen, als ob sie die geheime Psychologie der Tochter verstünden. Die Mutter zeigte sich tolerant, als ob sie das Ausweichen der Tochter als Gefälligkeit würdigte, der Vater raste, als fühlte er die gegen seine Person gerichtete Racheabsicht.

Die letzte Kräftigung erfuhr aber die Inversion des Mädchens, als sie in der „Dame" auf ein Objekt stieß, welches gleichzeitig dem noch am Bruder haftenden Anteil ihrer heterosexuellen Libido Befriedigung bot.

## III

Die lineare Darstellung eignet sich wenig zur Beschreibung der verschlungenen und in verschiedenen seelischen Schichten ablaufenden seelischen Vorgänge. Ich bin genötigt, in der Diskussion des Falles innezuhalten und einiges von dem Mitgeteilten zu erweitern und zu vertiefen.

Ich habe erwähnt, daß das Mädchen in ihrem Verhältnis zur verehrten Dame den männlichen Typus der Liebe annahm. Ihre Demut und zärtliche Anspruchslosigkeit, *„che poco spera e nulla chiede"*, die Seligkeit, wenn ihr gestattet wurde, die Dame ein Stück weit zu begleiten und ihr beim Abschied die Hand zu küssen, die Freude, wenn sie sie als schön rühmen hörte, während die Anerkennung ihrer eigenen Schönheit von fremder Seite ihr gar nichts bedeutete, ihre Pilgerbesuche nach Örtlichkeiten, wo die Geliebte sich vorher einmal aufgehalten hatte, das Verstummen aller weiter reichenden sinnlichen Wünsche: alle diese kleinen Züge entsprachen etwa der ersten schwärmerischen Leidenschaft eines Jünglings für eine gefeierte Künstlerin, die er hoch über sich stehend glaubt, und zu der er seinen Blick nur schüchtern zu erheben wagt. Die Übereinstimmung mit einem von mir beschriebenen „Typus der männlichen Objektwahl", dessen Besonderheiten ich auf die Bindung an die Mutter zurückgeführt habe,[1] ging bis in die Einzelheiten. Es konnte auffällig erscheinen, daß sie durch den schlechten Leumund der Geliebten nicht im mindesten abgeschreckt wurde, obwohl ihre eigenen Beobachtungen sie von der Berechtigung dieser Nachrede genügend überzeugten. Sie war doch eigentlich ein wohlerzogenes und keusches Mädchen, das für ihre eigene Person sexuellen Abenteuern aus dem Wege gegangen war und grobsinnliche Befriedigungen als unästhetisch empfand. Aber bereits ihre ersten Schwärmereien hatten Frauen gegolten, denen man keine Neigung zu besonders strenger Sittlichkeit nachrühmte. Den ersten Protest des Vaters gegen ihre Liebeswahl hatte sie durch die Hartnäckigkeit hervorgerufen, mit der sie sich um den Verkehr mit einer Kinoschauspielerin an jenem Sommerorte bemühte. Dabei hatte es sich keineswegs um Frauen gehandelt, die etwa im Rufe der Homosexualität standen und ihr somit Aussicht auf solche Befriedigung geboten hätten; vielmehr warb sie unlogischerweise um kokette Frauen im gewöhnlichen Sinne des Wortes; eine homosexuelle, ihr gleichaltrige Freundin, die sich ihr bereitwilligst zur Verfügung stellte, wies sie ohne Bedenken ab. Der schlechte Ruf der „Dame" aber war geradezu eine Liebesbedingung für sie, und alles Rätselhafte dieses Verhaltens verschwindet, wenn wir uns erinnern, daß auch für jenen von der Mutter abgeleiteten männlichen Typus der Objektwahl die Bedingung besteht, daß die Geliebte irgendwie „sexuell anrüchig" sei, eigentlich eine Kokotte

1) S. 186 ff. dieses Bandes.

genannt werden dürfe. Als sie später erfuhr, in welchem Ausmaß diese Kennzeichnung für ihre verehrte Dame zutraf, und daß diese einfach von der Preisgabe ihres Körpers lebte, bestand ihre Reaktion in einem großen Mitleid und in der Entwicklung von Phantasien und Vorsätzen, wie sie die Geliebte aus diesen unwürdigen Verhältnissen „retten" könne. Dieselben Rettungsbestrebungen sind uns bei den Männern jenes von mir beschriebenen Typus aufgefallen, und ich habe an der erwähnten Stelle die analytische Ableitung dieses Strebens zu geben versucht.

In ganz andere Regionen der Erklärung führt die Analyse des Selbstmordversuches, den ich als einen ernstgemeinten gelten lassen muß, der übrigens ihre Position sowohl bei den Eltern als auch bei der geliebten Dame beträchtlich verbesserte. Sie ging eines Tages mit ihr in einer Gegend und zu einer Stunde spazieren, wo eine Begegnung mit dem vom Bureau kommenden Vater nicht unwahrscheinlich war. Der Vater ging auch an ihnen vorüber und warf einen wütenden Blick auf sie und die ihm bereits bekannte Begleiterin. Kurz darauf stürzte sie sich in den Stadtbahngraben. Ihre Rechenschaft von der näheren Verursachung ihres Entschlusses klingt nun ganz plausibel. Sie hatte der Dame eingestanden, daß der Herr, der sie beide so böse angeschaut hatte, ihr Vater sei, der von diesem Verkehr absolut nichts wissen wolle. Die Dame war nun aufgebraust, hatte ihr befohlen, sie sofort zu verlassen und nie mehr zu erwarten oder anzureden, diese Geschichte müsse nun ein Ende haben. In der Verzweiflung darüber, daß sie so die Geliebte für immer verloren habe, wollte sie sich den Tod geben. Die Analyse gestattete aber eine andere und tiefer greifende Deutung hinter der ihrigen aufzudecken und durch ihre eigenen Träume zu stützen. Der Selbstmordversuch war, wie man erwarten durfte, außerdem noch zweierlei: eine Straferfüllung (Selbstbestrafung) und eine Wunscherfüllung. Als letztere bedeutete er die Durchsetzung jenes Wunsches, dessen Enttäuschung sie in die Homosexualität getrieben hatte, nämlich vom Vater ein Kind zu bekommen, denn nun kam sie durch die Schuld des Vaters nieder.[1] Es stellt die Verbindung dieser Tiefendeutung mit der dem Mädchen bewußten, oberflächlichen her, daß in diesem Moment die Dame genau so gesprochen hatte wie der Vater und das nämliche Verbot hatte ergehen lassen. Als Selbstbestrafung bürgt uns die Handlung des Mädchens dafür, daß sie starke Todeswünsche gegen den einen oder den anderen Elternteil in ihrem Unbewußten entwickelt hatte. Vielleicht aus Rachsucht gegen den ihre Liebe störenden Vater, noch wahrscheinlicher aber auch gegen die Mutter, als sie mit dem kleinen Bruder schwanger ging. Denn die Analyse hat uns zum Rätsel des Selbstmordes die Aufklärung gebracht, daß vielleicht niemand die psychische Energie sich zu töten findet, der nicht erstens dabei ein Objekt mittötet, mit dem er sich identifiziert hat, und der nicht zweitens dadurch einen Todeswunsch gegen sich selbst wendet, welcher gegen eine andere Person gerichtet war. Die regelmäßige Aufdeckung solcher unbewußter Todeswünsche beim Selbstmörder braucht übrigens weder zu befremden, noch als Bestätigung unserer Ableitungen zu imponieren, denn das Unbewußte aller Lebenden ist von solchen Todeswünschen, selbst gegen sonst geliebte Personen, übervoll.[2] In der Identifizierung mit der Mutter, die an der Niederkunft mit diesem, ihr (der Tochter) vorenthaltenen, Kinde hätte sterben sollen, ist aber diese Straferfüllung selbst wieder eine Wunscherfüllung. Endlich, daß die verschiedensten starken Motive zusammenwirken mußten, um eine Tat wie die unseres Mädchens zu ermöglichen, wird unserer Erwartung nicht widersprechen.

In der Motivierung des Mädchens kommt der Vater nicht vor, nicht einmal die Angst vor seinem Zorne wird erwähnt.

1) Diese Deutungen der Wege des Selbstmordes durch sexuelle Wunscherfüllungen sind längst allen Analytikern vertraut. (Vergiften = schwanger werden, ertränken = gebären; von einer Höhe herabstürzen = niederkommen.)

2) Vgl. Zeitgemäßes über Krieg und Tod. Imago, IV, 1915. [Enthalten in Bd. X dieser Gesamtausgabe.]

In der von der Analyse erratenen Motivierung fällt ihm die Hauptrolle zu. Dieselbe entscheidende Bedeutung hatte das Verhältnis zum Vater auch für den Verlauf und den Ausgang der analytischen Behandlung oder vielmehr Exploration. Hinter der vorgeschützten Rücksicht auf die Eltern, denen zuliebe sie den Versuch einer Umwandlung unterstützen wollte, verbarg sich die Trotz- und Racheeinstellung gegen den Vater, welche sie in der Homosexualität festhielt. Durch solche Deckung gesichert, gab der Widerstand ein großes Gebiet der analytischen Erforschung frei. Die Analyse vollzog sich fast ohne Anzeichen von Widerstand, unter reger intellektueller Beteiligung der Analysierten, aber auch bei völliger Gemütsruhe derselben. Als ich ihr einmal ein besonders wichtiges und sie nahe betreffendes Stück der Theorie auseinandersetzte, äußerte sie mit unnachahmlicher Betonung: Ach, das ist ja sehr interessant, wie eine Weltdame, die durch ein Museum geführt wird und Gegenstände, die ihr vollkommen gleichgültig sind, durch ein Lorgnon in Augenschein nimmt. Der Eindruck von ihrer Analyse näherte sich dem einer hypnotischen Behandlung, in welcher sich der Widerstand gleichfalls bis zu einer bestimmten Grenze zurückgezogen hat, an der er sich dann als unbesiegbar erweist. Dieselbe — russische — Taktik, könnte man sie nennen, befolgt der Widerstand sehr oft in Fällen von Zwangsneurose, die darum eine Zeitlang die klarsten Ergebnisse liefern und einen tiefen Einblick in die Verursachung der Symptome gestatten. Man beginnt dann sich zu wundern, warum so große Fortschritte im analytischen Verständnis auch nicht die leiseste Änderung in den Zwängen und Hemmungen des Kranken mit sich bringen, bis man endlich bemerkt, daß alles, was man zustandegebracht hat, mit dem Vorbehalt des Zweifels behaftet war, hinter welchem Schutzwall sich die Neurose sicher fühlen durfte. „Es wäre ja alles recht schön," heißt es im Kranken, oft auch bewußterweise, „wenn ich dem Manne Glauben schenken müßte, aber davon ist ja keine Rede, und solange das nicht der Fall ist, brauche ich auch nichts zu ändern." Nähert man sich dann der Motivierung dieses Zweifels, so bricht der Kampf mit den Widerständen ernsthaft los.

Bei unserem Mädchen war es nicht der Zweifel, sondern das affektive Moment der Rache am Vater, das ihre kühle Reserve ermöglichte, die Analyse deutlich in zwei Phasen zerlegte und die Ergebnisse der ersten Phase so vollständig und übersichtlich werden ließ. Es hatte auch den Anschein, als ob bei dem Mädchen nichts einer Übertragung auf den Arzt Ähnliches zustande gekommen wäre. Aber das ist natürlich ein Widersinn oder eine ungenaue Ausdrucksweise; irgendein Verhältnis zum Arzt muß sich doch herstellen und dies wird zu allermeist aus einer infantilen Relation übertragen sein. In Wirklichkeit übertrug sie auf mich die gründliche Ablehnung des Mannes, von der sie seit ihrer Enttäuschung durch den Vater beherrscht war. Die Erbitterung gegen den Mann hat es in der Regel leicht, sich am Arzt zu befriedigen, sie braucht keine stürmischen Gefühlsäußerungen hervorzurufen, sie äußert sich einfach in der Vereitlung all seiner Bemühungen und im Festhalten am Kranksein. Ich weiß aus Erfahrung, wie schwierig es ist, den Analysierten zum Verständnis gerade dieser stummen Symptomatik zu bringen und solche latente, oft exzessiv große Feindseligkeit ohne Gefährdung der Kur bewußt zu machen. Ich brach also ab, sobald ich die Einstellung des Mädchens zum Vater erkannt hatte, und gab den Rat, den therapeutischen Versuch, wenn man Wert auf ihn legte, bei einer Ärztin fortführen zu lassen. Das Mädchen hatte unterdes dem Vater das Versprechen abgegeben, wenigstens den Verkehr mit der „Dame" zu unterlassen, und ich weiß nicht, ob mein Rat, dessen Motivierung ja durchsichtig ist, befolgt werden wird.

Ein einziges Mal kam auch in dieser Analyse etwas vor, was ich als positive Übertragung, als außerordentlich abgeschwächte Erneuerung der ursprünglichen leidenschaftlichen Verliebtheit in den Vater auffassen konnte. Auch diese Äußerung war vom Zusatz eines anderen Motivs nicht frei, ich erwähne sie aber, weil sie nach anderer Richtung ein interessantes Problem der analytischen Technik zur Frage bringt. Zu einer gewissen Zeit, nicht lange nach dem Beginne der Kur, brachte das Mädchen eine Reihe von Träumen vor, die, gebührend entstellt und in korrekter Traumsprache abgefaßt, doch leicht und sicher zu übersetzen waren. Ihr gedeuteter Inhalt war aber auffällig. Sie antizipierten die Heilung der Inversion durch die Behandlung, drückten ihre Freude über die ihr nun eröffneten Lebensaussichten aus, gestanden die Sehnsucht nach der Liebe eines Mannes und nach Kindern ein und konnten somit als erfreuliche Vorbereitung zur erwünschten Wandlung begrüßt werden. Der Widerspruch gegen ihre gleichzeitigen Äußerungen im Wachen war sehr groß. Sie machte mir kein Hehl daraus, daß sie zwar zu heiraten gedenke, aber nur um sich der Tyrannei des Vaters zu entziehen und ungestört ihren wirklichen Neigungen zu leben. Mit dem Manne, meinte sie etwas verächtlich, würde sie schon fertig werden, und endlich könne man ja, wie das Beispiel der verehrten Dame zeige, auch gleichzeitig sexuelle Beziehungen mit einem Manne und mit einer Frau haben. Durch irgendeinen leisen Eindruck gewarnt, erklärte ich ihr eines Tages, ich glaube diesen Träumen nicht, sie seien lügnerisch oder heuchlerisch, und ihre Absicht sei, mich zu betrügen, wie sie den Vater zu betrügen pflegte. Ich hatte Recht, diese Art von Träumen blieb von dieser Aufklärung an aus. Ich glaube aber doch, neben der Absicht der Irreführung lag auch ein Stück Werbung in diesen Träumen; es war auch ein Versuch, mein Interesse und meine gute Meinung zu gewinnen, vielleicht um mich später desto gründlicher zu enttäuschen.

Ich kann mir vorstellen, daß der Hinweis auf die Existenz solch lügnerischer Gefälligkeitsträume bei manchen, die sich Analytiker nennen, einen wahren Sturm von hilfloser Entrüstung entfesseln wird. „Also kann auch das Unbewußte lügen, der wirkliche Kern unseres Seelenlebens, dasjenige in uns, was dem Göttlichen so viel näher ist als unser armseliges Bewußtsein! Wie kann man dann noch auf die Deutungen der Analyse und die Sicherheit unserer Erkenntnisse bauen?" Dagegen muß gesagt werden, daß die Anerkennung solch lügenhafter Träume eine erschütternde Neuheit nicht bedeutet. Ich weiß zwar, daß das Bedürfnis der Menschen nach Mystik unausrottbar ist, und daß es unablässige Versuche macht, das durch die „Traumdeutung" der Mystik entrissene Gebiet für sie wiederzugewinnen, aber in dem Falle, der uns beschäftigt, liegt doch alles einfach genug. Der Traum ist nicht das „Unbewußte", er ist die Form, in welche ein aus dem Vorbewußten oder selbst aus dem Bewußten des Wachlebens erübrigter Gedanke dank der Begünstigungen des Schlafzustandes umgegossen werden konnte. Im Schlafzustand hat er die Unterstützung unbewußter Wunschregungen gewonnen und dabei die Entstellung durch die „Traumarbeit" erfahren, welche durch die fürs Unbewußte geltenden Mechanismen bestimmt wird. Bei unserer Träumerin stammte die Absicht, mich irrezuführen, wie sie es beim Vater zu tun pflegte, gewiß aus dem Vorbewußten, wenn sie nicht etwa gar bewußt war; sie konnte sich nun durchsetzen, indem sie mit der unbewußten Wunschregung, dem Vater (oder Vaterersatz) zu gefallen, in Verbindung trat, und schuf so einen lügnerischen Traum. Die beiden Absichten, den Vater zu betrügen und dem Vater zu gefallen, stammen aus demselben Komplex; die erstere ist aus der Verdrängung der letzteren erwachsen, die spätere wird durch die Traumarbeit auf die frühere zurückgeführt. Von einer Entwürdigung des Unbewußten, von einer Erschütterung des Zutrauens in die Ergebnisse unserer Analyse kann also nicht die Rede sein.

Ich will die Gelegenheit nicht versäumen, auch einmal das Erstaunen darüber zu Worte kommen zu lassen, daß die Menschen so große und bedeutungsvolle Stücke ihres Liebeslebens durchmachen können, ohne viel davon zu bemerken, ja mitunter, ohne das mindeste davon zu ahnen, oder daß sie, wenn es zu ihrem Bewußtsein kommt, sich mit dem Urteil so gründlich darüber täuschen. Das geschieht nicht nur unter den Bedingungen der Neurose, wo wir mit dem Phänomen vertraut sind, sondern scheint auch sonst recht gewöhnlich zu sein. In unserem Falle entwickelt ein Mädchen eine Schwärmerei für Frauen, die von den Eltern zuerst nur als ärgerlich empfunden, aber kaum ernst genommen wird; sie selbst weiß wohl, wie sehr sie davon in Anspruch genommen wird, fühlt aber doch nur wenig von den Sensationen einer intensiven Verliebtheit, bis sich bei einer bestimmten Versagung eine ganz exzessive Reaktion ergibt, die allen Teilen zeigt, daß man es mit einer verzehrenden Leidenschaft von elementarer Stärke zu tun hat. Von den Voraussetzungen, die für das Hervorbrechen eines solchen seelischen Sturmes erforderlich sind, hat auch das Mädchen niemals etwas bemerkt. Andere Male trifft man auf Mädchen oder Frauen in schweren Depressionen, die, nach der möglichen Verursachung ihres Zustandes befragt, die Auskunft geben, sie haben wohl ein gewisses Interesse für eine bestimmte Person verspürt, aber es sei ihnen nicht tief gegangen und sie seien sehr bald damit fertig geworden, nachdem es aufgegeben werden mußte. Und doch ist dieser anscheinend so leicht ertragene Verzicht die Ursache der schweren Störung geworden. Oder man hat es mit Männern zu tun, die oberflächliche Liebesbeziehungen zu Frauen erledigt haben und erst aus den Folgeerscheinungen erfahren müssen, daß sie in das angeblich geringgeschätzte Objekt leidenschaftlich verliebt waren. Man erstaunt auch über die ungeahnten Wirkungen, die von einem künstlichen Abortus, der Tötung einer Leibesfrucht, ausgehen können, zu der man sich ohne Reue und Bedenken entschlossen hatte. Man sieht sich so genötigt, den Dichtern recht zu geben, die uns mit Vorliebe Personen schildern, welche lieben ohne es zu wissen, oder die es nicht wissen, ob sie lieben, oder die zu hassen glauben, während sie lieben. Es scheint, daß gerade die Kunde, die unser Bewußtsein von unserem Liebesleben erhält, besonders leicht unvollständig, lückenhaft oder gefälscht sein kann. In diesen Erörterungen habe ich es natürlich nicht versäumt, den Anteil eines nachträglichen Vergessens in Abzug zu bringen.

## IV

Ich kehre nun zu der vorhin abgebrochenen Diskussion des Falles zurück. Wir haben uns einen Überblick über die Kräfte verschafft, welche die Libido des Mädchens aus der normalen Ödipuseinstellung in die der Homosexualität überführt haben, und über die psychischen Wege, die dabei beschritten worden sind. Obenan unter diesen bewegenden Kräften stand der Eindruck der Geburt ihres kleinen Bruders, und somit ist uns nahegelegt, den Fall als einen von spät erworbener Inversion zu klassifizieren.

Allein hier werden wir auf ein Verhältnis aufmerksam, welches uns auch bei vielen anderen Beispielen von psychoanalytischer Aufklärung eines seelischen Vorganges entgegentritt. Solange wir die Entwicklung von ihrem Endergebnis aus nach rückwärts verfolgen, stellt sich uns ein lückenloser Zusammenhang her, und wir halten unsere Einsicht für vollkommen befriedigend, vielleicht für erschöpfend. Nehmen wir aber den umgekehrten Weg, gehen wir von den durch die Analyse gefundenen Voraussetzungen aus und suchen diese bis zum Resultat zu verfolgen, so kommt uns der Eindruck einer notwendigen und auf keine andere Weise zu bestimmenden Verkettung ganz abhanden. Wir merken sofort, es hätte sich auch etwas anderes ergeben können, und dies andere Ergebnis hätten wir ebensogut verstanden und aufklären können. Die Synthese ist also nicht so befriedigend wie die Analyse; mit anderen Worten, wir wären nicht imstande, aus der Kenntnis der Voraussetzungen die Natur des Ergebnisses vorherzusagen.

Es ist sehr leicht, diese betrübliche Erkenntnis auf ihre Ursachen zurückzuführen. Mögen uns auch die ätiologischen Faktoren, welche für einen bestimmten Erfolg maßgebend sind, vollständig bekannt sein, wir kennen sie doch nur nach ihrer qualitativen Eigenart und nicht nach ihrer relativen Stärke. Einige von ihnen werden als zu schwach von anderen unterdrückt werden und für das Endergebnis nicht in Betracht kommen. Wir wissen aber niemals vorher, welche der bestimmenden Momente sich als die schwächeren oder stärkeren erweisen werden. Wir sagen nur am Ende, die sich durchgesetzt haben, das waren die stärkeren. Somit ist die Verursachung in der Richtung der Analyse jedesmal sicher zu erkennen, deren Vorhersage in der Richtung der Synthese aber unmöglich.

Wir wollen also nicht behaupten, daß jedes Mädchen, dessen aus der Ödipuseinstellung der Pubertätsjahre herrührende Liebessehnsucht eine solche Enttäuschung erfährt, darum notwendigerweise der Homosexualität verfallen wird. Andersartige Reaktionen auf dieses Trauma werden im Gegenteil häufiger sein. Dann müssen aber bei diesem Mädchen besondere Momente den Ausschlag gegeben haben, solche außerhalb des Traumas, wahrscheinlich innerer Natur. Es hat auch keine Schwierigkeit, sie aufzuzeigen.

Bekanntlich braucht es auch beim Normalen eine gewisse Zeit, bis sich die Entscheidung über das Geschlecht des Liebesobjekts endgültig durchgesetzt hat. Homosexuelle Schwärmereien, übermäßig starke, sinnlich betonte Freundschaften sind bei beiden Geschlechtern in den ersten Jahren nach der Pubertät recht gewöhnlich. So war es auch bei unserem Mädchen, aber diese Neigungen zeigten sich bei ihr unzweifelhaft stärker und hielten länger an als bei anderen. Dazu kommt, daß diese Vorboten der späteren Homosexualität immer ihr bewußtes Leben eingenommen hatten, während die dem Ödipuskomplex entspringende Einstellung unbewußt geblieben war und nur in solchen Anzeichen wie jene Verzärtelung des kleinen Knaben zum Vorschein kam. Als Schulmädchen war sie lange Zeit verliebt in eine unnahbar strenge Lehrerin, einen offenkundigen Muttterersatz. Ein besonders lebhaftes Interesse für manche jungmütterliche Frauen hatte sie lange vor der Geburt des Bruders und um so sicherer lange Zeit vor jener ersten Zurechtweisung durch den Vater gezeigt. Ihre Libido lief also von sehr früher Zeit her in zwei Strömungen, von denen die oberflächlichere unbedenklich eine homosexuelle genannt werden darf. Diese war wahrscheinlich die direkte, unverwandelte Fortsetzung einer infantilen Fixierung an die Mutter. Möglicherweise haben wir durch unsere Analyse auch nichts anderes aufgedeckt als den Prozeß, der bei einem geeigneten Anlaß auch die tiefere heterosexuelle Libidoströmung in die manifeste homosexuelle überführte.

Ferner lehrte die Analyse, daß das Mädchen aus ihren Kinderjahren einen stark betonten „Männlichkeitskomplex" mitgebracht hatte. Lebhaft, rauflustig, durchaus nicht gewillt, hinter dem wenig älteren Bruder zurückzustehen, hatte sie seit jener Inspektion der Genitalien einen mächtigen Penisneid entwickelt, dessen Abkömmlinge immer noch ihr Denken erfüllten. Sie war eigentlich eine Frauenrechtlerin, fand es ungerecht, daß die Mädchen nicht dieselben Freiheiten genießen sollten wie die Burschen, und sträubte sich überhaupt gegen das Los der Frau. Zur Zeit der Analyse waren ihr Schwangerschaft und Kindergebären unliebsame Vorstellungen, wie ich vermute, auch wegen der damit verbundenen körperlichen Entstellung. Auf diese Abwehr hatte sich ihr mädchenhafter Narzißmus zurückgezogen,[1] der sich nicht mehr als Stolz auf ihre Schönheit äußerte. Verschiedene Anzeichen wiesen auf eine ehemals sehr starke Schau- und Exhibitionslust hin. Wer das Recht der Erwerbung in der Ätiologie nicht verkürzt sehen will, wird aufmerksam machen, daß das geschilderte Verhalten des Mädchens gerade so war, wie

1) Vgl. Kriemhildes Bekenntnis im Nibelungenlied.

es durch die vereinte Wirkung der mütterlichen Zurücksetzung und der Vergleichung ihrer Genitalien mit denen des Bruders bei starker Mutterfixierung bestimmt werden mußte. Auch hier besteht eine Möglichkeit, etwas auf Prägung durch frühzeitig wirksamen äußeren Einfluß zurückzuführen, was man gern als konstitutionelle Eigenart aufgefaßt hätte. Und auch von dieser Erwerbung — wenn sie wirklich stattgefunden hat — wird ein Anteil auf Rechnung der mitgebrachten Konstitution zu setzen sein. So vermengt und vereinigt sich in der Beobachtung beständig, was wir in der Theorie zu einem Paar von Gegensätzen — Vererbung und Erwerbung — auseinanderlegen möchten.

Hatte ein früherer, vorläufiger Abschluß der Analyse zum Ausspruch geführt, es handle sich um einen Fall von später Erwerbung der Homosexualität, so drängt die jetzt vorgenommene Überprüfung des Materials vielmehr zum Schluß, es liege angeborene Homosexualität vor, die sich wie gewöhnlich erst in der Zeit nach der Pubertät fixiert und unverkennbar gezeigt habe. Jede dieser Klassifizierungen wird nur einem Anteil des durch Beobachtung festzustellenden Sachverhaltes gerecht, vernachlässigt den anderen. Wir treffen das Richtige, wenn wir den Wert dieser Fragestellung überhaupt gering veranschlagen.

Die Literatur der Homosexualität pflegt die Fragen der Objektwahl einerseits und des Geschlechtscharakters und der geschlechtlichen Einstellung anderseits nicht scharf genug zu trennen, als ob die Entscheidung über den einen Punkt notwendigerweise mit der des anderen verknüpft wäre. Die Erfahrung zeigt jedoch das Gegenteil: Ein Mann mit überwiegend männlichen Eigenschaften, der auch den männlichen Typus des Liebeslebens zeigt, kann doch in bezug aufs Objekt invertiert sein, nur Männer anstatt Frauen lieben. Ein Mann, in dessen Charakter die weiblichen Eigenschaften augenfällig vorwiegen, ja, der sich in der Liebe wie ein Weib benimmt, sollte durch diese weibliche Einstellung auf den Mann als Liebesobjekt hingewiesen werden; er kann aber trotzdem heterosexuell sein, nicht mehr Inversion in bezug aufs Objekt zeigen als durchschnittlich ein Normaler. Dasselbe gilt für Frauen, auch bei ihnen treffen psychischer Geschlechtscharakter und Objektwahl nicht zu fester Relation zusammen. Das Geheimnis der Homosexualität ist also keineswegs so einfach, wie man es zum populären Gebrauch gern darstellt: Eine weibliche Seele, die darum den Mann lieben muß, zum Unglück in einen männlichen Körper geraten, oder eine männliche Seele, die unwiderstehlich vom Weib angezogen wird, leider in einen weiblichen Leib gebannt. Vielmehr handelt es sich um drei Reihen von Charakteren

Somatische Geschlechtscharaktere — Psychischer Geschlechtscharakter
(Physischer Hermaphroditismus) (männl./weibl. Einstellung)
— Art der Objektwahl,

die bis zu einem gewissen Grade voneinander unabhängig variieren und sich bei den einzelnen Individuen in mannigfachen Permutationen vorfinden. Die tendenziöse Literatur hat den Einblick in diese Verhältnisse erschwert, indem sie aus praktischen Motiven das dem Laien allein auffällige Verhalten im dritten Punkt, dem der Objektwahl, in den Vordergrund rückt und außerdem die Festigkeit der Beziehung zwischen diesem und dem ersten Punkt übertreibt. Sie versperrt sich auch den Weg, der zur tieferen Einsicht in all das führt, was man uniform als Homosexualität bezeichnet, indem sie sich gegen zwei Grundtatsachen sträubt, welche die psychoanalytische Forschung aufgedeckt hat. Die erste, daß die homosexuellen Männer eine besonders starke Fixierung an die Mutter erfahren haben; die zweite, daß alle Normalen neben ihrer manifesten Heterosexualität ein sehr erhebliches Ausmaß von latenter oder unbewußter Homosexualität erkennen lassen. Trägt man diesen Funden Rechnung, so ist es allerdings um die Annahme eines von der Natur in besonderer Laune geschaffenen „dritten Geschlechts" geschehen.

Die Psychoanalyse ist nicht dazu berufen, das Problem der Homosexualität zu lösen. Sie muß sich damit begnügen, die psychischen Mechanismen zu enthüllen, die zur Entscheidung in der Objektwahl geführt haben, und die Wege von ihnen zu den Triebanlagen zu verfolgen. Dann bricht sie ab und überläßt das übrige der biologischen Forschung, die gerade jetzt in den Versuchen von Steinach[1] so bedeutungsvolle Aufschlüsse über die Beeinflussung der obigen zweiten und dritten Reihe durch die erste zutage fördert. Sie steht auf gemeinsamem Boden mit der Biologie, indem sie eine ursprüngliche Bisexualität des menschlichen (wie des tierischen) Individuums zur Voraussetzung nimmt. Aber das Wesen dessen, was man im konventionellen oder im biologischen Sinne „männlich" und „weiblich" nennt, kann die Psychoanalyse nicht aufklären, sie übernimmt die beiden Begriffe und legt sie ihren Arbeiten zugrunde. Beim Versuche einer weiteren Zurückführung verflüchtigt sich ihr die Männlichkeit zur Aktivität, die Weiblichkeit zur Passivität, und das ist zu wenig. Inwieweit die Erwartung zulässig oder bereits durch Erfahrung bestätigt ist, es werde sich auch aus dem Stück Aufklärungsarbeit, welches in den Bereich der Analyse fällt, eine Handhabe zur Abänderung der Inversion ergeben, habe ich vorhin auszuführen versucht. Vergleicht man dieses Ausmaß von Beeinflussung mit den großartigen Umwälzungen, die Steinach in einzelnen Fällen durch operative Eingriffe erzielt hat, so macht es wohl keinen imposanten Eindruck. Indes wäre es Voreiligkeit oder schädliche Übertreibung, wenn wir uns jetzt schon Hoffnung auf eine allgemein brauchbare „Therapie" der Inversion machten. Die Fälle von männlicher Homosexualität, in denen Steinach Erfolg gehabt hat, erfüllten die nicht immer vorhandene Bedingung eines überdeutlichen somatischen „Hermaphroditismus". Die Therapie einer weiblichen Homosexualität auf analogem Wege

1) Siehe A. Lipschütz: Die Pubertätsdrüse und ihre Wirkungen. E. Bircher, Bern, 1919.

ist zunächst ganz unklar. Sollte sie in der Entfernung der wahrscheinlich hermaphroditischen Ovarien und Einpflanzung anderer, hoffentlich eingeschlechtiger, bestehen, so würde sie praktisch wenig Aussicht auf Anwendung haben. Ein weibliches Individuum, das sich männlich gefühlt und auf männliche Weise geliebt hat, wird sich kaum in die weibliche Rolle drängen lassen, wenn es diese nicht durchaus vorteilhafte Umwandlung mit dem Verzicht auf die Mutterschaft bezahlen muß.

---

# »EIN KIND WIRD GESCHLAGEN«

## BEITRAG ZUR KENNTNIS DER ENTSTEHUNG SEXUELLER PERVERSIONEN

*Zuerst erschienen in der „Internat. Zeitschrift für ärztliche Psychoanalyse," V, 1919, dann in der Fünften Folge der „Sammlung kleiner Schriften zur Neurosenlehre".*

### I

Die Phantasievorstellung: „ein Kind wird geschlagen" wird mit überraschender Häufigkeit von Personen eingestanden, die wegen einer Hysterie oder einer Zwangsneurose die analytische Behandlung aufgesucht haben. Es ist recht wahrscheinlich, daß sie noch öfter bei anderen vorkommt, die nicht durch manifeste Erkrankung zu diesem Entschluß genötigt worden sind.

An diese Phantasie sind Lustgefühle geknüpft, wegen welcher sie ungezählte Male reproduziert worden ist oder noch immer reproduziert wird. Auf der Höhe der vorgestellten Situation setzt sich fast regelmäßig eine onanistische Befriedigung (an den Genitalien also) durch, anfangs mit Willen der Person, aber ebenso später hin mit Zwangscharakter gegen ihr Widerstreben.

Das Eingeständnis dieser Phantasie erfolgt nur zögernd, die Erinnerung an ihr erstes Auftreten ist unsicher, der analytischen Behandlung des Gegenstandes tritt ein unzweideutiger Widerstand entgegen, Schämen und Schuldbewußtsein regen sich hiebei vielleicht kräftiger als bei ähnlichen Mitteilungen über die erinnerten Anfänge des Sexuallebens.

Es läßt sich endlich feststellen, daß die ersten Phantasien dieser Art sehr frühzeitig gepflegt worden sind, gewiß vor dem Schulbesuch, schon im fünften und sechsten Jahr. Wenn das Kind in der Schule mitangesehen hat, wie andere Kinder vom Lehrer geschlagen wurden, so hat dies Erleben die Phantasien wieder hervorgerufen, wenn sie eingeschlafen waren, hat sie verstärkt, wenn sie noch bestanden, und ihren Inhalt in merklicher Weise modifiziert. Es wurden von da an „unbestimmt viele" Kinder geschlagen. Der Einfluß der Schule war so deutlich, daß die betreffenden Patienten zunächst versucht waren, ihre Schlagephantasien ausschließlich auf diese Eindrücke der Schulzeit, nach dem sechsten Jahr, zurückzuführen. Allein dies ließ sich niemals halten; sie waren schon vorher vorhanden gewesen.

Hörte das Schlagen der Kinder in höheren Schulklassen auf, so wurde dessen Einfluß durch die Einwirkung der bald zu Bedeutung kommenden Lektüre mehr als nur ersetzt. In dem Milieu meiner Patienten waren es fast immer die nämlichen, der Jugend zugänglichen Bücher, aus deren Inhalt sich die Schlagephantasien neue Anregungen holten: die sogenannte Bibliothèque rose, Onkel Toms Hütte und dergleichen. Im Wetteifer mit diesen Dichtungen begann die eigene Phantasietätigkeit des Kindes, einen Reichtum von Situationen und Institutionen zu erfinden, in denen Kinder wegen ihrer Schlimmheit und ihrer Unarten geschlagen oder in anderer Weise bestraft und gezüchtigt werden.

Da die Phantasievorstellung, ein Kind wird geschlagen, regelmäßig mit hoher Lust besetzt war und in einen Akt lustvoller autoerotischer Befriedigung auslief, könnte man erwarten, daß auch das Zuschauen, wie ein anderes Kind in der Schule geschlagen wurde, eine Quelle ähnlichen Genusses gewesen sei. Allein dies war nie der Fall. Das Miterleben realer Schlageszenen in der Schule rief beim zuschauenden Kinde ein eigentümlich aufgeregtes, wahrscheinlich gemischtes, Gefühl hervor, an dem die Ablehnung einen großen Anteil hatte. In einigen Fällen wurde das reale Erleben der Schlageszenen als unerträglich empfunden. Übrigens wurde auch in den raffinierten Phantasien späterer Jahre an der Bedingung festgehalten, daß den gezüchtigten Kindern kein ernsthafter Schaden zugefügt werde.

Man mußte die Frage aufwerfen, welche Beziehung zwischen der Bedeutung der Schlagephantasien und der Rolle bestehen möge, die reale körperliche Züchtigungen in der häuslichen Erziehung des Kindes gespielt hätten. Die nächstliegende Vermutung, es werde sich hiebei eine umgekehrte Relation ergeben, ließ sich infolge der Einseitigkeit des Materials nicht erweisen. Die Personen, die den Stoff für diese Analysen hergaben, waren in ihrer Kindheit sehr selten geschlagen, waren jedenfalls nicht mit Hilfe von Prügeln erzogen worden. Jedes dieser Kinder hatte natürlich doch irgendeinmal die überlegene Körperkraft seiner Eltern oder Erzieher zu spüren bekommen; daß es an Schlägereien zwischen den Kindern selbst in keiner Kinderstube gefehlt, bedarf keiner ausdrücklichen Hervorhebung.

Bei jenen frühzeitigen und simplen Phantasien, die nicht offenkundig auf den Einfluß von Schuleindrücken oder Szenen aus der Lektüre hinwiesen, wollte die Forschung gern mehr erfahren. Wer war das geschlagene Kind? Das phantasierende selbst oder ein fremdes? War es immer dasselbe Kind oder beliebig oft ein anderes? Wer war es, der das Kind schlug? Ein Erwachsener? Und wer dann? Oder phantasierte das Kind, daß es selbst ein anderes schlüge? Auf alle diese Fragen kam keine aufklärende Auskunft, immer nur die eine scheue Antwort: Ich weiß nichts mehr darüber; ein Kind wird geschlagen.

Erkundigungen nach dem Geschlecht des geschlagenen Kindes hatten mehr Erfolg, brachten aber auch kein Verständnis. Manchmal wurde geantwortet: Immer nur Buben, oder: Nur Mädel; öfter hieß es: Das weiß ich nicht, oder: Das ist gleichgültig. Das, worauf es dem Fragenden ankam, eine konstante Beziehung zwischen dem Geschlecht des phantasierenden und dem des geschlagenen Kindes, stellte sich niemals heraus. Gelegentlich einmal kam noch ein charakteristisches Detail aus dem Inhalt der Phantasie zum Vorschein: Das kleine Kind wird auf den nackten Popo geschlagen.

Unter diesen Umständen konnte man vorerst nicht einmal entscheiden, ob die an der Schlagephantasie haftende Lust als eine sadistische oder als eine masochistische zu bezeichnen sei.

## II

Die Auffassung einer solchen, im frühen Kindesalter vielleicht bei zufälligen Anlässen auftauchenden, und zur autoerotischen Befriedigung festgehaltenen Phantasie kann nach unseren bisherigen Einsichten nur lauten, daß es sich hiebei um einen primären Zug von Perversion handle. Eine der Komponenten der Sexualfunktion sei den anderen in der Entwicklung vorangeeilt, habe sich vorzeitig selbständig gemacht, sich fixiert und dadurch den späteren Entwicklungsvorgängen entzogen, damit aber ein Zeugnis für eine besondere, anormale Konstitution der Person gegeben. Wir wissen, daß eine solche infantile Perversion nicht fürs Leben zu verbleiben braucht, sie kann noch später der Verdrängung verfallen, durch eine Reaktionsbildung ersetzt oder durch eine Sublimierung umgewandelt werden. (Vielleicht ist es aber so, daß die Sublimierung aus einem besonderen Prozeß hervorgeht, welcher durch die Verdrängung hintangehalten würde.) Wenn aber diese Vorgänge ausbleiben, dann erhält sich die Perversion im reifen Leben, und wo wir beim Erwachsenen eine sexuelle Abirrung — Perversion, Fetischismus, Inversion — vorfinden, da erwarten wir mit Recht, ein solches fixierendes Ereignis der Kinderzeit durch anamnestische Erforschung aufzudecken. Ja lange vor der Zeit der Psychoanalyse haben Beobachter wie Binet die sonderbaren sexuellen Abirrungen der Reifezeit auf solche Eindrücke, gerade der nämlichen Kinderjahre von fünf oder sechs an, zurückführen können. Man war hiebei allerdings auf eine Schranke unseres Verständnisses gestoßen, denn den fixierenden Eindrücken fehlte jede traumatische Kraft, sie waren zumeist banal und für andere Individuen nicht aufregend; man konnte nicht sagen, warum sich das Sexualstreben gerade an sie fixiert hatte. Aber man konnte ihre Bedeutung darin suchen, daß sie eben der voreiligen und sprungbereiten Sexualkomponente den, wenn auch zufälligen, Anlaß zur Anheftung geboten hatten, und man mußte ja darauf vorbereitet sein, daß die Kette der Kausalverknüpfung irgendwo ein vorläufiges Ende finden werde. Gerade die mitgebrachte Konstitution schien allen Anforderungen an einen solchen Haltepunkt zu entsprechen.

Wenn die frühzeitig losgerissene Sexualkomponente die sadistische ist, so bilden wir auf Grund anderswo gewonnener Einsicht die Erwartung, daß durch spätere Verdrängung derselben eine Disposition zur Zwangsneurose geschaffen werde. Man kann nicht sagen, daß dieser Erwartung durch das Ergebnis der Untersuchung widersprochen wird. Unter den sechs Fällen, auf deren eingehendem Studium diese kleine Mitteilung aufgebaut ist (vier Frauen, zwei Männer) befanden sich Fälle von Zwangsneurose, ein allerschwerster, lebenszerstörender, und ein mittelschwerer, der Beeinflussung gut zugänglicher, ferner ein dritter, der wenigstens einzelne deutliche Züge der Zwangsneurose aufwies. Ein vierter Fall war freilich eine glatte Hysterie mit Schmerzen und Hemmungen, und ein fünfter, der die Analyse bloß wegen Unschlüssigkeiten im Leben aufsuchte, wäre von grober klinischer Diagnostik überhaupt nicht klassifiziert oder als „Psychasthenie“ abgetan worden. Man darf in dieser Statistik keine Enttäuschung erblicken, denn erstens wissen wir, daß nicht jegliche Disposition sich zur Affektion weiter entwickeln muß, und zweitens darf es uns genügen zu erklären, was vorhanden ist, und dürfen wir uns der Aufgabe, auch verstehen zu lassen, warum etwas nicht zustande gekommen ist, im allgemeinen entziehen.

So weit und nicht weiter würden uns unsere gegenwärtigen Einsichten ins Verständnis der Schlagephantasien eindringen lassen. Eine Ahnung, daß das Problem hiemit nicht erledigt ist, regt sich allerdings beim analysierenden Arzte, wenn er sich eingestehen muß, daß diese Phantasien meist abseits vom übrigen Inhalt der Neurose bleiben und keinen rechten Platz in deren Gefüge einnehmen; aber man pflegt, wie ich aus eigener Erfahrung weiß, über solche Eindrücke gern hinwegzugehen.

## III

Streng genommen — und warum sollte man dies nicht so streng als möglich nehmen? — verdient die Anerkennung als korrekte Psychoanalyse nur die analytische Bemühung, der es gelungen ist, die Amnesie zu beheben, welche dem Erwachsenen die Kenntnis seines Kinderlebens vom Anfang an (das heißt etwa vom zweiten bis zum fünften Jahr) verhüllt. Man kann das unter Analytikern nicht laut genug sagen und nicht oft genug wiederholen. Die Motive, sich über diese Mahnung hinwegzusetzen, sind ja begreiflich. Man möchte brauchbare Erfolge in kürzerer Zeit und mit geringerer Mühe erzielen. Aber gegenwärtig ist die theoretische Erkenntnis noch ungleich wichtiger für jeden von uns als der therapeutische Erfolg, und wer die Kindheitsanalyse vernachlässigt, muß notwendig den folgenschwersten Irrtümern verfallen. Eine Unterschätzung des Einflusses späterer Erlebnisse wird durch diese Betonung der Wichtigkeit der frühesten nicht bedingt; aber die späteren Lebenseindrücke sprechen in der Analyse laut genug durch den Mund des Kranken, für das Anrecht der Kindheit muß erst der Arzt die Stimme erheben.

Die Kinderzeit zwischen zwei und vier oder fünf Jahren ist diejenige, in welcher die mitgebrachten libidinösen Faktoren von den Erlebnissen zuerst geweckt und an gewisse Komplexe gebunden werden. Die hier behandelten Schlagephantasien zeigen sich erst zu Ende oder nach Ablauf dieser Zeit. Es könnte also wohl sein, daß sie eine Vorgeschichte haben, eine Entwicklung durchmachen, einem Endausgang, nicht einer Anfangsäußerung entsprechen.

Diese Vermutung wird durch die Analyse bestätigt. Die konsequente Anwendung derselben lehrt, daß die Schlagephantasien eine gar nicht einfache Entwicklungsgeschichte haben, in deren Verlauf sich das meiste an ihnen mehr als einmal ändert: ihre Beziehung zur phantasierenden Person, ihr Objekt, Inhalt und ihre Bedeutung.

Zur leichteren Verfolgung dieser Wandlungen in den Schlagephantasien werde ich mir nun gestatten, meine Beschreibungen auf die weiblichen Personen einzuschränken, die ohnedies (vier gegen zwei) die Mehrheit meines Materials ausmachen. An die Schlagephantasien der Männer knüpft außerdem ein anderes Thema an, das ich in dieser Mitteilung beiseite lassen will. Ich werde mich dabei bemühen, nicht mehr zu schematisieren, als zur Darstellung eines durchschnittlichen Sachverhaltes unvermeidlich ist. Mag dann weitere Beobachtung auch eine größere Mannigfaltigkeit der Verhältnisse ergeben, so bin ich doch sicher, ein typisches Vorkommnis, und zwar nicht von seltener Art, erfaßt zu haben.

Die erste Phase der Schlagephantasien bei Mädchen also muß einer sehr frühen Kinderzeit angehören. Einiges an ihnen bleibt in merkwürdiger Weise unbestimmbar, als ob es gleichgültig wäre. Die kärgliche Auskunft, die man von den Patienten bei der ersten Mitteilung erhalten hat: Ein Kind wird geschlagen, erscheint für diese Phantasie gerechtfertigt. Allein anderes ist mit Sicherheit bestimmbar und dann allemal im gleichen Sinne. Das geschlagene Kind ist nämlich nie das phantasierende, regelmäßig ein anderes Kind, zumeist ein Geschwisterchen, wo ein solches vorhanden ist. Da dies Bruder oder Schwester sein kann, kann sich hier auch keine konstante Beziehung zwischen dem Geschlecht des phantasierenden und dem des geschlagenen Kindes ergeben.

Die Phantasie ist also sicherlich keine masochistische; man möchte sie sadistisch nennen, allein man darf nicht außer acht lassen, daß das phantasierende Kind auch niemals selbst das schlagende ist. Wer in Wirklichkeit die schlagende Person ist, bleibt zunächst unklar. Es läßt sich nur feststellen: kein anderes Kind, sondern ein Erwachsener. Diese unbestimmte erwachsene Person wird dann späterhin klar und eindeutig als der Vater (des Mädchens) kenntlich.

Diese erste Phase der Schlagephantasie wird also voll wiedergegeben durch den Satz: Der Vater schlägt das Kind. Ich verrate viel von dem später aufzuzeigenden Inhalt, wenn ich anstatt dessen sage: Der Vater schlägt das mir verhaßte Kind. Man kann übrigens schwankend werden, ob man dieser Vorstufe der späteren Schlagephantasie auch schon den Charakter einer „Phantasie" zuerkennen soll. Es handelt sich vielleicht eher um Erinnerungen an solche Vorgänge, die man mitangesehen hat, an Wünsche, die bei verschiedenen Anlässen aufgetreten sind, aber diese Zweifel haben keine Wichtigkeit.

Zwischen dieser ersten und der nächsten Phase haben sich große Umwandlungen vollzogen. Die schlagende Person ist zwar die nämliche, die des Vaters, geblieben, aber das geschlagene Kind ist ein anderes geworden, es ist regelmäßig die des phantasierenden Kindes selbst, die Phantasie ist in hohem Grade lustbetont und hat sich mit einem bedeutsamen Inhalt erfüllt, dessen Ableitung uns später beschäftigen wird. Ihr Wortlaut ist jetzt also: Ich werde vom Vater geschlagen. Sie hat unzweifelhaft masochistischen Charakter.

Diese zweite Phase ist die wichtigste und folgenschwerste von allen. Aber man kann in gewissem Sinne von ihr sagen, sie habe niemals eine reale Existenz gehabt. Sie wird in keinem Falle erinnert, sie hat es nie zum Bewußtwerden gebracht. Sie ist eine Konstruktion der Analyse, aber darum nicht minder eine Notwendigkeit.

Die dritte Phase ähnelt wiederum der ersten. Sie hat den aus der Mitteilung der Patientin bekannten Wortlaut. Die schlagende Person ist niemals die des Vaters, sie wird entweder wie in der ersten Phase unbestimmt gelassen, oder in typischer Weise durch einen Vatervertreter (Lehrer) besetzt. Die eigene Person des phantasierenden Kindes kommt in der Schlagephantasie nicht mehr zum Vorschein. Auf eindringliches Befragen äußern die Patienten nur: Ich schaue wahrscheinlich zu. Anstatt des einen geschlagenen Kindes sind jetzt meistens viele Kinder vorhanden. Überwiegend häufig sind es (in den Phantasien der Mädchen) Buben, die geschlagen werden, aber auch nicht individuell bekannte. Die ursprüngliche einfache und monotone Situation des Geschlagenwerdens kann die mannigfaltigsten Abänderungen und Ausschmückungen erfahren, das Schlagen selbst durch Strafen und Demütigungen anderer Art ersetzt werden. Der wesentliche Charakter aber, der auch die einfachsten Phantasien dieser Phase von denen der ersten unterscheidet und der die Beziehung zur mittleren Phase herstellt, ist der folgende: die Phantasie ist jetzt der Träger einer starken, unzweideutig sexuellen Erregung und vermittelt als solcher die onanistische Befriedigung. Gerade das ist aber das Rätselhafte; auf welchem Wege ist die nunmehr sadistische Phantasie, daß fremde und unbekannte Buben geschlagen werden, zu dem von da an dauernden Besitz der libidinösen Strebung des kleinen Mädchens gekommen?

Wir verhehlen uns auch nicht, daß Zusammenhang und Aufeinanderfolge der drei Phasen der Schlagephantasie wie alle ihre anderen Eigentümlichkeiten bisher ganz unverständlich geblieben sind.

## IV

Führt man die Analyse durch jene frühen Zeiten, in die die Schlagephantasie verlegt und aus denen sie erinnert werden, so zeigt sie das Kind in die Erregungen seines Elternkomplexes verstrickt.

Das kleine Mädchen ist zärtlich an den Vater fixiert, der wahrscheinlich alles getan hat, um seine Liebe zu gewinnen, und legt dabei den Keim zu einer Haß- und Konkurrenzeinstellung gegen die Mutter, die neben einer Strömung von zärtlicher Anhänglichkeit bestehen bleibt, und der vorbehalten sein kann, mit den Jahren immer stärker und deutlicher bewußt zu werden oder den Anstoß zu einer übergroßen reaktiven Liebesbindung an sie zu geben. Aber nicht an das Verhältnis zur Mutter knüpft die Schlagephantasie an. Es gibt in der Kinderstube noch andere Kinder, um ganz wenige Jahre älter oder jünger, die man aus allen anderen Gründen, hauptsächlich aber darum nicht mag, weil man die Liebe der Eltern mit ihnen teilen soll, und die man darum mit der ganzen wilden Energie, die dem Gefühlsleben dieser Jahre eigen ist, von sich stößt. Ist es ein jüngeres Geschwisterchen (wie in drei von meinen vier Fällen), so verachtet man es, außerdem daß man es haßt, und muß doch zusehen, wie es jenen Anteil von Zärtlichkeit an sich zieht, den die verblendeten Eltern jedesmal für das Jüngste bereit haben. Man versteht bald, daß Geschlagenwerden, auch wenn es nicht sehr wehe tut, eine Absage der Liebe und eine Demütigung bedeutet. So manches Kind, das sich für sicher thronend in der unerschütterlichen Liebe seiner Eltern hielt, ist durch einen einzigen Schlag aus allen Himmeln seiner eingebildeten Allmacht gestürzt worden. Also ist es eine behagliche Vorstellung, daß der Vater dieses verhaßte Kind schlägt, ganz unabhängig davon, ob man gerade ihn schlagen gesehen hat. Es heißt: der Vater liebt dieses andere Kind nicht, *er liebt nur mich*.

Dies ist also Inhalt und Bedeutung der Schlagephantasie in ihrer ersten Phase. Die Phantasie befriedigt offenbar die Eifersucht des Kindes und hängt von seinem Liebesleben ab, aber sie wird auch von dessen egoistischen Interessen kräftig gestützt. Es bleibt also zweifelhaft, ob man sie als eine rein „sexuelle" bezeichnen darf; auch eine „sadistische" getraut man sich nicht, sie zu nennen. Man weiß ja, daß gegen den Ursprung hin alle die Kennzeichen zu verschwimmen pflegen, auf welche wir unsere Unterscheidungen aufzubauen gewohnt sind. Also vielleicht ähnlich wie die Verheißung der drei Schicksalsschwestern an Banquo lautete: nicht sicher sexuell, nicht selbst sadistisch, aber doch der Stoff, aus dem später beides werden soll. Keinesfalls aber liegt ein Grund zur Vermutung vor, daß schon diese erste Phase der Phantasie einer Erregung dient, welche sich unter Inanspruchnahme der Genitalien Abfuhr in einem onanistischen Akt zu verschaffen lernt.

In dieser vorzeitigen Objektwahl der inzestuösen Liebe erreicht das Sexualleben des Kindes offenbar die Stufe der genitalen Organisation. Es ist dies für den Knaben leichter nachzuweisen, aber auch fürs kleine Mädchen nicht zu bezweifeln. Etwas wie eine Ahnung der späteren definitiven und normalen Sexualziele beherrscht das libidinöse Streben des Kindes; man mag sich füglich verwundern, woher es kommt, darf es aber als Beweis dafür nehmen, daß die Genitalien ihre Rolle beim Erregungsvorgang bereits angetreten haben. Der Wunsch, mit der Mutter ein Kind zu haben, fehlt nie beim Knaben, der Wunsch, vom Vater ein Kind zu bekommen, ist beim Mädchen konstant, und dies bei völliger Unfähigkeit, sich Klarheit über den Weg zu schaffen, der zur Erfüllung dieser Wünsche führen kann. Daß die Genitalien etwas damit zu tun haben, scheint beim Kinde festzustehen, wenngleich seine grübelnde Tätigkeit das Wesen der zwischen den Eltern vorausgesetzten Intimität in andersartigen Beziehungen suchen mag, zum Beispiel im Beisammenschlafen, in gemeinsamer Harnentleerung und dergleichen und solcher Inhalt eher in Wortvorstellungen erfaßt werden kann als das Dunkle, das mit dem Genitalen zusammenhängt.

Allein es kommt die Zeit, zu der diese frühe Blüte vom Frost geschädigt wird; keine dieser inzestuösen Verliebtheiten kann dem Verhängnis der Verdrängung entgehen. Sie verfallen ihr entweder bei nachweisbaren äußeren Anlässen, die eine Enttäuschung hervorrufen, bei unerwarteten Kränkungen, bei der unerwünschten Geburt eines neuen Geschwisterchens, die als Treulosigkeit empfunden wird usw., oder ohne solche Veranlassungen, von innen heraus, vielleicht nur infolge des Ausbleibens der zu lange ersehnten Erfüllung. Es ist unverkennbar, daß die Veranlassungen nicht die wirkenden Ursachen sind, sondern daß es diesen Liebesbeziehungen bestimmt ist, irgend einmal unterzugehen, wir können nicht sagen, woran. Am wahrscheinlichsten ist es, daß sie vergehen, weil ihre Zeit um ist, weil die Kinder in eine neue Entwicklungsphase eintreten, in welcher sie genötigt sind, die Verdrängung der inzestuösen Objektwahl aus der Menschheitsgeschichte zu wiederholen, wie sie vorher gedrängt waren, solche Objektwahl vorzunehmen. (Siehe das Schicksal in der Ödipusmythe.) Was als psychisches Ergebnis der inzestuösen Liebesregungen unbewußt vorhanden ist, wird vom Bewußtsein der neuen Phase nicht mehr übernommen, was davon bereits bewußt geworden war, wieder herausgedrängt. Gleichzeitig mit diesem Verdrängungsvorgang erscheint ein Schuldbewußtsein, auch dieses unbekannter Herkunft, aber ganz unzweifelhaft an jene Inzestwünsche geknüpft und durch deren Fortdauer im Unbewußten gerechtfertigt.[1]

Die Phantasie der inzestuösen Liebeszeit hatte gesagt: Er (der Vater) liebt nur mich, nicht das andere Kind, denn dieses schlägt er ja. Das Schuldbewußtsein weiß keine härtere Strafe zu finden als die Umkehrung dieses Triumphes: „Nein, er liebt dich nicht, denn er schlägt dich." So würde die Phantasie der zweiten Phase, selbst vom Vater geschlagen zu werden, zum direkten Ausdruck des Schuldbewußtseins, dem nun die Liebe zum Vater unterliegt. Sie ist also masochistisch geworden; meines Wissens ist es immer so, jedesmal ist das Schuldbewußtsein das Moment, welches den Sadismus zum Masochismus umwandelt. Dies ist

1) Siehe die Fortführung in „Der Untergang des Ödipuskomplexes" 1924. [S. 423 dieses Bandes.]

aber gewiß nicht der ganze Inhalt des Masochismus. Das Schuldbewußtsein kann nicht allein das Feld behauptet haben; der Liebesregung muß auch ihr Anteil werden. Erinnern wir uns daran, daß es sich um Kinder handelt, bei denen die sadistische Komponente aus konstitutionellen Gründen vorzeitig und isoliert hervortreten konnte. Wir brauchen diesen Gesichtspunkt nicht aufzugeben. Bei eben diesen Kindern ist ein Rückgreifen auf die prägenitale, sadistisch-anale Organisation des Sexuallebens besonders erleichtert. Wenn die kaum erreichte genitale Organisation von der Verdrängung betroffen wird, so tritt nicht nur die eine Folge auf, daß jegliche psychische Vertretung der inzestuösen Liebe unbewußt wird oder bleibt, sondern es kommt noch als andere Folge hinzu, daß die Genitalorganisation selbst eine regressive Erniedrigung erfährt. Das: Der Vater liebt mich, war im genitalen Sinne gemeint; durch die Regression verwandelt es sich in: Der Vater schlägt mich (ich werde vom Vater geschlagen). Dies Geschlagenwerden ist nun ein Zusammentreffen von Schuldbewußtsein und Erotik; *es ist nicht nur die Strafe für die verpönte genitale Beziehung, sondern auch der regressive Ersatz für sie*, und aus dieser letzteren Quelle bezieht es die libidinöse Erregung, die ihm von nun anhaften  und in onanistischen Akten Abfuhr finden wird. Dies ist aber erst das Wesen des Masochismus.

Die Phantasie der zweiten Phase, selbst vom Vater geschlagen zu werden, bleibt in der Regel unbewußt, wahrscheinlich infolge der Intensität der Verdrängung. Ich kann nicht angeben, warum sie doch in einem meiner sechs Fälle (einem männlichen) bewußt erinnert wurde. Dieser jetzt erwachsene Mann hatte es klar im Gedächtnis bewahrt, daß er die Vorstellung, von der Mutter geschlagen zu werden, zu onanistischen Zwecken zu gebrauchen pflegte; allerdings ersetzte er die eigene Mutter bald durch die Mütter von Schulkollegen oder andere, ihr irgendwie ähnliche Frauen. Es ist nicht zu vergessen, daß bei der Verwandlung der inzestuösen Phantasie des Knaben in die entsprechende masochistische eine Umkehrung mehr vor sich geht als im Falle des Mädchens, nämlich die Ersetzung von Aktivität durch Passivität, und dies Mehr von Entstellung mag die Phantasie vor dem Unbewußtbleiben als Erfolg der Verdrängung schützen. Dem Schuldbewußtsein hätte so die Regression an Stelle der Verdrängung genügt; in den weiblichen Fällen wäre das, vielleicht an sich anspruchsvollere, Schuldbewußtsein erst durch das Zusammenwirken beider begütigt worden.

In zweien meiner vier weiblichen Fälle hatte sich über der masochistischen Schlagephantasie ein kunstvoller, für das Leben der Betreffenden sehr bedeutsamer Überbau von Tagträumen entwickelt, dem die Funktion zufiel, das Gefühl der befriedigten Erregung auch bei Verzicht auf den onanistischen Akt möglich zu machen. In einem dieser Fälle durfte der Inhalt, vom Vater geschlagen zu werden, sich wieder ins Bewußtsein wagen, wenn das eigene Ich durch leichte Verkleidung unkenntlich gemacht war. Der Held dieser Geschichten wurde regelmäßig vom Vater geschlagen, später nur gestraft, gedemütigt usw.

Ich wiederhole aber, in der Regel bleibt die Phantasie unbewußt und muß erst in der Analyse rekonstruiert werden. Dies läßt vielleicht den Patienten recht geben, die sich erinnern wollen, die Onanie sei bei ihnen früher aufgetreten als die — gleich zu besprechende — Schlagephantasie der dritten Phase; letztere habe sich erst später hinzugesellt, etwa unter dem Eindruck von Schulszenen. So oft wir diesen Angaben Glauben schenkten, waren wir immer geneigt anzunehmen, die Onanie sei zunächst unter der Herrschaft unbewußter Phantasie gestanden, die später durch bewußte ersetzt wurden.

Als solchen Ersatz fassen wir dann die bekannte Schlagephantasie der dritten Phase auf, die endgültige Gestaltung derselben, in der das phantasierende Kind höchstens noch als Zuschauer vorkommt, der Vater in der Person eines Lehrers oder sonstigen

Vorgesetzten erhalten ist. Die Phantasie, die nun jener der ersten Phase ähnlich ist, scheint sich wieder ins Sadistische gewendet zu haben. Es macht den Eindruck, als wäre in dem Satze: Der Vater schlägt das andere Kind, er liebt nur mich, der Akzent auf den ersten Teil zurückgewichen, nachdem der zweite der Verdrängung erlegen ist. Allein nur die Form dieser Phantasie ist sadistisch, die Befriedigung, die aus ihr gewonnen wird, ist eine masochistische, ihre Bedeutung liegt darin, daß sie die libidinöse Besetzung des verdrängten Anteils übernommen hat und mit dieser auch das am Inhalt haftende Schuldbewußtsein. Alle die vielen unbestimmten Kinder, die vom Lehrer geschlagen werden, sind doch nur Ersetzungen der eigenen Person.

Hier zeigt sich auch zum erstenmal etwas wie eine Konstanz des Geschlechtes bei den der Phantasie dienenden Personen. Die geschlagenen Kinder sind fast durchwegs Knaben, in den Phantasien der Knaben ebensowohl wie in denen der Mädchen. Dieser Zug erklärt sich greifbarerweise nicht aus einer etwaigen Konkurrenz der Geschlechter, denn sonst müßten ja in den Phantasien der Knaben vielmehr Mädchen geschlagen werden; er hat auch nichts mit dem Geschlecht des gehaßten Kindes der ersten Phase zu tun, sondern er weist auf einen komplizierenden Vorgang bei den Mädchen hin. Wenn sie sich von der genital gemeinten inzestuösen Liebe zum Vater abwenden, brechen sie überhaupt leicht mit ihrer weiblichen Rolle, beleben ihren „Männlichkeitskomplex" (van Ophuijsen) und wollen von da an nur Buben sein. Daher sind auch ihre Prügelknaben, die sie vertreten, Buben. In beiden Fällen von Tagträumen — der eine erhob sich beinahe zum Niveau einer Dichtung — waren die Helden immer nur junge Männer, ja Frauen kamen in diesen Schöpfungen überhaupt nicht vor und fanden erst nach vielen Jahren in Nebenrollen Aufnahme.

## V

Ich hoffe, ich habe meine analytischen Erfahrungen detailliert genug vorgetragen und bitte nur noch in Betracht zu ziehen, daß die oft erwähnten sechs Fälle nicht mein Material erschöpfen, sondern daß ich auch wie andere Analytiker über eine weit größere Anzahl von minder gut untersuchten Fällen verfüge. Diese Beobachtungen können nach mehreren Richtungen verwertet werden, zur Aufklärung über die Genese der Perversionen überhaupt, im besonderen des Masochismus, und zur Würdigung der Rolle, welche der Geschlechtsunterschied in der Dynamik der Neurose spielt.

Das augenfälligste Ergebnis einer solchen Diskussion betrifft die Entstehung der Perversionen. An der Auffassung, die bei ihnen die konstitutionelle Verstärkung oder Voreiligkeit einer Sexualkomponente in den Vordergrund rückt, wird zwar nicht gerüttelt, aber damit ist nicht alles gesagt. Die Perversion steht nicht mehr isoliert im Sexualleben des Kindes, sondern sie wird in den Zusammenhang der uns bekannten typischen — um nicht zu sagen: normalen — Entwicklungsvorgänge aufgenommen. Sie wird in Beziehung zur inzestuösen Objektliebe des Kindes, zum Ödipuskomplex desselben, gebracht, tritt auf dem Boden dieses Komplexes zuerst hervor, und nachdem er zusammengebrochen ist, bleibt sie, oft allein, von ihm übrig, als Erbe seiner libidinösen Ladung und belastet mit dem an ihm haftenden Schuldbewußtsein. Die abnorme Sexualkonstitution hat schließlich ihre Stärke darin gezeigt, daß sie den Ödipuskomplex in eine besondere Richtung gedrängt und ihn zu einer ungewöhnlichen Resterscheinung gezwungen hat.

Die kindliche Perversion kann, wie bekannt, das Fundament für die Ausbildung einer gleichsinnigen, durchs Leben bestehenden Perversion werden, die das ganze Sexualleben des Menschen aufzehrt, oder sie kann abgebrochen werden und im Hintergrunde einer normalen Sexualentwicklung erhalten bleiben, der sie dann doch immer einen gewissen Energiebetrag entzieht. Der erstere Fall ist der bereits in voranalytischen Zeiten erkannte, aber die Kluft zwischen beiden wird durch die analytische Untersuchung solcher ausgewachsener Perversionen nahezu ausgefüllt. Man findet nämlich häufig genug bei diesen Perversen, daß auch sie, gewöhnlich in der Pubertätszeit, einen Ansatz zur normalen Sexualtätigkeit gebildet haben. Aber der war nicht kräftig genug, wurde vor den ersten, nie ausbleibenden Hindernissen aufgegeben, und dann griff die Person endgültig auf die infantile Fixierung zurück.

Es wäre natürlich wichtig zu wissen, ob man die Entstehung der infantilen Perversionen aus dem Ödipuskomplex ganz allgemein behaupten darf. Das kann ja ohne weitere Untersuchungen nicht entschieden werden, aber unmöglich erschiene es nicht. Wenn wir der Anamnesen gedenken, die von den Perversionen Erwachsener gewonnen wurden, so merken wir doch, daß der maßgebende Eindruck, das „erste Erlebnis", all dieser Perversen, Fetischisten und dergleichen fast niemals in Zeiten früher als das sechste Jahr verlegt wird. Um diese Zeit ist die Herrschaft des Ödipuskomplexes aber bereits abgelaufen; das erinnerte, in so rätselhafter Weise wirksame Erlebnis könnte sehr wohl die Erbschaft desselben vertreten haben. Die Beziehungen zwischen ihm und dem nun verdrängten Komplex müssen dunkle bleiben, solange nicht die Analyse in die Zeit hinter dem ersten „pathogenen" Eindruck Licht getragen hat. Man erwäge nun, wie wenig Wert zum Beispiel die Behauptung einer angeborenen Homosexualität hat, die sich auf die Mitteilung stützt, die betreffende Person habe schon vom achten oder vom sechsten Jahre an nur Zuneigung zum gleichen Geschlecht verspürt.

Wenn aber die Ableitung der Perversionen aus dem Ödipuskomplex allgemein durchführbar ist, dann hat unsere Würdigung desselben eine neue Bekräftigung erfahren. Wir meinen ja, der Ödipuskomplex sei der eigentliche Kern der Neurose, die infantile Sexualität, die in ihm gipfelt, die wirkliche Bedingung der Neurose, und was von ihm im Unbewußten erübrigt, stelle die Disposition zur späteren neurotischen Erkrankung des Erwachsenen dar. Die Schlagephantasie und andere analoge perverse Fixierungen wären dann auch nur Niederschläge des Ödipuskomplexes, gleichsam Narben nach dem abgelaufenen Prozeß, geradeso wie die berüchtigte „Minderwertigkeit" einer solchen narzißtischen Narbe entspricht. Ich muß in dieser Auffassung Marcinowski, der sie kürzlich in glücklicher Weise vertreten hat (Die erotischen Quellen der Minderwertigkeitsgefühle, Zeitschrift für Sexualwissenschaft, IV, 1918), uneingeschränkt beistimmen. Dieser Kleinheitswahn der Neurotiker ist bekanntlich auch nur ein partieller und mit der Existenz von Selbstüberschätzung aus anderen Quellen vollkommen verträglich. Über die Herkunft des Ödipuskomplexes selbst und über das den Menschen wahrscheinlich allein unter allen Tieren zugemessene Schicksal, das Sexualleben zweimal beginnen zu müssen, zuerst wie alle anderen Geschöpfe von früher Kindheit an und dann nach langer Unterbrechung in der Pubertätszeit von neuem, über all das, was mit seinem „archaischen Erbe" zusammenhängt, habe ich mich an anderer Stelle geäußert, und darauf gedenke ich hier nicht einzugehen.

Zur Genese des Masochismus liefert die Diskussion unserer Schlagephantasien nur spärliche Beiträge. Es scheint sich zunächst zu bestätigen, daß der Masochismus keine primäre Triebäußerung ist, sondern aus einer Rückwendung des Sadismus gegen die eigene Person, also durch Regression vom Objekt aufs Ich entsteht. (Vgl. „Triebe und Triebschicksale" in Sammlung kleiner Schriften, IV. Folge, 1918 [enthalten weiter unten in diesem Bande].) Triebe mit passivem Ziele sind, zumal beim Weibe, von Anfang zuzugeben, aber die Passivität ist noch nicht das Ganze des Masochismus; es gehört noch der Unlustcharakter dazu, der bei einer Trieberfüllung so befremdlich ist. Die Umwandlung des Sadismus in Masochismus scheint durch den Einfluß des am Verdrängungsakt beteiligten Schuldbewußtseins zu geschehen. Die Verdrängung äußert sich also hier in dreierlei Wirkungen; sie macht die Erfolge der Genitalorganisation unbewußt, nötigt diese selbst zur Regression auf die frühere sadistisch-anale Stufe und verwandelt deren Sadismus in den passiven, in gewissem Sinne wiederum narzißtischen Masochismus. Der mittlere dieser drei Erfolge wird durch die in diesen Fällen anzunehmende Schwäche der Genitalorganisation ermöglicht; der dritte wird notwendig, weil das Schuldbewußtsein am Sadismus ähnlichen Anstoß nimmt wie an der genital gefaßten inzestuösen Objektwahl. Woher das Schuldbewußtsein selbst stammt, sagen wiederum die Analysen nicht. Es scheint von der neuen Phase, in die das Kind eintritt, mitgebracht zu werden, und wenn es von da an verbleibt, einer ähnlichen Narbenbildung, wie es das Minderwertigkeitsgefühl ist, zu entsprechen. Nach unserer bisher noch unsicheren Orientierung in der Struktur des Ichs, würden wir es jener Instanz zuteilen, die sich als kritisches Gewissen dem übrigen Ich entgegenstellt, im Traum das Silberersche funktionale Phänomen erzeugt und sich im Beachtungswahn vom Ich ablöst.

Im Vorbeigehen wollen wir auch zur Kenntnis nehmen, daß die Analyse der hier behandelten kindlichen Perversion auch ein altes Rätsel lösen hilft, welches allerdings die außerhalb der Analyse Stehenden immer mehr gequält hat als die Analytiker selbst. Aber noch kürzlich hat selbst E. Bleuler als merkwürdig und unerklärlich anerkannt, daß von den Neurotikern die Onanie zum Mittelpunkt ihres Schuldbewußtseins gemacht werde. Wir haben von jeher angenommen, daß dies Schuldbewußtsein die frühkindliche und nicht die Pubertätsonanie meine, und daß es zum größten Teil nicht auf den onanistischen Akt, sondern auf die ihm zugrunde liegende, wenn auch unbewußte Phantasie — aus dem Ödipuskomplex also — zu beziehen sei.

Ich habe bereits ausgeführt, welche Bedeutung die dritte, scheinbar sadistische Phase der Schlagephantasie als Träger der zur Onanie drängenden Erregung gewinnen, und zu welcher teils gleichsinnig fortsetzenden, teils kompensatorisch aufhebenden Phantasietätigkeit sie anzuregen pflegt. Doch ist die zweite, unbewußte und masochistische Phase, die Phantasie, selbst vom Vater geschlagen zu werden, die ungleich wichtigere. Nicht nur, daß sie ja durch Vermittlung der sie ersetzenden fortwirkt; es sind auch Wirkungen auf den Charakter nachzuweisen, welche sich unmittelbar von ihrer unbewußten Fassung ableiten. Menschen, die eine solche Phantasie bei sich tragen, entwickeln eine besondere Empfindlichkeit und Reizbarkeit gegen Personen, die sie in die Vaterreihe einfügen können; sie lassen sich leicht von ihnen kränken und bringen so die Verwirklichung der phantasierten Situation, daß sie vom Vater geschlagen werden, zu ihrem Leid und Schaden zustande. Ich würde nicht verwundert sein, wenn es einmal gelänge, dieselbe Phantasie als Grundlage des paranoischen Querulantenwahns nachzuweisen.

## VI

Die Beschreibung der infantilen Schlagephantasien wäre völlig unübersichtlich geraten, wenn ich sie nicht, von wenigen Beziehungen abgesehen, auf die Verhältnisse bei weiblichen Personen eingeschränkt hätte. Ich wiederhole kurz die Ergebnisse: Die Schlagephantasie der kleinen Mädchen macht drei Phasen durch, von denen die erste und letzte als bewußt erinnert werden, die mittlere unbewußt bleibt. Die beiden bewußten scheinen sadistisch, die mittlere, unbewußte, ist unzweifelhaft masochistischer Natur; ihr Inhalt ist, vom Vater geschlagen zu werden, an ihr hängt die libidinöse Ladung und das Schuldbewußtsein. Das geschlagene Kind ist in den beiden ersteren Phantasien stets ein anderes, in der mittleren Phase nur die eigene Person, in der dritten, bewußten Phase sind es weit überwiegend nur Knaben, die geschlagen werden. Die schlagende Person ist von Anfang an der Vater, später ein Stellvertreter aus der Vaterreihe. Die unbewußte Phantasie der mittleren Phase hatte ursprünglich genitale Bedeutung, ist durch Verdrängung und Regression aus dem inzestuösen Wunsch, vom Vater geliebt zu werden, hervorgegangen. In anscheinend lockerem Zusammenhange schließt sich an, daß die Mädchen zwischen der zweiten und dritten Phase ihr Geschlecht wechseln, indem sie sich zu Knaben phantasieren.

In der Kenntnis der Schlagephantasien der Knaben bin ich, vielleicht nur durch die Ungunst des Materials, weniger weit gekommen. Ich habe begreiflicherweise volle Analogie der Verhältnisse bei Knaben und Mädchen erwartet, wobei an die Stelle des Vaters in der Phantasie die Mutter hätte treten müssen. Die Erwartung schien sich auch zu bestätigen, denn die für entsprechend gehaltene Phantasie des Knaben hatte zum Inhalt, von der Mutter (später von einer Ersatzperson) geschlagen zu werden. Allein diese Phantasie, in welcher die eigene Person als Objekt festgehalten war, unterschied sich von der zweiten Phase bei Mädchen dadurch, daß sie bewußt werden konnte. Wollte man sie aber darum eher der dritten Phase beim Mädchen gleichstellen, so blieb als neuer Unterschied, daß die eigene Person des Knaben, nicht durch viele, unbestimmte, fremde, am wenigsten durch viele Mädchen ersetzt war. Die Erwartung eines vollen Parallelismus hatte sich also getäuscht.

Mein männliches Material umfaßte nur wenige Fälle mit infantiler Schlagephantasie ohne sonstige grobe Schädigung der Sexualtätigkeit, dagegen eine größere Anzahl von Personen, die als richtige Masochisten im Sinne der sexuellen Perversion bezeichnet werden mußten. Es waren entweder solche, die ihre Sexualbefriedigung ausschließlich in Onanie bei masochistischen Phantasien fanden, oder denen es gelungen war, Masochismus und Genitalbetätigung so zu verkoppeln, daß sie bei masochistischen Veranstaltungen und unter ebensolchen Bedingungen Erektion und Ejakulation erzielten oder zur Ausführung eines normalen

Koitus befähigt wurden. Dazu kam der seltenere Fall, daß ein Masochist in seinem perversen Tun durch unerträglich stark auftretende Zwangsvorstellungen gestört wurde. Befriedigte Perverse haben nun selten Grund, die Analyse aufzusuchen; für die drei angeführten Gruppen von Masochisten können sich aber starke Motive ergeben, die sie zum Analytiker führen. Der masochistische Onanist findet sich absolut impotent, wenn er endlich doch den Koitus mit dem Weibe versucht, und wer bisher mit Hilfe einer masochistischen Vorstellung oder Veranstaltung den Koitus zustandegebracht hat, kann plötzlich die Entdeckung machen, daß dies ihm bequeme Bündnis versagt hat, indem das Genitale auf den masochistischen Anreiz nicht mehr reagiert. Wir sind gewohnt, den psychisch Impotenten, die sich in unsere Behandlung begeben, zuversichtlich Herstellung zu versprechen, aber wir sollten auch in dieser Prognose zurückhaltender sein, solange uns die Dynamik der Störung unbekannt ist. Es ist eine böse Überraschung, wenn uns die Analyse als Ursache der „bloß psychischen" Impotenz eine exquisite, vielleicht längst eingewurzelte, masochistische Einstellung enthüllt.

Bei diesen masochistischen Männern macht man nun eine Entdeckung, welche uns mahnt, die Analogie mit den Verhältnissen beim Weibe vorerst nicht weiter zu verfolgen, sondern den Sachverhalt selbständig zu beurteilen. Es stellt sich nämlich heraus, daß sie in den masochistischen Phantasien wie bei den Veranstaltungen zur Realisierung derselben sich regelmäßig in die Rolle von Weibern versetzen, daß also ihr Masochismus mit einer femininen Einstellung zusammenfällt. Dies ist aus den Einzelheiten der Phantasien leicht nachzuweisen; viele Patienten wissen es aber auch und äußern es als eine subjektive Gewißheit. Daran wird nichts geändert, wenn der spielerische Aufputz der masochistischen Szene an der Fiktion eines unartigen Knaben, Pagen oder Lehrlings, der gestraft werden soll, festhält. Die züchtigenden Personen sind aber in den Phantasien wie in den Veranstaltungen jedesmal Frauen. Das ist verwirrend genug; man möchte auch wissen, ob schon der Masochismus der infantilen Schlagephantasie auf solcher femininen Einstellung beruht.[1]

Lassen wir darum die schwer aufzuklärenden Verhältnisse des Masochismus der Erwachsenen beiseite und wenden uns zu den infantilen Schlagephantasien beim männlichen Geschlecht. Hier gestattet uns die Analyse der frühesten Kinderzeit wiederum, einen überraschenden Fund zu machen: Die bewußte oder bewußtseinsfähige Phantasie des Inhalts, von der Mutter geschlagen zu werden, ist nicht primär. Sie hat ein Vorstadium, das regelmäßig unbewußt ist und das den Inhalt hat: Ich werde vom Vater geschlagen. Dieses Vorstadium entspricht also wirklich der zweiten Phase der Phantasie beim Mädchen. Die bekannte und bewußte Phantasie: Ich werde von der Mutter geschlagen, steht an der Stelle der dritten Phase beim Mädchen, in der, wie erwähnt, unbekannte Knaben die geschlagenen Objekte sind. Ein der ersten Phase beim Mädchen vergleichbares Vorstadium sadistischer Natur konnte ich beim Knaben nicht nachweisen, aber ich will hier keine endgültige Ablehnung aussprechen, denn ich sehe die Möglichkeit komplizierterer Typen wohl ein.

Das Geschlagenwerden der männlichen Phantasie, wie ich sie kurz und hoffentlich nicht mißverständlich nennen werde, ist gleichfalls ein durch Regression erniedrigtes Geliebtwerden im genitalen Sinne. Die unbewußte männliche Phantasie hat also ursprünglich nicht gelautet: Ich werde vom Vater geschlagen, wie wir es vorhin vorläufig hinstellten, sondern vielmehr: Ich werde vom Vater geliebt. Sie ist durch die bekannten Prozesse umgewandelt worden in die bewußte Phantasie: Ich werde von der Mutter geschlagen. Die Schlagephantasie des Knaben ist also von Anfang an eine passive, wirklich aus der femininen Einstellung zum Vater hervorgegangen. Sie entspricht

1) Weiteres darüber in „Das ökonomische Problem des Masochismus" 1924. [S. 374 dieses Bandes.]

auch ebenso wie die weibliche (die des Mädchens) dem Ödipuskomplex, nur ist der von uns erwartete Parallelismus zwischen beiden gegen eine Gemeinsamkeit anderer Art aufzugeben: In beiden Fällen leitet sich die Schlagephantasie von der inzestuösen Bindung an den Vater ab.

Es wird der Übersichtlichkeit dienen, wenn ich hier die anderen Übereinstimmungen und Verschiedenheiten zwischen den Schlagephantasien der beiden Geschlechter anfüge. Beim Mädchen geht die unbewußte masochistische Phantasie von der normalen Ödipuseinstellung aus; beim Knaben von der verkehrten, die den Vater zum Liebesobjekt nimmt. Beim Mädchen hat die Phantasie eine Vorstufe (die erste Phase), in welcher das Schlagen in seiner indifferenten Bedeutung auftritt und eine eifersüchtig gehaßte Person betrifft; beides entfällt beim Knaben, doch könnte gerade diese Differenz durch glücklichere Beobachtung beseitigt werden. Beim Übergang zur ersetzenden bewußten Phantasie hält das Mädchen die Person des Vaters und somit das Geschlecht der schlagenden Person fest; es ändert aber die geschlagene Person und ihr Geschlecht, so daß am Ende ein Mann männliche Kinder schlägt; der Knabe ändert im Gegenteil Person und Geschlecht des Schlagenden, indem er Vater durch Mutter ersetzt, und behält seine Person bei, so daß am Ende der Schlagende und die geschlagene Person verschiedenen Geschlechts sind. Beim Mädchen wird die ursprünglich masochistische (passive) Situation durch die Verdrängung in eine sadistische umgewandelt, deren sexueller Charakter sehr verwischt ist, beim Knaben bleibt sie masochistisch und bewahrt infolge der Geschlechtsdifferenz zwischen schlagender und geschlagener Person mehr Ähnlichkeit mit der ursprünglichen, genital gemeinten Phantasie. Der Knabe entzieht sich durch die Verdrängung und Umarbeitung der unbewußten Phantasie seiner Homosexualität; das Merkwürdige an seiner späteren bewußten Phantasie ist, daß sie feminine Einstellung ohne homosexuelle Objektwahl zum Inhalt hat Das Mädchen dagegen entläuft bei dem gleichen Vorgang dem Anspruch des Liebeslebens überhaupt, phantasiert sich zum Manne, ohne selbst männlich aktiv zu werden, und wohnt dem Akt, welcher einen sexuellen ersetzt, nur mehr als Zuschauer bei.

Wir sind berechtigt anzunehmen, daß durch die Verdrängung der ursprünglichen unbewußten Phantasie nicht allzuviel geändert wird. Alles fürs Bewußtsein Verdrängte und Ersetzte bleibt im Unbewußten erhalten und wirkungsfähig. Anders ist es mit dem Effekt der Regression auf eine frühere Stufe der Sexualorganisation. Von dieser dürfen wir glauben, daß sie auch die Verhältnisse im Unbewußten ändert, so daß nach der Verdrängung im Unbewußten bei beiden Geschlechtern zwar nicht die (passive) Phantasie, vom Vater geliebt zu werden, aber doch die masochistische, von ihm geschlagen zu werden, bestehen bleibt. Es fehlt auch nicht an Anzeichen dafür, daß die Verdrängung ihre Absicht nur sehr unvollkommen erreicht hat. Der Knabe, der ja der homosexuellen Objektwahl entfliehen wollte und sein Geschlecht nicht gewandelt hat, fühlt sich doch in seinen bewußten Phantasien als Weib und stattet die schlagenden Frauen mit männlichen Attributen und Eigenschaften aus. Das Mädchen, das selbst sein Geschlecht aufgegeben und im ganzen gründlichere Verdrängungsarbeit geleistet hat, wird doch den Vater nicht los, getraut sich nicht selbst zu schlagen, und weil es selbst zum Buben geworden ist, läßt es hauptsächlich Buben geschlagen werden.

Ich weiß, daß die hier beschriebenen Unterschiede im Verhalten der Schlagephantasie bei beiden Geschlechtern nicht genügend aufgeklärt sind, unterlasse aber den Versuch, diese Komplikationen durch Verfolgung ihrer Abhängigkeit von anderen Momenten zu entwirren, weil ich selbst das Material der Beobachtung nicht für erschöpfend halte. Soweit es aber vorliegt, möchte ich es zur Prüfung zweier Theorien benützen, die, einander entgegengesetzt, beide die Beziehung der Verdrängung zum Geschlechtscharakter behandeln und dieselbe, jede in ihrem Sinne, als eine sehr innige darstellen. Ich schicke voraus, daß ich beide immer für unzutreffend und irreführend gehalten habe.

Die erste dieser Theorien ist anonym; sie wurde mir vor vielen Jahren von einem damals befreundeten Kollegen vorgetragen. Ihre großzügige Einfachheit wirkt so bestechend, daß man sich nur verwundert fragen muß, warum sie sich seither in der Literatur nur durch vereinzelte Andeutungen vertreten findet. Sie lehnt sich an die bisexuelle Konstitution der menschlichen Individuen und behauptet, bei jedem einzelnen sei der Kampf der Geschlechtscharaktere das Motiv der Verdrängung. Das stärker ausgebildete, in der Person vorherrschende Geschlecht habe die seelische Vertretung des unterlegenen Geschlechtes ins Unbewußte verdrängt. Der Kern des Unbewußten, das Verdrängte, sei also bei jedem Menschen das in ihm vorhandene Gegengeschlechtliche. Das kann einen greifbaren Sinn wohl nur dann geben, wenn wir das Geschlecht eines Menschen durch die Ausbildung seiner Genitalien bestimmt sein lassen, sonst wird ja das stärkere Geschlecht eines Menschen unsicher, und wir laufen Gefahr, das, was uns als Anhaltspunkt bei der Untersuchung dienen soll, selbst wieder aus deren Ergebnis abzuleiten. Kurz zusammengefaßt: Beim Manne ist das unbewußte Verdrängte auf weibliche Triebregungen zurückzuführen; umgekehrt so beim Weibe.

Die zweite Theorie ist neuerer Herkunft; sie stimmt mit der ersten darin überein, daß sie wiederum den Kampf der beiden Geschlechter als entscheidend für die Verdrängung hinstellt. Im übrigen muß sie mit der ersteren in Gegensatz geraten; sie beruft sich auch nicht auf biologische, sondern auf soziologische Stützen. Diese von Alf. Adler ausgesprochene Theorie des „männlichen Protestes“ hat zum Inhalt, daß jedes Individuum sich sträubt, auf der minderwertigen „weiblichen Linie“ zu verbleiben und zur allein befriedigenden männlichen Linie hindrängt. Aus diesem männlichen Protest erklärt Adler ganz allgemein die Charakter- wie die Neurosenbildung. Leider sind die beiden, doch gewiß auseinander zu haltenden Vorgänge bei Adler so wenig scharf geschieden und wird die Tatsache der Verdrängung überhaupt so wenig gewürdigt, daß man sich der Gefahr eines Mißverständnisses aussetzt, wenn man die Lehre vom männlichen Protest auf die Verdrängung anzuwenden versucht. Ich meine, dieser Versuch müßte ergeben, daß der männliche Protest, das Abrückenwollen von der weiblichen Linie, in allen Fällen das Motiv der Verdrängung ist. Das Verdrängende wäre also stets eine männliche, das Verdrängte eine weibliche Triebregung. Aber auch das Symptom wäre Ergebnis einer weiblichen Regung, denn wir können den Charakter des Symptoms, daß es ein Ersatz des Verdrängten sei, der sich der Verdrängung zum Trotze durchgesetzt hat, nicht aufgeben.

Erproben wir nun die beiden Theorien, denen sozusagen die Sexualisierung des Verdrängungsvorganges gemeinsam ist, an dem Beispiel der hier studierten Schlagephantasie. Die ursprüngliche Phantasie: Ich werde vom Vater geschlagen, entspricht beim Knaben einer femininen Einstellung, ist also eine Äußerung seiner gegengeschlechtlichen Anlage. Wenn sie der Verdrängung unterliegt, so scheint die erstere Theorie Recht behalten zu sollen, die ja die Regel aufgestellt hat, das Gegengeschlechtliche deckt sich mit dem Verdrängten. Es entspricht freilich unseren Erwartungen wenig, wenn das, was sich nach erfolgter Verdrängung herausstellt, die bewußte Phantasie, doch wiederum die feminine Einstellung, nur diesmal zur Mutter, aufweist. Aber wir wollen nicht auf Zweifel eingehen, wo die Entscheidung so nahe bevorsteht. Die ursprüngliche Phantasie der Mädchen: Ich werde vom Vater geschlagen (das heißt: geliebt), entspricht doch gewiß als feminine Einstellung dem bei ihnen vorherrschenden, manifesten Geschlecht, sie sollte also der Theorie zufolge der Verdrängung entgehen, brauchte nicht unbewußt zu werden. In Wirklichkeit wird sie es doch und erfährt eine Ersetzung durch eine bewußte Phantasie, welche den manifesten Geschlechtscharakter verleugnet. Diese Theorie ist also für das Verständnis der Schlagephantasien unbrauchbar und durch sie widerlegt. Man könnte einwenden, es seien eben weibische Knaben und männische Mädchen, bei denen diese Schlagephantasien vorkommen und die diese Schicksale erfahren, oder es sei ein Zug von Weiblichkeit beim Knaben und von Männlichkeit beim Mädchen dafür verantwortlich zu machen, beim Knaben für die Entstehung der passiven Phantasie, beim Mädchen für deren Verdrängung. Wir würden dieser Auffassung wahrscheinlich zustimmen, aber die behauptete Beziehung zwischen manifestem Geschlechtscharakter und Auswahl des zur Verdrängung Bestimmten wären darum nicht minder unhaltbar. Wir sehen im Grunde nur, daß bei männlichen und weiblichen Individuen sowohl männliche wie weibliche Triebregungen vorkommen und ebenso durch Verdrängung unbewußt werden können.

Sehr viel besser scheint sich die Theorie des männlichen Protestes gegen die Probe an den Schlagephantasien zu behaupten. Beim Knaben wie beim Mädchen entspricht die Schlagephantasie einer femininen Einstellung, also einem Verweilen auf der weiblichen Linie, und beide Geschlechter beeilen sich, durch Verdrängung der Phantasie von dieser Einstellung loszukommen. Allerdings scheint der männliche Protest nur beim Mädchen vollen Erfolg zu erzielen, hier stellt sich ein geradezu ideales Beispiel für das Wirken des männlichen Protestes her. Beim Knaben ist der Erfolg nicht voll befriedigend, die weibliche Linie wird nicht aufgegeben, der Knabe ist in seiner bewußten masochistischen Phantasie gewiß nicht „oben". Es entspricht also der aus der Theorie abgeleiteten Erwartung, wenn wir in dieser Phantasie ein Symptom erkennen, das durch Mißglücken des männlichen Protestes entstanden ist. Es stört uns freilich, daß die aus der Verdrängung hervorgegangene Phantasie des

24*

Mädchens ebenfalls Wert und Bedeutung eines Symptoms hat. Hier, wo der männliche Protest seine Absicht voll durchgesetzt hat, müßte doch die Bedingung für die Symptombildung entfallen sein.

Ehe wir noch aus dieser Schwierigkeit die Vermutung schöpfen, daß die ganze Betrachtungsweise des männlichen Protestes den Problemen der Neurosen und Perversionen unangemessen und in ihrer Anwendung auf sie unfruchtbar sei, werden wir unseren Blick von den passiven Schlagephantasien weg zu anderen Triebäußerungen des kindlichen Sexuallebens richten, die gleichfalls der Verdrängung unterliegen. Es kann doch niemand daran zweifeln, daß es auch Wünsche und Phantasien gibt, die von vornherein die männliche Linie einhalten und Ausdruck männlicher Triebregungen sind, z. B. sadistische Impulse oder die aus dem normalen Ödipuskomplex hervorgehenden Gelüste des Knaben gegen seine Mutter. Es ist ebensowenig zweifelhaft, daß auch diese von der Verdrängung befallen werden; wenn der männliche Protest die Verdrängung der passiven, später masochistischen Phantasien gut erklärt haben sollte, so wird er eben dadurch für den entgegengesetzten Fall der aktiven Phantasien völlig unbrauchbar. Das heißt: die Lehre vom männlichen Protest ist mit der Tatsache der Verdrängung überhaupt unvereinbar. Nur wer bereit ist, alle psychologischen Erwerbungen von sich zu werfen, die seit der ersten kathartischen Kur Breuers und durch sie gemacht worden sind, kann erwarten, daß dem Prinzip des männlichen Protestes in der Aufklärung der Neurosen und Perversionen eine Bedeutung zukommen wird.

Die auf Beobachtung gestützte psychoanalytische Theorie hält fest daran, daß die Motive der Verdrängung nicht sexualisiert werden dürfen. Den Kern des seelisch Unbewußten bildet die archaische Erbschaft des Menschen, und dem Verdrängungsprozeß verfällt, was immer davon beim Fortschritt zu späteren

Entwicklungsphasen als unbrauchbar, als mit dem Neuen unvereinbar und ihm schädlich zurückgelassen werden soll. Diese Auswahl gelingt bei einer Gruppe von Trieben besser als bei der anderen. Letztere, die Sexualtriebe, vermögen es, kraft besonderer Verhältnisse, die schon oftmals aufgezeigt worden sind, die Absicht der Verdrängung zu vereiteln und sich die Vertretung durch störende Ersatzbildungen zu erzwingen. Daher ist die der Verdrängung unterliegende infantile Sexualität die Haupttriebkraft der Symptombildung, und das wesentliche Stück ihres Inhalts, der Ödipuskomplex, der Kernkomplex der Neurose. Ich hoffe, in dieser Mitteilung die Erwartung rege gemacht zu haben, daß auch die sexuellen Abirrungen des kindlichen wie des reifen Alters von dem nämlichen Komplex abzweigen.

# DAS ÖKONOMISCHE PROBLEM DES MASOCHISMUS

*Zuerst erschienen in der „Internationalen Zeitschrift für Psychoanalyse", X. Bd., Heft 2, 1924.*

Man hat ein Recht dazu, die Existenz der masochistischen Strebung im menschlichen Triebleben als ökonomisch rätselhaft zu bezeichnen. Denn, wenn das Lustprinzip die seelischen Vorgänge in solcher Weise beherrscht, daß Vermeidung von Unlust und Gewinnung von Lust deren nächstes Ziel wird, so ist der Masochismus unverständlich. Wenn Schmerz und Unlust nicht mehr Warnungen, sondern selbst Ziele sein können, ist das Lustprinzip lahmgelegt, der Wächter unseres Seelenlebens gleichsam narkotisiert.

Der Masochismus erscheint uns so im Lichte einer großen Gefahr, was für seinen Widerpart, den Sadismus, in keiner Weise gilt. Wir fühlen uns versucht, das Lustprinzip den Wächter unseres Lebens anstatt nur unseres Seelenlebens zu heißen. Aber dann stellt sich die Aufgabe her, das Verhältnis des Lustprinzips zu den beiden Triebarten, die wir unterschieden haben, den Todestrieben und den erotischen (libidinösen) Lebenstrieben zu untersuchen, und wir können in der Würdigung des masochistischen Problems nicht weitergehen, ehe wir nicht diesem Rufe gefolgt sind.

Wir haben, wie erinnerlich,[1] das Prinzip, welches alle seelischen Vorgänge beherrscht, als Spezialfall der Fechner'schen Tendenz

1) Jenseits des Lustprinzips, I.

zur Stabilität aufgefaßt und somit dem seelischen Apparat die Absicht zugeschrieben, die ihm zuströmende Erregungssumme zu nichts zu machen oder wenigstens nach Möglichkeit niedrig zu halten. Barbara Low hat für dies supponierte Bestreben den Namen Nirwanaprinzip vorgeschlagen, den wir akzeptieren. Aber wir haben das Lust-Unlustprinzip unbedenklich mit diesem Nirwanaprinzip identifiziert. Jede Unlust müßte also mit einer Erhöhung, jede Lust mit einer Erniedrigung der im Seelischen vorhandenen Reizspannung zusammenfallen, das Nirwana- (und das mit ihm angeblich identische Lust-)prinzip würde ganz im Dienst der Todestriebe stehen, deren Ziel die Überführung des unsteten Lebens in die Stabilität des anorganischen Zustandes ist, und würde die Funktion haben, vor den Ansprüchen der Lebenstriebe, der Libido, zu warnen, welche den angestrebten Ablauf des Lebens zu stören versuchen. Allein diese Auffassung kann nicht richtig sein. Es scheint, daß wir Zunahme und Abnahme der Reizgrößen direkt in der Reihe der Spannungsgefühle empfinden, und es ist nicht zu bezweifeln, daß es lustvolle Spannungen und unlustige Entspannungen gibt. Der Zustand der Sexualerregung ist das aufdringlichste Beispiel einer solchen lustvollen Reizvergrößerung, aber gewiß nicht das einzige. Lust und Unlust können also nicht auf Zunahme oder Abnahme einer Quantität, die wir Reizspannung heißen, bezogen werden, wenngleich sie offenbar mit diesem Moment viel zu tun haben. Es scheint, daß sie nicht an diesem quantitativen Faktor hängen, sondern an einem Charakter desselben, den wir nur als qualitativ bezeichnen können. Wir wären viel weiter in der Psychologie, wenn wir anzugeben wüßten, welches dieser qualitative Charakter ist. Vielleicht ist es der Rhythmus, der zeitliche Ablauf in den Veränderungen, Steigerungen und Senkungen der Reizquantität; wir wissen es nicht.

Auf jeden Fall müssen wir inne werden, daß das dem Todestrieb zugehörige Nirwanaprinzip im Lebewesen eine Modifikation erfahren hat, durch die es zum Lustprinzip wurde, und werden es von nun an vermeiden, die beiden Prinzipien für eines zu halten. Von welcher Macht diese Modifikation ausging, ist, wenn man dieser Überlegung überhaupt folgen will, nicht schwer zu erraten. Es kann nur der Lebenstrieb, die Libido, sein, der sich in solcher Weise seinen Anteil an der Regulierung der Lebensvorgänge neben dem Todestrieb erzwungen hat. Wir erhalten so eine kleine, aber interessante Beziehungsreihe: das Nirwanaprinzip drückt die Tendenz des Todestriebes aus, das Lustprinzip vertritt den Anspruch der Libido und dessen Modifikation, das Realitätsprinzip, den Einfluß der Außenwelt.

Keines dieser drei Prinzipien wird eigentlich vom anderen außer Kraft gesetzt. Sie wissen sich in der Regel miteinander zu vertragen, wenngleich es gelegentlich zu Konflikten führen muß, daß von einer Seite die quantitative Herabminderung der Reizbelastung, von der anderen ein qualitativer Charakter derselben, und endlich ein zeitlicher Aufschub der Reizabfuhr und ein zeitweiliges Gewährenlassen der Unlustspannung zum Ziel gesetzt ist.

Der Schluß aus diesen Erörterungen ist, daß die Bezeichnung des Lustprinzips als Wächter des Lebens nicht abgelehnt werden kann.

Kehren wir zum Masochismus zurück. Er tritt unserer Beobachtung in drei Gestalten entgegen, als eine Bedingtheit der Sexualerregung, als ein Ausdruck des femininen Wesens und als eine Norm des Lebensverhaltens *(behaviour)*. Man kann dementsprechend einen erogenen, femininen und moralischen Masochismus unterscheiden. Der erstere, der erogene Masochismus, die Schmerzlust, liegt auch den beiden anderen Formen zugrunde, er ist biologisch und konstitutionell zu begründen, bleibt unverständlich, wenn man sich nicht zu einigen Annahmen über ganz dunkle Verhältnisse entschließt. Die dritte, in gewisser Hinsicht wichtigste Erscheinungsform des Masochismus, ist als meist unbewußtes Schuldgefühl erst neuerlich von der Psychoanalyse gewürdigt worden, läßt aber bereits eine volle Aufklärung und Einreihung in unsere sonstige Erkenntnis zu. Der feminine Masochismus dagegen ist unserer Beobachtung am besten zugänglich, am wenigsten rätselhaft und in all seinen Beziehungen zu übersehen. Mit ihm mag unsere Darstellung beginnen.

Wir kennen diese Art des Masochismus beim Manne (auf den ich mich aus Gründen des Materials hier beschränke) in zureichender Weise aus den Phantasien masochistischer (häufig darum impotenter) Personen, die entweder in den onanistischen Akt auslaufen oder für sich allein die Sexualbefriedigung darstellen. Mit den Phantasien stimmen vollkommen überein die realen Veranstaltungen masochistischer Perverser, sei es, daß sie als Selbstzweck durchgeführt werden oder zur Herstellung der Potenz und Einleitung des Geschlechtsakts dienen. In beiden Fällen — die Veranstaltungen sind ja nur die spielerische Ausführung der Phantasien — ist der manifeste Inhalt: geknebelt, gebunden, in schmerzhafter Weise geschlagen, gepeitscht, irgendwie mißhandelt, zum unbedingten Gehorsam gezwungen, beschmutzt, erniedrigt zu werden. Weit seltener und nur mit großen Einschränkungen werden auch Verstümmelungen in diesen Inhalt aufgenommen. Die nächste, bequem zu erreichende Deutung ist, daß der Masochist wie ein kleines, hilfloses und abhängiges Kind behandelt werden will, besonders aber wie ein schlimmes Kind. Es ist überflüssig, Kasuistik anzuführen, das Material ist sehr gleichartig, jedem Beobachter, auch dem Nichtanalytiker, zugänglich. Hat man aber Gelegenheit Fälle zu studieren, in denen die masochistischen Phantasien eine besonders reiche Verarbeitung erfahren haben, so macht man leicht die Entdeckung, daß sie die Person in eine für die Weiblichkeit charakteristische Situation versetzen, also Kastriertwerden, Koitiertwerden oder Gebären bedeuten. Ich habe darum diese Erscheinungsform des Masochismus den femininen, gleichsam *a potiori*, genannt, obwohl so viele seiner Elemente auf das Infantilleben hinweisen. Diese Übereinanderschichtung des Infantilen und des Femininen wird später ihre einfache Aufklärung finden. Die Kastration oder die sie vertretende Blendung hat oft in den Phantasien ihre negative Spur in der Bedingung hinterlassen, daß gerade den Genitalien oder den Augen kein Schaden geschehen darf. (Die masochistischen Quälereien machen übrigens selten einen so ernsthaften Eindruck wie die — phantasierten oder inszenierten — Grausamkeiten des Sadismus.) Im manifesten Inhalt der masochistischen Phantasien kommt auch ein Schuldgefühl zum Ausdruck, indem angenommen wird, daß die betreffende Person etwas verbrochen habe (was unbestimmt gelassen wird), was durch alle die schmerzhaften und quälerischen Prozeduren gesühnt werden soll. Das sieht wie eine oberflächliche Rationalisierung der masochistischen Inhalte aus, es steckt aber die Beziehung zur infantilen Masturbation dahinter. Anderseits leitet dieses Schuldmoment zur dritten, moralischen, Form des Masochismus über.

Der beschriebene feminine Masochismus ruht ganz auf dem primären, erogenen, der Schmerzlust, deren Erklärung nicht ohne weit rückgreifende Erwägungen gelingt.

Ich habe in den „Drei Abhandlungen zur Sexualtheorie" im Abschnitt über die Quellen der infantilen Sexualität die Behauptung aufgestellt, daß die Sexualerregung als Nebenwirkung bei einer großen Reihe innerer Vorgänge entsteht, sobald die Intensität dieser Vorgänge nur gewisse quantitative Grenzen überstiegen hat. Ja, daß vielleicht nichts Bedeutsameres im Organismus vorfällt, was nicht seine Komponente zur Erregung des Sexualtriebs abzugeben hätte. Demnach müßte auch die Schmerz- und Unlusterregung diese Folge haben. Diese libidinöse Miterregung bei Schmerz- und Unlustspannung wäre ein infantiler physiologischer Mechanismus, der späterhin versiegt. Sie würde in den verschiedenen Sexualkonstitutionen eine verschieden große Ausbildung erfahren, jedenfalls die physiologische Grundlage abgeben, die dann als erogener Masochismus psychisch überbaut wird.

Die Unzulänglichkeit dieser Erklärung zeigt sich aber darin, daß in ihr kein Licht auf die regelmäßigen und intimen Beziehungen des Masochismus zu seinem Widerpart im Triebleben, dem Sadismus, geworfen wird. Geht man ein Stück weiter zurück bis zur Annahme der zwei Triebarten, die wir uns im Lebewesen wirksam denken, so kommt man zu einer anderen, aber der obigen nicht widersprechenden Ableitung. Die Libido trifft in (vielzelligen) Lebewesen auf den dort herrschenden Todes- oder Destruktionstrieb, welcher dies Zellenwesen zersetzen und jeden einzelnen Elementarorganismus in den Zustand der anorganischen Stabilität (wenn diese auch nur relativ sein mag) überführen möchte. Sie hat die Aufgabe, diesen destruierenden Trieb unschädlich zu machen, und entledigt sich ihrer, indem sie ihn zum großen Teil und bald mit Hilfe eines besonderen Organsystems, der Muskulatur, nach außen ableitet, gegen die Objekte der Außenwelt richtet. Er heiße dann Destruktionstrieb, Bemächtigungstrieb, Wille zur Macht. Ein Anteil dieses Triebes wird direkt in den Dienst der Sexualfunktion gestellt, wo er Wichtiges zu leisten hat. Dies ist der eigentliche Sadismus. Ein anderer Anteil macht diese Verlegung nach außen nicht mit, er verbleibt im Organismus und wird dort mit Hilfe der erwähnten sexuellen Miterregung libidinös gebunden; in ihm haben wir den ursprünglichen, erogenen Masochismus zu erkennen.

Es fehlt uns jedes physiologische Verständnis dafür, auf welchen Wegen und mit welchen Mitteln sich diese Bändigung des Todestriebes durch die Libido vollziehen mag. Im psychoanalytischen Gedankenkreis können wir nur annehmen, daß eine sehr ausgiebige, in ihren Verhältnissen variable Vermischung und Verquickung der beiden Triebarten zustande kommt, so daß wir überhaupt nicht mit reinen Todes- und Lebenstrieben, sondern nur mit verschiedenwertigen Vermengungen derselben rechnen sollten. Der Triebvermischung mag unter gewissen Einwirkungen eine Entmischung derselben entsprechen. Wie groß die Anteile der Todestriebe sind, welche sich solcher Bändigung durch die Bindung an libidinöse Zusätze entziehen, läßt sich derzeit nicht erraten.

Wenn man sich über einige Ungenauigkeit hinaussetzen will, kann man sagen, der im Organismus wirkende Todestrieb — der Ursadismus — sei mit dem Masochismus identisch. Nachdem sein Hauptanteil nach außen auf die Objekte verlegt worden ist, verbleibt als sein Residuum im Inneren der eigentliche erogene Masochismus, der einerseits eine Komponente der Libido geworden ist, anderseits noch immer das eigene Wesen zum Objekt hat. So wäre dieser Masochismus ein Zeuge und Überrest jener Bildungsphase, in der die für das Leben so wichtige Legierung von Todestrieb und Eros geschah. Wir werden nicht erstaunt sein zu hören, daß unter bestimmten Verhältnissen der nach außen gewendete, projizierte, Sadismus oder Destruktionstrieb wieder introjiziert, nach innen gewendet werden kann, solcherart in seine frühere Situation regrediert. Er ergibt dann den sekundären Masochismus, der sich zum ursprünglichen hinzuaddiert.

Der erogene Masochismus macht alle Entwicklungsphasen der Libido mit und entnimmt ihnen seine wechselnden psychischen Umkleidungen. Die Angst, vom Totemtier (Vater) gefressen zu werden, stammt aus der primitiven oralen Organisation, der Wunsch, vom Vater geschlagen zu werden, aus der darauffolgenden sadistisch-analen Phase; als Niederschlag der phallischen Organisationsstufe[1] tritt die Kastration, obwohl später verleugnet, in den Inhalt der masochistischen Phantasien ein, von der endgültigen Genitalorganisation leiten sich natürlich die für die Weiblichkeit charakteristischen Situationen des Koitiertwerdens und des Gebärens ab. Auch die Rolle der Nates im Masochismus ist, abgesehen von der offenkundigen Realbegründung, leicht zu verstehen. Die Nates sind die erogen bevorzugte Körperpartie der sadistisch-analen Phase wie die Mamma der oralen, der Penis der genitalen.

1) S. Die infantile Genitalorganisation [S. 232 dieses Bandes].

Die dritte Form des Masochismus, der moralische Masochismus ist vor allem dadurch bemerkenswert, daß sie ihre Beziehung zu dem, was wir als Sexualität erkennen, gelockert hat. An allen masochistischen Leiden haftet sonst die Bedingung, daß sie von der geliebten Person ausgehen, auf ihr Geheiß erduldet werden; diese Einschränkung ist beim moralischen Masochismus fallen gelassen. Das Leiden selbst ist das, worauf es ankommt; ob es von einer geliebten oder gleichgültigen Person verhängt wird, spielt keine Rolle; es mag auch von unpersönlichen Mächten oder Verhältnissen verursacht sein, der richtige Masochist hält immer seine Wange hin, wo er Aussicht hat, einen Schlag zu bekommen. Es liegt sehr nahe, in der Erklärung dieses Verhaltens die Libido bei Seite zu lassen und sich auf die Annahme zu beschränken, daß hier der Destruktionstrieb wieder nach innen gewendet wurde und nun gegen das eigene Selbst wütet, aber es sollte doch einen Sinn haben, daß der Sprachgebrauch die Beziehung dieser Norm des Lebensverhaltens zur Erotik nicht aufgegeben hat und auch solche Selbstbeschädiger Masochisten heißt.

Einer technischen Gewöhnung getreu wollen wir uns zuerst mit der extremen, unzweifelhaft pathologischen Form dieses Masochismus beschäftigen. Ich habe an anderer Stelle[1] ausgeführt, daß wir in der analytischen Behandlung auf Patienten stoßen, deren Benehmen gegen die Einflüsse der Kur uns nötigt, ihnen ein „unbewußtes" Schuldgefühl zuzuschreiben. Ich habe dort angegeben, woran man diese Personen erkennt („die negative therapeutische Reaktion"), und auch nicht verhehlt, daß die Stärke einer solchen Regung einen der schwersen Widerstände und die größte Gefahr für den Erfolg unserer ärztlichen oder erzieherischen Absichten bedeutet. Die Befriedigung dieses unbewußten Schuldgefühls ist der vielleicht mächtigste Posten des in der Regel zusammengesetzten Krankheitsgewinnes, der Kräftesumme, welche sich gegen die Genesung sträubt und das Kranksein nicht auf-

1) Das Ich und das Es.

geben will; das Leiden, das die Neurose mit sich bringt, ist gerade das Moment, durch das sie der masochistischen Tendenz wertvoll wird. Es ist auch lehrreich zu erfahren, daß gegen alle Theorie und Erwartung eine Neurose, die allen therapeutischen Bemühungen getrotzt hat, verschwinden kann, wenn die Person in das Elend einer unglücklichen Ehe geraten ist, ihr Vermögen verloren oder eine bedrohliche organische Erkrankung erworben hat. Eine Form des Leidens ist dann durch eine andere abgelöst worden und wir sehen, es kam nur darauf an, ein gewisses Maß von Leiden festhalten zu können.

Das unbewußte Schuldgefühl wird uns von den Patienten nicht leicht geglaubt. Sie wissen zu gut, in welchen Qualen (Gewissensbissen) sich ein bewußtes Schuldgefühl, Schuldbewußtsein, äußert, und können darum nicht zugeben, daß sie ganz analoge Regungen in sich beherbergen sollten, von denen sie so gar nichts verspüren. Ich meine, wir tragen ihrem Einspruch in gewissem Maße Rechnung, wenn wir auf die ohnehin psychologisch inkorrekte Benennung „unbewußtes Schuldgefühl" verzichten und dafür „Strafbedürfnis" sagen, womit wir den beobachteten Sachverhalt ebenso treffend decken. Wir können uns aber nicht abhalten lassen, dies unbewußte Schuldgefühl nach dem Muster des bewußten zu beurteilen und zu lokalisieren.

Wir haben dem Über-Ich die Funktion des Gewissens zugeschrieben und im Schuldbewußtsein den Ausdruck einer Spannung zwischen Ich und Über-Ich erkannt. Das Ich reagiert mit Angstgefühlen (Gewissensangst) auf die Wahrnehmung, daß es hinter den von seinem Ideal, dem Über-Ich, gestellten Anforderungen zurückgeblieben ist. Nun verlangen wir zu wissen, wie das Über-Ich zu dieser anspruchsvollen Rolle gekommen ist, und warum das Ich im Falle einer Differenz mit seinem Ideal sich fürchten muß.

Wenn wir gesagt haben, das Ich finde seine Funktion darin, die Ansprüche der drei Instanzen, denen es dient, miteinander zu vereinbaren, sie zu versöhnen, so können wir hinzufügen, es hat auch dabei sein Vorbild, dem es nachstreben kann, im Über-Ich. Dies Über-Ich ist nämlich ebensosehr der Vertreter des Es wie der Außenwelt. Es ist dadurch entstanden, daß die ersten Objekte der libidinösen Regungen des Es, das Elternpaar, ins Ich introjiziert wurden, wobei die Beziehung zu ihnen desexualisiert wurde, eine Ablenkung von den direkten Sexualzielen erfuhr. Auf diese Art wurde erst die Überwindung des Ödipuskomplexes ermöglicht. Das Über-Ich behielt nun wesentliche Charaktere der introjizierten Personen bei, ihre Macht, Strenge, Neigung zur Beaufsichtigung und Bestrafung. Wie an anderer Stelle ausgeführt,[1] ist es leicht denkbar, daß durch die Triebentmischung, welche mit einer solchen Einführung ins Ich einhergeht, die Strenge eine Steigerung erfuhr. Das Über-Ich, das in ihm wirksame Gewissen, kann nun hart, grausam, unerbittlich gegen das von ihm behütete Ich werden. Der kategorische Imperativ Kants ist so der direkte Erbe des Ödipuskomplexes.

Die nämlichen Personen aber, welche im Über-Ich als Gewissensinstanz weiterwirken, nachdem sie aufgehört haben, Objekte der libidinösen Regungen des Es zu sein, gehören aber auch der realen Außenwelt an. Dieser sind sie entnommen worden; ihre Macht, hinter der sich alle Einflüsse der Vergangenheit und Überlieferung verbergen, war eine der fühlbarsten Äußerungen der Realität. Dank diesem Zusammenfallen wird das Über-Ich, der Ersatz des Ödipuskomplexes, auch zum Repräsentanten der realen Außenwelt und so zum Vorbild für das Streben des Ichs.

Der Ödipuskomplex erweist sich so, wie bereits historisch gemutmaßt wurde,[2] als die Quelle unserer individuellen Sittlichkeit (Moral). Im Laufe der Kindheitsentwicklung, welche zur fortschreitenden Loslösung von den Eltern führt, tritt deren persönliche Bedeutung für das Über-Ich zurück. An die von ihnen

1) Das Ich und das Es.
2) Totem und Tabu, Abschnitt IV.

erübrigten Imagines schließen dann die Einflüsse von Lehrern, Autoritäten, selbstgewählten Vorbildern und sozial anerkannten Helden an, deren Personen von dem resistenter gewordenen Ich nicht mehr introjiziert zu werden brauchen. Die letzte Gestalt dieser mit den Eltern beginnenden Reihe ist die dunkle Macht des Schicksals, welches erst die wenigsten von uns unpersönlich zu erfassen vermögen. Wenn der holländische Dichter Multatuli[1] die Μοῖρα der Griechen durch das Götterpaar Λόγος καὶ Ἀνάγκη ersetzt, so ist dagegen wenig einzuwenden; aber alle, die die Leitung des Weltgeschehens der Vorsehung, Gott oder Gott und der Natur übertragen, erwecken den Verdacht, daß sie diese äußersten und fernsten Gewalten immer noch wie ein Elternpaar — mythologisch — empfinden und sich mit ihnen durch libidinöse Bindungen verknüpft glauben. Ich habe im „Ich und Es" den Versuch gemacht, auch die reale Todesangst der Menschen von einer solchen elterlichen Auffassung des Schicksals abzuleiten. Es scheint sehr schwer, sich von ihr frei zu machen.

Nach diesen Vorbereitungen können wir zur Würdigung des moralischen Masochismus zurückkehren. Wir sagten, die betreffenden Personen erwecken durch ihr Benehmen — in der Kur und im Leben — den Eindruck, als seien sie übermäßig moralisch gehemmt, ständen unter der Herrschaft eines besonders empfindlichen Gewissens, obwohl ihnen von solcher Übermoral nichts bewußt ist. Bei näherem Eingehen bemerken wir wohl den Unterschied, der eine solche unbewußte Fortsetzung der Moral vom moralischen Masochismus trennt. Bei der ersteren fällt der Akzent auf den gesteigerten Sadismus des Über-Ichs, dem das Ich sich unterwirft, beim letzteren hingegen auf den eigenen Masochismus des Ichs, der nach Strafe, sei es vom Über-Ich, sei es von den Elternmächten draußen, verlangt. Unsere anfängliche Verwechslung darf entschuldigt werden, denn beide Male handelt

1) Ed. Douwes Dekker (1820—1887).

es sich um eine Relation zwischen dem Ich und dem Über-Ich oder ihm gleichstehenden Mächten; in beiden Fällen kommt es auf ein Bedürfnis hinaus, das durch Strafe und Leiden befriedigt wird. Es ist dann ein kaum gleichgültiger Nebenumstand, daß der Sadismus des Über-Ichs meist grell bewußt wird, während das masochistische Streben des Ichs in der Regel der Person verborgen bleibt und aus ihrem Verhalten erschlossen werden muß.

Die Unbewußtheit des moralischen Masochismus leitet uns auf eine naheliegende Spur. Wir konnten den Ausdruck „unbewußtes Schuldgefühl" übersetzen als Strafbedürfnis von seiten einer elterlichen Macht. Nun wissen wir, daß der in Phantasien so häufige Wunsch, vom Vater geschlagen zu werden, dem anderen sehr nahe steht, in passive (feminine) sexuelle Beziehung zu ihm zu treten, und nur eine regressive Entstellung desselben ist. Setzen wir diese Aufklärung in den Inhalt des moralischen Masochismus ein, so wird dessen geheimer Sinn uns offenbar. Gewissen und Moral sind durch die Überwindung, Desexualisierung, des Ödipuskomplexes entstanden; durch den moralischen Masochismus wird die Moral wieder sexualisiert, der Ödipuskomplex neu belebt, eine Regression von der Moral zum Ödipuskomplex angebahnt. Dies geschieht weder zum Vorteil der Moral noch des Individuums. Der Einzelne kann zwar neben seinem Masochismus sein volles oder ein gewisses Maß von Sittlichkeit bewahrt haben, es kann aber auch ein gutes Stück seines Gewissens an den Masochismus verloren gegangen sein. Andererseits schafft der Masochismus die Versuchung zum „sündhaften" Tun, welches dann durch die Vorwürfe des sadistischen Gewissens (wie bei so vielen russischen Charaktertypen) oder durch die Züchtigung der großen Elternmacht des Schicksals gesühnt werden muß. Um die Bestrafung durch diese letzte Elternvertretung zu provozieren, muß der Masochist das Unzweckmäßige tun, gegen seinen eigenen Vorteil arbeiten, die Aussichten zerstören, die sich ihm in der realen Welt eröffnen, und eventuell seine eigene reale Existenz vernichten.

Die Rückwendung des Sadismus gegen die eigene Person ereignet sich regelmäßig bei der kulturellen Triebunterdrückung welche einen großen Teil der destruktiven Triebkomponenten der Person von der Verwendung im Leben abhält. Man kann sich vorstellen, daß dieser zurückgetretene Anteil des Destruktionstriebes als eine Steigerung des Masochismus im Ich zum Vorschein kommt. Die Phänomene des Gewissens lassen aber erraten, daß die von der Außenwelt wiederkehrende Destruktion auch ohne solche Verwandlung vom Über-Ich aufgenommen wird und dessen Sadismus gegen das Ich erhöht. Der Sadismus des Über-Ichs und der Masochismus des Ichs ergänzen einander und vereinigen sich zur Hervorrufung derselben Folgen. Ich meine, nur so kann man verstehen, daß aus der Triebunterdrückung — häufig oder ganz allgemein — ein Schuldgefühl resultiert, und daß das Gewissen um so strenger und empfindlicher wird, je mehr sich die Person der Aggression gegen andere enthält. Man könnte erwarten, daß ein Individuum, welches von sich weiß, daß es kulturell unerwünschte Aggressionen zu vermeiden pflegt, darum ein gutes Gewissen hat und sein Ich minder mißtrauisch überwacht. Man stellt es gewöhnlich so dar, als sei die sittliche Anforderung das Primäre und der Triebverzicht ihre Folge. Dabei bleibt die Herkunft der Sittlichkeit unerklärt. In Wirklichkeit scheint es umgekehrt zuzugehen; der erste Triebverzicht ist ein durch äußere Mächte erzwungener und er schafft erst die Sittlichkeit, die sich im Gewissen ausdrückt und weiteren Triebverzicht fordert.

So wird der moralische Masochismus zum klassischen Zeugen für die Existenz der Triebvermischung. Seine Gefährlichkeit rührt daher, daß er vom Todestrieb abstammt, jenem Anteil desselben entspricht, welcher der Auswärtswendung als Destruktionstrieb entging. Aber da er anderseits die Bedeutung einer erotischen Komponente hat, kann auch die Selbstzerstörung der Person nicht ohne libidinöse Befriedigung erfolgen.

---

# ÜBER EINIGE NEUROTISCHE MECHANISMEN BEI EIFERSUCHT, PARANOIA UND HOMOSEXUALITÄT

*Zuerst erschienen in der „Internationalen Zeitschrift für Psychoanalyse", Bd. VIII, 1922.*

A

Die Eifersucht gehört zu den Affektzuständen, die man ähnlich wie die Trauer als normal bezeichnen darf. Wo sie im Charakter und Benehmen eines Menschen zu fehlen scheint, ist der Schluß gerechtfertigt, daß sie einer starken Verdrängung erlegen ist und darum im unbewußten Seelenleben eine um so größere Rolle spielt. Die Fälle von abnorm verstärkter Eifersucht, mit denen die Analyse zu tun bekommt, erweisen sich als dreifach geschichtet. Die drei Schichten oder Stufen der Eifersucht verdienen die Namen der 1. konkurrierenden oder normalen, 2. der projizierten, 3. der wahnhaften.

Über die normale Eifersucht ist analytisch wenig zu sagen. Es ist leicht zu sehen, daß sie sich wesentlich zusammensetzt aus der Trauer, dem Schmerz um das verlorengeglaubte Liebesobjekt, und der narzißtischen Kränkung, soweit sich diese vom anderen sondern läßt, ferner aus feindseligen Gefühlen gegen den bevorzugten Rivalen und aus einem mehr oder minder großen Beitrag von Selbstkritik, die das eigene Ich für den Liebesverlust verantwortlich machen will. Diese Eifersucht ist, wenn wir sie auch normal heißen, keineswegs durchaus rationell, das heißt aus

25*

aktuellen Beziehungen entsprungen, den wirklichen Verhältnissen proportional und restlos vom bewußten Ich beherrscht, denn sie wurzelt tief im Unbewußten, setzt früheste Regungen der kindlichen Affektivität fort und stammt aus dem Ödipus- oder aus dem Geschwisterkomplex der ersten Sexualperiode. Es ist immerhin bemerkenswert, daß sie von manchen Personen bisexuell erlebt wird, das heißt beim Manne wird außer dem Schmerz um das geliebte Weib und dem Haß gegen den männlichen Rivalen auch Trauer um den unbewußt geliebten Mann und Haß gegen das Weib als Rivalin bei ihm zur Verstärkung wirksam. Ich weiß auch von einem Manne, der sehr arg unter seinen Eifersuchtsanfällen litt und die nach seinen Angaben ärgsten Qualen in der bewußten Versetzung in das ungetreue Weib durchmachte. Die Empfindung der Hilflosigkeit, die er dann verspürte, die Bilder, die er für seinen Zustand fand, als ob er wie Prometheus dem Geierfraß preisgegeben oder gefesselt in ein Schlangennest geworfen worden wäre, bezog er selbst auf den Eindruck mehrerer homosexueller Angriffe, die er als Knabe erlebt hatte.

Die Eifersucht der zweiten Schichte oder die projizierte geht beim Manne wie beim Weibe aus der eigenen, im Leben betätigten Untreue oder aus Antrieben zur Untreue hervor, die der Verdrängung verfallen sind. Es ist eine alltägliche Erfahrung, daß die Treue, zumal die in der Ehe geforderte, nur gegen beständige Versuchungen aufrechterhalten werden kann. Wer dieselben in sich verleugnet, verspürt deren Andrängen doch so stark, daß er gerne einen unbewußten Mechanismus zu seiner Erleichterung in Anspruch nimmt. Eine solche Erleichterung, ja einen Freispruch vor seinem Gewissen erreicht er, wenn er die eigenen Antriebe zur Untreue auf die andere Partei, welcher er die Treue schuldig ist, projiziert. Dieses starke Motiv kann sich dann des Wahrnehmungsmaterials bedienen, welches die gleichartigen unbewußten Regungen des anderen Teiles verrät, und könnte sich durch die Überlegung rechtfertigen, daß der Partner oder die Partnerin wahrscheinlich auch nicht viel besser ist, als man selbst.[1]

Die gesellschaftlichen Sitten haben diesem allgemeinen Sachverhalt in kluger Weise Rechnung getragen, indem sie der Gefallsucht der verheirateten Frau und der Eroberungssucht des Ehemannes einen gewissen Spielraum gestatten in der Erwartung, die unabweisbare Neigung zur Untreue dadurch zu drainieren und unschädlich zu machen. Die Konvention setzt fest, daß beide Teile diese kleinen Schrittchen in der Richtung der Untreue einander nicht anzurechnen haben, und erreicht zumeist, daß die am fremden Objekt entzündete Begierde in einer gewissen Rückkehr zur Treue am eigenen Objekt befriedigt wird. Der Eifersüchtige will aber diese konventionelle Toleranz nicht anerkennen, er glaubt nicht, daß es ein Stillhalten oder Umkehren auf dem einmal betretenen Weg gibt, daß der gesellschaftliche „Flirt" auch eine Versicherung gegen wirkliche Untreue sein kann. In der Behandlung eines solchen Eifersüchtigen muß man es vermeiden, ihm das Material, auf das er sich stützt, zu bestreiten, man kann ihn nur zu einer anderen Einschätzung desselben bestimmen wollen.

Die durch solche Projektion entstandene Eifersucht hat zwar fast wahnhaften Charakter, sie widersteht aber nicht der analytischen Arbeit, welche die unbewußten Phantasien der eigenen Untreue aufdeckt. Schlimmer ist es mit der Eifersucht der dritten Schicht, der eigentlich wahnhaften. Auch diese geht aus verdrängten Untreuestrebungen hervor, aber die Objekte dieser Phantasien sind gleichgeschlechtlicher Art. Die wahnhafte Eifersucht entspricht einer vergorenen Homosexualität und behauptet mit Recht ihren Platz unter den klassischen Formen der Paranoia.

1) Vergl. die Strophe im Liede der Desdemona:

*I called him thou false one, what answered he then?*
*If I court more women, you will couch with more men.*
(Ich nannt' ihn: Du Falscher. Was sagt er dazu?
Schau ich nach den Mägdlein, nach den Büblein schielst du.)

Als Versuch zur Abwehr einer überstarken homosexuellen Regung wäre sie (beim Manne) durch die Formel zu umschreiben:

Ich liebe ihn ja nicht, sie liebt ihn.[1]

In einem Falle von Eifersuchtswahn wird man darauf vorbereitet sein, die Eifersucht aus allen drei Schichten zu finden, niemals die aus der dritten allein.

B

Paranoia. Aus bekannten Gründen entziehen sich Fälle von Paranoia zumeist der analytischen Untersuchung. Indes konnte ich doch in letzter Zeit aus dem intensiven Studium zweier Paranoiker einiges, was mir neu war, entnehmen.

Der erste Fall betraf einen jugendlichen Mann mit voll ausgebildeter Eifersuchtsparanoia, deren Objekt seine tadellos getreue Frau war. Eine stürmische Periode, in der ihn der Wahn ohne Unterbrechung beherrscht hatte, lag bereits hinter ihm. Als ich ihn sah, produzierte er nur noch gut gesonderte Anfälle, die über mehrere Tage anhielten und interessanterweise regelmäßig am Tage nach einem, übrigens für beide Teile befriedigenden, Sexualakt auftraten. Es ist der Schluß berechtigt, daß jedesmal nach der Sättigung der heterosexuellen Libido die mitgereizte homosexuelle Komponente sich ihren Ausdruck im Eifersuchtsanfall erzwang.

Sein Material bezog der Anfall aus der Beobachtung der kleinsten Anzeichen, durch welche sich die völlig unbewußte Koketterie der Frau, einem anderen unmerklich, ihm verraten hatte. Bald hatte sie den Herrn, der neben ihr saß, unabsichtlich mit ihrer Hand gestreift, bald ihr Gesicht zu sehr gegen ihn geneigt oder ein freundlicheres Lächeln aufgesetzt, als wenn sie mit ihrem Mann allein war. Für all diese Äußerungen ihres Unbewußten zeigte er eine außerordentliche Aufmerksamkeit und verstand sie

1) Vergl. die Ausführungen zum Falle Schreber: Psychoanalytische Bemerkungen über einen autobiographisch beschriebenen Fall von Paranoia (Dementia paranoides) [enthalten in Band VIII dieser Gesamtausgabe].

immer richtig zu deuten, so daß er eigentlich immer Recht hatte und die Analyse noch zur Rechtfertigung seiner Eifersucht anrufen konnte. Eigentlich reduzierte sich seine Abnormität darauf, daß er das Unbewußte seiner Frau schärfer beobachtete und dann weit höher einschätzte, als einem anderen eingefallen wäre.

Wir erinnern uns daran, daß auch die verfolgten Paranoiker sich ganz ähnlich benehmen. Auch sie anerkennen bei Anderen nichts Indifferentes und verwerten in ihrem „Beziehungswahn" die kleinsten Anzeichen, die ihnen diese Anderen, Fremden geben. Der Sinn ihres Beziehungswahnes ist nämlich, daß sie von allen Fremden etwas wie Liebe erwarten; diese Anderen zeigen ihnen aber nichts dergleichen, sie lachen vor sich hin, fuchteln mit ihren Stöcken oder spucken sogar auf den Boden, wenn sie vorbeigehen, und das tut man wirklich nicht, wenn man an der Person, die in der Nähe ist, irgendein freundliches Interesse nimmt. Man tut es nur dann, wenn einem diese Person ganz gleichgültig ist, wenn man sie als Luft behandeln kann, und der Paranoiker hat bei der Grundverwandtschaft der Begriffe „fremd" und „feindlich" nicht so unrecht, wenn er solche Indifferenz im Verhältnis zu seiner Liebesforderung als Feindseligkeit empfindet.

Es ahnt uns nun, daß wir das Verhalten des eifersüchtigen wie des verfolgten Paranoikers sehr ungenügend beschreiben, wenn wir sagen, sie projizieren nach außen auf Andere hin, was sie im eigenen Innern nicht wahrnehmen wollen.

Gewiß tun sie das, aber sie projizieren sozusagen nicht ins Blaue hinaus, nicht dorthin, wo sich nichts Ähnliches findet, sondern sie lassen sich von ihrer Kenntnis des Unbewußten leiten und verschieben auf das Unbewußte der Anderen die Aufmerksamkeit, die sie dem eigenen Unbewußten entziehen. Unser Eifersüchtiger erkennt die Untreue seiner Frau an Stelle seiner eigenen; indem er die seiner Frau sich in riesiger Vergrößerung bewußt macht, gelingt es ihm, die eigene unbewußt zu erhalten. Wenn wir sein Beispiel für maßgebend erachten, dürfen wir schließen, daß auch die Feindseligkeit, die der Verfolgte bei Anderen findet, der Widerschein der eigenen feindseligen Gefühle gegen diese Anderen ist. Da wir wissen, daß beim Paranoiker gerade die geliebteste Person des gleichen Geschlechts zum Verfolger wird, entsteht die Frage, woher diese Affektumkehrung rührt, und die naheliegende Antwort wäre, daß die stets vorhandene Gefühlsambivalenz die Grundlage für den Haß abgibt und die Nichterfüllung der Liebesansprüche ihn verstärkt. So leistet die Gefühlsambivalenz dem Verfolgten denselben Dienst zur Abwehr der Homosexualität wie unserem Patienten die Eifersucht.

Die Träume meines Eifersüchtigen bereiteten mir eine große Überraschung. Sie zeigten sich zwar nicht gleichzeitig mit dem Ausbruch des Anfalls, aber doch noch unter der Herrschaft des Wahns, waren vollkommen wahnfrei und ließen die zugrundeliegenden homosexuellen Regungen in nicht stärkerer Verkleidung als sonst gewöhnlich erkennen. Bei meiner geringen Erfahrung über die Träume von Paranoikern lag es mir damals nahe, allgemein anzunehmen, die Paranoia dringe nicht in den Traum.

Der Zustand der Homosexualität war bei diesem Patienten leicht zu überblicken. Er hatte keine Freundschaft und keine sozialen Interessen gebildet; man mußte den Eindruck bekommen, als ob erst der Wahn die weitere Entwicklung seiner Beziehungen zum Manne übernommen hätte, wie um ein Stück des Versäumten nachzuholen. Die geringe Bedeutung des Vaters in seiner Familie und ein beschämendes homosexuelles Trauma in frühen Knabenjahren hatten zusammengewirkt, um seine Homosexualität in die Verdrängung zu treiben und ihr den Weg zur Sublimierung zu verlegen. Seine ganze Jugendzeit war von einer starken Mutterbindung beherrscht. Unter vielen Söhnen war er der erklärte Liebling der Mutter und entwickelte auf sie bezüglich eine starke

Eifersucht von normalem Typus. Als er später eine Ehewahl traf, wesentlich unter der Herrschaft des Motivs, die Mutter reich zu machen, äußerte sich sein Bedürfnis nach einer virginalen Mutter in zwanghaften Zweifeln an der Virginität seiner Braut. Die ersten Jahre seiner Ehe waren von Eifersucht frei. Er wurde dann seiner Frau untreu und ging ein langdauerndes Verhältnis mit einer anderen ein. Erst als er diese Liebesbeziehung, durch einen bestimmten Verdacht geschreckt, aufgegeben hatte, brach bei ihm eine Eifersucht vom zweiten, vom Projektionstypus, los, mit welcher er die Vorwürfe wegen seiner Untreue beschwichtigen konnte. Sie komplizierte sich bald durch das Hinzutreten der homosexuellen Regungen, deren Objekt der Schwiegervater war, zur vollen Eifersuchtsparanoia.

Mein zweiter Fall wäre wahrscheinlich ohne Analyse nicht als Paranoia persecutoria klassifiziert worden, aber ich mußte den jungen Mann als einen Kandidaten für diesen Krankheitsausgang auffassen. Es bestand bei ihm eine Ambivalenz im Verhältnis zum Vater von ganz außerordentlicher Spannweite. Er war einerseits der ausgesprochenste Rebell, der sich manifest in allen Stücken von den Wünschen und Idealen des Vaters weg entwickelt hatte, anderseits in tieferer Schicht noch immer der unterwürfigste Sohn, der nach dem Tode des Vaters sich in zärtlichem Schuldbewußtsein den Genuß des Weibes versagte. Seine realen Beziehungen zu Männern standen offenbar unter dem Zeichen des Mißtrauens; mit seinem starken Intellekte wußte er diese Einstellung zu rationalisieren und verstand es so einzurichten, daß er von Bekannten und Freunden betrogen und ausgebeutet wurde. Was ich Neues an ihm lernte, war, daß klassische Verfolgungsgedanken vorhanden sein können, ohne Glauben und Anwert zu finden. Sie blitzten während seiner Analyse gelegentlich auf, aber er legte ihnen keine Bedeutung bei und bespöttelte sie regelmäßig. Dies mag in vielen Fällen von Paranoia ähnlich vorkommen, und wenn eine solche Erkrankung losbricht, halten wir vielleicht die geäußerten Wahnideen für Neuproduktionen, während sie längst bestanden haben mögen.

Es scheint mir eine wichtige Einsicht, daß ein qualitatives Moment, das Vorhandensein gewisser neurotischer Bildungen, praktisch weniger bedeutet als das quantitative Moment, welchen Grad von Aufmerksamkeit, richtiger, welches Maß von Besetzung diese Gebilde an sich ziehen können. Die Erörterung unseres ersten Falles, der Eifersuchtsparanoia, hatte uns zur gleichen Wertschätzung des quantitativen Moments aufgefordert, indem sie uns zeigte, daß dort die Abnormität wesentlich in der Überbesetzung der Deutungen des fremden Unbewußten bestand. Aus der Analyse der Hysterie kennen wir längst eine analoge Tatsache. Die pathogenen Phantasien, Abkömmlinge verdrängter Triebregungen, werden lange Zeit neben dem normalen Seelenleben geduldet und wirken nicht eher pathogen, als bis sie aus einem Umschwung der Libidoökonomie eine Überbesetzung erhalten; erst dann bricht der Konflikt los, der zur Symptombildung führt. Wir werden so im Fortschritt unserer Erkenntnis immer mehr dazu gedrängt, den ökonomischen Gesichtspunkt in den Vordergrund zu rücken. Ich möchte auch die Frage aufwerfen, ob das hier betonte quantitative Moment nicht hinreicht, um die Phänomene zu decken, für die Bleuler und andere neuerdings den Begriff der „Schaltung" einführen wollen. Man müßte nur annehmen, daß eine Widerstandssteigerung in einer Richtung des psychischen Ablaufs eine Überbesetzung eines anderen Weges und damit die Einschaltung desselben in den Ablauf zur Folge hat.

Ein lehrreicher Gegensatz zeigte sich bei meinen zwei Fällen von Paranoia im Verhalten der Träume. Während im ersten Fall die Träume, wie erwähnt, wahnfrei waren, produzierte der andere Patient in großer Zahl Verfolgungsträume, die man als Vorläufer oder Ersatzbildungen für die Wahnideen gleichen Inhalts ansehen kann. Das Verfolgende, dem er sich nur mit großer Angst entziehen konnte, war in der Regel ein starker Stier oder ein anderes Symbol der Männlichkeit, das er manchmal noch im Traum selbst als Vatervertretung erkannte. Einmal berichtete er einen sehr charakteristischen paranoischen Übertragungstraum. Er sah, daß ich mich in seiner Gegenwart rasierte, und merkte am Geruche, daß ich dabei dieselbe Seife wie sein Vater gebrauchte. Das tat ich, um ihn zur Vaterübertragung auf meine Person zu nötigen. In der Wahl der geträumten Situation erwies sich unverkennbar die Geringschätzung des Patienten für seine paranoischen Phantasien und sein Unglaube gegen sie, denn der tägliche Augenschein konnte ihn belehren, daß ich überhaupt nicht in die Lage komme, mich einer Rasierseife zu bedienen und also in diesem Punkte der Vaterübertragung keinen Anhalt biete.

Der Vergleich der Träume bei unseren beiden Patienten belehrt uns aber, daß unsere Fragestellung, ob die Paranoia (oder eine andere Psychoneurose) auch in den Traum dringen könne, nur auf einer unrichtigen Auffassung des Traumes beruht. Der Traum unterscheidet sich vom Wachdenken darin, daß er Inhalte (aus dem Bereich des Verdrängten) aufnehmen kann, die im Wachdenken nicht vorkommen dürfen. Davon abgesehen ist er nur eine Form des Denkens, eine Umformung des vorbewußten Denkstoffes durch die Traumarbeit und ihre Bedingungen. Auf das Verdrängte ist unsere Terminologie der Neurosen nicht anwendbar, es kann weder hysterisch, noch zwangsneurotisch, noch paranoisch genannt werden. Dagegen kann der andere Anteil des Stoffes, welcher der Traumbildung unterliegt, die vorbewußten Gedanken, normal sein oder den Charakter irgendeiner Neurose an sich tragen. Die vorbewußten Gedanken mögen Ergebnisse all jener pathogenen Prozesse sein, in denen wir das Wesen einer Neurose erkennen. Es ist nicht einzusehen, warum nicht jede solche krankhafte Idee die Umformung in einen Traum erfahren sollte. Ein Traum kann also ohne weiteres einer hysterischen Phantasie, einer Zwangsvorstellung, einer Wahnidee entsprechen, das heißt bei seiner Deutung eine solche ergeben. In unserer Beobachtung an zwei Paranoikern finden wir, daß der Traum des einen normal ist, während sich der Mann im Anfall befindet, und daß der des anderen einen paranoischen Inhalt hat, während der Mann noch über seine Wahnideen spottet. Der Traum hat also in beiden Fällen aufgenommen, was im Wachleben derzeit zurückgedrängt war. Aber auch das braucht nicht die Regel zu sein.

## C

Homosexualität. Die Anerkennung des organischen Faktors der Homosexualität überhebt uns nicht der Verpflichtung, die psychischen Vorgänge bei ihrer Entstehung zu studieren. Der typische, bereits bei einer Unzahl von Fällen festgestellte Vorgang besteht darin, daß der bis dahin intensiv an die Mutter fixierte junge Mann einige Jahre nach abgelaufener Pubertät eine Wendung vornimmt, sich selbst mit der Mutter identifiziert und nach Liebesobjekten ausschaut, in denen er sich selbst wiederfinden kann, die er dann lieben möchte, wie die Mutter ihn geliebt hat. Als Merkzeichen dieses Prozesses stellt sich gewöhnlich für viele Jahre die Liebesbedingung her, daß die männlichen Objekte das Alter haben müssen, in dem bei ihm die Umwandlung erfolgt ist. Wir haben verschiedene Faktoren kennen gelernt, die wahrscheinlich in wechselnder Stärke zu diesem Ergebnis beitragen. Zunächst die Mutterfixierung, die den Übergang zu einem anderen Weibobjekt erschwert. Die Identifizierung mit der Mutter ist ein Ausgang dieser Objektbindung und ermöglicht es gleichzeitig, diesem ersten Objekt in gewissem Sinne treu zu bleiben. Sodann die Neigung zur narzißtischen Objektwahl, die im allgemeinen näher liegt und leichter auszuführen ist als die Wendung zum anderen Geschlecht. Hinter diesem Moment verbirgt sich ein anderes von ganz besonderer Stärke oder es fällt vielleicht mit ihm zusammen: die Hochschätzung des männlichen Organs und die Unfähigkeit, auf dessen Vorhandensein beim Liebesobjekt zu verzichten. Die Geringschätzung des Weibes, die Abneigung gegen dasselbe, ja der Abscheu vor ihm, leiten sich in der Regel von der früh gemachten Entdeckung ab, daß das Weib keinen Penis besitzt. Später haben wir noch als mächtiges Motiv für die homosexuelle Objektwahl die Rücksicht auf den Vater oder die Angst vor ihm kennen gelernt, da der Verzicht auf das Weib die Bedeutung hat, daß man der Konkurrenz mit ihm (oder allen männlichen Personen, die für ihn eintreten) ausweicht. Die beiden letzten Motive, das Festhalten an der Penisbedingung sowie das Ausweichen, können dem Kastrationskomplex zugezählt werden. Mutterbindung — Narzißmus — Kastrationsangst, diese übrigens in keiner Weise spezifischen Momente hatten wir bisher in der psychischen Ätiologie der Homosexualität aufgefunden, und zu ihnen gesellten sich noch der Einfluß der Verführung, welche eine frühzeitige Fixierung der Libido verschuldet, sowie der des organischen Faktors, der die passive Rolle im Liebesleben begünstigt.

Wir haben aber niemals geglaubt, daß diese Analyse der Entstehung der Homosexualität vollständig ist. Ich kann heute auf einen neuen Mechanismus hinweisen, der zur homosexuellen Objektwahl führt, wenngleich ich nicht angeben kann, wie groß seine Rolle bei der Gestaltung der extremen, der manifesten und ausschließlichen Homosexualität anzuschlagen ist. Die Beobachtung machte mich auf mehrere Fälle aufmerksam, bei denen in früher Kindheit besonders starke eifersüchtige Regungen aus dem Mutterkomplex gegen Rivalen, meist ältere Brüder, aufgetreten waren. Diese Eifersucht führte zu intensiv feindseligen und aggressiven Einstellungen gegen die Geschwister, die sich bis zum Todeswunsch steigern konnten, aber der Entwicklung nicht standhielten. Unter den Einflüssen der Erziehung, gewiß auch infolge der anhaltenden Ohnmacht dieser Regungen, kam es zur Verdrängung derselben und zu einer Gefühlsumwandlung, so daß die früheren Rivalen nun die ersten homosexuellen Liebesobjekte wurden. Ein solcher Ausgang der Mutterbindung zeigt mehrfache interessante Beziehungen zu anderen uns bekannten Prozessen. Er ist zunächst das volle Gegenstück zur Entwicklung der Paranoia persecutoria, bei welcher die zuerst geliebten Personen zu den gehaßten Verfolgern werden, während hier die gehaßten Rivalen sich in Liebesobjekte umwandeln. Er stellt sich ferner als eine Übertreibung des Vorganges dar, welcher nach meiner Anschauung zur individuellen Genese der sozialen Triebe führt.[1] Hier wie dort sind zunächst eifersüchtige und feindselige Regungen vorhanden, die es nicht zur Befriedigung bringen können, und die zärtlichen wie die sozialen Identifizierungsgefühle entstehen als Reaktionsbildungen gegen die verdrängten Aggressionsimpulse.

Dieser neue Mechanismus der homosexuellen Objektwahl, die Entstehung aus überwundener Rivalität und verdrängter Aggressionsneigung, mengt sich in manchen Fällen den uns bekannten typischen Bedingungen bei. Man erfährt nicht selten aus der Lebensgeschichte Homosexueller, daß ihre Wendung eintrat, nachdem die Mutter einen anderen Knaben gelobt und als Vorbild angepriesen hatte. Dadurch wurde die Tendenz zur narzißtischen Objektwahl gereizt, und nach einer kurzen Phase scharfer Eifersucht war der Rivale zum Liebesobjekt geworden. Sonst aber sondert sich der neue Mechanismus dadurch ab, daß bei ihm die Umwandlung in viel früheren Jahren vor sich geht und die Mutteridentifizierung in den Hintergrund tritt. Auch führte er in den von mir beobachteten Fällen nur zu homosexuellen Einstellungen, welche die Heterosexualität nicht ausschlossen und keinen horror feminae mit sich brachten.

Es ist bekannt, daß eine ziemliche Anzahl homosexueller Personen sich durch besondere Entwicklung der sozialen Triebregungen und durch Hingabe an gemeinnützige Interessen aus-

1) Siehe Massenpsychologie und Ich-Analyse, 1921. [Band VI der Gesamtausgabe.]

zeichnet. Man wäre versucht, dafür die theoretische Erklärung zu geben, daß ein Mann, der in anderen Männern mögliche Liebesobjekte sieht, sich gegen die Gemeinschaft der Männer anders benehmen muß, als ein anderer, der genötigt ist, im Mann zunächst den Rivalen beim Weibe zu erblicken. Dem steht nur die Erwägung entgegen, daß es auch bei homosexueller Liebe Eifersucht und Rivalität gibt, und daß die Gemeinschaft der Männer auch diese möglichen Rivalen umschließt. Aber auch, wenn man von dieser spekulativen Begründung absieht, kann die Tatsache für den Zusammenhang von Homosexualität und sozialem Empfinden nicht gleichgültig sein, daß die homosexuelle Objektwahl nicht selten aus frühzeitiger Überwindung der Rivalität mit dem Manne hervorgeht.

In der psychoanalytischen Betrachtung sind wir gewöhnt, die sozialen Gefühle als Sublimierungen homosexueller Objekteinstellungen aufzufassen. Bei den sozial gesinnten Homosexuellen wäre die Ablösung der sozialen Gefühle von der Objektwahl nicht voll geglückt.

---

# ÜBER NEUROTISCHE ERKRANKUNGSTYPEN

*Zuerst erschienen im „Zentralblatt für Psychoanalyse“, Bd. II, 1912, dann in der Dritten Folge der „Sammlung kleiner Schriften zur Neurosenlehre“.*

In den nachstehenden Sätzen soll auf Grund empirisch gewonnener Eindrücke dargestellt werden, welche Veränderungen der Bedingungen dafür maßgebend sind, daß bei den hiezu Disponierten eine neurotische Erkrankung zum Ausbruch komme. Es handelt sich also um die Frage der Krankheitsveranlassungen; von den Krankheitsformen wird wenig die Rede sein. Von anderen Zusammenstellungen der Erkrankungsanlässe wird sich diese durch den einen Charakter unterscheiden, daß sie die aufzuzählenden Veränderungen sämtlich auf die Libido des Individuums bezieht Die Schicksale der Libido erkannten wir ja durch die Psychoanalyse als entscheidend für nervöse Gesundheit oder Krankheit. Auch über den Begriff der Disposition ist in diesem Zusammenhange kein Wort zu verlieren. Gerade die psychoanalytische Forschung hat uns ermöglicht, die neurotische Disposition in der Entwicklungsgeschichte der Libido nachzuweisen und die in ihr wirksamen Faktoren auf mitgeborene Varietäten der sexuellen Konstitution und in der frühen Kindheit erlebte Einwirkungen der Außenwelt zurückzuführen.

*a*) Der nächstliegende, am leichtesten auffindbare und am besten verständliche Anlaß zur neurotischen Erkrankung liegt in jenem äußeren Moment vor, welches allgemein als die Versagung beschrieben werden kann. Das Individuum war gesund, solange seine Liebesbedürftigkeit durch ein reales Objekt der Außenwelt befriedigt wurde; es wird neurotisch, sobald ihm dieses Objekt entzogen wird, ohne daß sich ein Ersatz dafür findet. Glück fällt hier mit Gesundheit, Unglück mit Neurose zusammen. Die Heilung fällt dem Schicksal, welches für die verlorene Befriedigungsmöglichkeit einen Ersatz schenken kann, leichter als dem Arzte.

Für diesen Typus, an dem wohl die Mehrzahl der Menschen Anteil hat, beginnt die Erkrankungsmöglichkeit also erst mit der Abstinenz, woraus man ermessen kann, wie bedeutungsvoll die kulturellen Einschränkungen der zugänglichen Befriedigung für die Veranlassung der Neurosen sein mögen. Die Versagung wirkt dadurch pathogen, daß sie die Libido aufstaut und nun das Individuum auf die Probe stellt, wie lange es diese Steigerung der psychischen Spannung ertragen, und welche Wege es einschlagen wird, sich ihrer zu entledigen. Es gibt nur zwei Möglichkeiten, sich bei anhaltender realer Versagung der Befriedigung gesund zu erhalten, erstens, indem man die psychische Spannung in tatkräftige Energie umsetzt, welche der Außenwelt zugewendet bleibt und endlich eine reale Befriedigung der Libido von ihr erzwingt, und zweitens, indem man auf die libidinöse Befriedigung verzichtet, die aufgestaute Libido sublimiert und zur Erreichung von Zielen verwendet, die nicht mehr erotische sind und der Versagung entgehen. Daß beide Möglichkeiten in den Schicksalen der Menschen zur Verwirklichung kommen, beweist uns, daß Unglück nicht mit Neurose zusammenfällt, und daß die Versagung nicht allein über Gesundheit oder Erkrankung der Betroffenen entscheidet. Die Wirkung der Versagung liegt zunächst darin, daß sie die bis dahin unwirksamen dispositionellen Momente zur Geltung bringt.

Wo diese in genügend starker Ausbildung vorhanden sind, besteht die Gefahr, daß die Libido introvertiert werde.[1] Sie wendet sich von der Realität ab, welche durch die hartnäckige

1) Nach einem von C. G. Jung eingeführten Terminus.

Versagung an Wert für das Individuum verloren hat, wendet sich dem Phantasieleben zu, in welchem sie neue Wunschbildungen schafft und die Spuren früherer, vergessener Wunschbildungen wiederbelebt. Infolge des innigen Zusammenhanges der Phantasietätigkeit mit dem in jedem Individuum vorhandenen infantilen, verdrängten und unbewußt gewordenen Material und dank der Ausnahmsstellung gegen die Realitätsprüfung, die dem Phantasieleben eingeräumt ist,[1] kann die Libido nun weiter rückläufig werden, auf dem Wege der Regression infantile Bahnen auffinden und ihnen entsprechende Ziele anstreben. Wenn diese Strebungen, die mit dem aktuellen Zustand der Individualität unverträglich sind, genug Intensität erworben haben, muß es zum Konflikt zwischen ihnen und dem andern Anteil der Persönlichkeit kommen, welcher in Relation zur Realität geblieben ist. Dieser Konflikt wird durch Symptombildungen gelöst und geht in manifeste Erkrankung aus. Daß der ganze Prozeß von der realen Versagung ausgegangen ist, spiegelt sich in dem Ergebnis wider, daß die Symptome, mit denen der Boden der Realität wieder erreicht wird, Ersatzbefriedigungen darstellen.

*b)* Der zweite Typus der Erkrankungsveranlassung ist keineswegs so augenfällig wie der erste und konnte wirklich erst durch eindringende analytische Studien im Anschluß an die Komplexlehre der Züricher Schule aufgedeckt werden.[2] Das Individuum erkrankt hier nicht infolge einer Veränderung in der Außenwelt, welche an die Stelle der Befriedigung die Versagung gesetzt hat, sondern infolge einer inneren Bemühung, um sich die in der Realität zugängliche Befriedigung zu holen. Es erkrankt an dem Versuch, sich der Realität anzupassen und die Realforderung zu erfüllen, wobei es auf unüberwindliche innere Schwierigkeiten stößt.

1) Vgl. meine „Formulierungen über die zwei Prinzipien des psychischen Geschehens". [Dieser Band S. 409 ff.]

2) Vgl. Jung, Die Bedeutung des Vaters für das Schicksal des Einzelnen. Jahrbuch für Psychoanalyse I, 1909.

Es empfiehlt sich, die beiden Erkrankungstypen scharf gegeneinander abzusetzen, schärfer, als es die Beobachtung zumeist gestattet. Beim ersten Typus drängt sich eine Veränderung in der Außenwelt vor, beim zweiten fällt der Akzent auf eine innere Veränderung. Nach dem ersten Typus erkrankt man an einem Erlebnis, nach dem zweiten an einem Entwicklungsvorgang. Im ersten Falle wird die Aufgabe gestellt, auf Befriedigung zu verzichten, und das Individuum erkrankt an seiner Widerstandsunfähigkeit; im zweiten Falle lautet die Aufgabe, eine Art der Befriedigung gegen eine andere zu vertauschen, und die Person scheitert an ihrer Starrheit. Im zweiten Falle ist der Konflikt zwischen dem Bestreben, so zu verharren, wie man ist, und dem anderen, sich nach neuen Absichten und neuen Realforderungen zu verändern, von vornherein gegeben; im früheren Falle stellt er sich erst her, nachdem die gestaute Libido andere, und zwar unverträgliche Befriedigungsmöglichkeiten erwählt hat. Die Rolle des Konflikts und der vorherigen Fixierung der Libido sind beim zweiten Typus ungleich augenfälliger als beim ersten, bei dem sich solche unbrauchbare Fixierungen eventuell erst infolge der äußeren Versagung herstellen mögen.

Ein junger Mann, der seine Libido bisher durch Phantasien mit Ausgang in Masturbation befriedigt hatte und nun dieses dem Autoerotismus nahestehende Regime mit der realen Objektwahl vertauschen will, ein Mädchen, das seine ganze Zärtlichkeit dem Vater oder Bruder geschenkt hatte und nun für einen um sie werbenden Mann die bisher unbewußten, inzestuösen, Libidowünsche bewußt werden lassen soll, eine Frau, die auf ihre polygamen Neigungen und Prostitutionsphantasien verzichten möchte, um ihrem Mann eine treue Gefährtin und ihrem Kind eine tadellose Mutter zu werden: diese alle erkranken an den lobenswertesten Bestrebungen, wenn die früheren Fixierungen ihrer Libido stark genug sind, um sich einer Verschiebung zu widersetzen, wofür wiederum die Faktoren der Disposition, konstitutionelle Anlage und infantiles Erleben, entscheidend werden. Sie erleben alle sozusagen das Schicksal des Bäumleins im Grimmschen Märchen, das andere Blätter hat gewollt; vom hygienischen Standpunkt, der hier freilich nicht allein in Betracht kommt, könnte man ihnen nur wünschen, daß sie weiterhin so unentwickelt, so minderwertig und nichtsnutzig geblieben wären, wie sie es vor ihrer Erkrankung waren. Die Veränderung, welche die Kranken anstreben, aber nur unvollkommen oder gar nicht zustande bringen, hat regelmäßig den Wert eines Fortschrittes im Sinne des realen Lebens. Anders, wenn man mit ethischem Maßstabe mißt; man sieht die Menschen ebenso oft erkranken, wenn sie ein Ideal abstreifen, als wenn sie es erreichen wollen.

Ungeachtet der sehr deutlichen Verschiedenheiten der beiden beschriebenen Erkrankungstypen, treffen sie doch im wesentlichen zusammen und lassen sich unschwer zu einer Einheit zusammenfassen. Die Erkrankung an Versagung fällt auch unter den Gesichtspunkt der Unfähigkeit zur Anpassung an die Realität, nämlich an den einen Fall, daß die Realität die Befriedigung der Libido versagt. Die Erkrankung unter den Bedingungen des zweiten Typus führt ohne weiteres zu einem Sonderfall der Versagung. Es ist hiebei zwar nicht jede Art der Befriedigung von der Realität versagt, wohl aber gerade die eine, welche das Individuum für die ihm einzig mögliche erklärt, und die Versagung geht nicht direkt von der Außenwelt, sondern primär von gewissen Strebungen des Ichs aus, aber die Versagung bleibt das Gemeinsame und Übergeordnete. Infolge des Konflikts, der beim zweiten Typus sofort einsetzt, werden beide Arten der Befriedigung, die gewohnte wie die angestrebte, gleichmäßig gehemmt; es kommt zur Libidostauung mit den von ihr ablaufenden Folgen wie im ersten Falle. Die psychischen Vorgänge auf dem Wege zur Symptombildung sind beim zweiten Typus eher übersichtlicher als beim ersten, da die pathogenen Fixierungen der Libido hier nicht erst herzustellen waren, sondern während der Gesundheit in Kraft bestanden hatten. Ein gewisses Maß von Introversion der Libido war meist schon vorhanden; ein Stück der Regression zum Infantilen wird dadurch erspart, daß die Entwicklung noch nicht den ganzen Weg zurückgelegt hatte.

*c)* Wie eine Übertreibung des zweiten Typus, der Erkrankung an der Realforderung, erscheint der nächste Typus, den ich als Erkrankung durch Entwicklungshemmung beschreiben will. Ein theoretischer Anspruch, ihn abzusondern, läge nicht vor, wohl aber ein praktischer, da es sich um Personen handelt, die erkranken, sobald sie das unverantwortliche Kindesalter überschreiten, und somit niemals eine Phase von Gesundheit, das heißt von im ganzen uneingeschränkter Leistungs- und Genußfähigkeit erreicht haben. Das Wesentliche des disponierenden Prozesses liegt in diesen Fällen klar zutage. Die Libido hat die infantilen Fixierungen niemals verlassen, die Realforderung tritt nicht plötzlich einmal an das ganz oder zum Teil gereifte Individuum heran, sondern wird durch den Tatbestand des Älterwerdens selbst gegeben, indem sie sich selbstverständlicherweise mit dem Alter des Individuums kontinuierlich ändert. Der Konflikt tritt gegen die Unzulänglichkeit zurück, doch müssen wir nach allen unseren sonstigen Einsichten ein Bestreben, die Kindheitsfixierungen zu überwinden, auch hier statuieren, sonst könnte niemals Neurose, sondern nur stationärer Infantilismus der Ausgang des Prozesses sein.

*d)* Wie der dritte Typus uns die disponierende Bedingung fast isoliert vorgeführt hatte, so macht uns der nun folgende vierte auf ein anderes Moment aufmerksam, dessen Wirksamkeit in allen Fällen in Betracht kommt und gerade darum leicht in einer theoretischen Erörterung übersehen werden könnte. Wir sehen nämlich Individuen erkranken, die bisher gesund gewesen waren, an die kein neues Erlebnis herangetreten ist, deren Relation zur Außenwelt keine Änderung erfahren hat, so daß ihre

Erkrankung den Eindruck des Spontanen machen muß. Nähere Betrachtung solcher Fälle zeigt uns indes, daß sich in ihnen doch eine Veränderung vollzogen hat, die wir als höchst bedeutsam für die Krankheitsverursachung einschätzen müssen. Infolge des Erreichens eines gewissen Lebensabschnittes und im Anschlusse an gesetzmäßige biologische Vorgänge hat die Quantität der Libido in ihrem seelischen Haushalt eine Steigerung erfahren, welche für sich allein hinreicht, das Gleichgewicht der Gesundheit umzuwerfen und die Bedingungen der Neurose herzustellen. Wie bekannt, sind solche eher plötzliche Libidosteigerungen mit der Pubertät und der Menopause, mit dem Erreichen gewisser Jahreszahlen bei Frauen, regelmäßig verbunden; bei manchen Menschen mögen sie sich überdies in noch unbekannten Periodizitäten äußern. Die Libidostauung ist hier das primäre Moment, sie wird pathogen infolge der relativen Versagung von seiten der Außenwelt, die einem geringeren Libidoanspruch die Befriedigung noch gestattet hätte. Die unbefriedigte und gestaute Libido kann wieder die Wege zur Regression eröffnen und dieselben Konflikte anfachen, die wir für den Fall der absoluten äußeren Versagung festgestellt haben. Wir werden auf solche Weise daran gemahnt, daß wir das quantitative Moment bei keiner Überlegung über Krankheitsveranlassung außer acht lassen dürfen. Alle anderen Faktoren, die Versagung, Fixierung, Entwicklungshemmung, bleiben wirkungslos, insofern sie nicht ein gewisses Maß der Libido betreffen und eine Libidostauung von bestimmter Höhe hervorrufen. Dieses Maß von Libido, das uns für eine pathogene Wirkung unentbehrlich dünkt, ist für uns freilich nicht meßbar; wir können es nur postulieren, nachdem der Krankheitserfolg eingetreten ist. Nur nach einer Richtung dürfen wir es enger bestimmen; wir dürfen annehmen, daß es sich nicht um eine absolute Quantität handelt, sondern um das Verhältnis des wirksamen Libidobetrages zu jener Quantität von Libido, welche das einzelne Ich bewältigen, das heißt in Spannung erhalten, sublimieren oder direkt verwenden kann. Daher wird eine relative Steigerung der Libidoquantität dieselben Wirkungen haben können wie eine absolute. Eine Schwächung des Ichs durch organische Krankheit oder durch besondere Inanspruchnahme seiner Energie wird imstande sein, Neurosen zum Vorschein kommen zu lassen, die sonst trotz aller Disposition latent geblieben wären.

Die Bedeutung, welche wir der Libidoquantität für die Krankheitsverursachung zugestehen müssen, stimmt in wünschenswerter Weise zu zwei Hauptsätzen der Neurosenlehre, die sich aus der Psychoanalyse ergeben haben. Erstens zu dem Satze, daß die Neurosen aus dem Konflikt zwischen dem Ich und der Libido entspringen, zweitens zu der Einsicht, daß keine qualitative Verschiedenheit zwischen den Bedingungen der Gesundheit und denen der Neurose bestehe, daß die Gesunden vielmehr mit denselben Aufgaben der Bewältigung der Libido zu kämpfen haben, nur daß es ihnen besser gelungen ist.

Es erübrigt noch, einige Worte über das Verhältnis dieser Typen zur Erfahrung zu sagen. Wenn ich die Anzahl von Kranken überblicke, mit deren Analyse ich gerade jetzt beschäftigt bin, so muß ich feststellen, daß keiner von ihnen einen der vier Erkrankungstypen rein realisiert. Ich finde vielmehr bei jedem ein Stück der Versagung wirksam neben einem Anteil von Unfähigkeit, sich der Realforderung anzupassen; der Gesichtspunkt der Entwicklungshemmung, die ja mit der Starrheit der Fixierungen zusammenfällt, kommt bei allen in Betracht, und die Bedeutung der Libidoquantität dürfen wir, wie oben ausgeführt, niemals vernachlässigen. Ja, ich erfahre, daß bei mehreren unter diesen Kranken die Krankheit in Schüben zum Vorschein gekommen ist, zwischen welchen Intervalle von Gesundheit lagen, und daß jeder dieser Schübe sich auf einen anderen Typus von Veranlassung zurückführen läßt. Die Aufstellung dieser vier Typen hat also keinen hohen theoretischen Wert; es sind bloß verschiedene Wege zur Herstellung einer gewissen pathogenen Konstellation im seelischen Haushalt, nämlich der Libidostauung, welcher sich das Ich mit seinen Mitteln nicht ohne Schaden erwehren kann. Die Situation selbst wird aber nur pathogen infolge eines quantitativen Momentes; sie ist nicht etwa eine Neuheit für das Seelenleben und durch das Eindringen einer sogenannten „Krankheitsursache" geschaffen.

Eine gewisse praktische Bedeutung werden wir den Erkrankungstypen gerne zugestehen. Sie sind in einzelnen Fällen auch rein zu beobachten; auf den dritten und vierten Typus wären wir nicht aufmerksam geworden, wenn sie nicht die einzigen Veranlassungen der Erkrankung für manche Individuen enthielten. Der erste Typus hält uns den außerordentlich mächtigen Einfluß der Außenwelt vor Augen, der zweite den nicht minder bedeutsamen der Eigenart des Individuums, welche sich diesem Einflusse widersetzt. Die Pathologie konnte dem Problem der Krankheitsveranlassung bei den Neurosen nicht gerecht werden, solange sie sich bloß um die Entscheidung bemühte, ob diese Affektionen endogener oder exogener Natur seien. Allen Erfahrungen, welche auf die Bedeutung der Abstinenz (im weitesten Sinne) als Veranlassung hinweisen, mußte sie immer den Einwand entgegensetzen, andere Personen vertrügen dieselben Schicksale, ohne zu erkranken. Wollte sie aber die Eigenart des Individuums als das für Krankheit und Gesundheit Wesentliche betonen, so mußte sie sich die Vorhaltung gefallen lassen, daß Personen mit solcher Eigenart die längste Zeit über gesund bleiben können, so lange ihnen nur gestattet ist, diese Eigenart zu bewahren. Die Psychoanalyse hat uns gemahnt, den unfruchtbaren Gegensatz von äußeren und inneren Momenten, von Schicksal und Konstitution, aufzugeben, und hat uns gelehrt, die Verursachung der neurotischen Erkrankung regelmäßig in einer bestimmten psychischen Situation zu finden, welche auf verschiedenen Wegen hergestellt werden kann.

---

# FORMULIERUNGEN ÜBER DIE ZWEI PRINZIPIEN DES PSYCHISCHEN GESCHEHENS

*Zuerst erschienen im „Jahrbuch für psychoanalytische und psychopathologische Forschungen“, Bd. III, 1911, dann in der Dritten Folge der „Sammlung kleiner Schriften zur Neurosenlehre“.*

Wir haben seit langem gemerkt, daß jede Neurose die Folge, also wahrscheinlich die Tendenz habe, den Kranken aus dem realen Leben herauszudrängen, ihn der Wirklichkeit zu entfremden. Eine derartige Tatsache konnte auch der Beobachtung P. Janets nicht entgehen; er sprach von einem Verluste „*de la fonction du réel*“ als von einem besonderen Charakter der Neurotiker, ohne aber den Zusammenhang dieser Störung mit den Grundbedingungen der Neurose aufzudecken.[1]

Die Einführung des Verdrängungsprozesses in die Genese der Neurose hat uns gestattet, in diesen Zusammenhang Einsicht zu nehmen. Der Neurotiker wendet sich von der Wirklichkeit ab, weil er sie — ihr Ganzes oder Stücke derselben — unerträglich findet. Den extremsten Typus dieser Abwendung von der Realität zeigen uns gewisse Fälle von halluzinatorischer Psychose, in denen jenes Ereignis verleugnet werden soll, welches den Wahnsinn hervorgerufen hat (Griesinger). Eigentlich tut aber jeder Neurotiker mit einem Stückchen der Realität das gleiche.[2] Es

1) P. Janet, Les Névroses. 1909. Bibliothèque de Philosophie scientifique.

2) Eine merkwürdig klare Ahnung dieser Verursachung hat kürzlich Otto Rank in einer Stelle Schopenhauers aufgezeigt. (Die Welt als Wille und Vorstellung, 2. Band. Siehe Zentralblatt für Psychoanalyse, Heft 1/2, 1910.)

erwächst uns nun die Aufgabe, die Beziehung des Neurotikers und des Menschen überhaupt zur Realität auf ihre Entwicklung zu untersuchen und so die psychologische Bedeutung der realen Außenwelt in das Gefüge unserer Lehren aufzunehmen.

Wir haben uns in der auf Psychoanalyse begründeten Psychologie gewöhnt, die unbewußten seelischen Vorgänge zum Ausgange zu nehmen, deren Eigentümlichkeiten uns durch die Analyse bekannt worden sind. Wir halten diese für die älteren, primären, für Überreste aus einer Entwicklungsphase, in welcher sie die einzige Art von seelischen Vorgängen waren. Die oberste Tendenz, welcher diese primären Vorgänge gehorchen, ist leicht zu erkennen; sie wird als das Lust-Unlust-Prinzip (oder kürzer als das Lustprinzip) bezeichnet. Diese Vorgänge streben danach, Lust zu gewinnen; von solchen Akten, welche Unlust erregen können, zieht sich die psychische Tätigkeit zurück (Verdrängung). Unser nächtliches Träumen, unsere Wachtendenz, uns von peinlichen Eindrücken loszureißen, sind Reste von der Herrschaft dieses Prinzips und Beweise für dessen Mächtigkeit.

Ich greife auf Gedankengänge zurück, die ich an anderer Stelle (im allgemeinen Abschnitt der Traumdeutung) entwickelt habe, wenn ich supponiere, daß der psychische Ruhezustand anfänglich durch die gebieterischen Forderungen der inneren Bedürfnisse gestört wurde. In diesem Falle wurde das Gedachte (Gewünschte) einfach halluzinatorisch gesetzt, wie es heute noch allnächtlich mit unseren Traumgedanken geschieht.[1] Erst das Ausbleiben der erwarteten Befriedigung, die Enttäuschung, hatte zur Folge, daß dieser Versuch der Befriedigung auf halluzinatorischem Wege aufgegeben wurde. Anstatt seiner mußte sich der psychische Apparat entschließen, die realen Verhältnisse der Außenwelt vorzustellen und die reale Veränderung anzustreben.

1) Der Schlafzustand kann das Ebenbild des Seelenlebens vor der Anerkennung der Realität wiederbringen, weil er die absichtliche Verleugnung derselben (Schlafwunsch) zur Voraussetzung nimmt.

Damit war ein neues Prinzip der seelischen Tätigkeit eingeführt; es wurde nicht mehr vorgestellt, was angenehm, sondern was real war, auch wenn es unangenehm sein sollte.[1] Diese Einsetzung des Realitätsprinzips erwies sich als ein folgenschwerer Schritt.

1) Zunächst machten die neuen Anforderungen eine Reihe von Adaptierungen des psychischen Apparats nötig, die wir infolge von ungenügender oder unsicherer Einsicht nur ganz beiläufig aufführen können.

Die erhöhte Bedeutung der äußeren Realität hob auch die Bedeutung der jener Außenwelt zugewendeten Sinnesorgane und des an sie geknüpften Bewußtseins, welches außer den bisher allein interessanten Lust- und Unlustqualitäten die Sinnesqualitäten auffassen lernte. Es wurde eine besondere Funktion eingerichtet, welche die Außenwelt periodisch abzusuchen hatte, damit die Daten derselben im vorhinein bekannt wären, wenn sich ein unaufschiebbares inneres Bedürfnis einstellte, die Auf-

1) Ich will versuchen, die obige schematische Darstellung durch einige Ausführungen zu ergänzen: Es wird mit Recht eingewendet werden, daß eine solche Organisation, die dem Lustprinzip frönt und die Realität der Außenwelt vernachlässigt, sich nicht die kürzeste Zeit am Leben erhalten könnte, so daß sie überhaupt nicht hätte entstehen können. Die Verwendung einer derartigen Fiktion rechtfertigt sich aber durch die Bemerkung, daß der Säugling, wenn man nur die Mutterpflege hinzunimmt, ein solches psychisches System nahezu realisiert. Er halluziniert wahrscheinlich die Erfüllung seiner inneren Bedürfnisse, verrät seine Unlust bei steigendem Reiz und ausbleibender Befriedigung durch die motorische Abfuhr des Schreiens und Zappelns und erlebt darauf die halluzinierte Befriedigung. Er erlernt es später als Kind, diese Abfuhräußerungen absichtlich als Ausdrucksmittel zu gebrauchen. Da die Säuglingspflege das Vorbild der späteren Kinderfürsorge ist, kann die Herrschaft des Lustprinzips eigentlich erst mit der vollen psychischen Ablösung von den Eltern ein Ende nehmen. — Ein schönes Beispiel eines von den Reizen der Außenwelt abgeschlossenen psychischen Systems, welches selbst seine Ernährungsbedürfnisse autistisch (nach einem Worte Bleulers) befriedigen kann, gibt das mit seinem Nahrungsvorrat in die Eischale eingeschlossene Vogelei, für das sich die Mutterpflege auf die Wärmezufuhr einschränkt. — Ich werde es nicht als Korrektur, sondern nur als Erweiterung des in Rede stehenden Schemas ansehen, wenn man für das nach dem Lustprinzip lebende System Einrichtungen fordert, mittels deren es sich den Reizen der Realität entziehen kann. Diese Einrichtungen sind nur das Korrelat der „Verdrängung", welche innere Unlustreize so behandelt, als ob sie äußere wären, sie also zur Außenwelt schlägt.

merksamkeit. Diese Tätigkeit geht den Sinneseindrücken entgegen, anstatt ihr Auftreten abzuwarten. Wahrscheinlich wurde gleichzeitig damit ein System von Merken eingesetzt, welches die Ergebnisse dieser periodischen Bewußtseinstätigkeit zu deponieren hatte, ein Teil von dem, was wir Gedächtnis heißen.

An Stelle der Verdrängung, welche einen Teil der auftauchenden Vorstellungen als unlusterzeugend von der Besetzung ausschloß, trat die unparteiische Urteilsfällung, welche entscheiden sollte, ob eine bestimmte Vorstellung wahr oder falsch, das heißt im Einklang mit der Realität sei oder nicht, und durch Vergleichung mit den Erinnerungsspuren der Realität darüber entschied.

Die motorische Abfuhr, die während der Herrschaft des Lustprinzips zur Entlastung des seelischen Apparats von Reizzuwächsen gedient hatte und dieser Aufgabe durch ins Innere des Körpers gesandte Innervationen (Mimik, Affektäußerungen) nachgekommen war, erhielt jetzt eine neue Funktion, indem sie zur zweckmäßigen Veränderung der Realität verwendet wurde. Sie wandelte sich zum Handeln.

Die notwendig gewordene Aufhaltung der motorischen Abfuhr (des Handelns) wurde durch den Denkprozeß besorgt, welcher sich aus dem Vorstellen herausbildete. Das Denken wurde mit Eigenschaften ausgestattet, welche dem seelischen Apparat das Ertragen der erhöhten Reizspannung während des Aufschubs der Abfuhr ermöglichten. Es ist im wesentlichen ein Probehandeln mit Verschiebung kleinerer Besetzungsquantitäten, unter geringer Verausgabung (Abfuhr) derselben. Dazu war eine Überführung der frei verschiebbaren Besetzungen in gebundene erforderlich, und eine solche wurde mittels einer Niveauerhöhung des ganzen Besetzungsvorganges erreicht. Das Denken war wahrscheinlich ursprünglich unbewußt, insoweit es sich über das bloße Vorstellen erhob und sich den Relationen der

Objekteindrücke zuwendete, und erhielt weitere für das Bewußtsein wahrnehmbare Qualitäten erst durch die Bindung an die Wortreste.

2) Eine allgemeine Tendenz unseres seelischen Apparats, die man auf das ökonomische Prinzip der Aufwandersparnis zurückführen kann, scheint sich in der Zähigkeit des Festhaltens an den zur Verfügung stehenden Lustquellen und in der Schwierigkeit des Verzichts auf dieselben zu äußern. Mit der Einsetzung des Realitätsprinzips wurde eine Art Denktätigkeit abgespalten, die von der Realitätsprüfung frei gehalten und allein dem Lustprinzip unterworfen blieb.[1] Es ist dies das Phantasieren, welches bereits mit dem Spielen der Kinder beginnt und später als Tagträumen fortgesetzt die Anlehnung an reale Objekte aufgibt.

3) Die Ablösung des Lustprinzips durch das Realitätsprinzip mit den aus ihr hervorgehenden psychischen Folgen, die hier in einer schematisierenden Darstellung in einen einzigen Satz gebannt ist, vollzieht sich in Wirklichkeit nicht auf einmal und nicht gleichzeitig auf der ganzen Linie. Während aber diese Entwicklung an den Ichtrieben vor sich geht, lösen sich die Sexualtriebe in sehr bedeutsamer Weise von ihnen ab. Die Sexualtriebe benehmen sich zunächst autoerotisch, sie finden ihre Befriedigung am eigenen Leib und gelangen daher nicht in die Situation der Versagung, welche die Einsetzung des Realitätsprinzips erzwungen hat. Wenn dann später bei ihnen der Prozeß der Objektfindung beginnt, erfährt er alsbald eine lange Unterbrechung durch die Latenzzeit, welche die Sexualentwicklung bis zur Pubertät verzögert. Diese beiden Momente — Autoerotismus und Latenzperiode — haben zur Folge, daß der Sexualtrieb in seiner psychischen Ausbildung aufgehalten wird

1) Ähnlich wie eine Nation, deren Reichtum auf der Ausbeutung ihrer Bodenschätze beruht, doch ein bestimmtes Gebiet reserviert, das im Urzustande belassen und von den Veränderungen der Kultur verschont werden soll (Yellowstonepark).

und weit länger unter der Herrschaft des Lustprinzips verbleibt, welcher er sich bei vielen Personen überhaupt niemals zu entziehen vermag.

Infolge dieser Verhältnisse stellt sich eine nähere Beziehung her zwischen dem Sexualtrieb und der Phantasie einerseits, den Ichtrieben und den Bewußtseinstätigkeiten anderseits. Diese Beziehung tritt uns bei Gesunden wie Neurotikern als eine sehr innige entgegen, wenngleich sie durch diese Erwägungen aus der genetischen Psychologie als eine sekundäre erkannt wird. Der fortwirkende Autoerotismus macht es möglich, daß die leichtere momentane und phantastische Befriedigung am Sexualobjekte so lange an Stelle der realen, aber Mühe und Aufschub erfordernden, festgehalten wird. Die Verdrängung bleibt im Reiche des Phantasierens allmächtig; sie bringt es zustande, Vorstellungen in statu nascendi, ehe sie dem Bewußtsein auffallen können, zu hemmen, wenn deren Besetzung zur Unlustentbindung Anlaß geben kann. Dies ist die schwache Stelle unserer psychischen Organisation, die dazu benutzt werden kann, um bereits rationell gewordene Denkvorgänge wieder unter die Herrschaft des Lustprinzips zu bringen. Ein wesentliches Stück der psychischen Disposition zur Neurose ist demnach durch die verspätete Erziehung des Sexualtriebs zur Beachtung der Realität und des weiteren durch die Bedingungen, welche diese Verspätung ermöglichen, gegeben.

4) Wie das Lust-Ich nichts anderes kann als wünschen, nach Lustgewinn arbeiten und der Unlust ausweichen, so braucht das Real-Ich nichts anderes zu tun als nach Nutzen zu streben und sich gegen Schaden zu sichern.[1] In Wirklichkeit bedeutet die Ersetzung des Lustprinzips durch das Realitätsprinzip keine Absetzung des Lustprinzips, sondern nur eine Sicherung des-

1) Den Vorzug des Real-Ichs vor dem Lust-Ich drückt Bernard Shaw treffend in den Worten aus: *To be able to choose the line of greatest advantage instead of yielding in the direction of the least resistance.* (Man and Superman. A comedy and a philosophy.)

selben. Eine momentane, in ihren Folgen unsichere Lust wird aufgegeben, aber nur darum, um auf dem neuen Wege eine später kommende, gesicherte zu gewinnen. Doch ist der endopsychische Eindruck dieser Ersetzung ein so mächtiger gewesen, daß er sich in einem besonderen religiösen Mythus spiegelt. Die Lehre von der Belohnung im Jenseits für den — freiwilligen oder aufgezwungenen — Verzicht auf irdische Lüste ist nichts anderes als die mythische Projektion dieser psychischen Umwälzung. Die Religionen haben in konsequenter Verfolgung dieses Vorbildes den absoluten Lustverzicht im Leben gegen Versprechen einer Entschädigung in einem künftigen Dasein durchsetzen können; eine Überwindung des Lustprinzips haben sie auf diesem Wege nicht erreicht. Am ehesten gelingt diese Überwindung der Wissenschaft, die aber auch intellektuelle Lust während der Arbeit bietet und endlichen praktischen Gewinn verspricht.

5) Die Erziehung kann ohne weitere Bedenken als Anregung zur Überwindung des Lustprinzips, zur Ersetzung desselben durch das Realitätsprinzip beschrieben werden; sie will also jenem das Ich betreffenden Entwicklungsprozeß eine Nachhilfe bieten, bedient sich zu diesem Zwecke der Liebesprämien von seiten der Erzieher und schlägt darum fehl, wenn das verwöhnte Kind glaubt, daß es diese Liebe ohnedies besitzt und ihrer unter keinen Umständen verlustig werden kann.

6) Die Kunst bringt auf einem eigentümlichen Weg eine Versöhnung der beiden Prinzipien zustande. Der Künstler ist ursprünglich ein Mensch, welcher sich von der Realität abwendet, weil er sich mit dem von ihr zunächst geforderten Verzicht auf Triebbefriedigung nicht befreunden kann, und seine erotischen und ehrgeizigen Wünsche im Phantasieleben gewähren läßt. Er findet aber den Rückweg aus dieser Phantasiewelt zur Realität, indem er dank besonderer Begabungen seine Phantasien zu einer neuen Art von Wirklichkeiten gestaltet, die von den Menschen

als wertvolle Abbilder der Realität zur Geltung zugelassen werden. Es wird so auf eine gewisse Weise wirklich der Held, König, Schöpfer, Liebling, der er werden wollte, ohne den gewaltigen Umweg über die wirkliche Veränderung der Außenwelt einzuschlagen. Er kann dies aber nur darum erreichen, weil die anderen Menschen die nämliche Unzufriedenheit mit dem real erforderlichen Verzicht verspüren wie er selbst, weil diese bei der Ersetzung des Lustprinzips durch das Realitätsprinzip resultierende Unzufriedenheit selbst ein Stück der Realität ist.[1]

7) Während das Ich die Umwandlung von Lust-Ich zum Real-Ich durchmacht, erfahren die Sexualtriebe jene Veränderungen, die sie vom anfänglichen Autoerotismus durch verschiedene Zwischenphasen zur Objektliebe im Dienste der Fortpflanzungsfunktion führen. Wenn es richtig ist, daß jede Stufe dieser beiden Entwicklungsgänge zum Sitz einer Disposition für spätere neurotische Erkrankung werden kann, liegt es nahe, die Entscheidung über die Form der späteren Erkrankung (die Neurosenwahl) davon abhängig zu machen, in welcher Phase der Ich- und der Libidoentwicklung die disponierende Entwicklungshemmung eingetroffen ist. Die noch nicht studierten zeitlichen Charaktere der beiden Entwicklungen, deren mögliche Verschiebung gegeneinander, kommen so zu unvermuteter Bedeutung.

8) Der befremdendste Charakter der unbewußten (verdrängten) Vorgänge, an den sich jeder Untersucher nur mit großer Selbstüberwindung gewöhnt, ergibt sich daraus, daß bei ihnen die Realitätsprüfung nichts gilt, die Denkrealität gleichgesetzt wird der äußeren Wirklichkeit, der Wunsch der Erfüllung, dem Ereignis, wie es sich aus der Herrschaft des alten Lustprinzips ohneweiters ableitet. Darum wird es auch so schwer, unbewußte Phantasien von unbewußt gewordenen Erinnerungen zu unterscheiden. Man lasse sich aber nie dazu verleiten, die Realitätswertung in die verdrängten psychischen Bildungen einzutragen und etwa Phantasien

1) Vgl. Ähnliches bei O. Rank, Der Künstler, Wien 1907.

darum für die Symptombildung gering zu schätzen, weil sie eben keine Wirklichkeiten sind, oder ein neurotisches Schuldgefühl anderswoher abzuleiten, weil sich kein wirklich ausgeführtes Verbrechen nachweisen läßt. Man hat die Verpflichtung, sich jener Währung zu bedienen, die in dem Lande, das man durchforscht, eben die herrschende ist, in unserem Falle der *neurotischen Währung*. Man versuche z. B., einen Traum wie den folgenden zu lösen. Ein Mann, der einst seinen Vater während seiner langen und qualvollen Todeskrankheit gepflegt, berichtet, daß er in den nächsten Monaten nach dessen Ableben wiederholt geträumt habe: *der Vater sei wieder am Leben und er spreche mit ihm wie sonst. Dabei habe er es aber äußerst schmerzlich empfunden, daß der Vater doch schon gestorben war und es nur nicht wußte.* Kein anderer Weg führt zum Verständnis des widersinnig klingenden Traumes, als die Anfügung „nach seinem Wunsch" oder „infolge seines Wunsches" nach den Worten, „daß der Vater doch gestorben war" und der Zusatz, „daß er es wünschte", zu den letzten Worten. Der Traumgedanke lautet dann: Es sei eine schmerzliche Erinnerung für ihn, daß er dem Vater den Tod (als Erlösung) wünschen mußte, als er noch lebte, und wie schrecklich, wenn der Vater dies geahnt hätte. Es handelt sich dann um den bekannten Fall der Selbstvorwürfe nach dem Verlust einer geliebten Person, und der Vorwurf greift in diesem Beispiel auf die infantile Bedeutung des Todeswunsches gegen den Vater zurück.

Die Mängel dieses kleinen, mehr vorbereitenden als ausführenden Aufsatzes sind vielleicht nur zum geringen Anteil entschuldigt, wenn ich sie für unvermeidlich ausgebe. In den wenigen Sätzen über die psychischen Folgen der Adaptierung an das Realitätsprinzip mußte ich Meinungen andeuten, die ich lieber noch zurückgehalten hätte, und deren Rechtfertigung gewiß keine kleine Mühe kosten wird. Doch will ich hoffen, daß es wohlwollenden Lesern nicht entgehen wird, wo auch in dieser Arbeit die Herrschaft des Realitätsprinzips beginnt.

---

# NEUROSE UND PSYCHOSE

*Zuerst erschienen in der „Internationalen Zeitschrift für Psychoanalyse", X. Band (1924), Heft 1.*

In meiner kürzlich erschienenen Schrift „Das Ich und das Es" habe ich eine Gliederung des seelischen Apparates angegeben, auf deren Grund sich eine Reihe von Beziehungen in einfacher und übersichtlicher Weise darstellen läßt. In anderen Punkten, zum Beispiel was die Herkunft und Rolle des Über-Ichs betrifft, bleibt genug des Dunkeln und Unerledigten. Man darf nun fordern, daß eine solche Aufstellung sich auch für andere Dinge als brauchbar und förderlich erweise, wäre es auch nur, um bereits Bekanntes in neuer Auffassung zu sehen, es anders zu gruppieren und überzeugender zu beschreiben. Mit solcher Anwendung könnte auch eine vorteilhafte Rückkehr von der grauen Theorie zur ewig grünenden Erfahrung verbunden sein.

Am genannten Orte sind die vielfältigen Abhängigkeiten des Ichs geschildert, seine Mittelstellung zwischen Außenwelt und Es und sein Bestreben, all seinen Herren gleichzeitig zu Willen zu sein. Im Zusammenhange eines von anderer Seite angeregten Gedankenganges, der sich mit der Entstehung und Verhütung der Psychosen beschäftigte, ergab sich mir nun eine einfache Formel, welche die vielleicht wichtigste genetische Differenz zwischen Neurose und Psychose behandelt: *die Neurose sei der Erfolg eines Konflikts zwischen dem Ich und seinem Es, die Psychose aber der analoge Ausgang einer solchen Störung in den Beziehungen zwischen Ich und Außenwelt.*

Es ist sicherlich eine berechtigte Mahnung, daß man gegen so einfache Problemlösungen mißtrauisch sein soll. Auch wird unsere äußerste Erwartung nicht weiter gehen, als daß diese Formel sich im Gröbsten als richtig erweise. Aber auch das wäre schon etwas. Man besinnt sich auch sofort an eine ganze Reihe von Einsichten und Funden, welche unseren Satz zu bekräftigen scheinen. Die Übertragungsneurosen entstehen nach dem Ergebnis aller unserer Analysen dadurch, daß das Ich eine im Es mächtige Triebregung nicht aufnehmen und nicht zur motorischen Erledigung befördern will, oder ihr das Objekt bestreitet, auf das sie zielt. Das Ich erwehrt sich ihrer dann durch den Mechanismus der Verdrängung; das Verdrängte sträubt sich gegen dieses Schicksal, schafft sich auf Wegen, über die das Ich keine Macht hat, eine Ersatzvertretung, die sich dem Ich auf dem Wege des Kompromisses aufdrängt, das Symptom; das Ich findet seine Einheitlichkeit durch diesen Eindringling bedroht und geschädigt, setzt den Kampf gegen das Symptom fort, wie es sich gegen die ursprüngliche Triebregung gewehrt hatte, und dies alles ergibt das Bild der Neurose. Es ist kein Einwand, daß das Ich, wenn es die Verdrängung vornimmt, im Grunde den Geboten seines Über-Ichs folgt, die wiederum solchen Einflüssen der realen Außenwelt entstammen, welche im Über-Ich ihre Vertretung gefunden haben. Es bleibt doch dabei, daß das Ich sich auf die Seite dieser Mächte geschlagen hat, daß in ihm deren Anforderungen stärker sind als die Triebansprüche des Es, und daß das Ich die Macht ist, welche die Verdrängung gegen jenen Anteil des Es ins Werk setzt und durch die Gegenbesetzung des Widerstandes befestigt. Im Dienste des Über-Ichs und der Realität ist das Ich in Konflikt mit dem Es geraten und dies ist der Sachverhalt bei allen Übertragungsneurosen.

Auf der anderen Seite wird es uns ebenso leicht, aus unserer bisherigen Einsicht in den Mechanismus der Psychosen Beispiele anzuführen, welche auf die Störung des Verhältnisses zwischen

27*

Ich und Außenwelt hinweisen. Bei der Amentia Meynerts, der akuten halluzinatorischen Verworrenheit, der vielleicht extremsten und frappantesten Form von Psychose, wird die Außenwelt entweder gar nicht wahrgenommen oder ihre Wahrnehmung bleibt völlig unwirksam. Normalerweise beherrscht ja die Außenwelt das Ich auf zwei Wegen: erstens durch die immer von neuem möglichen aktuellen Wahrnehmungen, zweitens durch den Erinnerungsschatz früherer Wahrnehmungen, die als „Innenwelt" einen Besitz und Bestandteil des Ichs bilden. In der Amentia wird nun nicht nur die Annahme neuer Wahrnehmungen verweigert, es wird auch der Innenwelt, welche die Außenwelt als ihr Abbild bisher vertrat, die Bedeutung (Besetzung) entzogen; das Ich schafft sich selbstherrlich eine neue Außen- und Innenwelt und es ist kein Zweifel an zwei Tatsachen, daß diese neue Welt im Sinne der Wunschregungen des Es aufgebaut ist, und daß eine schwere, unerträglich erscheinende Wunschversagung der Realität das Motiv dieses Zerfalles mit der Außenwelt ist. Die innere Verwandtschaft dieser Psychose mit dem normalen Traum ist nicht zu verkennen. Die Bedingung des Träumens ist aber der Schlafzustand, zu dessen Charakteren die volle Abwendung von Wahrnehmung und Außenwelt gehört.

Von anderen Formen von Psychose, den Schizophrenien, weiß man, daß sie zum Ausgang in affektiven Stumpfsinn, das heißt zum Verlust alles Anteiles an der Außenwelt tendieren. Über die Genese der Wahnbildungen haben uns einige Analysen gelehrt, daß der Wahn wie ein aufgesetzter Fleck dort gefunden wird, wo ursprünglich ein Einriß in der Beziehung des Ichs zur Außenwelt entstanden war. Wenn die Bedingung des Konflikts mit der Außenwelt nicht noch weit auffälliger ist, als wir sie jetzt erkennen, so hat dies seinen Grund in der Tatsache, daß im Krankheitsbild der Psychose die Erscheinungen des pathogenen Vorganges oft von denen eines Heilungs- oder Rekonstruktionsversuches überdeckt werden.

Die gemeinsame Ätiologie für den Ausbruch einer Psychoneurose oder Psychose bleibt immer die Versagung, die Nichterfüllung eines jener ewig unbezwungenen Kindheitswünsche, die so tief in unserer phylogenetisch bestimmten Organisation wurzeln. Diese Versagung ist im letzten Grunde immer eine äußere; im einzelnen Fall kann sie von jener inneren Instanz (im Über-Ich) ausgehen, welche die Vertretung der Realitätsforderung übernommen hat. Der pathogene Effekt hängt nun davon ab, ob das Ich in solcher Konfliktspannung seiner Abhängigkeit von der Außenwelt treu bleibt und das Es zu knebeln versucht, oder ob es sich vom Es überwältigen und damit von der Realität losreißen läßt. Eine Komplikation wird in diese anscheinend einfache Lage aber durch die Existenz des Über-Ichs eingetragen, welches in noch nicht durchschauter Verknüpfung Einflüsse aus dem Es wie aus der Außenwelt in sich vereinigt, gewissermaßen ein Idealvorbild für das ist, worauf alles Streben des Ichs abzielt, die Versöhnung seiner mehrfachen Abhängigkeiten. Das Verhalten des Über-Ichs wäre, was bisher nicht geschehen ist, bei allen Formen psychischer Erkrankung in Betracht zu ziehen. Wir können aber vorläufig postulieren, es muß auch Affektionen geben, denen ein Konflikt zwischen Ich und Über-Ich zugrunde liegt. Die Analyse gibt uns ein Recht anzunehmen, daß die Melancholie ein Muster dieser Gruppe ist, und dann würden wir für solche Störungen den Namen „narzißtische Psychoneurosen" in Anspruch nehmen. Es stimmt ja nicht übel zu unseren Eindrücken, wenn wir Motive finden, Zustände wie die Melancholie von den anderen Psychosen zu sondern. Dann merken wir aber, daß wir unsere einfache genetische Formel vervollständigen konnten, ohne sie fallen zu lassen. Die Übertragungsneurose entspricht dem Konflikt zwischen Ich und Es, die narzißtische Neurose dem zwischen Ich und Über-Ich, die Psychose dem zwischen Ich und Außenwelt. Wir wissen freilich zunächst nicht zu sagen, ob wir wirklich neue Einsichten gewonnen oder nur unseren Formelschatz bereichert haben, aber ich meine, diese Anwendungsmöglichkeit muß uns doch Mut machen, die vorgeschlagene Gliederung des seelischen Apparates in Ich, Über-Ich und Es weiter im Auge zu behalten.

Die Behauptung, daß Neurosen und Psychosen durch die Konflikte des Ichs mit seinen verschiedenen herrschenden Instanzen entstehen, also einem Fehlschlagen in der Funktion des Ichs entsprechen, das doch das Bemühen zeigt, all die verschiedenen Ansprüche miteinander zu versöhnen, fordert eine andere Erörterung zu ihrer Ergänzung heraus. Man möchte wissen, unter welchen Umständen und durch welche Mittel es dem Ich gelingt, aus solchen gewiß immer vorhandenen Konflikten ohne Erkrankung zu entkommen. Dies ist nun ein neues Forschungsgebiet, auf dem sich gewiß die verschiedensten Faktoren zur Berücksichtigung einfinden werden. Zwei Momente lassen sich aber sofort herausheben. Der Ausgang aller solchen Situationen wird unzweifelhaft von ökonomischen Verhältnissen, von den relativen Größen der miteinander ringenden Strebungen abhängen. Und ferner: es wird dem Ich möglich sein, den Bruch nach irgendeiner Seite dadurch zu vermeiden, daß es sich selbst deformiert, sich Einbußen an seiner Einheitlichkeit gefallen läßt, eventuell sogar sich zerklüftet oder zerteilt. Damit rückten die Inkonsequenzen, Verschrobenheiten und Narrheiten der Menschen in ein ähnliches Licht wie ihre sexuellen Perversionen, durch deren Annahme sie sich ja Verdrängungen ersparen.

Zum Schlusse ist der Frage zu gedenken, welches der einer Verdrängung analoge Mechanismus sein mag, durch den das Ich sich von der Außenwelt ablöst. Ich meine, dies ist ohne neue Untersuchungen nicht zu beantworten, aber er müßte, wie die Verdrängung, eine Abziehung der vom Ich ausgeschickten Besetzung zum Inhalt haben.

---

# DER UNTERGANG DES ÖDIPUSKOMPLEXES

*Zuerst erschienen in der „Internationalen Zeitschrift für Psychoanalyse", X. Band (1924), Heft 3.*

Immer mehr enthüllt der Ödipuskomplex seine Bedeutung als das zentrale Phänomen der frühkindlichen Sexualperiode. Dann geht er unter, er erliegt der Verdrängung, wie wir sagen, und ihm folgt die Latenzzeit. Es ist aber noch nicht klar geworden, woran er zugrunde geht; die Analysen scheinen zu lehren: an den vorfallenden schmerzhaften Enttäuschungen. Das kleine Mädchen, das sich für die bevorzugte Geliebte des Vaters halten will, muß einmal eine harte Züchtigung durch den Vater erleben und sieht sich aus allen Himmeln gestürzt. Der Knabe, der die Mutter als sein Eigentum betrachtet, macht die Erfahrung, daß sie Liebe und Sorgfalt von ihm weg auf einen neu Angekommenen richtet. Die Überlegung vertieft den Wert dieser Einwirkungen, indem sie betont, daß solche peinliche Erfahrungen, die dem Inhalt des Komplexes widerstreiten, unvermeidlich sind. Auch wo nicht besondere Ereignisse, wie die als Proben erwähnten, vorfallen, muß das Ausbleiben der erhofften Befriedigung, die fortgesetzte Versagung des gewünschten Kindes, es dahin bringen, daß sich der kleine Verliebte von seiner hoffnungslosen Neigung abwendet. Der Ödipuskomplex ginge so zugrunde an seinem Mißerfolg, dem Ergebnis seiner inneren Unmöglichkeit.

Eine andere Auffassung wird sagen, der Ödipuskomplex muß fallen, weil die Zeit für seine Auflösung gekommen ist, wie die Milchzähne ausfallen, wenn die definitiven nachrücken. Wenn der Ödipuskomplex auch von den meisten Menschenkindern individuell durchlebt wird, so ist er doch ein durch die Heredität bestimmtes, von ihr angelegtes Phänomen, welches programmgemäß vergehen muß, wenn die nächste vorherbestimmte Entwicklungsphase einsetzt. Es ist dann ziemlich gleichgültig, auf welche Anlässe hin das geschieht, oder ob solche überhaupt nicht ausfindig zu machen sind.

Beiden Auffassungen kann man ihr Recht nicht abstreiten. Sie vertragen sich aber auch miteinander; es bleibt Raum für die ontogenetische neben der weiter schauenden phylogenetischen. Auch dem ganzen Individuum ist es ja schon bei seiner Geburt bestimmt zu sterben und seine Organanlage enthält vielleicht bereits den Hinweis, woran. Doch bleibt es von Interesse zu verfolgen, wie dies mitgebrachte Programm ausgeführt wird, in welcher Weise zufällige Schädlichkeiten die Disposition ausnützen.

Unser Sinn ist neuerlich für die Wahrnehmung geschärft worden, daß die Sexualentwicklung des Kindes bis zu einer Phase fortschreitet, in der das Genitale bereits die führende Rolle übernommen hat. Aber dies Genitale ist allein das männliche, genauer bezeichnet der Penis, das weibliche ist unentdeckt geblieben. Diese phallische Phase, gleichzeitig die des Ödipuskomplexes, entwickelt sich nicht weiter zur endgültigen Genitalorganisation, sondern sie versinkt und wird von der Latenzzeit abgelöst. Ihr Ausgang vollzieht sich aber in typischer Weise und in Anlehnung an regelmäßig wiederkehrende Geschehnisse.

Wenn das (männliche) Kind sein Interesse dem Genitale zugewendet hat, so verrät es dies auch durch ausgiebige manuelle Beschäftigung mit demselben und muß dann die Erfahrung machen, daß die Erwachsenen mit diesem Tun nicht einverstanden sind. Es tritt mehr oder minder deutlich, mehr oder weniger brutal, die Drohung auf, daß man ihn dieses von ihm hochgeschätzten Teiles berauben werde. Meist sind es Frauen, von denen die Kastrationsdrohung ausgeht, häufig suchen sie ihre Autorität dadurch zu verstärken, daß sie sich auf den Vater oder den Doktor berufen, der nach ihrer Versicherung die Strafe vollziehen wird. In einer Anzahl von Fällen nehmen die Frauen selbst eine symbolische Milderung der Androhung vor, indem sie nicht die Beseitigung des eigentlich passiven Genitales, sondern die der aktiv sündigenden Hand ankündigen. Ganz besonders häufig geschieht es, daß das Knäblein nicht darum von der Kastrationsdrohung betroffen wird, weil es mit der Hand am Penis spielt, sondern weil es allnächtlich sein Lager näßt und nicht rein zu bekommen ist. Die Pflegepersonen benehmen sich so, als wäre diese nächtliche Inkontinenz Folge von und Beweis für allzueifrige Beschäftigung mit dem Penis und haben wahrscheinlich Recht darin. Jedenfalls ist das andauernde Bettnässen der Pollution des Erwachsenen gleichzustellen, ein Ausdruck der nämlichen Genitalerregung, welche das Kind um diese Zeit zur Masturbation gedrängt hat.

Die Behauptung ist nun, daß die phallische Genitalorganisation des Kindes an dieser Kastrationsdrohung zugrunde geht. Allerdings nicht sofort und nicht ohne daß weitere Einwirkungen dazukommen. Denn der Knabe schenkt der Drohung zunächst keinen Glauben und keinen Gehorsam. Die Psychoanalyse hat neuerlichen Wert auf zweierlei Erfahrungen gelegt, die keinem Kinde erspart bleiben und durch die es auf den Verlust wertgeschätzter Körperteile vorbereitet sein sollte, auf die zunächst zeitweilige, später einmal endgültige Entziehung der Mutterbrust und auf die täglich erforderte Abtrennung des Darminhaltes. Aber man merkt nichts davon, daß diese Erfahrungen beim Anlaß der Kastrationsdrohung zur Wirkung kommen würden. Erst nachdem eine neue Erfahrung gemacht worden ist, beginnt das Kind mit der Möglichkeit einer Kastration zu rechnen, auch dann nur zögernd, widerwillig und nicht ohne das Bemühen, die Tragweite der eigenen Beobachtung zu verkleinern.

Die Beobachtung, welche den Unglauben des Kindes endlich bricht, ist die des weiblichen Genitales. Irgend einmal bekommt das auf seinen Penisbesitz stolze Kind die Genitalregion eines kleinen Mädchens zu Gesicht und muß sich von dem Mangel eines Penis bei einem ihm so ähnlichen Wesen überzeugen. Damit ist auch der eigene Penisverlust vorstellbar geworden, die Kastrationsdrohung gelangt nachträglich zur Wirkung.

Wir dürfen nicht so kurzsichtig sein wie die mit der Kastration drohende Pflegeperson und sollen nicht übersehen, daß sich das Sexualleben des Kindes um diese Zeit keineswegs in der Masturbation erschöpft. Es steht nachweisbar in der Ödipuseinstellung zu seinen Eltern, die Masturbation ist nur die genitale Abfuhr der zum Komplex gehörigen Sexualerregung und wird dieser Beziehung ihre Bedeutung für alle späteren Zeiten verdanken. Der Ödipuskomplex bot dem Kinde zwei Möglichkeiten der Befriedigung, eine aktive und eine passive. Es konnte sich in männlicher Weise an die Stelle des Vaters setzen und wie er mit der Mutter verkehren, wobei der Vater bald als Hindernis empfunden wurde, oder es wollte die Mutter ersetzen und sich vom Vater lieben lassen, wobei die Mutter überflüssig wurde. Worin der befriedigende Liebesverkehr bestehe, darüber mochte das Kind nur sehr unbestimmte Vorstellungen haben; gewiß spielte aber der Penis dabei eine Rolle, denn dies bezeugten seine Organgefühle. Zum Zweifel am Penis des Weibes war noch kein Anlaß. Die Annahme der Kastrationsmöglichkeit, die Einsicht, daß das Weib kastriert sei, machte nun beiden Möglichkeiten der Befriedigung aus dem Ödipuskomplex ein Ende. Beide brachten ja den Verlust des Penis mit sich, die eine, männliche, als Straffolge, die andere, weibliche, als Voraussetzung. Wenn die Liebesbefriedigung auf dem Boden des Ödipuskomplexes den Penis kosten soll, so muß es zum Konflikt zwischen dem narzißtischen Interesse an diesem Körperteile und der libidinösen Besetzung der elterlichen Objekte kommen. In diesem Konflikt siegt normalerweise die erstere Macht; das Ich des Kindes wendet sich vom Ödipuskomplex ab.

Ich habe an anderer Stelle ausgeführt, in welcher Weise dies vor sich geht. Die Objektbesetzungen werden aufgegeben und durch Identifizierung ersetzt. Die ins Ich introjizierte Vater- oder Elternautorität bildet dort den Kern des Über-Ichs, welches vom Vater die Strenge entlehnt, sein Inzestverbot perpetuiert und so das Ich gegen die Wiederkehr der libidinösen Objektbesetzung versichert. Die dem Ödipuskomplex zugehörigen libidinösen Strebungen werden zum Teil desexualisiert und sublimiert, was wahrscheinlich bei jeder Umsetzung in Identifizierung geschieht, zum Teil zielgehemmt und in zärtliche Regungen verwandelt. Der ganze Prozeß hat einerseits das Genitale gerettet, die Gefahr des Verlustes von ihm abgewendet, anderseits es lahmgelegt, seine Funktion aufgehoben. Mit ihm setzt die Latenzzeit ein, die nun die Sexualentwicklung des Kindes unterbricht.

Ich sehe keinen Grund, der Abwendung des Ichs vom Ödipuskomplex den Namen einer „Verdrängung" zu versagen, obwohl spätere Verdrängungen meist unter der Beteiligung des Über-Ichs zustandekommen werden, welches hier erst gebildet wird. Aber der beschriebene Prozeß ist mehr als eine Verdrängung, er kommt, wenn ideal vollzogen, einer Zerstörung und Aufhebung des Komplexes gleich. Es liegt nahe anzunehmen, daß wir hier auf die niemals ganz scharfe Grenzscheide zwischen Normalem und Pathologischem gestoßen sind. Wenn das Ich wirklich nicht viel mehr als eine Verdrängung des Komplexes erreicht hat, dann bleibt dieser im Es unbewußt bestehen und wird später seine pathogene Wirkung äußern.

Solche Zusammenhänge zwischen phallischer Organisation, Ödipuskomplex, Kastrationsdrohung, Über-Ichbildung und Latenzperiode läßt die analytische Beobachtung erkennen oder erraten. Sie rechtfertigen den Satz, daß der Ödipuskomplex an der Kastrationsdrohung zugrunde geht. Aber damit ist das Problem nicht erledigt, es bleibt Raum für eine theoretische Spekulation, welche das gewonnene Resultat umwerfen oder in ein neues

Licht rücken kann. Ehe wir aber diesen Weg beschreiten, müssen wir uns einer Frage zuwenden, welche sich während unserer bisherigen Erörterungen erhoben hat und so lange zur Seite gedrängt wurde. Der beschriebene Vorgang bezieht sich, wie ausdrücklich gesagt, nur auf das männliche Kind. Wie vollzieht sich die entsprechende Entwicklung beim kleinen Mädchen?

Unser Material wird hier — unverständlicherweise — weit dunkler und lückenhafter. Auch das weibliche Geschlecht entwickelt einen Ödipuskomplex, ein Über-Ich und eine Latenzzeit. Kann man ihm auch eine phallische Organisation und einen Kastrationskomplex zusprechen? Die Antwort lautet bejahend, aber es kann nicht dasselbe sein wie beim Knaben. Die feministische Forderung nach Gleichberechtigung der Geschlechter trägt hier nicht weit, der morphologische Unterschied muß sich in Verschiedenheiten der psychischen Entwicklung äußern. Die Anatomie ist das Schicksal, um ein Wort Napoleons zu variieren. Die Klitoris des Mädchens benimmt sich zunächst ganz wie ein Penis, aber das Kind nimmt durch die Vergleichung mit einem männlichen Gespielen war, daß es „zu kurz gekommen" ist, und empfindet diese Tatsache als Benachteiligung und Grund zur Minderwertigkeit. Es tröstet sich noch eine Weile mit der Erwartung, später, wenn es heranwächst, ein ebenso großes Anhängsel wie ein Bub zu bekommen. Hier zweigt dann der Männlichkeitskomplex des Weibes ab. Seinen aktuellen Mangel versteht das weibliche Kind aber nicht als Geschlechtscharakter, sondern erklärt ihn durch die Annahme, daß es früher einmal ein ebenso großes Glied besessen und dann durch Kastration verloren hat. Es scheint diesen Schluß nicht von sich auf andere, erwachsene Frauen auszudehnen, sondern diesen, ganz im Sinne der phallischen Phase, ein großes und vollständiges, also männliches, Genitale zuzumuten. Es ergibt sich also der wesentliche Unterschied, daß das Mädchen die Kastration als vollzogene Tatsache akzeptiert, während sich der Knabe vor der Möglichkeit ihrer Vollziehung fürchtet.

Mit der Ausschaltung der Kastrationsangst entfällt auch ein mächtiges Motiv zur Aufrichtung des Über-Ichs und zum Abbruch der infantilen Genitalorganisation. Diese Veränderungen scheinen weit eher als beim Knaben Erfolg der Erziehung, der äußeren Einschüchterung zu sein, die mit dem Verlust des Geliebtwerdens droht. Der Ödipuskomplex des Mädchens ist weit eindeutiger als der des kleinen Penisträgers, er geht nach meiner Erfahrung nur selten über die Substituierung der Mutter und die feminine Einstellung zum Vater hinaus. Der Verzicht auf den Penis wird nicht ohne einen Versuch der Entschädigung vertragen. Das Mädchen gleitet — man möchte sagen: längs einer symbolischen Gleichung — vom Penis auf das Kind hinüber, sein Ödipuskomplex gipfelt in dem lange festgehaltenen Wunsch, vom Vater ein Kind als Geschenk zu erhalten, ihm ein Kind zu gebären. Man hat den Eindruck, daß der Ödipuskomplex dann langsam verlassen wird, weil dieser Wunsch sich nie erfüllt. Die beiden Wünsche nach dem Besitz eines Penis und eines Kindes bleiben im Unbewußten stark besetzt erhalten und helfen dazu, das weibliche Wesen für seine spätere geschlechtliche Rolle bereit zu machen. Die geringere Stärke des sadistischen Beitrages zum Sexualtrieb, die man wohl mit der Verkümmerung des Penis zusammenbringen darf, erleichtert die Verwandlung der direkt sexuellen Strebungen in zielgehemmte zärtliche. Im ganzen muß man aber zugestehen, daß unsere Einsichten in diese Entwicklungsvorgänge beim Mädchen unbefriedigend, lücken- und schattenhaft sind.

Ich zweifle nicht daran, daß die hier beschriebenen zeitlichen und kausalen Beziehungen zwischen Ödipuskomplex, Sexualeinschüchterung (Kastrationsdrohung), Über-Ichbildung und Eintritt der Latenzzeit von typischer Art sind; ich will aber nicht behaupten, daß dieser Typus der einzig mögliche ist. Abänderungen in der Zeitfolge und in der Verkettung dieser Vorgänge müssen für die Entwicklung des Individuums sehr bedeutungsvoll werden.

Seit der Veröffentlichung von O. Ranks interessanter Studie über das „Trauma der Geburt“ kann man auch das Resultat dieser kleinen Untersuchung, der Ödipuskomplex des Knaben gehe an der Kastrationsangst zugrunde, nicht ohne weitere Diskussion hinnehmen. Es erscheint mir aber vorzeitig, heute in diese Diskussion einzugehen, vielleicht auch unzweckmäßig, die Kritik oder Würdigung der Rankschen Auffassung an solcher Stelle zu beginnen.

---

# METAPSYCHOLOGIE

*Unter dem Sammeltitel „Metapsychologie" sind hier eine Reihe von Arbeiten vereinigt, die — ursprünglich für eine Veröffentlichung in Buchform unter dem Titel „Zur Vorbereitung einer Metapsychologie" bestimmt (vgl. Fußnote auf Seite 520 dieses Bandes) — im Laufe der Jahre 1913—1917 einzeln und selbständig in der „Internationalen Zeitschrift für Psychoanalyse" erschienen sind; und zwar erschien „Einige Bemerkungen über den Begriff des Unbewußten in der Psychoanalyse" (welche Arbeit zuerst englisch in „Proceedings of the Society for Psychical Research", Part. LXVI, Vol. XXVI veröffentlicht wurde) im I. Bd. (1913), „Triebe und Triebschicksale", „Die Verdrängung" und „Das Unbewußte" im III. Bd. (1915), „Metapsychologische Ergänzung zur Traumlehre" und „Trauer und Melancholie" im IV. Bd. (1916/17) der genannten Zeitschrift. Alle diese Arbeiten erschienen außerdem in der Vierten Folge der „Sammlung kleiner Schriften zur Neurosenlehre".*

# EINIGE BEMERKUNGEN ÜBER DEN BEGRIFF DES UNBEWUSSTEN IN DER PSYCHOANALYSE

Ich möchte mit wenigen Worten und so klar als möglich darlegen, welcher Sinn dem Ausdruck „Unbewußtes" in der Psychoanalyse, nur in der Psychoanalyse, zukommt.

Eine Vorstellung — oder jedes andere psychische Element — kann jetzt in meinem Bewußtsein gegenwärtig sein und im nächsten Augenblick daraus verschwinden; sie kann nach einer Zwischenzeit ganz unverändert wiederum auftauchen, und zwar, wie wir es ausdrücken, aus der Erinnerung, nicht als Folge einer neuen Sinneswahrnehmung. Um dieser Tatsache Rechnung zu tragen, sind wir zu der Annahme genötigt, daß die Vorstellung auch während der Zwischenzeit in unserem Geiste gegenwärtig gewesen sei, wenn sie auch im Bewußtsein latent blieb. In welcher Gestalt sie aber existiert haben kann, während sie im Seelenleben gegenwärtig und im Bewußtsein latent war, darüber können wir keine Vermutungen aufstellen.

An diesem Punkte müssen wir darauf gefaßt sein, dem philosophischen Einwurf zu begegnen, daß die latente Vorstellung nicht als Objekt der Psychologie vorhanden gewesen sei, sondern nur als physische Disposition für den Wiederablauf desselben psychischen Phänomens, nämlich eben jener Vorstellung. Aber wir können darauf erwidern, daß eine solche Theorie das Gebiet der eigentlichen Psychologie weit überschreitet, daß sie das Problem einfach umgeht, indem sie daran festhält, daß „bewußt" und

„psychisch“ identische Begriffe sind, und daß sie offenbar im Unrecht ist, wenn sie der Psychologie das Recht bestreitet, eine ihrer gewöhnlichsten Tatsachen, wie das Gedächtnis, durch ihre eigenen Hilfsmittel zu erklären.

Wir wollen nun die Vorstellung, die in unserem Bewußtsein gegenwärtig ist und die wir wahrnehmen, „bewußt“ nennen und nur dies als Sinn des Ausdruckes „bewußt“ gelten lassen; hingegen sollen latente Vorstellungen, wenn wir Grund zur Annahme haben, daß sie im Seelenleben enthalten sind — wie es beim Gedächtnis der Fall war — mit dem Ausdruck „unbewußt“ gekennzeichnet werden.

Eine unbewußte Vorstellung ist dann eine solche, die wir nicht bemerken, deren Existenz wir aber trotzdem auf Grund anderweitiger Anzeichen und Beweise zuzugeben bereit sind.

Dies könnte als eine recht uninteressante deskriptive oder klassifikatorische Arbeit aufgefaßt werden, wenn keine andere Erfahrung für unser Urteil in Betracht käme als die Tatsachen des Gedächtnisses oder die der Assoziation über unbewußte Mittelglieder. Aber das wohlbekannte Experiment der „posthypnotischen Suggestion“ lehrt uns an der Wichtigkeit der Unterscheidung zwischen bewußt und unbewußt festhalten und scheint ihren Wert zu erhöhen.

Bei diesem Experiment, wie es Bernheim ausgeführt hat, wird eine Person in einen hypnotischen Zustand versetzt und dann daraus erweckt. Während sie sich in dem hypnotischen Zustande, unter dem Einflusse des Arztes, befand, wurde ihr der Auftrag erteilt, eine bestimmte Handlung zu einem genau bestimmten Zeitpunkt, z. B. eine halbe Stunde später, auszuführen. Nach dem Erwachen ist allem Anscheine nach volles Bewußtsein und die gewöhnliche Geistesverfassung wiederum eingetreten, eine Erinnerung an den hypnotischen Zustand ist nicht vorhanden, und trotzdem drängt sich in dem vorher festgesetzten Augenblick der Impuls, dieses oder jenes zu tun, dem Geiste auf, und die

Handlung wird mit Bewußtsein, wenn auch ohne zu wissen weshalb, ausgeführt. Es dürfte kaum möglich sein, eine andere Beschreibung des Phänomens zu geben, als mit den Worten, daß der Vorsatz im Geiste jener Person in latenter Form oder unbewußt vorhanden war, bis der gegebene Moment kam, in dem er dann bewußt geworden ist. Aber nicht in seiner Gänze ist er im Bewußtsein aufgetaucht, sondern nur die Vorstellung des auszuführenden Aktes. Alle anderen mit dieser Vorstellung assoziierten Ideen — der Auftrag, der Einfluß des Arztes, die Erinnerung an den hypnotischen Zustand, blieben auch dann noch unbewußt.

Wir können aber aus einem solchen Experiment noch mehr lernen. Wir werden von einer rein beschreibenden zu einer dynamischen Auffassung des Phänomens hinübergeleitet. Die Idee der in der Hypnose aufgetragenen Handlung wurde in einem bestimmten Augenblick nicht bloß ein Objekt des Bewußtseins, sondern sie wurde auch wirksam, und dies ist die auffallendere Seite des Tatbestandes; sie wurde in Handlung übertragen, sobald das Bewußtsein ihre Gegenwart bemerkt hatte. Da der wirkliche Antrieb zum Handeln der Auftrag des Arztes ist, kann man kaum anders als einräumen, daß auch die Idee des Auftrages wirksam geworden ist.

Dennoch wurde dieser letztere Gedanke nicht ins Bewußtsein aufgenommen, wie es mit seinem Abkömmling, der Idee der Handlung, geschah; er verblieb unbewußt und war daher gleichzeitig wirksam und unbewußt.

Die posthypnotische Suggestion ist ein Produkt des Laboratoriums, eine künstlich geschaffene Tatsache. Aber wenn wir die Theorie der hysterischen Phänomene, die zuerst durch P. Janet aufgestellt und von Breuer und mir ausgearbeitet wurde, annehmen, so stehen uns natürliche Tatsachen in Fülle zur Verfügung, die den psychologischen Charakter der posthypnotischen Suggestion sogar noch klarer und deutlicher zeigen.

28*

Das Seelenleben des hysterischen Patienten ist erfüllt mit wirksamen, aber unbewußten Gedanken; von ihnen stammen alle Symptome ab. Es ist in der Tat der auffälligste Charakterzug der hysterischen Geistesverfassung, daß sie von unbewußten Vorstellungen beherrscht wird. Wenn eine hysterische Frau erbricht, so kann sie dies wohl infolge der Idee tun, daß sie schwanger sei. Dennoch hat sie von dieser Idee keine Kenntnis, obwohl dieselbe durch eine der technischen Prozeduren der Psychoanalyse leicht in ihrem Seelenleben entdeckt und für sie bewußt gemacht werden kann. Wenn sie die Zuckungen und Gesten ausführt, die ihren „Anfall" ausmachen, so stellt sie sich nicht einmal die von ihr beabsichtigten Aktionen bewußt vor und beobachtet sie vielleicht mit den Gefühlen eines unbeteiligten Zuschauers. Nichtsdestoweniger vermag die Analyse nachzuweisen, daß sie ihre Rolle in der dramatischen Wiedergabe einer Szene aus ihrem Leben spielte, deren Erinnerung während der Attacke unbewußt wirksam war. Dasselbe Vorwalten wirksamer unbewußter Ideen wird durch die Analyse als das Wesentliche in der Psychologie aller anderen Formen von Neurose enthüllt.

Wir lernen also aus der Analyse neurotischer Phänomene, daß ein latenter oder unbewußter Gedanke nicht notwendigerweise schwach sein muß, und daß die Anwesenheit eines solchen Gedankens im Seelenleben indirekte Beweise der zwingendsten Art gestattet, die dem direkten durch das Bewußtsein gelieferten Beweis fast gleichwertig sind. Wir fühlen uns gerechtfertigt, unsere Klassifikation mit dieser Vermehrung unserer Kenntnisse in Übereinstimmung zu bringen, indem wir eine grundlegende Unterscheidung zwischen verschiedenen Arten von latenten und unbewußten Gedanken einführen. Wir waren gewohnt zu denken, daß jeder latente Gedanke dies infolge seiner Schwäche war, und daß er bewußt wurde, sowie er Kraft erhielt. Wir haben nun die Überzeugung gewonnen, daß es gewisse latente Gedanken gibt, die nicht ins Bewußtsein eindringen, wie stark sie auch sein mögen. Wir wollen daher die latenten Gedanken der ersten Gruppe vorbewußt nennen, während wir den Ausdruck unbewußt (im eigentlichen Sinne) für die zweite Gruppe reservieren, die wir bei den Neurosen betrachtet haben. Der Ausdruck unbewußt, den wir bisher bloß im beschreibenden Sinne benützt haben, erhält jetzt eine erweiterte Bedeutung. Er bezeichnet nicht bloß latente Gedanken im allgemeinen, sondern besonders solche mit einem bestimmten dynamischen Charakter, nämlich diejenigen, die sich trotz ihrer Intensität und Wirksamkeit dem Bewußtsein ferne halten.

Ehe ich meine Auseinandersetzungen fortführe, will ich auf zwei Einwendungen Bezug nehmen, die sich voraussichtlich an diesem Punkte erheben. Die erste kann folgendermaßen formuliert werden: anstatt uns die Hypothese der unbewußten Gedanken, von denen wir nichts wissen, anzueignen, täten wir besser anzunehmen, daß das Bewußtsein geteilt werden kann, so daß einzelne Gedanken oder andere Seelenvorgänge ein gesondertes Bewußtsein bilden können, das von der Hauptmasse bewußter psychischer Tätigkeit losgelöst und ihr entfremdet wurde. Wohlbekannte pathologische Fälle, wie jener des Dr. Azam, scheinen sehr geeignet zu sein, zu beweisen, daß die Teilung des Bewußtseins keine phantastische Einbildung ist.

Ich gestatte mir, dieser Theorie entgegenzuhalten, daß sie einfach aus dem Mißbrauch mit dem Worte „bewußt" Kapital schlägt. Wir haben kein Recht, den Sinn dieses Wortes so weit auszudehnen, daß damit auch ein Bewußtsein bezeichnet werden kann, von dem sein Besitzer nichts weiß. Wenn Philosophen eine Schwierigkeit darin finden, an die Existenz eines unbewußten Gedankens zu glauben, so scheint mir die Existenz eines unbewußten Bewußtseins noch angreifbarer. Die Fälle, die man als Teilung des Bewußtseins beschreibt, wie der des Dr. Azam, können besser als Wandern des Bewußtseins angesehen werden, wobei diese Funktion — oder was immer es sein mag — zwischen zwei verschiedenen psychischen Komplexen hin- und herschwankt, die abwechselnd bewußt und unbewußt werden.

Der andere Einwand, der voraussichtlich erhoben werden wird, wäre der, daß wir auf die Psychologie der Normalen Folgerungen anwenden, die hauptsächlich aus dem Studium pathologischer Zustände stammen. Wir können ihn durch eine Tatsache erledigen, deren Kenntnis wir der Psychoanalyse verdanken. Gewisse Funktionsstörungen, die sich bei Gesunden höchst häufig ereignen, z. B. Lapsus linguae, Gedächtnis- und Sprachirrtümer, Namenvergessen usw. können leicht auf die Wirksamkeit starker unbewußter Gedanken zurückgeführt werden, gerade so wie die neurotischen Symptome. Wir werden mit einem zweiten, noch überzeugenderen Argument in einem späteren Abschnitt dieser Erörterung zusammentreffen.

Durch die Auseinanderhaltung vorbewußter und unbewußter Gedanken werden wir dazu veranlaßt, das Gebiet der Klassifikation zu verlassen und uns über die funktionalen und dynamischen Relationen in der Tätigkeit der Psyche eine Meinung zu bilden. Wir fanden ein wirksames Vorbewußtes, das ohne Schwierigkeit ins Bewußtsein übergeht, und ein wirksames Unbewußtes, das unbewußt bleibt und vom Bewußtsein abgeschnitten zu sein scheint.

Wir wissen nicht, ob diese zwei Arten psychischer Tätigkeit von Anfang an identisch oder ihrem Wesen nach entgegengesetzt sind, aber wir können uns fragen, warum sie im Verlaufe der psychischen Vorgänge verschieden geworden sein sollten. Auf diese Frage gibt uns die Psychoanalyse ohne Zögern klare Antwort. Es ist dem Erzeugnis des wirksamen Unbewußten keineswegs unmöglich, ins Bewußtsein einzudringen, aber zu dieser Leistung ist ein gewisser Aufwand von Anstrengung notwendig. Wenn wir es an uns selbst versuchen, erhalten wir das deutliche Gefühl einer Abwehr, die bewältigt werden muß, und wenn wir es bei einem Patienten hervorrufen, so erhalten wir die unzweideutigsten

Anzeichen von dem, was wir Widerstand dagegen nennen. So lernen wir, daß der unbewußte Gedanke vom Bewußtsein durch lebendige Kräfte ausgeschlossen wird, die sich seiner Aufnahme entgegenstellen, während sie anderen Gedanken, den vorbewußten, nichts in den Weg legen. Die Psychoanalyse läßt keine Möglichkeit übrig, daran zu zweifeln, daß die Abweisung unbewußter Gedanken bloß durch die in ihrem Inhalt verkörperten Tendenzen hervorgerufen wird. Die nächstliegende und wahrscheinlichste Theorie, die wir in diesem Stadium unseres Wissens bilden können, ist die folgende: Das Unbewußte ist eine regelmäßige und unvermeidliche Phase in den Vorgängen, die unsere psychische Tätigkeit begründen; jeder psychische Akt beginnt als unbewußter und kann entweder so bleiben oder sich weiter entwickelnd zum Bewußtsein fortschreiten, je nachdem, ob er auf Widerstand trifft oder nicht. Die Unterscheidung zwischen vorbewußter und unbewußter Tätigkeit ist keine primäre, sondern wird erst hergestellt, nachdem die „Abwehr" ins Spiel getreten ist. Erst dann gewinnt der Unterschied zwischen vorbewußten Gedanken, die im Bewußtsein erscheinen und jederzeit dahin zurückkehren können, und unbewußten Gedanken, denen dies versagt bleibt, theoretischen sowie praktischen Wert. Eine grobe, aber ziemlich angemessene Analogie dieses supponierten Verhältnisses der bewußten Tätigkeit zur unbewußten bietet das Gebiet der gewöhnlichen Photographie. Das erste Stadium der Photographie ist das Negativ; jedes photographische Bild muß den „Negativprozeß" durchmachen, und einige dieser Negative, die in der Prüfung gut bestanden haben, werden zu dem „Positivprozeß" zugelassen, der mit dem Bilde endigt.

Aber die Unterscheidung zwischen vorbewußter und unbewußter Tätigkeit und die Erkenntnis der sie trennenden Schranke ist weder das letzte noch das bedeutungsvollste Resultat der psychoanalytischen Durchforschung des Seelenlebens. Es gibt ein psychisches Produkt, das bei den normalsten Personen anzutreffen ist, und doch eine höchst auffallende Analogie zu den wildesten Erzeugnissen des Wahnsinns bietet und den Philosophen nicht verständlicher war als der Wahnsinn selbst. Ich meine die Träume. Die Psychoanalyse gründet sich auf die Traumanalyse; die Traumdeutung ist das vollständigste Stück Arbeit, das die junge Wissenschaft bis heute geleistet hat. Ein typischer Fall der Traumbildung kann folgendermaßen beschrieben werden: Ein Gedankenzug ist durch die geistige Tätigkeit des Tages wachgerufen worden und hat etwas von seiner Wirkungsfähigkeit zurückbehalten, durch die er dem allgemeinen Absinken des Interesses, welches den Schlaf herbeiführt und die geistige Vorbereitung für das Schlafen bildet, entgangen ist. Während der Nacht gelingt es diesem Gedankenzug, die Verbindung zu einem der unbewußten Wünsche zu finden, die von Kindheit an im Seelenleben des Träumers immer gegenwärtig, aber für gewöhnlich verdrängt und von seinem bewußten Dasein ausgeschlossen sind. Durch die von dieser unbewußten Unterstützung geliehene Kraft können die Gedanken, die Überbleibsel der Tagesarbeit, nun wiederum wirksam werden und im Bewußtsein in der Gestalt eines Traumes auftauchen. Es haben sich also dreierlei Dinge ereignet:

1) die Gedanken haben eine Verwandlung, Verkleidung und Entstellung durchgemacht, welche den Anteil des unbewußten Bundesgenossen darstellt;

2) den Gedanken ist es gelungen, das Bewußtsein zu einer Zeit zu besetzen, wo es ihnen nicht zugänglich hätte sein sollen;

3) ein Stück des Unbewußten, dem dies sonst unmöglich gewesen wäre, ist im Bewußtsein aufgetaucht.

Wir haben die Kunst gelernt, die „Tagesreste" und die latenten Traumgedanken herauszufinden; durch ihren Vergleich mit dem manifesten Trauminhalt sind wir befähigt, uns ein Urteil über die Wandlungen, die sie durchgemacht haben, und über die Art und Weise, wie diese zustande gekommen sind, zu bilden.

Die latenten Traumgedanken unterscheiden sich in keiner Weise von den Erzeugnissen unserer gewöhnlichen bewußten Seelentätigkeit. Sie verdienen den Namen von vorbewußten Gedanken und können in der Tat in einem Zeitpunkte des Wachlebens bewußt gewesen sein. Aber durch die Verbindung mit den unbewußten Strebungen, die sie während der Nacht eingegangen sind, wurden sie den letzteren assimiliert, gewissermaßen auf den Zustand unbewußter Gedanken herabgedrückt und den Gesetzen, durch welche die unbewußte Tätigkeit geregelt wird, unterworfen. Hier ergibt sich die Gelegenheit zu lernen, was wir auf Grund von Überlegungen oder aus irgend einer anderen Quelle empirischen Wissens nicht hätten erraten können, daß die Gesetze der unbewußten Seelentätigkeit sich im weiten Ausmaß von jenen der bewußten unterscheiden. Wir gewinnen durch Detailarbeit die Kenntnis der Eigentümlichkeiten des Unbewußten und können hoffen, daß wir durch gründlichere Erforschung der Vorgänge bei der Traumbildung noch mehr lernen werden.

Diese Untersuchung ist noch kaum zur Hälfte beendet und eine Darlegung der bis jetzt erhaltenen Resultate ist nicht möglich, ohne in die höchst verwickelten Probleme der Traumdeutung einzugehen. Aber ich wollte diese Erörterung nicht abbrechen, ohne auf die Wandlung und den Fortschritt unseres Verständnisses des Unbewußten hinzuweisen, welche wir dem psychoanalytischen Studium der Träume verdanken.

Das Unbewußte schien uns anfangs bloß ein rätselhafter Charakter eines bestimmten psychischen Vorganges; nun bedeutet es uns mehr, es ist ein Anzeichen dafür, daß dieser Vorgang an der Natur einer gewissen psychischen Kategorie teilnimmt, die uns durch andere bedeutsamere Charakterzüge bekannt ist, und daß er zu einem System psychischer Tätigkeit gehört, das unsere vollste Aufmerksamkeit verdient. Der Wert des Unbewußten als Index hat seine Bedeutung als Eigenschaft bei weitem hinter sich gelassen. Das System, welches sich uns durch das Kennzeichen kundgibt, daß die einzelnen Vorgänge, die es zusammensetzen, unbewußt sind, belegen wir mit dem Namen „das Unbewußte", in Ermangelung eines besseren und weniger zweideutigen Ausdruckes. Ich schlage als Bezeichnung dieses Systems die Buchstaben „*Ubw*", eine Abkürzung des Wortes „Unbewußt" vor. Dies ist der dritte und wichtigste Sinn, den der Ausdruck „unbewußt" in der Psychoanalyse erworben hat.

# TRIEBE UND TRIEBSCHICKSALE

Wir haben oftmals die Forderung vertreten gehört, daß eine Wissenschaft über klaren und scharf definierten Grundbegriffen aufgebaut sein soll. In Wirklichkeit beginnt keine Wissenschaft mit solchen Definitionen, auch die exaktesten nicht. Der richtige Anfang der wissenschaftlichen Tätigkeit besteht vielmehr in der Beschreibung von Erscheinungen, die dann weiterhin gruppiert, angeordnet und in Zusammenhänge eingetragen werden. Schon bei der Beschreibung kann man es nicht vermeiden, gewisse abstrakte Ideen auf das Material anzuwenden, die man irgendwoher, gewiß nicht aus der neuen Erfahrung allein, herbeiholt. Noch unentbehrlicher sind solche Ideen — die späteren Grundbegriffe der Wissenschaft — bei der weiteren Verarbeitung des Stoffes. Sie müssen zunächst ein gewisses Maß von Unbestimmtheit an sich tragen; von einer klaren Umzeichnung ihres Inhaltes kann keine Rede sein. Solange sie sich in diesem Zustande befinden, verständigt man sich über ihre Bedeutung durch den wiederholten Hinweis auf das Erfahrungsmaterial, dem sie entnommen scheinen, das aber in Wirklichkeit ihnen unterworfen wird. Sie haben also strenge genommen den Charakter von Konventionen, wobei aber alles darauf ankommt, daß sie doch nicht willkürlich gewählt werden, sondern durch bedeutsame Beziehungen zum empirischen Stoffe bestimmt sind, die man zu erraten vermeint, noch ehe man sie erkennen und nachweisen kann. Erst nach gründlicherer Erforschung des betreffenden Erscheinungsgebietes kann man auch dessen wissenschaftliche Grundbegriffe schärfer erfassen und sie fortschreitend so abändern, daß sie in großem Umfange brauchbar und dabei durchaus widerspruchsfrei werden. Dann mag es auch an der Zeit sein, sie in Definitionen zu bannen. Der Fortschritt der Erkenntnis duldet aber auch keine Starrheit der Definitionen. Wie das Beispiel der Physik in glänzender Weise lehrt, erfahren auch die in Definitionen festgelegten „Grundbegriffe" einen stetigen Inhaltswandel.

Ein solcher konventioneller, vorläufig noch ziemlich dunkler Grundbegriff, den wir aber in der Psychologie nicht entbehren können, ist der des Triebes. Versuchen wir es, ihn von verschiedenen Seiten her mit Inhalt zu erfüllen.

Zunächst von seiten der Physiologie. Diese hat uns den Begriff des Reizes und das Reflexschema gegeben, demzufolge ein von außen her an das lebende Gewebe (der Nervensubstanz) gebrachter Reiz durch Aktion nach außen abgeführt wird. Diese Aktion wird dadurch zweckmäßig, daß sie die gereizte Substanz der Einwirkung des Reizes entzieht, aus dem Bereich der Reizwirkung entrückt.

Wie verhält sich nun der „Trieb" zum „Reiz"? Es hindert uns nichts, den Begriff des Triebes unter den des Reizes zu subsummieren: der Trieb sei ein Reiz für das Psychische. Aber wir werden sofort davor gewarnt, Trieb und psychischen Reiz gleichzusetzen. Es gibt offenbar für das Psychische noch andere Reize als die Triebreize, solche, die sich den physiologischen Reizen weit ähnlicher benehmen. Wenn z. B. ein starkes Licht auf das Auge fällt, so ist das kein Triebreiz; wohl aber, wenn sich die Austrocknung der Schlundschleimhaut fühlbar macht oder die Anätzung der Magenschleimhaut.[1]

Wir haben nun Material für die Unterscheidung von Triebreiz und anderem (physiologischem) Reiz, der auf das Seelische einwirkt, gewonnen. Erstens: Der Triebreiz stammt nicht aus

1) Vorausgesetzt nämlich, daß diese inneren Vorgänge die organischen Grundlagen der Bedürfnisse Durst und Hunger sind.

der Außenwelt, sondern aus dem Innern des Organismus selbst. Er wirkt darum auch anders auf das Seelische und erfordert zu seiner Beseitigung andere Aktionen. Ferner: Alles für den Reiz Wesentliche ist gegeben, wenn wir annehmen, er wirke wie ein einmaliger Stoß; er kann dann auch durch eine einmalige zweckmäßige Aktion erledigt werden, als deren Typus die motorische Flucht vor der Reizquelle hinzustellen ist. Natürlich können sich diese Stöße auch wiederholen und summieren, aber das ändert nichts an der Auffassung des Vorganges und an den Bedingungen der Reizaufhebung. Der Trieb hingegen wirkt nie wie eine momentane Stoßkraft, sondern immer wie eine konstante Kraft. Da er nicht von außen, sondern vom Körperinnern her angreift, kann auch keine Flucht gegen ihn nützen. Wir heißen den Triebreiz besser „Bedürfnis"; was dieses Bedürfnis aufhebt, ist die „Befriedigung". Sie kann nur durch eine zielgerechte (adäquate) Veränderung der inneren Reizquelle gewonnen werden.

Stellen wir uns auf den Standpunkt eines fast völlig hilflosen, in der Welt noch unorientierten Lebewesens, welches Reize in seiner Nervensubstanz auffängt. Dies Wesen wird sehr bald in die Lage kommen, eine erste Unterscheidung zu machen und eine erste Orientierung zu gewinnen. Es wird einerseits Reize verspüren, denen es sich durch eine Muskelaktion (Flucht) entziehen kann, diese Reize rechnet es zu einer Außenwelt; anderseits aber auch noch Reize, gegen welche eine solche Aktion nutzlos bleibt, die trotzdem ihren konstant drängenden Charakter behalten; diese Reize sind das Kennzeichen einer Innenwelt, der Beweis für Triebbedürfnisse. Die wahrnehmende Substanz des Lebewesens wird so an der Wirksamkeit ihrer Muskeltätigkeit einen Anhaltspunkt gewonnen haben, um ein „außen" von einem „innen" zu scheiden.

Wir finden also das Wesen des Triebes zunächst in seinen Hauptcharakteren, der Herkunft von Reizquellen im Innern des Organismus, dem Auftreten als konstante Kraft, und leiten davon eines seiner weiteren Merkmale, seine Unbezwingbarkeit durch Fluchtaktionen ab. Während dieser Erörterungen mußte uns aber etwas auffallen, was uns ein weiteres Eingeständnis abnötigt. Wir bringen nicht nur gewisse Konventionen als Grundbegriffe an unser Erfahrungsmaterial heran, sondern bedienen uns auch mancher komplizierter Voraussetzungen, um uns bei der Bearbeitung der psychologischen Erscheinungswelt leiten zu lassen. Die wichtigste dieser Voraussetzungen haben wir bereits angeführt; es erübrigt uns nur noch, sie ausdrücklich hervorzuheben. Sie ist biologischer Natur, arbeitet mit dem Begriff der Tendenz (eventuell der Zweckmäßigkeit) und lautet: Das Nervensystem ist ein Apparat, dem die Funktion erteilt ist, die anlangenden Reize wieder zu beseitigen, auf möglichst niedriges Niveau herabzusetzen, oder der, wenn es nur möglich wäre, sich überhaupt reizlos erhalten wollte. Nehmen wir an der Unbestimmtheit dieser Idee vorläufig keinen Anstoß und geben wir dem Nervensystem die Aufgabe — allgemein gesprochen: der Reizbewältigung. Wir sehen dann, wie sehr die Einführung der Triebe das einfache physiologische Reflexschema kompliziert. Die äußeren Reize stellen nur die eine Aufgabe, sich ihnen zu entziehen, dies geschieht dann durch Muskelbewegungen, von denen endlich eine das Ziel erreicht und dann als die zweckmäßige zur erblichen Disposition wird. Die im Innern des Organismus entstehenden Triebreize sind durch diesen Mechanismus nicht zu erledigen. Sie stellen also weit höhere Anforderungen an das Nervensystem, veranlassen es zu verwickelten, ineinander greifenden Tätigkeiten, welche die Außenwelt so weit verändern, daß sie der inneren Reizquelle die Befriedigung bietet, und nötigen es vor allem, auf seine ideale Absicht der Reizfernhaltung zu verzichten, da sie eine unvermeidliche kontinuierliche Reizzufuhr unterhalten. Wir dürfen also wohl schließen, daß sie, die Triebe, und nicht die äußeren Reize, die eigentlichen Motoren der Fortschritte sind, welche das so unendlich leistungsfähige Nervensystem auf seine gegenwärtige Entwicklungshöhe gebracht haben. Natürlich steht nichts der Annahme im Wege, daß die Triebe selbst, wenigstens zum Teil, Niederschläge äußerer Reizwirkungen sind, welche im Laufe der Phylogenese auf die lebende Substanz verändernd einwirkten.

Wenn wir dann finden, daß die Tätigkeit auch der höchstentwickelten Seelenapparate dem Lustprinzip unterliegt, d. h. durch Empfindungen der Lust-Unlustreihe automatisch reguliert wird, so können wir die weitere Voraussetzung schwerlich abweisen, daß diese Empfindungen die Art, wie die Reizbewältigung vor sich geht, wiedergeben. Sicherlich in dem Sinne, daß die Unlustempfindung mit Steigerung, die Lustempfindung mit Herabsetzung des Reizes zu tun hat. Die weitgehende Unbestimmtheit dieser Annahme wollen wir aber sorgfältig festhalten, bis es uns etwa gelingt, die Art der Beziehung zwischen Lust-Unlust und den Schwankungen der auf das Seelenleben wirkenden Reizgrößen zu erraten. Es sind gewiß sehr mannigfache und nicht sehr einfache solcher Beziehungen möglich.

Wenden wir uns nun von der biologischen Seite her der Betrachtung des Seelenlebens zu, so erscheint uns der „Trieb" als ein Grenzbegriff zwischen Seelischem und Somatischem, als psychischer Repräsentant der aus dem Körperinnern stammenden, in die Seele gelangenden Reize, als ein Maß der Arbeitsanforderung, die dem Seelischen infolge seines Zusammenhanges mit dem Körperlichen auferlegt ist.

Wir können nun einige Termini diskutieren, welche im Zusammenhang mit dem Begriffe Trieb gebraucht werden, wie: Drang, Ziel, Objekt, Quelle des Triebes.

Unter dem Drange eines Triebes versteht man dessen motorisches Moment, die Summe von Kraft oder das Maß von Arbeitsanforderung, das er repräsentiert. Der Charakter des Drängenden ist eine allgemeine Eigenschaft der Triebe, ja das Wesen derselben. Jeder Trieb ist ein Stück Aktivität; wenn man lässigerweise von passiven Trieben spricht, kann man nichts anderes meinen als Triebe mit passivem Ziele.

Das Ziel eines Triebes ist allemal die Befriedigung, die nur durch Aufhebung des Reizzustandes an der Triebquelle erreicht werden kann. Aber wenn auch dies Endziel für jeden Trieb unveränderlich bleibt, so können doch verschiedene Wege zum gleichen Endziel führen, so daß sich mannigfache nähere oder intermediäre Ziele für einen Trieb ergeben können, die miteinander kombiniert oder gegeneinander vertauscht werden. Die Erfahrung gestattet uns auch, von „zielgehemmten" Trieben zu sprechen bei Vorgängen, die ein Stück weit in der Richtung der Triebbefriedigung zugelassen werden, dann aber eine Hemmung oder Ablenkung erfahren. Es ist anzunehmen, daß auch mit solchen Vorgängen eine partielle Befriedigung verbunden ist.

Das Objekt des Triebes ist dasjenige, an welchem oder durch welches der Trieb sein Ziel erreichen kann. Es ist das variabelste am Triebe, nicht ursprünglich mit ihm verknüpft, sondern ihm nur infolge seiner Eignung zur Ermöglichung der Befriedigung zugeordnet. Es ist nicht notwendig ein fremder Gegenstand, sondern ebensowohl ein Teil des eigenen Körpers. Es kann im Laufe der Lebensschicksale des Triebes beliebig oft gewechselt werden; dieser Verschiebung des Triebes fallen die bedeutsamsten Rollen zu. Es kann der Fall vorkommen, daß dasselbe Objekt gleichzeitig mehreren Trieben zur Befriedigung dient, nach Alfred Adler der Fall der Triebverschränkung. Eine besonders innige Bindung des Triebes an das Objekt wird als Fixierung desselben hervorgehoben. Sie vollzieht sich oft in sehr frühen Perioden der Triebentwicklung und macht der Beweglichkeit des Triebes ein Ende, indem sie der Lösung intensiv widerstrebt.

Unter der Quelle des Triebes versteht man jenen somatischen Vorgang in einem Organ oder Körperteil, dessen Reiz im Seelenleben durch den Trieb repräsentiert ist. Es ist unbekannt, ob dieser Vorgang regelmäßig chemischer Natur ist oder auch der

Entbindung anderer, z. B. mechanischer Kräfte entsprechen kann. Das Studium der Triebquellen gehört der Psychologie nicht mehr an; obwohl die Herkunft aus der somatischen Quelle das schlechtweg Entscheidende für den Trieb ist, wird er uns im Seelenleben doch nicht anders als durch seine Ziele bekannt. Die genauere Erkenntnis der Triebquellen ist für die Zwecke der psychologischen Forschung nicht durchwegs erforderlich. Manchmal ist der Rückschluß aus den Zielen des Triebes auf dessen Quellen gesichert.

Soll man annehmen, daß die verschiedenen aus dem Körperlichen stammenden, auf das Seelische wirkenden Triebe auch durch verschiedene Qualitäten ausgezeichnet sind und darum in qualitativ verschiedener Art sich im Seelenleben benehmen? Es scheint nicht gerechtfertigt; man reicht vielmehr mit der einfacheren Annahme aus, daß die Triebe alle qualitativ gleichartig sind und ihre Wirkung nur den Erregungsgrößen, die sie führen, verdanken, vielleicht noch gewissen Funktionen dieser Quantität. Was die psychischen Leistungen der einzelnen Triebe voneinander unterscheidet, läßt sich auf die Verschiedenheit der Triebquellen zurückführen. Es kann allerdings erst in einem späteren Zusammenhange klargelegt werden, was das Problem der Triebqualität bedeutet.

Welche Triebe darf man aufstellen und wie viele? Dabei ist offenbar der Willkür ein weiter Spielraum gelassen. Man kann nichts dagegen einwenden, wenn jemand den Begriff eines Spieltriebes, Destruktionstriebes, Geselligkeitstriebes in Anwendung bringt, wo der Gegenstand es fordert und die Beschränkung der psychologischen Analyse es zuläßt. Man sollte aber die Frage nicht außer acht lassen, ob diese einerseits so sehr spezialisierten Triebmotive nicht eine weitere Zerlegung in der Richtung nach den Triebquellen gestatten, so daß nur die weiter nicht zerlegbaren Urtriebe eine Bedeutung beanspruchen können.

Ich habe vorgeschlagen, von solchen Urtrieben zwei Gruppen zu unterscheiden, die der Ich- oder Selbsterhaltungstriebe und die der Sexualtriebe. Dieser Aufstellung kommt aber nicht die Bedeutung einer notwendigen Voraussetzung zu, wie z. B. der Annahme über die biologische Tendenz des seelischen Apparates (s. o.); sie ist eine bloße Hilfskonstruktion, die nicht länger festgehalten werden soll, als sie sich nützlich erweist, und deren Ersetzung durch eine andere an den Ergebnissen unserer beschreibenden und ordnenden Arbeit wenig ändern wird. Der Anlaß zu dieser Aufstellung hat sich aus der Entwicklungsgeschichte der Psychoanalyse ergeben, welche die Psychoneurosen, und zwar die als „Übertragungsneurosen" zu bezeichnende Gruppe derselben (Hysterie und Zwangsneurose) zum ersten Objekt nahm und an ihnen zur Einsicht gelangte, daß ein Konflikt zwischen den Ansprüchen der Sexualität und denen des Ichs an der Wurzel jeder solchen Affektion zu finden sei. Es ist immerhin möglich, daß ein eindringendes Studium der anderen neurotischen Affektionen (vor allem der narzißtischen Psychoneurosen: der Schizophrenien) zu einer Abänderung dieser Formel und somit zu einer anderen Gruppierung der Urtriebe nötigen wird. Aber gegenwärtig kennen wir diese neue Formel nicht und haben auch noch kein Argument gefunden, welches der Gegenüberstellung von Ich- und Sexualtrieben ungünstig wäre.

Es ist mir überhaupt zweifelhaft, ob es möglich sein wird, auf Grund der Bearbeitung des psychologischen Materials entscheidende Winke zur Scheidung und Klassifizierung der Triebe zu gewinnen. Es erscheint vielmehr notwendig, zum Zwecke dieser Bearbeitung bestimmte Annahmen über das Triebleben an das Material heranzubringen, und es wäre wünschenswert, daß man diese Annahmen einem anderen Gebiete entnehmen könnte, um sie auf die Psychologie zu übertragen. Was die Biologie hiefür leistet, läuft der Sonderung von Ich- und Sexualtrieben gewiß nicht zuwider. Die Biologie lehrt, daß die Sexualität nicht gleichzustellen ist den anderen Funktionen des Individuums, da ihre Tendenzen über das Individuum hinausgehen und die Produktion neuer Individuen, also die Erhaltung der Art, zum Inhalt haben. Sie zeigt uns ferner, daß zwei Auffassungen des Verhältnisses zwischen Ich und Sexualität wie gleichberechtigt nebeneinander stehen, die eine, nach welcher das Individuum die Hauptsache ist und die Sexualität als eine seiner Betätigungen, die Sexualbefriedigung als eines seiner Bedürfnisse wertet, und eine andere, derzufolge das Individuum ein zeitweiliger und vergänglicher Anhang an das quasi unsterbliche Keimplasma ist, welches ihm von der Generation anvertraut wurde. Die Annahme, daß sich die Sexualfunktion durch einen besonderen Chemismus von den anderen Körpervorgängen scheidet, bildet, soviel ich weiß, auch eine Voraussetzung der Ehrlichschen biologischen Forschung.

Da das Studium des Trieblebens vom Bewußtsein her kaum übersteigbare Schwierigkeiten bietet, bleibt die psychoanalytische Erforschung der Seelenstörungen die Hauptquelle unserer Kenntnis. Ihrem Entwicklungsgang entsprechend hat uns aber die Psychoanalyse bisher nur über die Sexualtriebe einigermaßen befriedigende Auskünfte bringen können, weil sie gerade nur diese Triebgruppe an den Psychoneurosen wie isoliert beobachten konnte. Mit der Ausdehnung der Psychoanalyse auf die anderen neurotischen Affektionen wird gewiß auch unsere Kenntnis der Ichtriebe begründet werden, obwohl es vermessen erscheint, auf diesem weiteren Forschungsgebiete ähnlich günstige Bedingungen für die Beobachtung zu erwarten.

Zu einer allgemeinen Charakteristik der Sexualtriebe kann man folgendes aussagen: Sie sind zahlreich, entstammen vielfältigen organischen Quellen, betätigen sich zunächst unabhängig voneinander und werden erst spät zu einer mehr oder minder vollkommenen Synthese zusammengefaßt. Das Ziel, das jeder von ihnen anstrebt, ist die Erreichung der Organlust; erst nach vollzogener Synthese treten sie in den Dienst der Fortpflanzungsfunktion, womit sie dann als Sexualtriebe allgemein kenntlich werden. Bei ihrem ersten Auftreten lehnen sie sich zuerst an die Erhaltungstriebe an, von denen sie sich erst allmählich ablösen, folgen auch bei der Objektfindung den Wegen, die ihnen die Ichtriebe weisen. Ein Anteil von ihnen bleibt den Ichtrieben zeitlebens gesellt und stattet diese mit libidinösen Komponenten aus, welche während der normalen Funktion leicht übersehen und erst durch die Erkrankung klargelegt werden. Sie sind dadurch ausgezeichnet, daß sie in großem Ausmaße vikariierend für einander eintreten und leicht ihre Objekte wechseln können. Infolge der letztgenannten Eigenschaften sind sie zu Leistungen befähigt, die weitab von ihren ursprünglichen Zielhandlungen liegen. (Sublimierung.)

Die Untersuchung, welche Schicksale Triebe im Laufe der Entwicklung und des Lebens erfahren können, werden wir auf die uns besser bekannten Sexualtriebe einschränken müssen. Die Beobachtung lehrt uns als solche Triebschicksale folgende kennen:

Die Verkehrung ins Gegenteil.

Die Wendung gegen die eigene Person.

Die Verdrängung.

Die Sublimierung.

Da ich die Sublimierung hier nicht zu behandeln gedenke, die Verdrängung aber ein besonderes Kapitel beansprucht, erübrigt uns nur Beschreibung und Diskussion der beiden ersten Punkte. Mit Rücksicht auf Motive, welche einer direkten Fortsetzung der Triebe entgegenwirken, kann man die Triebschicksale auch als Arten der Abwehr gegen die Triebe darstellen.

Die Verkehrung ins Gegenteil löst sich bei näherem Zusehen in zwei verschiedene Vorgänge auf, in die Wendung eines Triebes von der Aktivität zur Passivität und in die inhaltliche Verkehrung. Beide Vorgänge sind, weil wesensverschieden, auch gesondert zu behandeln.

Beispiele für den ersteren Vorgang ergeben die Gegensatzpaare Sadismus—Masochismus und Schaulust—Exhibition. Die Verkehrung betrifft nur die Ziele des Triebes; für das aktive

Ziel: quälen, beschauen, wird das passive: gequält werden, beschaut werden eingesetzt. Die inhaltliche Verkehrung findet sich in dem einen Falle der Verwandlung des Liebens in ein Hassen.

Die Wendung gegen die eigene Person wird uns durch die Erwägung nahegelegt, daß der Masochismus ja ein gegen das eigene Ich gewendeter Sadismus ist, die Exhibition das Beschauen des eigenen Körpers mit einschließt. Die analytische Beobachtung läßt auch keinen Zweifel daran bestehen, daß der Masochist das Wüten gegen seine Person, der Exhibitionist das Entblößen derselben mitgenießt. Das Wesentliche an dem Vorgang ist also der Wechsel des Objektes bei ungeändertem Ziel.

Es kann uns indes nicht entgehen, daß Wendung gegen die eigene Person und Wendung von der Aktivität zur Passivität in diesen Beispielen zusammentreffen oder zusammenfallen. Zur Klarstellung der Beziehungen wird eine gründlichere Untersuchung unerläßlich.

Beim Gegensatzpaar Sadismus—Masochismus kann man den Vorgang folgendermaßen darstellen:

*a)* Der Sadismus besteht in Gewalttätigkeit, Machtbetätigung gegen eine andere Person als Objekt.

*b)* Dieses Objekt wird aufgegeben und durch die eigene Person ersetzt. Mit der Wendung gegen die eigene Person ist auch die Verwandlung des aktiven Triebzieles in ein passives vollzogen.

*c)* Es wird neuerdings eine fremde Person als Objekt gesucht, welche infolge der eingetretenen Zielverwandlung die Rolle des Subjekts übernehmen muß.

Fall *c* ist der des gemeinhin so genannten Masochismus. Die Befriedigung erfolgt auch bei ihm auf dem Wege des ursprünglichen Sadismus, indem sich das passive Ich phantastisch in seine frühere Stelle versetzt, die jetzt dem fremden Subjekt überlassen ist. Ob es auch eine direktere masochistische Befriedigung gibt, ist durchaus zweifelhaft. Ein ursprünglicher Masochismus, der nicht auf die beschriebene Art aus dem Sadismus entstanden wäre, scheint nicht vorzukommen.[1] Daß die Annahme der Stufe *b* nicht überflüssig ist, geht wohl aus dem Verhalten des sadistischen Triebes bei der Zwangsneurose hervor. Hier findet sich die Wendung gegen die eigene Person ohne die Passivität gegen eine neue. Die Verwandlung geht nur bis zur Stufe *b*. Aus der Quälsucht wird Selbstquälerei, Selbstbestrafung, nicht Masochismus. Das aktive Verbum wandelt sich nicht in das Passivum, sondern in ein reflexives Medium.

Die Auffassung des Sadismus wird auch durch den Umstand beeinträchtigt, daß dieser Trieb neben seinem allgemeinen Ziel (vielleicht besser: innerhalb desselben) eine ganz spezielle Zielhandlung anzustreben scheint. Neben der Demütigung, Überwältigung, die Zufügung von Schmerzen. Nun scheint die Psychoanalyse zu zeigen, daß das Schmerzzufügen unter den ursprünglichen Zielhandlungen des Triebes keine Rolle spielt. Das sadistische Kind zieht die Zufügung von Schmerzen nicht in Betracht und beabsichtigt sie nicht. Wenn sich aber einmal die Umwandlung in Masochismus vollzogen hat, eignen sich die Schmerzen sehr wohl, ein passives masochistisches Ziel abzugeben, denn wir haben allen Grund anzunehmen, daß auch die Schmerz- wie andere Unlustempfindungen auf die Sexualerregung übergreifen und einen lustvollen Zustand erzeugen, um dessentwillen man sich auch die Unlust des Schmerzes gefallen lassen kann. Ist das Empfinden von Schmerzen einmal ein masochistisches Ziel geworden, so kann sich rückgreifend auch das sadistische Ziel, Schmerzen zuzufügen, ergeben, die man, während man sie anderen erzeugt, selbst masochistisch in der Identifizierung mit dem leidenden Objekt genießt. Natürlich genießt man in beiden Fällen nicht den Schmerz selbst, sondern die ihn begleitende Sexualerregung, und dies dann als Sadist besonders bequem. Das Schmerzgenießen wäre also ein ursprünglich masochistisches Ziel, das aber nur beim ursprünglich Sadistischen zum Triebziele werden kann.

1) [*Zusatz 1924:*] In späteren Arbeiten (siehe: Das ökonomische Problem des Masochismus, 1924; S. 374 dieses Bandes) habe ich im Zusammenhang mit Problemen des Trieblebens mich zu einer gegenteiligen Auffassung bekannt.

Der Vollständigkeit zuliebe füge ich an, daß das Mitleid nicht als ein Ergebnis der Triebverwandlung beim Sadismus beschrieben werden kann, sondern die Auffassung einer Reaktionsbildung gegen den Trieb (über den Unterschied s. später) erfordert.

Etwas andere und einfachere Ergebnisse liefert die Untersuchung eines anderen Gegensatzpaares, der Triebe, die das Schauen und sich Zeigen zum Ziele haben. (Voyeur und Exhibitionist in der Sprache der Perversionen). Auch hier kann man die nämlichen Stufen aufstellen wie im vorigen Falle: *a)* Das Schauen als Aktivität gegen ein fremdes Objekt gerichtet; *b)* das Aufgeben des Objektes, die Wendung des Schautriebes gegen einen Teil des eigenen Körpers, damit die Verkehrung in Passivität und die Aufstellung des neuen Zieles: beschaut zu werden; *c)* die Einsetzung eines neuen Subjektes, dem man sich zeigt, um von ihm beschaut zu werden. Es ist auch kaum zweifelhaft, daß das aktive Ziel früher auftritt als das passive, das Schauen dem Beschautwerden vorangeht. Aber eine bedeutsame Abweichung vom Falle des Sadismus liegt darin, daß beim Schautrieb eine noch frühere Stufe als die mit *a* bezeichnete zu erkennen ist. Der Schautrieb ist nämlich zu Anfang seiner Betätigung autoerotisch, er hat wohl ein Objekt, aber er findet es am eigenen Körper. Erst späterhin wird er dazu geleitet (auf dem Wege der Vergleichung), dies Objekt mit einem analogen des fremden Körpers zu vertauschen (Stufe *a*). Diese Vorstufe ist nun dadurch interessant, daß aus ihr die beiden Situationen des resultierenden Gegensatzpaares hervorgehen, je nachdem der Wechsel an der einen oder anderen Stelle vorgenommen wird. Das Schema für den Schautrieb könnte lauten:

α) Selbst ein Sexualglied beschauen = Sexualglied von eigener Person beschaut werden

β) Selbst fremdes Objekt beschauen (aktive Schaulust)

γ) Eigenes Objekt von fremder Person beschaut werden. (Zeigelust, Exhibition).

Eine solche Vorstufe fehlt dem Sadismus, der sich von vornherein auf ein fremdes Objekt richtet, obwohl es nicht gerade widersinnig wäre, sie aus den Bemühungen des Kindes, das seiner eigenen Glieder Herr werden will, zu konstruieren.[1]

Für beide hier betrachteten Triebbeispiele gilt die Bemerkung, daß die Triebverwandlung durch Verkehrung der Aktivität in Passivität und Wendung gegen die eigene Person eigentlich niemals am ganzen Betrag der Triebregung vorgenommen wird. Die ältere aktive Triebrichtung bleibt in gewissem Ausmaße neben der jüngeren passiven bestehen, auch wenn der Prozeß der Triebumwandlung sehr ausgiebig ausgefallen ist. Die einzig richtige Aussage über den Schautrieb müßte lauten, daß alle Entwicklungsstufen des Triebes, die autoerotische Vorstufe wie die aktive und passive Endgestaltung nebeneinander bestehen bleiben, und diese Behauptung wird evident, wenn man anstatt der Triebhandlungen den Mechanismus der Befriedigung zur Grundlage seines Urteiles nimmt. Vielleicht ist übrigens noch eine andere Auffassungs- und Darlegungsweise gerechtfertigt. Man kann sich jedes Triebleben in einzelne zeitlich geschiedene und innerhalb der (beliebigen) Zeiteinheit gleichartige Schübe zerlegen, die sich etwa zueinander verhalten wie sukzessive Lavaeruptionen. Dann kann man sich etwa vorstellen, die erste und ursprünglichste Trieberuption setze sich ungeändert fort und erfahre überhaupt keine Entwicklung. Ein nächster Schub unterliege von Anfang an einer Veränderung, etwa der Wendung zur Passivität, und addiere sich nun mit diesem neuen Charakter zum früheren hinzu usw. Überblickt man dann die Triebregung von ihrem Anfang an bis zu einem gewissen Haltepunkt, so muß die beschriebene Sukzession der Schübe das Bild einer bestimmten Entwicklung des Triebes ergeben.

Die Tatsache, daß zu jener späteren Zeit der Entwicklung neben einer Triebregung ihr (passiver) Gegensatz zu beobachten

1) Siehe Anmerkung auf Seite 454.

ist, verdient die Hervorhebung durch den trefflichen, von Bleuler eingeführten Namen: Ambivalenz.

Die Triebentwicklung wäre unserem Verständnis durch den Hinweis auf die Entwicklungsgeschichte des Triebes und die Permanenz der Zwischenstufen nahe gerückt. Das Ausmaß der nachweisbaren Ambivalenz wechselt erfahrungsgemäß in hohem Grade bei Individuen, Menschengruppen oder Rassen. Eine ausgiebige Triebambivalenz bei einem heute Lebenden kann als archaisches Erbteil aufgefaßt werden, da wir Grund zur Annahme haben, der Anteil der unverwandelten aktiven Regungen am Triebleben sei in Urzeiten größer gewesen als durchschnittlich heute.

Wir haben uns daran gewöhnt, die frühe Entwicklungsphase des Ichs, während welcher dessen Sexualtriebe sich autoerotisch befriedigen, Narzißmus zu heißen, ohne zunächst die Beziehung zwischen Autoerotismus und Narzißmus in Diskussion zu ziehen. Dann müssen wir von der Vorstufe des Schautriebes, auf der die Schaulust den eigenen Körper zum Objekt hat, sagen, sie gehöre dem Narzißmus an, sei eine narzißtische Bildung. Aus ihr entwickelt sich der aktive Schautrieb, indem er den Narzißmus verläßt, der passive Schautrieb halte aber das narzißtische Objekt fest. Ebenso bedeute die Umwandlung des Sadismus in Masochismus eine Rückkehr zum narzißtischen Objekt, während in beiden Fällen das narzißtische Subjekt durch Identifizierung mit einem anderen fremden Ich vertauscht wird. Mit Rücksichtnahme auf die konstruierte narzißtische Vorstufe des Sadismus nähern wir uns so der allgemeineren Einsicht, daß die Triebschicksale der Wendung gegen das eigene Ich und der Verkehrung von Aktivität in Passivität von der narzißtischen Organisation des Ichs abhängig sind und den Stempel dieser Phase an sich tragen. Sie entsprechen vielleicht den Abwehrversuchen, die auf höheren Stufen der Ichentwicklung mit anderen Mitteln durchgeführt werden.

Wir besinnen uns hier, daß wir bisher nur die zwei Triebgegensatzpaare: Sadismus—Masochismus und Schaulust—Zeigelust in Erörterung gezogen haben. Es sind dies die bestbekannten ambivalent auftretenden Sexualtriebe. Die anderen Komponenten der späteren Sexualfunktion sind der Analyse noch nicht genug zugänglich geworden, um sie in ähnlicher Weise diskutieren zu können. Wir können von ihnen allgemein aussagen, daß sie sich autoerotisch betätigen, d. h., ihr Objekt verschwindet gegen das Organ, das ihre Quelle ist, und fällt in der Regel mit diesem zusammen. Das Objekt des Schautriebes, obwohl auch zuerst ein Teil des eigenen Körpers, ist doch nicht das Auge selbst, und beim Sadismus weist die Organquelle, wahrscheinlich die aktionsfähige Muskulatur, direkt auf ein anderes Objekt, sei es auch am eigenen Körper hin. Bei den autoerotischen Trieben ist die Rolle der Organquelle so ausschlaggebend, daß nach einer ansprechenden Vermutung von P. Federn und L. Jekels[1] Form und Funktion des Organs über die Aktivität und Passivität des Triebzieles entscheiden.

Die Verwandlung eines Triebes in sein (materielles) Gegenteil wird nur in einem Falle beobachtet, bei der Umsetzung von Liebe in Haß. Da diese beiden besonders häufig gleichzeitig auf dasselbe Objekt gerichtet vorkommen, ergibt diese Koexistenz auch das bedeutsamste Beispiel einer Gefühlsambivalenz.

Der Fall von Liebe und Haß erwirbt ein besonderes Interesse durch den Umstand, daß er der Einreihung in unsere Darstellung der Triebe widerstrebt. Man kann an der innigsten Beziehung zwischen diesen beiden Gefühlsgegensätzen und dem Sexualleben nicht zweifeln, muß sich aber natürlich dagegen sträuben, das Lieben etwa als einen besonderen Partialtrieb der Sexualität wie die anderen aufzufassen. Man möchte eher das Lieben als den Ausdruck der ganzen Sexualstrebung ansehen,

1) Intern. Zeitschrift für Psychoanalyse, I, 1913.

kommt aber auch damit nicht zurecht und weiß nicht, wie man ein materielles Gegenteil dieser Strebung verstehen soll.

Das Lieben ist nicht nur eines, sondern dreier Gegensätze fähig. Außer dem Gegensatz: lieben—hassen gibt es den anderen: lieben—geliebt werden, und überdies setzen sich lieben und hassen zusammengenommen dem Zustande der Indifferenz oder Gleichgültigkeit entgegen. Von diesen drei Gegensätzen entspricht der zweite, der von lieben—geliebt werden, durchaus der Wendung von der Aktivität zur Passivität und läßt auch die nämliche Zurückführung auf eine Grundsituation wie beim Schautrieb zu. Diese heißt: sich selbst lieben, was für uns die Charakteristik des Narzißmus ist. Je nachdem nun das Objekt oder das Subjekt gegen ein fremdes vertauscht wird, ergibt sich die aktive Zielstrebung des Liebens oder die passive des Geliebtwerdens, von denen die letztere dem Narzißmus nahe verbleibt.

Vielleicht kommt man dem Verständnis der mehrfachen Gegenteile des Liebens näher, wenn man sich besinnt, daß das seelische Leben überhaupt von drei Polaritäten beherrscht wird, den Gegensätzen von:

Subjekt (Ich)—Objekt (Außenwelt).

Lust—Unlust.

Aktiv—Passiv.

Der Gegensatz von Ich—Nicht-Ich (Außen), (Subjekt—Objekt), wird dem Einzelwesen, wie wir bereits erwähnt haben, frühzeitig aufgedrängt durch die Erfahrung, daß es Außenreize durch seine Muskelaktion zum Schweigen bringen kann, gegen Triebreize aber wehrlos ist. Er bleibt vor allem in der intellektuellen Betätigung souverän und schafft die Grundsituation für die Forschung, die durch kein Bemühen abgeändert werden kann. Die Polarität von Lust—Unlust haftet an einer Empfindungsreihe, deren unübertroffene Bedeutung für die Entscheidung unserer Aktionen (Wille) bereits betont worden ist. Der Gegensatz von Aktiv—

Passiv ist nicht mit dem von Ich-Subjekt—Außen-Objekt zu verwechseln. Das Ich verhält sich passiv gegen die Außenwelt, insoweit es Reize von ihr empfängt, aktiv, wenn es auf dieselben reagiert. Zu ganz besonderer Aktivität gegen die Außenwelt wird es durch seine Triebe gezwungen, so daß man unter Hervorhebung des Wesentlichen sagen könnte: Das Ich-Subjekt sei passiv gegen die äußeren Reize, aktiv durch seine eigenen Triebe. Der Gegensatz Aktiv—Passiv verschmilzt späterhin mit dem von Männlich—Weiblich, der, ehe dies geschehen ist, keine psychologische Bedeutung hat. Die Verlötung der Aktivität mit der Männlichkeit, der Passivität mit der Weiblichkeit tritt uns nämlich als biologische Tatsache entgegen; sie ist aber keineswegs so regelmäßig durchgreifend und ausschließlich, wie wir anzunehmen geneigt sind.

Die drei seelischen Polaritäten gehen die bedeutsamsten Verknüpfungen miteinander ein. Es gibt eine psychische Ursituation, in welcher zwei derselben zusammentreffen. Das Ich findet sich ursprünglich, zu allem Anfang des Seelenlebens, triebbesetzt und zum Teil fähig, seine Triebe an sich selbst zu befriedigen. Wir heißen diesen Zustand den des Narzißmus, die Befriedigungsmöglichkeit die autoerotische.[1] Die Außenwelt ist derzeit nicht mit Interesse (allgemein gesprochen) besetzt und für die Befriedigung gleichgültig. Es fällt also um diese Zeit das Ich-Subjekt mit dem Lustvollen, die Außenwelt mit dem Gleichgültigen (eventuell als Reizquelle Unlustvollen) zusammen. Definieren wir zunächst das Lieben als die Relation des Ichs zu seinen Lust-

1) Ein Anteil der Sexualtriebe ist, wie wir wissen, dieser autoerotischen Befriedigung fähig, eignet sich also zum Träger der nachstehend geschilderten Entwicklung unter der Herrschaft des Lustprinzips. Die Sexualtriebe, welche von vornherein ein Objekt fordern, und die autoerotisch niemals zu befriedigenden Bedürfnisse der Ichtriebe stören natürlich diesen Zustand und bereiten die Fortschritte vor. Ja, der narzißtische Urzustand könnte nicht jene Entwicklung nehmen, wenn nicht jedes Einzelwesen eine Periode von Hilflosigkeit und Pflege durchmachte, während dessen seine drängenden Bedürfnisse durch Dazutun von Außen befriedigt und somit von der Entwicklung abgehalten würden.

quellen, so erläutert die Situation, in der es nur sich selbst liebt und gegen die Welt gleichgültig ist, die erste der Gegensatzbeziehungen, in denen wir das „Lieben“ gefunden haben.

Das Ich bedarf der Außenwelt nicht, insofern es autoerotisch ist, es bekommt aber Objekte aus ihr infolge der Erlebnisse der Icherhaltungstriebe und kann doch nicht umhin, innere Triebreize als unlustvoll für eine Zeit zu verspüren. Unter der Herrschaft des Lustprinzips vollzieht sich nun in ihm eine weitere Entwicklung. Es nimmt die dargebotenen Objekte, insofern sie Lustquellen sind, in sein Ich auf, introjiziert sich dieselben (nach dem Ausdrucke Ferenczis) und stößt anderseits von sich aus, was ihm im eigenen Innern Unlustanlaß wird. (Siehe später den Mechanismus der Projektion.)

Es wandelt sich so aus dem anfänglichen Real-Ich, welches Innen und Außen nach einem guten objektiven Kennzeichen unterschieden hat, in ein purifiziertes Lust-Ich, welches den Lustcharakter über jeden anderen setzt. Die Außenwelt zerfällt ihm in einen Lustanteil, den es sich einverleibt hat, und einen Rest, der ihm fremd ist. Aus dem eigenen Ich hat es einen Bestandteil ausgesondert, den es in die Außenwelt wirft und als feindlich empfindet. Nach dieser Umordnung ist die Deckung der beiden Polaritäten

Ich-Subjekt — mit Lust

Außenwelt — mit Unlust (von früher her Indifferenz) wieder hergestellt.

Mit dem Eintreten des Objekts in die Stufe des primären Narzißmus erreicht auch der zweite Gegensinn des Liebens, das Hassen, seine Ausbildung.

Das Objekt wird dem Ich, wie wir gehört haben, zuerst von den Selbsterhaltungstrieben aus der Außenwelt gebracht, und es ist nicht abzuweisen, daß auch der ursprüngliche Sinn des Hassens die Relation gegen die fremde und reizzuführende Außenwelt bedeutet. Die Indifferenz ordnet sich dem Haß, der Abneigung, als Spezialfall ein, nachdem sie zuerst als dessen Vorläufer aufgetreten ist. Das Äußere, das Objekt, das Gehaßte wären zu allem Anfang identisch. Erweist sich späterhin das Objekt als Lustquelle, so wird es geliebt, aber auch dem Ich einverleibt, so daß für das purifizierte Lust-Ich das Objekt doch wiederum mit dem Fremden und Gehaßten zusammenfällt.

Wir merken aber jetzt auch, wie das Gegensatzpaar Liebe—Indifferenz die Polarität Ich—Außenwelt spiegelt, so reproduziert der zweite Gegensatz Liebe—Haß die mit der ersteren verknüpfte Polarität von Lust—Unlust. Nach der Ablösung der rein narzißtischen Stufe durch die Objektstufe bedeuten Lust und Unlust Relationen des Ichs zum Objekt. Wenn das Objekt die Quelle von Lustempfindungen wird, so stellt sich eine motorische Tendenz heraus, welche dasselbe dem Ich annähern, ins Ich einverleiben will; wir sprechen dann auch von der „Anziehung“, die das lustspendende Objekt ausübt, und sagen, daß wir das Objekt „lieben“. Umgekehrt, wenn das Objekt Quelle von Unlustempfindungen ist, bestrebt sich eine Tendenz, die Distanz zwischen ihm und dem Ich zu vergrößern, den ursprünglichen Fluchtversuch vor der reizausschickenden Außenwelt an ihm zu wiederholen. Wir empfinden die „Abstoßung“ des Objekts und hassen es; dieser Haß kann sich dann zur Aggressionsneigung gegen das Objekt, zur Absicht, es zu vernichten, steigern.

Man könnte zur Not von einem Trieb aussagen, daß er das Objekt „liebt“, nach dem er zu seiner Befriedigung strebt. Daß ein Trieb ein Objekt „haßt“, klingt uns aber befremdend, so daß wir aufmerksam werden, die Beziehungen Liebe und Haß seien nicht für die Relationen der Triebe zu ihren Objekten verwendbar, sondern für die Relation des Gesamt-Ichs zu den Objekten reserviert. Die Beobachtung des gewiß sinnvollen Sprachgebrauches zeigt uns aber eine weitere Einschränkung in der Bedeutung von Liebe und Haß. Von den Objekten, welche der Icherhaltung dienen, sagt man nicht aus, daß man sie liebt, sondern betont, daß man ihrer bedarf, und gibt etwa einem Zusatz von andersartiger Relation Ausdruck, indem man Worte gebraucht, die ein sehr abgeschwächtes Lieben andeuten, wie: gerne haben, gerne sehen, angenehm finden.

Das Wort „lieben" rückt also immer mehr in die Sphäre der reinen Lustbeziehung des Ichs zum Objekt und fixiert sich schließlich an die Sexualobjekte im engeren Sinne und an solche Objekte, welche die Bedürfnisse sublimierter Sexualtriebe befriedigen. Die Scheidung der Ichtriebe von den Sexualtrieben, welche wir unserer Psychologie aufgedrängt haben, erweist sich so als konform mit dem Geiste unserer Sprache. Wenn wir nicht gewohnt sind zu sagen, der einzelne Sexualtrieb liebe sein Objekt, aber die adäquateste Verwendung des Wortes „lieben" in der Beziehung des Ichs zu seinem Sexualobjekt finden, so lehrt uns diese Beobachtung, daß dessen Verwendbarkeit in dieser Relation erst mit der Synthese aller Partialtriebe der Sexualität unter dem Primat der Genitalien und im Dienste der Fortpflanzungsfunktion beginnt.

Es ist bemerkenswert, daß im Gebrauche des Wortes „hassen" keine so innige Beziehung zur Sexuallust und Sexualfunktion zum Vorschein kommt, sondern die Unlustrelation die einzig entscheidende scheint. Das Ich haßt, verabscheut, verfolgt mit Zerstörungsabsichten alle Objekte, die ihm zur Quelle von Unlustempfindungen werden, gleichgültig ob sie ihm eine Versagung sexueller Befriedigung oder der Befriedigung von Erhaltungsbedürfnissen bedeuten. Ja, man kann behaupten, daß die richtigen Vorbilder für die Haßrelation nicht aus dem Sexualleben, sondern aus dem Ringen des Ichs um seine Erhaltung und Behauptung stammen.

Liebe und Haß, die sich uns als volle materielle Gegensätze vorstellen, stehen also doch in keiner einfachen Beziehung zueinander. Sie sind nicht aus der Spaltung eines Urgemeinsamen hervorgegangen, sondern haben verschiedene Ursprünge und haben ein jedes seine eigene Entwicklung durchgemacht, bevor sie sich unter dem Einfluß der Lust-Unlustrelation zu Gegensätzen formiert haben. Es erwächst uns hier die Aufgabe, zusammenzustellen, was wir von der Genese von Liebe und Haß wissen.

Die Liebe stammt von der Fähigkeit des Ichs, einen Anteil seiner Triebregungen autoerotisch, durch die Gewinnung von Organlust zu befriedigen. Sie ist ursprünglich narzißtisch, übergeht dann auf die Objekte, die dem erweiterten Ich einverleibt worden sind, und drückt das motorische Streben des Ichs nach diesen Objekten als Lustquellen aus. Sie verknüpft sich innig mit der Betätigung der späteren Sexualtriebe und fällt, wenn deren Synthese vollzogen ist, mit dem Ganzen der Sexualstrebung zusammen. Vorstufen des Liebens ergeben sich als vorläufige Sexualziele, während die Sexualtriebe ihre komplizierte Entwicklung durchlaufen. Als erste derselben erkennen wir das sich Einverleiben oder Fressen, eine Art der Liebe, welche mit der Aufhebung der Sonderexistenz des Objekts vereinbar ist, also als ambivalent bezeichnet werden kann. Auf der höheren Stufe der prägenitalen sadistisch-analen Organisation tritt das Streben nach dem Objekt in der Form des Bemächtigungsdranges auf, dem die Schädigung oder Vernichtung des Objekts gleichgültig ist. Diese Form und Vorstufe der Liebe ist in ihrem Verhalten gegen das Objekt vom Haß kaum zu unterscheiden. Erst mit der Herstellung der Genitalorganisation ist die Liebe zum Gegensatz vom Haß geworden.

Der Haß ist als Relation zum Objekt älter als die Liebe, er entspringt der uranfänglichen Ablehnung der reizspendenden Außenwelt von seiten des narzißtischen Ichs. Als Äußerung der durch Objekte hervorgerufenen Unlustreaktion bleibt er immer in inniger Beziehung zu den Trieben der Icherhaltung, so daß Ichtriebe und Sexualtriebe leicht in einen Gegensatz geraten können, der den von Hassen und Lieben wiederholt. Wenn die Ichtriebe die Sexualfunktion beherrschen wie auf der Stufe der sadistisch-analen Organisation, so leihen sie auch dem Triebziel die Charaktere des Hasses.

Die Entstehungs- und Beziehungsgeschichte der Liebe macht es uns verständlich, daß sie so häufig „ambivalent", d. h. in Begleitung von Haßregungen gegen das nämliche Objekt auftritt. Der der Liebe beigemengte Haß rührt zum Teil von den nicht völlig überwundenen Vorstufen des Liebens her, zum anderen Teil begründet er sich durch Ablehnungsreaktionen der Ichtriebe, die sich bei den häufigen Konflikten zwischen Ich- und Liebesinteressen auf reale und aktuelle Motive berufen können. In beiden Fällen geht also der beigemengte Haß auf die Quelle der Icherhaltungstriebe zurück. Wenn die Liebesbeziehung zu einem bestimmten Objekt abgebrochen wird, so tritt nicht selten Haß an deren Stelle, woraus wir den Eindruck einer Verwandlung der Liebe in Haß empfangen. Über diese Deskription hinaus führt dann die Auffassung, daß dabei der real motivierte Haß durch die Regression des Liebens auf die sadistische Vorstufe verstärkt wird, so daß das Hassen einen erotischen Charakter erhält und die Kontinuität einer Liebesbeziehung gewährleistet wird.

Die dritte Gegensätzlichkeit des Liebens, die Verwandlung des Liebens in ein Geliebtwerden entspricht der Einwirkung der Polarität von Aktivität und Passivität und unterliegt derselben Beurteilung wie die Fälle des Schautriebes und des Sadismus. Wir dürfen zusammenfassend hervorheben, die Triebschicksale bestehen im wesentlichen darin, daß die Triebregungen den Einflüssen der drei großen das Seelenleben beherrschenden Polaritäten unterzogen werden. Von diesen drei Polaritäten könnte man die der Aktivität—Passivität als die biologische, die Ich-Außenwelt als die reale, endlich die von Lust—Unlust als die ökonomische bezeichnen.

Das Triebschicksal der Verdrängung wird den Gegenstand einer anschließenden Untersuchung bilden.

---

# DIE VERDRÄNGUNG

Es kann das Schicksal einer Triebregung werden, daß sie auf Widerstände stößt, welche sie unwirksam machen wollen. Unter Bedingungen, deren nähere Untersuchung uns bevorsteht, gelangt sie dann in den Zustand der Verdrängung. Handelte es sich um die Wirkung eines äußeren Reizes, so wäre offenbar die Flucht das geeignete Mittel. Im Falle des Triebes kann die Flucht nichts nützen, denn das Ich kann sich nicht selbst entfliehen. Später einmal wird in der Urteilsverwerfung (Verurteilung) ein gutes Mittel gegen die Triebregung gefunden werden. Eine Vorstufe der Verurteilung, ein Mittelding zwischen Flucht und Verurteilung ist die Verdrängung, deren Begriff in der Zeit vor den psychoanalytischen Studien nicht aufgestellt werden konnte.

Die Möglichkeit einer Verdrängung ist theoretisch nicht leicht abzuleiten. Warum sollte eine Triebregung einem solchen Schicksal verfallen? Offenbar muß hier die Bedingung erfüllt sein, daß die Erreichung des Triebzieles Unlust an Stelle von Lust bereitet. Aber dieser Fall ist nicht gut denkbar. Solche Triebe gibt es nicht, eine Triebbefriedigung ist immer lustvoll. Es müßten besondere Verhältnisse anzunehmen sein, irgend ein Vorgang, durch den die Befriedigungslust in Unlust verwandelt wird.

Wir können zur besseren Abgrenzung der Verdrängung einige andere Triebsituationen in Erörterung ziehen. Es kann vorkommen, daß sich ein äußerer Reiz, z. B. dadurch, daß er ein Organ anätzt und zerstört, verinnerlicht und so eine neue Quelle beständiger Erregung und Spannungsvermehrung ergibt. Er erwirbt damit eine weitgehende Ähnlichkeit mit einem Trieb. Wir wissen, daß wir diesen Fall als Schmerz empfinden. Das Ziel dieses Pseudotriebes ist aber nur das Aufhören der Organveränderung und der mit ihr verbundenen Unlust. Andere, direkte Lust kann aus dem Aufhören des Schmerzes nicht gewonnen werden. Der Schmerz ist auch imperativ; er unterliegt nur noch der Einwirkung einer toxischen Aufhebung und der Beeinflussung durch psychische Ablenkung.

Der Fall des Schmerzes ist zu wenig durchsichtig, um etwas für unsere Absicht zu leisten. Nehmen wir den Fall, daß ein Triebreiz wie der Hunger unbefriedigt bleibt. Er wird dann imperativ, ist durch nichts anderes als durch die Befriedigungsaktion zu beschwichtigen, unterhält eine beständige Bedürfnisspannung. Etwas wie eine Verdrängung scheint hier auf lange hinaus nicht in Betracht zu kommen.

Der Fall der Verdrängung ist also gewiß nicht gegeben, wenn die Spannung infolge von Unbefriedigung einer Triebregung unerträglich groß wird. Was dem Organismus an Abwehrmitteln gegen diese Situation gegeben ist, muß in anderem Zusammenhang erörtert werden.

Halten wir uns lieber an die klinische Erfahrung, wie sie uns in der psychoanalytischen Praxis entgegentritt. Dann werden wir belehrt, daß die Befriedigung des der Verdrängung unterliegenden Triebes wohl möglich und daß sie auch jedesmal an sich lustvoll wäre, aber sie wäre mit anderen Ansprüchen und Vorsätzen unvereinbar; sie würde also Lust an der einen, Unlust an anderer Stelle erzeugen. Zur Bedingung der Verdrängung ist dann geworden, daß das Unlustmotiv eine stärkere Macht gewinnt als die Befriedigungslust. Wir werden ferner durch die psychoanalytische Erfahrung an den Übertragungsneurosen zu dem Schluß genötigt, daß die Verdrängung kein ursprünglich vorhandener Abwehrmechanismus ist, daß sie nicht eher entstehen kann, als bis sich eine scharfe Sonderung von bewußter und unbewußter Seelentätigkeit hergestellt hat, und daß ihr Wesen nur in der Abweisung und Fernhaltung vom Bewußten besteht. Diese Auffassung der Verdrängung würde durch die Annahme ergänzt werden, daß vor solcher Stufe der seelischen Organisation die anderen Triebschicksale wie die Verwandlung ins Gegenteil, die Wendung gegen die eigene Person, die Aufgabe der Abwehr von Triebregungen bewältigen.

Wir meinen jetzt auch, Verdrängung und Unbewußtes seien in so großem Ausmaße korrelativ, daß wir die Vertiefung in das Wesen der Verdrängung aufschieben müssen, bis wir mehr von dem Aufbau des psychischen Instanzenzuges und der Differenzierung von Unbewußt und Bewußt erfahren haben. Vorher können wir nur noch einige klinisch erkannte Charaktere der Verdrängung in rein deskriptiver Weise zusammenstellen, auf die Gefahr hin, vieles anderwärts Gesagte ungeändert zu wiederholen.

Wir haben also Grund, eine Urverdrängung anzunehmen, eine erste Phase der Verdrängung, die darin besteht, daß der psychischen (Vorstellungs-) Repräsentanz des Triebes die Übernahme ins Bewußte versagt wird. Mit dieser ist eine Fixierung gegeben; die betreffende Repräsentanz bleibt von da an unveränderlich bestehen und der Trieb an sie gebunden. Dies geschieht infolge der später zu besprechenden Eigenschaften unbewußter Vorgänge.

Die zweite Stufe der Verdrängung, die eigentliche Verdrängung, betrifft psychische Abkömmlinge der verdrängten Repräsentanz, oder solche Gedankenzüge, die, anderswoher stammend, in assoziative Beziehung zu ihr geraten sind. Wegen dieser Beziehung erfahren diese Vorstellungen dasselbe Schicksal wie das Urverdrängte. Die eigentliche Verdrängung ist also ein Nachdrängen. Man tut übrigens unrecht, wenn man nur die Abstoßung hervorhebt, die vom Bewußten her auf das zu Verdrängende wirkt. Es kommt ebensosehr die Anziehung in Betracht, welche das Urverdrängte auf alles ausübt, womit es sich in Verbindung setzen kann. Wahrscheinlich würde die Verdrängungstendenz ihre Absicht nicht erreichen, wenn diese Kräfte nicht zusammenwirkten, wenn es nicht ein vorher Verdrängtes gäbe, welches das vom Bewußten Abgestoßene aufzunehmen bereit wäre.

Unter dem Einfluß des Studiums der Psychoneurosen, welches uns die bedeutsamen Wirkungen der Verdrängung vorführt, werden wir geneigt, deren psychologischen Inhalt zu überschätzen, und vergessen zu leicht, daß die Verdrängung die Triebrepräsentanz nicht daran hindert, im Unbewußten fortzubestehen, sich weiter zu organisieren, Abkömmlinge zu bilden und Verbindungen anzuknüpfen. Die Verdrängung stört wirklich nur die Beziehung zu einem psychischen System, dem des Bewußten.

Die Psychoanalyse kann uns noch anderes zeigen, was für das Verständnis der Wirkungen der Verdrängung bei den Psychoneurosen bedeutsam ist. Z. B., daß die Triebrepräsentanz sich ungestörter und reichhaltiger entwickelt, wenn sie durch die Verdrängung dem bewußten Einfluß entzogen ist. Sie wuchert dann sozusagen im Dunkeln und findet extreme Ausdrucksformen, welche, wenn sie dem Neurotiker übersetzt und vorgehalten werden, ihm nicht nur fremd erscheinen müssen, sondern ihn auch durch die Vorspiegelung einer außerordentlichen und gefährlichen Triebstärke schrecken. Diese täuschende Triebstärke ist das Ergebnis einer ungehemmten Entfaltung in der Phantasie und der Aufstauung infolge versagter Befriedigung. Daß dieser letztere Erfolg an die Verdrängung geknüpft ist, weist darauf hin, worin wir ihre eigentliche Bedeutung zu suchen haben.

Indem wir aber noch zur Gegenansicht zurückkehren, stellen wir fest, es sei nicht einmal richtig, daß die Verdrängung alle Abkömmlinge des Urverdrängten vom Bewußten abhalte. Wenn sich diese weit genug von der verdrängten Repräsentanz entfernt haben, sei es durch Annahme von Entstellungen oder durch die Anzahl der eingeschobenen Mittelglieder, so steht ihnen der Zugang zum Bewußten ohne weiteres frei. Es ist, als ob der Widerstand des Bewußten gegen sie eine Funktion ihrer Entfernung vom ursprünglich Verdrängten wäre. Während der Ausübung der psychoanalytischen Technik fordern wir den Patienten unausgesetzt dazu auf, solche Abkömmlinge des Verdrängten zu produzieren, die infolge ihrer Entfernung oder Entstellung die Zensur des Bewußten passieren können. Nichts anderes sind ja die Einfälle, die wir unter Verzicht auf alle bewußten Zielvorstellungen und alle Kritik von ihm verlangen, und aus denen wir eine bewußte Übersetzung der verdrängten Repräsentanz wiederherstellen. Wir beobachten dabei, daß der Patient eine solche Einfallsreihe fortspinnen kann, bis er in ihrem Ablauf auf eine Gedankenbildung stößt, bei welcher die Beziehung zum Verdrängten so intensiv durchwirkt, daß er seinen Verdrängungsversuch wiederholen muß. Auch die neurotischen Symptome müssen der obigen Bedingung genügt haben, denn sie sind Abkömmlinge des Verdrängten, welches sich mittels dieser Bildungen den ihm versagten Zugang zum Bewußtsein endlich erkämpft hat.

Wie weit die Entstellung und Entfernung vom Verdrängten gehen muß, bis der Widerstand des Bewußten aufgehoben ist, läßt sich allgemein nicht angeben. Es findet dabei eine feine Abwägung statt, deren Spiel uns verdeckt ist, deren Wirkungsweise uns aber erraten läßt, es handle sich darum, vor einer bestimmten Intensität der Besetzung des Unbewußten haltzumachen, mit deren Überschreitung es zur Befriedigung durchdringen würde. Die Verdrängung arbeitet also höchst individuell; jeder einzelne Abkömmling des Verdrängten kann sein besonderes Schicksal haben; ein wenig mehr oder weniger von Entstellung macht, daß der ganze Erfolg umschlägt. In demselben Zusammenhang ist auch zu begreifen, daß die bevorzugten Objekte der Menschen, ihre Ideale, aus denselben Wahrnehmungen und Erlebnissen stammen wie die von ihnen am meisten verabscheuten, und sich ursprünglich nur durch geringe Modifikationen voneinander unterscheiden. Ja, es kann, wie wir's bei der Entstehung des Fetisch gefunden haben, die ursprüngliche Triebrepräsentanz in zwei Stücke zerlegt worden sein, von denen das eine der Verdrängung verfiel, während der Rest, gerade wegen dieser innigen Verknüpftheit, das Schicksal der Idealisierung erfuhr.

Dasselbe, was ein Mehr oder Weniger an Entstellung leistet, kann auch sozusagen am anderen Ende des Apparates durch eine Modifikation in den Bedingungen der Lust-Unlustproduktion erzielt werden. Es sind besondere Techniken ausgebildet worden, deren Absicht dahin geht, solche Veränderungen des psychischen Kräftespieles herbeizuführen, daß dasselbe, was sonst Unlust erzeugt, auch einmal lustbringend wird, und so oft solch ein technisches Mittel in Aktion tritt, wird die Verdrängung für eine sonst abgewiesene Triebrepräsentanz aufgehoben. Diese Techniken sind bisher nur für den Witz genauer verfolgt worden. In der Regel ist die Aufhebung der Verdrängung nur eine vorübergehende; sie wird alsbald wiederhergestellt.

Erfahrungen dieser Art reichen aber hin, uns auf weitere Charaktere der Verdrängung aufmerksam zu machen. Sie ist nicht nur, wie eben ausgeführt, individuell, sondern auch im hohen Grade mobil. Man darf sich den Verdrängungsvorgang nicht wie ein einmaliges Geschehen mit Dauererfolg vorstellen, etwa wie wenn man etwas Lebendes erschlagen hat, was von da an tot ist; sondern die Verdrängung erfordert einen anhaltenden Kraftaufwand, mit dessen Unterlassung ihr Erfolg in Frage gestellt wäre, so daß ein neuerlicher Verdrängungsakt notwendig würde. Wir dürfen uns vorstellen, daß das Verdrängte einen kontinuierlichen Druck in der Richtung zum Bewußten hin ausübt, dem durch unausgesetzten Gegendruck das Gleichgewicht gehalten werden muß. Die Erhaltung einer Verdrängung setzt also eine beständige Kraftausgabe voraus und ihre Aufhebung bedeutet ökonomisch eine Ersparung. Die Mobilität der Verdrängung findet übrigens auch einen Ausdruck in den psychischen Charakteren des Schlafzustandes, welcher allein die Traumbildung ermöglicht. Mit dem Erwachen werden die eingezogenen Verdrängungsbesetzungen wieder ausgeschickt.

Wir dürfen endlich nicht vergessen, daß wir von einer Triebregung erst sehr wenig ausgesagt haben, wenn wir feststellen, sie sei eine verdrängte. Sie kann sich unbeschadet der Verdrängung in sehr verschiedenen Zuständen befinden, inaktiv sein, d. h. sehr wenig mit psychischer Energie besetzt, oder in wechselndem Grade besetzt und damit zur Aktivität befähigt. Ihre Aktivierung wird zwar nicht die Folge haben, daß sie die Verdrängung direkt aufhebt, wohl aber alle die Vorgänge anregen, welche mit dem Durchdringen zum Bewußtsein auf Umwegen einen Abschluß finden. Bei unverdrängten Abkömmlingen des Unbewußten entscheidet oft das Ausmaß der Aktivierung oder Besetzung über das Schicksal der einzelnen Vorstellung. Es ist ein alltägliches Vorkommnis, daß ein solcher Abkömmling unverdrängt bleibt, solange er eine geringe Energie repräsentiert, obwohl sein Inhalt geeignet wäre, einen Konflikt mit dem bewußt Herrschenden zu ergeben. Das quantitative Moment zeigt sich aber als entscheidend für den Konflikt; sobald die im Grunde anstößige Vorstellung sich über ein gewisses Maß verstärkt, wird der Konflikt aktuell und gerade die Aktivierung zieht die Verdrängung nach sich. Zunahme der Energiebesetzung wirkt also in Sachen der Verdrängung gleichsinnig wie Annäherung an das Unbewußte, Abnahme derselben wie Entfernung davon oder Entstellung. Wir verstehen, daß die verdrängenden Tendenzen in der Abschwächung des Unliebsamen einen Ersatz für dessen Verdrängung finden können.

In den bisherigen Erörterungen behandelten wir die Verdrängung einer Triebrepräsentanz und verstanden unter einer solchen eine Vorstellung oder Vorstellungsgruppe, welche vom Trieb her mit einem bestimmten Betrag von psychischer Energie

(Libido, Interesse) besetzt ist. Die klinische Beobachtung nötigt uns nun zu zerlegen, was wir bisher einheitlich aufgefaßt hatten, denn sie zeigt uns, daß etwas anderes, was den Trieb repräsentiert, neben der Vorstellung in Betracht kommt, und daß dieses andere ein Verdrängungsschicksal erfährt, welches von dem der Vorstellung ganz verschieden sein kann. Für dieses andere Element der psychischen Repräsentanz hat sich der Name Affektbetrag eingebürgert; es entspricht dem Triebe, insofern er sich von der Vorstellung abgelöst hat und einen seiner Quantität gemäßen Ausdruck in Vorgängen findet, welche als Affekte der Empfindung bemerkbar werden. Wir werden von nun an, wenn wir einen Fall von Verdrängung beschreiben, gesondert verfolgen müssen, was durch die Verdrängung aus der Vorstellung und was aus der an ihr haftenden Triebenergie geworden ist.

Gern würden wir über beiderlei Schicksale etwas allgemeines aussagen wollen. Dies wird uns auch nach einiger Orientierung möglich. Das allgemeine Schicksal der den Trieb repräsentierenden Vorstellung kann nicht leicht etwas anderes sein, als daß sie aus dem Bewußten verschwindet, wenn sie früher bewußt war, oder vom Bewußtsein abgehalten wird, wenn sie im Begriffe war, bewußt zu werden. Der Unterschied ist nicht mehr bedeutsam; er kommt etwa darauf hinaus, ob ich einen unliebsamen Gast aus meinem Salon hinausbefördere oder aus meinem Vorzimmer oder ihn, nachdem ich ihn erkannt habe, überhaupt nicht über die Schwelle der Wohnungstür treten lasse.[1] Das Schicksal des quantitativen Faktors der Triebrepräsentanz kann ein dreifaches sein, wie uns eine flüchtige Übersicht über die in der Psychoanalyse gemachten Erfahrungen lehrt: Der Trieb wird entweder ganz unterdrückt, so daß man nichts von ihm auf-

1) Dieses für den Verdrängungsvorgang brauchbare Gleichnis kann auch über einen früher erwähnten Charakter der Verdrängung ausgedehnt werden. Ich brauche nur hinzuzufügen, daß ich die dem Gast verbotene Tür durch einen ständigen Wächter bewachen lassen muß, weil der Abgewiesene sie sonst aufsprengen würde. (S. o.)

findet, oder er kommt als irgendwie qualitativ gefärbter Affekt zum Vorschein, oder er wird in Angst verwandelt. Die beiden letzteren Möglichkeiten stellen uns die Aufgabe, die Umsetzung der psychischen Energien der Triebe in Affekte und ganz besonders in Angst als neues Triebschicksal ins Auge zu fassen.

Wir erinnern uns, daß Motiv und Absicht der Verdrängung nichts anderes als die Vermeidung von Unlust war. Daraus folgt, daß das Schicksal des Affektbetrags der Repräsentanz bei weitem wichtiger ist als das der Vorstellung, und daß dies über die Beurteilung des Verdrängungsvorganges entscheidet. Gelingt es einer Verdrängung nicht, die Entstehung von Unlustempfindungen oder Angst zu verhüten, so dürfen wir sagen, sie sei mißglückt, wenngleich sie ihr Ziel an dem Vorstellungsanteil erreicht haben mag. Natürlich wird die mißglückte Verdrängung mehr Anspruch auf unser Interesse erheben als die etwa geglückte, die sich zumeist unserem Studium entziehen wird.

Wir wollen nun Einblick in den Mechanismus des Verdrängungsvorganges gewinnen und vor allem wissen, ob es nur einen einzigen Mechanismus der Verdrängung gibt oder mehrere, und ob vielleicht jede der Psychoneurosen durch einen ihr eigentümlichen Mechanismus der Verdrängung ausgezeichnet ist. Zu Beginn dieser Untersuchung stoßen wir aber auf Komplikationen. Der Mechanismus einer Verdrängung wird uns nur zugänglich, wenn wir aus den Erfolgen der Verdrängung auf ihn zurückschließen. Beschränken wir die Beobachtung auf die Erfolge an dem Vorstellungsanteil der Repräsentanz, so erfahren wir, daß die Verdrängung in der Regel eine Ersatzbildung schafft. Welches ist nun der Mechanismus einer solchen Ersatzbildung, oder gibt es hier auch mehrere Mechanismen zu unterscheiden? Wir wissen auch, daß die Verdrängung Symptome hinterläßt. Dürfen wir nun Ersatzbildung und Symptombildung zusammenfallen lassen, und wenn dies im Ganzen angeht, deckt sich der Mechanismus der Symptombildung mit dem der Verdrängung?

Die vorläufige Wahrscheinlichkeit scheint dafür zu sprechen, daß beide weit auseinandergehen, daß es nicht die Verdrängung selbst ist, welche Ersatzbildungen und Symptome schafft, sondern daß diese letzteren als Anzeichen einer Wiederkehr des Verdrängten ganz anderen Vorgängen ihr Entstehen verdanken. Es scheint sich auch zu empfehlen, daß man die Mechanismen der Ersatz- und Symptombildung vor denen der Verdrängung in Untersuchung ziehe.

Es ist klar, daß die Spekulation hier weiter nichts zu suchen hat, sondern durch die sorgfältige Analyse der bei den einzelnen Neurosen zu beobachtenden Erfolge der Verdrängung abgelöst werden muß. Ich muß aber den Vorschlag machen, auch diese Arbeit aufzuschieben, bis wir uns verläßliche Vorstellungen über das Verhältnis des Bewußten zum Unbewußten gebildet haben. Nur um die vorliegende Erörterung nicht ganz unfruchtbar ausgehen zu lassen, will ich vorwegnehmen, daß 1. der Mechanismus der Verdrängung tatsächlich nicht mit dem oder den Mechanismen der Ersatzbildung zusammenfällt, 2. daß es sehr verschiedene Mechanismen der Ersatzbildung gibt, und 3. daß den Mechanismen der Verdrängung wenigstens eines gemeinsam ist, die Entziehung der Energiebesetzung (oder Libido, wenn wir von Sexualtrieben handeln).

Ich will auch unter Einschränkung auf die drei bekanntesten Psychoneurosen an einigen Beispielen zeigen, wie die hier eingeführten Begriffe auf das Studium der Verdrängung Anwendung finden. Von der Angsthysterie werde ich das gut analysierte Beispiel einer Tierphobie wählen. Die der Verdrängung unterliegende Triebregung ist eine libidinöse Einstellung zum Vater, gepaart mit der Angst vor demselben. Nach der Verdrängung ist diese Regung aus dem Bewußtsein geschwunden, der Vater kommt als Objekt der Libido nicht darin vor. Als Ersatz findet sich an analoger Stelle ein Tier, das sich mehr oder weniger gut zum Angstobjekt eignet. Die Ersatzbildung des Vorstellungsanteiles hat sich auf dem Wege der Verschiebung längs eines in bestimmter Weise determinierten Zusammenhanges hergestellt. Der quantitative Anteil ist nicht verschwunden, sondern hat sich in Angst umgesetzt. Das Ergebnis ist eine Angst vor dem Wolf an Stelle eines Liebesanspruches an den Vater. Natürlich reichen die hier verwendeten Kategorien nicht aus, um den Erklärungsansprüchen auch nur des einfachsten Falles von Psychoneurose zu genügen. Es kommen immer noch andere Gesichtspunkte in Betracht.

Eine solche Verdrängung wie im Falle der Tierphobie darf als eine gründlich mißglückte bezeichnet werden. Das Werk der Verdrängung besteht nur in der Beseitigung und Ersetzung der Vorstellung, die Unlustersparnis ist überhaupt nicht gelungen. Deshalb ruht die Arbeit der Neurose auch nicht, sondern setzt sich in einem zweiten Tempo fort, um ihr nächstes, wichtigeres Ziel zu erreichen. Es kommt zur Bildung eines Fluchtversuches, der eigentlichen Phobie, einer Anzahl von Vermeidungen, welche die Angstentbindung ausschließen sollen. Durch welchen Mechanismus die Phobie ans Ziel gelangt, können wir in einer spezielleren Untersuchung verstehen lernen.

Zu einer ganz anderen Würdigung des Verdrängungsvorganges nötigt uns das Bild der echten Konversionshysterie. Hier ist das Hervorstechende, daß es gelingen kann, den Affektbetrag zum völligen Verschwinden zu bringen. Der Kranke zeigt dann gegen seine Symptome das Verhalten, welches Charcot *„la belle indifference des hystériques“* genannt hat. Andere Male gelingt diese Unterdrückung nicht so vollständig, ein Anteil peinlicher Sensationen knüpft sich an die Symptome selbst, oder ein Stück Angstentbindung hat sich nicht vermeiden lassen, das seinerseits den Mechanismus der Phobiebildung ins Werk setzt. Der Vorstellungsinhalt der Triebrepräsentanz ist dem Bewußtsein gründlich entzogen; als Ersatzbildung — und gleichzeitig als Symptom — findet sich eine überstarke — in den vorbildlichen Fällen somatische — Innervation, bald sensorischer, bald motorischer Natur, entweder als Erregung oder als Hemmung. Die überinnervierte Stelle erweist sich bei näherer Betrachtung als ein Stück der verdrängten Triebrepräsentanz selbst, welches wie durch Verdichtung die gesamte Besetzung auf sich gezogen hat. Natürlich decken auch diese Bemerkungen den Mechanismus einer Konversationshysterie nicht restlos auf; vor allem ist noch das Moment der Regression hinzuzufügen, das in anderem Zusammenhang gewürdigt werden soll.

Die Verdrängung der Hysterie kann als völlig mißglückt beurteilt werden, insofern sie nur durch ausgiebige Ersatzbildungen ermöglicht worden ist; mit Bezug auf die Erledigung des Affektbetrages, die eigentliche Aufgabe der Verdrängung, bedeutet sie aber in der Regel einen vollen Erfolg. Der Verdrängungsvorgang der Konversionshysterie ist dann auch mit der Symptombildung abgeschlossen und braucht sich nicht wie bei Angsthysterie zweizeitig — oder eigentlich unbegrenzt — fortzusetzen.

Ein ganz anderes Ansehen zeigt die Verdrängung wieder bei der dritten Affektion, die wir zu dieser Vergleichung heranziehen, bei der Zwangsneurose. Hier gerät man zuerst in Zweifel, was man als die der Verdrängung unterliegende Repräsentanz anzusehen hat, eine libidinöse oder eine feindselige Strebung. Die Unsicherheit rührt daher, daß die Zwangsneurose auf der Voraussetzung einer Regression ruht, durch welche eine sadistische Strebung an die Stelle der zärtlichen getreten ist. Dieser feindselige Impuls gegen eine geliebte Person ist es, welcher der Verdrängung unterliegt. Der Effekt ist in einer ersten Phase der Verdrängungsarbeit ein ganz anderer als später. Zunächst hat diese vollen Erfolg, der Vorstellungsinhalt wird abgewiesen und der Affekt zum Verschwinden gebracht. Als Ersatzbildung findet sich eine Ichveränderung, die Steigerung der Gewissenhaftigkeit, die man nicht gut ein Symptom heißen kann. Ersatz- und Symptombildung fallen hier auseinander. Hier erfährt man auch etwas über den Mechanismus der Verdrängung. Diese hat wie überall eine Libidoentziehung zu stande gebracht, aber sich zu diesem Zwecke der Reaktionsbildung durch Verstärkung eines Gegensatzes bedient. Die Ersatzbildung hat also hier denselben Mechanismus wie die Verdrängung und fällt im Grunde mit ihr zusammen, sie trennt sich aber zeitlich, wie begrifflich, von der Symptombildung. Es ist sehr wahrscheinlich, daß das Ambivalenzverhältnis, in welches der zu verdrängende sadistische Impuls eingetragen ist, den ganzen Vorgang ermöglicht.

Die anfänglich gute Verdrängung hält aber nicht Stand, im weiteren Verlaufe drängt sich das Mißglücken der Verdrängung immer mehr vor. Die Ambivalenz, welche die Verdrängung durch Reaktionsbildung gestattet hat, ist auch die Stelle, an welcher dem Verdrängten die Wiederkehr gelingt. Der verschwundene Affekt kommt in der Verwandlung zur sozialen Angst, Gewissensangst, Vorwurf ohne Ersparnis wieder; die abgewiesene Vorstellung ersetzt sich durch Verschiebungsersatz, oft durch Verschiebung auf Kleinstes, Indifferentes. Eine Tendenz zur intakten Herstellung der verdrängten Vorstellung ist meist unverkennbar. Das Mißglücken in der Verdrängung des quantitativen, affektiven Faktors bringt denselben Mechanismus der Flucht durch Vermeidungen und Verbote ins Spiel, den wir bei der Bildung der hysterischen Phobie kennen gelernt haben. Die Abweisung der Vorstellung vom Bewußten wird aber hartnäckig festgehalten, weil mit ihr die Abhaltung von der Aktion, die motorische Fesselung des Impulses, gegeben ist. So läuft die Verdrängungsarbeit der Zwangsneurose in ein erfolgloses und unabschließbares Ringen aus.

Aus der kleinen, hier vorgebrachten Vergleichsreihe kann man sich die Überzeugung holen, daß es noch umfassender Untersuchungen bedarf, ehe man hoffen kann, die mit der Verdrängung und neurotischen Symptombildung zusammenhängenden Vorgänge zu durchschauen. Die außerordentliche Verschlungenheit aller in Betracht kommenden Momente läßt uns nur einen Weg zur Darstellung frei. Wir müssen bald den einen, bald den anderen Gesichtspunkt herausgreifen und ihn durch das Material hindurchverfolgen, solange seine Anwendung etwas zu leisten scheint. Jede einzelne dieser Bearbeitungen wird an sich unvollständig sein und dort Unklarheiten nicht vermeiden können, wo sie an das noch nicht Bearbeitete anrührt; wir dürfen aber hoffen, daß sich aus der endlichen Zusammensetzung ein gutes Verständnis ergeben wird.

---

# DAS UNBEWUSSTE

Wir haben aus der Psychoanalyse erfahren, das Wesen des Prozesses der Verdrängung bestehe nicht darin, eine den Trieb repräsentierende Vorstellung aufzuheben, zu vernichten, sondern sie vom Bewußtwerden abzuhalten. Wir sagen dann, sie befinde sich im Zustande des „Unbewußten", und haben gute Beweise dafür vorzubringen, daß sie auch unbewußt Wirkungen äußern kann, auch solche, die endlich das Bewußtsein erreichen. Alles Verdrängte muß unbewußt bleiben, aber wir wollen gleich eingangs feststellen, daß das Verdrängte nicht alles Unbewußte deckt. Das Unbewußte hat den weiteren Umfang; das Verdrängte ist ein Teil des Unbewußten.

Wie sollen wir zur Kenntnis des Unbewußten kommen? Wir kennen es natürlich nur als Bewußtes, nachdem es eine Umsetzung oder Übersetzung in Bewußtes erfahren hat. Die psychoanalytische Arbeit läßt uns alltäglich die Erfahrung machen, daß solche Übersetzung möglich ist. Es wird hiezu erfordert, daß der Analysierte gewisse Widerstände überwinde, die nämlichen, welche es seinerzeit durch Abweisung vom Bewußten zu einem Verdrängten gemacht haben.

## I

### *Die Rechtfertigung des Unbewußten*

Die Berechtigung, ein unbewußtes Seelisches anzunehmen und mit dieser Annahme wissenschaftlich zu arbeiten, wird uns von vielen Seiten bestritten. Wir können dagegen anführen, daß die Annahme des Unbewußten n o t w e n d i g und l e g i t i m ist, und daß wir für die Existenz des Unbewußten mehrfache Beweise besitzen. Sie ist notwendig, weil die Daten des Bewußtseins in hohem Grade lückenhaft sind; sowohl bei Gesunden als bei Kranken kommen häufig psychische Akte vor, welche zu ihrer Erklärung andere Akte voraussetzen, für die aber das Bewußtsein nicht zeugt. Solche Akte sind nicht nur die Fehlhandlungen und die Träume bei Gesunden, alles, was man psychische Symptome und Zwangserscheinungen heißt, bei Kranken — unsere persönlichste tägliche Erfahrung macht uns mit Einfällen bekannt, deren Herkunft wir nicht kennen, und mit Denkresultaten, deren Ausarbeitung uns verborgen geblieben ist. Alle diese bewußten Akte blieben zusammenhanglos und unverständlich, wenn wir den Anspruch festhalten wollen, daß wir auch alles durchs Bewußtsein erfahren müssen, was an seelischen Akten in uns vorgeht, und ordnen sich in einen aufzeigbaren Zusammenhang ein, wenn wir die erschlossenen unbewußten Akte interpolieren. Gewinn an Sinn und Zusammenhang ist aber ein vollberechtigtes Motiv, das uns über die unmittelbare Erfahrung hinaus führen darf. Zeigt es sich dann noch, daß wir auf die Annahme des Unbewußten ein erfolgreiches Handeln aufbauen können, durch welches wir den Ablauf der bewußten Vorgänge zweckdienlich beeinflussen, so haben wir in diesem Erfolg einen unanfechtbaren Beweis für die Existenz des Angenommenen gewonnen. Man muß sich dann auf den Standpunkt stellen, es sei nichts anderes als eine unhaltbare Anmaßung, zu fordern, daß alles, was im Seelischen vorgeht, auch dem Bewußtsein bekannt werden müsse.

Man kann weiter gehen und zur Unterstützung eines unbewußten psychischen Zustandes anführen, daß das Bewußtsein in jedem Moment nur einen geringen Inhalt umfaßt, so daß der größte Teil dessen, was wir bewußte Kenntnis heißen, sich ohnedies über die längsten Zeiten im Zustande der Latenz, also in einem Zustande von psychischer Unbewußtheit, befinden muß.

Der Widerspruch gegen das Unbewußte würde mit Rücksicht auf alle unsere latenten Erinnerungen völlig unbegreiflich werden. Wir stoßen dann auf den Einwand, daß diese latenten Erinnerungen nicht mehr als psychisch zu bezeichnen seien, sondern den Resten von somatischen Vorgängen entsprechen, aus denen das Psychische wieder hervorgehen kann. Es liegt nahe zu erwidern, die latente Erinnerung sei im Gegenteil ein unzweifelhafter Rückstand eines psychischen Vorganges. Wichtiger ist es aber sich klarzumachen, daß der Einwand auf der nicht ausgesprochenen, aber von vornherein fixierten Gleichstellung des Bewußten mit dem Seelischen ruht. Diese Gleichstellung ist entweder eine petitio principii, welche die Frage, ob alles Psychische auch bewußt sein müsse, nicht zuläßt, oder eine Sache der Konvention, der Nomenklatur. In letzterem Charakter ist sie natürlich wie jede Konvention unwiderlegbar. Es bleibt nur die Frage offen, ob sie sich als so zweckmäßig erweist, daß man sich ihr anschließen muß. Man darf antworten, die konventionelle Gleichstellung des Psychischen mit dem Bewußten ist durchaus unzweckmäßig. Sie zerreißt die psychischen Kontinuitäten, stürzt uns in die unlösbaren Schwierigkeiten des psychophysischen Parallelismus, unterliegt dem Vorwurf, daß sie ohne einsichtliche Begründung die Rolle des Bewußtseins überschätzt, und nötigt uns, das Gebiet der psychologischen Forschung vorzeitig zu verlassen, ohne uns von anderen Gebieten her Entschädigung bringen zu können.

Immerhin ist es klar, daß die Frage, ob man die unabweisbaren latenten Zustände des Seelenlebens als unbewußte seelische oder als physische auffassen soll, auf einen Wortstreit hinauszulaufen droht. Es ist darum ratsam, das in den Vordergrund zu rücken, was uns von der Natur dieser fraglichen Zustände mit Sicherheit bekannt ist. Nun sind sie uns nach ihren physischen Charakteren vollkommen unzugänglich; keine physiologische Vorstellung, kein chemischer Prozeß kann uns eine Ahnung von ihrem Wesen vermitteln. Auf der anderen Seite steht fest, daß sie mit den bewußten seelischen Vorgängen die ausgiebigste Berührung haben; sie lassen sich mit einer gewissen Arbeitsleistung in sie umsetzen, durch sie ersetzen, und sie können mit all den Kategorien beschrieben werden, die wir auf die bewußten Seelenakte anwenden, als Vorstellungen, Strebungen, Entschließungen u. dgl. Ja, von manchen dieser latenten Zustände müssen wir aussagen, sie unterscheiden sich von den bewußten eben nur durch den Wegfall des Bewußtseins. Wir werden also nicht zögern, sie als Objekte psychologischer Forschung und in innigstem Zusammenhang mit den bewußten seelischen Akten zu behandeln.

Die hartnäckige Ablehnung des psychischen Charakters der latenten seelischen Akte erklärt sich daraus, daß die meisten der in Betracht kommenden Phänomene außerhalb der Psychoanalyse nicht Gegenstand des Studiums geworden sind. Wer die pathologischen Tatsachen nicht kennt, die Fehlhandlungen der Normalen als Zufälligkeiten gelten läßt und sich bei der alten Weisheit bescheidet, Träume seien Schäume, der braucht dann nur noch einige Rätsel der Bewußtseinspsychologie zu vernachlässigen, um sich die Annahme unbewußter seelischer Tätigkeit zu ersparen. Übrigens haben die hypnotischen Experimente, besonders die posthypnotische Suggestion, Existenz und Wirkungsweise des seelisch Unbewußten bereits vor der Zeit der Psychoanalyse sinnfällig demonstriert.

Die Annahme des Unbewußten ist aber auch eine völlig legitime, insofern wir bei ihrer Aufstellung keinen Schritt von unserer gewohnten, für korrekt gehaltenen Denkweise abweichen. Das Bewußtsein vermittelt jedem einzelnen von uns nur die Kenntnis von eigenen Seelenzuständen; daß auch ein anderer Mensch ein Bewußtsein hat, ist ein Schluß, der per analogiam auf Grund der wahrnehmbaren Äußerungen und Handlungen dieses anderen gezogen wird, um uns dieses Benehmen des anderen verständlich zu machen. (Psychologisch richtiger ist wohl

31*

die Beschreibung, daß wir ohne besondere Überlegung jedem anderen außer uns unsere eigene Konstitution, und also auch unser Bewußtsein, beilegen, und daß diese Identifizierung die Voraussetzung unseres Verständnisses ist.) Dieser Schluß — oder diese Identifizierung — wurde einst vom Ich auf andere Menschen, Tiere, Pflanzen, Unbelebtes und auf das Ganze der Welt ausgedehnt und erwies sich als brauchbar, solange die Ähnlichkeit mit dem Einzel-Ich eine überwältigend große war, wurde aber in dem Maße unverläßlicher, als sich das Andere vom Ich entfernte. Unsere heutige Kritik wird bereits beim Bewußtsein der Tiere unsicher, verweigert sich dem Bewußtsein der Pflanzen und weist die Annahme eines Bewußtseins des Unbelebten der Mystik zu. Aber auch, wo die ursprüngliche Identifizierungsneigung die kritische Prüfung bestanden hat, bei dem uns nächsten menschlichen Anderen, ruht die Annahme eines Bewußtseins auf einem Schluß und kann nicht die unmittelbare Sicherheit unseres eigenen Bewußtseins teilen.

Die Psychoanalyse fordert nun nichts anderes, als daß dieses Schlußverfahren auch gegen die eigene Person gewendet werde, wozu eine konstitutionelle Neigung allerdings nicht besteht. Geht man so vor, so muß man sagen, alle die Akte und Äußerungen, die ich an mir bemerke und mit meinem sonstigen psychischen Leben nicht zu verknüpfen weiß, müssen beurteilt werden, als ob sie einer anderen Person angehörten, und sollen durch ein ihr zugeschriebenes Seelenleben Aufklärung finden. Die Erfahrung zeigt auch, daß man dieselben Akte, denen man bei der eigenen Person die psychische Anerkennung verweigert, bei anderen sehr wohl zu deuten d. h. in den seelischen Zusammenhang einzureihen versteht. Unsere Forschung wird hier offenbar durch ein besonderes Hindernis von der eigenen Person abgelenkt und an deren richtiger Erkenntnis behindert.

Dies trotz inneren Widerstrebens gegen die eigene Person gewendete Schlußverfahren führt nun nicht zur Aufdeckung eines

Unbewußten, sondern korrekterweise zur Annahme eines anderen, zweiten Bewußtseins, welches mit dem mir bekannten in meiner Person vereinigt ist. Allein hier findet die Kritik berechtigten Anlaß, einiges einzuwerfen. Erstens ist ein Bewußtsein, von dem der eigene Träger nichts weiß, noch etwas anderes als ein fremdes Bewußtsein, und es wird fraglich, ob ein solches Bewußtsein, dem der wichtigste Charakter abgeht, überhaupt noch Diskussion verdient. Wer sich gegen die Annahme eines unbewußten Psychischen gesträubt hat, der wird nicht zufrieden sein können, dafür ein unbewußtes Bewußtsein einzutauschen. Zweitens weist die Analyse darauf hin, daß die einzelnen latenten Seelenvorgänge, die wir erschließen, sich eines hohen Grades von gegenseitiger Unabhängigkeit erfreuen, so als ob sie miteinander nicht in Verbindung stünden und nichts voneinander wüßten. Wir müssen also bereit sein, nicht nur ein zweites Bewußtsein in uns anzunehmen, sondern auch ein drittes, viertes, vielleicht eine unabschließbare Reihe von Bewußtseinszuständen, die sämtlich uns und miteinander unbekannt sind. Drittens kommt als schwerstes Argument in Betracht, daß wir durch die analytische Untersuchung erfahren, ein Teil dieser latenten Vorgänge besitze Charaktere und Eigentümlichkeiten, welche uns fremd, selbst unglaublich erscheinen und den uns bekannten Eigenschaften des Bewußtseins direkt zuwiderlaufen. Somit werden wir Grund haben, den gegen die eigene Person gewendeten Schluß dahin abzuändern, er beweise uns nicht ein zweites Bewußtsein in uns, sondern die Existenz von psychischen Akten, welche des Bewußtseins entbehren. Wir werden auch die Bezeichnung eines „Unterbewußtseins" als inkorrekt und irreführend ablehnen dürfen. Die bekannten Fälle von *„double conscience"* (Bewußtseinsspaltung) beweisen nichts gegen unsere Auffassung. Sie lassen sich am zutreffendsten beschreiben als Fälle von Spaltung der seelischen Tätigkeiten in zwei Gruppen, wobei sich dann das nämliche Bewußtsein alternierend dem einen oder dem anderen Lager zuwendet.

Es bleibt uns in der Psychoanalyse gar nichts anderes übrig, als die seelischen Vorgänge für an sich unbewußt zu erklären und ihre Wahrnehmung durch das Bewußtsein mit der Wahrnehmung der Außenwelt durch die Sinnesorgane zu vergleichen. Wir hoffen sogar aus diesem Vergleich einen Gewinn für unsere Erkenntnis zu ziehen. Die psychoanalytische Annahme der unbewußten Seelentätigkeit erscheint uns einerseits als eine weitere Fortbildung des primitiven Animismus, der uns überall Ebenbilder unseres Bewußtseins vorspiegelte, und anderseits als die Fortsetzung der Korrektur, die Kant an unserer Auffassung der äußeren Wahrnehmung vorgenommen hat. Wie Kant uns gewarnt hat, die subjektive Bedingtheit unserer Wahrnehmung nicht zu übersehen und unsere Wahrnehmung nicht für identisch mit dem unerkennbaren Wahrgenommenen zu halten, so mahnt die Psychoanalyse, die Bewußtseinswahrnehmung nicht an die Stelle des unbewußten psychischen Vorganges zu setzen, welcher ihr Objekt ist. Wie das Physische, so braucht auch das Psychische nicht in Wirklichkeit so zu sein, wie es uns erscheint. Wir werden uns aber mit Befriedigung auf die Erfahrung vorbereiten, daß die Korrektur der inneren Wahrnehmung nicht ebenso große Schwierigkeit bietet wie die der äußeren, daß das innere Objekt minder unerkennbar ist als die Außenwelt.

## II

### *Die Vieldeutigkeit des Unbewußten und der topische Gesichtspunkt*

Ehe wir weitergehen, wollen wir die wichtige, aber auch beschwerliche Tatsache feststellen, daß die Unbewußtheit nur ein Merkmal des Psychischen ist, welches für dessen Charakteristik keineswegs ausreicht. Es gibt psychische Akte von sehr verschiedener Dignität, die doch in dem Charakter, unbewußt zu sein, übereinstimmen. Das Unbewußte umfaßt einerseits Akte, die bloß latent, zeitweilig unbewußt sind, sich aber sonst von den bewußten in nichts unterscheiden, und anderseits Vorgänge wie die verdrängten, die, wenn sie bewußt würden, sich von den übrigen bewußten aufs grellste abheben müßten. Es würde allen Mißverständnissen ein Ende machen, wenn wir von nun an bei der Beschreibung der verschiedenartigen psychischen Akte ganz davon absehen würden, ob sie bewußt oder unbewußt sind, und sie bloß nach ihrer Beziehung zu den Trieben und Zielen, nach ihrer Zusammensetzung und Angehörigkeit zu den einander übergeordneten psychischen Systemen klassifizieren und in Zusammenhang bringen würden. Dies ist aber aus verschiedenen Gründen undurchführbar, und somit können wir der Zweideutigkeit nicht entgehen, daß wir die Worte bewußt und unbewußt bald im deskriptiven Sinne gebrauchen, bald im systematischen, wo sie dann Zugehörigkeit zu bestimmten Systemen und Begabung mit gewissen Eigenschaften bedeuten. Man könnte noch den Versuch machen, die Verwirrung dadurch zu vermeiden, daß man die erkannten psychischen Systeme mit willkürlich gewählten Namen bezeichnet, in denen die Bewußtheit nicht gestreift wird. Allein man müßte vorher Rechenschaft ablegen, worauf man die Unterscheidung der Systeme gründet, und könnte dabei die Bewußtheit nicht umgehen, da sie den Ausgangspunkt aller unserer Untersuchungen bildet. Wir können vielleicht einige Abhilfe von dem Vorschlag erwarten, wenigstens in der Schrift Bewußtsein durch die Darstellung *Bw* und Unbewußtes durch die entsprechende Abkürzung *Ubw* zu ersetzen, wenn wir die beiden Worte im systematischen Sinne gebrauchen.

In positiver Darstellung sagen wir nun als Ergebnis der Psychoanalyse aus, daß ein psychischer Akt im allgemeinen zwei Zustandsphasen durchläuft, zwischen welche eine Art Prüfung (Zensur) eingeschaltet ist. In der ersten Phase ist er unbewußt und gehört dem System *Ubw* an; wird er bei der Prüfung von der Zensur abgewiesen, so ist ihm der Übergang in die zweite Phase versagt; er heißt dann „verdrängt" und muß unbewußt bleiben. Besteht er aber diese Prüfung, so tritt er in die zweite Phase ein und wird dem zweiten System zugehörig, welches wir das System *Bw* nennen wollen. Sein Verhältnis zum Bewußtsein ist aber durch diese Zugehörigkeit noch nicht eindeutig bestimmt. Er ist noch nicht bewußt, wohl aber bewußtseinsfähig (nach dem Ausdruck von J. Breuer), d. h. er kann nun ohne besonderen Widerstand beim Zutreffen gewisser Bedingungen Objekt des Bewußtseins werden. Mit Rücksicht auf diese Bewußtseinsfähigkeit heißen wir das System *Bw* auch das „Vorbewußte". Sollte es sich herausstellen, daß auch das Bewußtwerden des Vorbewußten durch eine gewisse Zensur mitbestimmt wird, so werden wir die Systeme *Vbw* und *Bw* strenger voneinander sondern. Vorläufig genüge es festzuhalten, daß das System *Vbw* die Eigenschaften des Systems *Bw* teilt, und daß die strenge Zensur am Übergang vom *Ubw* zum *Vbw* (oder *Bw*) ihres Amtes waltet.

Mit der Aufnahme dieser (zwei oder drei) psychischen Systeme hat sich die Psychoanalyse einen Schritt weiter von der deskriptiven Bewußtseinspsychologie entfernt, sich eine neue Fragestellung und einen neuen Inhalt beigelegt. Sie unterschied sich von der Psychologie bisher hauptsächlich durch die dynamische Auffassung der seelischen Vorgänge; nun kommt hinzu, daß sie auch die psychische Topik berücksichtigen und von einem beliebigen seelischen Akt angeben will, innerhalb welchen Systems oder zwischen welchen Systemen er sich abspielt. Wegen dieses Bestrebens hat sie auch den Namen einer Tiefenpsychologie erhalten. Wir werden hören, daß sie auch noch um einen anderen Gesichtspunkt bereichert werden kann.

Wollen wir mit einer Topik der seelischen Akte Ernst machen, so müssen wir unser Interesse einer an dieser Stelle auftauchenden Zweifelfrage zuwenden. Wenn ein psychischer Akt (beschränken wir uns hier auf einen solchen von der Natur einer Vorstellung) die Umsetzung aus dem System *Ubw* in das System

*Bw* (oder *Vbw*) erfährt, sollen wir annehmen, daß mit dieser Umsetzung eine neuerliche Fixierung, gleichsam eine zweite Niederschrift der betreffenden Vorstellung verbunden ist, die also auch in einer neuen psychischen Lokalität enthalten sein kann, und neben welcher die ursprüngliche unbewußte Niederschrift fortbesteht? Oder sollen wir eher glauben, daß die Umsetzung in einer Zustandsänderung besteht, welche sich an dem nämlichen Material und an derselben Lokalität vollzieht? Diese Frage kann abstrus erscheinen, muß aber aufgeworfen werden, wenn wir uns von der psychischen Topik, der psychischen Tiefendimension, eine bestimmtere Idee bilden wollen. Sie ist schwierig, weil sie über das rein Psychologische hinausgeht und die Beziehungen des seelischen Apparates zur Anatomie streift. Wir wissen, daß solche Beziehungen im Gröbsten existieren. Es ist ein unerschütterliches Resultat der Forschung, daß die seelische Tätigkeit an die Funktion des Gehirns gebunden ist wie an kein anderes Organ. Ein Stück weiter — es ist nicht bekannt, wie weit — führt die Entdeckung von der Ungleichwertigkeit der Gehirnteile und deren Sonderbeziehung zu bestimmten Körperteilen und geistigen Tätigkeiten. Aber alle Versuche, von da aus eine Lokalisation der seelischen Vorgänge zu erraten, alle Bemühungen, die Vorstellungen in Nervenzellen aufgespeichert zu denken und die Erregungen auf Nervenfasern wandern zu lassen, sind gründlich gescheitert. Dasselbe Schicksal würde einer Lehre bevorstehen, die etwa den anatomischen Ort des Systems *Bw*, der bewußten Seelentätigkeit, in der Hirnrinde erkennen und die unbewußten Vorgänge in die subkortikalen Hirnpartien versetzen wollte. Es klafft hier eine Lücke, deren Ausfüllung derzeit nicht möglich ist, auch nicht zu den Aufgaben der Psychologie gehört. Unsere psychische Topik hat vorläufig nichts mit der Anatomie zu tun; sie bezieht sich auf Regionen des seelischen Apparats, wo immer sie im Körper gelegen sein mögen, und nicht auf anatomische Örtlichkeiten.

Unsere Arbeit ist also in dieser Hinsicht frei und darf nach ihren eigenen Bedürfnissen vorgehen. Es wird auch förderlich sein, wenn wir uns daran mahnen, daß unsere Annahmen zunächst nur den Wert von Veranschaulichungen beanspruchen. Die erstere der beiden in Betracht gezogenen Möglichkeiten, nämlich daß die *bw* Phase der Vorstellung eine neue, an anderem Orte befindliche Niederschrift derselben bedeute, ist unzweifelhaft die gröbere, aber auch die bequemere. Die zweite Annahme, die einer bloß funktionellen Zustandsänderung, ist die von vornherein wahrscheinlichere, aber sie ist minder plastisch, weniger leicht zu handhaben. Mit der ersten, der topischen Annahme ist die einer topischen Trennung der Systeme *Ubw* und *Bw* und die Möglichkeit verknüpft, daß eine Vorstellung gleichzeitig an zwei Stellen des psychischen Apparats vorhanden sei, ja, daß sie, wenn durch die Zensur ungehemmt, regelmäßig von dem einen Ort an den anderen vorrücke, eventuell, ohne ihre erste Niederlassung oder Niederschrift zu verlieren. Das mag befremdlich aussehen, kann sich aber an Eindrücke aus der psychoanalytischen Praxis anlehnen.

Wenn man einem Patienten eine seinerzeit von ihm verdrängte Vorstellung, die man erraten hat, mitteilt, so ändert dies zunächst an seinem psychischen Zustand nichts. Es hebt vor allem nicht die Verdrängung auf, macht deren Folgen nicht rückgängig, wie man vielleicht erwarten konnte, weil die früher unbewußte Vorstellung nun bewußt geworden ist. Man wird im Gegenteil zunächst nur eine neuerliche Ablehnung der verdrängten Vorstellung erzielen. Der Patient hat aber jetzt tatsächlich dieselbe Vorstellung in zweifacher Form an verschiedenen Stellen seines seelischen Apparats, erstens hat er die bewußte Erinnerung an die Gehörspur der Vorstellung durch die Mitteilung, zweitens trägt er daneben, wie wir mit Sicherheit wissen, die unbewußte Erinnerung an das Erlebte in der früheren Form in sich. In Wirklichkeit tritt nun eine Aufhebung der Verdrängung nicht eher ein, als bis die bewußte Vorstellung sich nach Überwindung der Widerstände mit der unbewußten Erinnerungsspur in Verbindung gesetzt hat. Erst durch das Bewußtmachen dieser letzteren selbst wird der Erfolg erreicht. Damit schiene ja für oberflächliche Erwägung erwiesen, daß bewußte und unbewußte Vorstellungen verschiedene und topisch gesonderte Niederschriften des nämlichen Inhaltes sind. Aber die nächste Überlegung zeigt, daß die Identität der Mitteilung mit der verdrängten Erinnerung des Patienten nur eine scheinbare ist. Das Gehörthaben und das Erlebthaben sind zwei nach ihrer psychologischen Natur ganz verschiedene Dinge, auch wenn sie den nämlichen Inhalt haben.

Wir sind also zunächst nicht imstande, zwischen den beiden erörterten Möglichkeiten zu entscheiden. Vielleicht treffen wir späterhin auf Momente, welche für eine von beiden den Ausschlag geben können. Vielleicht steht uns die Entdeckung bevor, daß unsere Fragestellung unzureichend war, und daß die Unterscheidung der unbewußten Vorstellung von der bewußten noch ganz anders zu bestimmen ist.

## *III*

## *Unbewußte Gefühle*

Wir haben die vorstehende Diskussion auf Vorstellungen eingeschränkt und können nun eine neue Frage aufwerfen, deren Beantwortung zur Klärung unserer theoretischen Ansichten beitragen muß. Wir sagten, es gäbe bewußte und unbewußte Vorstellungen; gibt es aber auch unbewußte Triebregungen, Gefühle, Empfindungen, oder ist es diesmal sinnlos, solche Zusammensetzungen zu bilden?

Ich meine wirklich, der Gegensatz von Bewußt und Unbewußt hat auf den Trieb keine Anwendung. Ein Trieb kann nie Objekt des Bewußtseins werden, nur die Vorstellung, die ihn repräsentiert. Er kann aber auch im Unbewußten nicht anders als durch die Vorstellung repräsentiert sein. Würde der Trieb sich nicht an eine Vorstellung heften oder nicht als ein Affektzustand zum Vorschein kommen, so könnten wir nichts von ihm wissen. Wenn wir aber doch von einer unbewußten Triebregung oder einer verdrängten Triebregung reden, so ist dies eine harmlose Nachlässigkeit des Ausdrucks. Wir können nichts anderes meinen als eine Triebregung, deren Vorstellungsrepräsentanz unbewußt ist, denn etwas anderes kommt nicht in Betracht.

Man sollte meinen, die Antwort auf die Frage nach den unbewußten Empfindungen, Gefühlen, Affekten sei ebenso leicht zu geben. Zum Wesen eines Gefühls gehört es doch, daß es verspürt, also dem Bewußtsein bekannt wird. Die Möglichkeit einer Unbewußtheit würde also für Gefühle, Empfindungen, Affekte völlig entfallen. Wir sind aber in der psychoanalytischen Praxis gewöhnt, von unbewußter Liebe, Haß, Wut usw. zu sprechen und finden selbst die befremdliche Vereinigung „unbewußtes Schuldbewußtsein“ oder eine paradoxe „unbewußte Angst“ unvermeidlich. Geht dieser Sprachgebrauch an Bedeutung über den im Falle des „unbewußten Triebes“ hinaus?

Der Sachverhalt ist hier wirklich ein anderer. Es kann zunächst vorkommen, daß eine Affekt- oder Gefühlsregung wahrgenommen, aber verkannt wird. Sie ist durch die Verdrängung ihrer eigentlichen Repräsentanz zur Verknüpfung mit einer anderen Vorstellung genötigt worden und wird nun vom Bewußtsein für die Äußerung dieser letzteren gehalten. Wenn wir den richtigen Zusammenhang wieder herstellen, heißen wir die ursprüngliche Affektregung eine „unbewußte“, obwohl ihr Affekt niemals unbewußt war, nur ihre Vorstellung der Verdrängung erlegen ist. Der Gebrauch der Ausdrücke „unbewußter Affekt und unbewußtes Gefühl“ weist überhaupt auf die Schicksale des quantitativen Faktors der Triebregung infolge der Verdrängung zurück (siehe die Abhandlung über Verdrängung). Wir wissen, daß dies Schicksal ein dreifaches sein kann; der Affekt bleibt entweder — ganz oder teilweise — als solcher bestehen, oder er erfährt eine Verwandlung in einen qualitativ anderen Affektbetrag, vor allem in Angst, oder er wird unterdrückt, d. h. seine Entwicklung überhaupt verhindert. (Diese Möglichkeiten sind an der Traumarbeit vielleicht noch leichter zu studieren als bei den Neurosen.) Wir wissen auch, daß die Unterdrückung der Affektentwicklung das eigentliche Ziel der Verdrängung ist, und daß deren Arbeit unabgeschlossen bleibt, wenn das Ziel nicht erreicht wird. In allen Fällen, wo der Verdrängung die Hemmung der Affektentwicklung gelingt, heißen wir die Affekte, die wir im Redressement der Verdrängungsarbeit wieder einsetzen, „unbewußte". Dem Sprachgebrauch ist also die Konsequenz nicht abzustreiten; es besteht aber im Vergleiche mit der unbewußten Vorstellung der bedeutsame Unterschied, daß die unbewußte Vorstellung nach der Verdrängung als reale Bildung im System *Ubw* bestehen bleibt, während dem unbewußten Affekt ebendort nur eine Ansatzmöglichkeit, die nicht zur Entfaltung kommen durfte, entspricht. Streng genommen und obwohl der Sprachgebrauch tadellos bleibt, gibt es also keine unbewußten Affekte, wie es unbewußte Vorstellungen gibt. Es kann aber sehr wohl im System *Ubw* Affektbildungen geben, die wie andere bewußt werden. Der ganze Unterschied rührt daher, daß Vorstellungen Besetzungen — im Grunde von Erinnerungsspuren — sind, während die Affekte und Gefühle Abfuhrvorgängen entsprechen, deren letzte Äußerungen als Empfindungen wahrgenommen werden. Im gegenwärtigen Zustand unserer Kenntnis von den Affekten und Gefühlen können wir diesen Unterschied nicht klarer ausdrücken.

Die Feststellung, daß es der Verdrängung gelingen kann, die Umsetzung der Triebregung in Affektäußerung zu hemmen, ist für uns von besonderem Interesse. Sie zeigt uns, daß das System *Bw* normalerweise die Affektivität wie den Zugang zur Motilität beherrscht, und hebt den Wert der Verdrängung, indem sie als deren Folgen nicht nur die Abhaltung vom Bewußtsein, sondern auch von der Affektentwicklung und von der Motivierung der Muskeltätigkeit aufzeigt. Wir können auch in umgekehrter Darstellung sagen: Solange das System *Bw* Affektivität und Motilität beherrscht, heißen wir den psychischen Zustand des Individuums normal. Indes ist ein Unterschied in der Beziehung des herrschenden Systems zu den beiden einander nahe stehenden Abfuhraktionen unverkennbar.[1] Während die Herrschaft des *Bw* über die willkürliche Motilität fest gegründet ist, dem Ansturm der Neurose regelmäßig widersteht und erst in der Psychose zusammenbricht, ist die Beherrschung der Affektentwicklung durch *Bw* minder gefestigt. Noch innerhalb des normalen Lebens läßt sich ein beständiges Ringen der beiden Systeme *Bw* und *Ubw* um den Primat in der Affektivität erkennen, grenzen sich gewisse Einflußsphären voneinander ab und stellen sich Vermengungen der wirksamen Kräfte her.

Die Bedeutung des Systems *Bw (Vbw)* für die Zugänge zur Affektentbindung und Aktion macht uns auch die Rolle verständlich, welche in der Krankheitsgestaltung der Ersatzvorstellung zufällt. Es ist möglich, daß die Affektentwicklung direkt vom System *Ubw* ausgeht, in diesem Falle hat sie immer den Charakter der Angst, gegen welche alle „verdrängten" Affekte eingetauscht werden. Häufig aber muß die Triebregung warten, bis sie eine Ersatzvorstellung im System *Bw* gefunden hat. Dann ist die Affektentwicklung von diesem bewußten Ersatz her ermöglicht und der qualitative Charakter des Affekts durch dessen Natur bestimmt. Wir haben behauptet, daß bei der Verdrängung eine Trennung des Affekts von seiner Vorstellung stattfindet, worauf beide ihren gesonderten Schicksalen entgegengehen. Das ist deskriptiv unbestreitbar; der wirkliche Vorgang aber ist in der Regel,

1) Die Affektivität äußert sich wesentlich in motorischer (sekretorischer, gefäßregulierender) Abfuhr zur (inneren) Veränderung des eigenen Körpers ohne Beziehung zur Außenwelt, die Motilität in Aktionen, die zur Veränderung der Außenwelt bestimmt sind.

daß ein Affekt so lange nicht zu stande kommt, bis nicht der Durchbruch zu einer neuen Vertretung im System *Bw* gelungen ist.

## *IV*

## *Topik und Dynamik der Verdrängung*

Wir haben das Resultat erhalten, daß die Verdrängung im wesentlichen ein Vorgang ist, der sich an Vorstellungen an der Grenze der Systeme *Ubw* und *Vbw (Bw)* vollzieht, und können nun einen neuerlichen Versuch machen, diesen Vorgang eingehender zu beschreiben. Es muß sich dabei um eine Entziehung von Besetzung handeln, aber es fragt sich, in welchem System findet die Entziehung statt, und welchem System gehört die entzogene Besetzung an.

Die verdrängte Vorstellung bleibt im *Ubw* aktionsfähig; sie muß also ihre Besetzung behalten haben. Das Entzogene muß etwas anderes sein. Nehmen wir den Fall der eigentlichen Verdrängung vor (des Nachdrängens), wie sie sich an der vorbewußten oder selbst bereits bewußten Vorstellung abspielt, dann kann die Verdrängung nur darin bestehen, daß der Vorstellung die (vor)bewußte Besetzung entzogen wird, die dem System *Vbw* angehört. Die Vorstellung bleibt dann unbesetzt oder sie erhält Besetzung vom *Ubw* her, oder sie behält die *ubw* Besetzung, die sie schon früher hatte. Also Entziehung der vorbewußten, Erhaltung der unbewußten Besetzung oder Ersatz der vorbewußten Besetzung durch eine unbewußte. Wir bemerken übrigens, daß wir dieser Betrachtung wie unabsichtlich die Annahme zu Grunde gelegt haben, der Übergang aus dem System *Ubw* in ein nächstes geschehe nicht durch eine neue Niederschrift, sondern durch eine Zustandsänderung, einen Wandel in der Besetzung. Die funktionale Annahme hat hier die topische mit leichter Mühe aus dem Felde geschlagen.

Dieser Vorgang der Libidoentziehung reicht aber nicht aus, um einen anderen Charakter der Verdrängung begreiflich zu machen. Es ist nicht einzusehen, warum die besetzt gebliebene oder vom *Ubw* her mit Besetzung versehene Vorstellung nicht den Versuch erneuern sollte, kraft ihrer Besetzung in das System *Vbw* einzudringen. Dann müßte sich die Libidoentziehung an ihr wiederholen, und dasselbe Spiel würde sich unabgeschlossen fortsetzen, das Ergebnis aber nicht das der Verdrängung sein. Ebenso würde der besprochene Mechanismus der Entziehung vorbewußter Besetzung versagen, wenn es sich um die Darstellung der Urverdrängung handelt; in diesem Falle liegt ja eine unbewußte Vorstellung vor, die noch keine Besetzung vom *Vbw* erhalten hat, der eine solche also auch nicht entzogen werden kann.

Wir bedürfen also hier eines anderen Vorganges, welcher im ersten Falle die Verdrängung unterhält, im zweiten ihre Herstellung und Fortdauer besorgt, und können diesen nur in der Annahme einer Gegenbesetzung finden, durch welche sich das System *Vbw* gegen das Andrängen der unbewußten Vorstellung schützt. Wie sich eine solche Gegenbesetzung, die im System *Vbw* vor sich geht, äußert, werden wir an klinischen Beispielen sehen. Sie ist es, welche den Daueraufwand einer Urverdrängung repräsentiert, aber auch deren Dauerhaftigkeit verbürgt. Die Gegenbesetzung ist der alleinige Mechanismus der Urverdrängung; bei der eigentlichen Verdrängung (dem Nachdrängen) kommt die Entziehung der *vbw* Besetzung hinzu. Es ist sehr wohl möglich, daß gerade die der Vorstellung entzogene Besetzung zur Gegenbesetzung verwendet wird.

Wir merken, wie wir allmählich dazu gekommen sind, in der Darstellung psychischer Phänomene einen dritten Gesichtspunkt zur Geltung zu bringen, außer dem dynamischen und dem topischen den ökonomischen, der die Schicksale der Erregungsgrößen zu verfolgen und eine wenigstens relative Schätzung derselben zu gewinnen strebt. Wir werden es nicht unbillig finden, die Betrachtungsweise, welche die Vollendung der psychoanalytischen Forschung ist, durch einen besonderen Namen auszuzeichnen. Ich schlage vor, daß es eine metapsychologische Darstellung genannt werden soll, wenn es uns gelingt, einen psychischen Vorgang nach seinen dynamischen, topischen und ökonomischen Beziehungen zu beschreiben. Es ist vorherzusagen, daß es uns bei dem gegenwärtigen Stand unserer Einsichten nur an vereinzelten Stellen gelingen wird.

Machen wir einen zaghaften Versuch, eine metapsychologische Beschreibung des Verdrängungsvorganges bei den drei bekannten Übertragungsneurosen zu geben. Wir dürfen dabei „Besetzung" durch „Libido" ersetzen, weil es sich ja, wie wir wissen, um die Schicksale von Sexualtrieben handelt.

Eine erste Phase des Vorganges bei der Angsthysterie wird häufig übersehen, vielleicht auch wirklich übergangen, ist aber bei sorgfältiger Beobachtung gut kenntlich. Sie besteht darin, daß Angst auftritt, ohne daß wahrgenommen würde, wovor. Es ist anzunehmen, daß im *Ubw* eine Liebesregung vorhanden war, die nach der Umsetzung ins System *Vbw* verlangte; aber die von diesem System her ihr zugewendete Besetzung zog sich nach Art eines Fluchtversuches von ihr zurück, und die unbewußte Libidobesetzung der zurückgewiesenen Vorstellung wurde als Angst abgeführt. Bei einer etwaigen Wiederholung des Vorganges wurde ein erster Schritt zur Bewältigung der unliebsamen Angstentwicklung unternommen. Die fliehende Besetzung wendete sich einer Ersatzvorstellung zu, die einerseits assoziativ mit der abgewiesenen Vorstellung zusammenhing, anderseits durch die Entfernung von ihr der Verdrängung entzogen war (Verschiebungsersatz) und eine Rationalisierung der noch unhemmbaren Angstentwicklung gestattete. Die Ersatzvorstellung spielt nun für das System *Bw (Vbw)* die Rolle einer Gegenbesetzung, indem sie es gegen das Auftauchen der verdrängten Vorstellung im *Bw* versichert, anderseits ist sie die Ausgangsstelle der nun erst recht unhemmbaren Angstaffektentbindung oder benimmt sich als solche. Die klinische Beobachtung zeigt, daß z. B. das an der Tierphobie leidende Kind nun unter zweierlei Bedingungen Angst verspürt, erstens wenn die verdrängte Liebesregung eine Verstärkung erfährt, und zweitens wenn das Angsttier wahrgenommen wird. Die Ersatzvorstellung benimmt sich in dem einen Falle wie die Stelle einer Überleitung aus dem System *Ubw* in das System *Bw*, im anderen wie eine selbständige Quelle der Angstentbindung. Die Ausdehnung der Herrschaft des Systems *Bw* pflegt sich darin zu äußern, daß die erste Erregungsweise der Ersatzvorstellung gegen die zweite immer mehr zurücktritt. Vielleicht benimmt sich am Ende das Kind so, als hätte es gar keine Neigung zu dem Vater, wäre ganz von ihm freigeworden, und als hätte es wirklich Angst vor dem Tier. Nur daß diese Tierangst, aus der unbewußten Triebquelle gespeist, sich widerspenstig und übergroß gegen alle Beeinflussungen aus dem System *Bw* erweist und dadurch ihre Herkunft aus dem System *Ubw* verrät.

Die Gegenbesetzung aus dem System *Bw* hat also in der zweiten Phase der Angsthysterie zur Ersatzbildung geführt. Derselbe Mechanismus findet bald eine neuerliche Anwendung. Der Verdrängungsvorgang ist, wie wir wissen, noch nicht abgeschlossen und findet ein weiteres Ziel in der Aufgabe, die vom Ersatz ausgehende Angstentwicklung zu hemmen. Dies geschieht in der Weise, daß die gesamte assoziierte Umgebung der Ersatzvorstellung mit besonderer Intensität besetzt wird, so daß sie eine hohe Empfindlichkeit gegen Erregung bezeigen kann. Eine Erregung irgend einer Stelle dieses Vorbaues muß zufolge der Verknüpfung mit der Ersatzvorstellung den Anstoß zu einer geringen Angstentwicklung geben, welche nun als Signal benützt wird, um durch neuerliche Flucht der Besetzung den weiteren Fortgang der Angstentwicklung zu hemmen. Je weiter weg vom gefürchteten Ersatz die empfindlichen und wachsamen Gegenbesetzungen angebracht sind, desto präziser kann der Mechanismus funktionieren, der die Ersatzvorstellung isolieren und neue Erregungen von ihr abhalten soll. Diese Vorsichten schützen natürlich nur gegen Erregungen, die von außen, durch die Wahrnehmung an die Ersatzvorstellung herantreten, aber niemals gegen die Trieberregung, die von der Verbindung mit der verdrängten Vorstellung her die Ersatzvorstellung trifft. Sie beginnen also erst zu wirken, wenn der Ersatz die Vertretung des Verdrängten gut übernommen hat, und können niemals ganz verläßlich wirken. Bei jedem Ansteigen der Trieberregung muß der schützende Wall um die Ersatzvorstellung um ein Stück weiter hinaus verlegt werden. Die ganze Konstruktion, die in analoger Weise bei den anderen Neurosen hergestellt wird, trägt den Namen einer Phobie. Der Ausdruck der Flucht vor bewußter Besetzung der Ersatzvorstellung sind die Vermeidungen, Verzichte und Verbote, an denen man die Angsthysterie erkennt. Überschaut man den ganzen Vorgang, so kann man sagen, die dritte Phase hat die Arbeit der zweiten in größerem Ausmaß wiederholt. Das System *Bw* schützt sich jetzt gegen die Aktivierung der Ersatzvorstellung durch die Gegenbesetzung der Umgebung, wie es sich vorhin durch die Besetzung der Ersatzvorstellung gegen das Auftauchen der verdrängten Vorstellung gesichert hatte. Die Ersatzbildung durch Verschiebung hat sich in solcher Weise fortgesetzt. Man muß auch hinzufügen, daß das System *Bw* früher nur eine kleine Stelle besaß, die eine Einbruchspforte der verdrängten Triebregung war, die Ersatzvorstellung nämlich, daß aber am Ende der ganze phobische Vorbau einer solchen Enklave des unbewußten Einflusses entspricht. Man kann ferner den interessanten Gesichtspunkt hervorheben, daß durch den ganzen ins Werk gesetzten Abwehrmechanismus eine Projektion der Triebgefahr nach außen erreicht worden ist. Das Ich benimmt sich so, als ob ihm die Gefahr der Angstentwicklung nicht von einer Triebregung, sondern von einer Wahrnehmung her drohte, und darf darum gegen diese äußere Gefahr mit den Fluchtversuchen der phobischen Vermeidungen reagieren. Eines gelingt bei diesem Vorgang der Verdrängung: die Entbindung von Angst läßt sich

32*

einigermaßen eindämmen, aber nur unter schweren Opfern an persönlicher Freiheit. Fluchtversuche vor Triebansprüchen sind aber im allgemeinen nutzlos, und das Ergebnis der phobischen Flucht bleibt doch unbefriedigend.

Von den Verhältnissen, die wir bei der Angsthysterie erkannt haben, gilt ein großer Anteil auch für die beiden anderen Neurosen, so daß wir die Erörterung auf die Unterschiede und die Rolle der Gegenbesetzung beschränken können. Bei der Konversionshysterie wird die Triebbesetzung der verdrängten Vorstellung in die Innervation des Symptoms umgesetzt. Inwieweit und unter welchen Umständen die unbewußte Vorstellung durch diese Abfuhr zur Innervation drainiert ist, so daß sie ihr Andrängen gegen das System *Bw* aufgeben kann, diese und ähnliche Fragen bleiben besser einer speziellen Untersuchung der Hysterie vorbehalten. Die Rolle der Gegenbesetzung, die vom System *Bw (Vbw)* ausgeht, ist bei der Konversionshysterie deutlich und kommt in der Symptombildung zum Vorschein. Die Gegenbesetzung ist es, welche die Auswahl trifft, auf welches Stück der Triebrepräsentanz die ganze Besetzung derselben konzentriert werden darf. Dies zum Symptom erlesene Stück erfüllt die Bedingung, daß es dem Wunschziel der Triebregung ebensosehr Ausdruck gibt wie dem Abwehr- oder Strafbestreben des Systems *Bw;* es wird also überbesetzt und von beiden Seiten her gehalten wie die Ersatzvorstellung der Angsthysterie. Wir können aus diesem Verhältnis ohne weiteres den Schluß ziehen, daß der Verdrängungsaufwand des Systems *Bw* nicht so groß zu sein braucht wie die Besetzungsenergie des Symptoms, denn die Stärke der Verdrängung wird durch die aufgewendete Gegenbesetzung gemessen, und das Symptom stützt sich nicht nur auf die Gegenbesetzung, sondern auch auf die in ihm verdichtete Triebbesetzung aus dem System *Ubw.*

Für die Zwangsneurose hätten wir den in der vorigen Abhandlung enthaltenen Bemerkungen nur hinzuzufügen, daß hier die Gegenbesetzung des Systems *Bw* am sinnfälligsten in den Vordergrund tritt. Sie ist es, die als Reaktionsbildung organisiert die erste Verdrängung besorgt, und an welcher später der Durchbruch der verdrängten Vorstellung erfolgt. Man darf der Vermutung Raum geben, daß es an dem Vorwiegen der Gegenbesetzung und Ausfallen einer Abfuhr liegt, wenn das Werk der Verdrängung bei Angsthysterie und Zwangsneurose weit weniger geglückt erscheint als bei der Konversionshysterie.

## *V*

## *Die besonderen Eigenschaften des Systems Ubw*

Eine neue Bedeutung erhält die Unterscheidung der beiden psychischen Systeme, wenn wir darauf aufmerksam werden, daß die Vorgänge des einen Systems, des *Ubw*, Eigenschaften zeigen, die sich in dem nächst höheren nicht wiederfinden.

Der Kern des *Ubw* besteht aus Triebrepräsentanzen, die ihre Besetzung abführen wollen, also aus Wunschregungen. Diese Triebregungen sind einander koordiniert, bestehen unbeeinflußt nebeneinander, widersprechen einander nicht. Wenn zwei Wunschregungen gleichzeitig aktiviert werden, deren Ziele uns unvereinbar erscheinen müssen, so ziehen sich die beiden Regungen nicht etwa voneinander ab oder heben einander auf, sondern sie treten zur Bildung eines mittleren Zieles, eines Kompromisses, zusammen.

Es gibt in diesem System keine Negation, keinen Zweifel, keine Grade von Sicherheit. All dies wird erst durch die Arbeit der Zensur zwischen *Ubw* und *Vbw* eingetragen. Die Negation ist ein Ersatz der Verdrängung von höherer Stufe. Im *Ubw* gibt es nur mehr oder weniger stark besetzte Inhalte.

Es herrscht eine weit größere Beweglichkeit der Besetzungsintensitäten. Durch den Prozeß der Verschiebung kann eine Vorstellung den ganzen Betrag ihrer Besetzung an eine andere abgeben, durch den der Verdichtung die ganze Besetzung mehrerer anderer an sich nehmen. Ich habe vorgeschlagen, diese beiden Prozesse als Anzeichen des sogenannten psychischen Primärvorganges anzusehen. Im System *Vbw* herrscht der Sekundärvorgang;[1] wo ein solcher Primärvorgang sich an Elementen des Systems *Vbw* abspielen darf, erscheint er „komisch" und erregt Lachen.

Die Vorgänge des Systems *Ubw* sind zeitlos, d. h. sie sind nicht zeitlich geordnet, werden durch die verlaufende Zeit nicht abgeändert, haben überhaupt keine Beziehung zur Zeit. Auch die Zeitbeziehung ist an die Arbeit des *Bw*-Systems geknüpft.

Ebensowenig kennen die *Ubw*-Vorgänge eine Rücksicht auf die Realität. Sie sind dem Lustprinzip unterworfen; ihr Schicksal hängt nur davon ab, wie stark sie sind, und ob sie die Anforderungen der Lust-Unlustregulierung erfüllen.

Fassen wir zusammen: Widerspruchslosigkeit, Primärvorgang (Beweglichkeit der Besetzungen), Zeitlosigkeit und Ersetzung der äußeren Realität durch die psychische sind die Charaktere, die wir an zum System *Ubw* gehörigen Vorgängen zu finden erwarten dürfen.[2]

Die unbewußten Vorgänge werden für uns nur unter den Bedingungen des Träumens und der Neurosen erkennbar, also dann, wenn Vorgänge des höheren *Vbw*-Systems durch eine Erniedrigung (Regression) auf eine frühere Stufe zurückversetzt werden. An und für sich sind sie unerkennbar, auch existenzunfähig, weil das System *Ubw* sehr frühzeitig von dem *Vbw* überlagert wird, welches den Zugang zum Bewußtsein und zur Motilität an sich gerissen hat. Die Abfuhr des Systems *Ubw* geht in die Körperinnervation zur Affektentwicklung, aber auch dieser Entladungsweg wird ihm, wie wir gehört haben, vom

1) Siehe die Ausführungen im VII. Abschnitt der Traumdeutung [Gesamtausgabe, Band III], welche sich auf die von J. Breuer in den „Studien über Hysterie" entwickelten Ideen stützt.

2) Die Erwähnung eines anderen bedeutsamen Vorrechtes des *Ubw* sparen wir für einen anderen Zusammenhang auf.

*Vbw* streitig gemacht. Für sich allein könnte das *Ubw*-System unter normalen Verhältnissen keine zweckmäßige Muskelaktion zu stande bringen, mit Ausnahme jener, die als Reflexe bereits organisiert sind.

Die volle Bedeutung der beschriebenen Charaktere des Systems *Ubw* könnte uns erst einleuchten, wenn wir sie den Eigenschaften des Systems *Vbw* gegenüberstellen und an ihnen messen würden. Allein dies würde uns so weitab führen, daß ich vorschlage, wiederum einen Aufschub gutzuheißen und die Vergleichung der beiden Systeme erst im Anschluß an die Würdigung des höheren Systems vorzunehmen. Nur das Allerdringendste soll schon jetzt seine Erwähnung finden.

Die Vorgänge des Systems *Vbw* zeigen — und zwar gleichgültig, ob sie bereits bewußt oder nur bewußtseinsfähig sind — eine Hemmung der Abfuhrneigung von den besetzten Vorstellungen. Wenn der Vorgang von einer Vorstellung auf eine andere übergeht, so hält die erstere einen Teil ihrer Besetzung fest und nur ein kleiner Anteil erfährt die Verschiebung. Verschiebungen und Verdichtungen wie beim Primärvorgang sind ausgeschlossen oder sehr eingeschränkt. Dieses Verhältnis hat J. Breuer veranlaßt, zwei verschiedene Zustände der Besetzungsenergie im Seelenleben anzunehmen, einen tonisch gebundenen und einen frei beweglichen, der Abfuhr zustrebenden. Ich glaube, daß diese Unterscheidung bis jetzt unsere tiefste Einsicht in das Wesen der nervösen Energie darstellt, und sehe nicht, wie man um sie herumkommen soll. Es wäre ein dringendes Bedürfnis der metapsychologischen Darstellung — vielleicht aber noch ein allzu gewagtes Unternehmen — an dieser Stelle die Diskussion fortzuführen.

Dem System *Vbw* fallen ferner zu die Herstellung einer Verkehrsfähigkeit unter den Vorstellungsinhalten, so daß sie einander beeinflussen können, die zeitliche Anordnung derselben, die Einführung der einen Zensur oder mehrerer Zensuren, die Realitätsprüfung und das Realitätsprinzip. Auch das bewußte Gedächtnis scheint ganz am *Vbw* zu hängen, es ist scharf von den Erinnerungsspuren zu scheiden, in denen sich die Erlebnisse des *Ubw* fixieren, und entspricht wahrscheinlich einer besonderen Niederschrift, wie wir sie für das Verhältnis der bewußten zur unbewußten Vorstellung annehmen wollten, aber bereits verworfen haben. In diesem Zusammenhang werden wir auch die Mittel finden, unserem Schwanken in der Benennung des höheren Systems, das wir jetzt richtungslos bald *Vbw* bald *Bw* heißen, ein Ende zu machen.

Es wird auch die Warnung am Platze sein, nicht voreilig zu verallgemeinern, was wir hier über die Verteilung der seelischen Leistungen an die beiden Systeme zu Tage gefördert haben. Wir beschreiben die Verhältnisse, wie sie sich beim reifen Menschen zeigen, bei dem das System *Ubw* streng genommen nur als Vorstufe der höheren Organisation funktioniert. Welchen Inhalt und welche Beziehungen dies System während der individuellen Entwicklung hat, und welche Bedeutung ihm beim Tiere zukommt, das soll nicht aus unserer Beschreibung abgeleitet, sondern selbständig erforscht werden. Wir müssen auch beim Menschen darauf gefaßt sein, etwa krankhafte Bedingungen zu finden, unter denen die beiden Systeme Inhalt wie Charaktere ändern oder selbst miteinander tauschen.

## *VI*

## *Der Verkehr der beiden Systeme*

Es wäre doch unrecht sich vorzustellen, daß das *Ubw* in Ruhe verbleibt, während die ganze psychische Arbeit vom *Vbw* geleistet wird, daß das *Ubw* etwas Abgetanes, ein rudimentäres Organ, ein Residuum der Entwicklung sei. Oder anzunehmen, daß sich der Verkehr der beiden Systeme auf den Akt der Verdrängung beschränkt, indem das *Vbw* alles, was ihm störend erscheint, in den Abgrund des *Ubw* wirft. Das *Ubw* ist vielmehr lebend, entwicklungsfähig und unterhält eine Anzahl von anderen Beziehungen zum *Vbw*, darunter auch die der Kooperation. Man muß zusammenfassend sagen, das *Ubw* setzt sich in die sogenannten Abkömmlinge fort, es ist den Einwirkungen des Lebens zugänglich, beeinflußt beständig das *Vbw* und ist seinerseits sogar Beeinflussungen von Seiten des *Vbw* unterworfen.

Das Studium der Abkömmlinge des *Ubw* wird unseren Erwartungen einer schematisch reinlichen Scheidung zwischen den beiden psychischen Systemen eine gründliche Enttäuschung bereiten. Das wird gewiß Unzufriedenheit mit unseren Ergebnissen erwecken und wahrscheinlich dazu benützt werden, den Wert unserer Art der Trennung der psychischen Vorgänge in Zweifel zu ziehen. Allein, wir werden geltend machen, daß wir keine andere Aufgabe haben, als die Ergebnisse der Beobachtung in Theorie umzusetzen, und die Verpflichtung von uns weisen, auf den ersten Anlauf eine glatte und durch Einfachheit sich empfehlende Theorie zu erreichen. Wir vertreten deren Komplikationen, solange sie sich der Beobachtung adäquat erweisen, und geben die Erwartung nicht auf, gerade durch sie zur endlichen Erkenntnis eines Sachverhaltes geleitet zu werden, der, an sich einfach, den Komplikationen der Realität gerecht werden kann.

Unter den Abkömmlingen der *ubw* Triebregungen vom beschriebenen Charakter gibt es welche, die entgegengesetzte Bestimmungen in sich vereinigen. Sie sind einerseits hochorganisiert, widerspruchsfrei, haben allen Erwerb des Systems *Bw* verwertet und würden sich für unser Urteil von den Bildungen dieses Systems kaum unterscheiden. Anderseits sind sie unbewußt und unfähig, bewußt zu werden. Sie gehören also qualitativ zum System *Vbw*, faktisch aber zum *Ubw*. Ihre Herkunft bleibt das für ihr Schicksal Entscheidende. Man muß sie mit den Mischlingen menschlicher Rassen vergleichen, die im großen und ganzen bereits den Weißen gleichen, ihre farbige Abkunft aber durch den einen oder anderen auffälligen Zug verraten und darum von der Gesellschaft ausgeschlossen bleiben und keines der Vorrechte der Weißen genießen. Solcher Art sind die Phantasiebildungen der Normalen wie der Neurotiker, die wir als Vorstufen der Traum- wie der Symptombildung erkannt haben, und die trotz ihrer hohen Organisation verdrängt bleiben und als solche nicht bewußt werden können. Sie kommen nahe ans Bewußtsein heran, bleiben ungestört, solange sie keine intensive Besetzung haben, werden aber zurückgeworfen, sobald sie eine gewisse Höhe der Besetzung überschreiten. Ebensolche höher organisierte Abkömmlinge des *Ubw* sind die Ersatzbildungen, denen aber der Durchbruch zum Bewußtsein dank einer günstigen Relation gelingt, wie z. B. durch das Zusammentreffen mit einer Gegenbesetzung des *Vbw*.

Wenn wir an anderer Stelle die Bedingungen des Bewußtwerdens eingehender untersuchen, wird uns ein Teil der hier auftauchenden Schwierigkeiten lösbar werden. Hier mag es uns vorteilhaft erscheinen, der bisherigen vom *Ubw* her aufsteigenden Betrachtung eine vom Bewußtsein ausgehende gegenüberzustellen. Dem Bewußtsein tritt die ganze Summe der psychischen Vorgänge als das Reich des Vorbewußten entgegen. Ein sehr großer Anteil dieses Vorbewußten stammt aus dem Unbewußten, hat den Charakter der Abkömmlinge desselben und unterliegt einer Zensur, ehe er bewußt werden kann. Ein anderer Anteil des *Vbw* ist ohne Zensur bewußtseinsfähig. Wir gelangen hier zu einem Widerspruch gegen eine frühere Annahme. In der Betrachtung der Verdrängung wurden wir genötigt, die für das Bewußtwerden entscheidende Zensur zwischen die Systeme *Ubw* und *Vbw* zu verlegen. Jetzt wird uns eine Zensur zwischen *Vbw* und *Bw* nahegelegt. Wir tun aber gut daran, in dieser Komplikation keine Schwierigkeit zu erblicken, sondern anzunehmen, daß jedem Übergang von einem System zum nächst höheren, also jedem Fortschritt zu einer höheren Stufe psychischer Organisation eine neue Zensur entspreche. Die Annahme einer fortlaufenden Erneuerung der Niederschriften ist damit allerdings abgetan.

Der Grund all dieser Schwierigkeiten ist darin zu suchen, daß die Bewußtheit, der einzige uns unmittelbar gegebene Charakter der psychischen Vorgänge, sich zur Systemunterscheidung in keiner Weise eignet. Abgesehen davon, daß das Bewußte nicht immer bewußt, sondern zeitweilig auch latent ist, hat uns die Beobachtung gezeigt, daß vieles, was die Eigenschaften des Systems *Vbw* teilt, nicht bewußt wird, und haben wir noch zu erfahren, daß das Bewußtwerden durch gewisse Richtungen seiner Aufmerksamkeit eingeschränkt ist. Das Bewußtsein hat so weder zu den Systemen noch zur Verdrängung ein einfaches Verhältnis. Die Wahrheit ist, daß nicht nur das psychisch Verdrängte dem Bewußtsein fremd bleibt, sondern auch ein Teil der unser Ich beherrschenden Regungen, also der stärkste funktionelle Gegensatz des Verdrängten. In dem Maße, als wir uns zu einer metapsychologischen Betrachtung des Seelenlebens durchringen wollen, müssen wir lernen, uns von der Bedeutung des Symptoms „Bewußtheit" zu emanzipieren.

Solange wir noch an diesem haften, sehen wir unsere Allgemeinheiten regelmäßig durch Ausnahmen durchbrochen. Wir sehen, daß Abkömmlinge des *Vbw* als Ersatzbildungen und als Symptome bewußt werden, in der Regel nach großen Entstellungen gegen das Unbewußte, aber oft mit Erhaltung vieler zur Verdrängung auffordernder Charaktere. Wir finden, daß viele vorbewußte Bildungen unbewußt bleiben, die, sollten wir meinen, ihrer Natur nach sehr wohl bewußt werden dürften. Wahrscheinlich macht sich bei ihnen die stärkere Anziehung des *Ubw* geltend. Wir werden darauf hingewiesen, die bedeutsamere Differenz nicht zwischen dem Bewußten und dem Vorbewußten, sondern zwischen dem Vorbewußten und dem Unbewußten zu suchen. Das *Ubw* wird an der Grenze des *Vbw* durch die Zensur zurückgewiesen, Abkömmlinge desselben können diese Zensur umgehen, sich hoch organisieren, im *Vbw* bis zu einer gewissen Intensität der Besetzung heranwachsen, werden aber dann, wenn sie diese überschritten haben und sich dem Bewußtsein aufdrängen wollen, als Abkömmlinge des *Ubw* erkannt und an der neuen Zensurgrenze zwischen *Vbw* und *Bw* neuerlich verdrängt. Die erstere Zensur funktioniert so gegen das *Ubw* selbst, die letztere gegen die *vbw* Abkömmlinge derselben. Man könnte meinen, die Zensur habe sich im Laufe der individuellen Entwicklung um ein Stück vorgeschoben.

In der psychoanalytischen Kur erbringen wir den unanfechtbaren Beweis für die Existenz der zweiten Zensur, der zwischen den Systemen *Vbw* und *Bw*. Wir fordern den Kranken auf, reichlich Abkömmlinge des *Ubw* zu bilden, verpflichten ihn dazu, die Einwendungen der Zensur gegen das Bewußtwerden dieser vorbewußten Bildungen zu überwinden, und bahnen uns durch die Besiegung dieser Zensur den Weg zur Aufhebung der Verdrängung, die das Werk der früheren Zensur ist. Fügen wir noch die Bemerkung an, daß die Existenz der Zensur zwischen *Vbw* und *Bw* uns mahnt, das Bewußtwerden sei kein bloßer Wahrnehmungsakt, sondern wahrscheinlich auch eine Überbesetzung, ein weiterer Fortschritt der psychischen Organisation.

Wenden wir uns zum Verkehr des *Ubw* mit den anderen Systemen, weniger um Neues festzustellen, als um nicht das Sinnfälligste zu übergehen. An den Wurzeln der Triebtätigkeit kommunizieren die Systeme aufs ausgiebigste miteinander. Ein Anteil der hier erregten Vorgänge geht durch das *Ubw* wie durch eine Vorbereitungsstufe durch und erreicht die höchste psychische Ausbildung im *Bw*, ein anderer wird als *Ubw* zurückgehalten. Das *Ubw* wird aber auch von den aus der äußeren Wahrnehmung stammenden Erlebnissen getroffen. Alle Wege von der Wahrnehmung zum *Ubw* bleiben in der Norm frei; erst die vom *Ubw* weiter führenden Wege unterliegen der Sperrung durch die Verdrängung.

Es ist sehr bemerkenswert, daß das *Ubw* eines Menschen mit Umgehung des *Bw* auf das *Ubw* eines anderen reagieren kann. Die Tatsache verdient eingehendere Untersuchung, besonders nach der Richtung, ob sich vorbewußte Tätigkeit dabei ausschließen läßt, ist aber als Beschreibung unbestreitbar.

Der Inhalt des Systems *Vbw* (oder *Bw*) entstammt zu einem Teile dem Triebleben (durch Vermittlung des *Ubw*), zum anderen Teile der Wahrnehmung. Es ist zweifelhaft, inwieweit die Vorgänge dieses Systems eine direkte Einwirkung auf das *Ubw* äußern können; die Erforschung pathologischer Fälle zeigt oft eine kaum glaubliche Selbständigkeit und Unbeeinflußbarkeit des *Ubw*. Ein völliges Auseinandergehen der Strebungen, ein absoluter Zerfall der beiden Systeme ist überhaupt die Charakteristik des Krankseins. Allein die psychoanalytische Kur ist auf die Beeinflussung des *Ubw* vom *Bw* her gebaut und zeigt jedenfalls, daß solche, wiewohl mühsam, nicht unmöglich ist. Die zwischen beiden Systemen vermittelnden Abkömmlinge des *Ubw* bahnen uns, wie schon erwähnt, den Weg zu dieser Leistung. Wir dürfen aber wohl annehmen, daß die spontan erfolgende Veränderung des *Ubw* von seiten des *Bw* ein schwieriger und langsam verlaufender Prozeß ist.

Eine Kooperation zwischen einer vorbewußten und einer unbewußten, selbst intensiv verdrängten Regung kann zu stande kommen, wenn es die Situation ergibt, daß die unbewußte Regung gleichsinnig mit einer der herrschenden Strebungen wirken kann. Die Verdrängung wird für diesen Fall aufgehoben, die verdrängte Aktivität als Verstärkung der vom Ich beabsichtigten zugelassen. Das Unbewußte wird für diese eine Konstellation ichgerecht, ohne daß sonst an seiner Verdrängung etwas abgeändert würde. Der Erfolg des *Ubw* ist bei dieser Kooperation unverkennbar; die verstärkten Strebungen benehmen sich doch anders als die normalen, sie befähigen zu besonders vollkommener Leistung und sie zeigen gegen Widersprüche eine ähnliche Resistenz wie etwa die Zwangssymptome.

Den Inhalt des *Ubw* kann man einer psychischen Urbevölkerung vergleichen. Wenn es beim Menschen ererbte psychische Bildungen, etwas dem Instinkt der Tiere Analoges gibt, so macht dies den Kern des *Ubw* aus. Dazu kommt später das während der Kindheitsentwicklung als unbrauchbar Beseitigte hinzu, was seiner Natur nach von dem Ererbten nicht verschieden zu sein braucht. Eine scharfe und endgültige Scheidung des Inhaltes der beiden Systeme stellt sich in der Regel erst mit dem Zeitpunkte der Pubertät her.

## *VII*

### *Die Agnoszierung des Unbewußten*

Soviel, als wir in den vorstehenden Erörterungen zusammengetragen haben, läßt sich etwa über das *Ubw* aussagen, solange man nur aus der Kenntnis des Traumlebens und der Übertragungsneurosen schöpft. Es ist gewiß nicht viel, macht stellenweise den Eindruck des Ungeklärten und Verwirrenden und läßt vor allem die Möglichkeit vermissen, das *Ubw* an einen bereits bekannten Zusammenhang anzuordnen oder es in ihn einzureihen. Erst die Analyse einer der Affektionen, die wir narzißtische Psychoneurosen heißen, verspricht uns Auffassungen zu liefern, durch welche uns das rätselvolle *Ubw* näher gerückt und gleichsam greifbar gemacht wird.

Seit einer Arbeit von Abraham (1908), welche der gewissenhafte Autor auf meine Anregung zurückgeführt hat, versuchen wir die Dementia praecox Kraepelins (Schizophrenie Bleulers) durch ihr Verhalten zum Gegensatz von Ich und Objekt zu charakterisieren. Bei den Übertragungsneurosen (Angst- und Konversionshysterie, Zwangsneurose) lag nichts vor, was diesen Gegensatz in den Vordergrund gerückt hätte. Man wußte zwar, daß die Versagung des Objekts den Ausbruch der Neurose herbeiführt, und daß die Neurose den Verzicht auf das reale Objekt involviert, auch daß die dem realen Objekt entzogene Libido auf ein phantasiertes Objekt und von da aus auf ein verdrängtes zurückgeht (Introversion). Aber die Objektbesetzung überhaupt wird bei ihnen mit großer Energie festgehalten, und die feinere Untersuchung des Verdrängungsvorganges hat uns anzunehmen genötigt, daß die Objektbesetzung im System *Ubw* trotz der Verdrängung — vielmehr infolge derselben — fortbesteht. Die Fähigkeit zur Übertragung, welche wir bei diesen Affektionen therapeutisch ausnützen, setzt ja die ungestörte Objektbesetzung voraus.

Bei der Schizophrenie hat sich uns dagegen die Annahme aufgedrängt, daß nach dem Prozesse der Verdrängung die abgezogene Libido kein neues Objekt suche, sondern ins Ich zurücktrete, daß also hier die Objektbesetzungen aufgegeben und ein primitiver objektloser Zustand von Narzißmus wieder hergestellt werde. Die Unfähigkeit dieser Patienten zur Übertragung — soweit der Krankheitsprozeß reicht, — ihre daraus folgende therapeutische Unzugänglichkeit, die ihnen eigentümliche Ablehnung der Außenwelt, das Auftreten von Zeichen einer Überbesetzung des eigenen Ichs, der Ausgang in völlige Apathie, all diese klinischen Charaktere scheinen zu der Annahme eines Aufgebens der Objektbesetzungen trefflich zu stimmen. Von seiten des Verhältnisses der beiden psychischen Systeme wurde allen Beobachtern auffällig, daß bei der Schizophrenie vieles als bewußt geäußert wird, was wir bei den Übertragungsneurosen erst durch Psychoanalyse im *Ubw* nachweisen müssen. Aber es gelang zunächst nicht, zwischen der Ich-Objektbeziehung und den Bewußtseinsrelationen eine verständliche Verknüpfung herzustellen.

Das Gesuchte scheint sich auf folgendem unvermuteten Wege zu ergeben. Bei den Schizophrenen beobachtet man, zumal in den so lehrreichen Anfangsstadien, eine Anzahl von Veränderungen der Sprache, von denen einige es verdienen, unter einem bestimmten Gesichtspunkt betrachtet zu werden. Die Ausdrucksweise wird oft Gegenstand einer besonderen Sorgfalt, sie wird

„gewählt", „geziert". Die Sätze erfahren eine besondere Desorganisation des Aufbaues, durch welche sie uns unverständlich werden, so daß wir die Äußerungen der Kranken für unsinnig halten. Im Inhalt dieser Äußerungen wird oft eine Beziehung zu Körperorganen oder Körperinnervationen in den Vordergrund gerückt. Dem kann man anreihen, daß in solchen Symptomen der Schizophrenie, welche hysterischen oder zwangsneurotischen Ersatzbildungen gleichen, doch die Beziehung zwischen dem Ersatz und dem Verdrängten Eigentümlichkeiten zeigt, welche uns bei den beiden genannten Neurosen befremden würden.

Herr Dr. V. Tausk (Wien) hat mir einige seiner Beobachtungen bei beginnender Schizophrenie zur Verfügung gestellt, die durch den Vorzug ausgezeichnet sind, daß die Kranke selbst noch die Aufklärung ihrer Reden geben wollte. Ich will nun an zweien seiner Beispiele zeigen, welche Auffassung ich zu vertreten beabsichtige, zweifle übrigens nicht daran, daß es jedem Beobachter leicht sein würde, solches Material in Fülle vorzubringen.

Eine der Kranken Tausks, ein Mädchen, das nach einem Zwist mit ihrem Geliebten auf die Klinik gebracht wurde, klagt:

Die Augen sind nicht richtig, sie sind verdreht. Das erläutert sie selbst, indem sie in geordneter Sprache eine Reihe von Vorwürfen gegen den Geliebten vorbringt. „Sie kann ihn gar nicht verstehen, er sieht jedesmal anders aus, er ist ein Heuchler, ein Augenverdreher, er hat ihr die Augen verdreht, jetzt hat sie verdrehte Augen, es sind nicht mehr ihre Augen, sie sieht die Welt jetzt mit anderen Augen."

Die Äußerungen der Kranken zu ihrer unverständlichen Rede haben den Wert einer Analyse, da sie deren Äquivalent in allgemein verständlicher Ausdrucksweise enthalten; sie geben gleichzeitig Aufschluß über Bedeutung und über Genese der schizophrenen Wortbildung. In Übereinstimmung mit Tausk hebe ich aus diesem Beispiel hervor, daß die Beziehung zum Organ (zum

Auge) sich zur Vertretung des ganzen Inhaltes aufgeworfen hat. Die schizophrene Rede hat hier einen hypochondrischen Zug, sie ist Organsprache geworden.

Eine zweite Mitteilung derselben Kranken: „Sie steht in der Kirche, plötzlich gibt es ihr einen Ruck, sie muß sich anders stellen, als stellte sie jemand, als würde sie gestellt."

Dazu die Analyse durch eine neue Reihe von Vorwürfen gegen den Geliebten, „der ordinär ist, der sie, die vom Hause aus fein war, auch ordinär gemacht hat. Er hat sie sich ähnlich gemacht, indem er sie glauben machte, er sei ihr überlegen; nun sei sie so geworden, wie er ist, weil sie glaubte, sie werde besser sein, wenn sie ihm gleich werde. Er hat sich verstellt, sie ist jetzt so wie er (Identifizierung!) er hat sie verstellt."

Die Bewegung „des sich anders Stellen", bemerkt Tausk, ist eine Darstellung des Wortes „verstellen" und der Identifizierung mit dem Geliebten. Ich hebe wiederum die Prävalenz jenes Elements des ganzen Gedankenganges hervor, welches eine körperliche Innervation (vielmehr deren Empfindung) zum Inhalt hat. Eine Hysterika hätte übrigens im ersten Falle krampfhaft die Augen verdreht, im zweiten den Ruck wirklich ausgeführt, anstatt den Impuls dazu oder die Sensation davon zu verspüren, und in beiden Fällen hätte sie keinen bewußten Gedanken dabei gehabt und wäre auch nachträglich nicht im stande gewesen, solche zu äußern.

Soweit zeugen diese beiden Beobachtungen für das, was wir hypochondrische oder Organsprache genannt haben. Sie mahnen aber auch, was uns wichtiger erscheint, an einen anderen Sachverhalt, der sich beliebig oft z. B. an den in Bleulers Monographie gesammelten Beispielen nachweisen und in eine bestimmte Formel fassen läßt. Bei der Schizophrenie werden die Worte demselben Prozeß unterworfen, der aus den latenten Traumgedanken die Traumbilder macht, den wir den psychischen Primärvorgang geheißen haben. Sie werden verdichtet und übertragen einander ihre Besetzungen restlos durch Verschiebung; der Prozeß kann so weit gehen, daß ein einziges, durch mehrfache Beziehungen dazu geeignetes Wort die Vertretung einer ganzen Gedankenkette übernimmt. Die Arbeiten von Bleuler, Jung und ihren Schülern haben gerade für diese Behauptung reichliches Material ergeben.[1]

Ehe wir aus solchen Eindrücken einen Schluß ziehen, wollen wir noch der feinen, aber doch befremdlich wirkenden Unterschiede zwischen der schizophrenen und der hysterischen und zwangsneurotischen Ersatzbildung gedenken. Ein Patient, den ich gegenwärtig beobachte, läßt sich durch den schlechten Zustand seiner Gesichtshaut von allen Interessen des Lebens abziehen. Er behauptet, Mitesser zu haben und tiefe Löcher im Gesicht, die ihm jedermann ansieht. Die Analyse weist nach, daß er seinen Kastrationskomplex an seiner Haut abspielt. Er beschäftigte sich zunächst reuelos mit seinen Mitessern, deren Ausdrücken ihm große Befriedigung bereitete, weil dabei etwas herausspritzte, wie er sagt. Dann begann er zu glauben, daß überall dort, wo er einen Comedo beseitigt hatte, eine tiefe Grube entstanden sei, und er machte sich die heftigsten Vorwürfe, durch sein „beständiges Herumarbeiten mit der Hand" seine Haut für alle Zeiten verdorben zu haben. Es ist evident, daß ihm das Auspressen des Inhaltes der Mitesser ein Ersatz für die Onanie ist. Die Grube, die darauf durch seine Schuld entsteht, ist das weibliche Genitale, d. h. die Erfüllung der durch die Onanie provozierten Kastrationsdrohung (resp. der sie vertretenden Phantasie.) Diese Ersatzbildung hat trotz ihres hypochondrischen Charakters viel Ähnlichkeit mit einer hysterischen Konversion, und doch wird man das Gefühl haben, daß hier etwas anderes vorgehen müsse, daß man solche Ersatzbildung einer Hysterie nicht zutrauen dürfe, noch ehe man

1) Gelegentlich behandelt die Traumarbeit die Worte wie die Dinge und schafft dann sehr ähnliche „schizophrene" Reden oder Wortneubildungen.

sagen kann, worin die Verschiedenheit begründet ist. Ein winziges Grübchen wie eine Hautpore wird ein Hysteriker kaum zum Symbol der Vagina nehmen, die er sonst mit allen möglichen Gegenständen vergleicht, welche einen Hohlraum umschließen. Auch meinen wir, daß die Vielheit der Grübchen ihn abhalten wird, sie als Ersatz für das weibliche Genitale zu verwenden. Ähnliches gilt für einen jugendlichen Patienten, über den Tausk vor Jahren der Wiener Psychoanalytischen Gesellschaft berichtet hat. Er benahm sich sonst ganz wie ein Zwangsneurotiker, verbrauchte Stunden für seine Toilette u. dgl. Es war aber an ihm auffällig, daß er widerstandslos die Bedeutung seiner Hemmungen mitteilen konnte. Beim Anziehen der Strümpfe störte ihn z. B. die Idee, daß er die Maschen des Gewebes, also Löcher, auseinanderziehen müsse, und jedes Loch war ihm Symbol der weiblichen Geschlechtsöffnung. Auch dies ist einem Zwangsneurotiker nicht zuzutrauen; ein solcher, aus der Beobachtung von R. Reitler, der am gleichen Verweilen beim Strumpfanziehen litt, fand nach Überwindung der Widerstände die Erklärung, daß der Fuß ein Penissymbol sei, das Überziehen des Strumpfes ein onanistischer Akt, und er mußte den Strumpf fortgesetzt an- und ausziehen, zum Teil, um das Bild der Onanie zu vervollkommnen, zum Teil, um sie ungeschehen zu machen.

Fragen wir uns, was der schizophrenen Ersatzbildung und dem Symptom den befremdlichen Charakter verleiht, so erfassen wir endlich, daß es das Überwiegen der Wortbeziehung über die Sachbeziehung ist. Zwischen dem Ausdrücken eines Mitessers und einer Ejakulation aus dem Penis besteht eine recht geringe Sachähnlichkeit, eine noch geringere zwischen den unzähligen seichten Hautporen und der Vagina; aber im ersten Falle spritzt beide Male etwas heraus, und für den zweiten gilt wörtlich der zynische Satz: Loch ist Loch. Die Gleichheit des sprachlichen Ausdruckes, nicht die Ähnlichkeit der bezeichneten Dinge, hat den Ersatz vorgeschrieben. Wo die beiden — Wort und Ding — sich nicht decken, weicht die schizophrene Ersatzbildung von der bei den Übertragungsneurosen ab.

Setzen wir diese Einsicht mit der Annahme zusammen, daß bei der Schizophrenie die Objektbesetzungen aufgegeben werden. Wir müssen dann modifizieren: die Besetzung der Wortvorstellungen der Objekte wird festgehalten. Was wir die bewußte Objektvorstellung heißen durften, zerlegt sich uns jetzt in die Wortvorstellung und in die Sachvorstellung, die in der Besetzung, wenn nicht der direkten Sacherinnerungsbilder, doch entfernterer und von ihnen abgeleiteter Erinnerungsspuren besteht. Mit einem Male glauben wir nun zu wissen, wodurch sich eine bewußte Vorstellung von einer unbewußten unterscheidet. Die beiden sind nicht, wie wir gemeint haben, verschiedene Niederschriften desselben Inhaltes an verschiedenen psychischen Orten, auch nicht verschiedene funktionelle Besetzungszustände an demselben Orte, sondern die bewußte Vorstellung umfaßt die Sachvorstellung plus der zugehörigen Wortvorstellung, die unbewußte ist die Sachvorstellung allein. Das System *Ubw* enthält die Sachbesetzungen der Objekte, die ersten und eigentlichen Objektbesetzungen; das System *Vbw* entsteht, indem diese Sachvorstellung durch die Verknüpfung mit den ihr entsprechenden Wortvorstellungen überbesetzt wird. Solche Überbesetzungen, können wir vermuten, sind es, welche eine höhere psychische Organisation herbeiführen und die Ablösung des Primärvorganges durch den im *Vbw* herrschenden Sekundärvorgang ermöglichen. Wir können jetzt auch präzise ausdrücken, was die Verdrängung bei den Übertragungsneurosen der zurückgewiesenen Vorstellung verweigert: Die Übersetzung in Worte, welche mit dem Objekt verknüpft bleiben sollen. Die nicht in Worte gefaßte Vorstellung oder der nicht überbesetzte psychische Akt bleibt dann im *Ubw* als verdrängt zurück.

Ich darf darauf aufmerksam machen, wie frühzeitig wir bereits die Einsicht besessen haben, die uns heute einen der auffälligsten

Charaktere der Schizophrenie verständlich macht. Auf den letzten Seiten der 1900 veröffentlichten „Traumdeutung" ist ausgeführt, daß die Denkvorgänge, d. i. die von den Wahrnehmungen entfernteren Besetzungsakte an sich qualitätslos und unbewußt sind und ihre Fähigkeit, bewußt zu werden, nur durch die Verknüpfung mit den Resten der Wortwahrnehmungen erlangen. Die Wortvorstellungen entstammen ihrerseits der Sinneswahrnehmung in gleicher Weise wie die Sachvorstellungen, so daß man die Frage aufwerfen könnte, warum die Objektvorstellungen nicht mittels ihrer eigenen Wahrnehmungsreste bewußt werden können. Aber wahrscheinlich geht das Denken in Systemen vor sich, die von den ursprünglichen Wahrnehmungsresten so weit entfernt sind, daß sie von deren Qualitäten nichts mehr erhalten haben und zum Bewußtwerden einer Verstärkung durch neue Qualitäten bedürfen. Außerdem können durch die Verknüpfung mit Worten auch solche Besetzungen mit Qualität versehen werden, die aus den Wahrnehmungen selbst keine Qualität mitbringen konnten, weil sie bloß Relationen zwischen den Objektvorstellungen entsprechen. Solche erst durch Worte faßbar gewordene Relationen sind ein Hauptbestandteil unserer Denkvorgänge. Wir verstehen, daß die Verknüpfung mit Wortvorstellungen noch nicht mit dem Bewußtwerden zusammenfällt, sondern bloß die Möglichkeit dazu gibt, daß sie also kein anderes System als das des *Vbw* charakterisiert. Nun merken wir aber, daß wir mit diesen Erörterungen unser eigentliches Thema verlassen und mitten in die Probleme des Vorbewußten und Bewußten geraten, die wir zweckmäßiger Weise einer gesonderten Behandlung vorbehalten.

Bei der Schizophrenie, die wir ja hier auch nur so weit berühren, als uns zur allgemeinen Erkennung des *Ubw* unerläßlich scheint, muß uns der Zweifel auftauchen, ob der hier Verdrängung genannte Vorgang überhaupt noch etwas mit der Verdrängung bei den Übertragungsneurosen gemein hat. Die Formel, die Verdrängung sei ein Vorgang zwischen dem System *Ubw* und dem *Vbw* (oder *Bw*) mit dem Erfolg der Fernhaltung vom Bewußtsein, bedarf jedenfalls einer Abänderung, um den Fall der Dementia praecox und anderer narzißtischer Affektionen miteinschließen zu können. Aber der Fluchtversuch des Ichs, der sich in der Abziehung der bewußten Besetzung äußert, bleibt immerhin als das Gemeinsame bestehen. Um wie vieles gründlicher und tiefgreifender dieser Fluchtversuch, diese Flucht des Ichs bei den narzißtischen Neurosen ins Werk gesetzt wird, lehrt die oberflächlichste Überlegung.

Wenn diese Flucht bei der Schizophrenie in der Einziehung der Triebbesetzung von den Stellen besteht, welche die unbewußte Objektvorstellung repräsentieren, so mag es befremdlich erscheinen, daß der dem System *Vbw* angehörige Teil derselben Objektvorstellung — die ihr entsprechenden Wortvorstellungen — vielmehr eine intensivere Besetzung erfahren sollen. Man könnte eher erwarten, daß die Wortvorstellung als der vorbewußte Anteil den ersten Stoß der Verdrängung auszuhalten hat, und daß sie ganz und gar unbesetzbar wird, nachdem sich die Verdrängung bis zu den unbewußten Sachvorstellungen fortgesetzt hat. Dies ist allerdings eine Schwierigkeit des Verständnisses. Es ergibt sich die Auskunft, daß die Besetzung der Wortvorstellung nicht zum Verdrängungsakt gehört, sondern den ersten der Herstellungs- oder Heilungsversuche darstellt, welche das klinische Bild der Schizophrenie so auffällig beherrschen. Diese Bemühungen wollen die verlorenen Objekte wieder gewinnen, und es mag wohl sein, daß sie in dieser Absicht den Weg zum Objekt über den Wortanteil desselben einschlagen, wobei sie sich aber dann mit den Worten an Stelle der Dinge begnügen müssen. Unsere seelische Tätigkeit bewegt sich ja ganz allgemein in zwei entgegengesetzten Verlaufsrichtungen, entweder von den Trieben her durch das System *Ubw* zur bewußten Denkarbeit, oder auf Anregung von außen durch das System des *Bw* und *Vbw* bis zu den *ubw* Besetzungen des Ichs und der Objekte. Dieser zweite Weg muß trotz der vorgefallenen Verdrängung passierbar bleiben und steht den Bemühungen der Neurose, ihre Objekte wieder zu gewinnen, ein Stück weit offen. Wenn wir abstrakt denken, sind wir in Gefahr, die Beziehungen der Worte zu den unbewußten Sachvorstellungen zu vernachlässigen, und es ist nicht zu leugnen, daß unser Philosophieren dann eine unerwünschte Ähnlichkeit in Ausdruck und Inhalt mit der Arbeitsweise der Schizophrenen gewinnt. Anderseits kann man von der Denkweise der Schizophrenen die Charakteristik versuchen, sie behandeln konkrete Dinge, als ob sie abstrakte wären.

Wenn wir wirklich das *Ubw* agnosziert und den Unterschied einer unbewußten Vorstellung von einer vorbewußten richtig bestimmt haben, so werden unsere Untersuchungen von vielen anderen Stellen her zu dieser Einsicht zurückführen müssen.

---

# METAPSYCHOLOGISCHE ERGÄNZUNG ZUR TRAUMLEHRE[1]

Wir werden bei verschiedenen Anlässen die Erfahrung machen können, wie vorteilhaft es für unsere Forschung ist, wenn wir gewisse Zustände und Phänomene zur Vergleichung heranziehen, die man als Normalvorbilder krankhafter Affektionen auffassen kann. Dahin gehören Affektzustände wie Trauer und Verliebtheit, aber auch der Zustand des Schlafes und das Phänomen des Träumens.

Wir sind nicht gewöhnt, viele Gedanken daran zu knüpfen, daß der Mensch allnächtlich die Hüllen ablegt, die er über seine Haut gezogen hat, und etwa noch die Ergänzungsstücke seiner Körperorgane, soweit es ihm gelungen ist, deren Mängel durch Ersatz zu decken, also die Brille, falschen Haare, Zähne usw. Man darf hinzufügen, daß er beim Schlafengehen eine ganz analoge Entkleidung seines Psychischen vornimmt, auf die meisten seiner psychischen Erwerbungen verzichtet und so von beiden Seiten her eine außerordentliche Annäherung an die Situation herstellt, welche der Ausgang seiner Lebensentwicklung war. Das Schlafen ist somatisch eine Reaktivierung des Aufenthalts im Mutterleibe mit der Erfüllung der Bedingungen von Ruhelage, Wärme und Reizabhaltung; ja viele Menschen nehmen im

1) Die beiden nachstehenden Abhandlungen schließen an die vorangehenden an und stammen aus einer Sammlung, die ich ursprünglich unter dem Titel „Zur Vorbereitung einer Metapsychologie“ veröffentlichen wollte. Absicht dieser Reihe ist die Klärung und Vertiefung der theoretischen Annahmen, die man einem psychoanalytischen System zu Grunde legen könnte. [Vgl. die bibliographische Notiz auf S. 432.]

Schlafe die fötale Körperhaltung wieder ein. Der psychische Zustand der Schlafenden charakterisiert sich durch nahezu völlige Zurückziehung aus der Welt der Umgebung und Einstellung alles Interesses für sie.

Wenn man die psychoneurotischen Zustände untersucht, wird man veranlaßt, in jedem derselben die sogenannten zeitlichen Regressionen hervorzuheben, den Betrag des ihm eigentümlichen Rückgreifens in der Entwicklung. Man unterscheidet zwei solcher Regressionen, die der Ich- und die der Libidoentwicklung. Die letztere reicht beim Schlafzustand bis zur Herstellung des primitiven Narzißmus, die erstere bis zur Stufe der halluzinatorischen Wunschbefriedigung.

Was man von den psychischen Charakteren des Schlafzustandes weiß, hat man natürlich durch das Studium des Traumes erfahren. Zwar zeigt uns der Traum den Menschen, insofern er nicht schläft, aber er kann doch nicht umhin, uns dabei auch Charaktere des Schlafes selbst zu verraten. Wir haben aus der Beobachtung einige Eigentümlichkeiten des Traumes kennen gelernt, die wir zunächst nicht verstehen konnten und nun mit leichter Mühe einreihen können. So wissen wir, der Traum sei absolut egoistisch, und die Person, die in seinen Szenen die Hauptrolle spiele, sei immer als die eigene zu agnoszieren. Das leitet sich nun leicht begreiflicherweise von dem Narzißmus des Schlafzustandes ab. Narzißmus und Egoismus fallen ja zusammen; das Wort „Narzißmus" will nur betonen, daß der Egoismus auch ein libidinöses Phänomen sei, oder, um es anders auszudrücken, der Narzißmus kann als die libidinöse Ergänzung des Egoismus bezeichnet werden. Ebenso verständlich wird auch die allgemein anerkannte und für rätselhaft gehaltene „diagnostische" Fähigkeit des Traumes, in welchem beginnende Körperleiden oft früher und deutlicher als im Wachen verspürt werden, und alle gerade aktuellen Körperempfindungen ins Riesenhafte vergrößert auftreten. Diese Vergrößerung ist hypochondrischer Natur, sie hat zur Voraussetzung, daß alle psychische Besetzung von der Außenwelt auf das eigene Ich zurückgezogen wurde, und sie ermöglicht nun die frühzeitige Erkennung von körperlichen Veränderungen, die im Wachleben noch eine Weile unbemerkt geblieben wären.

Ein Traum zeigt uns an, daß etwas vorging, was den Schlaf stören wollte, und gestattet uns Einsicht in die Art, wie diese Störung abgewehrt werden konnte. Am Ende hat der Schlafende geträumt und kann seinen Schlaf fortsetzen; an Stelle des inneren Anspruches, der ihn beschäftigen wollte, ist ein äußeres Erlebnis getreten, dessen Anspruch erledigt worden ist. Ein Traum ist also auch eine Projektion, eine Veräußerlichung eines inneren Vorganges. Wir erinnern uns, daß wir die Projektion bereits an anderer Stelle unter den Mitteln der Abwehr begegnet haben. Auch der Mechanismus der hysterischen Phobie gipfelte darin, daß das Individuum sich durch Fluchtversuche vor einer äußeren Gefahr schützen durfte, welche an die Stelle eines inneren Triebanspruches getreten war. Eine gründliche Erörterung der Projektion sparen wir uns aber auf, bis wir zur Zergliederung jener narzißtischen Affektion gekommen sind, bei welcher dieser Mechanismus die auffälligste Rolle spielt.

Auf welche Weise kann aber der Fall herbeigeführt werden, daß die Absicht zu schlafen eine Störung erfährt? Die Störung kann von innerer Erregung oder von äußerem Reiz ausgehen. Wir wollen den minder durchsichtigen und interessanteren Fall der Störung von innen zuerst in Betracht ziehen; die Erfahrung zeigt uns als Erreger des Traumes Tagesreste, Denkbesetzungen, welche sich der allgemeinen Abziehung der Besetzungen nicht gefügt und ihr zum Trotz ein gewisses Maß von libidinösem oder anderem Interesse behalten haben. Der Narzißmus des Schlafes hat also hier von vornherein eine Ausnahme zulassen müssen, und mit dieser hebt die Traumbildung an. Diese Tagesreste lernen wir in der Analyse als latente Traumgedanken kennen und müssen sie nach ihrer Natur wie zufolge der ganzen

Situation als vorbewußte Vorstellungen, als Angehörige des Systems *Vbw* gelten lassen.

Die weitere Aufklärung der Traumbildung gelingt nicht ohne Überwindung gewisser Schwierigkeiten. Der Narzißmus des Schlafzustandes bedeutet ja die Abziehung der Besetzung von allen Objektvorstellungen, sowohl der unbewußten wie der vorbewußten Anteile derselben. Wenn also gewisse „Tagesreste" besetzt geblieben sind, so hat es Bedenken anzunehmen, daß diese zur Nachtzeit soviel Energie erwerben, um sich die Beachtung des Bewußtseins zu erzwingen; man ist eher geneigt anzunehmen, daß die ihnen verbliebene Besetzung um vieles schwächer ist, als die ihnen tagsüber eigen war. Die Analyse überhebt uns hier weiterer Spekulationen, indem sie uns nachweist, daß diese Tagesreste eine Verstärkung aus den Quellen unbewußter Triebregungen bekommen müssen, wenn sie als Traumbildner auftreten sollen. Diese Annahme hat zunächst keine Schwierigkeiten, denn wir müssen glauben, daß die Zensur zwischen *Vbw* und *Ubw* im Schlafe sehr herabgesetzt, der Verkehr zwischen beiden Systemen also eher erleichtert ist.

Aber ein anderes Bedenken darf nicht verschwiegen werden. Wenn der narzißtische Schlafzustand die Einziehung aller Besetzungen der Systeme *Ubw* und *Vbw* zur Folge gehabt hat, so entfällt ja auch die Möglichkeit, daß die vorbewußten Tagesreste eine Verstärkung aus den unbewußten Triebregungen beziehen, die selbst ihre Besetzungen an das Ich abgegeben haben. Die Theorie der Traumbildung läuft hier in einen Widerspruch aus, oder sie muß durch eine Modifikation der Annahme über den Schlafnarzißmus gerettet werden.

Eine solche einschränkende Annahme wird, wie sich später ergeben soll, auch in der Theorie der Dementia praecox unabweisbar. Sie kann nur lauten, daß der verdrängte Anteil des Systems *Ubw* dem vom Ich ausgehenden Schlafwunsche nicht gehorcht, seine Besetzung ganz oder teilweise behält und sich überhaupt infolge der Verdrängung ein gewisses Maß von Unabhängigkeit vom Ich geschaffen hat. In weiterer Entsprechung müßte auch ein gewisser Betrag des Verdrängungsaufwandes (der Gegenbesetzung) die Nacht über aufrecht erhalten werden, um der Triebgefahr zu begegnen, obwohl die Unzugänglichkeit aller Wege zur Affektentbindung und zur Motilität die Höhe der notwendigen Gegenbesetzung erheblich herabsetzen mag. Wir würden uns also die zur Traumbildung führende Situation folgender Art ausmalen: Der Schlafwunsch versucht alle vom Ich ausgeschickten Besetzungen einzuziehen und einen absoluten Narzißmus herzustellen. Das kann nur teilweise gelingen, denn das Verdrängte des Systems *Ubw* folgt dem Schlafwunsche nicht. Es muß also auch ein Teil der Gegenbesetzungen aufrecht erhalten werden und die Zensur zwischen *Ubw* und *Vbw*, wenngleich nicht in voller Stärke, verbleiben. Soweit die Herrschaft des Ichs reicht, sind alle Systeme von Besetzungen entleert. Je stärker die *ubw* Triebbesetzungen sind, desto labiler ist der Schlaf. Wir kennen auch den extremen Fall, daß das Ich den Schlafwunsch aufgibt, weil es sich unfähig fühlt, die während des Schlafes frei gewordenen verdrängten Regungen zu hemmen, mit anderen Worten, daß es auf den Schlaf verzichtet, weil es sich vor seinen Träumen fürchtet.

Wir werden später die Annahme von der Widersetzlichkeit der verdrängten Regungen als eine folgenschwere schätzen lernen. Verfolgen wir nun die Situation der Traumbildung weiter.

Als zweiten Einbruch in den Narzißmus müssen wir die vorhin erwähnte Möglichkeit würdigen, daß auch einige der vorbewußten Tagesgedanken sich resistent erweisen und einen Teil ihrer Besetzung festhalten. Die beiden Fälle können im Grunde identisch sein; die Resistenz der Tagesreste mag sich auf die bereits im Wachleben bestehende Verknüpfung mit unbewußten Regungen zurückführen, oder es geht etwas weniger einfach zu, und die nicht ganz entleerten Tagesreste setzen sich erst im

Schlafzustand, dank der erleichterten Kommunikation zwischen *Vbw* und *Ubw*, mit dem Verdrängten in Beziehung. In beiden Fällen erfolgt nun der nämliche entscheidende Fortschritt der Traumbildung: Es wird der vorbewußte Traumwunsch geformt, welcher der unbewußten Regung Ausdruck gibt in dem Material der vorbewußten Tagesreste. Diesen Traumwunsch sollte man von den Tagesresten scharf unterscheiden; er muß im Wachleben nicht bestanden haben, er kann bereits den irrationellen Charakter zeigen, den alles Unbewußte an sich trägt, wenn man es ins Bewußte übersetzt. Der Traumwunsch darf auch nicht mit den Wunschregungen verwechselt werden, die sich möglicherweise, aber gewiß nicht notwendigerweise, unter den vorbewußten (latenten) Traumgedanken befunden haben. Hat es aber solche vorbewußte Wünsche gegeben, so gesellt sich ihnen der Traumwunsch als wirksamste Verstärkung hinzu.

Es handelt sich nun um die weiteren Schicksale dieser in ihrem Wesen einen unbewußten Triebanspruch vertretenden Wunschregung, die sich im *Vbw* als Traumwunsch (wunscherfüllende Phantasie) gebildet hat. Sie könnte ihre Erledigung auf drei verschiedenen Wegen finden, sagt uns die Überlegung. Entweder auf dem Wege, der im Wachleben der normale wäre, aus dem *Vbw* zum Bewußtsein drängen, oder sich mit Umgehung des *Bw* direkte motorische Abfuhr schaffen, oder den unvermuteten Weg nehmen, den uns die Beobachtung wirklich verfolgen läßt. Im ersteren Falle würde sie zu einer Wahnidee mit dem Inhalt der Wunscherfüllung, aber das geschieht im Schlafzustande nie. (Mit den metapsychologischen Bedingungen der seelischen Prozesse so wenig vertraut, können wir aus dieser Tatsache vielleicht den Wink entnehmen, daß die völlige Entleerung eines Systems es für Anregungen wenig ansprechbar macht.) Der zweite Fall, die direkte motorische Abfuhr, sollte durch das nämliche Prinzip ausgeschlossen sein, denn der Zugang zur Motilität liegt normalerweise noch ein Stück weiter weg von der Bewußtseinszensur, aber er kommt ausnahmsweise als Somnambulismus zur Beobachtung. Wir wissen nicht, welche Bedingungen dies ermöglichen, und warum er sich nicht häufiger ereignet. Was bei der Traumbildung wirklich geschieht, ist eine sehr merkwürdige und ganz unvorhergesehene Entscheidung. Der im *Vbw* angesponnene und durch das *Ubw* verstärkte Vorgang nimmt einen rückläufigen Weg durch das *Ubw* zu der dem Bewußtsein sich aufdrängenden Wahrnehmung. Diese Regression ist die dritte Phase der Traumbildung. Wir wiederholen hier zur Übersicht die früheren: Verstärkung der *vbw* Tagesreste durch das *Ubw* — Herstellung des Traumwunsches.

Wir heißen eine solche Regression eine topische zum Unterschied von der vorhin erwähnten zeitlichen oder entwicklungsgeschichtlichen. Die beiden müssen nicht immer zusammenfallen, tun es aber gerade in dem uns vorliegenden Beispiele. Die Rückwendung des Ablaufes der Erregung vom *Vbw* durch das *Ubw* zur Wahrnehmung ist gleichzeitig die Rückkehr zu der frühen Stufe der halluzinatorischen Wunscherfüllung.

Es ist aus der „Traumdeutung" bekannt, in welcher Weise die Regression der vorbewußten Tagesreste bei der Traumbildung vor sich geht. Gedanken werden dabei in — vorwiegend visuelle — Bilder umgesetzt, also Wortvorstellungen auf die ihnen entsprechenden Sachvorstellungen zurückgeführt, im ganzen so, als ob eine Rücksicht auf Darstellbarkeit den Prozeß beherrschen würde. Nach vollzogener Regression erübrigt eine Reihe von Besetzungen im System *Ubw*, Besetzungen von Sacherinnerungen, auf welche der psychische Primärvorgang einwirkt, bis er durch deren Verdichtung und Verschiebung der Besetzungen zwischen ihnen den manifesten Trauminhalt gestaltet hat. Nur wo die Wortvorstellungen in den Tagesresten frische, aktuelle Reste von Wahrnehmungen sind, nicht Gedankenausdruck, werden sie wie Sachvorstellungen behandelt und unterliegen an sich den Einflüssen der Verdichtung und Verschiebung. Daher die in der Traumdeutung gegebene, seither zur Evidenz bestätigte Regel, daß Worte und Reden im Trauminhalt nicht neugebildet, sondern Reden des Traumtages (oder sonstigen frischen Eindrücken, auch aus Gelesenem) nachgebildet werden. Es ist sehr bemerkenswert, wie wenig die Traumarbeit an den Wortvorstellungen festhält; sie ist jederzeit bereit, die Worte miteinander zu vertauschen, bis sie jenen Ausdruck findet, welcher der plastischen Darstellung die günstigste Handhabe bietet.[1]

In diesem Punkte zeigt sich nun der entscheidende Unterschied zwischen der Traumarbeit und der Schizophrenie. Bei letzterer werden die Worte selbst, in denen der vorbewußte Gedanke ausgedrückt war, Gegenstand der Bearbeitung durch den Primärvorgang; im Traume sind es nicht die Worte, sondern die Sachvorstellungen, auf welche die Worte zurückgeführt wurden. Der Traum kennt eine topische Regression, die Schizophrenie nicht; beim Traume ist der Verkehr zwischen *(vbw)* Wortbesetzungen und *(ubw)* Sachbesetzungen frei; für die Schizophrenie bleibt charakteristisch, daß er abgesperrt ist. Der Eindruck dieser Verschiedenheit wird gerade durch die Traumdeutungen, die wir in der psychoanalytischen Praxis vornehmen, abgeschwächt. Indem die Traumdeutung den Verlauf der Traumarbeit aufspürt, die

1) Der Rücksicht auf Darstellbarkeit schreibe ich auch die von Silberer betonte und vielleicht von ihm überschätzte Tatsache zu, daß manche Träume zwei gleichzeitig zutreffende und doch wesensverschiedene Deutungen gestatten, von denen Silberer die eine die analytische, die andere die anagogische heißt. Es handelt sich dann immer um Gedanken von sehr abstrakter Natur, die der Darstellung im Traume große Schwierigkeiten bereiten mußten. Man halte sich zum Vergleiche etwa die Aufgabe vor, den Leitartikel einer politischen Zeitung durch Illustrationen zu ersetzen! In solchen Fällen muß die Traumarbeit den abstrakten Gedankentext erst durch einen konkreteren ersetzen, welcher mit ihm irgendwie durch Vergleich, Symbolik, allegorische Anspielung, am besten aber genetisch verknüpft ist, und der nun an seiner Stelle Material der Traumarbeit wird. Die abstrakten Gedanken ergeben die sogenannte anagogische Deutung, die wir bei der Deutungsarbeit leichter erraten als die eigentlich analytische. Nach einer richtigen Bemerkung von O. Rank sind gewisse Kurträume von analytisch behandelten Patienten die besten Vorbilder für die Auffassung solcher Träume mit mehrfacher Deutung.

Wege verfolgt, die von den latenten Gedanken zu den Traumelementen führen, die Ausbeutung der Wortzweideutigkeiten aufdeckt und die Wortbrücken zwischen verschiedenen Materialkreisen nachweist, macht sie einen bald witzigen, bald schizophrenen Eindruck und läßt uns daran vergessen, daß alle Operationen an Worten für den Traum nur Vorbereitung zur Sachregression sind.

Die Vollendung des Traumvorganges liegt darin, daß der regressiv verwandelte, zu einer Wunschphantasie umgearbeitete Gedankeninhalt als sinnliche Wahrnehmung bewußt wird, wobei er die sekundäre Bearbeitung erfährt, welcher jeder Wahrnehmungsinhalt unterliegt. Wir sagen, der Traumwunsch wird halluziniert und findet als Halluzination den Glauben an die Realität seiner Erfüllung. Gerade an dieses abschließende Stück der Traumbildung knüpfen sich die stärksten Unsicherheiten, zu deren Klärung wir den Traum in Vergleich mit ihm verwandten pathologischen Zuständen bringen wollen.

Die Bildung der Wunschphantasie und deren Regression zur Halluzination sind die wesentlichsten Stücke der Traumarbeit, doch kommen sie ihm nicht ausschließend zu. Vielmehr finden sie sich ebenso bei zwei krankhaften Zuständen, bei der akuten halluzinatorischen Verworrenheit, der Amentia (Meynerts), und in der halluzinatorischen Phase der Schizophrenie. Das halluzinatorische Delir der Amentia ist eine deutlich kennbare Wunschphantasie, oft völlig geordnet wie ein schöner Tagtraum. Man könnte ganz allgemein von einer halluzinatorischen Wunschpsychose sprechen und sie dem Traume wie der Amentia in gleicher Weise zuerkennen. Es kommen auch Träume vor, welche aus nichts anderem als aus sehr reichhaltigen, unentstellten Wunschphantasien bestehen. Die halluzinatorische Phase der Schizophrenie ist minder gut studiert; sie scheint in der Regel zusammengesetzter Natur zu sein, dürfte aber im wesentlichen einem neuen Restitutionsversuch entsprechen, der die libidinöse Besetzung zu den Objektvorstellungen zurückbringen will.[1] Die anderen halluzinatorischen Zustände bei mannigfaltigen pathologischen Affektionen kann ich nicht zum Vergleich heranziehen, weil ich hier weder über eigene Erfahrung verfüge, noch die Anderer verwerten kann.

Machen wir uns klar, daß die halluzinatorische Wunschpsychose — im Traume oder anderwärts — zwei keineswegs ineinander fallende Leistungen vollzieht. Sie bringt nicht nur verborgene oder verdrängte Wünsche zum Bewußtsein, sondern stellt sie auch unter vollem Glauben als erfüllt dar. Es gilt dieses Zusammentreffen zu verstehen. Man kann keineswegs behaupten, die unbewußten Wünsche müßten für Realitäten gehalten werden, nachdem sie einmal bewußt geworden sind, denn unser Urteil ist bekanntermaßen sehr wohl imstande, Wirklichkeiten von noch so intensiven Vorstellungen und Wünschen zu unterscheiden. Dagegen scheint es gerechtfertigt anzunehmen, daß der Realitätsglaube an die Wahrnehmung durch die Sinne geknüpft ist. Wenn einmal ein Gedanke den Weg zur Regression bis zu den unbewußten Objekterinnerungsspuren und von da bis zur Wahrnehmung gefunden hat, so anerkennen wir seine Wahrnehmung als real. Die Halluzination bringt also den Realitätsglauben mit sich. Es fragt sich nun, welches die Bedingung für das Zustandekommen einer Halluzination ist. Die erste Antwort würde lauten: Die Regression, und somit die Frage nach der Entstehung der Halluzination durch die nach dem Mechanismus der Regression ersetzen. Die Antwort darauf brauchten wir für den Traum nicht lange schuldig zu bleiben. Die Regression der *vbw* Traumgedanken zu den Sacherinnerungsbildern ist offenbar die Folge der Anziehung, welche diese *ubw* Triebrepräsentanzen — z. B. verdrängte Erlebniserinnerungen — auf die in Worte gefaßten Gedanken ausüben. Allein wir merken bald, daß wir auf falsche

1) Als ersten solchen Versuch haben wir in der Abhandlung über das »Unbewußte« die Überbesetzung der Wortvorstellungen kennen gelernt.

Fährte geraten sind. Wäre das Geheimnis der Halluzination kein anderes als das der Regression, so müßte jede genug intensive Regression eine Halluzination mit Realitätsglauben ergeben. Wir kennen aber sehr wohl die Fälle, in denen ein regressives Nachdenken sehr deutliche visuelle Erinnerungsbilder zum Bewußtsein bringt, die wir darum keinen Augenblick für reale Wahrnehmung halten. Wir könnten uns auch sehr wohl vorstellen, daß die Traumarbeit bis zu solchen Erinnerungsbildern vordringt, uns die bisher unbewußten bewußt macht und uns eine Wunschphantasie vorspiegelt, die wir sehnsüchtig empfinden, aber nicht als die reale Erfüllung des Wunsches anerkennen würden. Die Halluzination muß also mehr sein als die regressive Belebung der an sich *ubw* Erinnerungsbilder.

Halten wir uns noch vor, daß es von großer praktischer Bedeutung ist, Wahrnehmungen von noch so intensiv erinnerten Vorstellungen zu unterscheiden. Unser ganzes Verhältnis zur Außenwelt, zur Realität, hängt von dieser Fähigkeit ab. Wir haben die Fiktion aufgestellt, daß wir diese Fähigkeit nicht immer besaßen, und daß wir zu Anfang unseres Seelenlebens wirklich das befriedigende Objekt halluzinierten, wenn wir das Bedürfnis nach ihm verspürten. Aber die Befriedigung blieb in solchem Falle aus, und der Mißerfolg muß uns sehr bald bewogen haben, eine Einrichtung zu schaffen, mit deren Hilfe eine solche Wunschwahrnehmung von einer realen Erfüllung unterschieden und im weiteren vermieden werden konnte. Wir haben mit anderen Worten sehr frühzeitig die halluzinatorische Wunschbefriedigung aufgegeben und eine Art der Realitätsprüfung eingerichtet. Die Frage erhebt sich nun, worin bestand diese Realitätsprüfung, und wie bringt es die halluzinatorische Wunschpsychose des Traumes und der Amentia u. dgl. zu stande, sie aufzuheben und den alten Modus der Befriedigung wieder herzustellen.

Die Antwort läßt sich geben, wenn wir nun daran gehen, das dritte unserer psychischen Systeme, das System *Bw*, welches wir bisher vom *Vbw* nicht scharf gesondert haben, näher zu bestimmen. Wir haben uns schon in der Traumdeutung entschließen müssen, die bewußte Wahrnehmung als die Leistung eines besonderen Systems in Anspruch zu nehmen, dem wir gewisse merkwürdige Eigenschaften zugeschrieben haben und mit guten Gründen noch weitere Charaktere beilegen werden. Dieses dort *W* genannte System bringen wir zur Deckung mit dem System *Bw*, an dessen Arbeit in der Regel das Bewußtwerden hängt. Noch immer aber deckt sich die Tatsache des Bewußtwerdens nicht völlig mit der Systemzugehörigkeit, denn wir haben ja erfahren, daß sinnliche Erinnerungsbilder bemerkt werden können, denen wir unmöglich einen psychischen Ort im System *Bw* oder *W* zugestehen können.

Allein die Behandlung dieser Schwierigkeit darf wiederum aufgeschoben werden, bis wir das System *Bw* selbst als Mittelpunkt unseres Interesses einstellen können. Für unseren gegenwärtigen Zusammenhang darf uns die Annahme gestattet werden, daß die Halluzination in einer Besetzung des Systems *Bw (W)* besteht, die aber nicht wie normal von außen, sondern von innen her erfolgt, und daß sie zur Bedingung hat, die Regression müsse so weit gehen, daß sie dies System selbst erreicht und sich dabei über die Realitätsprüfung hinaussetzen kann.[1]

Wir haben in einem früheren Zusammenhang („Triebe und Triebschicksale“) für den noch hilflosen Organismus die Fähigkeit in Anspruch genommen, mittels seiner Wahrnehmungen eine erste Orientierung in der Welt zu schaffen, indem er „außen“ und „innen“ nach der Beziehung zu einer Muskelaktion unterscheidet. Eine Wahrnehmung, die durch eine Aktion zum Verschwinden gebracht wird, ist als eine äußere, als Realität erkannt; wo solche Aktion nichts ändert, kommt die Wahrnehmung aus dem eigenen Körperinnern, sie ist nicht real. Es ist dem

1) Ich füge ergänzend hinzu, daß ein Erklärungsversuch der Halluzination nicht an der positiven, sondern vielmehr an der negativen Halluzination angreifen müßte.

34*

Individuum wertvoll, daß es ein solches Kennzeichen der Realität besitzt, welches gleichzeitig eine Abhilfe gegen sie bedeutet, und es wollte gern mit ähnlicher Macht gegen seine oft unerbittlichen Triebansprüche ausgestattet sein. Darum wendet es solche Mühe daran, was ihm von innen her beschwerlich wird, nach außen zu versetzen, zu projizieren.

Diese Leistung der Orientierung in der Welt durch Unterscheidung von innen und außen müssen wir nun nach einer eingehenden Zergliederung des seelischen Apparates dem System *Bw (W)* allein zuschreiben. *Bw* muß über eine motorische Innervation verfügen, durch welche festgestellt wird, ob die Wahrnehmung zum Verschwinden zu bringen ist oder sich resistent verhält. Nichts anderes als diese Einrichtung braucht die Realitätsprüfung zu sein.[1] Näheres darüber können wir nicht aussagen, da Natur und Arbeitsweise des Systems *Bw* noch zu wenig bekannt sind. Die Realitätsprüfung werden wir als eine der großen Institutionen des Ichs neben die uns bekannt gewordenen Zensuren zwischen den psychischen Systemen hinstellen und erwarten, daß uns die Analyse der narzißtischen Affektionen andere solcher Institutionen aufzudecken verhilft.

Hingegen können wir schon jetzt aus der Pathologie erfahren, auf welche Weise die Realitätsprüfung aufgehoben oder außer Tätigkeit gesetzt werden kann, und zwar werden wir es in der Wunschpsychose, der Amentia, unzweideutiger erkennen als am Traum: Die Amentia ist die Reaktion auf einen Verlust, den die Realität behauptet, der aber vom Ich als unerträglich verleugnet werden soll. Darauf bricht das Ich die Beziehung zur Realität ab, es entzieht dem System der Wahrnehmungen *Bw* die Besetzung oder vielleicht besser eine Besetzung, deren besondere Natur noch Gegenstand einer Untersuchung werden kann. Mit dieser Abwendung von der Realität ist die Realitätsprüfung

1) Über die Unterscheidung einer Aktualitäts- von einer Realitätsprüfung siehe an späterer Stelle.

beseitigt, die — unverdrängten, durchaus bewußten — Wunschphantasien können ins System vordringen und werden von dort aus als bessere Realität anerkannt. Eine solche Entziehung darf den Verdrängungsvorgängen beigeordnet werden; die Amentia bietet uns das interessante Schauspiel einer Entzweiung des Ichs mit einem seiner Organe, welches ihm vielleicht am getreuesten diente und am innigsten verbunden war.[1]

Was bei der Amentia die „Verdrängung" leistet, das macht beim Traum der freiwillige Verzicht. Der Schlafzustand will nichts von der Außenwelt wissen, interessiert sich nicht für die Realität oder nur insoweit, als das Verlassen des Schlafzustandes, das Erwachen, in Betracht kommt. Er zieht also auch die Besetzung vom System *Bw* ab, wie von den anderen Systemen, dem *Vbw* und dem *Ubw*, soweit die in ihnen vorhandenen Positionen dem Schlafwunsch gehorchen. Mit dieser Unbesetztheit des Systems *Bw* ist die Möglichkeit einer Realitätsprüfung aufgegeben, und die Erregungen, welche vom Schlafzustand unabhängig den Weg der Regression eingeschlagen haben, werden ihn frei finden bis zum System *Bw*, in welchem sie als unbestrittene Realität gelten werden.[2] Für die halluzinatorische Psychose der Dementia praecox werden wir aus unseren Erwägungen ableiten, daß sie nicht zu den Eingangssymptomen der Affektion gehören kann. Sie wird erst ermöglicht, wenn das Ich des Kranken soweit zerfallen ist, daß die Realitätsprüfung nicht mehr die Halluzination verhindert.

1) Man kann von hier aus die Vermutung wagen, daß auch die toxischen Halluzinosen, z. B. das Alkoholdelirium, in analoger Weise zu verstehen sind. Der unerträgliche Verlust, der von der Realität auferlegt wird, wäre eben der des Alkohols, Zuführung desselben hebt die Halluzinationen auf.

2) Das Prinzip der Unerregbarkeit unbesetzter Systeme erscheint hier für das *Bw* (*W*) außer Kraft gesetzt. Aber es kann sich um nur teilweise Aufhebung der Besetzung handeln, und gerade für das Wahrnehmungssystem werden wir eine Anzahl von Erregungsbedingungen annehmen müssen, die von denen anderer Systeme weit abweichen. — Der unsicher tastende Charakter dieser metapsychologischen Erörterungen soll natürlich in keiner Weise verschleiert oder beschönigt werden. Erst weitere Vertiefung kann zu einem gewissen Grade von Wahrscheinlichkeit führen.

Zur Psychologie der Traumvorgänge erhalten wir das Resultat, daß alle wesentlichen Charaktere des Traumes durch die Bedingung des Schlafzustandes determiniert werden. Der alte Aristoteles behält mit seiner unscheinbaren Aussage, der Traum sei die seelische Tätigkeit des Schlafenden, in allen Stücken recht. Wir konnten ausführen: Ein Rest von seelischer Tätigkeit, dadurch ermöglicht, daß sich der narzißtische Schlafzustand nicht ausnahmslos durchsetzen ließ. Das lautet ja nicht viel anders, als was Psychologen und Philosophen von jeher gesagt haben, ruht aber auf ganz abweichenden Ansichten über den Bau und die Leistung des seelischen Apparates, die den Vorzug vor den früheren haben, daß sie auch alle Einzelheiten des Traumes unserem Verständnis nahe bringen konnten.

Werfen wir am Ende noch einen Blick auf die Bedeutung, welche eine Topik des Verdrängungsvorganges für unsere Einsicht in den Mechanismus der seelischen Störungen gewinnt. Beim Traum betrifft die Entziehung der Besetzung (Libido, Interesse) alle Systeme gleichmäßig, bei den Übertragungsneurosen wird die *Vbw* Besetzung zurückgezogen, bei der Schizophrenie die des *Ubw*, bei der Amentia die des *Bw*.

---

# TRAUER UND MELANCHOLIE

Nachdem uns der Traum als Normalvorbild der narzißtischen Seelenstörungen gedient hat, wollen wir den Versuch machen, das Wesen der Melancholie durch ihre Vergleichung mit dem Normalaffekt der Trauer zu erhellen. Wir müssen aber diesmal ein Bekenntnis vorausschicken, welches vor Überschätzung des Ergebnisses warnen soll. Die Melancholie, deren Begriffsbestimmung auch in der deskriptiven Psychiatrie schwankend ist, tritt in verschiedenartigen klinischen Formen auf, deren Zusammenfassung zur Einheit nicht gesichert scheint, von denen einige eher an somatische als an psychogene Affektionen mahnen. Unser Material beschränkt sich, abgesehen von den Eindrücken, die jedem Beobachter zu Gebote stehen, auf eine kleine Anzahl von Fällen, deren psychogene Natur keinem Zweifel unterlag. So werden wir den Anspruch auf allgemeine Gültigkeit unserer Ergebnisse von vornherein fallen lassen und uns mit der Erwägung trösten, daß wir mit unseren gegenwärtigen Forschungsmitteln kaum etwas finden können, was nicht typisch wäre, wenn nicht für eine ganze Klasse von Affektionen, so doch für eine kleinere Gruppe.

Die Zusammenstellung von Melancholie und Trauer erscheint durch das Gesamtbild der beiden Zustände gerechtfertigt.[1] Auch die Anlässe zu beiden aus den Lebenseinwirkungen fallen dort, wo sie überhaupt durchsichtig sind, zusammen. Trauer ist regel-

---

1) Auch Abraham, dem wir die bedeutsamste unter den wenigen analytischen Studien über den Gegenstand verdanken, ist von dieser Vergleichung ausgegangen. (Zentralblatt für Psychoanalyse, II, 6, 1912.)

mäßig die Reaktion auf den Verlust einer geliebten Person oder einer an ihre Stelle gerückten Abstraktion wie Vaterland, Freiheit, ein Ideal usw. Unter den nämlichen Einwirkungen zeigt sich bei manchen Personen, die wir darum unter den Verdacht einer krankhaften Disposition setzen, an Stelle der Trauer eine Melancholie. Es ist auch sehr bemerkenswert, daß es uns niemals einfällt, die Trauer als einen krankhaften Zustand zu betrachten und dem Arzt zur Behandlung zu übergeben, obwohl sie schwere Abweichungen vom normalen Lebensverhalten mit sich bringt. Wir vertrauen darauf, daß sie nach einem gewissen Zeitraum überwunden sein wird, und halten eine Störung derselben für unzweckmäßig, selbst für schädlich.

Die Melancholie ist seelisch ausgezeichnet durch eine tief schmerzliche Verstimmung, eine Aufhebung des Interesses für die Außenwelt, durch den Verlust der Liebesfähigkeit, durch die Hemmung jeder Leistung und die Herabsetzung des Selbstgefühls, die sich in Selbstvorwürfen und Selbstbeschimpfungen äußert und bis zur wahnhaften Erwartung von Strafe steigert. Dies Bild wird unserem Verständnis näher gerückt, wenn wir erwägen, daß die Trauer dieselben Züge aufweist, bis auf einen einzigen; die Störung des Selbstgefühls fällt bei ihr weg. Sonst aber ist es dasselbe. Die schwere Trauer, die Reaktion auf den Verlust einer geliebten Person, enthält die nämliche schmerzliche Stimmung, den Verlust des Interesses für die Außenwelt — soweit sie nicht an den Verstorbenen mahnt, — den Verlust der Fähigkeit, irgend ein neues Liebesobjekt zu wählen — was den Betrauerten ersetzen hieße, — die Abwendung von jeder Leistung, die nicht mit dem Andenken des Verstorbenen in Beziehung steht. Wir fassen es leicht, daß diese Hemmung und Einschränkung des Ichs der Ausdruck der ausschließlichen Hingabe an die Trauer ist, wobei für andere Absichten und Interessen nichts übrig bleibt. Eigentlich erscheint uns dieses Verhalten nur darum nicht pathologisch, weil wir es so gut zu erklären wissen.

Wir werden auch den Vergleich gutheißen, der die Stimmung der Trauer eine „schmerzliche" nennt. Seine Berechtigung wird uns wahrscheinlich einleuchten, wenn wir im stande sind, den Schmerz ökonomisch zu charakterisieren.

Worin besteht nun die Arbeit, welche die Trauer leistet? Ich glaube, daß es nichts Gezwungenes enthalten wird, sie in folgender Art darzustellen: Die Realitätsprüfung hat gezeigt, daß das geliebte Objekt nicht mehr besteht, und erläßt nun die Aufforderung, alle Libido aus ihren Verknüpfungen mit diesem Objekt abzuziehen. Dagegen erhebt sich ein begreifliches Sträuben, — es ist allgemein zu beobachten, daß der Mensch eine Libidoposition nicht gern verläßt, selbst dann nicht, wenn ihm Ersatz bereits winkt. Dies Sträuben kann so intensiv sein, daß eine Abwendung von der Realität und ein Festhalten des Objekts durch eine halluzinatorische Wunschpsychose (siehe die vorige Abhandlung) zu stande kommt. Das Normale ist, daß der Respekt vor der Realität den Sieg behält. Doch kann ihr Auftrag nicht sofort erfüllt werden. Er wird nun im einzelnen unter großem Aufwand von Zeit und Besetzungsenergie durchgeführt und unterdes die Existenz des verlorenen Objekts psychisch fortgesetzt. Jede einzelne der Erinnerungen und Erwartungen, in denen die Libido an das Objekt geknüpft war, wird eingestellt, überbesetzt und an ihr die Lösung der Libido vollzogen. Warum diese Kompromißleistung der Einzeldurchführung des Realitätsgebotes so außerordentlich schmerzhaft ist, läßt sich in ökonomischer Begründung gar nicht leicht angeben. Es ist merkwürdig, daß uns diese Schmerzunlust selbstverständlich erscheint. Tatsächlich wird aber das Ich nach der Vollendung der Trauerarbeit wieder frei und ungehemmt.

Wenden wir nun auf die Melancholie an, was wir von der Trauer erfahren haben. In einer Reihe von Fällen ist es offenbar, daß auch sie Reaktion auf den Verlust eines geliebten Objekts sein kann; bei anderen Veranlassungen kann man erkennen, daß der Verlust von mehr ideeller Natur ist. Das Objekt ist nicht etwa real gestorben, aber es ist als Liebesobjekt verlorengegangen (z. B. der Fall einer verlassenen Braut.) In noch anderen Fällen glaubt man an der Annahme eines solchen Verlustes festhalten zu sollen, aber man kann nicht deutlich erkennen, was verloren wurde, und darf um so eher annehmen, daß auch der Kranke nicht bewußt erfassen kann, was er verloren hat. Ja, dieser Fall könnte auch dann noch vorliegen, wenn der die Melancholie veranlassende Verlust dem Kranken bekannt ist, indem er zwar weiß wen, aber nicht, was er an ihm verloren hat. So würde uns nahe gelegt, die Melancholie irgendwie auf einen dem Bewußtsein entzogenen Objektverlust zu beziehen, zum Unterschied von der Trauer, bei welcher nichts an dem Verluste unbewußt ist.

Bei der Trauer fanden wir Hemmung und Interesselosigkeit durch die das Ich absorbierende Trauerarbeit restlos aufgeklärt. Eine ähnliche innere Arbeit wird auch der unbekannte Verlust bei der Melancholie zur Folge haben und darum für die Hemmung der Melancholie verantwortlich werden. Nur daß uns die melancholische Hemmung einen rätselhaften Eindruck macht, weil wir nicht sehen können, was die Kranken so vollständig absorbiert. Der Melancholiker zeigt uns noch eines, was bei der Trauer entfällt, eine außerordentliche Herabsetzung seines Ichgefühls, eine großartige Ichverarmung. Bei der Trauer ist die Welt arm und leer geworden, bei der Melancholie ist es das Ich selbst. Der Kranke schildert uns sein Ich als nichtswürdig, leistungsunfähig und moralisch verwerflich, er macht sich Vorwürfe, beschimpft sich und erwartet Ausstoßung und Strafe. Er erniedrigt sich vor jedem anderen, bedauert jeden der Seinigen, daß er an seine so unwürdige Person gebunden sei. Er hat nicht das Urteil einer Veränderung, die an ihm vorgefallen ist, sondern streckt seine Selbstkritik über die Vergangenheit aus; er behauptet, niemals besser gewesen zu sein. Das Bild dieses — vorwiegend moralischen — Kleinheitswahnes vervollständigt sich durch Schlaflosigkeit, Ablehnung der Nahrung und eine psychologisch höchst merkwürdige Überwindung des Triebes, der alles Lebende am Leben festzuhalten zwingt.

Es wäre wissenschaftlich wie therapeutisch gleich unfruchtbar, dem Kranken zu widersprechen, der solche Anklagen gegen sein Ich vorbringt. Er muß wohl irgendwie recht haben und etwas schildern, was sich so verhält, wie es ihm erscheint. Einige seiner Angaben müssen wir ja ohne Einschränkung sofort bestätigen. Er ist wirklich so interesselos, so unfähig zur Liebe und zur Leistung, wie er sagt. Aber das ist, wie wir wissen, sekundär, ist die Folge der inneren, uns unbekannten, der Trauer vergleichbaren Arbeit, welche sein Ich aufzehrt. In einigen anderen Selbstanklagen scheint er uns gleichfalls recht zu haben und die Wahrheit nur schärfer zu erfassen als andere, die nicht melancholisch sind. Wenn er sich in gesteigerter Selbstkritik als kleinlichen, egoistischen, unaufrichtigen, unselbständigen Menschen schildert, der nur immer bestrebt war, die Schwächen seines Wesens zu verbergen, so mag er sich unseres Wissens der Selbsterkenntnis ziemlich angenähert haben, und wir fragen uns nur, warum man erst krank werden muß, um solcher Wahrheit zugänglich zu sein. Denn es leidet keinen Zweifel, wer eine solche Selbsteinschätzung gefunden hat und sie vor anderen äußert — eine Schätzung, wie sie Prinz Hamlet für sich und alle anderen bereit hat,[1] — der ist krank, ob er nun die Wahrheit sagt oder sich mehr oder weniger Unrecht tut. Es ist auch nicht schwer zu bemerken, daß zwischen dem Ausmaß der Selbsterniedrigung und ihrer realen Berechtigung nach unserem Urteil keine Entsprechung besteht. Die früher brave, tüchtige und pflichttreue Frau wird in der Melancholie nicht besser von sich sprechen als die in Wahrheit nichtsnutzige, ja vielleicht hat die erstere mehr Aussicht, an Melancholie zu erkranken, als die andere, von der auch wir nichts Gutes zu sagen wüßten. Endlich muß uns auf-

1) *Use every man after his desert, and who should scape whipping.* Hamlet, II, 2.

fallen, daß der Melancholiker sich doch nicht ganz so benimmt wie ein normalerweise von Reue und Selbstvorwurf Zerknirschter. Es fehlt das Schämen vor anderen, welches diesen letzteren Zustand vor allem charakterisieren würde, oder es tritt wenigstens nicht auffällig hervor. Man könnte am Melancholiker beinahe den gegenteiligen Zug einer aufdringlichen Mitteilsamkeit hervorheben, die an der eigenen Bloßstellung eine Befriedigung findet.

Es ist also nicht wesentlich, ob der Melancholiker mit seiner peinlichen Selbstherabsetzung insofern recht hat, als diese Kritik mit dem Urteil der anderen zusammentrifft. Es muß sich vielmehr darum handeln, daß er seine psychologische Situation richtig beschreibt. Er hat seine Selbstachtung verloren und muß guten Grund dazu haben. Wir stehen dann allerdings vor einem Widerspruch, der uns ein schwer lösbares Rätsel aufgibt. Nach der Analogie mit der Trauer mußten wir schließen, daß er einen Verlust am Objekte erlitten hat; aus seinen Aussagen geht ein Verlust an seinem Ich hervor.

Ehe wir uns mit diesem Widerspruch beschäftigen, verweilen wir einen Moment lang bei dem Einblick, den uns die Affektion des Melancholikers in die Konstitution des menschlichen Ichs gewährt. Wir sehen bei ihm, wie sich ein Teil des Ichs dem anderen gegenüberstellt, es kritisch wertet, es gleichsam zum Objekt nimmt. Unser Verdacht, daß die hier vom Ich abgespaltene kritische Instanz auch unter anderen Verhältnissen ihre Selbständigkeit erweisen könne, wird durch alle weiteren Beobachtungen bestätigt werden. Wir werden wirklich Grund finden, diese Instanz vom übrigen Ich zu sondern. Was wir hier kennen lernen, ist die gewöhnlich Gewissen genannte Instanz; wir werden sie mit der Bewußtseinszensur und der Realitätsprüfung zu den großen Ichinstitutionen rechnen und irgendwo auch die Beweise dafür finden, daß sie für sich allein erkranken kann. Das Krankheitsbild der Melancholie läßt das moralische Mißfallen am eigenen Ich vor anderen Ausstellungen hervortreten: körperliche Gebrechen, Häßlichkeit, Schwäche, soziale Minderwertigkeit sind weit seltener Gegenstand der Selbsteinschätzung; nur die Verarmung nimmt unter den Befürchtungen oder Behauptungen des Kranken eine bevorzugte Stelle ein.

Zur Aufklärung des vorhin aufgestellten Widerspruches führt dann eine Beobachtung, die nicht einmal schwer anzustellen ist. Hört man die mannigfachen Selbstanklagen des Melancholikers geduldig an, so kann man sich endlich des Eindruckes nicht erwehren, daß die stärksten unter ihnen zur eigenen Person oft sehr wenig passen, aber mit geringfügigen Modifikationen einer anderen Person anzupassen sind, die der Kranke liebt, geliebt hat oder lieben sollte. So oft man den Sachverhalt untersucht, bestätigt er diese Vermutung. So hat man denn den Schlüssel des Krankheitsbildes in der Hand, indem man die Selbstvorwürfe als Vorwürfe gegen ein Liebesobjekt erkennt, die von diesem weg auf das eigene Ich gewälzt sind.

Die Frau, die laut ihren Mann bedauert, daß er an eine so untüchtige Frau gebunden ist, will eigentlich die Untüchtigkeit des Mannes anklagen, in welchem Sinne diese auch gemeint sein mag. Man braucht sich nicht zu sehr zu verwundern, daß einige echte Selbstvorwürfe unter die rückgewendeten eingestreut sind; sie dürfen sich vordrängen, weil sie dazu verhelfen, die anderen zu verdecken und die Erkenntnis des Sachverhaltes unmöglich zu machen, sie stammen ja auch aus dem Für und Wider des Liebesstreites, der zum Liebesverlust geführt hat. Auch das Benehmen der Kranken wird jetzt um vieles verständlicher. Ihre Klagen sind Anklagen, gemäß dem alten Sinne des Wortes; sie schämen und verbergen sich nicht, weil alles Herabsetzende, was sie von sich aussagen, im Grunde von einem anderen gesagt wird; und sie sind weit davon entfernt, gegen ihre Umgebung die Demut und Unterwürfigkeit zu bezeugen, die allein so unwürdigen Personen geziemen würde, sie sind vielmehr im höchsten Grade quälerisch, immer wie gekränkt und als ob ihnen ein großes Unrecht widerfahren wäre. Dies ist alles nur möglich, weil die Reaktionen ihres Benehmens noch von der seelischen Konstellation der Auflehnung ausgehen, welche dann durch einen gewissen Vorgang in die melancholische Zerknirschung übergeführt worden ist.

Es hat dann keine Schwierigkeit, diesen Vorgang zu rekonstruieren. Es hatte eine Objektwahl, eine Bindung der Libido an eine bestimmte Person bestanden; durch den Einfluß einer realen Kränkung oder Enttäuschung von seiten der geliebten Person trat eine Erschütterung dieser Objektbeziehung ein. Der Erfolg war nicht der normale einer Abziehung der Libido von diesem Objekt und Verschiebung derselben auf ein neues, sondern ein anderer, der mehrere Bedingungen für sein Zustandekommen zu erfordern scheint. Die Objektbesetzung erwies sich als wenig resistent, sie wurde aufgehoben, aber die freie Libido nicht auf ein anderes Objekt verschoben, sondern ins Ich zurückgezogen. Dort fand sie aber nicht eine beliebige Verwendung, sondern diente dazu, eine Identifizierung des Ichs mit dem aufgegebenen Objekt herzustellen. Der Schatten des Objekts fiel so auf das Ich, welches nun von einer besonderen Instanz wie ein Objekt, wie das verlassene Objekt, beurteilt werden konnte. Auf diese Weise hatte sich der Objektverlust in einen Ichverlust verwandelt, der Konflikt zwischen dem Ich und der geliebten Person in einen Zwiespalt zwischen der Ichkritik und dem durch Identifizierung veränderten Ich.

Von den Voraussetzungen und Ergebnissen eines solchen Vorganges läßt sich einiges unmittelbar erraten. Es muß einerseits eine starke Fixierung an das Liebesobjekt vorhanden sein, anderseits aber im Widerspruch dazu eine geringe Resistenz der Objektbesetzung. Dieser Widerspruch scheint nach einer treffenden Bemerkung von O. Rank zu fordern, daß die Objektwahl auf narzißtischer Grundlage erfolgt sei, so daß die Objektbesetzung, wenn sich Schwierigkeiten gegen sie erheben, auf den Narzißmus regredieren kann. Die narzißtische Identifizierung mit dem Objekt wird dann zum Ersatz der Liebesbesetzung, was den Erfolg hat, daß die Liebesbeziehung trotz des Konflikts mit der geliebten Person nicht aufgegeben werden muß. Ein solcher Ersatz der Objektliebe durch Identifizierung ist ein für die narzißtischen Affektionen bedeutsamer Mechanismus; K. Landauer hat ihn kürzlich in dem Heilungsvorgang einer Schizophrenie aufdecken können.[1] Er entspricht natürlich der Regression von einem Typus der Objektwahl auf den ursprünglichen Narzißmus. Wir haben an anderer Stelle ausgeführt, daß die Identifizierung die Vorstufe der Ojektwahl ist und die erste, in ihrem Ausdruck ambivalente, Art, wie das Ich ein Objekt auszeichnet. Es möchte sich dieses Objekt einverleiben, und zwar der oralen oder kannibalischen Phase der Libidoentwicklung entsprechend auf dem Wege des Fressens. Auf diesen Zusammenhang führt Abraham wohl mit Recht die Ablehnung der Nahrungsaufnahme zurück, welche sich bei schwerer Ausbildung des melancholischen Zustandes kundgibt.

Der von der Theorie geforderte Schluß, welcher die Disposition zur melancholischen Erkrankung oder eines Stückes von ihr in die Vorherrschaft des narzißtischen Typus der Objektwahl verlegt, entbehrt leider noch der Bestätigung durch die Untersuchung. Ich habe in den einleitenden Sätzen dieser Abhandlung bekannt, daß das empirische Material, auf welches diese Studie gebaut ist, für unsere Ansprüche nicht zureicht. Dürfen wir eine Übereinstimmung der Beobachtung mit unseren Ableitungen annehmen, so würden wir nicht zögern, die Regression von der Objektbesetzung auf die noch dem Narzißmus angehörige orale Libidophase in die Charakteristik der Melancholie aufzunehmen. Identifizierungen mit dem Objekt sind auch bei den Übertragungsneurosen keineswegs selten, vielmehr ein bekannter Mechanismus

1) Intern. Zeitschr. für ärztl. Psychoanalyse, II, 1914.

der Symptombildung, zumal bei der Hysterie. Wir dürfen aber den Unterschied der narzißtischen Identifizierung von der hysterischen darin erblicken, daß bei ersterer die Objektbesetzung aufgelassen wird, während sie bei letzterer bestehen bleibt und eine Wirkung äußert, die sich gewöhnlich auf gewisse einzelne Aktionen und Innervationen beschränkt. Immerhin ist die Identifizierung auch bei den Übertragungsneurosen der Ausdruck einer Gemeinschaft, welche Liebe bedeuten kann. Die narzißtische Identifizierung ist die ursprünglichere und eröffnet uns den Zugang zum Verständnis der weniger gut studierten hysterischen.

Die Melancholie entlehnt also einen Teil ihrer Charaktere der Trauer, den anderen Teil dem Vorgang der Regression von der narzißtischen Objektwahl zum Narzißmus. Sie ist einerseits wie die Trauer Reaktion auf den realen Verlust des Liebesobjekts, aber sie ist überdies mit einer Bedingung behaftet, welche der normalen Trauer abgeht oder dieselbe, wo sie hinzutritt, in eine pathologische verwandelt. Der Verlust des Liebesobjekts ist ein ausgezeichneter Anlaß, um die Ambivalenz der Liebesbeziehungen zur Geltung und zum Vorschein zu bringen. Wo die Disposition zur Zwangsneurose vorhanden ist, verleiht darum der Ambivalenzkonflikt der Trauer eine pathologische Gestaltung und zwingt sie, sich in der Form von Selbstvorwürfen, daß man den Verlust des Liebesobjekts selbst verschuldet, d. h. gewollt habe, zu äußern. In solchen zwangsneurotischen Depressionen nach dem Tode geliebter Personen wird uns vorgeführt, was der Ambivalenzkonflikt für sich allein leistet, wenn die regressive Einziehung der Libido nicht mit dabei ist. Die Anlässe der Melancholie gehen meist über den klaren Fall des Verlustes durch den Tod hinaus und umfassen alle die Situationen von Kränkung, Zurücksetzung und Enttäuschung, durch welche ein Gegensatz von Lieben und Hassen in die Beziehung eingetragen oder eine vorhandene Ambivalenz verstärkt werden kann. Dieser Ambivalenzkonflikt, bald mehr realer, bald mehr konstitutiver Herkunft, ist unter den Voraussetzungen der Melancholie nicht zu vernachlässigen. Hat sich die Liebe zum Objekt, die nicht aufgegeben werden kann, während das Objekt selbst aufgegeben wird, in die narzißtische Identifizierung geflüchtet, so betätigt sich an diesem Ersatzobjekt der Haß, indem er es beschimpft, erniedrigt, leiden macht und an diesem Leiden eine sadistische Befriedigung gewinnt. Die unzweifelhaft genußreiche Selbstquälerei der Melancholie bedeutet ganz wie das entsprechende Phänomen der Zwangsneurose die Befriedigung von sadistischen und Haßtendenzen,[1] die einem Objekt gelten und auf diesem Wege eine Wendung gegen die eigene Person erfahren haben. Bei beiden Affektionen pflegt es den Kranken noch zu gelingen, auf dem Umwege über die Selbstbestrafung Rache an den ursprünglichen Objekten zu nehmen und ihre Lieben durch Vermittlung des Krankseins zu quälen, nachdem sie sich in die Krankheit begeben haben, um ihnen ihre Feindseligkeit nicht direkt zeigen zu müssen. Die Person, welche die Gefühlsstörung des Kranken hervorgerufen, nach welcher sein Kranksein orientiert ist, ist doch gewöhnlich in der nächsten Umgebung des Kranken zu finden. So hat die Liebesbesetzung des Melancholischen für sein Objekt ein zweifaches Schicksal erfahren; sie ist zum Teil auf die Identifizierung regrediert, zum anderen Teil aber unter dem Einfluß des Ambivalenzkonflikts auf die ihm nähere Stufe des Sadismus zurückversetzt worden.

Erst dieser Sadismus löst uns das Rätsel der Selbstmordneigung, durch welche die Melancholie so interessant und so — gefährlich wird. Wir haben als den Urzustand, von dem das Triebleben ausgeht, eine so großartige Selbstliebe des Ichs erkannt, wir sehen in der Angst, die bei Lebensbedrohung auftritt, einen so riesigen Betrag der narzißtischen Libido frei werden, daß wir es nicht erfassen, wie dies Ich seiner Selbstzerstörung zustimmen könne. Wir wußten zwar längst, daß kein Neurotiker Selbst-

1) Über deren Unterscheidung siehe den Aufsatz über „Triebe und Triebschicksale."

mordabsichten verspürt, der solche nicht von einem Mordimpuls gegen andere auf sich zurückwendet, aber es blieb unverständlich, durch welches Kräftespiel eine solche Absicht sich zur Tat durchsetzen kann. Nun lehrt uns die Analyse der Melancholie, daß das Ich sich nur dann töten kann, wenn es durch die Rückkehr der Objektbesetzung sich selbst wie ein Objekt behandeln kann, wenn es die Feindseligkeit gegen sich richten darf, die einem Objekt gilt, und die die ursprüngliche Reaktion des Ichs gegen Objekte der Außenwelt vertritt. (Siehe „Triebe und Triebschicksale".) So ist bei der Regression von der narzißtischen Objektwahl das Objekt zwar aufgehoben worden, aber es hat sich doch mächtiger erwiesen als das Ich selbst. In den zwei entgegengesetzten Situationen der äußersten Verliebtheit und des Selbstmordes wird das Ich, wenn auch auf gänzlich verschiedenen Wegen, vom Objekt überwältigt.

Es liegt dann noch nahe, für den einen auffälligen Charakter der Melancholie, das Hervortreten der Verarmungsangst, die Ableitung der aus ihren Verbindungen gerissenen und regressiv verwandelten Analerotik zuzulassen.

Die Melancholie stellt uns noch vor andere Fragen, deren Beantwortung uns zum Teil entgeht. Daß sie nach einem gewissen Zeitraum abgelaufen ist, ohne nachweisbare grobe Veränderungen zu hinterlassen, diesen Charakter teilt sie mit der Trauer. Dort fanden wir die Auskunft, die Zeit werde für die Detaildurchführung des Gebotes der Realitätsprüfung benötigt, nach welcher Arbeit das Ich seine Libido vom verlorenen Objekt frei bekommen habe. Mit einer analogen Arbeit können wir das Ich während der Melancholie beschäftigt denken; das ökonomische Verständnis des Herganges bleibt hier wie dort aus. Die Schlaflosigkeit der Melancholie bezeugt wohl die Starrheit des Zustandes, die Unmöglichkeit, die für den Schlaf erforderliche allgemeine Einziehung der Besetzungen durchzuführen. Der melancholische Komplex verhält sich wie eine offene Wunde, zieht von allen

Seiten Besetzungsenergien an sich (die wir bei den Übertragungsneurosen „Gegenbesetzungen" geheißen haben) und entleert das Ich bis zur völligen Verarmung; er kann sich leicht resistent gegen den Schlafwunsch des Ichs erweisen. — Ein wahrscheinlich somatisches, psychogen nicht aufzuklärendes Moment kommt in der regelmäßigen Linderung des Zustandes zur Abendzeit zum Vorschein. An diese Erörterungen schließt die Frage an, ob nicht Ichverlust ohne Rücksicht auf das Objekt (rein narzißtische Ichkränkung) hinreicht, das Bild der Melancholie zu erzeugen, und ob nicht direkt toxische Verarmung an Ichlibido gewisse Formen der Affektion ergeben kann.

Die merkwürdigste und aufklärungsbedürftigste Eigentümlichkeit der Melancholie ist durch ihre Neigung gegeben, in den symptomatisch gegensätzlichen Zustand der Manie umzuschlagen. Bekanntlich hat nicht jede Melancholie dieses Schicksal. Manche Fälle verlaufen in periodischen Rezidiven, deren Intervalle entweder keine oder eine nur sehr geringfügige Tönung von Manie erkennen lassen. Andere zeigen jene regelmäßige Abwechslung von melancholischen und manischen Phasen, die in der Aufstellung des zyklischen Irreseins Ausdruck gefunden hat. Man wäre versucht, diese Fälle von der psychogenen Auffassung auszuschließen, wenn nicht die psychoanalytische Arbeit gerade für mehrere dieser Erkrankungen Auflösung wie therapeutische Beeinflussung zu stande gebracht hätte. Es ist also nicht nur gestattet, sondern sogar geboten, eine analytische Aufklärung der Melancholie auch auf die Manie auszudehnen.

Ich kann nicht versprechen, daß dieser Versuch voll befriedigend ausfallen wird. Er reicht vielmehr nicht weit über die Möglichkeit einer ersten Orientierung hinaus. Es stehen uns hier zwei Anhaltspunkte zu Gebote, der erste ein psychoanalytischer Eindruck, der andere eine, man darf wohl sagen, allgemeine ökonomische Erfahrung. Der Eindruck, dem bereits mehrere psychoanalytische Forscher Worte geliehen haben, geht dahin, daß die Manie keinen anderen Inhalt hat als die Melancholie, daß beide Affektionen mit demselben „Komplex“ ringen, dem das Ich wahrscheinlich in der Melancholie erlegen ist, während es ihn in der Manie bewältigt oder beiseite geschoben hat. Den anderen Anhalt gibt die Erfahrung, daß alle Zustände von Freude, Jubel, Triumph, die uns das Normalvorbild der Manie zeigen, die nämliche ökonomische Bedingtheit erkennen lassen. Es handelt sich bei ihnen um eine Einwirkung, durch welche ein großer, lange unterhaltener, oder gewohnheitsmäßig hergestellter psychischer Aufwand endlich überflüssig wird, so daß er für mannigfache Verwendungen und Abfuhrmöglichkeiten bereit steht. Also zum Beispiel: Wenn ein armer Teufel durch einen großen Geldgewinn plötzlich der chronischen Sorge um das tägliche Brot enthoben wird, wenn ein langes und mühseliges Ringen sich am Ende durch den Erfolg gekrönt sieht, wenn man in die Lage kommt, einen drückenden Zwang, eine lange fortgesetzte Verstellung mit einem Schlage aufzugeben u. dgl. Alle solche Situationen zeichnen sich durch die gehobene Stimmung, die Abfuhrzeichen des freudigen Affekts, und durch die gesteigerte Bereitwilligkeit zu allerlei Aktionen aus, ganz wie die Manie und im vollen Gegensatz zur Depression und Hemmung der Melancholie. Man kann wagen es auszusprechen, daß die Manie nichts anderes ist als ein solcher Triumph, nur daß es wiederum dem Ich verdeckt bleibt, was es überwunden hat und worüber es triumphiert. Den in dieselbe Reihe von Zuständen gehörigen Alhoholrausch wird man — insofern er ein heiterer ist — ebenso zurechtlegen dürfen; es handelt sich bei ihm wahrscheinlich um die toxisch erzielte Aufhebung von Verdrängungsaufwänden. Die Laienmeinung nimmt gern an, daß man in solcher maniakalischer Verfassung darum so bewegungs- und unternehmungslustig ist, weil man so „gut aufgelegt“ ist. Diese falsche Verknüpfung wird man natürlich auflösen müssen. Es ist jene erwähnte ökonomische Bedingung im Seelenleben erfüllt worden, und darum ist man einerseits in so heiterer Stimmung und anderseits so ungehemmt im Tun.

Setzen wir die beiden Andeutungen zusammen, so ergibt sich: In der Manie muß das Ich den Verlust des Objekts (oder die Trauer über den Verlust oder vielleicht das Objekt selbst) überwunden haben, und nun ist der ganze Betrag von Gegenbesetzung, den das schmerzhafte Leiden der Melancholie aus dem Ich an sich gezogen und gebunden hatte, verfügbar geworden. Der Manische demonstriert uns auch unverkennbar seine Befreiung von dem Objekt, an dem er gelitten hatte, indem er wie ein Heißhungriger auf neue Objektbesetzungen ausgeht.

Diese Aufklärung klingt ja plausibel, aber sie ist erstens noch zu wenig bestimmt und läßt zweitens mehr neue Fragen und Zweifel auftauchen, als wir beantworten können. Wir wollen uns der Diskussion derselben nicht entziehen, wenn wir auch nicht erwarten können, durch sie hindurch den Weg der Klarheit zu finden.

Zunächst: Die normale Trauer überwindet ja auch den Verlust des Objekts und absorbiert gleichfalls während ihres Bestandes alle Energien des Ichs. Warum stellt sich bei ihr die ökonomische Bedingung für eine Phase des Triumphes nach ihrem Ablaufe auch nicht andeutungsweise her? Ich finde es unmöglich, auf diesen Einwand kurzerhand zu antworten. Er macht uns auch darauf aufmerksam, daß wir nicht einmal sagen können, durch welche ökonomischen Mittel die Trauer ihre Aufgabe löst; aber vielleicht kann hier eine Vermutung aushelfen. An jede einzelne der Erinnerungen und Erwartungssituationen, welche die Libido an das verlorene Objekt geknüpft zeigen, bringt die Realität ihr Verdikt heran, daß das Objekt nicht mehr existiere, und das Ich, gleichsam vor die Frage gestellt, ob es dieses Schicksal teilen will, läßt sich durch die Summe der narzißtischen Befriedigungen, am Leben zu sein, bestimmen, seine Bindung an das vernichtete Objekt zu lösen.

Man kann sich etwa vorstellen, diese Lösung gehe so langsam und schrittweise vor sich, daß mit der Beendigung der Arbeit auch der für sie erforderliche Aufwand zerstreut ist.[1]

Es ist verlockend, von der Mutmaßung über die Arbeit der Trauer den Weg zu einer Darstellung der melancholischen Arbeit zu suchen. Da kommt uns zuerst eine Unsicherheit in den Weg. Wir haben bisher den topischen Gesichtspunkt bei der Melancholie noch kaum berücksichtigt und die Frage nicht aufgeworfen, in und zwischen welchen psychischen Systemen die Arbeit der Melancholie vor sich geht. Was von den psychischen Vorgängen der Affektion spielt sich noch an den aufgelassenen unbewußten Objektbesetzungen, was an deren Identifizierungsersatz im Ich ab?

Es spricht sich nun rasch aus und schreibt sich leicht nieder, daß die „unbewußte (Ding-) Vorstellung des Objekts von der Libido verlassen wird". Aber in Wirklichkeit ist diese Vorstellung durch ungezählte Einzeleindrücke (unbewußte Spuren derselben) vertreten, und die Durchführung dieser Libidoabziehung kann nicht ein momentaner Vorgang sein, sondern gewiß wie bei der Trauer ein langwieriger, allmählich fortschreitender Prozeß. Ob er an vielen Stellen gleichzeitig beginnt oder eine irgendwie bestimmte Reihenfolge enthält, läßt sich ja nicht leicht unterscheiden; in den Analysen kann man oft feststellen, daß bald diese, bald jene Erinnerung aktiviert ist, und daß die gleichlautenden, durch ihre Monotonie ermüdenden Klagen doch jedesmal von einer anderen unbewußten Begründung herrühren. Wenn das Objekt keine so große, durch tausendfältige Verknüpfung verstärkte Bedeutung für das Ich hat, so ist sein Verlust auch nicht geeignet, eine Trauer oder eine Melancholie zu

1) Der ökonomische Gesichtspunkt ist bisher in psychoanalytischen Arbeiten wenig berücksichtigt worden. Als Ausnahme sei der Aufsatz von V. Tausk, Entwertung des Verdrängungsmotives durch Rekompense (Intern. Zeitschr. für ärztl. Psychoanalyse, I, 1913) hervorgehoben.

verursachen. Der Charakter der Einzeldurchführung der Libidoablösung ist also der Melancholie wie der Trauer in gleicher Weise zuzuschreiben, stützt sich wahrscheinlich auf die gleichen ökonomischen Verhältnisse und dient denselben Tendenzen.

Die Melancholie hat aber, wie wir gehört haben, etwas mehr zum Inhalt als die normale Trauer. Das Verhältnis zum Objekt ist bei ihr kein einfaches, es wird durch den Ambivalenzkonflikt kompliziert. Die Ambivalenz ist entweder konstitutionell, d. h. sie hängt jeder Liebesbeziehung dieses Ichs an, oder sie geht gerade aus den Erlebnissen hervor, welche die Drohung des Objektverlustes mit sich bringen. Die Melancholie kann darum in ihren Veranlassungen weit über die Trauer hinausgehen, welche in der Regel nur durch den Realverlust, den Tod des Objekts, ausgelöst wird. Es spinnt sich also bei der Melancholie eine Unzahl von Einzelkämpfen um das Objekt an, in denen Haß und Liebe miteinander ringen, die eine, um die Libido vom Objekt zu lösen, die andere, um diese Libidoposition gegen den Ansturm zu behaupten. Diese Einzelkämpfe können wir in kein anderes System verlegen, als in das *Ubw*, in das Reich der sachlichen Erinnerungsspuren (im Gegensatz zu den Wortbesetzungen). Ebendort spielen sich auch die Lösungsversuche bei der Trauer ab, aber bei dieser letzteren besteht kein Hindernis dagegen, daß sich diese Vorgänge auf dem normalen Wege durch das *Vbw* zum Bewußtsein fortsetzen. Dieser Weg ist für die melancholische Arbeit gesperrt, vielleicht infolge einer Mehrzahl von Ursachen oder des Zusammenwirkens derselben. Die konstitutive Ambivalenz gehört an und für sich dem Verdrängten an, die traumatischen Erlebnisse mit dem Objekt mögen anderes Verdrängte aktiviert haben. So bleibt alles an diesen Ambivalenzkämpfen dem Bewußtsein entzogen, bis nicht der für die Melancholie charakteristische Ausgang eingetreten ist. Er besteht, wie wir wissen, darin, daß die bedrohte Libidobesetzung endlich das Objekt verläßt, aber nur, um sich auf die Stelle des Ichs, von der sie ausgegangen war, zurückzuziehen. Die Liebe hat sich so durch ihre Flucht ins Ich der Aufhebung entzogen. Nach dieser Regression der Libido kann der Vorgang bewußt werden und repräsentiert sich dem Bewußtsein als ein Konflikt zwischen einem Teil des Ichs und der kritischen Instanz.

Was das Bewußtsein von der melancholischen Arbeit erfährt, ist also nicht das wesentliche Stück derselben, auch nicht jenes, dem wir einen Einfluß auf die Lösung des Leidens zutrauen können. Wir sehen, daß das Ich sich herabwürdigt und gegen sich wütet, und verstehen so wenig wie der Kranke, wozu das führen und wie sich das ändern kann. Dem unbewußten Stück der Arbeit können wir eine solche Leistung eher zuschreiben, weil es nicht schwer fällt, eine wesentliche Analogie zwischen der Arbeit der Melancholie und jener der Trauer herauszufinden. Wie die Trauer das Ich dazu bewegt, auf das Objekt zu verzichten, indem es das Objekt für tot erklärt und dem Ich die Prämie des am Leben Bleibens bietet, so lockert auch jeder einzelne Ambivalenzkampf die Fixierung der Libido an das Objekt, indem er dieses entwertet, herabsetzt, gleichsam auch erschlägt. Es ist die Möglichkeit gegeben, daß der Prozeß im *Ubw* zu Ende komme, sei es nachdem die Wut sich ausgetobt hat, sei es nachdem das Objekt als wertlos aufgegeben wurde. Es fehlt uns der Einblick, welche dieser beiden Möglichkeiten regelmäßig oder vorwiegend häufig der Melancholie ein Ende bereitet, und wie diese Beendigung den weiteren Verlauf des Falles beeinflußt. Das Ich mag dabei die Befriedigung genießen, daß es sich als das Bessere, als dem Objekt überlegen anerkennen darf.

Mögen wir diese Auffassung der melancholischen Arbeit auch annehmen, sie kann uns doch das eine nicht leisten, auf dessen Erklärung wir ausgegangen sind. Unsere Erwartung, die ökonomische Bedingung für das Zustandekommen der Manie nach abgelaufener Melancholie aus der Ambivalenz abzuleiten, welche diese Affektion beherrscht, könnte sich auf Analogien aus verschiedenen anderen Gebieten stützen; aber es gibt eine Tatsache, vor welcher sie sich beugen muß. Von den drei Voraussetzungen der Melancholie: Verlust des Objekts, Ambivalenz und Regression der Libido ins Ich, finden wir die beiden ersten bei den Zwangsvorwürfen nach Todesfällen wieder. Dort ist es die Ambivalenz, die unzweifelhaft die Triebfeder des Konflikts darstellt, und die Beobachtung zeigt, daß nach Ablauf desselben nichts von einem Triumph einer manischen Verfassung erübrigt. Wir werden so auf das dritte Moment als das einzig wirksame hingewiesen. Jene Anhäufung von zunächst gebundener Besetzung, welche nach Beendigung der melancholischen Arbeit frei wird und die Manie ermöglicht, muß mit der Regression der Libido auf den Narzißmus zusammenhängen. Der Konflikt im Ich, den die Melancholie für den Kampf um das Objekt eintauscht, muß ähnlich wie eine schmerzhafte Wunde wirken, die eine außerordentlich hohe Gegenbesetzung in Anspruch nimmt. Aber hier wird es wiederum zweckmäßig sein, Halt zu machen und die weitere Aufklärung der Manie zu verschieben, bis wir Einsicht in die ökonomische Natur zunächst des körperlichen und dann des ihm analogen seelischen Schmerzes gewonnen haben. Wir wissen es ja schon, daß der Zusammenhang der verwickelten seelischen Probleme uns nötigt, jede Untersuchung unvollendet abzubrechen, bis ihr die Ergebnisse einer anderen zu Hilfe kommen können.[1]

1) Siehe die weitere Fortsetzung des Problems der Manie in „Massenpsychologie und Ich-Analyse“ [Ges. Schriften, Band VI].

# INHALT DES FÜNFTEN BANDES

## Drei Abhandlungen zur Sexualtheorie

Seite


Vorwort zur dritten Auflage . . . . . 3
Vorwort zur vierten Auflage . . . . . 5
I. Die sexuellen Abirrungen . . . . . 7
1) Abweichungen in bezug auf das Sexualobjekt . . . . . 8
a) Die Inversion . . . . . 8
b) Geschlechtsunreife und Tiere als Sexualobjekte . . . . . 21
2) Abweichungen in bezug auf das Sexualziel . . . . . 22
a) Anatomische Überschreitungen . . . . . 23
b) Fixierungen von vorläufigen Sexualzielen . . . . . 29
3) Allgemeines über alle Perversionen . . . . . 33
4) Der Sexualtrieb bei den Neurotikern . . . . . 36
5) Partialtriebe und erogene Zonen . . . . . 41
6) Erklärung des scheinbaren Überwiegens perverser Sexualität bei den Psychoneurosen . . . . . 43
7) Verweis auf den Infantilismus der Sexualität . . . . . 45
II. Die infantile Sexualität . . . . . 47
Die sexuelle Latenzperiode der Kindheit und ihre Durchbrechungen 51
Die Äußerungen der infantilen Sexualität . . . . . 54
Das Sexualziel der infantilen Sexualität . . . . . 57
Die masturbatorischen Sexualäußerungen . . . . . 60
Die infantile Sexualforschung . . . . . 69
Entwicklungsphasen der sexuellen Organisation . . . . . 72
Quellen der infantilen Sexualität . . . . . 75
III. Die Umgestaltungen der Pubertät . . . . . 82
Das Primat der Genitalzonen und die Vorlust . . . . . 83
Das Problem der Sexualerregung . . . . . 88
Die Libidotheorie . . . . . 92
Differenzierung von Mann und Weib . . . . . 94
Die Objektfindung . . . . . 97
Zusammenfassung . . . . . 106


## Arbeiten zum Sexualleben und zur Neurosenlehre


Meine Ansichten über die Rolle der Sexualität in der Ätiologie der Neurosen . . . . . 123
Zur sexuellen Aufklärung der Kinder . . . . . 134
Die kulturelle Sexualmoral und die moderne Nervosität . . . . . 143
Über infantile Sexualtheorien . . . . . 168

Beiträge zur Psychologie des Liebeslebens Seite
I. Über einen besonderen Typus der Objektwahl beim Manne 186
II. Über die allgemeinste Erniedrigung des Liebeslebens . . . . 198
III. Das Tabu der Virginität . . . . . . . . . . . . . . . . . 212
Die infantile Genitalorganisation . . . . . . . . . . . . . . 232
Zwei Kinderlügen . . . . . . . . . . . . . . . . . . . . . 238
Gedankenassoziation eines vierjährigen Kindes . . . . . . . . 246
Allgemeines über den hysterischen Anfall . . . . . . . . . . . 255
Charakter und Analerotik . . . . . . . . . . . . . . . . . . 261
Über Triebumsetzungen, insbesondere der Analerotik . . . . . 268
Die Disposition zur Zwangsneurose . . . . . . . . . . . . . 277
Mitteilung eines der psychoanalytischen Theorie widersprechenden Falles von Paranoia . . . . . . . . . . . . . . . . . 288
Die psychogene Sehstörung in psychoanalytischer Auffassung . . 301
Eine Beziehung zwischen einem Symbol und einem Symptom . 310
Über die Psychogenese eines Falles von weiblicher Homosexualität 312
„Ein Kind wird geschlagen“ . . . . . . . . . . . . . . . . . 344
Das ökonomische Problem des Masochismus . . . . . . . . . . 374
Über einige neurotische Mechanismen bei Eifersucht, Paranoia und Homosexualität . . . . . . . . . . . . . . . . . . . 387
Über neurotische Erkrankungstypen . . . . . . . . . . . . . 400
Formulierungen über die zwei Prinzipien des psychischen Geschehens . . . . . . . . . . . . . . . . . . . . . . . . . 409
Neurose und Psychose . . . . . . . . . . . . . . . . . . . 418
Der Untergang des Ödipuskomplexes . . . . . . . . . . . . . 423

## Metapsychologie

Einige Bemerkungen über den Begriff des Unbewußten in der Psychoanalyse . . . . . . . . . . . . . . . . . . . . . . 433
Triebe und Triebschicksale . . . . . . . . . . . . . . . . . 443
Die Verdrängung . . . . . . . . . . . . . . . . . . . . . . 463
Das Unbewußte . . . . . . . . . . . . . . . . . . . . . . 481
I. Die Rechtfertigung des Unbewußten . . . . . . . . . . . 481
II. Die Vieldeutigkeit des Unbewußten und der topische Gesichtspunkt . . . . . . . . . . . . . . . . . . . . . 486
III. Unbewußte Gefühle . . . . . . . . . . . . . . . . . . 492
IV. Topik und Dynamik der Verdrängung . . . . . . . . . . 495
V. Die besonderen Eigenschaften des Systems *Ubw* . . . . . . 501
VI. Der Verkehr der beiden Systeme . . . . . . . . . . . . . 504
VII. Die Agnoszierung des Unbewußten . . . . . . . . . . . . 518
Metapsychologische Ergänzung zur Traumlehre . . . . . . . . 520
Trauer und Melancholie . . . . . . . . . . . . . . . . . . 535

Etik: 401, 404.

210 die Anatomie ist das Schicksal

Schicksal S. 384.

154. Kultur, Moral Normen

Konstitution 351

Uneindringlicher Befragen 352

Zeitfracht Medien GmbH
Ferdinand-Jühlke-Straße 7
99095 Erfurt, Deutschland
produktsicherheit@kolibri360.de